Corse

Cofondateurs : Philippe GLOAGUEN et Michel DUVAL

Directeur de collection et auteur
Philippe GLOAGUEN

Secrétaire général
Gavin's CLEMENTE-RUIZ

Rédacteurs en chef
Amanda KERAVEL (France)
Benoît LUCCHINI (Étranger)

Directrice administrative
Bénédicte GLOAGUEN

Conseiller à la rédaction
Pierre JOSSE

Responsable voyages
Carole BORDES

Direction éditoriale
Élise ERNEST

Rédaction
Isabelle AL SUBAIHI
Emmanuelle BAUQUIS
Mathilde de BOISGROLLIER
Thierry BROUARD
Marie BURIN des ROZIERS
Diane CAPRON
Véronique de CHARDON
Laura CHARLIER
Florence CHARMETANT
Fiona DEBRABANDER
Anne-Caroline DUMAS
Éléonore FRIESS
Géraldine LEMAUF-BEAUVOIS
Olivier PAGE
Alain PALLIER
Anne POINSOT
André PONCELET

2021/22

hachette

TABLE DES MATIÈRES

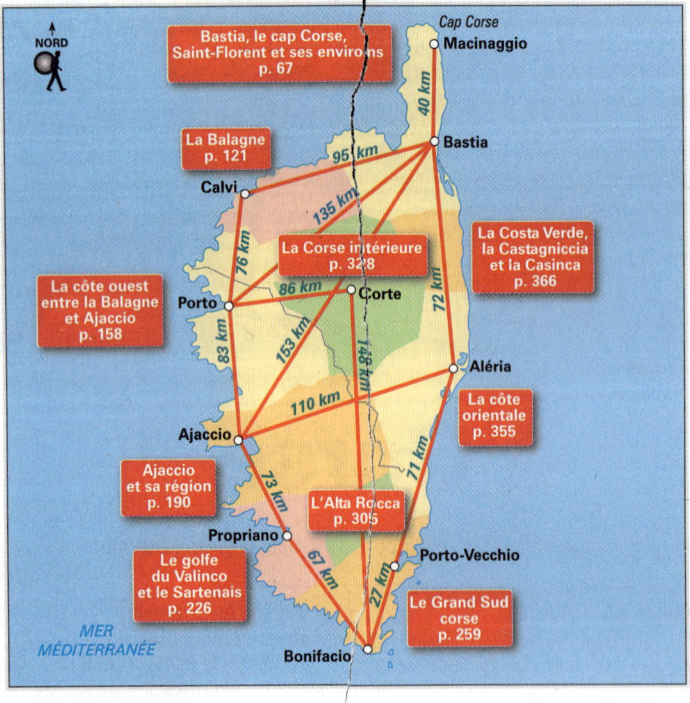

PRÉAMBULE

COMMENT Y ALLER ? 34

BON À SAVOIR AVANT LE DÉPART 42

LE GRAND SUD CORSE ... 259

L'ALTA ROCCA ... 305

LA CORSE INTÉRIEURE ... 328

LA CÔTE ORIENTALE (COSTA SERENA) ... 355

LA COSTA VERDE, LA CASTAGNICCIA ET LA CASINCA ... 366

HOMMES, CULTURE, ENVIRONNEMENT ... 384

« OSONS LE PAS DE CÔTÉ »

Le surtourisme ? Tous concernés. Et pourtant, à l'écart des grands flux touristiques, il existe plein de pépites méconnues, souvent oubliées des circuits trop encombrés. Ici un site ignoré ; là un quartier secret ; plus loin un village caché au charme discret, avec un troquet d'une autre époque. Il existe une infinité de lieux peinards que l'on a envie de mettre en avant avec ce pictogramme. Un vagabondage enfin calme favorisé aussi par les **visites aux heures creuses**. Vive le *slow trip* !

#osonslepasdecote

UNE PANDÉMIE INOUÏE !

Depuis toujours, ***Le Routard*** **apporte son soutien aux hôteliers et restaurateurs** qui accueillent nos lecteurs avec sourire et professionnalisme. Inlassablement, nos enquêteurs sont à l'affût de ces établissements, pour le plus grand bonheur de nos lecteurs. Des adresses familiales et accueillantes que nous continuerons à soutenir et mettre en valeur. Malgré toute notre vigilance, certains d'entre eux auront fermé quand ce livre sortira. Cette terrible **pandémie de Coronavirus** a, on le sait, des conséquences importantes pour tous les professionnels du tourisme. **Nous sommes de tout cœur avec eux !**

Coppa, figatellu, lonzu et saucisson

Limite du parc naturel régional
GR 20
Refuge
Mare a Mare Nord
Mare e Monti Nord
Voie ferrée
Site inscrit au Patrimoine mondial de l'Unesco
MER
MÉDITERRANÉE
NICE, MARSEILLE
Lozari
T 30
L'Île-Rousse
Le Bombardier B-17
La Bibliothèque
La pointe de la Revellata
Algajola
Pigna
Sant'Antonino
Belgodère
Lumio
Cateri
Calvi
BALAGNE
Pioggiola
Feliceto
Montegrosso
Mausoléo
CALVI-STE-CATHERINE
GIUSSANI
Calenzana
Olmi-Cappella
Forêt de Tartagine Melaja
Orto di Piobbu
Asco
Argentella
Baie de Crovani
Cirque de Bonifato
Carozzu
HAUTE-CORSE 2B
Golfe de Galéria
Asco Stagnu
Galéria
Manso
PARC
Vallée du Fango
Monte Cinto
2 706
Tighjetu
Scandola
Réserve naturelle
Girolata
FILOSORMA
Paglia Orba
2 525
Calacuccia
Ciottulu di Mori
Albertacce
Golfe de Girolata
Curzu
Punta Mucchilina
NATUREL
NIOLO
Serriera
Castel di Verghio
Golfe de Porto
Lac de Nino
Porto
Ota
Les Calanche
Vardiola
Évisa
Forêt d'Aïtone
Lac de Capitello
RÉGIONAL
Capo Rosso
Piana
Manganu
Lac de Creno
Lac de Melo
CORSE-DU-SUD 2A
Guagno-les-Bains
Soccia
Plage d'Arone
Revinda
Guagno
Vico
Murzo
CARGÈSE
AJACCIO

LA CORSE DU NORD

NORD
MARSEILLE, NICE, TOULON
MARSEILLE
ÉVISA
Vico
Murzo
D 23
Guagno-les-Bains
Guagno
PARC
Grotte de la Femme nue
Cargèse
D 70
D 81
Sagone
Pierre Marine
CINARCA
D 81
La pointe de Locca
Tiuccia
Sari-d'Orcino
Vero
T 20
Tavera
Peri
D 227
Golfe de Sagone
GRAVONA
D 29
Ucciani
Calcatoggio
T 20
Golfe de Lava
Pietra Piombata
Cuttoli-Corticchiato
D 3
Banc Provençal
D 81
D 1
Tolla
Ocana
PRUNELLI
Capo di Feno
D 3
D 27
AJACCIO
Bastelicaccia
D 111b
D 111
Cauro
Quasquara
CAMPO DELL'ORO
D 55
T 40
Sta-Maria-Sicchè
Îles Sanguinaires
Î. Porre
Porticcio
D 555
D 302
Grosseto
Plage d'Agosta
HAUT TARAVO
La Tête de Mort, Mario
D 55
D 55
Les Trois Frères et La Campanina
Isolella
T 40
Moca
Pila-Canale
Verghia
Golfe d'Ajaccio
D 302
D 757
D 55
Petreto-Bicchisano
Coti-Chiavari
D 155
Filitosa
D 57
Loreto-di-Tallano
Capo di Muru
Cala d'Orzu
Baie de Cupabia
Sollacaro
T 40
Olmeto
Porto-Pollo
Olmeto-Plage
Les Cathédrales
Viggianello
Propriano
D 19
Golfe de Valinco
Fozzano
Monica
Le Sec de la Tour
D 121
Le Tonneau
Campomoro
Sartène
Belvédère-Campomoro
D 21
Vallée de l'Ortolo
D 48
T 40
Phare de Senetosa
Alignements de Pagliaghju
D 48a
Orasi
Capo de Senetosa
Tizzano
Mégalithes de Cauria
Traliceto
Rocher du Lion
Cap de Roccapina
Plage de Canijonu
MER MÉDITERRANÉE
Limite du parc naturel régional
GR 20
Refuge
Mare a Mare Nord
Mare a Mare Centre
Mare a Mare Sud
Mare e Monti Nord
Mare e Monti Sud
Voie ferrée
0
5
10 km

LA CORSE DU SUD

LA RÉDACTION DU ROUTARD

(sans oublier nos 50 enquêteurs, aussi sur le terrain)

Jean-Sébastien, Olivier, Mathilde, Thierry, Alain, Gavin's, Éléonore, Anne-Caroline, André, Laura, Florence, Véronique, Isabelle, Géraldine, Fiona, Amanda, Benoît, Emmanuelle, Bénédicte, Philippe, Carole, Diane, Anne, Marie.

La saga du *Routard* : en 1971, deux étudiants, Philippe et Michel, avaient une furieuse envie de découvrir le monde. De retour du Népal germe l'idée d'un guide différent qui regrouperait tuyaux malins et itinéraires sympas, destiné aux jeunes fauchés en quête de liberté. 1973. Après 19 refus d'éditeurs et la faillite de leur première maison d'édition, l'aventure commence vraiment avec Hachette. Aujourd'hui, le *Routard*, c'est plus d'une cinquantaine d'enquêteurs impliqués et sincères. Ils parcourent le monde toute l'année dans l'anonymat et s'acharnent à restituer leurs coups de cœur avec passion.

Merci à tous les routards qui sont solidaires de nos convictions : liberté et indépendance d'esprit ; découverte et partage ; sincérité, tolérance et respect des autres.

NOS SPÉCIALISTES CORSE

Alain Pallier : il a longtemps été lecteur du *Routard,* qui l'accompagnait toujours pendant ses vacances d'enseignant. Après un premier contact, à la suite d'un courrier de lecteur, la direction l'a sollicité pour quitter le chemin de l'enseignement. Il a alors trouvé son bonheur sur les routes buissonnières en devenant rédacteur, responsable de titres. Avec, comme terres de prédilection, le pourtour méditerranéen et l'Afrique.

Amanda, Mathilde et Marie : quand l'une arpente les routes bretonnes en quête de la meilleure pâte à crêpes, l'autre explore le bocage normand à coups de gorgées de cidre, pendant que la troisième chausse ses skis pour dégoter le meilleur refuge alpin. La curiosité, l'enthousiasme et la gourmandise sont leur meilleur sonar, que complètent deux décennies d'expérience à user leurs semelles sur les routes de l'Hexagone. Un trio complice et indépendant qui essaie, entre deux voyages, de garder la ligne.

UN GRAND MERCI À NOS AMI(E)S SUR PLACE

Pour cette nouvelle édition, nous remercions particulièrement :

- la Maison du parc naturel régional, à Ajaccio ;
- à Ajaccio, notre amie **Lætitia,** spécialiste de la randonnée et du canyoning ;
- à Bastia, l'office de tourisme et **Jean-Jacques Ristorcelli** ;
- à Calvi, **Marie-France Castellani,** de l'office de tourisme, pour son aide précieuse ;
- la souriante et dynamique équipe de l'office de tourisme de Porto-Vecchio ;
- les offices de tourisme d'Ajaccio, Sartène, Propriano, Corte, celui de la Costa Serena et tous les autres ;
- et tant d'autres insulaires rencontrés au cours de nos routardesques enquêtes sur l'île de Beauté ;
- enfin vous, chers lecteurs, pour votre abondant courrier, dans lequel nous trouvons une foule d'infos, les bons plans, les moins bons, et des critiques qui nous permettent d'avancer. Allez roule, petit *Routard,* toujours plus loin, toujours plus haut, jusqu'au monte Cinto !

Pictogrammes du Routard

Établissements

- Hôtel, auberge, chambre d'hôtes
- Camping
- Restaurant
- Terrasse
- Pizzeria
- Boulangerie, sandwicherie
- Pâtisserie
- Glacier
- Café, salon de thé
- Café, bar
- Bar musical
- Club, boîte de nuit
- Salle de spectacle
- Boutique, magasin, marché

Infos pratiques

- Office de tourisme
- Poste
- Accès Internet
- Hôpital, urgences
- Adapté aux personnes handicapées

Sites

- Présente un intérêt touristique
- Point de vue
- Plage
- Spot de surf
- Site de plongée
- Recommandé pour les enfants
- Inscrit au Patrimoine mondial de l'Unesco
- Pas de côté

Transports

- Aéroport
- Gare ferroviaire
- Gare routière, arrêt de bus
- Station de métro
- Station de tramway
- Parking
- Taxi
- Taxi collectif
- Bateau
- Bateau fluvial
- Piste cyclable, parcours à vélo

☎ **112 :** c'est le numéro d'urgence commun à la France et à tous les pays de l'UE, à composer en cas d'accident, agression ou détresse. Il permet de se faire localiser et aider en français, tout en améliorant les délais d'intervention des services de secours.

I.S.B.N. 978-2-01-629311-9

Pont génois de Pianella, près du village d'Ota

« Le soleil a tant fait l'amour à la mer qu'ils ont fini par enfanter la Corse. »
A. de Saint-Exupéry, Essais

Petit coup en plein plexus solaire, un souffle de *libecciu* dans les cheveux, un soleil omniprésent, une lumière qui fait vibrer la mer, on se croirait dans un autre monde. Ça tombe bien, nous y sommes !

Un monde rempli de lieux pas communs du tout, un petit rocher tout vert balancé là au milieu du grand bleu. En haut, le passé, ses tensions (vendetta et luttes fratricides) et le vert touffu d'un **impénétrable maquis** ; en bas, **toutes les nuances de bleu de la mer.**

Comme toutes les îles, immenses ou perdues, la Corse se mérite. Et il vous faudra du **temps** et une **vraie curiosité** pour la percer à jour.

Fille de la « mère » Méditerranée, la Corse a su tirer bénéfice de toutes les influences du Bassin. Elle ne renie aucunement les emprunts qu'elle a faits. Dure et tragique, secrète et sauvage, la Corse ne sera jamais seulement une région de plus sur la carte de la France. Rien qui soit rationnel ici : ni le relief, ni le climat, ni les passions, ni, bien entendu, les Corses eux-mêmes.

Cela dit, toute tentative de description du paysage corse crée elle-même ses propres limites. Les **plages** y sont bien sûr **paradisiaques,** les **criques ultra-secrètes** et les **montagnes** « forcément » **grandioses,** et l'on en passe.

Cette île est **grisante** : un mélange de rocaille et de volupté, d'austérité et de parfums d'île lointaine. Éloignez-vous des côtes pour rejoindre les villages de l'intérieur. Respirez l'odeur du maquis : c'est **la Corse profonde** ! Celle des cochons sauvages et des vaches en liberté, des longs hivers où l'on fabrique coppa, *figatellu* et farine de châtaigne… Regardez bien : même les tombeaux isolés ont l'air gai. Éparpillés, plantés dans le maquis sous un bouquet de cyprès ou d'oliviers, ou regroupés dans des cimetières marins du bout du monde, ils semblent vouloir faire descendre le ciel sur la terre. C'est peut-être bien cela, la Corse…

Cistes du maquis corse

NOS COUPS DE CŒUR

(1) **Faire le tour du cap Corse en 2 jours en égrenant les marines, et tout particulièrement le croquignolet port de Centuri. Un autre visage de la Corse.**

« L'île dans l'île », a-t-on l'habitude de dire pour désigner le cap Corse, si singulier avec ses « maisons d'Américains » et ses marines. La côte ouest, une fois passé Nonza, compte quelques petits ports superbes comme Centuri ou Barcaggio. Plus apaisée, la côte est en abrite elle aussi des remarquables. *p. 82*

***Bon à savoir :** sans les détours, compter, de Saint-Florent à Bastia, environ 110 km. La côte ouest du Cap est particulièrement escarpée mais de toute beauté.*

(2) **Découvrir les Agriate et l'extrême nord du cap Corse en suivant les sentiers des Douaniers.**

S'ils ne rivalisent pas en longueur avec leur homologue breton, ces 2 sentiers longs respectivement de 40 et 26 km offrent des vues sublimes sur le littoral corse, dont la mythique plage de Saleccia dans les Agriate, où des scènes du film *Le Jour le plus long* ont été tournées. *p. 116*

***Bon à savoir :** les sentiers des Douaniers demandent un minimum d'organisation, puisque, par définition, ils ne sont pas en boucle. Couchage possible dans des paillers (plage de Ghignu, Agriate) ou quelques chambres vers Barcaggio ou Tollare (cap Corse).*

3 Parcourir à pied ou à dos d'âne les ruelles de Sant'Antonino, petit village perché de Balagne.

Comme son voisin Pigna, Sant'Antonino est un village où la voiture n'a pas droit de cité. On se promène à pied dans les ruelles (ou, pour les plus jeunes, à dos d'âne) en admirant l'architecture traditionnelle d'un village balanin. *p. 132*

Bon à savoir : *Sant'Antonino est un village cul-de-sac, et on n'échappe pas au parking payant obligatoire.*

© Caviglia Denis/hemis.fr

4 Pratiquer la plongée au départ de Calvi, à la pointe de la Revellata.

Parmi les merveilleuses plongées à faire dans l'île, celles au large de Calvi comptent parmi les musts. La pointe de la Revellata (entre 12 et 40 m) satisfera tous les niveaux, avec son enchaînement séduisant de failles, tombants, voûtes, éboulis et canyons où se donnent rendez-vous castagnoles, mostelles, dentis et mérous, dans un décor de gorgones et branches de corail rouge. *p. 151*

Bon à savoir : *on est dans un écosystème hyper fragile, où il est interdit de toucher à quoi que ce soit ! Attention, parfois du courant.*

© Antoni Georges/hemis.fr

5 **Effectuer depuis Cargèse ou Sagone une excursion en bateau vers la merveilleuse réserve naturelle de Scandola, inscrite au Patrimoine mondial de l'Unesco.**

Scandola est une réserve superbe, à la fois terrestre et maritime, gérée par le parc naturel régional de Corse. On l'aborde uniquement par bateau. Entre mer et falaises, on verra voler aigles royaux, balbuzards pêcheurs, cormorans huppés, nichant dans les anfractuosités des majestueuses parois. *p.168*

Bon à savoir : choisir de préférence un petit bateau, plus sympa. Si vous avez votre propre embarcation, attention à respecter les règles de navigation en vigueur, très strictes.

6 **Admirer par la route ou, encore mieux, lors d'une sortie en mer, les paysages somptueux des *calanche* rouge orangé de Piana.**

En venant du sud, on découvre les *calanche* en les traversant. Et c'est une débauche de formes et de couleurs, qui font tourner la tête de plaisir. Par la mer, le bonheur redouble. *p. 166*

Bon à savoir : pour prendre des photos, bien se garer sur les aires prévues à cet effet (il y en a plusieurs). Question de sécurité pour vous… et pour les autres.

7 Ne pas manquer la balade aux îles Sanguinaires, surtout au coucher du soleil.

L'archipel des Sanguinaires doit sans doute son nom à la couleur de ses roches : du porphyre rouge sombre. C'est un site Natura 2000 que l'on voit de plus ou moins près depuis la promenade de la presqu'île de la Parata ou depuis un bateau effectuant une sortie vers les îlots, en début de soirée. *p. 206*

***Bon à savoir :** le site de la Parata est aménagé, on se gare sur un parking pour terminer par une petite marche jusqu'à la pointe. On peut aussi y accéder en petit train touristique depuis le centre d'Ajaccio.*

8 Éprouver le mystère insondable des statues-menhirs de Filitosa. Les recherches archéologiques n'ont pas permis de lever tous les mystères de ces statues-menhirs, et notamment la question centrale : quelle est leur signification exacte ? Cela n'empêche en rien d'être fasciné par ces mégalithes évoquant, dans un cadre naturel superbe, des formes humaines. p. 232

Bon à savoir : *venir tôt le matin ou en fin de soirée. Puisqu'il n'y a rien à comprendre, autant vivre l'instant baigné d'un halo de silence.*

9 De Campomoro, au sud du golfe du Valinco, suivre le sentier qui mène au phare de Senetosa en quelques heures de marche.

Magnifique rando qui suit ce sentier littoral partant de Campomoro et longeant la côte au plus près. Vues dégagées extraordinaires sur la grande bleue. Possibilité de revenir par un sentier en boucle (plus court) ou de poursuivre plus au sud vers le phare de Senetosa. Compter 5h en tout. Les commerces de Campomoro proposent une brochure qui décrit bien le parcours. p. 247

Bon à savoir : *on conseille de partir tôt le matin pour effectuer cette rando facile (c'est quasiment plat tout le long), mais où le soleil peut cogner.*

10 Visiter « la plus corse des villes corses », Sartène.
Les ruelles de cette cité se parcourent avec plaisir : on songe en les arpentant à toutes les histoires, petites et grandes, qui s'y sont déroulées. À compléter par la visite du musée départemental de Préhistoire corse et d'Archéologie, logiquement implanté dans cette ville proche des sites préhistoriques corses majeurs. *p. 249*
***Bon à savoir :** Sartène est la 2e plus grande commune de France par sa superficie ; vous pourrez vous baigner sur une de ses plages, comme Roccapina, à… 22 km !*

© Konrad Wothe/Look/Photononstop

11 Explorer la Ville Haute de Bonifacio tôt le matin, avant tout le monde, et se balader le long de la falaise jusqu'au phare de Pertusato.
La citadelle de Bonifacio est unique : bâtie sur des falaises crayeuses, entourée de 2,5 km de remparts, elle domine une calanque profondément creusée qui est devenue l'un des ports les plus spectaculaires de Méditerranée. Du haut de ces falaises situées à l'extrémité sud de l'île, la vue est splendide sur la côte, mais aussi sur la haute ville, dont une partie est littéralement suspendue dans le vide. *p. 268*
***Bon à savoir :** en été, l'accès à Bonifacio est difficile dès 10h du matin. Pour éviter les bouchons, une seule solution : venir tôt, et vous aurez la ville pour vous tout seul !*

© Guiziou Franck/hemis.fr

© Moirenc Camille/hemis.fr

12 Passer une journée en mer au large de Bonifacio, dans les Lavezzi, îles paradisiaques du parc marin international.

Les îles Lavezzi, c'est un amas d'énormes blocs de granit gris, superbes et étranges, polis par l'érosion marine, qui leur donne un aspect énigmatique. Des langues de sable blanc s'étirent presque en cachette, formant de merveilleuses zones de repos et de sérénité au milieu de ce chaos minéral. Un vrai paysage des Seychelles (sans les cocotiers !), à 2 tours d'hélice de Bonifacio. *p. 283*

***Bon à savoir :** en été, en prenant les 1ers bateaux (entre 9h et 9h30), on évite la foule et on profite d'une mer calme.*

13 **Se balader sur le site de Cucuruzzu, si romantique et plein de douceur.** Voici un site préhistorique passionnant, doublé d'une agréable balade ombragée dans les sous-bois. On découvre les vestiges de cette forteresse de l'âge du bronze, gros blocs de rochers assemblés à des muretins *(castellu)*, qui dégagent quelque chose d'énigmatique, plantés au milieu de cette immense mer de maquis qui moutonne à l'infini. Cucuruzzu permet de mieux comprendre le mode de vie particulièrement rustique des temps passés. *p. 324*

Bon à savoir : *guère utile de prendre l'audioguide (en supplément) pour profiter des commentaires qui font parler les pierres. La brochure (gratuite) est plus complète.*

© Boisvieux Christophe/hemis.fr

14 **Admirer les aiguilles de Bavella qui se découpent, le matin, sur un ciel sans nuage.**

Au-dessus du col du même nom, les 7 aiguilles culminent entre 1 588 et 1 855 m. Avec leurs pics déchiquetés et leurs pins tordus, elles semblent poser pour une séance photo. En parcourant l'Alta Rocca, on découvre plusieurs facettes de ces pics étranges. p. 325

Bon à savoir : *c'est le haut lieu de marche en montagne pour tous ceux qui résident dans le sud de l'île. Grande variété de randos faciles en forêt, possibles au départ du col (1 218 m).*

15 À Corte, marcher dans la Ville Haute sur les traces de Pasquale Paoli, qui y avait établi son gouvernement.

Corte, la ville étudiante de Corse (juste retour des choses puisque Paoli y fonda la 1re université en 1765), est un lieu de passage pour de nombreux randonneurs. Elle offre un décor particulier, qui ne cherche pas à faire « beau » mais a su garder une authenticité qu'on croirait sortie des siècles passés, et son musée est incontournable pour approcher au plus près l'âme corse. *p. 333*

Bon à savoir : *des panneaux d'information permettent de suivre un « parcours patrimonial » en passant d'un édifice historique à un autre. Le centre-ville est petit, mais les dénivelées importantes.*

16 Randonner dans le Niolo, fier et sauvage, jusqu'au lac de Nino.

Terre de bergers, longtemps enclavé, le Niolo offre d'innombrables possibilités de randonnées, que ce soit dans la forêt de pins de Valdo-Niello ou en direction du lac de Nino, ou encore, pour les plus audacieux, à l'assaut du monte Cinto, le plus haut sommet de Corse. *p. 328*

Bon à savoir : *ce territoire se mérite. Par l'est, il faut traverser la Scala de la Santa Regina, un impressionnant défilé ; par l'ouest, il faut franchir le col de Verghio (1 478 m), qui n'est pas avare de panoramas spectaculaires.*

17 **De village en village, d'une église baroque à une autre, parcourir les routes étroites et les sentiers ombragés de la Castagniccia.**

Cette microrégion a su garder son identité tout en s'ouvrant au tourisme avec modération. On l'explore en allant de village en village à la découverte de ses richesses. La Castagniccia vous ouvre une porte secrète sur une Corse différente. p. 372

Bon à savoir : sur les étroites routes de Castagniccia, souvent ombragées, il est sage de prendre tout son temps.

18 Pour les randonneurs confirmés (uniquement !), traverser la Corse par le mythique GR 20.

Long d'environ 180 km, ce sentier de grande randonnée qu'on ne présente plus s'effectue classiquement en 16 jours, à une moyenne de 7h de marche quotidienne. C'est un must, connu des marcheurs du monde entier. Chaque année, près de 30 000 personnes s'attaquent au GR 20, mais toutes ne le terminent pas. *p. 56*

Bon à savoir : *c'est l'un des parcours les plus durs d'Europe. Outre une bonne condition physique, il faut être accoutumé à la pratique de la marche en milieu accidenté. Bivouacs autorisés uniquement à proximité des refuges. Dans tous les cas, bien réserver ses nuitées à l'avance.*

L'église San Martinu à Patrimonio

ITINÉRAIRES CONSEILLÉS

À guère plus de 1h d'avion de Paris mais à quelques heures de ferry des ports méditerranéens, la Corse mérite au minimum 1 semaine de séjour : on s'y déplace plutôt lentement, il faut prendre le temps de s'y acclimater pour en découvrir les secrets.

1 semaine dans le Nord

- **Jour 1 : Bastia.** On y flâne avec plaisir, entre la place Saint-Nicolas et le Vieux-Port ; puis montée vers la citadelle pour la visite du **musée d'Histoire** et, une fois en haut, en profiter pour dîner dans l'un des bons restaurants de la ville.

- **Jour 2 :** au départ de Bastia, le tour du **cap Corse** se fait dans la journée. Arrêt à **Erbalunga,** pittoresque à souhait, puis repas poisson ou langouste à **Centuri** avant de repartir pour le spectaculaire village de **Nonza.** Arrivée sur **Saint-Florent.**

- **Jour 3 : Saint-Florent et le Nebbio.** Direction les plages du **désert des Agriate,** Loto ou Saleccia (accès en bateau depuis Saint-Florent), à moins que vous ne filiez vers le Nebbio et ses petits villages, dont **Murato** et sa magnifique **église San Michele.**

- **Jour 4 : L'Île-Rousse.** La ville et ses proches environs offrent de superbes plages. L'après-midi, petite échappée vers la Balagne et ses adorables villages perchés, comme **Sant'Antonino** et **Pigna.**

- **Jour 5 : Calvi.** Visite de la vieille ville, de la citadelle, farniente sur la plage et sa magnifique pinède. Puis, via **Calenzana,** petite virée pour un aperçu des beautés de la montagne corse vers les aiguilles du **cirque de Bonifato.**

- **Jour 6 : Porto et les *calanche* de Piana.** Incontournables, ces merveilles de la nature méritent au moins une sortie en mer sur une $^1/_2$ journée (pour une sortie en mer à la journée, optez pour **Girolata** et la **réserve naturelle de Scandola,** et gardez les *calanche* pour une découverte par la route).

- **Jour 7 :** direction le centre de la Corse par **Évisa** et **Calacuccia.** Le défilé de la Scala di Santa Regina vous ramène vers **Corte,** où la visite de la vieille ville (voire du **musée de la Corse** si vous avez le temps) complétera une journée bien remplie.

1 semaine en Corse intérieure

Cet itinéraire reprend quelques journées de « 1 semaine dans le Nord » et « 1 semaine dans le Sud », que nous ne répétons donc pas.

- **Jour 1 : Bastia.**

- **Jour 2 :** direction la **Castagniccia,** aux villages cachés dans cette immense châtaigneraie, à découvrir en prenant son temps.

NORD
1 semaine
dans le Nord
Cap Corse
Nonza
Erbalunga
Les Agriate
Bastia
St-Florent
MER
MÉDITERRANÉE
L'Île-Rousse
NEBBIO
Pigna
Sant'Antonino
Murato
San Michele
Calvi
Cirque
de Bonifato
Ponte-
Leccia
CASTAGNICCIA
Piedicroce
Cervione
Girolata
Calacuccia
Scandola
Réserve naturelle
Corte
Golfe
de Porto
Les
calanche
Porto
Évisa
1 semaine
en Corse intérieure
Piana
Vizzavona
Aléria
Cargèse
Défilé de
l'Inzecca
Ghisonaccia
Bastelica
Vallée du
Prunelli
Ajaccio
1 semaine
dans le Sud
Îles
Sanguinaires
Aiguilles
de Bavella
Castellu
de Cucuruzzu
Zonza
Filitosa
Levie
Porto-Pollo
Golfe du Valinco
Campomoro
Sartène
Porto-Vecchio
0
10
20 km
Montagne
de Cagna
Casa di Roccapina
Plage de Roccapina
Étape
Itinéraire de 1 semaine
Site inscrit au
Patrimoine mondial
de l'Unesco
Bonifacio
Bouches de Bonifacio
Îles
Lavezzi

- **Jour 3 :** via **Cervione** (visite de son musée), route vers la **côte orientale** jusqu'à **Aléria** et son site antique.

- **Jour 4 :** de Ghisonaccia, via le **défilé de l'Inzecca,** retour vers le centre montagneux, à **Vizzavona,** où des activités sont possibles (rando, parc aventure…).

- **Jour 5 :** descente sur **Ajaccio** et visite de la ville.

- **Jour 6 :** route vers le nord direction **Cargèse** et **Porto.** Visite des ***calanche* de Piana** ou sortie en mer en soirée dans le **golfe de Porto.**

- **Jour 7 :** route vers **Bastia** via Évisa, Calacuccia et **Ponte-Leccia.**

1 semaine dans le Sud

- **Jour 1 : Ajaccio.** Le matin, un petit tour au marché, puis visite du **palais Fesch** (musée des Beaux-Arts) et de la **maison Bonaparte.** Le soir, en bateau (excursion) ou par la route, cap sur les Sanguinaires pour le coucher du soleil.

- **Jour 2 :** si l'on part tôt, incursion possible dans la **vallée de la Gravona,** avec baignade en rivière et arrêt à la **Cité des Tortues A Cupulatta.** On poursuit vers la **vallée du Prunelli** pour se reposer en montagne à **Bastelica.**

- **Jour 3 :** sur la route du **golfe du Valinco,** visiter l'intrigant **site de Filitosa,** puis descendre sur les plages à **Porto-Pollo** ou à **Campomoro** au sud de la baie. Nombreuses possibilités de plongée dans le golfe.

- **Jour 4 :** visite de « la plus corse des villes corses », **Sartène.** Prendre le temps de flâner dans les ruelles méconnues et compléter le circuit par une visite au **musée de la Préhistoire corse.**

- **Jour 5 :** route vers le Grand Sud avec arrêt à la **Casa di Roccapina,** et petite halte sur la **plage de Roccapina.** Puis **Bonifacio** ! Visite de la **Ville Haute** et balade le long des falaises. Sublime ! **Excursion en bateau** vers les grottes et les **îles Lavezzi.**

- **Jour 6 :** route vers **Porto-Vecchio** en prenant le chemin des écoliers. Golfe de Santa Manza, baie de Rondinara, anse de Santa Giulia, plage de Palombaggia… On ne sait plus où donner du maillot de bain. Sieste, baignade, sieste… puis un tour dans la Ville Haute de Porto-Vecchio à l'heure de l'apéro pour son animation branchée.

- **Jour 7 :** on prend de la hauteur en grimpant vers **l'Alta Rocca et les aiguilles de Bavella** en passant par **Levie** et son musée de l'Alta Rocca. À **Zonza,** plein de petites randos en boucle vous attendent.

2 semaines en Corse

Les itinéraires Nord et Sud peuvent être combinés pour permettre de faire un grand tour de l'île, en rejoignant Ajaccio depuis Corte. De même avec l'itinéraire « Corse intérieure », qui peut se raccorder partiellement aux 2 précédents pour des itinéraires un peu plus courts (10 ou 12 j.).

SI VOUS AIMEZ...

Les villes chargées d'histoire : chaque ville corse ou presque a conservé sa citadelle ou un centre historique à découvrir.

Les plages : vous aurez l'embarras du choix tant la Corse est riche en plages de rêve. Palombaggia, Arone, Saleccia, Ostriconi, Campomoro, Rondinara… impossible de les citer toutes.

Les randonnées et la nature : la Corse est « une montagne dans la mer » ; dès que l'on quitte la côte, la route monte ! Sans avoir à se lancer à l'assaut des hauts sommets, il y a toujours un sentier à parcourir en pleine nature ou un panorama à observer.

Le vieux port de Bastia

Les îles Sanguinaires

Interview #experienceroutard

Par la rédaction du *Routard*

Qu'est-ce qui rend la Corse unique ?

Imaginez une île qui est un petit continent à elle seule : c'est cela, la Corse. Vous y trouvez tout ce que vous pouvez espérer pour des vacances réussies, et cela quelles que soient vos attentes. Des plages sublimes, à ne plus savoir les compter, des fonds marins exceptionnels, des sentiers de randonnée par centaines, du petit sentier de pays au mythique GR 20, des paysages de montagne à couper le souffle, avec 120 sommets dépassant les 2 000 m, des villes chargées d'histoire (et d'histoires), des villages de caractère répartis sur tout le territoire... tout cela sur 2 petits départements seulement.

Une activité à pratiquer ?

Le canyoning : cette activité complète réunit la randonnée aquatique, la glisse et les sauts, des descentes en rappel, sans parler de la marche pour se rendre sur le site, et sa pratique permet d'évoluer dans des paysages préservés d'une beauté extraordinaire. L'Alta Rocca par exemple compte 4 magnifiques sites de canyoning qui font de cette microrégion une destination phare pour cette activité. Des sensations qu'on garde longtemps en mémoire.

Le meilleur souvenir de voyage ?

Un repas dans une ferme-auberge, animé par le propriétaire de l'exploitation au chant et à la guitare, en toute simplicité. Pas de grandes recherches tape-à-l'œil en matière de gastronomie, mais une cuisine authentique et sincère. Selon la saison, on débute par de la charcuterie maison ou par une soupe corse consistante. Un plat de viande, souvent de l'exploitation familiale, et les fromages fermiers. Enfin, s'il reste de la place, un dessert maison, flan à la châtaigne ou *fiadone*... Petits appétits s'abstenir.

Une musique à écouter ?

Les chants polyphoniques, qui sont la signature musicale de tout voyage dans l'île de Beauté. Ces chants de berger à l'origine, quasi disparus au milieu du XXe s, sont aujourd'hui portés par de très nombreuses formations et sont devenus absolument incontournables.

Un souvenir à rapporter chez soi ?

Un porte-bonheur. Soit un œil de Sainte-Lucie (il s'agit de l'opercule d'un coquillage, qu'on peut trouver soi-même sur la plage, même si c'est un peu difficile, ou alors en pendentif ou sur un bracelet chez un bijoutier), soit une petite main en corail rouge, montée en amulette, donnée en Corse aux nouveau-nés pour les protéger du mauvais œil !

COMMENT Y ALLER ?

EN BATEAU

Il y a 2 façons de gagner la Corse en ferry : par la France, au départ de Marseille, avec la *Corsica Linea* et *La Méridionale,* ou par l'Italie. Si la compagnie *Corsica Ferries* assure des liaisons entre le continent (Nice, Toulon) et la Corse, elle propose également des départs depuis l'Italie (Gênes, Livourne), comme le fait la compagnie allemande *Moby Lines.*

Trajet de nuit bien souvent (dans ce cas, 10 à 12h) depuis les ports français ; traversées plus courtes en journée (environ 6h), et encore plus (2 à 4h) si l'on part d'Italie (Gênes, Livourne), mais il faut alors ajouter le temps de route depuis la France pour arriver aux ports... Dans tous les cas, réserver longtemps à l'avance, si possible.

Conseil pratique

– N'oubliez pas de noter l'emplacement de votre véhicule (numéro de pont et secteur), pour ne pas errer, au moment du débarquement, à la recherche de votre carrosse.

Les compagnies maritimes

▲ **CORSICA FERRIES**

Central téléphonique (rens et résas) : ☎ 0825-095-095 (0,18 €/mn). • corsica-ferries.fr •

– Marseille : 7, rue Beauvau, 13001.

– Nice : comptoir de vente et embarquement au port de commerce, quai Amiral-Infernet, 06300.

– Toulon : 2, av. de l'Infanterie-Marine, 83000.

– Ajaccio : gare maritime, 20000.

– Bastia : palais de la Mer, 5 bis, rue Chanoine-Leschi, 20296.

– L'Île-Rousse : port de commerce, 20220.

– Porto-Vecchio : port de commerce, 20137.

– Livourne (Italie) : embarquement, calata Carrara, stazione Maritima, 57123 Livorno.

– Savone (Italie) : Porto Vado, 17047. Embarquement, calata Nord.

➢ Présente tte l'année, Corsica Ferries propose des départs tlj vers la Corse en hte saison (jusqu'à 20 départs/j. ; 6 *méga express* dont le navire amiral, le fleuron de la flotte, le *Pascal Lota*) et des ferries classiques (3 *cruise ferries,* dont le *Mega Smeralda,* son *sister-ship,* le *Mega Andrea* et 3 *day ferries*) et un NGV (navire à grande vitesse), le *Corsica Express Three*. Les rotations sont proposées au départ de la France et de l'Italie. Ses navires desservent les ports de L'Île-Rousse, Ajaccio et Bastia au départ de Nice, Toulon, Savone et Livourne.

➢ La compagnie dessert la Sardaigne au départ de l'Italie et propose des lignes au départ de Toulon et Nice, soit directes, soit en combiné avec la Corse. Corsica Ferries dessert également l'île d'Elbe avr-fin sept au départ de Piombino (Italie) et depuis la Corse (de juil à mi-sept).

▲ **CORSICA LINEA**

Rens et résas : ☎ 0825-88-80-88 (0,15 €/mn). Infos trafic : ☎ 09-69-39-72-00. • corsicalinea.com •

➢ Corsica Linea propose des traversées régulières, tte l'année, au départ de Marseille vers Bastia, Ajaccio, L'Île-Rousse et Porto-Vecchio.

▲ **LA MÉRIDIONALE**

Rens et résas : ☎ 09-70-83-20-20. • lameridionale.fr •

– Marseille : immeuble Calypso, 48, quai du Lazaret, CS 62345, 13213 Cedex 02.

– Propriano : agence maritime Sorba, quai du Commandant-L'Herminier, 20110. ☎ 04-95-76-04-36.

– Porto-Vecchio : au port de Commerce, agence Intersud Voyages. ☎ 04-95-70-06-03.

➢ La Méridionale est la compagnie historique pour les traversées entre Marseille et la Corse. À bord, vous bénéficiez d'une cabine confortable et douillette et profitez d'un savoureux repas d'inspiration corse concocté par le chef et sa brigade, suivi d'un paisible moment de détente à l'un de ses bars. On y voyage sous le signe de la convivialité.

▲ MOBY

• mobylines.fr • ☎ 0800-90-11-44 (nº Vert).

– Bastia : agence Colonna d'Istria, 4, rue du Commandant-Luce-de-Casabianca, 20200. ☎ 04-95-34-84-94. • mobycorse.com •

➢ Assure des liaisons maritimes, avr-oct, au départ des ports italiens de Gênes et de Livourne à destination de Bastia. Également des liaisons Bonifacio-Santa Teresa di Gallura, en Sardaigne.

▲ EURO-MER & CIEL

Résas : ☎ 04-67-65-95-12 ou • euromer.com • (devis gratuit). Groupes : • groupes@euromer.com •

Spécialiste des traversées maritimes (ferries rapides ou classiques), Euro-Mer représente toutes les compagnies desservant la Corse : *Moby, Corsica Linea, Corsica Ferries, La Méridionale,* ce qui fait la différence, car Euro-Mer vous conseille pour trouver le meilleur tarif ! Pour la période estivale, s'y prendre dès janv ou fév pour obtenir des tarifs attractifs. Les plus d'Euro-Mer : des tarifs compétitifs, des promotions ponctuelles à l'année pour certains départs en semaine et des réductions jeunes, familles, seniors, étudiants, camping-cars.

EN AVION

Attention, les dessertes aériennes changent souvent d'une année sur l'autre, notamment en ce qui concerne les lignes saisonnières.

– Pour tout renseignement auprès des aéroports corses :

✈ ***Ajaccio :*** *aéroport de Campo dell'Oro. ☎ 04-95-23-56-56. • 2a.cci.fr/Aeroport-Napoleon-Bonaparte-Ajaccio.html •*

✈ ***Bastia :*** *aéroport de Bastia-Poretta. ☎ 04-95-54-54-54. • bastia.aeroport.fr •*

✈ ***Calvi :*** *aéroport Sainte-Catherine. ☎ 04-95-65-88-88. • calvi.aeroport.fr •*

✈ ***Figari :*** *aéroport Figari-Corse-Sud. ☎ 04-95-71-10-10. • 2a.cci.fr/Aeroport-Figari-Sud-Corse.html •*

▲ AIR FRANCE

Rens et résas au ☎ 36-54 (prix d'un appel local – tlj 6h30-22h), sur • airfrance.fr •, dans les agences Air France et dans ttes les agences de voyages. Fermées dim.

➢ Air France assure des liaisons Orly-Bastia, Orly-Ajaccio, Orly-Figari et Orly-Calvi. Également des liaisons directes avec son partenaire Air Corsica depuis de nombreux aéroports de province, avec son partenaire *Air Corsica* (voir ci-dessous).

Air France propose à tous des tarifs attractifs toute l'année. Pour consulter les meilleures offres du moment, allez directement sur la page « Nos meilleurs tarifs » sur *• airfrance.fr •*

Flying Blue, le programme de fidélité gratuit d'Air France-KLM, permet de gagner des *miles* en voyageant sur les vols *Air France, KLM, HOP!* et les compagnies membres de *Skyteam,* mais aussi auprès des nombreux partenaires non aériens *Flying Blue...* Les *miles* peuvent ensuite être échangés contre des billets d'avion ou des services (surclassement, bagage supplémentaire, accès salon...) ainsi qu'auprès des partenaires. Pour en savoir plus, rendez-vous sur *• flyingblue.com •*

▲ AIR CORSICA : *rens et résas : ☎ 0825-35-35-35 (0,20 €/mn). • aircorsica.com •*

➢ *Air Corsica* assure des liaisons entre les 4 aéroports de la Corse et les aéroports de Bordeaux, Bruxelles-Charleroi, Clermont-Ferrand, Dôle, Lyon, Marseille, Nantes, Nice, Paris, Toulon et Toulouse.

Les compagnies *low-cost*

▲ **EASYJET**
• easyjet.com/fr •
➢ Dessert Bastia, Ajaccio et Figari au départ de Paris-CDG. Également des vols Bâle-Mulhouse/Ajaccio, Bâle-Mulhouse/Bastia, Lyon-Bastia, Lyon-Figari, Nantes-Bastia, Toulouse-Bastia, Toulouse-Figari, Lyon-Ajaccio, Genève-Ajaccio, Genève-Bastia et Genève-Figari (en saison).

▲ **RYANAIR**
Infos et résas : • ryanair.com • Les meilleurs tarifs sont accessibles seulement sur Internet (promotions ponctuelles).
➢ Dessert Figari au départ de Paris-Beauvais et de Bruxelles-Charleroi.

▲ **VOLOTEA**
Rens : ☎ 0829-232-050 (0,15 €/mn). • volotea.com •
➢ La compagnie assure des liaisons entre les aéroports d'Ajaccio et de Bastia et les aéroports de Bordeaux, Brest, Caen, Lille, Lyon, Montpellier, Nantes, Strasbourg et Toulouse. Également des vols entre Bordeaux, Caen, Lille, Lyon, Nantes, Strasbourg, Toulouse et Figari.

EN TRAIN

Si vous voulez gagner votre port par le train, voici quelques possibilités.

Au départ de Paris

Gare de Lyon : pour les trains de jour.
➢ ***Paris-Marseille :*** compter un peu plus de 3h de trajet.
➢ ***Paris-Toulon :*** près de 4h de trajet.
➢ ***Paris-Nice :*** env 5h30 de trajet.

Au départ de la province

➢ ***Bordeaux-Marseille :*** prévoir près de 6h de voyage en Intercités.
➢ ***Lyon-Marseille :*** 1h30 de trajet.
➢ Depuis ***Lille,*** TGV directs à destination de Marseille (en 5h env), Toulon (en 6h), Nice (en 8h).

Pour voyager au meilleur prix

La SNCF propose des services adaptés à chacun de vos voyages.
➢ ***Prem's :*** des petits prix disponibles toute l'année. Billets échangeables et remboursables (offres soumises à conditions). Impossible de poser des options de réservation sur ces billets : il faut les payer immédiatement.

➢ ***Les cartes de réduction***
Pour ceux qui voyagent régulièrement, profitez de 30 % de réduction avec les cartes *Avantage Famille, Avantage Jeune, Avantage Famille, Jeune, Week-end* ou *Senior* + (valables 1 an).

Renseignements et réservations

– ***Internet :*** *• oui.sncf •*
– ***Téléphone :*** *☎ 36-35.*
– Également dans les gares, les boutiques SNCF et les agences de voyages agréées.

– ***OUI.sncf :*** acteur majeur du tourisme en Europe, expert de la distribution du train et de la destination France, OUI.sncf propose les offres des transporteurs train tels que TGV INOUI, OUIGO, INTERCITÉS, Eurostar, Thalys, TGV Lyria ; compagnies de bus, compagnies aériennes ; nombreuses offres d'hôtels référencés... et des services exclusifs (relation clients disponible 24h/24, Alerte Petits Prix, OUIbot...).

LES ORGANISMES DE VOYAGES

▲ **NOMADE AVENTURE**
☎ 0825-701-702 (0,15 €/mn + prix d'appel). • nomade-aventure.com •
– Paris : 40, rue de la Montagne-Sainte-Geneviève, 75005. ☎ 01-46-33-71-71. Ⓜ Maubert-Mutualité. Lun-sam 9h30-18h30.
– Lyon : 10, quai Tilsitt, 69002. ☎ 04-72-44-13-50. Lun-sam 9h30-18h30.
– Marseille : 12, rue Breteuil, 13001.

☎ 04-84-25-21-86. Lun-sam 9h30-18h30.
– Toulouse : 43, rue Peyrolières, 31000. ☎ 05-62-30-10-77. Lun-sam 9h30-18h30.
Nomade Aventure propose des circuits inédits partout dans le monde, à réaliser en famille, entre amis, avec ou sans guide. Également la possibilité d'organiser, hors de groupes constitués, un séjour libre en toute autonomie et sur mesure. Spécialiste de l'aventure avec plus de 600 itinéraires (de niveau tranquille, dynamique, sportif ou sportif +) faits d'échanges et de rencontres avec les habitants, Nomade Aventure donne la priorité aux expériences authentiques à pied, à VTT, à cheval, à dos de chameau, en bateau ou en 4x4.

▲ TERRES D'AVENTURE
Nº Indigo : ☎ 0825-700-825 (0,15 €/mn + prix d'appel). ● terdav.com ●
– Paris : 30, rue Saint-Augustin, 75002. ☎ 01-70-82-90-00. Ⓜ Opéra ou Quatre-Septembre. Lun-sam 9h30-19h.
– Agences également à Bordeaux, Grenoble, Lille, Lyon, Marseille, Nantes, Rennes, Rouen, Strasbourg et Toulouse.
Depuis 1976, Terres d'Aventure, spécialiste du voyage à pied, propose aux voyageurs passionnés de marche et de rencontres des randonnées hors des sentiers battus à la découverte des grands espaces de notre planète. Voyages à pied, à cheval, en bateau, à raquettes... sur tous les continents, des aventures en petits groupes ou en individuel encadrés par des professionnels expérimentés sont proposées. Les hébergements dépendent des sites explorés : camps d'altitude, bivouacs, refuges ou petits hôtels. Les voyages sont conçus par niveaux de difficulté : de la simple balade en plaine à l'expédition sportive en passant par la course en haute montagne.
En province, certaines de leurs agences sont de véritables *Cités des Voyageurs* dédiées au voyage. Consultez le programme des manifestations sur leur site internet.

Comment aller à Roissy et à Orly ?

Toutes les infos sur notre site *● routard.com ●* à l'adresse suivante : *● bit.ly/aeroports-routard ●*

Voir aussi au sein de chaque ville les agences locales que nous avons sélectionnées.

BON À SAVOIR AVANT LE DÉPART

ABC de la Corse

- **Statut :** depuis 2018, une collectivité territoriale unique, fusionnant l'ancienne collectivité territoriale et les 2 conseils départementaux de Corse-du-Sud (préfecture Ajaccio) et de Haute-Corse (Bastia).
- **Superficie :** 8 680 km². 183 km du nord au sud et 83 km de largeur maximale. C'est la 4e île de la Méditerranée après la Sicile, la Sardaigne et Chypre.
- **Point culminant :** le monte Cinto (2 706 m).
- **Population :** env 334 950 hab. (177 700 en Haute-Corse et 157 250 en Corse-du-Sud). Densité : env 38,6 hab./km².
- **Diaspora :** 2 millions de Corses vivent hors de l'île (ce qui comprend les Corses nés en Corse et leurs enfants ayant gardé un lien avec l'île). Le Grand Marseille serait la 1re métropole corse au monde, avec env 300 000 Corses.
- **Tourisme :** il contribue à hauteur de 31 % au PIB régional.
- **Littoral :** 1 034 km de côtes, dont 202 km protégés par le Conservatoire du littoral.
- **Forêts :** elles couvrent 46 % de la superficie de la Corse.
- **Plaine orientale :** 10 % du territoire, 80 % de la richesse agricole de la Corse.
- **Produits exportés :** à 80 % ce sont des produits viticoles et des fruits, dont des agrumes (citrons, oranges, clémentines).

AVANT LE DÉPART

Adresses utiles

Agence de tourisme de la Corse : *17, bd du Roi-Jérôme, BP 19, 20181 **Ajaccio** Cedex 01.* ☎ *04-95-51-00-00.* • *visit-corsica.com* • Pour toutes les infos générales sur la Corse. Pas de documentation papier, réponses par mail.

Relais régional des Gîtes de France : *77, cours Napoléon, 20000 **Ajaccio.*** ☎ *04-95-10-54-30.* • *gites-corsica.com* • *chambres-d-hotes-en-corse.com* • Propose le catalogue complet des gîtes ruraux, des chambres d'hôtes et des campings à la ferme dans toute l'île.

Parc naturel régional de la Corse : *19, av. Georges-Pompidou, immeuble Faggianelli, CS 30417, 20700 **Ajaccio** Cedex 09.* ☎ *04-95-51-79-00 ou 10.* • *pnr.corsica* • Toutes infos sur le parc, le GR 20 et les prestataires de services.

• ***routard.com*** • Le site de voyage n° 1, avec près de 800 000 membres et plusieurs millions d'internautes chaque mois. Pour s'inspirer et s'organiser, près de 300 guides destinations actualisés, avec les infos pratiques, les incontournables et les dernières actus, ainsi que les reportages terrain et idées week-end de la rédaction. Partagez vos expériences avec la communauté de voyageurs : forums de discussion avec avis et bons plans, carnets de route et

photos de voyage. Enfin, vous trouverez tout pour vos vols, hébergements, voitures et activités, sans oublier nos suggestions pour réserver votre voyage au meilleur prix.
– ***Bon à savoir :*** entre 2 parutions, des événements fortuits (conditions d'accès aux sites, fermetures inopinées, etc.) peuvent intervenir et modifier vos projets de voyage ou de visite. Pour éviter les déconvenues, nous vous recommandons de consulter la rubrique « Inspirations » par région et cliquer sur l'onglet « Actus ».

Carte internationale d'étudiant (carte ISIC)

Elle prouve votre statut d'étudiant dans le monde entier et permet de bénéficier de tous les avantages, services et réductions dans les domaines du transport, de l'hébergement, de la culture, des loisirs, du shopping...
La carte ISIC permet aussi d'accéder à des avantages exclusifs (billets d'avion spécial étudiants, hôtels et auberges de jeunesse, assurances, cartes SIM internationales, location de voitures...).

Renseignements et inscriptions

– ***En France :*** • *isic.fr* • *13 € pour 1 année scolaire.*
– ***En Belgique :*** • *isic.be* •
– ***En Suisse :*** • *isic.ch* •
– ***Au Canada :*** • *isiccanada.com* •

Formalités, douanes

Formalités administratives

Aucun visa n'est demandé aux ressortissants de l'Union européenne ni aux Suisses qui se rendent en Corse pour une durée maximale de 90 jours. Une pièce d'identité suffit (carte d'identité ou passeport). Au-delà de 90 jours, faire une demande de carte de séjour auprès de la ***préfecture d'Ajaccio.*** Les personnes étrangères à l'UE sont soumises aux conditions établies entre leur pays d'origine et la France.
Nos amis canadiens n'ont donc pas besoin de visa mais devront se munir de leur passeport. Par ailleurs, la durée du séjour est limitée à 2 fois 90 jours par an (avec demande de carte de séjour auprès de la préfecture d'Ajaccio pour la prolongation). Pour rester plus longtemps, la demande se fait au Canada (y penser avant de venir en Corse) auprès d'un consulat de France.

Douanes

La Corse est soumise aux mêmes limitations d'importation et d'exportation que la France continentale. Pour plus d'informations : • *douane.gouv.fr* •

ARGENT, BANQUES

– Attention : les distributeurs de billets n'étant pas légion et les cartes de paiement pas toujours acceptées (loin de là), pensez à vous munir de votre chéquier et prévoyez suffisamment de liquide.

Cartes de paiement

Quelle que soit la carte que vous possédez, chaque banque gère elle-même le processus d'opposition et le numéro de téléphone correspondant ! Avant de partir, notez donc bien le numéro d'opposition propre à votre banque (il figure souvent

sur votre contrat, au dos des tickets de retrait ou à côté des distributeurs de billets), ainsi que le numéro à 16 chiffres de votre carte. Bien entendu, conservez ces informations en lieu sûr, et séparément de votre carte. Par ailleurs, l'assistance médicale se limite aux 90 premiers jours du voyage.
Et pensez bien, avant le départ, à VÉRIFIER LA DATE D'EXPIRATION DE VOTRE CARTE DE PAIEMENT !

– ***Carte bleue Visa :*** *numéro d'urgence (Europ Assistance), ☎ 01-41-85-85-85. • visa.fr •*
– ***Carte MasterCard :*** *numéro d'urgence, ☎ 01-45-16-65-65 (0,34 €/mn). • mastercardfrance.com •*
– ***Carte American Express :*** *numéro d'urgence, ☎ 01-47-77-72-00. • americanexpress.com •*

Petite mesure de précaution : si vous retirez de l'argent dans un distributeur, utilisez de préférence les distributeurs attenants à une agence bancaire. En cas de pépin avec votre carte (carte avalée, erreur de code secret...), vous aurez un interlocuteur dans l'agence, pendant les heures ouvrables du moins.

BUDGET

Recommandation à ceux qui souhaitent profiter des réductions et avantages proposés dans le *Routard* par les hôteliers et les restaurateurs.

À l'hôtel, pensez à les demander **au moment de la réservation** ou, si vous n'avez pas réservé, **à l'arrivée.** Ils ne sont valables que pour les réservations en direct et ne sont pas cumulables avec d'autres offres promotionnelles (notamment sur Internet). Au restaurant, parlez-en **au moment** de la commande et surtout **avant** que l'addition ne soit établie. Poser votre *Routard* sur la table ne suffit pas : le personnel de salle n'est pas toujours au courant et une fois le ticket de caisse imprimé, il est souvent difficile de modifier le total. En cas de doute, montrez la notice relative à l'établissement dans le *Routard* de l'année, bien sûr, et ne manquez pas de nous faire part de toute difficulté rencontrée.

La Corse n'est pas vraiment une destination bon marché.
– ***Le transport :*** difficile de donner des chiffres précis concernant le coût du transport pour se rendre en Corse tant les prix varient selon la période choisie, les promotions et les compagnies aériennes ou maritimes. Si l'on choisit l'avion, le budget en prend déjà un bon coup : selon la saison, de 170 à 350 € l'aller-retour Paris-Ajaccio sur une compagnie régulière. En jonglant avec les offres, et grâce à l'arrivée de compagnies *low-cost,* de plus en plus nombreuses, on peut réduire ce poste de dépenses : environ 100 € l'aller-retour, voire moins si l'on voyage malin. En ferry, compter de 60 à 100 € l'aller-retour selon confort et saison. Certes, il existe aussi des offres à partir de prix très bas mais, soumises à conditions, elles ne sont pas proposées à tous. Dans tous les cas, penser à prendre son billet longtemps à l'avance. De même, les indications de prix données ne tiennent pas compte des réductions accordées aux familles, par exemple.

– ***La voiture :*** une fois sur place, la plupart du temps, on loue une voiture, à partir de 350 € par semaine (pour une voiture convenant à un couple). À moins qu'on ait passé la sienne avec le ferry : de 100 à 300 € environ selon la saison et selon le port de destination.

– ***Le coût de la vie en Corse :*** élevé ! Au moins 2 raisons à cela : en premier lieu, comme dans toute île, la plupart des produits et matières premières viennent du continent. Ensuite, le caractère saisonnier de certaines activités et, bien évidemment, le tourisme amènent à pratiquer des prix plus élevés. Ensuite, la Corse est, à bien des égards, une île d'exception : par exemple, l'essence ne s'y vend pas en hypermarché. Certes, le réseau des stations-service est dense sur l'île, mais l'essence se paie le plus souvent à des tarifs approchant ceux pratiqués dans les stations d'autoroute sur le continent... et ce malgré une TVA réduite !

CADEAU EMPOISONNÉ

Depuis Napoléon, le tabac est 25 % moins cher en Corse (même si cet écart a tendance à se réduire). Pas étonnant que le tabagisme soit 29 % plus élevé que la moyenne métropolitaine. Résultat, les décès par cancer du poumon sont 27 % plus nombreux que sur le continent, selon l'Agence régionale de santé en Corse...

Entre avril et juillet-août, le prix d'une chambre peut passer du simple au triple, voire davantage... Quant aux produits de consommation courante, alimentaires notamment, c'est pareil, avec des variations considérables d'un lieu à l'autre : vers certaines plages, la bouteille d'eau réfrigérée est à 3 €, et les fruits et légumes atteignent des records ; mais allez quelques kilomètres plus loin, et c'est 2 fois moins cher – tout en restant bien cher, c'est dire ! Une étude de l'Insee a estimé à 10 % le « surcoût » de la vie en Corse, par comparaison avec le continent.

Cependant, on peut quand même découvrir l'île en routard, à des prix (presque) routards : en choisissant le camping, en couchant dans les gîtes en montagne, enfin en se rabattant sur les pizzerias, les paninis et les sandwichs. La solution des gîtes ruraux à la semaine est également abordable et intéressante dès qu'on voyage en famille. L'île de Beauté, heureusement, n'est pas réservée qu'aux riches !

En résumé, le séjour en Corse peut, si l'on sait se montrer raisonnable, s'avérer pas trop ruineux : en gîte rural, par exemple, et en ayant passé sa voiture avec le ferry, cela revient, selon la saison et avec un resto de temps en temps, de 1 500 à 2 500 € la quinzaine pour 2 personnes.

Hébergement

D'une manière générale, nous indiquons des fourchettes de prix allant de la chambre double la moins chère en basse saison à celle la plus chère en haute saison. Ce qui implique parfois d'importants écarts, pas toujours en adéquation avec la rubrique dans laquelle l'établissement est cité. Le classement retenu est donc celui du prix de la majorité des chambres et de leur rapport qualité-prix.

– Les prix que nous indiquons sont, sauf erreur, ceux que nous ont communiqués les hôteliers et restaurateurs. Il arrive toutefois qu'au moment de la remise à jour certains nous indiquent leurs tarifs de l'année en cours (et non ceux de l'année suivante) avant de les augmenter pendant l'hiver. Bien sûr, les prix sont libres, mais nous ne sommes pas là pour recommander les services d'hôteliers qui nous annoncent des chambres à 70 € pour les louer 20 € de plus. D'autant que c'est nous qui en faisons les frais, les lecteurs nous reprochant ensuite de ne pas bien réactualiser les guides. Aussi, merci de nous signaler, quand elles sont excessives, ces différences entre les prix annoncés et ceux pratiqués. Idem pour les offres et réductions consenties à nos lecteurs quand les engagements ne sont pas respectés.

– Les tarifs des ***campings*** sont calculés sur la base d'un emplacement pour 2 avec voiture et tente en haute saison. Ils sont classés en tête de rubrique « Où dormir ? ».
– Les ***gîtes d'étape*** pratiquent en règle générale des tarifs « Bon marché » pour une nuitée en dortoir (avec ou sans les draps). Le tarif indiqué est celui du lit en dortoir et/ou parfois de la chambre double, quand il y en a.
– En ***chambres d'hôtes,*** les prix sont donnés sur la base d'une chambre double. Ils incluent le petit déjeuner (c'est normalement la loi...). Les cartes de paiement y sont rarement acceptées.
– Concernant les ***hôtels,*** la base reste celle d'une nuit en chambre double (sans petit déjeuner), sauf exception.
À savoir : la plupart des municipalités perçoivent une taxe de séjour. Celle-ci se paie directement à l'hébergeur (hôtel, chambre d'hôtes, gîte...), elle ne peut être incluse dans votre forfait vacances remis par votre agence. Compter entre 0,50 et 1,50 € par jour et par personne.

– ***Bon marché :*** jusqu'à 60 €.
– ***Prix moyens :*** de 60 à 90 €.
– ***Chic :*** de 90 à 130 €.
– ***Plus chic :*** de 130 à 160 €.
– ***Beaucoup plus chic :*** au-delà de 160 €.

– ***Logis*** est la 1re chaîne de restaurateurs-hôteliers indépendants en Europe avec 2 200 établissements répartis dans 8 pays. Fort de ses 70 années d'expérience, le réseau offre l'assurance d'un accueil personnalisé et chaleureux, d'un hébergement de qualité ainsi que d'une restauration faite maison mettant à l'honneur produits locaux et de saison. Engagés sur les territoires, tous les Logis sont impliqués dans une démarche d'économie locale, privilégiant les circuits courts et les produits régionaux. Plus d'infos : ● *logishotels.com* ●

Restos

Au restaurant, notre critère de classement est le prix du 1er menu servi le soir (hors boissons). Les notions de « Prix moyens » ou « Plus chic » n'engagent donc que les prix. Ainsi, certains restos chics proposant parfois d'intéressantes formules, notamment au déjeuner, pourront malgré tout être classés dans la rubrique « Plus chic » en raison des tarifs pratiqués le soir. Ne boudez donc pas cette rubrique qui recèle parfois d'intéressantes pépites.

– ***Très bon marché :*** moins de 12 €.
– ***Bon marché :*** de 12 à 20 €.
– ***Prix moyens :*** de 20 à 30 €.
– ***Chic :*** de 30 à 40 €.
– ***Plus chic :*** plus de 40 €.

Un dernier conseil

Les distributeurs de billets n'étant pas légion en dehors des villes, pensez à vous munir de votre chéquier (mais les chèques « du continent » ne sont pas toujours acceptés) et ***prévoyez suffisamment de liquide.*** De plus en plus de commerçants, même les restaurateurs, acceptent les cartes néanmoins.

CLIMAT

Le climat en Corse est facile à décrire : de mai-juin à mi-septembre, grand beau temps quasi assuré sur les côtes. Mais il existe des nuances. Il fait généralement plus chaud au cap Corse qu'à Bonifacio. Bien sûr, l'air est toujours plus frais en

montagne qu'en bord de mer. N'oubliez pas de prévoir une petite laine dans l'intérieur du pays. Attention aussi aux orages, brefs mais violents, qui éclatent souvent dans l'intérieur en période estivale, entraînant des inondations parfois ravageuses. Malgré tout, les pluies sont rares : pas plus de 50 jours par an ! Parfois, le vent souffle très fort. Le vent dominant ici est le *libecciu,* venu du sud-ouest, sec et chaud. Le mistral, qui favorise les incendies, est plus violent.
Et puis il y a de la neige (eh oui, la Corse est une île montagneuse) : en altitude, elle peut persister jusqu'à mi-juin, voire début juillet... Si vous visitez la Corse à Pâques, ne soyez pas étonné de trouver des routes fermées ou des sentiers de randonnée impraticables. En gros, les meilleures périodes pour aller en Corse et éviter canicule et flots de touristes sont mai-juin, et septembre-octobre. Et, au printemps, le maquis est en fleurs !
Enfin, détail important : la température de la mer est en moyenne de 15 °C en hiver et de 25 °C en été.

FEUX DE FORÊT

De curieux nuages gris s'étendent et s'amoncellent au-dessus de la route qui rejoint Corte. Pourtant, le ciel est bleu. Les touristes s'étonnent et poursuivent leur chemin. Mais voilà un barrage de police : « Demi-tour messieurs dames, le feu est à quelques kilomètres. » Campings et maisons évacués, camions rouges des pompiers qui occupent le terrain, Canadair jaunes qui passent à basse altitude...
Les touristes qui ont choisi la Corse pour leurs vacances connaissent la musique. Toujours la même tragédie du feu, suivie le lendemain par autant de déclarations tonitruantes et vengeresses de la part des élus locaux dans les journaux. On parle de pyromanes, d'accidents dus à la négligence et d'éleveurs indélicats. Car la 1re cause des feux de forêt est celle appelée pudiquement « cause pastorale » : certains éleveurs (une toute petite minorité), pour démaquiser et donner ainsi de l'espace et du (maigre) pâturage aux (maigres) bestiaux, déclenchent des feux ravageurs. Cette technique de fertilisation des terres par brûlis, l'écobuage, est très ancienne ; mais elle était autrefois pratiquée en hiver, les jours sans vent et sur une terre largement cultivée, moins inflammable donc que cette friche qui l'a, peu à peu, remplacée.

Des résultats en dents de scie

Alors tout le monde râle, et tout d'abord les Corses. Toutefois, des mesures répressives – bien difficiles à appliquer (il est presque impossible de prendre ces incendiaires sur le fait) – et des programmes de prévention (démaquisage, surveillance accrue des départs de feu) ont permis de réduire sensiblement les feux de forêt, même s'il y a des années à « rechute ». 2014-2016 ont été 3 années plutôt bonnes. 2017 a été franchement mauvaise, et 2018 ainsi que 2019 et 2020 plutôt calmes sur ce front.

Consignes

En forêt

– Ne pas allumer de feux entre le 1er juillet et le 30 septembre.
– Éviter la fréquentation des forêts lorsque les bulletins météo indiquent des risques évidents de propagation rapide d'incendie (vents forts et forte chaleur). Se renseigner auprès de la préfecture, via le site ● *risque-prevention-incendie.fr/corse/* ● qui donne les informations la veille, à 18h, pour le lendemain.
– En cas d'incendie, regagner des zones signalées comme sécurisées si elles existent (routes ou sentiers). Dans le cas contraire, se réfugier dans le lit d'une rivière ou sur le point haut dégagé le plus proche, afin d'être repéré par les secours.

– Ce choix doit être effectué en fonction des capacités physiques de chacun et en tenant compte que, en relief accidenté, le feu va plus vite que l'homme.

L'alerte

– Vous êtes témoin d'un départ de feu : composez le ☎ *18* ou le ☎ *112,* en essayant de préciser l'ampleur et le lieu de départ, s'il y a des habitations ou des points sensibles (campings, etc.) menacés directement. Laissez vos coordonnées.

En règle générale

– Sur la route, évitez de rester sur place en cas d'incendie (sauf contrordre de la part des secours).
– Si vous louez une maison, vérifiez que le débroussaillement légal est bien réalisé (50 m autour de l'habitation). En cas de sinistre, si cette condition est respectée, préférez le confinement en fermant les volets et les portes et en les aspergeant d'eau si possible.
– Dans tous les cas, il faut savoir que le feu passe très vite et que le confinement – en ayant fermé et protégé tous les accès – constitue la solution préconisée.
– N'oubliez pas de signaler au préalable votre présence aux secours.

HÉBERGEMENT

Gîtes d'étape

Très bien pour les randonneurs, car on y trouve le plus souvent un dortoir ou des chambres collectives et un coin cuisine. Ils proposent pratiquement toujours aussi la ½ pension, et sont situés près des sentiers du parc régional (Mare a Mare, Mare e Monti). Liste complète disponible auprès du bureau du parc régional à Ajaccio (ou consulter • *gites-refuges.com/www/* •). ATTENTION : pas de gîte d'étape sur le GR 20, uniquement des refuges.

Auberges de jeunesse

Il n'y en a plus...

Hébergement en couvent

Une façon de voir la Corse sous un angle plus spirituel que d'ordinaire. Cela dit, on n'est pas obligé de suivre toutes les règles monastiques en vigueur ; il suffit d'observer un minimum de silence pour ne pas troubler la vie des moines. Hébergement simple et à prix raisonnables.
– *Couvent de Corbara :* ☎ *04-95-60-06-73.*
– *Couvent de Vico :* ☎ *04-95-26-83-83.*
– *Maison Saint-Hyacinthe :* ☎ *04-95-33-28-29.*

Campings

L'île est plutôt bien pourvue : près de 200 campings, ouverts en général de mai à octobre, et parfois même à l'année. La nuit pour 2 avec tente et voiture coûte en moyenne de 15 à 30 € (davantage dans les campings très étoilés) en pleine saison. Bon à savoir, de nombreux campings ne prennent pas de réservations.
À l'intérieur de la Corse, on trouve des campings situés dans des endroits de rêve, sous les châtaigniers ou au bord de torrents de montagne. Il y a aussi les campings à la ferme. Sur la côte, les campings sont souvent plus grands, et c'est une autre ambiance (animations...). Et avec la plage en direct. Mais il peut arriver qu'en très haute saison on se retrouve à 2 tentes sur le même emplacement...

Enfin, 2 conseils : le sol est souvent très sec et dur en été, prévoyez de quoi bien planter les piquets. Et si vous êtes en camping-car, assurez-vous que le camping dans lequel vous comptez faire halte (il n'est pas conseillé de faire du « camping-car sauvage » en Corse) est bien adapté à ce genre de véhicule.
Rappelons, enfin, que LE CAMPING SAUVAGE EST STRICTEMENT INTERDIT.

Chambres d'hôtes

De plus en plus nombreuses. Intéressante quand on ne souhaite pas rester trop longtemps dans le même endroit (sinon, louer un gîte rural). Compter de 60 à 90 € en moyenne (parfois bien plus dans la catégorie « charme »), petit déjeuner compris. On peut assez souvent prendre le repas du soir à la table d'hôtes, sur réservation. Puis on continue son chemin... jusqu'à la prochaine chambre d'hôtes. Beaucoup sont affiliées aux *Gîtes de France* (voir ci-après), qui ont créé un site dédié aux chambres d'hôtes : • *chambres-d-hotes-en-corse.com* •

Gîtes de France

À l'évidence la meilleure solution pour séjourner en Corse. Surtout en famille. Car, même en haute saison, on trouve des gîtes tout équipés pour 4 à 6 personnes à partir de 600 € environ la semaine, et presque 2 fois moins chers hors saison : un tarif imbattable. Il y en a plus de 1 350 dans l'île, bien souvent situés dans l'arrière-pays. Les équipes des *Gîtes de France* sont là pour vous conseiller : exposez-leur vos souhaits et faites-leur confiance.
Bon à savoir : les animaux sont souvent acceptés dans les gîtes ruraux. Rappelons enfin que, comme partout ailleurs en France, les locations de gîtes se font à la semaine et du samedi au samedi (parfois le week-end hors saison).

■ ***Relais régional des Gîtes de France :*** *77, cours Napoléon, 20000* ***Ajaccio.*** *Service de résas (envoi de courriers) : BP 10, 20181 Ajaccio Cedex 01.* ☎ *04-95-10-54-30.* • *gites-corsica.com* •

Hôtels

L'avantage des hôtels est la grande liberté qui est laissée : 2 nuits ici, 2 là, 3 ailleurs... Parfait pour un tour de Corse. Évidemment, réservation indispensable de juin à mi-septembre. Beaucoup d'hôtels en Corse sont des petites affaires familiales, saisonnières, et ils paraissent parfois chers pour les prestations proposées. On relève aussi des hôtels de charme, trop peu nombreux et installés dans d'anciens *palazzi.* Les hôtels de chaîne sont rares. Avec ça, quelques établissements de prestige.

LANGUE CORSE

Pour un *pinzutu* (terme désignant un continental, on prononce « pinzut' »), l'approche de la langue corse se fait par ces panneaux routiers parfaitement imprononçables pour certains, portant le nom des villages : la dernière lettre du nom du lieu – un *o* le plus souvent – a été barrée d'un coup de pinceau et remplacée par le *u* final (voir plus loin « Toponymes »). Et puis un jour, à l'heure du pastis, on surprend une conversation entre un jeune et un ancien. Mais d'où vient-elle, cette langue, « patois de l'île des Seigneurs », que l'on dit sans cesse menacée ?
Selon un fils du pays, Pascal Marchetti, linguiste érudit et auteur de *La Corsophonie, un idiome à la mer* (Albatros, 1990), ainsi que de la méthode Assimil *Le Corse sans peine* (et *Le Corse de poche,* également chez Assimil), il y a d'abord eu un parler prélatin dans l'île. Puis un néolatin populaire, base du parler corse actuel. Pendant la période de domination pisane, puis génoise, la langue corse a été en contact et en symbiose avec la langue toscane. Résultat : le corse serait « un faisceau de parlers du groupe italien ».

Si Dante revenait ici-bas, il pourrait s'entendre avec le plus rustre des bergers du Niolo. Aujourd'hui, les touristes italiens écoutent avec ravissement les gens de l'île. Combattue par la IIIe République, presque anéantie par la télévision et le monde moderne, la langue corse n'était régulièrement parlée que par les vieux et une poignée de jeunes. Pourtant, on estime à 70 % le nombre d'habitants sachant la parler ! Depuis que le gouvernement lui a accordé en 1974 le statut de langue régionale, elle est enseignée, et les jeunes se la réapproprient. Il faut aussi signaler la difficulté à « fixer » cette langue à l'écrit. Longtemps elle n'a dépendu que de la tradition orale, et le problème pour l'enseigner est de se mettre d'accord sur un corse « généraliste » qui soit accepté par tous. Car chaque microrégion a « son » parler corse. De fait, le vocabulaire varie souvent. Si on fait le tour de l'île, on trouve une bonne dizaine de manières de nommer une chaise.

UNE LANGUE BIEN VIVANTE

La quasi-totalité des petits Corses reçoivent un enseignement de la langue corse en primaire. Une sacrée performance quand on connaît le peu d'enthousiasme de l'État pour les langues régionales : il n'y a pas d'exemple similaire ailleurs en France.

Quelques mots corses

Castagnu	châtaignier
Liccetu	forêt de chênes verts
Pinetu	forêt de pins
Bocca	col de montagne ou détroit
Capu	cap
Monte	mont
Serra	chaîne de montagnes
Lavu (lagu)	lac
Piscia	cascade
Pace è salute !	paix et santé ! (formule de salutation très usitée)
Basgi	bons baisers, bises

Toponymes

La plupart des noms de lieux corses utilisés en français datent en fait de la période (honnie) de l'occupation génoise, les maîtres de la Corse parlant le toscan. Résultat : ce qui ressemble, pour les continentaux, à du corse n'en est pas et se retrouve combattu par les corsophones. Quelques exemples : *Sartè* (Sartène), *Bucugnà* (Bocognano), *Pruprià* (Propriano), *Auddè* (Aullène).
Dans la plupart des cas, la différence porte sur les voyelles finales en particulier (le plus souvent *o* en toscan et *u* en corse) et ne pose pas de problème de compréhension (*Córti* et *Cervioni* pour Corte et Cervione). La double consonne *lle* se transforme en *dd* dans le Sud. Parfois, le toponyme utilisé couramment provient carrément d'une erreur (*Isula Rossa* signifie littéralement « île rouge » et non « rousse »). Quoi qu'il en soit, les cartes routières (Michelin, IGN) reprennent les noms en usage, même si, sur les panneaux indicateurs, on « corrige » souvent les noms de villages. Parfois, on les « fusille ». Mais là il s'agit moins de désaccord linguistique que de piètres chasseurs rentrés bredouilles et qui trouvent dans ces panneaux des cibles plus faciles que le sanglier !

Prononciation

Les Corses semblent « avaler » les terminaisons des noms. La raison est que l'accent tonique, en corse, est sur l'avant-dernière syllabe, la voyelle finale, qui existe pourtant bien, s'entendant du coup beaucoup moins. Ainsi, Bonifacio se prononce, à la corse, « BounifAsziu » (le A majuscule correspondant à l'accent tonique).

Quelques règles courantes : le *e* n'est jamais muet, le *ci* se prononce « tchi », le *che* donne « ké », les *r* sont roulés (légèrement, pas comme en espagnol), et les voyelles qui se suivent sont prononcées séparément (forêt d'« A-ï-tone »). Allez, bon corse !

LIVRES DE ROUTE

Il n'y a pas eu, à proprement parler, de littérature corse avant une époque récente. Ce fut longtemps le pays de l'oralité et des hommes-livres : bergers qui récitaient la *Divina Commedia* ou l'*Orlando Furioso* par cœur, paysans illettrés qui, dans une syntaxe rigoureuse, suivant une rime précise et avec un pouvoir d'évocation surprenant, improvisaient des poèmes superbes...
Prenant naissance au début des années 1970, le renouveau culturel suscite un désir de création littéraire qui entraînera de nombreuses publications, où s'exprimeront des écrivains corses de langue française – mais aussi quelques-uns utilisant la langue corse.
Mais le terme d'« écrivain corse » peut être considéré sous divers angles. En effet, si les romans d'***Angelo Rinaldi,*** par exemple, ont pour cadre la Corse, les caractères et les situations qu'il représente participent d'une société pas forcément insulaire. L'œuvre de cet écrivain – considéré parfois comme le meilleur écrivain corse (son roman *La Maison des Atlantes* a obtenu le prix Femina en 1972) –, de par son style et ses thèmes, s'adresse plutôt à une certaine élite. Idem pour ***Marie Susini.*** Les sentiments contradictoires d'amour et de rejet qu'elle éprouve pour l'île imprègnent ses romans, ainsi que la sensation d'enfermement que reconnaissent certainement certains Corses (les femmes surtout). À lire, *La Fiera* et *La Renfermée, la Corse.* D'une femme également, ***Marie Ferranti,*** *La Fuite aux Agriates* (Gallimard, coll. « Folio », nº 3713), un roman qui n'est pas sans évoquer une certaine histoire, puisque l'un des personnages est un berger en fuite après un assassinat. Mais le roman est centré avant tout sur une histoire d'amour vouée au drame. Autre écrivain corse contemporain, ***Jean-Claude Rogliano,*** plus engagé sans doute dans sa « corsitude ». Son *Mal'Concilio* (France-Empire, 2001) est l'une des œuvres marquantes du renouveau culturel corse. Les *Contes et légendes de Corse* (France-Empire, 1999), qu'il a écrits avec sa fille Agnès, se lisent aussi avec plaisir. Dans une autre veine, *Justice en Corse* (Stock, 2002) raconte ses démêlés avec l'institution judiciaire à propos d'une maison.
Les amateurs de polars seront ravis d'apprendre qu'un éditeur corse, Albiana, a lancé, sous le label Nera, une collection de polars 100 % corses.
Rappelons, enfin, que les 1ers « romans corses » ont été écrits au XIXe s... par des Parisiens ! ***Prosper Mérimée*** en est le plus bel exemple : *Colomba* est un modèle du genre et une grande réussite littéraire et commerciale (c'est certainement l'histoire « corse » la plus diffusée et la plus lue au monde). Même si cette nouvelle a largement contribué à favoriser la récurrence de clichés d'une Corse figée au XIXe s, Mérimée y a tout de même finement saisi les traits du caractère insulaire. À la même époque, ***Alexandre Dumas*** a écrit *Les Frères corses* (1844 ; Gallimard, coll. « Folio », 2007), avec aussi un fond de vendetta, une dose de fantastique en plus. ***Maupassant*** enfin, qui avait lui aussi fait le voyage dans l'île de Beauté, avait été vivement impressionné par la nature des *calanche* de Piana – entre autres sites corses qu'il évoque avec force dans son roman *Une vie.* On a republié certains de ces romans classiques en un seul volume, sous le titre *Le Roman de la Corse* (Omnibus, 2013).
Parmi les ouvrages historiques contemporains, on peut citer *L'Histoire de la Corse et des Corses* de Jean-Marie Arrighi et d'Olivier Jehasse (Perrin, coll. « Tempus », 2013). ***La Corse pour les nuls*** (First Editions, 2010), de Thierry Ottaviani, embrasse tous les domaines et se révèle une formidable mine d'informations sur l'île.
Coup de cœur pour une autre historienne, ***Dorothy Carrington,*** dont *La Corse* (Arthaud, 2003) est un chef-d'œuvre de recherche sans doute, historique, bibliographique et archéologique, mais aussi de sensibilité. Quels magnifiques portraits

dans cet ouvrage qui relate la découverte de la Corse des années 1950 par cette Anglaise tombée amoureuse de l'île, qu'elle ne quittera quasiment plus jusqu'à sa mort à Ajaccio, en 2002 ! Coup de cœur également pour les « beaux livres » du journaliste Pierre-Jean Luccioni, consacrés au patrimoine rural et aux savoirs anciens qui disparaissent : ***Tempi fa*** (Albiana, 2007 et 2009). Un 3e volume, consacré aux fêtes religieuses, rites et croyances populaires, est sorti aux mêmes éditions en 2010.

Pour un regard d'ensemble, brassant histoire, économie et politique, lire *Comprendre la Corse* (Gallimard, coll. « Folio Actuel », nº 70, 1999 ; réédition 2004) de ***Jean-Louis Andreani.***

Ceux qui voudraient se plonger dans la nébuleuse nationaliste peuvent lire les entretiens, sans complaisance, réalisés par Guy Benhamou, dans lesquels Jean-Michel Rossi et François Santoni, tous 2 assassinés depuis, font le bilan de 25 ans de nationalisme (*Pour solde de tout compte,* Flammarion, coll. « J'ai Lu », nº 5898, 2001).

Deux mots sur les bouquins de gastronomie. Citons *Carnet de Cucina Corsa,* écrit par l'équipe de Cucina Corsa, présidée par ***Vincent Tabarani*** ; et, de ***François Poli,*** *Tutta a Cucina corsa.* Mais il faut aussi mettre en avant un bel ouvrage plus récent, *Du pain, du vin, des oursins* (Marabout, 2016), signé ***Nicolas Stromboni.*** Bien plus qu'un livre de recettes, c'est une approche militante de la cuisine corse.

Terminons ce petit tour de la littérature corse par les traits de crayon et d'esprit de ***Batti,*** dont les dessins de presse et les savoureux albums bilingues de B.D., en particulier *E in più di què so Corsu* (« Et en plus de ça je suis corse »), reflètent l'humour, la tendresse et l'autodérision de tout un peuple.

Une mention spéciale pour une B.D. à succès, *L'Enquête corse,* de **Pétillon** (Albin Michel, 2000), ou l'histoire d'un détective continental qui débarque sur l'île à la recherche d'un certain Ange Léoni pour lui remettre un titre de propriété d'une défunte parente. Description ironique et mordante des rapports du continental avec les locaux, des rivalités et des dérives, des nombreux clans nationalistes et des différentes polices, des rapports des clans entre eux et avec les polices. Dans chaque dessin, un détail explosif, une phrase qui vise juste. Un vrai régal. La B.D. a même été traduite en corse ! Et adaptée au cinéma, bien sûr...

PERSONNES HANDICAPÉES

Tourisme et Handicap

Créé par le secrétariat d'État à la consommation et au tourisme en partenariat avec les professionnels du tourisme et les associations représentant les personnes handicapées, ce label permet d'identifier les lieux de vacances (hôtels, campings, sites naturels, etc.), de loisirs ou de culture (musées, monuments, etc.) mais aussi des offices de tourisme accessibles aux personnes en situation de handicap. Cette accessibilité, visualisée par un pictogramme correspondant aux 4 types de handicap (moteur, visuel, auditif et mental), garantit accueil, accessibilité et confort et une utilisation des services proposés avec un maximum d'autonomie dans un environnement sécurisant.

Pour connaître la liste des sites labellisés par départements ● *tourisme-handicaps.org* ●

Par ailleurs, dans notre guide, nous indiquons par le logo ♿ les établissements qui possèdent un accès ou des chambres pouvant accueillir des personnes handicapées. Certaines adresses sont équipées selon les critères les plus modernes. D'autres, plus simples, plus anciennes aussi, sans répondre aux normes les plus récentes, favorisent l'accueil des personnes handicapées en facilitant l'accès à leur établissement, tant sur le plan matériel que sur le plan humain. Appelez donc auparavant pour savoir si l'équipement de l'hôtel ou du resto est compatible avec votre niveau de mobilité.
Une association corse peut également permettre d'en savoir plus sur la situation sur place : ***Handicap, Tourisme et Loisirs.*** *Contact : Fabrice Albertini,* *• handi20.com •*

PLONGÉE SOUS-MARINE

Jetez-vous à l'eau !

Pourquoi ne pas profiter de votre escapade en Corse pour vous initier à la plongée sous-marine ? Quel bonheur de virevolter librement en compagnie des poissons, animaux les plus chatoyants de notre planète, de s'extasier devant les couleurs vives de cette vie insoupçonnée...
Pour faire vos 1res bulles, pas besoin d'être sportif ni bon nageur. Il suffit d'avoir plus de 8 ans et d'être en bonne santé. Sachez que l'usage des médicaments est incompatible avec la plongée. De même, les femmes enceintes s'abstiendront formellement de toute incursion sous-marine. Enfin, vérifiez l'état de vos dents : il est toujours désagréable de se retrouver avec un plombage qui saute pendant les vacances. Sauf pour le baptême, un certificat médical vous est demandé, et c'est dans votre intérêt. L'initiation des enfants requiert un encadrement qualifié dans un environnement adapté (eaux tempérées, sans courant, matériel adéquat).
Non, la plongée ne fait pas mal aux oreilles ! Il suffit de souffler gentiment en se bouchant le nez. Il ne faut pas forcer dans cet étrange « détendeur » que l'on met dans votre bouche, au contraire. Et le fait d'avoir une expiration active est décontractant, puisque c'est la base de toute relaxation. Sachez aussi qu'être dans l'eau modifie l'état de conscience, car les paramètres du temps et de l'espace sont changés : on se sent (à juste titre) ailleurs. En contrepartie de cet émerveillement, respectez impérativement les règles de sécurité, expliquées au fur et à mesure par votre moniteur. En vacances, c'est le moment ou jamais de vous jeter à l'eau... de jour comme de nuit !
ATTENTION : pensez à respecter un intervalle de 12 à 24h avant de prendre l'avion ou d'entreprendre une excursion en montagne, afin de ne pas modifier le déroulement de la désaturation.

Les centres de plongée

En France, la majorité des clubs de plongée sont affiliés à la *Fédération française d'études et de sports sous-marins (FFESSM).* Les autres sont rattachés à l'*Association nationale des moniteurs de plongée (ANMP),* ou encore au *Syndicat national des moniteurs de plongée (SNMP).* L'encadrement est assuré par des moniteurs – véritables professionnels de la mer – qui maîtrisent le cadre des plongées et connaissent tous les spots « sur le bout des palmes ».
Un bon centre de plongée respecte toutes les règles de sécurité, sans négliger le plaisir. Méfiez-vous d'un club qui vous embarque sans aucune question préalable sur votre niveau ; il n'est pas « sympa », il est dangereux. Regardez si le centre est bien entretenu (rouille, propreté...), si le matériel de sécurité – obligatoire – (oxygène, trousse de secours, téléphone portable ou radio...) est à bord. Les diplômes des moniteurs doivent être affichés. N'hésitez pas à poser des questions. Enfin,

à vous de voir si vous préférez un club genre « usine bien huilée » ou une petite structure souple pratiquant la plongée à la carte ou en petit comité.
Un site répertorie les centres de plongée en Corse membres de la FFESSM : • *ffessm-corse.com* •

C'est la 1re fois ?

Alors, l'histoire commence par un baptême : une petite ½ heure pendant laquelle le moniteur s'occupe de tout et vous tient par la main. Laissez-vous aller au plaisir ! Même si vous vous sentez harnaché comme un sapin de Noël déraciné hors saison, tout cet équipement s'oublie complètement une fois dans l'eau. Vous ne descendrez pas au-delà de 5 m de profondeur. Attention : lors d'un baptême, demandez toujours – comme l'exigent les règlements – un moniteur particulier pour vous seul. En Corse, de trop nombreux centres de plongée bafouent, chaque année, cette règle de sécurité élémentaire.
Puis l'histoire se poursuit par un apprentissage progressif...

Formation et niveaux

Les clubs délivrent des formations graduées par niveaux.
Avec le ***niveau I,*** vous descendez à 20 m accompagné d'un moniteur.
Avec le ***niveau II,*** vous êtes autonome dans la zone des 20 m mais encadré jusqu'à la profondeur maximale de 40 m.
Ensuite, en passant le ***niveau III,*** vous serez totalement autonome dans la limite des tables de plongée (60 m).
Enfin, le ***niveau IV*** prépare les futurs moniteurs à l'encadrement...
Le passage de tous ces brevets doit être étalé dans le temps, afin de pouvoir acquérir l'expérience indispensable. Demandez conseil à votre moniteur (il y est passé avant vous !). Enfin, tous les clubs délivrent un « carnet de plongée » indiquant l'expérience du plongeur, ainsi qu'un « passeport » mentionnant ses brevets.

Reconnaissance internationale

Indispensable si vous envisagez ensuite de plonger à l'étranger. Chaque brevet passé en France est délivré avec une équivalence internationale ***CMAS*** *(Confédération mondiale des activités subaquatiques),* en accord avec la FFESSM ou ***CEDIP*** *(European Committee of Professional Diving Instructions),* partenaire de l'ANMP. Le meilleur plan consiste à choisir un club où les moniteurs sont aussi instructeurs ***PADI*** (*Professional Association of Diving Instructors,* d'origine américaine) pour obtenir les brevets les mieux reconnus au monde. En France, de plus en plus de centres ont cette double casquette, profitez-en.
À l'inverse, si vous avez fait vos 1res bulles à l'étranger, vos aptitudes à la plongée seront jaugées – en France – par un moniteur qui – souvent après quelques exercices supplémentaires – vous délivrera un niveau correspondant...

En Corse

Bercée par son climat velouté, la Corse est une destination incontournable dans la vie d'un plongeur.... Ses eaux chaudes et cristallines livrent un univers étonnant, où les roches aux formes exubérantes abritent une vie sous-marine riche et colorée. L'absence de grosses industries y est pour beaucoup, et puis l'eau de l'île de Beauté est sans cesse brassée, renouvelée et rechargée en plancton... Combien de routards plongeurs ayant trimbalé leurs palmes autour du globe ont connu en Corse quelques-unes de leurs plus belles aventures sous-marines ? Vous le constaterez à votre tour : cette île est un pur joyau surgi de la grande bleue... À découvrir ou à redécouvrir sans modération !

– ***Avertissement :*** les côtes françaises de la Méditerranée sont aujourd'hui colonisées par la *Caulerpa taxifolia* – algue mutante d'origine tropicale. Si la Corse est encore épargnée, il faut savoir que l'algue peut être transportée involontairement vers des zones encore saines, simplement par les ancres, et même par les sacs et équipements de plongée, qu'il convient de vérifier avant toute nouvelle immersion. Si vous la rencontrez en Corse, contactez le *Laboratoire Environnement marin littoral* de l'université de Nice-Sophia-Antipolis (☎ 04-92-07-68-46).

CORAILLEUR : UN MÉTIER À RISQUES

En Corse, le corail rouge est synonyme de protection : en pendentif, il protège du mauvais œil les nourrissons. Mais le métier de ces plongeurs particuliers que sont les corailleurs est difficile : l'or rouge de Méditerranée se raréfie, et il faut descendre toujours plus bas pour en trouver, avec le risque d'accident de plongée. Les corailleurs ne sont d'ailleurs plus qu'une dizaine...

– ***La météo :*** le beau temps améliore la qualité de la plongée. Période idéale : entre juin et septembre, avec des températures très confortables de 20 à 25 °C en surface. Attention, le vent peut compromettre la plongée sur les côtes nord et sud – très exposées – de l'île. Quand le *libecciu* (vent du sud-ouest) souffle sur le littoral ouest, pas mal de belles plongées abritées restent quand même accessibles.
– ***Répondeur Météo France :*** ☎ 0899-71-02-20 (2,99 € l'appel, puis 0,35 €/mn).
– ***La profondeur :*** un handicap, car très rapidement importante. Malgré tout, la grande majorité des épaves – assez près de la côte – restent facilement accessibles. Et l'exploration des roches permet très souvent de se maintenir à de petites profondeurs (ce n'est pas une raison pour faire n'importe quoi !).
– ***La visibilité :*** excellente et légendaire ! 25 m en moyenne. À certaines périodes, elle peut atteindre 30 à 40 m ! Sachez que cette eau cristalline peut se troubler sur les épaves.
– ***Les courants :*** ils sont bien localisés (caps, pointes), mais peuvent être violents et conduire à l'annulation de la plongée. Danger !
– ***La vie sous-marine :*** particulièrement riche et largement préservée de la pollution. On peut même, avec un peu de chance, apercevoir dauphins et baleines en se rendant sur les spots. Certaines espèces affichent une présence systématique : gorgones, anémones, éponges, mérous, girelles, murènes, sars, castagnoles, saupes, loups, rascasses, corbs, dentis...
– ***Règle d'or :*** respectez cet environnement fragile. Ne cueillez surtout pas le très précieux corail rouge pour l'offrir à madame ! Ne nourrissez pas les poissons, même si vous trouvez cela spectaculaire. Outre les raisons écologiques évidentes, certains « bestiaux » – trop habitués – risqueraient de se retourner contre vous (imaginez donc un bisou de murène !). Enfin, ne prélevez rien, et attention où vous mettez vos palmes !
– ***Derniers conseils :*** en plongée, restez absolument en contact visuel avec vos équipiers (ici, c'est plutôt facile !). Attention aux filets abandonnés sur les roches ou les épaves. Sachez, enfin, qu'en cas de pépin (il faut bien en parler !) votre bateau de plongée dispose d'oxygène (c'est obligatoire !) et qu'il existe un caisson de décompression au *centre hospitalier de la Miséricorde* à **Ajaccio** (27, av. de l'Impératrice-Eugénie ; ☎ 04-95-29-91-93/4). Enfin, on le répète, n'enchaînez jamais dans la même journée plongée et escapade en altitude (qu'il s'agisse du simple passage d'un col en montagne ou, bien évidemment, d'un voyage en avion) ; laissez s'écouler au moins 12h entre les 2.

Quelques lectures

– ***La Corse sous-marine,*** par Georges Antoni (D.C.L.).
– ***50 épaves en Corse,*** par Anne et Jean-Pierre Joncheray (Gap).
– ***Découvrir la Méditerranée,*** par Steven Weinberg (Nathan).

– ***Code Vagnon, Plongée niveau 1, 2, 3,*** par Denis Jeant (Les Éditions du Plaisancier).
– ***Plongée Plaisir, niveau 2,*** par Alain Foret (Gap).
– En kiosque, le magazine ***Plongeurs International.*** • *divosea.com* •

RANDONNÉES ET ACTIVITÉS DE PLEIN AIR

Avertissement

Randonneurs, attention ! Nous vous mettons en garde contre les dangers de la randonnée en Corse. Outre le fait que le GR 20 est l'un des sentiers de grande randonnée les plus éprouvants qui soient (les sentiers de pays seront davantage à la portée des marcheurs non confirmés) et que les rigueurs du climat (canicule ou violents orages subits) peuvent causer des problèmes, évitez absolument de quitter les sentiers balisés. Le tragique accident de juin 2015 (7 morts) montre que même sur le parcours du GR 20, dans des circonstances exceptionnelles, le pire peut arriver. Cela vaut également pour les Mare a Mare et les Mare e Monti. L'entorse tourne vite au drame lorsqu'on se trouve isolé dans le maquis... Pensez-y !

Le parc naturel régional

Le *parc naturel régional de Corse* a été créé en 1972, et 3 missions principales lui sont assignées : la préservation du patrimoine naturel, la revitalisation de la Corse intérieure grâce au tourisme de pleine nature (1 500 km d'itinéraires pédestres, avec gîtes d'étape ou refuges), l'information et la sensibilisation du public au milieu naturel et culturel insulaire.
Il recouvre aujourd'hui plus du tiers de l'île, avec une superficie de 350 500 ha, et regroupe 145 communes sur les départements de Haute-Corse et de Corse-du-Sud. Un projet d'agrandissement à 180 communes et 448 400 ha est en cours de finalisation. Il englobe notamment le golfe de Porto et la réserve naturelle de Scandola, classée au Patrimoine mondial de l'humanité par l'Unesco, ainsi que les hauts massifs : la « Grande Barrière » s'étire du monte Cinto, au nord-ouest, aux aiguilles de Bavella, au sud-est. Une merveille pour les visiteurs et une chance pour de nombreuses espèces menacées (mouflons, cerfs corses, aigles royaux, gypaètes...).

■ Pour plus de détails concernant le parc, les sentiers et les gîtes, contactez le ***service infos du parc*** *(☎ 04-95-51-79-00 ou 10),* à Ajaccio. Et pour préparer votre randonnée, consultez le « randoblog » du parc • *randoblogpnrc.blogspot.com* • Des topoguides de ces randonnées sont en vente. Il en existe une dizaine, sans parler des livres consacrés à la flore, à la faune ou à l'architecture...

Le GR 20 (interdit aux amateurs et aux enfants !)

C'est un mythe et un sacré morceau, réservé aux randonneurs confirmés ; 200 km entre *Calenzana* (à 12 km de Calvi) et *Conca* (à 22 km de Porto-Vecchio). Les excellents marcheurs peuvent le faire en 12 à 13 jours, mais prévoir 16 jours est plus raisonnable. Les autres feraient mieux de rester sur la plage. C'est une randonnée dangereuse ! Attention aux changements brutaux de conditions climatiques. ***Il y a danger de mort. Répondeur Météo France :*** *☎ 0899-71-02-20 (2,99 € l'appel, puis 0,35 €/mn).* ***Autre numéro utile :*** *☎ 112 (secours depuis un portable).* On peut aussi s'informer sur les risques d'incendie, en se renseignant

auprès de la préfecture, via le site • risque-prevention-incendie.fr/corse/ • qui donne les informations la veille, à 18h, pour le lendemain.
Équipements « pro » indispensables (de bonnes chaussures, des vêtements chauds et légers, des protections contre le soleil et la pluie, de l'eau, des aliments pour 2 à 3 jours – à renouveler à chaque possibilité, les refuges ont un peu de ravitaillement). Être en excellente forme physique, ne pas se lancer seul dans l'aventure, ne pas quitter le sentier (balisé en rouge et blanc). Bien entendu, ne pas jeter de détritus. Seulement 50 % des randonneurs qui l'empruntent font le GR 20 en entier ! La partie nord est la plus dure, avec des passages à plus de 2 000 m d'altitude. Préférez le sens sud-nord si vous partez relativement tôt en saison, cela laissera un peu plus de temps aux neiges des sommets de Haute-Corse pour fondre. Pour connaître les dernières nouvelles du GR 20, outre les réseaux sociaux, un rappel : pensez au blog officiel du parc • randoblogpnrc.blogspot.com • En dehors de l'été, le parcours devrait être réservé aux spécialistes de la montagne. Début juillet, la neige peut encore être présente dans les montées, sur les névés orientés nord. C'est une difficulté et un danger supplémentaires. Du 15 juillet au 1er septembre, le GR 20 est très fréquenté, et les refuges sont souvent complets (le parc a mis en place un système de réservation, avec réservation en ligne sur le site • pnr.corsica •). Signalons aussi que les refuges, ouverts toute l'année, ne sont gardés que de juin à octobre : il vous faut donc emporter du matériel de camping. Le camping sauvage est interdit (mais le bivouac est autorisé autour des refuges). Les chiens ne sont admis ni dans les refuges ni sur le parcours. Ceux qui n'ont pas assez de temps (ou de courage) peuvent diminuer les trajets en attaquant le GR 20 par tronçons, avec une partie en car (correspondances dans certains des villages traversés). Ne vous prenez pas pour François d'Haene – de Cervione, qui, à l'issue d'une préparation intense, a été capable en 2016 de parcourir le GR 20 – en 31h et 6 mn (le record féminin est détenu par Émilie Lecomte en 41h et 22 mn).
Pensez à vous équiper en cartes (IGN, série Top 25, ou Globe Rando, moins précise mais centrée sur le GR 20). Le parc a aussi publié, aux éditions Albiana, plusieurs ouvrages, dont *Le Grand Chemin* (dernière éd. 2019) et, aux éditions FFRP/PNRC, *À travers la montagne corse* (dernière éd. 2020).
Enfin, dernier conseil : si vous voulez éviter la foule (le GR 20 est très fréquenté, surtout en été), essayez de partir en milieu de semaine. En effet, la majorité des randonneurs commencent le parcours le samedi, le dimanche ou le lundi ; en partant 2 ou 3 jours plus tôt (ou plus tard), on est plus tranquille.

➢ Pour atteindre ***Calenzana,*** 2 bus/j. de Calvi fin juin-début sept, *(transports **Corsicar – Les Beaux Voyages,** ☎ 04-95-65-11-35).* Le reste de l'année, lun-mar et jeu-ven en période scol.
➢ Pour ***Conca,*** rejoindre Santa-Lucia-di-Porto-Vecchio en bus en venant de Bastia ou de Porto-Vecchio. Là, navette pour Conca *(☎ 04-95-71-46-55),* mais on peut aussi y aller à pied (6 km).

■ Rappelons les ***services infos du parc.*** *Tte l'année, à **Ajaccio** et à **Corte :** ☎ 04-95-51-79-00 ou 10. À **Calenzana** (à côté du gîte d'étape, mai-sept) : ☎ 04-95-62-87-78. Également à **Conca,** tte l'année : ☎ 04-95-27-03-36.*

Sentiers Mare a Mare

Balisés en orange, ces itinéraires permettent de traverser la Corse d'ouest en est, de « mer à mer ». Ces itinéraires de moyenne montagne sont bien moins difficiles que le GR 20. Les parcours sont tous très beaux, traversant des régions variées. Liste complète des hébergements sur • mare-a-mare.fr •
➢ Le ***Mare a Mare Nord*** relie *Moriani* à *Cargèse,* via Corte, en 8 à 12 jours. On en parle dans les parties consacrées à Moriani et à Corte. C'est certainement

le parcours où le paysage change le plus souvent : le randonneur y passe de la Castagniccia schisteuse au Niolo, où la Corse a réuni ses plus célèbres sommets (monte Cinto, Paglia Orba, capu Tafunatu...), sans oublier enfin les gorges du Tavignano, les hauteurs de Porto et un somptueux panorama final sur des paysages de la Corse granitique.

➢ Le ***Mare a Mare Centre*** chemine, lui, de *Ghisonaccia* à *Porticcio,* tout près d'Ajaccio, en 7 jours. C'est un parcours traversant des régions parmi les moins visitées de Corse. Pourtant, le Fium'Orbu et le Taravo plairont sûrement aux amateurs de nature sauvage : châtaigneraies, yeuseraies, pinèdes d'altitude ou maquis arborescent, avec de sympathiques villages nichés dans la verdure.

➢ Le ***Mare a Mare Sud*** relie, quant à lui, *Porto-Vecchio* à *Propriano* en 5 ou 6 jours. Un itinéraire qui traverse l'Alta Rocca. Un petit regret, ce chemin effleure le massif de Bavella et la montagne de Cagna, authentiques merveilles des montagnes de Corse, sans leur rendre la visite qu'ils mériteraient. Alors, s'il vous reste 1 ou 2 journées à employer, vous savez où aller...

Sentiers Mare e Monti

Balisés en orange, eux aussi.

➢ Le plus long (environ 7-10 jours), le plus ancien et le plus célèbre ***Mare e Monti Nord*** part de *Calenzana* et se termine à *Cargèse.* Les étapes sont superbes : baie de Girolata, sommet du San Petru (étape Serriera-Ota) et son belvédère fantastique sur tout le golfe de Porto, ou défilé de la Spelunca avec son mignon pont génois de Zaglia.

➢ L'autre, ***Mare e Monti Sud,*** va de *Porticcio* à *Propriano* en une petite semaine (étapes à Bisinao, Coti-Chiavari, Porto-Pollo, Olmeto et Burgo). On y constatera combien la solitude sait, en Corse, être proche des stations balnéaires les plus tapageuses, et qu'il subsiste, dans ces parages, quelques immensités de sable blanc (par exemple, la baie de Cupabia, non loin de Porto-Pollo).

Quelques infos et conseils pour les sentiers Mare a Mare et Mare e Monti

- Budget : compter environ de 40 à 55 €, pour une nuitée dans un gîte en ½ pension (dîner, nuit et petit déj), 15 à 25 € pour la nuit en dortoir, et 6 à 8 € pour le petit déj. ½ pension la plupart du temps imposée, cela dit, car il n'y a pas de cuisine dans les gîtes. Ces derniers préparent sur demande des paniers pour votre étape du lendemain (compter 8 à 12 € ; formule d'autant plus intéressante que certaines étapes ne vous font traverser aucun village).
- Tous ces sentiers de randonnée ne sont pas praticables toute l'année, essentiellement à cause de la neige. Renseignez-vous auprès du parc régional de Corse.
- Idéalement, réservez vos places dans tous les gîtes du circuit avant votre départ ; inutile de prendre le risque de ne pas avoir de lit. D'autant que si certains gîtes sont ouverts toute l'année, ce n'est pas le cas pour tous (la plupart ouvrent d'avril à fin octobre).
- Levez-vous tôt pour éviter d'être incommodé par la chaleur quand vous marchez. Soyez tout aussi prudent hors saison, mais pour une autre raison : la nuit tombe plus tôt.
- On a préféré n'emporter qu'un sac à viande plutôt que de trimbaler notre bon vieux sac de couchage (là, on ne s'adresse pas à ceux qui vont passer quelques nuits sous la tente). En plein été, ça tombe sous le sens, mais aucun problème hors saison non plus. Il y a des couvertures partout.
- Ne négligez pas d'emporter plusieurs litres d'eau par personne, surtout pour les étapes durant lesquelles vous ne traversez aucun village. Idéalement, on trouve aujourd'hui des poches à eau isothermes que l'on glisse dans son sac à dos. Elles sont munies d'un tuyau avec tétine, que l'on accroche à portée de main. (Astuce : emportez un citron avec vous, que vous presserez dans la poche chaque matin avant de partir, pour éliminer le petit arrière-goût de plastique persistant.)

– Côté vestimentaire, vous pouvez prévoir un pantalon qui se transforme en short en 2 coups de fermeture Éclair. On n'a pas trouvé plus pratique, d'autant que, rarement en coton pur, il sèche vite si vous êtes trempé. Avoir une cape de pluie ou un poncho qui protège aussi votre sac à dos.
– Aux pieds, mettez de vraies chaussures de randonnée, ce qui vous évitera bien des désagréments. Penser à emporter des pansements « double peau », du fil et une aiguille, et éventuellement une crème pour masser les muscles après l'effort.
– Ne vous laissez pas suivre par des chiens d'une étape à l'autre, ils seraient mal accueillis dans les gîtes, et c'est souvent un vrai casse-tête de retrouver le propriétaire.

Le sentier de la Transhumance

Ce sentier sportif, qui se parcourt en 5 jours, emprunte le Mare e Monti, de Calenzana au gîte de Tuarelli. Là, il continue en suivant le Fango, vers Manso. Montée assez rude vers le col de Capronale (1 329 m). C'est l'ancienne voie de passage pour aller de Galéria au Niolo, appelée le « chemin des Élections » car, raconte-t-on, autrefois, le jour d'une consultation électorale, on votait 2 fois, le matin à Manso et l'après-midi dans le Niolo ! Ensuite, descente au refuge de Puscaghja, puis passage du col de Guagnerola, descente du vallon de Tulla, et on rejoint le Niolo et le sentier de la Scala Regina. Balisage orange-violet.

Sentiers de pays

Ce sont des balades de moyenne montagne, allant de village en village, balisées le plus souvent en orange. Des itinéraires très nombreux, que l'on trouve un peu partout sur le territoire, sans obstacle technique particulier, à la journée (de 2 à 5h) et accessibles à tous. N'hésitez pas à vous promener sur ces sentiers ancestraux, agréables même en été (à condition de choisir son heure) et... relativement peu fréquentés.

Via ferrata

Il s'agit d'itinéraires rocheux sécurisés par un câble et, dans les passages raides, de marches métalliques. Ainsi, des parois réservées aux alpinistes chevronnés deviennent accessibles, peut-être pas à tous mais à un plus large public. En Corse, la 1re, *Dia Manicella*, a été aménagée dans la vallée d'Asco, à Moltifao. Longue de 350 m, de niveau difficile, on peut la faire libre ou accompagné. Une 2e via ferrata a été aménagée dans le Fium'Orbu à Chisa (*U Calanconi*, arrière-pays de Solenzara), une 3e dans les environs de Bavella *(Tafunatu di Paliri)* et une 4e *(Buccarona)* entre Solenzara et Bavella. La 5e a vu le jour en 2004 à côté de Tolla (vallée du Prunelli). Enfin, celle de *Peri* demande à passer par le sommet du *monte Falcunaccia*. Une bonne formule pour s'initier aux frissons de l'escalade.

Canyoning

La Corse compte près de 100 sites où le canyoning peut être pratiqué. Mais une dizaine de sites concentrent la plus grande partie de l'activité : les sociétés spécialisées dans les activités de plein air y ont leurs habitudes.
Il s'agit de descendre un cours d'eau encaissé dans un canyon, à pied, à la nage, par des sauts en rappel, en glissant sur des « toboggans ». Un équipement spécial est nécessaire.
Quand il n'y a pas de « verticalité », il est seulement question de *randonnée aquatique*.
Le canyoning, pratiqué avec des professionnels, n'est pas une activité plus dangereuse qu'une autre activité de plein air – toutes comportent quelques risques. La plupart des accidents (sans gravité) se font lors d'une mauvaise réception. Mais le

terrible drame du canyon Zoicu (5 morts en août 2018) a rappelé que le danger est principalement aquatique avec ***le risque brutal de montée des eaux.*** Il est donc conseillé de partir le matin, les orages se développant le plus souvent en 2de partie de journée, et de renoncer à la descente si le temps devient trop menaçant. Penser aussi à se renseigner auprès de professionnels sur la nature spécifique du canyon (par exemple, se remplit-il rapidement lorsqu'il pleut ?).

Randonnées pédestres accompagnées

Plusieurs associations ou sociétés proposent ce type de découvertes. Prix variables selon la saison. Les mêmes organisent généralement d'autres activités (canyoning, par exemple).

■ ***Couleur Corse :*** *6, bd Fred-Scamaroni, 20000* ***Ajaccio.*** *☎ 04-95-10-52-83.* • *couleur-corse.com* • Laetitia et son équipe dynamique proposent des séjours « nature » fort bien organisés. Rando (par exemple, le GR 20 complet ou allégé), trekking, canyoning (canyon de Zoicu, près de Soccia), escalade (à la journée). De bonnes prestations, vraiment.

■ ***Association sportive du Niolu :*** *nº 106, Villa Vigna Murella, 20224* ***Albertacce.*** *📱 06-22-50-70-29.* • *haute-montagne-corse.com* • Propose randonnées pédestres, escalade, canyoning, VTT, etc. Nombreuses prestations, de la rando à la journée au « raid » GR 20. Parc aventures.

■ ***Altipiani :*** *2, pl. Paoli, 20250* ***Corte.*** *☎ 09-60-37-08-42. 📱 06-86-16-67-91.* • *altipiani-corse.com* • Randos accompagnées (individuels et groupes), canyoning et escalade.

■ ***Corse Odyssée :*** *20122* ***Quenza.*** *☎ 04-95-78-64-05.* • *gite-corse-odyssee.com* • Canyoning, randonnées pédestres ou aquatiques dans l'Alta Rocca.

■ ***Christophe Pigeault :*** *quartier Insorito, 20170* ***Levie.*** *📱 06-20-61-76-81.* • *aqa-canyon.com* • Accompagnateur en moyenne montagne, spécialisé dans le canyoning.

■ ***In Terra Corsa :*** *route de Calvi, 20218* ***Ponte-Leccia.*** *☎ 04-95-47-69-48.* • *interracorsa.fr* • Propose rando (pédestre ou VTT), canyoning, via ferrata, *tyrotrekking* et escalade dans la vallée de l'Asco surtout, mais pas seulement. Base nautique à Lozari (Balagne) et école de ski l'hiver.

■ ***Corsica Loisirs Aventure :*** *31, route de Mausoleo, 20222* ***Brando.*** *📱 06-12-02-32-02.* • *corsica-loisirs-aventure.fr* • Randos accompagnées sur le GR 20, dans les Agriate. Propose aussi l'ascension (avec guide accompagnateur) du monte Cinto,

■ ***Vallecime :*** *121, Fontanaccia, 20224* ***Casamaccioli.*** *☎ 04-95-48-69-33.* • *vallecime.com* • Cette société propose randonnées sportives ou plus relax, avec haltes gastronomiques. Séjour à la carte ou package. Hébergement possible dans des maisons d'hôtes (dans le Bozio et le Niolo). Prise en charge dès votre arrivée en Corse.

■ ***Corsica Natura :*** *quartier Moraschi, 20136* ***Bocognano.*** *☎ 04-95-10-83-16.* • *corsicanatura.fr* • *corsicanatura-activites.fr* • Canyoning, randos (de la rando sur 2 ou 3 jours au GR 20), parc aventure (au col de Vizzavona) et un parcours de *via cordata* (le seul en Corse) sur le site du Voile de la Mariée, à côté de Bocognano. Propose également de la rando aqua et de la spéléologie.

■ ***Cors' Aventure :*** *Corri Bianchi (route de Sartène), 20117* ***Eccica-Suarella.*** *☎ 04-95-25-91-19.* • *corse-aventure.com* • *Cors' Aventure* propose des activités pleine nature : kayak de mer, canyoning, rafting ou VTT. Du sérieux.

Courses et trails

Même si cela n'a rien à voir avec la rando, signalons tout de même, pour les mordus d'efforts physiques à grande vitesse, que la Corse est devenue l'un des endroits en France où sont organisées le plus de courses pédestres de montagne. Près d'une quarantaine chaque année (évidemment en 2020 de nombreuses courses ont été annulées), dont l'*Oriente* (• *santamariaccia.com* •), le *Trail Napoléon*

(• *corsica-run.com* •), entre Ajaccio et le bout de la route des Sanguinaires (43 km), le *Restonica Trail* (33 et 68 km, sans parler de l'*Ultra Trail* de 105 km ; • *restonicatrail.fr* •) ou le *Trail Via Romana* (• *trail-viaromana.com* •) dans le Bozio ou en Castagniccia (4 courses de 12, 23, 40 et 62 km) ou encore, en hiver, le *Trail Blanc* (en janvier dans la vallée de la Restonica). Il ne faudrait pas oublier le *Corsica Raid* qui voit s'enchaîner, sur 5 jours, des épreuves épuisantes comme le VTT, la course en montagne (diurne ou nocturne), la course d'orientation, le canyoning, le parcours de cordes, le *coastering* (comprendre la course à pied sur la plage), et l'on en oublie... Cette compétition s'adresse à des équipes et se déroule, en 2021, du 29 mai au 3 juin. *Pour tt rens :* • *corsicaraid.com* •

SANTÉ

Aucun vaccin particulier n'est nécessaire. Pas de vipères. Enfin, comme ailleurs, les MST sévissent : faut-il rappeler que le préservatif est le seul moyen d'éviter le virus HIV (sida) ?
En 2014, quelques cas de bilharziose avaient été recensés suite à des baignades dans le Cavu (en Corse-du-Sud, sur les communes de Zonza et Conca). Tout est rentré dans l'ordre depuis.

TOUR DE CORSE DU *ROUTARD*

À pied ou à cheval, à bicyclette ou à moto, en automobile ou à dos d'âne, la Corse se déguste lentement, au rythme voluptueux du maquis et de ses senteurs enivrantes. Bref, ce n'est pas une île pour touristes pressés ni pour voyageurs du style « Y-a-pas-de-steak-frites-chez-vous ? ». Bon, notre tour de Corse à nous se fait, à partir de Bastia, dans le sens inverse des aiguilles d'une montre, avec des incursions dans l'intérieur. Car il ne faut surtout pas se cantonner au littoral, même en été : ***l'intérieur est d'une beauté époustouflante,*** et l'on y trouve plus d'espace que sur les plages. C'est là, dans ce « noyau dur » de la Corse, que l'on a fait nos plus étonnantes découvertes, rencontré des gens hospitaliers et attachants, admiré une kyrielle de villages perchés. Autre avantage très agréable de l'altitude : la température, moins élevée. Et les prix y sont plus abordables !
15 jours, c'est un minimum pour faire le tour de l'île. En 1 mois, on a le temps de traîner dans des coins perdus de l'intérieur...

TRANSPORTS INTÉRIEURS

Il est assez difficile de se déplacer sur l'île sans moyen de transport personnel. Le train se limite à la ligne Bastia-Corte-Ajaccio (avec une variante pour Calvi), les bus ont le mérite d'exister, mais ne sont guère nombreux.

Moto

De nombreux routards découvrent la Corse à moto. La prudence est de rigueur (voir plus loin nos conseils « Voiture », ils valent aussi pour la moto).

Bus et autocar

Le littoral est desservi, certes, mais les fréquences sont faibles. Quant à l'intérieur des terres et le cap Corse, les communications ne sont pas formidables. Pas facile, donc, pour les campeurs non motorisés. Néanmoins, le car couvre bien mieux le territoire corse que le train. Pour s'informer, un excellent site : • *corsicabus.org* •
Quelques exemples de prix (2020) :
– Ajaccio-Bonifacio/Porto-Vecchio : 22 €

– Ajaccio-Zonza : environ 16 €
– Ajaccio-Porto : 12 €
– Bastia/Porto-Vecchio : 26 €
– Bastia-Calvi : 16 €
– Bastia-Macinaggio : 8 €
– Porto-Calvi : 18 €
– Corte-col de Vergio : 20 €
– Bonifacio/Porto-Vecchio : 9 €

Pas de réductions (sauf pour les jeunes enfants), et prévoir un supplément pour les bagages (en général, 1 € par bagage et souvent 8 € pour un vélo).

Voici les principales compagnies :

■ ***Eurocorse Voyages :*** *20146* ***Sotta.*** *☎ 04-95-71-24-64. • eurocorse.com •*
■ ***S.A.S.A.I.B./Ceccaldi Voyages :*** *20000* ***Ajaccio.*** *☎ 04-95-22-41-99. • autocars-iledebeaute-ajaccio.fr •*
■ ***Autocars Roger Ceccaldi :*** *20000* ***Ajaccio.*** *☎ 04-95-21-38-06. 📱 06-09-96-15-37. • autocars-ceccaldi-ajaccio.fr •*
■ ***Corsicar – Les Beaux Voyages :*** *20260* ***Calvi.*** *☎ 04-95-65-11-35. • corsicar.com •*
■ ***Les Rapides Bleus :*** *1, av. du Maréchal-Sebastiani, 20200* ***Bastia.*** *☎ 04-95-31-03-79. • rapides-bleus.com •*
■ ***Ricci Marcel Transports :*** *20112* ***Sainte-Lucie-de-Tallano.*** *☎ 04-95-77-77-77. • transports-voyageurs-ajaccio.fr •*
■ ***Autocars Cortenais :*** *20250* ***Corte.*** *☎ 04-95-46-22-89. • autocars-cortenais.fr •*

Pour le détail des liaisons, voir la rubrique « Arriver – Quitter » au début de chaque ville ou village. En règle générale, les cars s'arrêtent dans tous les villages situés sur le parcours. Bien garder à l'esprit que les fréquences et les horaires donnés correspondent à la situation existant en 2020, année fortement perturbée : des changements peuvent toujours se produire après le bouclage du guide.

Train

Les lignes Ajaccio-Bastia via Corte et Ajaccio-Calvi (changement à Ponte-Leccia) traversent des paysages grandioses. Pour le trajet Bastia-Ajaccio, on recommande de s'installer dans le sens de la marche et à droite du wagon, on profitera mieux de la vue (d'Ajaccio, c'est évidemment le contraire, on s'installera à gauche). Ne pas rater le passage du viaduc de Vecchio (entre Venaco et Vivario), construit par Gustave Eiffel !

Attention, pas de réservation possible en ligne. Les billets s'achètent en gare le jour même ou la veille du départ. Seuls les groupes (10 personnes minimum) peuvent réserver auprès du Pôle commercial minimum 15 jours avant la date du voyage.

Construite dans les années 1880 et 1890, la ligne Ajaccio-Bastia est longue de 232 km et compte 98 ouvrages d'art et une trentaine de tunnels totalisant 14 km. Longtemps les voyageurs ont emprunté le *trinighellu* (voir encadré). Pour l'histoire de ce train, consulter *• train-corse.com •* De nouveaux autorails, les AMG 800, sont entrés en service entre 2009 et 2012, non sans difficulté... La Communauté territoriale de Corse a partiellement privatisé les

LE TGV À LA MODE CORSE

Les Corses appelaient couramment leur vieille micheline trinighellu, *ce qui peut se traduire par « petit train ballottant, tremblotant ». Mais des esprits facétieux l'avaient également dénommé TGV, c'est-à-dire « Train à Grandes Vibrations » ! Le* trinighellu *a fait valoir ses droits à la retraite, et le nouveau train mis en service en 2009 fonctionne désormais.*

0€
J-5
KILOMÈTRES ILLIMITÉS
ASSURANCES INCLUSES
ANNULATION GRATUITE
PAYEZ 5 JOURS AVANT LE DÉPART
'ZÉRO FRANCHISE' À PETIT PRIX

SARTÈNE	SAINT-FLORENT	PROPRIANO	PORTO-VECCHIO	PORTO	CORTE	CALVI	BONIFACIO	BASTIA	AJACCIO	DISTANCE EN TEMPS / DISTANCE EN KM
1h15	**3h**	**1h40**	**3h30**	**1h30**	**1h40**	**3h**	**3h**	**3h**		AJACCIO
	35 mn	**4h30**	**3h**	**3h15**	**1h15**	**2h**	**3h30**		153	BASTIA
1h	**4h15**	**1h30**	**25 mn**	**4h**	**2h**	**4h**		170	140	BONIFACIO
4h30	**1h**	**4h**	**2h40**	**1h45**	**1h30**		223	96	159	CALVI
3h30	**1h**	**3h30**	**1h50**	**2h**		96	148	70	83	CORTE
4h	**3h30**	**3h15**	**3h30**		86	76	207	135	83	PORTO
1h15	**3h30**	**2h15**		215	121	217	27	143	131	PORTO-VECCHIO
15 mn	**4h30**		76	140	138	236	67	191	73	PROPRIANO
4h		202	154	146	93	70	190	23	176	SAINT-FLORENT
	189	13	63	153	141	249	54	178	86	SARTÈNE

lignes : la SNCF n'exploite plus les lignes, laissant la place à une SAEM (Société anonyme d'économie mixte)... La SNCF n'y participe plus qu'à hauteur de 15 %. Pour donner une idée des prix, en 2020, un aller Ajaccio-Bastia (plein tarif) coûtait 21,60 €, un Ajaccio-Calvi 25,10 €. Le *pass Liberta,* valable 7 jours consécutifs, permet de circuler sur tout le réseau pour 50 € (tarif 2020). *Rens : ☎ 04-95-32-80-57 (lun-jeu 8h30-12h, 13h30-17h ; ven 8h30-12h). • cf-corse.corsica •*

Voiture

Vous devez vous en douter, la circulation est assez difficile en saison, surtout dans les villes les plus importantes et dans leur périphérie, et donc, trouver une place de parking devient parfois compliqué. Cependant, les continentaux qui habitent de grosses agglomérations, rompus aux embouteillages monstres, relativiseront largement ces problèmes.
À la campagne, en raison de ***l'étroitesse des routes*** et des nombreux virages (dangereux), ne comptez pas battre des records de vitesse en Corse. La moyenne se situe plus autour de 40 km/h que de 80 km/h, sauf entre Solenzara et Bastia, où les routes sont rectilignes, ou sur la *Balanina* (de Calvi à Ponte-Leccia). D'ailleurs, en Corse, plutôt que de compter les trajets en kilomètres, on les estime en temps passé sur la route, selon la moyenne horaire escomptée.
Un conseil : ***le klaxon dans les virages*** afin d'éviter des rencontres du 3e type entre votre petite 2-portes et un car... Prudence accrue aussi à cause des animaux (vaches, cochons, chèvres) qui investissent souvent la chaussée.
Un petit conseil encore : laissez-vous doubler par les insulaires qui, eux, ne sont pas en vacances, mais se rendent au travail ou chez eux, et s'énervent derrière les touristes peu pressés. Enfin, sachez qu'en général le jeune Corse fougueux au volant tout l'hiver parce qu'il se croit seul sur la route ne modifie pas, malheureusement, sa conduite durant l'été. La région est l'une de celles où la route tue le plus en France, et les dernières statistiques ne font que confirmer cette tendance (attention en particulier à la T10 entre Bastia et Bonifacio, où se produisent 1/3 des accidents mortels sur l'île). Prudence, prudence. Et s'il arrive qu'une voiture 2A ou 2B devant vous soit un peu lente...**eh bien, on ne klaxonne pas le Corse !** Il est chez lui.
Ceux qui, au volant, sont mal à l'aise sur les routes de corniche penseront à faire leur tour de Corse dans le sens des aiguilles d'une montre.
– Si vous souhaitez une ***carte routière,*** la Michelin n° 528 est parfaite (au 1/200 000), tout comme la R19 (IGN, au 1/250 000).
– Enfin les *routes nationales* sur le territoire corse ont été renommées *routes territoriales.* Les habitudes ayant la vie dure, on peut penser que, longtemps encore, quand vous demanderez votre route, on vous répondra en vous indiquant la nationale ! Voici les correspondances :
N 198 (Bastia-Bonifacio) = ***T 10***
N 200 (Corte-Aléria) = ***T 50***
N 196 (Ajaccio-Bonifacio) = ***T 40***
N 193 = ***T 11*** (Bastia-Borgo) et ***T 20*** (Borgo-Ajaccio)
N 197 (Ponte-Leccia/Calvi) = ***T 30***
Certaines sections sont très courtes : ***T 12*** (ex-***N 195,*** ouest Bastia), ***T 21*** (ex-***N 193,*** sud Ajaccio), ***T 22*** (ex-***N 194,*** nord Ajaccio). Enfin, la ***T 301*** correspond à l'ancienne ***N 2197*** (Lozari-Castifao).

■ ***BSP Auto :*** *☎ 01-43-46-20-74 (tlj 9h-21h30, w-e 20h). • bsp-auto.com • Réduc de 5 % aux lecteurs de ce guide avec le code « ROUTARD21 ».* Les prix proposés sont attractifs et comprennent le kilométrage illimité et les assurances. *BSP Auto* vous propose exclusivement les grandes compagnies de location sur place, vous assurant un très bon niveau de services. Le plus : vous ne payez votre location que 5 jours avant le départ.
■ ***Ada :*** *• ada.fr •* 5 agences dans l'île. Ada offre 10 % de réduction à

nos lecteurs sur son appli avec le code ROUTARDCORSE.

■ ***Hertz :*** • *hertzcorse.com* • Une petite dizaine d'agences dans l'île. Possibilité de laisser la voiture dans une autre ville que celle de départ (supplément de 50 €)

■ ***Budget :*** • *budget.fr* • 4 agences dans l'île.

Camping-car

Aucune recommandation particulière pour la conduite, mais sachez, amis camping-caristes, que vous ne serez pas toujours très bien accueillis en Corse. Certaines communes interdisent le stationnement des camping-cars, l'eau est parfois difficile à trouver (même dans les stations-service) et, de temps en temps, une certaine animosité peut se manifester : invectives, caillassage du véhicule, etc. Oh, bien sûr, ce n'est pas la règle, et c'est même exceptionnel, mais les Corses ont tendance à ne pas trop apprécier ces touristes qui ne s'intègrent pas vraiment au tissu économique et s'installent où ils veulent, sans rien payer. Et qui, de plus, roulent à 20 km/h...

URGENCES

Santé

■ ***Urgences :*** ☎ *112.*

Téléphones

Urgence : en cas de perte ou de vol de votre téléphone portable

Suspendre aussitôt sa ligne permet d'éviter de douloureuses surprises au retour du voyage ! Voici les numéros des 4 opérateurs français, accessibles depuis la France et l'étranger :

- ***Free :*** ☎ *3244.*
- ***Orange :*** ☎ *0800-100-740.*
- ***SFR :*** ☎ *1023.*
- ***Bouygues Télécom :*** ☎ *0800-29-1000 (service et appel gratuits).*

Vous pouvez aussi demander la suspension de votre ligne depuis le site internet de votre opérateur.

Avant de partir, notez (ailleurs que dans votre téléphone portable !) votre numéro IMEI utile, pour bloquer à distance l'accès à votre téléphone en cas de perte ou de vol. Comment avoir ce numéro ? Il suffit de taper sur votre clavier *#06#.

BASTIA, LE CAP CORSE, SAINT-FLORENT ET SES ENVIRONS

• Carte Le cap Corse *p. 83*

Un beau morceau de Corse authentique, avec Bastia, ses hautes façades austères, son atmosphère si méditerranéenne, et le Cap, son relief abrupt, ses villages accrochés face aux flots bleu azur – encore que, là-haut, au Cap, quand ça se déchaîne, il y a aussi de l'écume et du gris, de méchants paquets de mer qui déferlent – et, discrètes et pittoresques, ses marines pleines de charme. Et le vin, ah ! les bons vins du Cap et de Patrimonio... Il est curieux que les visiteurs ne passent pas plus de temps dans cette merveilleuse région, si différente du reste de l'île. Dommage pour les uns... tant mieux pour les autres !

BASTIA (20200) 45 700 hab.

• Plan *p. 69*

Un site superbe tout d'abord : l'histoire a amarré Bastia au flanc d'une montagne haute de 900 m – l'épine dorsale du cap Corse – qui dévale dans la mer. Le choc frontal avec la grande bleue, les longues affinités génoise et romaine, l'énergie des gens du maquis devenus citadins l'ont rendue plus méditerranéenne que nature. C'est une ville à la fois pétulante et grave. Grave comme ces maisons altières, gaie comme ces églises baroques. Ce n'est pas pour rien que Bastia est Ville d'art et d'histoire : partez à la découverte de ses quartiers, Terra Vecchia, Terra Nova, vous ne serez pas déçu...

Notre conseil est de s'y attarder un peu, et non d'y passer brièvement comme le font trop de visiteurs. Rater le Vieux-Port et la citadelle serait une grossière erreur de boussole... d'autant que Bastia a vraiment un côté « outre-mer » plus fort qu'Ajaccio, même si son 1er abord est plus rugueux. Et puis Bastia est la porte du cap Corse. Une autre aventure.

UN PEU D'HISTOIRE

Bastia, à l'origine, n'est que la marine du village perché de Cardo (aujourd'hui rattaché à Bastia) où étaient installés les pêcheurs. Au XIVe s, un gouverneur génois, Lomellini, jusqu'alors établi à Biguglia, a l'idée de faire construire une place forte sur le gros rocher qui domine Porto Cardo. Cette *bastiglia* (bastion ou bastille !) va donner son nom actuel à la ville.
Les Bastiais appelleront *Terra Nova* la citadelle (terminée à la fin du XVe s, quand un certain Bonaparte, dont le nom aura de l'avenir, fait achever la construction des remparts et en est nommé régisseur).

Arriver – Quitter

En bateau

Gare maritime (hors plan par B1) **:** *sur le Nouveau-Port. Capitainerie : ☎ 04-95-55-25-85. • bastia.port.fr •* Les compagnies ci-après y ont un bureau.

■ **Corsica Linea** (plan B1) **:** *au Nouveau-Port. ☎ 0825-88-80-88 (0,15 €/mn). • corsicalinea.com • Lun-ven 9h-12h, 14h-18h.* En dehors des horaires d'ouverture, vente des billets à la gare maritime.

■ **Corsica Ferries :** *5 bis, rue Chanoine-Leschi, palais de la Mer, BP 275 (face au port) ou à la gare maritime : ☎ 04-95-32-95-95 et ☎ 0825-095-095 (0,18 €/mn). • corsica-ferries.fr •*

■ **La Méridionale :** *port de commerce. ☎ 09-70-83-20-20. • lameridionale.fr • Agence ouv lun-ven 8h-18h, sam 8h-12h.*

■ **Moby Lines** (hors plan par B1) **:** *4, rue du Commandant-Luce-de-Casabianca. ☎ 04-95-34-84-94. • mobycorse.com • Derrière le Nouveau-Port. Lun-ven 8h-12h, 14h-18h (plus sam mat).*

➢ **Par Corsica Linea :** liaisons régulières entre Bastia et Marseille (12-13h de traversée de nuit).

➢ **Par Corsica Ferries :** liaisons Bastia-Nice (env 6h) et Bastia-Toulon (8h-10h), Bastia-Savone (6h), Bastia-Livourne (4h).

➢ **Par Moby Lines :** liaisons entre Bastia, Livourne et Gênes.

En train

Gare ferroviaire (plan A1) **:** *à 500 m de la gare maritime en remontant l'av. du Maréchal-Sébastiani. ☎ 04-95-32-80-61. • cf-corse.corsica • Tlj en saison, 6h-20h30.* Les billets s'achètent uniquement à la gare.

➢ **De/vers Ajaccio** *(par Ponte-Leccia et Corte)* **:** 4 trains/j. Un voyage à travers les plus beaux paysages de Corse. Trajet : 4h.

➢ **De/vers Calvi** *(par Ponte-Leccia)* **:** 2 trains/j. (dont 1 avec changement à Ponte-Leccia). Trajet : env 3h.

En bus ou en autocar

Destinations et horaires s'obtiennent à l'office de tourisme (ou sur leur site internet), à proximité duquel la plupart des départs se font depuis la gare routière *(plan B1)*. Également tous les horaires sur *• corsicabus.org •* Un site non officiel qui regroupe toutes les compagnies et liaisons en bus dans l'île.

■ **Adresse utile**

- Office de tourisme intercommunal de Bastia (B1)

Où dormir ?

- **10** Ha Noi Social Club (A2)
- **11** Hôtel Napoléon (A1)
- **12** Hôtel Central (A1)
- **13** The Originals – Hôtel Les Voyageurs (A1)
- **14** Babbu Hôtel (A2)
- **15** Hôtel A Storia (A1)
- **16** Hôtel Posta Vecchia (B2)
- **17** Hôtel Le Bastia (hors plan par A1)
- **18** Best Western Corsica Hôtels (hors plan par A1)

Où manger ?

- **20** Sampiero (B3)
- **21** A Scudella (B2)
- **22** A Tana (B2)
- **23** Chez Vincent (B3)
- **24** Côté Marine (B2)
- **25** Le Palais des Glaces (A-B1)
- **26** Grazie Mille (B2)
- **27** La Table du marché (B2)
- **28** Chez Huguette (A2)
- **29** Le Petit Vincent (B3)

Où boire un verre ?

- **40** Le Café de la Place et le Café de la Paix (A-B1)
- **41** Robaïna (A2)
- **42** Bar de la Citadelle (B3)

Où déguster une glace ?

- **50** Giacomelli Artisan Glacier (A2)
- **51** Chez Serge Raugi (A1)

Où acheter des produits corses ?

- **60** Chez Mireille (A2)
- **61** Cap Corse Mattei (B1)
- **62** A Volta (A-B1)
- **63** U Montagnolu (A1)
- **64** Corsica Colis (B3)

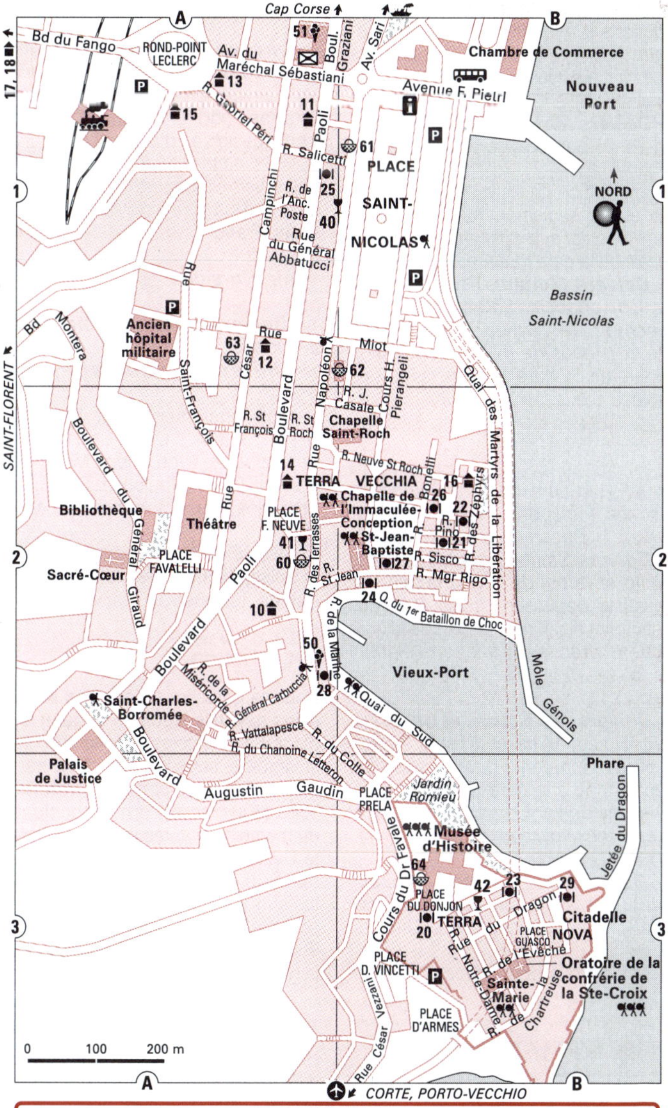

BASTIA

Globalement ***peu de fréquences.*** Le bus n'est pas très pratique.

➢ ***De/vers Erbalunga :*** navette de la compagnie Scaniglia (*06-11-53-68-64*) au départ de la gare routière. Juin-sept, 8 départs/j. 8h-18h15 (4 seulement le dim). 2 bus prolongent leur trajet jusqu'à Sisco. Hors saison, se renseigner.

➢ ***De/vers le lido de la Marana :*** 1 à 2 départs/j. Avec les *Transports Antoniotti* (☎ 04-95-36-08-21). Départ de la gare routière, dessert le *Camping San Damiano.*

➢ ***De/vers Macinaggio*** *(cap Corse)* **:** lun-ven 1 bus/j. avec les *Transports Micheli* (☎ 04-95-35-64-02). Départ devant l'office de tourisme. Et 2 bus/j. mar et ven seulement avec les *Transports Scaniglia* (📱 06-11-53-68-64) au départ de la gare routière.

➢ ***De/vers Moriani, Bravone, Aléria, Ghisonaccia, Solenzara, Porto-Vecchio :*** tte l'année, 2 bus/j. (sauf dim et j. fériés de mi-sept à mi-juin). Départ de la gare routière avec *Les Rapides Bleus* (achat possible des billets à l'agence Corsicatours, 1, av. du Maréchal-Sébastiani, face à la poste ; ☎ 04-95-31-03-79). Également 1 bus/j. lun-sam de/vers **Solenzara** avec les *Transports Tibéri* (☎ 04-95-57-81-73). Départ de la gare routière.

➢ ***De/vers Saint-Florent, via Patrimonio et le col de Teghime :*** en été, 4 bus/j. tlj. Début sept-fin mai, 2 à 3 bus tlj sauf dim et j. fériés. Départ de la gare routière avec les *Transports Santini* (☎ 04-95-37-02-98 ; ● autocarssantini.fr ●).

➢ ***De/vers L'Île-Rousse et Calvi :*** juil-août, tlj sauf 14 juil et 15 août 2 bus/j. Sept-juin, lun-ven 1 bus/j. Trajet : 2h. Départ face à la gare ferroviaire CFC (Chemins de Fer Corse) avec *Corsicar – Les Beaux Voyages* (☎ 04-95-65-11-35 ; ● corsicar.com ●).

➢ ***De/vers la Casinca (Vescovato) :*** sept-juin, lun-ven 1 bus scolaire/j. avec les *Autobus Casinca* (☎ 04-95-36-74-13).

➢ Pas de bus pour ***Ajaccio.*** Prendre le train !

En avion

✈ ***Aéroport de Bastia-Poretta*** *(hors plan par B3)* **:** *à 20 km au sud de Bastia.* ● *bastia.aeroport.fr* ● Navettes de/vers l'aéroport à la gare SNCF. Un bus à chaque arrivée d'avion. ☎ 04-95-31-06-65. Compter 10 € et env 30 mn de trajet. Vers l'aéroport, le bus se prend en face de la gare ferroviaire.

■ ***Air France :*** ☎ *36-54. À l'aéroport, tlj 6h-20h.*

■ ***Air Corsica :*** ☎ *0825-35-35-35 (0,20 €/mn).*

➢ ***De/vers Nice ou Marseille :*** 2-6 vols/j.

➢ ***De/vers Paris-Orly :*** jusqu'à 8 vols/j.

➢ Vols également pour Bordeaux, Brest, Caen, Clermont-Ferrand, Rennes, Lille, Lyon, Metz, Montpellier, Nantes, Toulon, Toulouse, Strasbourg, Bruxelles, Luxembourg et d'autres villes.

➢ Avec *EasyJet,* vols pour Paris (Orly et Roissy-CDG), Bâle-Mulhouse, Lyon, Nantes, Toulouse et Genève.

En voiture

Pour se garer, des ***parkings souterrains payants*** (ceux de la gare, de la place Saint-Nicolas, du Marché ou de la citadelle, sous la place d'Armes) ou, bien pratique, les ***parkings gratuits*** de Toga (300 places), à hauteur du port du même nom après la gare routière et le *Géant Casino,* et plus central celui du Vieux-Port (mais 100 places seulement). Les chanceux trouveront une place le long de l'avenue Zuccarelli, à 900 m de la place Saint-Nicolas, après la gare ferroviaire.

Adresses utiles

Infos touristiques, poste, santé

ℹ ***Office de tourisme intercommunal de Bastia*** *(plan B1)* **:** *pl. Saint-Nicolas.* ☎ *04-95-54-20-40.* ● *bastia-tourisme.com* ● *En hte saison, tlj 8h-20h (18h dim) ; en moyenne saison, lun-sam 8h30-19h et dim 9h-16h ; en basse saison, lun-sam 8h-12h, 14h-18h.* Bon accueil et services gratuits. Liste des hébergements à Bastia, le cap Corse et dans tout le nord de la Corse. Organise aussi des visites thématiques en saison (lire plus loin la rubrique « À voir »).

✚ ***Hôpital :*** *à 6 km du centre, quartier de* ***Paese Novo,*** *par la T 11 puis la D 264.* ☎ *04-95-59-11-11.*

Transports

🚕 ***Taxis :*** ***Taxis Bastiais,*** *☎ 04-95-32-70-70. Compter env 45 € entre l'aéroport et le centre-ville.*

■ ***Bus urbains :*** ***Société des autobus bastiais (SAB),*** *☎ 04-95-31-06-65.* Une douzaine de lignes, dont la nº 6 (Gare-Citadelle, navette gratuite) et la nº 3 (Palais-de-Justice/Cardo), peuvent se révéler utiles. Attention, peu de bus le dimanche et pas de navettes gratuites pour la citadelle ce jour-là.

– ***Navettes gratuites :*** *☎ 04-95-31-06-65. • bastiabus.com • Plusieurs navettes gratuites desservent certains villages des hauteurs comme San-Martino-di-Lota, Ville-di-Petrabugno, Santa-Maria-di-Lota. Navettes également vers les plages de l'Arinella, à la sortie sud de Bastia.*

■ ***Location de voitures :*** ***Hertz,*** *sq. Saint-Victor, ☎ 04-95-31-14-24 ; à l'aéroport, ☎ 04-95-30-05-00.* ***Europcar,*** *3, rue Chanoine-Leschi, ☎ 04-95-31-59-29 ; à l'aéroport, ☎ 04-95-30-09-50.* ***Ada,*** *à l'aéroport, ☎ 04-95-54-55-44.* ***Avis*** *à l'aéroport, ☎ 04-95-54-55-46.*

■ ***Location de motos et scooters :*** ***Toga Location Nautique,*** *port de plaisance de Toga. ☎ 04-95-34-14-14. • togalocation.com •* Location de 2-roues de 100 à 850 cm³.

Où dormir ?

Pour les hébergements chez l'habitant ou meublés de tourisme, s'adresser à l'office de tourisme.

Bon marché

🏠 ***Ha Noi Social Club*** *(plan A2,* ***10****) : 4 bis, rue du Castagno. 📱 06-47-41-72-37 (Hugo) ou 📱 06-77-18-36-16 (Jacko). • hanoisocialclub.org@gmail.com • Tte l'année. Résa indispensable en saison. Nuit en dortoir 22 €/pers petit déj compris. Double 50 €.* Une association a repris cette ancienne école pour en faire un lieu coopératif et tout simple (vraiment tout simple !), qui propose 1 dortoir de 6 lits, et 2 chambres doubles. Un autre dortoir est réservé aux travailleurs saisonniers. Sanitaires communs très basiques, cuisine à dispo et quelques transats sur un bout de jardin à l'arrière et à l'avenant. Surtout pour dépanner car c'est la seule adresse vraiment pas chère pour les routards à Bastia !

Prix moyens

🏠 ***Hôtel Napoléon*** *(plan A1,* ***11****) : 43, bd Paoli. ☎ 04-95-31-60-30. • hotel.napoleon@hotmail.fr • hotel-napoleon-bastia.fr • Réception au 1er étage. Doubles 54-87 €. Petit déj à 4 € sur présentation de ce guide.* Réception au 1er étage pour cet hôtel 2-étoiles d'une douzaine de chambres, de bon confort, sobre et classique. Chambres fonctionnelles, pas bien grandes mais parfaitement équipées (clim, salle de bains, minibar, coffre, sèche-cheveux). Noter la fresque marine dans l'escalier. Certaines chambres donnent sur rue, mais le double vitrage est efficace.

De prix moyens à chic

🏠 ***Hôtel Central*** *(plan A1,* ***12****) : 3, rue Miot. ☎ 04-95-31-71-12. • info@centralhotel.fr • centralhotel.fr • Fermé de Noël à mi-janv. Doubles 70-130 € ; supérieures et suites.* Dans un immeuble de famille, un hôtel fort bien tenu. En fait, il s'agit sans aucun doute du meilleur rapport qualité-prix-charme du centre de Bastia. Des chambres chaleureuses et colorées, toutes différentes (parquet ou tomettes au sol) et il règne ici une atmosphère douce et accueillante qu'on apprécie. Grand salon cosy au rez-de-chaussée avec œuvres contemporaines et cour verdoyante pour le petit déj. Charmant accueil.

🏠 ***The Originals – Hôtel Les Voyageurs*** *(plan A1,* ***13****) : 9, av. du Maréchal-Sébastiani. ☎ 04-95-34-90-80. • lesvoyageurshotel@gmail.com • hotel-lesvoyageurs-bastia.com • Tte l'année. Doubles env 86-119 € ; supérieures et familiales.* Bien bel établissement qui allie la modernité, le design et une déco personnalisée sur différents thèmes (musique, cinéma, Venise, Londres, l'Afrique...). Photos, tableaux, salon-bibliothèque cosy. Dans les chambres, une superbe literie, du linge de maison de grande tenue et des ambiances bien maîtrisées. L'omniprésence (anachronique) de Napoléon sur les œuvres d'art prête à sourire, comme quoi on a ici pas mal d'humour. La proximité du théâtre fait de cette adresse le rendez-vous des comédiens de passage en ville.

🏠 ***Babbu Hôtel (ex Hôtel Forum)*** *(plan A2, **14**) : 20, bd Paoli. ☎ 04-95-31-02-53. • babbuhotel.corsica@gmail.com • babbu-hotel.com • Tte l'année. Doubles 65-120 € ; familiales.* Dans un vieux bâtiment à la façade classée, un petit hôtel familial aux chambres entièrement rénovées avec goût et élégance, dans des tons actuels. Donnant sur une cour intérieure ou sur rue (double vitrage), hautes de plafond pour certaines, elles constituent un excellent rapport qualité-prix (clim, bonne literie). Agréable terrasse sur l'arrière pour le petit déj. Très bon accueil de la dynamique patronne.

🏠 ***Hôtel A Storia*** *(plan A1, **15**) : 3, rue Marcel-Paul. ☎ 04-95-61-39-50. • astoriabastia@gmail.com • astoriahotel.fr • Tte l'année. Doubles 70-110 € ; supérieures jusqu'à 130 €.* À 2 pas de la gare ferroviaire et à 5 mn à pied de la place Saint-Nicolas. L'établissement est résolument moderne, aux chambres design, épurées et impeccables, dans les tons blanc, gris et noir. Très bon confort et literie de qualité. Parking privé.

🏠 ***Hôtel Posta Vecchia*** *(plan B2, **16**) : 8, rue Posta-Vecchia. ☎ 04-95-32-32-38. • info@hotel-postavecchia.com • postavecchia-bastia.com • Fermé en janv. Doubles standard env 57-107 € (en fait 3 catégories : éco, confort ou vue mer).* Une façade coquette, saumon et volets verts, derrière laquelle se cache un bâtiment plein de couloirs et d'escaliers. Il n'y a pas 2 chambres identiques, des petites mansardées à celles ayant vue sur le port. Leur confort est également très variable pour une même catégorie de prix. Du coup, c'est bonne pioche ou un peu moins, c'est selon. Et les clients sont contents... ou pas. Sans grand charme mais du fonctionnel à prix corrects. L'annexe de l'autre côté de la rue occupe un immeuble tout simple, aux chambres standard et sans rien qui dépasse.

De chic à beaucoup plus chic

🏠 ***Hôtel Le Bastia*** *(hors plan par A1, **17**) : 11, bd Benoîte-Danesi. ☎ 04-20-19-01-90. • contact@hotel-lebastia.fr • hotel-lebastia.fr • Tte l'année. Doubles 85-180 € ; familiales et appartements. Parking payant.* Ancien bâtiment administratif (d'où la raideur de l'architecture), transformé en hôtel de semi-luxe. Sur 3 niveaux, un ensemble de chambres grand confort, dont la moitié offre une vue mer. Elles sont modernes et spacieuses, avec beaucoup de bois et une gamme de couleurs douces. Piscine intérieure chauffée, salle de gym. Depuis les baies vitrées de la salle de petit déj, vue extra sur la vieille ville et la mer.

🏠 ***Best Western Corsica Hôtels*** *(hors plan par A1, **18**) : av. Jean-Zuccarelli. ☎ 04-95-55-05-10. • contactbastia@corsica-hotels.fr • corsica-hotels.fr • À 500 m au-dessus de la gare. Tte l'année. Doubles 59-140 € ; familiales. Garage fermé sur résa (payant).* Évidemment, ceux qui n'aiment que les vieilles pierres chargées d'histoire(s) feront mieux de retourner dans le centre-ville ; les autres apprécieront cet établissement très moderne aux chambres fonctionnelles, spacieuses et confortables (excellente literie). Demander une chambre sur l'arrière tout de même car on est devant un petit rond-point. Restaurant.

Où manger ?

Prix moyens

🍽 ☂ ***Sampiero*** *(plan B3, **20**) : pl. du Donjon, dans la Citadelle. ☎ 04-95-32-27-43. En saison, tlj. Menu 16 € servi midi et soir. Plats et salades 10-18 €.* Sur la place qui fait face au musée, voici une adresse familiale proposant des petits plats tout simples, servis avec gentillesse. Risotto au prisuttu et ravioli au brocciu côtoient un wok de poulet ou des penne aux petits légumes. Tout cela à prix doux.

Prix moyens

A Scudella *(plan B2, **21**) : 10, rue Pino. 06-25-27-26-25. • tine2b24@gmail.com • Tlj sauf dim-lun, seulement le soir. Fermé Noël-Jour de l'an. Menu 26 €. Plats 14-22 €. CB refusées.* La *scudella,* c'est une sorte de poêle corse. Parmi les nombreux restos corses de Bastia, il y en a assez peu qui proposent une cuisine traditionnelle pur jus. *A Scudella* est de ceux-là et c'est pour ça qu'on l'aime. Pas de vue renversante, mais un bout de terrasse dans la ruelle l'été et surtout une cuisine au plus près de la vérité du pays, avec de goûteuses recettes des familles, où s'invitent sanglier, lapin, veau aux olives, *figatellu* et charcuterie. Et les portions sont généreuses. Martine, la patronne-cuisinière, connaît son affaire et aime contenter les clients. Service adorable.

A Tana *(plan B2, **22**) : 2 bis, rue Posta-Vecchia. ☎ 04-95-38-71-18. • carlobaldaccicarli@orange.fr • Tlj sauf mar en basse saison. Pinsa romana env 14 € ; pâtes 14-22 €. Digestif offert sur présentation de ce guide.* Dans une ruelle couronnée par de hautes voûtes, où s'exprime tout le charme bastiais, voici une salle façon caveau voûté de brique à la déco modernisée, et notre meilleure option pour se régaler de bonnes *pinse romane* (cousines de la pizza, les *pinse* sont réalisées à base de 3 farines, blé, soja et riz). Également de copieuses assiettes de pâtes aux fruits de mer et de moules sautées. Le chef est italien, vous l'aurez compris. Excellent service.

Chez Vincent *(plan B3, **23**) : 12, rue Saint-Michel. ☎ 04-95-31-62-50. • chezvincentbastia@orange.fr • Tlj sauf dim. Formule env 23 € (« l'Assiette du bandit corse ») ; plats 20-27 € et pizzas 12-14 €.* L'une des bonnes adresses de la citadelle, offrant une belle vue sur le Vieux-Port et l'île d'Elbe depuis la terrasse tout en longueur. Cuisine méditerranéenne au sens large, flirtant avec le Moyen-Orient, réalisée avec des produits locaux. Gnocchi de mamie, burger du bandit, brochette de falafel... Excellentes pizzas également.

Côté Marine *(plan B2, **24**) : 2, rue de la Marine, Vieux-Port. ☎ 04-95-33-66-65. • paul.pierinelli@wanadoo.fr • Tlj. Fermé déc-mars. Tlj. Formule tlj midi et soir 23 € ; salade Corsica 14 €. Carte env 35 €. Digestif maison offert sur présentation de ce guide et repas offert aux enfants - de 6 ans.* L'une des plus sympathiques adresses du Vieux-Port. Rien de gastronomique certes, mais des plats honorables et de qualité régulière (salade Corsica géante !), à déguster sur une belle terrasse. Également des pizzas. Service aimable et efficace.

Le Palais des Glaces *(plan A-B1, **25**) : 13, bd du Général-de-Gaulle (pl. Saint-Nicolas). ☎ 04-95-31-05-01. • palais-des-glaces@orange.fr • Tlj, mais fermé le soir en basse saison. Menus 21-24 €. Plats 16-18 €.* *Le Palais,* une brasserie avec grande terrasse sur la place Saint-Nicolas, est une cantine pour nombre de Bastiais. Rien de bouleversant, certes, mais une adresse qui fait partie des murs en quelque sorte, où s'attablent quotidiennement les habitués. Comme les anciens, on regarde passer les passants en parlant du passé, et on prend avec plaisir le plat du jour, un tartare ou une salade. On peut aussi se contenter d'une bonne coupe glacée.

Chic

Grazie Mille *(plan B2, **26**) : pl. du Marché. ☎ 04-95-32-38-22. • mfg24671@gmail.com • Tlj sauf mar et mer midi. Menu déj en sem env 20 € ; pâtes et viandes 14-32 €.* Un resto italien qui fait l'unanimité sur la place du Marché, et plus largement à Bastia. On y vient pour les pâtes fraîches maison et pour les spécialités de l'Ombrie, ou encore pour les desserts. Spécialités de pâtes aux truffes et tagliatelles aux palourdes.

La patronne sait incontestablement y faire et excelle dans la présentation des plats de sa carte. Belles viandes également.

La Table du marché *(plan B2,* ***27****) : pl. du Marché. ☎ 04-95-31-64-25. Tlj sauf lun. Fermé de mi-déc à mi-janv. Menus 25-35 € servis tout le temps ; plats 15-30 €.* Si le Vieux-Port est bondé, à 2 pas de là, l'adorable place du Marché, avec ses hautes maisons et sa fontaine moderne, est bien plus tranquille. Le resto y a déployé sa terrasse. Le menu est déjà très satisfaisant, mais si vous êtes en fonds, allez piocher dans la carte les plats corses ou le poisson d'une exemplaire fraîcheur. Élégant décor et service de qualité. Une adresse très régulière.

Chez Huguette *(plan A2,* ***28****) : rue de la Marine. ☎ 04-95-31-37-60. Tlj midi et soir, sauf lun midi et jeu midi. Menu du jour 28 € (servi jusqu'à 20h le soir). Carte 40-45 €.* Si vous êtes un peu en fonds, c'est l'adresse recommandable du port, connue et reconnue depuis plus d'un demi-siècle. Car *Chez Huguette,* on sert le meilleur de la mer. Des produits ultra frais, joliment travaillés, comme cet aïoli de poissons à la provençale, ce risotto aux fruits de mer, ce poulpe chaud à l'ancienne ou la simple pêche locale, selon ce que les petits bateaux rapportent. La belle terrasse domine légèrement le port d'un côté, la citadelle de l'autre. Service pro et prévenant.

Le Petit Vincent *(plan B3,* ***29****) : 1, rue du Dragon. ☎ 04-20-00-14-67. Tlj sauf dim et lun midi. Plats 18-27 €, carte env 40 € et plateau apéro.* La table gastro du resto populaire *Chez Vincent* (voir plus haut), installée dans un petit jardin en contrebas de la même ruelle bordant la citadelle, avec une vue panoramique grandiose. Une cuisine de fusion, créative et élaborée, dressée avec panache, portée sur le poisson et les fruits de mer (tartare de dorade, ceviche, tataki de thon, risotto crémeux de gambas...). Un peu onéreuse, certes, mais tellement bonne !

Où dormir ? Où manger dans les environs ?

Camping

Camping San Damiano : *lido de la Marana, 20620* ***Biguglia.*** *☎ 04-95-33-68-02. • info@campingsandamiano.com • campingsandamiano.com • ♿ À 8 km au sud de Bastia (accès possible en bus). Ouv fin mars-début nov. Pour 2 avec voiture, compter de 17-29 € (emplacements éco) à 24-46 € (emplacements bord de mer) et plus encore pour le 1er rang en bord de mer ! ; bungalows 2-6 pers à ts les prix.* À proximité de Bastia (et à 10 km de l'aéroport) ; un gros camping, bien équipé et bien ombragé par de grands pins, avec accès direct à la plage. Resto, bar, supérette, tennis et piscine superbe. La majorité des hébergements locatifs sont dans une partie séparée des emplacements pour campeurs, tous avec sanitaires et AC. Nombreuses animations sportives, mini-club enfants et ados et jeux pour enfants. Service de navettes (payantes) 3 fois/j. vers Bastia

Bon marché

Chambres d'hôtes Casa Paterna : *chemin des Oliviers, 20200* ***Ville-di-Pietrabugno.*** *☎ 04-95-31-53-70. 📱 06-15-90-24-38. Tte l'année. Double avec sdb partagée 55 €. Petit déj 9 €/pers. CB refusées. Muscat offert sur présentation de ce guide.* C'est dans une maison à la déco d'un autre temps, autant le savoir, et au milieu d'un univers d'objets kitschissimes, que l'avenante Mme Sylvia Pasqualini accueille ses hôtes, comme elle recevrait ses petits-enfants. À l'étage, 4 chambres à l'ancienne mais bien tenues, dont 3 avec balcon, profitent de la vue sur la ville et le port. Dans le salon, une vaste crèche et une banquise de centaines de personnages et animaux occupent l'espace.

De prix moyens à beaucoup plus chic

Hôtel Cyrnéa : *18, route du Cap-Corse, à* ***Pietranera.*** *☎ 04-95-31-41-71. • hotelcyrnea@wanadoo.fr • hotelcyrnea.jimdo.com • À 3 km de Bastia. À droite en entrant dans Pietranera. Fermé nov-fév. Doubles 60-84 €, familiales. Café et garage clos offerts sur présentation de ce guide.* Longue bâtisse des années 1970, impeccablement tenue, avec des chambres climatisées et agréables dans les tons blanc et bleu, très frais. Grand jardin à l'arrière descendant jusqu'à une petite plage de galets. Les chambres côté mer disposent toutes d'un balcon. Celles sur rue sont moins chères mais sans balcon ni vue, évidemment.

Hôtel Pietracap : *20, route de San-Martino, Pietranera, 20200* ***San-Martino-di-Lota.*** *☎ 04-95-31-64-63. • info@hotel-pietracap.com • pietracap.com • À 3 km de la sortie de Bastia. Sur la route du Cap, sur la gauche par la D 131 (fléché) puis faire env 500 m. Fermé nov-mars. Doubles 98-194 €, « deluxe » bien plus chères.* Un beau 3-étoiles tout blanc, niché dans la verdure, sur plusieurs niveaux, en décalage les uns par rapport aux autres, le tout agrémenté par beaucoup de fleurs et pas mal de verdure. La plupart des chambres ont vue sur mer avec balcon (mais ce sont les plus chères). Dans les espaces communs, lumineuses toiles marines. Jolie piscine en contrebas du jardin. Petite restauration en été.

L'Alivi : *route du Cap, à 2 km du port de plaisance, à l'entrée de* ***San-Martino-di-Lota*** *(20200). ☎ 04-95-55-00-00. • info@hotel-alivi.com • hotel-alivi.com • Avr-fin nov. Resto tlj sauf lun et mar midi. Doubles standard 121-262 €. Parking fermé gratuit.* Ce long bâtiment rectiligne abrite sur 3 niveaux des chambres spacieuses et lumineuses (grande baie vitrée) de bon confort. Toutes ont un balcon assez spacieux avec vue sur mer et sont dotées de tout l'équipement d'un 4-étoiles. Beaucoup de bois clair et crépi blanc. Piscine agréable sur une vaste terrasse avec transats. Accès direct à la plage (galets), plutôt sympa. Restaurant *(L'Archipel)* chic et de grande qualité.

Chez Walter : *à Casamozza, sur la commune de* ***Lucciana*** *(20290). ☎ 04-95-36-00-09. • chez.walter@wanadoo.fr • hotel-chez-walter.com • ♿ À 20 km au sud de Bastia, sur la gauche de la N 193. Doubles standard et privilège env 103-139 €. Menu env 24 € (servi midi et soir). Resto fermé le dim (seulement le dim midi en saison).* Malgré sa triste situation en bord de route nationale, une adresse confortable et fiable, dirigée avec professionnalisme. Chambres d'excellent standing aménagées avec goût. Jolie piscine, tennis, *fitness center* à dispo. Bonne table et belle terrasse dans un grand jardin. Pratique pour un départ tôt en avion.

La Litorne : *32, hameau de Casavecchie, 20220* ***Ville-di-Pietrabugno.*** *☎ 04-95-31-41-89. • restlalicorne@gmail.com • Prendre la route de Ville-di-Pietrabugno sur 3 km jusqu'à Casavecchie. Tlj sauf lun, le soir seulement. Ouv dim midi et soir. Fermé en oct. Pizzas 9-14 € (sauf dim midi). Menu 33 €. Carte seulement, env 35-40 €. Café ou digestif offert sur présentation de ce guide.* Si proche de Bastia et déjà la tête dans une ambiance de montagne, le cœur agrippé à un hameau pur terroir corse, pour une cuisine d'ici, au gré de plats novateurs qui évoluent en permanence à la carte. Le veau se vante de sortir du cheptel du plus grand éleveur de Corse et bénéficie d'un traitement de faveur. Les desserts allient fraîcheur et belles saveurs. Cette *Litorne* est une excellente option et la terrasse s'ouvrant sur la vallée un régal pour les yeux.

Où boire un verre ?

La place Saint-Nicolas *(plan A-B1)* et le quai des Martyrs-de-la-Libération *(plan B2)* alignent nombre d'établissements, respectivement face à l'animation ou au grand large.

Le Café de la Place et le Café

de la Paix *(plan A-B1,* ***40****) : pl. Saint-Nicolas (bd du Général de Gaule), l'un à côté de l'autre. Tlj en été jusqu'à 2h du mat.* Le premier est voûté de briques, le second est tout boisé. La jeunesse s'y retrouve autour de bonnes vibrations et déborde largement sur le trottoir et la place tous les soirs.

Robaïna *(plan A2,* ***41****) : pl. Fontaine-Neuve, un peu au-dessus du port. Tlj jusque tard.* Une jolie terrasse nichée sur une placette adorable, doublée d'un bar qui rend hommage aux rhums cubains, tandis que les murs honorent les révolutionnaires de l'île.

Bar de la Citadelle *(plan B3,* ***42****) : pl. du Donjon, dans la citadelle.* Situé sur l'une des plus jolies places de la ville, face à l'entrée du musée. De la terrasse, vue extra sur la mer.

Où déguster une glace ?

Giacomelli Artisan Glacier *(plan A2,* ***50****) : rue de la Marine. Tlj en été, tlj jusque très tard.* Excellentes glaces artisanales de qualité, que l'on déguste sans modération.

Chez Serge Raugi *(plan A1,* ***51****) : 2 bis, rue du Chanoine-Colombani. Fermé lun tte l'année, plus dim ap-m oct-mai. Congés : 5 sem en hiver, 1 sem en sept.* On trempe ici dans la glace – et de la bonne ! – de père en fils depuis des lustres. Une adresse un peu cachée, dans une rue banale, mais les glaces sont top !

Où acheter des produits corses ?

Marché traditionnel *(plan B2) : pl. de l'Hôtel-de-Ville ; le mat, sam-dim.*

Chez Mireille *(plan A2,* ***60****) : 5, rue des Terrasses. ☎ 04-95-32-41-05. Tlj sauf dim ap-m et lun, 8h-12h30, 15h-18h30.* Pour se ravitailler en *canistrelli* au citron, en *fiadone* ou en beignets à la farine de châtaigne, entre autres... Une adresse des familles, tenue par Mireille et sa maman, présente depuis bien longtemps dans le cœur des Bastiais.

Cap Corse Mattei *(plan B1,* ***61****) : 15, bd du Général-de-Gaulle. ☎ 04-95-32-44-38. Tlj sauf dim ap-m 10h-12h30, 13h30-19h30. L'été tlj 10h-20h.* L'un des plus anciens magasins de Bastia, le plus vénérable. On y vend toutes sortes d'apéritifs et de digestifs fabriqués, depuis le siècle dernier, par la célèbre maison *Mattei,* dont le fameux *Cap Corse,* à base de quinquina, boisson emblématique de l'île. Superbe boutique, élégante et historique. Noter sur la droite la vitrine de bouteilles de contrefaçons.

A Volta *(plan A-B1,* ***62****) : 24, rue Napoléon. ☎ 04-95-31-45-24. • a-volta.fr • En été, tlj 9h-19h30 ; hors saison, fermé dim entre 12h et 14h.* Vins et charcuterie issue de porcs *nustrale*, en provenance directe du producteur. Vente en ligne également.

U Montagnolu *(plan A1,* ***63****) : 15, rue Campinchi. ☎ 04-95-32-78-04. Juil-sept et déc, tlj 9h-20h ; oct-juin, fermé dim.* D'excellents vins du pays, jambons, fromages, douceurs : la Corse concentrée sous les voûtes de cette jolie boutique. Une belle sélection de produits.

Corsica Colis *(plan B3,* ***64****) : 8, cours du Dr-Favale, porte de la citadelle. ☎ 04-95-32-62-69. • corsica-colis.com • En été, tlj 9h-20h ; hors saison, fermé dim et entre 12h-14h.* Propose de bons produits (fromage, vin, charcuterie...) et une dégustation gratuite. Possibilité de faire envoyer ses achats directement chez soi.

À voir

L'office de tourisme propose des visites guidées originales de la ville et de ses environs *(20 €/pers ; réduc).* Les *Légendines (avr-sept, mar à 16h30, sur résa ; vente de billets sur le site de l'office de tourisme)* font découvrir Bastia par le petit

bout de la lorgnette, sous l'angle d'anecdotes, de légendes ou de faits insolites. La visite se termine dans la citadelle, avec concert polyphonique dans l'oratoire de la confrérie Sainte-Croix et dégustation de produits corses. Également des visites plus classiques : Bastia baroque, patrimoine sacré...
– Bastia in Cantu : *chants corses à l'église Saint-Jean-Baptiste, juin-sept, ven à 18h30 (durée 1h). Achats de billets (15 € ; gratuit - de 12 ans) à l'office de tourisme ou sur place.* Superbes chants corses et polyphonies. À ne pas manquer !

➢ ***Le petit train :*** *06-09-37-00-54. • lepetittrainbastia.corsica • Avr-oct, tlj ttes les heures (sauf 12h-14h). Compter 7,50 € ; réduc.* Départ devant l'office de tourisme. Tour de la ville en 50 mn. Arrêt et visite commentée de la citadelle.

La place Saint-Nicolas *(plan B1)* **:** vaste, ombragée par des platanes et des palmiers, bordée de vénérables immeubles. Il faut y passer entre 17h et 19h, quand les terrasses des cafés sont noires de monde, et y prendre un verre en écoutant les potins de la ville. *Marché aux puces* le dimanche matin.
Remarquer, au centre de la place, le vieux kiosque à musique et la statue de Napoléon en empereur romain. Côté port, fosse de veille du sous-marin *Casabianca* (en fait, une réplique de l'original). Les Forces françaises libres acheminèrent de nombreuses armes à la Résistance corse à bord de ce sous-marin.

La rue Napoléon *(plan A-B1-2)* **:** une charmante rue piétonne qui relie la place Saint-Nicolas au Vieux-Port via la rue des Terrasses qui la prolonge. À gauche, l'*oratoire de la confrérie de Saint-Roch* (le saint pourfendeur de la peste) date de 1604 et renferme de beaux orgues de 1750. Voir aussi le groupe processionnel en bois polychrome, qui est de sortie le 16 août, tous les ans. À l'occasion, des petits pains bénis sont distribués.

L'oratoire de l'Immaculée-Conception *(plan A-B2)* **:** *rue Napoléon. Ouv en principe tlj 8h-19h sauf dim.* Elle fut édifiée en 1589. Le Parlement anglo-corse s'est réuni ici pendant 3 ans (1794-1796). Le roi d'Angleterre y avait un représentant (mais le trône du roi restait vide, en haut des marches du maître-autel), et l'on y jouait alors le *God Save the King* sur le petit orgue italien toujours en état. Avant d'entrer, remarquer le pavage de galets à la génoise figurant un grand soleil et la lune. Intérieur somptueux : damas cramoisis, pilastres, lustres, dorures.

La Vieille Ville (Terra Vecchia) et le Vieux-Port

L'église Saint-Jean-Baptiste *(plan B2)* **:** *tlj sauf dim ap-m 8h-12h, 15h-19h. Entrée sur le flanc droit de l'église. Entre juin et sept, chaque ven à 18h30, concert Bastia in Cantu, superbes chants corses et polyphonies (achat des billets sur place ou à l'office de tourisme).* Domine le Vieux-Port de ses 2 tours-campaniles. C'est la plus grande église de Corse (XVIIe s). Bel exemple d'intérieur baroque. On notera le plafond de la vaste nef qui abrite une fresque du baptême du Christ, une intéressante chaire de marbre, un superbe Christ en croix et le buffet d'orgue.

La place du Marché *(plan B2)* **:** *marché sam et dim mat.* À côté de l'église Saint-Jean-Baptiste, une grande place calme et ceinte d'anciennes bâtisses typiques.

Les quais du Vieux-Port *(plan B2)* **:** en forme de fer à cheval. Bien abrités et très animés à partir de 17h. Ici, les lève-tôt ne manqueront pas l'arrivée des chalutiers au point du jour. Tout l'été, la zone est rendue aux piétons le soir.

La rue du Général-Carbuccia *(plan A2)* **:** jadis, la rue des familles nobles, avec de hautes maisons blasonnées. Pasquale Paoli séjournait au nº 7 quand il venait à Bastia.

L'église Saint-Charles-Borromée *(plan A2)* **:** *ne se visite pas.* Cette ancienne chapelle des jésuites, du XVIIe s, est l'une des seules églises chrétiennes à ne pas offrir le droit d'asile. C'est là que les états généraux se sont tenus en mai 1789.

À côté, petite place bordée de la fontaine Saint-Charles et rue Chanoine-Letteron (appelée rue Droite par les Bastiais) avec la *maison Bronzini de Caraffa,* au vieux balcon. En continuant la montée (raide) jusqu'au boulevard Gaudin, on rejoint la citadelle (mais c'est plus sympa depuis le Vieux-Port par le jardin Romieu ; voir ci-après).

La citadelle et le quartier de Terra Nova (plan B3)

La citadelle génoise, superbe, est organisée selon un plan en damier. Elle mérite vraiment une visite. Des quais du Vieux-Port, gravir l'escalier monumental, passer par le *jardin Romieu,* bon endroit pour faire une halte face à la mer. Monter le *cours Favale* jusqu'à la porte principale bâtie sous Louis XVI, qui mène à la *place du Donjon.*
Une partie du quartier a été rénovée avec intelligence et les façades altières ont retrouvé un certain lustre, tout en conservant leur austérité légendaire. Il y règne une remarquable sérénité, bien loin du brouhaha du bas de la ville. Se balader dans les étroites ruelles piétonnes est un ravissement.

Le musée d'Histoire de Bastia (plan B3) **:** *dans le palais des Gouverneurs génois, tt de suite à gauche en entrant dans la citadelle. ☎ 04-95-31-09-12. • museebastia.corsica • ♿ Mai-sept, mar-dim 10h-18h30 (tlj en juil-août). Le reste de l'année, mar-sam 9h-12h, 14h-17h. Entrée : 5 € mai-oct ; réduc. Jardin seul : 1 €. GRATUIT (nov-avr).*
Cette grande bâtisse, siège des gouverneurs génois entre les XVe et XVIIIe s, a été totalement rénovée (pour ses parties anciennes) ou reconstruite (pour les ailes nord et ouest détruites pendant la 2de Guerre mondiale). Le musée présente relativement peu d'objets, mais tous sont de qualité.
Passé le sous-sol et ses salles vides de l'***ancienne prison*** (voir les espaces qui accueillaient la citerne), le rez-de-chaussée traite les thèmes de l'***urbanisme*** et de la ***Corse antique*** (stèles funéraires romaines, amphores étrusques, cratères, etc.), puis à l'étage, de l'importance économique et politique de la ville, ainsi que sa ***vie culturelle*** depuis l'époque génoise jusqu'au XXe s. La formation de la cité est évoquée par des documents et autres éléments architecturaux (plaques de fontaines, frontons). Beau plan-relief montrant la Bastia d'hier et d'aujourd'hui. Toiles du XIXe s, de grande qualité, qui montrent le Bastia d'autrefois. Le ***rôle de l'Église*** comme commanditaire de la construction d'ouvrages baroques est souligné (linteaux, pierres tombales, tableaux...), mais l'architecture civile à l'époque génoise n'est pas en reste. Quelques éléments de mobilier (lit à baldaquin, coffres...). Centre de pouvoir et de la vie culturelle, Bastia rassemblait l'élite administrative et commerçante, notamment lorsque les pouvoirs ont été transférés de Gênes à la France. Au 2e étage, tableaux de l'école génoise, portraits d'évêques, armoiries, buste de Napoléon... La ***vie maritime*** de la cité est également évoquée : Bastia était en 1900 le 4e port de la Méditerranée (et aujourd'hui le 2e port français pour le trafic de passagers). Beau groupe processionnel de Saint-Érasme. Toiles religieuses italiennes, œuvres du XIXe s de toute beauté, piano-forte...
Enfin, Bastia comme pôle culturel pictural de l'île : des œuvres phares (comme le *Mariage mystique de sainte Catherine*), évocation d'intellectuels et d'artistes qui ont marqué la ville de leur empreinte. Également, la ***collection Carlini,*** avec quelques souvenirs de la Révolution française et de l'Empire (masque mortuaire de Napoléon), et une petite partie de la collection Fesch (dont l'essentiel est au musée des Beaux-Arts d'Ajaccio).
Enfin, au 5e étage, sur la terrasse, un ***jardin « suspendu »*** (accès possible par des escaliers sans passer par les salles du musée, ou par l'ascenseur). Remarquable vue sur la ville. Voir la poudrière restaurée qui abrite une petite expo temporaire.

La cathédrale Sainte-Marie-de-l'Assomption (plan B3) **:** *tlj sauf dim ap-m 8h-12h, 14h-17h30 (18h30 en été).* Elle date du XVIIe s (restauration récente). On y voit une impressionnante Vierge en argent massif pesant près de 650 kg d'argent fin, résultat de la prodigalité des Bastiais au XIXe s. L'ensemble est baroque, avec piliers et colonnes en faux marbre. Juste en face, la maison où Victor Hugo a vécu enfant de 1803 à 1805.

🏛🏛🏛 ***L'oratoire de la confrérie de la Sainte-Croix*** *(plan B3) : prendre la rue de l'Hospice à droite de Sainte-Marie ; l'oratoire se situe 50 m plus loin. En principe, tlj sauf dim et j. fériés 9h-12h, 14h-18h.* Le seul oratoire de style rococo de France, clou de la visite de Bastia. Voir, sur la droite quand on est face à l'autel, le fameux *Christ noir des Miracles,* trouvé en 1428 et vénéré par les pêcheurs. Concert de chants corses le mardi à 18h30 réservé aux participants de la visite guidée des *Légendines* organisée par l'office de tourisme (voir plus haut).

À faire

– ***Activités nautiques :*** *avec le* ***Club nautique bastiais*** *(CNB). Bureaux sur le quai sud du Vieux-Port. 📱 06-11-83-09-14. • clubnautiquebastiais.com • Tlj 9h-18h.* École française de voile, catamaran, Optimist, kayak de mer, etc. Activités, pour la plupart, sur le lido de la Marana (plage de Tombulu Biancu), où le *CNB* se délocalise en été. *Également à la base nautique de l'Arinella, à 3 km de Bastia vers Furiani, avec le* ***Club nautique de la Communauté d'Agglomération de Bastia*** *(CAB). 📱 07-86-28-86-82. • bastia-agglomeration.com • Juil-août, lun-ven 8h-12h et 14h-19h, w-e 14h-19h.* Location de kayak, *paddle,* planche à voile et catamaran. Belle plage de l'Arinella, surveillée, la plus proche du centre-ville.

Plongée sous-marine

Les fonds bastiais livrent une bonne cinquantaine de spots aux yeux éblouis des plongeurs de tous niveaux. Puis les nombreuses épaves d'avions et de bateaux vous inviteront à des voyages fantômes...

Club de plongée

■ ***Club de Plongée Bastiais :*** *Port Toga, à 5 mn au nord du port de commerce. 📱 06-15-35-80-72. • plongee-bastia.com • En saison, tlj sauf dim ; hors saison, w-e et vac scol. Résa obligatoire. Baptême env 50 € ; plongées 38-43 € selon équipement ; forfaits dégressifs 5-10 plongées.* Club (affilié FFESSM), qui propose baptêmes, formations jusqu'au niveau IV, plongée enfants, stages d'initiation à la biologie marine.

Nos meilleurs spots

🤿 ***La Roche à Mérous*** *(niveau I) :* au large du port de Bastia. Sur cet ensemble de plateaux rocheux, les mérous règnent en maîtres (de 20 à 36 m). Très familiers, ils vous abordent sans hésitation (restez calme !) ; évitez quand même de les toucher. Ce « caillou » pourrait aussi s'appeler la *Roche à Sars,* tant ils sont nombreux. Murènes et langoustes dans les failles.

À VOS MASQUES ET TUBAS !

Sentant venir la défaite, le maréchal allemand Rommel fit embarquer 6 caisses d'or qu'il largua dans une caverne sous-marine, près de Bastia. Du moins, c'est ce que raconta un ancien soldat SS, qui dit avoir participé à l'opération. Même le gouvernement français effectua des recherches. Sans succès.

🤿 ***Le Chasseur P-47*** *(niveau I) :* au large de Miomo, une plongée bien appréciée par les néophytes en mal d'épaves ! Cet avion américain de la Seconde Guerre mondiale repose – entier – par 19 m de fond. Un mérou passif monte la garde autour du cockpit, tandis qu'une murène s'est lovée à la place du pilote. Grand champ de posidonies.

Le Petit Pain de sucre *(niveau I)* **:** belle succession de rochers (16 à 24 m de fond) très colorés, où murènes et congres ont élu domicile, parmi les arthias et castagnoles. Également quelques mérous pépères.

Fêtes et manifestations

La liste complète des fêtes et manifestations est disponible à l'office de tourisme. En voici une sélection.

– ***Processions de la Saint-Joseph :*** *le 19 mars.* On fête le saint patron de la ville avec les confréries de Corse. L'occasion de goûter les fameux *panzarotti,* beignets sucrés à base de farine de pois chiches ou riz.

– ***Processions du Jeudi saint :*** *en avr.* Le soir, de 18h à 22h, de petits groupes vont par toute la ville de chapelle en chapelle. Il y a toujours un nombre impair de participants : ainsi le veut la tradition. Ce sont des Corses en pèlerinage qui vont se recueillir devant les scènes bibliques installées ce jour-là dans chaque chapelle.

– ***Festival Creazione :*** *en principe en juin, durant 3 j., au musée de Bastia. • creazione.corsica • Entrée payante.* Expo de créateurs corses, de mode et de design, organisée par l'office de tourisme. Défilés, conférences et concerts dans les jardins. Un festival qui prend du poids d'année en année.

– ***Estivales :*** *juil-août.* La place Saint-Nicolas et la rue Napoléon voient se dérouler de nombreuses animations et concerts : musiciens, saltimbanques, théâtre de rue, chants corses...

– ***Relève des gouverneurs*** *(a notte di a memoria)* **:** *2e ou 3e sam de juil.* 200 figurants, en costumes d'époque du XVIIe s, retracent un événement historique bastiais majeur, la relève des gouverneurs, justement ! Tir à l'arbalète et à l'arc, lanceurs de drapeaux font le spectacle, tandis que le nouveau gouverneur est accueilli au Vieux-Port au son du tambour. Grand feu d'artifice pour terminer.

– ***Le Salon du Chocolat et des Délices de Corse :*** *mi-oct, sur la pl. Saint-Nicolas. • salon-chocolat-bastia.com •* Dégustations, concours, ateliers, spectacles et feu d'artifice.

– ***Musicales de Bastia :*** *durant 5 j., fin nov ou début déc. • musicales-de-bastia.com •* En avant la musique ! Classique, jazz, chanson, mais aussi danse et chants corses.

DANS LES ENVIRONS DE BASTIA

L'oratoire de Monserato : *à 2 km de Bastia, route de Saint-Florent, un peu au-dessus du couvent de Saint-Antoine, par un chemin à gauche, c'est à env 500 m. De la citadelle, contourner le palais de justice par la droite et monter l'escalier. Compter 30 mn à pied. Pèlerinage le 12 mai (Saint-Pancrace).* Ce lieu modeste cache un monument rare : un escalier saint *(Scala Santa)*, réplique de celui de la basilique Saint-Jean-de-Latran à Rome.

Pendant le 1er Empire, une partie du clergé italien avait refusé de se soumettre au Concordat, imposé par Napoléon. Colère, celui-ci fit enfermer les récalcitrants dans les geôles ignobles de la citadelle, où ils croupissaient, quand la population, émue, demanda leur libération, ce qui arriva à la chute de l'Empire. Ces ecclésiastiques demandèrent au pape Pie VII d'accorder à Bastia une faveur exceptionnelle, en reconnaissance de la bonté de ses habitants. Et c'est ainsi que Bastia obtint une *Scala Santa* : celui qui la gravit à genoux (avec contrition, ça va de soi) est lavé de ses péchés. C'est le seul moyen reconnu par l'Église d'arriver à ce résultat sans l'entremise d'un prêtre catholique. C'est un privilège rare, il n'existe qu'une vingtaine d'escaliers saints dans le monde.

La Corniche supérieure : à faire en voiture au départ de Bastia. Prendre la route de Saint-Florent puis la D 64, peu après le couvent Saint-Antoine. Les beaux quartiers de Bastia sont par là : nombreuses propriétés avec de grands jardins et une végétation luxuriante. On passe par ***Cardo,*** village qui ne manque pas de charme. C'est l'ancêtre de Bastia, qui n'était à l'origine que sa marine. Jolie balade à faire sur le chemin des Glacières, jusqu'au sommet du mont Murzajo (871 m). Les glacières étaient des puits de 20 m dans lesquels la neige recueillie était entassée puis découpée à la belle saison pour être revendue. À l'époque des Génois, ces derniers demandaient la livraison de 50 kg de pains de glace par jour du printemps à l'automne. Dans le secteur on extrayait également lauzes et pierres à moulin. On continue par *Ville-di-Pietrabugno* et *San-Martino-di-Lota.* Vue époustouflante sur Bastia, la mer et, au loin, les îles italiennes, notamment l'île d'Elbe (la plus grande). On descend ensuite à *Miomo* pour rejoindre Bastia par *Pietranera* et la route surplombant le littoral.

Excursion vers Oletta : autre très belle promenade à faire en boucle au départ de Bastia. Prendre la route de Saint-Florent jusqu'au *col de Teghime* (536 m), en plein sur la ligne de crête du cap Corse. Vue sublime d'un côté sur le golfe de Saint-Florent et le Nebbio, de l'autre sur la lagune de Biguglia. C'est là que des combattants marocains, les goumiers, se sont battus en octobre 1943 contre les forces allemandes pour obtenir la libération de Bastia (monument commémorant leur sacrifice, texte en français et en berbère). En se retournant, on peut admirer la côte orientale au sud de Bastia. Du col, aller jusqu'à Oletta, puis prendre la direction *Murato* (voir « Dans les environs de Saint-Florent »). Au *col de San Stefano,* où les goumiers ont également bataillé dur, encore une autre vue sublime à la fois sur l'épine dorsale du cap Corse, le golfe de Saint-Florent et un morceau de la plaine orientale. Enfin, on rejoint Bastia par le *défilé de Lancone.*

L'ancienne cathédrale de la Canonica : *à 25 km au sud de Bastia, sur la D 107 qui va de l'aéroport de Bastia-Poretta en direction du cordon lagunaire. En saison (juin à mi-sept), tlj 8h30-12h30, 14h30-19h. GRATUIT.* L'église la plus belle de Corse, pour certains. En tout cas, l'une des plus vieilles et l'une des plus simples architecturalement parlant. C'était le siège de l'évêché au Moyen Âge. Consacrée en 1119 sous le nom de *Santa Maria Assunta,* elle offre une vraie curiosité : son étrange assemblage de pierres de différentes tailles (dont du calcaire du cap Corse et du marbre de Brando) et de divers coloris. Voir aussi la frise d'animaux en arc au-dessus de la porte. Juste à côté, un complexe paléochrétien (fin IVe s) : les *fouilles de Mariana.* Il s'agit d'une ancienne colonie romaine, développée autour d'un poste fondé par Marius en 93 av. J.-C. Une 1re église (paléochrétienne) y avait été construite. Restes d'un très ancien baptistère aux mosaïques polychromes.
De l'autre côté de la route, le nouveau ***musée archéologique de Mariana*** présentera, lors de son ouverture prévue en 2021 (printemps ou été), le résultat des fouilles dans ce secteur. *Infos sur • musee-mariana.com •*

L'église San Parteo : *à 500 m de la Canonica, au bout d'un chemin.* Sorte de jumelle de la cathédrale voisine, un peu plus petite. Elle date du XIIe s, avec quelques éléments plus anciens. Voir le linteau aux 2 lions assis de part et d'autre d'un arbre, scène d'inspiration orientale.

La réserve naturelle de l'étang de Biguglia : *☎ 04-95-59-51-00. Sur la T 11, au rond-point pour le lido de la Marana, tourner juste après la ligne de chemin de fer, passer devant le stade et continuer sur plus de 1 km. Parking au parc Fornacina. Écomusée sur une petite île à 400 m (dans le fortin d'Ischia Nova). Tte l'année, mar-sam 9h-12h, 13h-17h (9h-16h en juil-août). Visite guidée sur résa* *uniquement juil-sept, mar et jeu, seulement le mat (9h30-12h). Visite libre : 2 € (gratuit - de 18 ans) ; visite commentée sur résa (4 pers min) : 4 €/pers. Durée : env 1h.* La plus grande zone humide de Corse (1 450 ha), entre mer et terre, inscrite sur la liste Ramsar pour la conservation des zones humides. Quelque 30 000 oiseaux (foulques, fuligules morillons, milouins) viennent hiverner aux côtés d'espèces indigènes, et près de 250 espèces y ont été observées. Sur les berges des canaux, on peut aussi voir des tortues cistudes. Le fortin au nord de l'étang accueille un ***écomusée*** (histoire de la réserve, géologie, faune et flore, pêche, migration...). Dans un aquarium, on verra les 3 espèces résidant dans les eaux saumâtres de l'étang (mulet, loup et sar commun). Terrasse panoramique pour observer l'ensemble.

La brasserie Pietra : *route de la Marana,* ***Furiani.*** *☎ 04-95-30-14-70. • brasseriepietra.corsica • Au rond-point du stade, prendre la route de la lagune. Visite et dégustation gratuites (compter 45 mn) : juil-août, lun-ven 9h-12h, 14h-17h ; le reste de l'année, sur résa seulement, pour groupes de 10 pers min.* L'entreprise *Pietra* est l'une de celles dont la *success story* est la plus admirée en Corse, et à juste titre. En quelques années, elle a su s'imposer et continue à se développer (voir la rubrique « Vins et alcools » dans « Hommes, culture, environnement »). La visite passe en revue les différentes étapes de l'élaboration de l'excellent breuvage brassé avec un mélange de malt et de farine de châtaigne corse.

LE CAP CORSE (CAPICORSU)

• Carte *p. 83*

C'est comme le doigt de la Corse, un index pointé dans le bleu de la mer, en direction du nord. Voici donc, comme disent les Corses, *l'isula di l'isula,* « l'île de l'île » : une chaîne de montagnes couvertes de maquis, une échine rocheuse longue de 40 km et large de 12 à 15 km. Les sommets culminent entre 1 000 et 1 324 m, puis les versants dévalent dans la grande bleue avec des accents de tragédie grecque. Déjà les Romains l'avaient baptisé « le promontoire sacré ». Les paysages ? Une alternance de plages de galets (et de sable dans l'extrême pointe du Cap) et de criques secrètes, le tout entrecoupé de montagnes. Les 2 versants du Cap ne se ressemblent pas. Sur la côte est, des vallées débouchent en douceur dans la mer, tandis qu'à l'ouest la montagne tombe violemment dans la Méditerranée, décrivant une série d'à-pics vertigineux et de nids d'aigle, où s'accrochent courageusement des grappes de maisons. Magique.

Une route en fait le tour, de Bastia à Saint-Florent, ponctuée par une ribambelle de minuscules ports, les marines. Ce sont les annexes maritimes de villages retirés fièrement sur les hauteurs et constitués de plusieurs hameaux. Un monde à part, qui n'a vraiment été relié au reste de l'île qu'au milieu du XIXe s, la route de corniche n'ayant été ouverte que sous Napoléon III. Un monde riche en histoire, comme en témoigne le nombre impressionnant d'églises, de chapelles, de couvents, de majestueux tombeaux familiaux perdus dans la nature, de ruines de châteaux, de vestiges de moulins et, enfin, ces 32 tours de guet dites « génoises ».

Le cap Corse, c'est aussi un pays de vignerons. On y produit des vins très divers, des blancs surtout, et également un muscat qui serait à l'origine d'un dicton toscan : « Un verre de vin corse et j'escalade le Stromboli ! »

N'oublions pas enfin que, même s'il est produit à Bastia par la société *Mattei,* le célèbre apéritif *Cap Corse* lui doit son nom...

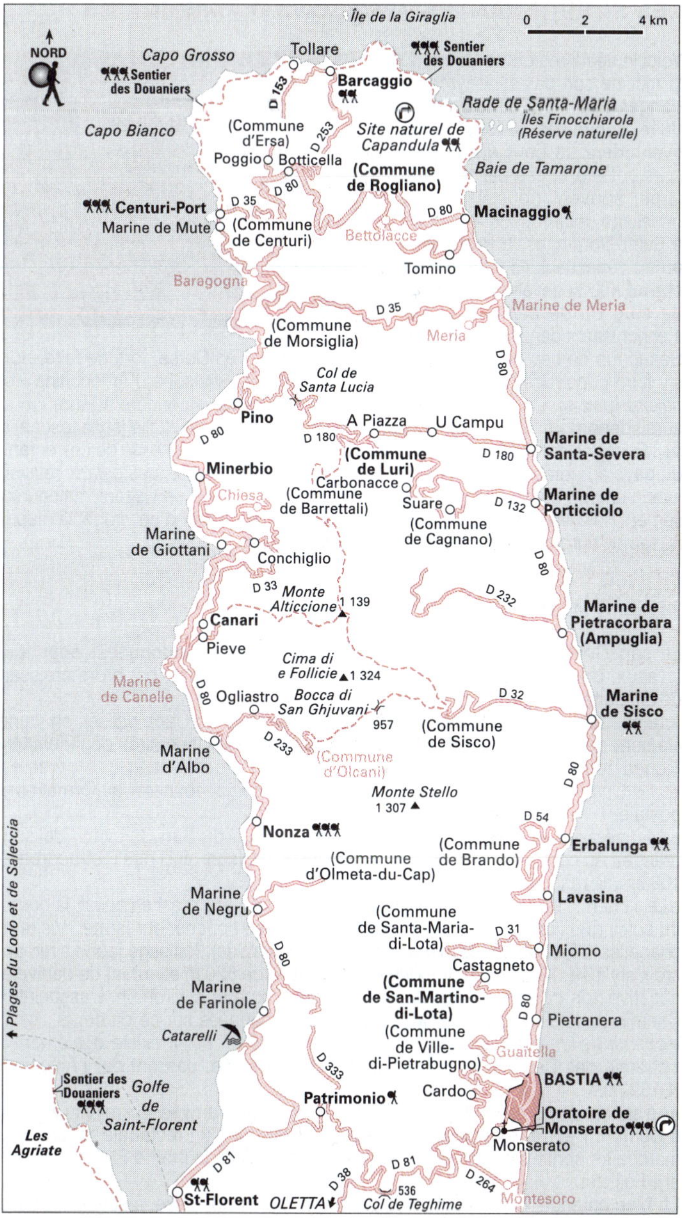
Île de la Giraglia
0 2 4 km
NORD
Capo Grosso
Tollare
Sentier des Douaniers
Barcaggio
Rade de Santa-Maria
Îles Finocchiarola (Réserve naturelle)
Capo Bianco
(Commune d'Ersa)
Site naturel de Capandula
Poggio
Botticella
(Commune de Rogliano)
Baie de Tamarone
D 153
D 253
D 80
D 35
Centuri-Port
Marine de Mute
(Commune de Centuri)
Bettolacce
Macinaggio
Tomino
Baragogna
D 35
Marine de Meria
(Commune de Morsiglia)
Meria
Col de Santa Lucia
Pino
D 80
A Piazza
U Campu
D 180
(Commune de Luri)
Marine de Santa-Severa
Minerbio
Carbonacce
Chiesa
(Commune de Barrettali)
Suare
D 132
Marine de Porticciolo
(Commune de Cagnano)
Marine de Giottani
Conchiglio
D 33
Monte Alticcione 1 139
D 232
Marine de Pietracorbara (Ampuglia)
Canari
Pieve
Cima di e Follicie 1 324
Marine de Canelle
Ogliastro
Bocca di San Ghjuvani
957
D 32
Marine de Sisco
(Commune de Sisco)
D 233
Marine d'Albo
(Commune d'Olcani)
Monte Stello 1 307
D 54
Nonza
(Commune de Brando)
Erbalunga
(Commune d'Olmeta-du-Cap)
Lavasina
Marine de Negru
(Commune de Santa-Maria-di-Lota)
D 31
Miomo
Castagneto
(Commune de San-Martino-di-Lota)
Marine de Farinole
Pietranera
Plages du Lodo et de Saleccia
Catarelli
(Commune de Ville-di-Pietrabugno)
Guaïtella
D 333
BASTIA
Sentier des Douaniers
Golfe de Saint-Florent
Patrimonio
Cardo
Oratoire de Monserato
Monserato
Les Agriate
D 81
D 38
D 264
536
St-Florent
OLETTA
Col de Teghime
Montesoro

LE CAP CORSE

LES SURPRENANTES « MAISONS D'AMÉRICAINS »

Voici la seule région de Corse où la mer ne soit pas synonyme de danger. Pêcheurs depuis l'Antiquité, capitaines au long cours, aventuriers du bout du monde, tous ont été attirés par le grand large, souvent poussés par la nécessité, allant jusqu'à émigrer à Saint-Domingue, à Porto-Rico ou au Venezuela. Ils y firent souche au XIXe s, devenant planteurs de café ou de canne à sucre, s'enrichissant dans le commerce.

« LA ROUTE DES CORSES »

Les Corses, en particulier les Cap-Corsins, ont été si nombreux à émigrer au Venezuela qu'il existe dans ce pays un circuit touristique nommé La Ruta de los Corsos ! Cette « route des Corses » fait le tour des plantations fondées par les émigrants (et bien souvent toujours exploitées par leurs descendants, qui ne parlent plus que l'espagnol !).

Beaucoup de ces aventuriers d'outre-mer revinrent en Corse, fortune faite, pour s'y faire construire de somptueuses demeures, les « maisons d'Américains » ou *palazzi* (palais). On peut les voir à Rogliano, Morsiglia, ou encore à Pino. On en aurait dénombré 173. Leur architecture s'inspire à la fois de l'Italie (style toscan) et de l'Espagne coloniale (arcades, colonnes). On jaugeait la richesse de ces enfants du pays au nombre de fenêtres de leur *palazzu*. Chaque été, ces *palazzi* revivent avec l'arrivée au pays des cousins de Porto-Rico. Ils ne se visitent malheureusement pas. Mais on les voit bien depuis la route, au détour d'un virage, la plupart du temps surplombant merveilleusement le paysage.

SPÉCIAL RANDONNÉES

Le cap Corse offre de nombreuses possibilités de randonnées, pour tous niveaux, praticables toute l'année pour la plupart. Les voici par ordre croissant de difficulté :

– 18 chemins à thème (1 par village, dans l'ensemble du Cap), balisés en jaune. Ce sont de courtes boucles (maximum 2h), appelées « Itinéraires de l'identité ». Fiches techniques téléchargeables sur le site • *destination-cap-corse.corsica* • On peut également les trouver dans les offices de tourisme au format carte postale.

– 14 itinéraires mis en place par le syndicat Bocca du San Ghjuvani (balisage orange). Au centre du Cap (communes de Sisco à Olcani ainsi que Pietracorbara), 108 km de randos au total.

– Le « chemin de Lumière », ainsi nommé parce qu'il suit, d'est en ouest, la course du soleil que l'on voit, le même jour, se lever et se coucher sur la mer. Visite de chapelles à Pietracorbara (départ) et Barrettali (arrivée). Balisage jaune avec une croix stylisée. 12 km avec une dénivelée positive de 620 m et autant de dénivelée négative : on traverse le Cap de part en part. Compter environ 6h. L'association Chemin de lumière propose des randos accompagnées sur ce parcours. *Rens :* • *chemindelumiere-capcorse.net* • *ou* ☎ *06-14-30-30-66.* Il existe également le « chemin des Deux-Rives », avec 950 m de dénivelée, passant par l'Alticcione (1 139 m).

– Le sentier des Crêtes : départ de Bastia (Port Toga) et arrivée 48 km plus au nord, à Centuri. Peut être découpé en 6 étapes. Balisage : un rectangle rouge. Pour marcheurs confirmés (passe par les sommets du Cap, le monte Stello et la cima di e Follicie).

Et, bien entendu, ne pas oublier le parcours le plus populaire, à savoir le sentier des Douaniers, au départ de Macinaggio.

Attention toutefois, l'incendie d'août 2017, parti d'Ogliastro et qui parcourut le Cap d'ouest en est sur 1 800 ha jusqu'à Sisco et Pietracorbara, a durablement modifié les paysages.

SAN-MARTINO-DI-LOTA *(20200 ; 2 600 hab.)*

Un village en nid d'aigle dominant la côte orientale du cap Corse. De Miomo, une route étroite et sinueuse monte, sur 7 km, à flanc de montagne jusqu'à Castagneto, le hameau principal de San-Martino (on peut aussi y arriver depuis Pietranera ou Bastia). Sur la gauche, environ 1 km avant d'arriver, on distingue la silhouette du château du comte Cagninacci qui fit fortune dans les mines d'or au Venezuela, puis revint couler ses vieux jours dans cet ancien couvent de capucins.
Au village de San-Martino-di-Lota, l'église renferme des autels en palme. Chaque Vendredi saint, les habitants portent en procession ces autels qu'ils confectionnent avec soin sous l'égide d'une confrérie.

Où dormir ? Où manger ?

De prix moyens à plus chic

Hôtel de la Corniche : *à San-Martino-di-Lota (Castagneto). ☎ 04-95-31-40-98. • info@hotel-lacorniche.com • hotel-lacorniche.com • Resto fermé dim soir-mar midi hors saison, le midi lun-mar en saison. Fermé janv-début fév. Résa conseillée. Doubles 61-200 €. ½ pens possible. Menu Terroir 29-34 €. Carte env 50 €.* De la terrasse ombragée par de généreux platanes, on jouit d'une vue sublime sur un amphithéâtre de montagnes dévalant vers la mer. La maison est dans la même famille depuis 5 générations et offre des chambres tout confort et agréables, certaines avec une vue extra sur la vallée et la mer. La piscine, plantée sur une terrasse, est un ravissement. Quant à *La table de la Corniche,* elle est tout bonnement excellente, et les Bastiais n'hésitent pas à grimper jusqu'ici pour savourer les vieilles recettes corses de feu Mme Anziani, que le chef met toujours à l'honneur sur la carte, non sans y ajouter sa touche personnelle. Du travail bien fait, à base de produits de qualité, et un accueil à la hauteur des lieux.

Restaurant La Place : *près de l'église. ☎ 04-95-31-82-61. • info@hotel-lacorniche.com • Juil-août, ouv midi et soir sauf mer midi ; mai-juin et sept, ouv le soir seulement, sauf mer. Pizzas 9-14 €, plats 15-21 €. Carte env 35 €. Digestif offert sur présentation de ce guide.* Ce sont les mêmes patrons qu'à l'*Hôtel de la Corniche* qui opèrent ici. Belles pizzas au feu de bois et carte méditerranéenne à prix modérés (cannelloni au brocciu, salade de poulpe, filet de merlu au chorizo...). Jolie terrasse avec vue plongeante et une autre à l'arrière du resto où l'on se réfugie s'il y a du vent.

Où dormir ? Où manger dans les environs ?

Maison Saint-Hyacinthe : *lieu-dit* ***Miomo,*** *Santa-Maria-di-Lota, sur la D 31. ☎ 04-95-33-28-29. • mshcorse@yahoo.fr • maison-saint-hyacinthe.com • À Miomo, prendre direction Figarella et continuer sur env 2,5 km. ♿ Tte l'année. Résa conseillée. En dortoir, 16-18 €/pers ; doubles 54-68 € (plus 6 € pour une nuit seulement) ; petit déj inclus. Possibilité de ½ pens et tarifs enfants. Menu unique 18 €, panier repas 8 €.* Dans un joli parc de 3 ha, un ancien couvent de dominicains. Aujourd'hui géré par une mission catholique polonaise, ce centre d'accueil s'adresse aux groupes comme aux individuels et aux familles. Si le site est beau, les locaux sont avant tout fonctionnels. Environ 30 lits organisés en compartiments ouverts, de 2 lits superposés, séparés du couloir commun par un simple rideau. Une quarantaine de chambres doubles et familiales également, avec sanitaires privés ou collectifs. Un endroit serein (et propice à la méditation). Même si on y est parfaitement libre, on se trouve dans un lieu religieux. Une certaine retenue est attendue. Restauration sur place.

LAVASINA (*20222 ; commune de Brando*)

Modeste village au bord de l'eau, à 2,5 km au sud d'Erbalunga. C'est « le petit Lourdes du cap Corse ». Un pèlerinage se déroule à l'église Notre-Dame *(en principe, ouv 7h-19h)* durant la 1re semaine de septembre et se termine le 8 par une procession. Une fois passée la porte vitrée automatique (!), dans une niche, on peut voir un incroyable gisant du Christ (hyperréaliste !) ainsi qu'un tableau « miraculeux » représentant la Madone.

ERBALUNGA (*20222 ; commune de Brando*)

La 1re vraie et authentique marine du cap Corse, avec ses maisons blotties sur une petite avancée rocheuse couronnée par les vestiges d'une tour génoise. C'est mignon, c'est sympa et c'est un endroit à la mode, très fréquenté en saison, depuis que des artistes s'y réfugient. On les comprend, c'est si agréable de flâner dans les ruelles piétonnes et de se laisser guider vers le charmant petit port et ses bars en terrasse, la plage de galets ou les ruines de l'église qui surplombent la jetée... C'est le berceau de la famille de l'écrivain Paul Valéry.

Où dormir ?

■ ***Hôtel Demeure Castel Brando :*** *dans le village, sur la gauche.* ☎ *04-95-30-10-30.* • *info@castelbrando.com* • *castelbrando.com* • ♿ *Fermé début nov-fin mars. Doubles 105-295 € (3 types de chambres, de « charme » à « privilège »). Parking privé gratuit.* Un véritable hôtel de charme et de caractère, dans un authentique *palazzu* du XIXe s, entièrement restauré et décoré dans le meilleur goût, avec des meubles anciens. Chambres tout confort (clim). Les palmiers autour, les couleurs chaudes et l'architecture lui confèrent un on-ne-sait-quoi de latino-américain. Piscine chauffée, jacuzzi et spa avec hammam. Salle de gym. Sur l'arrière de la maison principale, d'autres édifices plus modernes abritent des chambres à la déco tout aussi raffinée, mais qui n'ont pas le charme de l'ancien. Accueil excellent.

Où manger ? Où boire un verre ?

|●| ***Ind'è Noi :*** *sur la pl. du village.* 📱 *06-24-30-52-99.* ♿ *Tlj en juil-août ; fermé mer soir et jeu hors saison. Fermé déc-janv. Plats 15-20 €. Carte env 35 €. CB refusées.* On se sent bien, « chez nous » (*Ind'è Noi* en corse). Et dans l'assiette, la même recherche, pour le plus grand plaisir des papilles : flan au *brocciu*, cannellonis au *brocciu*, calamars à la bastiaise... Et l'on se régale encore avec les desserts, notamment le parfait aux amandes ! Sympathique terrasse et salle de bric et de broc. Bons petits vins au pichet.

|●| ☂ ***A Piazzetta :*** *sur la pl. du village.* ☎ *04-95-33-28-69.* • *jeanmichelesposito67@gmail.com* • ♿ *Tlj sauf mar en basse saison. Fermé janv-fév. Carte env 32 €. CB refusées. Café offert sur présentation de ce guide.* Ce resto-pizzeria propose, dans sa salle voûtée ou en terrasse, une jolie carte variée : pizzas, pâtes, salades, mais aussi poissons (filet d'espadon à l'huile d'olive, spaghettis aux gambas), etc. Un bon rapport qualité-prix.

|●| ***Traiteur Maria Trattadore :*** *sur la route principale, au centre du village.* 📱 *06-82-16-63-39. Tlj en été 8h30-12h30, 17h-20h. Fermé lun hors saison.*

Un traiteur qui prépare tous les jours de bons petits plats corses mais pas seulement (sauté de veau, courgettes farcies, soupe de poissons...). Parfait pour le pique-nique.

Bar U Scalu : *sur le port.* On aime bien ce petit bar qui prolonge sa terrasse juste au-dessus du petit port. Parfait pour un verre avant ou après le dîner.

Manifestations

– Importantes ***manifestations pour les fêtes de Pâques :*** elles commencent le soir du Jeudi saint, par une procession. Le lendemain, entre 7h et 11h, se déroule la *Cerca,* procession de près de 12 km à travers les églises de la commune de Brando avec port d'une croix de 60 kg. Vers 19h30, on poursuit par la *Granitula,* curieuse et très ancienne procession de pénitents blancs, formant une spirale humaine qui se resserre et s'écarte alternativement (la *granitula* étant un petit coquillage en forme de spirale). Les pénitents réalisent parfaitement cette figure, sans répétition aucune.
– ***Festival de musique :*** *3 j. pdt la 1re quinzaine d'août.* Rencontres musicales qui se tiennent à l'amphithéâtre de plein air à Brando et où se retrouvent un peu tous les genres, classique, jazz et, bien sûr, chants corses traditionnels. Juste avant, 2 autres festivals : ***Cap sur le Rire*** (vers la mi-juillet) et, fin juillet-début août, les ***Nuits du Piano.***

LA MARINE DE SISCO (SISCU ; 20233)

À 15 km de Bastia, un tout petit village de bord de mer qui n'a pas été défiguré. Ne pas se contenter de musarder au bord de l'eau, mais grimper dans les terres pour découvrir ces belles maisons typiques aux toitures de pierres plates schisteuses, les *teghje,* si particulières à la région ou de nombreux tombeaux dispersés dans la nature. Sisco était réputé au Moyen Âge pour le travail de ses forgerons armuriers. Ses hameaux (17 au total !) sont disséminés dans la vallée qui remonte jusqu'au pied de la *cima di e Follicie,* le plus haut sommet du cap Corse.

Où dormir ? Où manger ?

Camping

Camping A Casaïola : *marine de Sisco. ☎ 04-95-35-20-10. • a-casaiola@bbox.fr • camping-acasaiola.com • Mai-oct. Compter env 19,60-25,60 € pour 2 avec tente et voiture. CB refusées.* Beau cadre, organisé en terrasses, assez bien ombragé par d'épais chênes-lièges, oliviers et arbousiers. Calme (à 250 m de la route), simple, propre, familial et bon marché, ce petit camping donne toute satisfaction et on s'y sent comme chez soi. Petite piscine bordée de murets de lauzes. Bon accueil.

De prix moyens à chic

La Ferme U San Martinu : *lieu-dit* ***Canavaggia.*** *À 3 km de la marine de Sisco par la D 32, prendre un chemin à gauche (fléché). 06-16-59-13-95. • usanmartinu@wanadoo.fr • ferme-usanmartinu.com • Avr-oct. Doubles 80-100 €. Table d'hôtes 35 € (6 plats !). CB refusées.* Une maison d'hôtes aux allures de petite résidence hôtelière, posée à flanc de colline, dans un environnement très calme. 6 chambres dans la maison principale, tout en pierre. Pas bien grandes certes, mais coquettes, décorées avec goût et de très bon confort. Toutes avec accès indépendant et terrasse donnant sur une belle piscine. Bonne et copieuse table d'hôtes à base de produits de la ferme, dont on profite sous la tonnelle. Excellent accueil de Marine et Pierre-Jean.

Mille et Une Nuits : ***Crosciano,*** *à 1 km de la marine, sur la D 32.*

☎ 04-95-48-27-03. 📱 06-13-07-41-70. • jeantrausch@orange.fr • locationcapcorse.jimdo.com • Tte l'année. Double 65 € ; Maison de pêcheur (avec coin-cuisine) et Casa Luna 100-120 €. Table d'hôtes 25 €. Une adresse que l'on aime beaucoup, conçue par Nathalie et Jean qui reçoivent leurs hôtes comme des amis dans des hébergements simples mais de caractère : outre une confortable chambre aménagée avec soin, on trouve la romantique *Maison du pêcheur*, posée en bordure de rivière et la *Casa Luna,* une maisonnette dans les arbres disposant de sa terrasse privée. En prime, une salle commune aménagée dans un chalet où ils organisent des apéros-concert conviviaux et festifs. Des instruments sont à dispo des musiciens en herbe ou en béton (batterie, guitare, djembé...). Beaucoup d'espace car on est dans un domaine qui s'étire sur 3 ha de forêt.

Osteria A Stalla Sischese : *à 300 m du littoral, sur la D32. ☎ 04-95-35-26-34. • astallasischese@wanadoo.fr • astallasischese.com • ♿ Fermé nov-mars. Resto ouv tlj midi et soir. Hors saison, ouv le midi, plus ven et sam soir. Doubles 70-105 € ; familiales. Menu 30 €.* Un établissement aux chambres offrant tout le confort, réparties dans des annexes avec terrasse dans le jardin. Piscine agréable entourée de murs de pierres sèches, spa et ensemble au calme. Quant au resto, c'est l'une des valeurs sûres du Cap. Authentique cuisine corse, sincère et délicieuse : tarte aux herbes, beignets de fromage, raviolis au *bruccio,* agneau ou cabri, *fiadone.*

Chambres d'hôtes les 5 Arches : *Piano de Poraja, sur la route D32, à env 3,5 km de la marine. ☎ 04-95-32-15-17. • contact@les5arches.com • les5arches.com • Doubles 90-135 €.* Pascal et Matthieu soignent leurs 5 chambres (2 au rez-de-chaussée et 3 à l'étage) autant que leurs hôtes. La maison est moderne et au calme, entourée d'une généreuse pelouse et d'une belle piscine, elle-même cernée par une terrasse de bois. Chambres agréables et petit déjeuner de qualité.

A Casaïola : *en bord de mer. ☎ 04-95-35-21-50. Mai-sept, tlj midi et soir. Plats 14-21 €.* Un petit resto (indépendant du camping du même nom), dont la sympathique terrasse ombragée domine les flots. Une autre sur l'arrière est protégée par de beaux mûriers-platanes. Des pâtes, des moules, crevettes sautées façon thaï, mais également de bonnes viandes et du poisson frais cuisinés au goût du jour. Accueil charmant.

Où dormir aux environs de Sisco ?

Chambres d'hôtes Mare Chiare : *env 3 km au sud de Sisco. 📱 06-22-51-65-28. • pchiarelli@wanadoo.fr • Ouv une bonne partie de l'année. Doubles 90-120 €, petit déj compris.* Perchée à flanc de colline, cette maison blanche et moderne offre 3 chambres bien agréables, qui s'alignent sur une terrasse commune, tout en bois, séparées par un voile de tissu qui préserve l'intimité. Pour chacune, baie vitrée s'ouvrant sur un panorama grandiose dominant la mer. Chambres lumineuses et bien équipées, même si elles ne sont pas très grandes. Sur le côté, un petit bout de jardin. Billard français et bon accueil. Un chemin dans le maquis permet de rejoindre Sisco.

À voir. À faire

Le hameau principal de Sisco : *à 9 km de la côte.* À U Poghju, depuis la place de l'*église San Martinu* (avec campanile) plantée d'oliviers, superbe vue. L'église renferme parmi ses trésors un reliquaire célèbre, celui de saint Jean Chrysostome. Œuvre en cuivre doré du XIIe s représentant le visage stylisé du saint exécuté par un orfèvre de Sisco. À gauche après l'église, prendre la route de Barricione (Barrigioni). Sur la droite, à 200 m, l'une des fameuses « maisons d'Américains », la *villa Saint-Pierre,* mêlant les styles toscan et latino-américain. Grande demeure à colonnades, cachée derrière ses grilles et enfouie dans la verdure.

Dollfin : *marine de Sisco. ☎ 09-74-56-40-77 ; 📱 06-07-08-95-92. • dollfin-plongee.com • Baptême 65 € pour 15 mn, 82 € pour 40 mn ; plongée 48 € avec équipement ; forfaits dégressifs 5-10 plongées.* Explorations et formations pour tous niveaux (SSI et ANMP) sur la côte orientale du cap Corse. Du *chasseur P-47* au cap Sagro, mérous, congres et murènes sont au programme sur fond de rochers ou de posidonies. Location de kayaks pour les accompagnants qui ne plongent pas.

Randonnées : les hameaux de Sisco sont reliés entre eux par des sentiers balisés, idéals pour de petites balades familiales. On embrasse parfois une vue merveilleuse sur tout le cap Corse, les îles d'Elbe et de Capraia.

LA MARINE DE PIETRACORBARA

(PETRACURBARA ; 20233)

À 20 km de Bastia, en cet endroit de la côte, une sorte de vallée glisse vers la mer, avec sa rivière, ses joncs et quelques maisons autour, dispersées au pied de la tour d'*Ampuglia.* La belle grande plage est l'une des rares du cap Corse appréciée des véliplanchistes. Si l'on remonte dans les terres par la D 232, jolis hameaux de *Ponticello* (église Saint-Clément et sa confrérie, chapelles à coupole), d'*Ornetu* (magnifique tour carrée) puis d'*Oreta.* Pour les bons marcheurs, de ces hameaux, Canari (sur la côte ouest) n'est qu'à... 7h30, via la *bocca San Ghjuvani.*

Où dormir ? Où manger ?

Camping

Domaine La Pietra : *à 300 m de la plage, à l'intérieur des terres. ☎ 04-95-35-27-49. • lapietra@wanadoo.fr • la-pietra.com • ♿ Fin mars-début nov. Compter 26,50-31,50 € pour 2 avec tente et voiture. Chalets 2-4 pers à louer à la sem.* Pas de résas pour les campeurs : arrivez tôt pour avoir les places à l'ombre. Emplacements plats et vastes bien délimités par de hautes haies. Eucalyptus, pins, fleurs, c'est plutôt joli et bien soigné. Location de chalets. Grande piscine et resto-snack.

Prix moyens

Le Rendez-vous de l'Été : *entre la minuscule marine et l'immense plage, juste à côté de la grosse tour. ☎ 04-95-35-23-32. • jc.galletti@orange.fr • hotel-restaurant-cap-corse.fr • De mi-mai à fin sept. Doubles 77-85 €, petit déj compris. Plats 12-22 €.* Une adresse populaire et familiale, sans charme particulier, mais qu'on aime bien pour son côté relax. Agréables chambres, sobres et propres, à 2 pas de la plage. La plupart à l'étage possède une petite terrasse avec vue sur la mer. Une seule donne sur l'arrière. Au restaurant, sur la terrasse toute simple et ombragée par des mûriers-platanes, bonnes moules de l'étang de Diane et petite restauration.

À voir

La distillerie de Pietracorbara : *à env 2,5 km de la marine. ☎ 04-95-55-66-98. • distillerie-de-pietracorbara.com • En saison, tlj 9h-12h, 14h-17h.* On distille ici des liqueurs de myrte, alcool de châtaigne, mais aussi des eaux-de-vie et de bons apéritifs. Belle boutique avec une intéressante sélection de produits.

LA MARINE DE PORTICCIOLO

(PORTICCIOLU ; 20228 ; commune de Cagnano)

Petite marine coincée dans un pli escarpé de la côte, le long duquel les maisons s'étagent. Un coin intact, où il fait bon suivre les quelques petites ruelles qui dévalent jusqu'à la mer. Petit port et jolie plage (de sable).

Où dormir ? Où manger ?

Maison Bella Vista (chambres d'hôtes) : *dans le virage à la sortie de la marine, en allant vers le nord, sur la droite. ☎ 04-95-35-38-46. 06-24-54-61-87. • contact@maisonbellavista.fr • maisonbellavista.fr • Avr-oct. Doubles 60-90 €, familiales. Table d'hôtes 30 €, pichet de vin compris. CB refusées.* Dans une belle maison de famille dominant la mer, 5 chambres bien décorées dont 3 avec terrasse privée et vue mer. On adore ! Superbe terrasse commune et ombragée avec vue imprenable. Extra à l'heure du petit déj. Également un grand appartement de 70 m² pour 4-6 personnes proposé à la semaine. Excellent accueil de Cathy Catoni.

Hôtel U Patriarcu : *dans le village, sur la gauche. ☎ 04-95-35-00-01. • upatriarcu@orange.fr • u-patriarcu.com • Doubles 60-120 € ; familiales. Au resto, carte env 30 €. Réduc de 10 % nov-avr sur présentation de ce guide, après entente téléphonique.* Une vieille maison du cap Corse rénovée, avec des murs épais comme ça et un intérieur propre. La plupart des chambres, très simples et fonctionnelles avant tout, donnent sur la mer (et la route) et 2 sur l'arrière. On préfère celles situées dans la maison principale. Garage fermé pour les motos. Fait aussi resto (seulement le soir).

Où dormir dans les environs ?

Casale Lucrezia (Gîtes de France) : *hameau de Carbonacce, 20228* ***Cagnano.*** *06-13-77-28-85. • contact@casalelucrezia.fr • casalelucrezia.fr • De Porticciolo, prendre la D 132 jusqu'à Urtale et continuer direction Luri. Avr-oct. Doubles 80-100 €. Table d'hôtes sur résa 25 €.* Au cœur du minuscule hameau de Carbonacce, dans une belle maison de maître joliment rénovée, 5 chambres lumineuses et bien décorées (3 doubles, 2 triples), disposant d'une belle vue. Calme garanti. Lucrezia, la jeune propriétaire, prépare pour ses hôtes d'excellents repas (pas de restaurant à proximité immédiate, autant le savoir), mettant en scène des produits de qualité. Petit déjeuner extra avec confitures maison, servi en terrasse.

LA MARINE DE SANTA-SEVERA

(20228 ; commune de Luri)

Un autre petit port de la côte, situé au débouché d'une vallée très verte. Grande plage de galets.

1re étape de la route des Vins à la **Cave Pieretti** *(☎ 04-95-35-01-03 ; • vinpieretti.com • ; à 100 m après le croisement du centre, sur la gauche. L'été, tlj 9h-12h, 14h-19h. Hors saison, lun-ven, jusqu'à 17h.)* Dégustation, visite des caves, vente. L'un des 4 viticulteurs du cap Corse. Viticultrice, d'ailleurs, puisque c'est la fille de la maison qui a repris l'affaire. Bon accueil et travail vraiment intéressant, réalisé notamment sur les rouges (vieilles vignes), mais aussi sur les muscats, réalisés à partir d'un cépage unique, l'alicante (ou grenache corse).

Où dormir ? Où manger ?

Camping Santa Marina : *à 100 m de la mer. ☎ 04-95-35-02-86. • info@camping-santamarina.com • camping-santamarina.com • Mai-début oct. Compter 19-21 € pour 2 avec tente et voiture. Resto juil-août seulement.* Un petit camping (50 emplacements) discret et tout simple, sur un terrain plat, en retrait de la route, bien ombragé par des pins, chênes-lièges et mûriers-platanes. Au calme et ambiance sympa. Bar pour le petit déj.

Chambres d'hôtes chez M. et Mme Micheli : *au lieu-dit Chioso-Gavino. ☎ 04-95-35-01-27. • micheli sandrine@yahoo.fr • Petit chemin cimenté abrupt sur la gauche, juste avt le dernier virage qui descend vers le village. Mai-oct. Doubles 50-70 €.* Dans une maison toute simple, 4 chambres propres et claires, sans chichis, 2 avec vue sur mer et 2 donnant sur l'arrière, toutes avec salle de bains. Frigo commun pour les clients. Petit jardin ombragé. Une adresse pratique, à petits prix. Accueil gentil.

Résidence hôtelière La Marine : *sur le port, tt au bout. ☎ 04-95-35-01-06. 06-03-31-79-07. • hotel.lamarine@wanadoo.fr • hotellamarine.com • Avr-oct. Double 77 €. Loc à la sem de studios 2-4 pers.* Petite résidence hôtelière proposant des appartements (frigo et coin cuisine). On oubliera l'architecture un peu datée pour profiter de cette structure au calme, très propre, et dont la plupart des chambres, avec balcon, offrent une vue sur le port. Déco simple et bon accueil. Très calme. Prêt de VTT, de masques et tubas.

Restaurant-pizzeria A Cantina : *à Santa-Severa. ☎ 04-95-35-05-67. • mastella2b@msn.com • Sur la marine, au milieu du quai. Tlj midi et soir. Fermé nov-mars. Plat du jour 15 € ; pizzas 7-10 € ; plats 12-23 €.* Une sorte de cabanon amélioré qui, derrière une banale appellation de pizzeria, propose une cuisine corse régulière. Omelette corse, *storzapretti*, calamars à l'encre, rôti sauce castagnina... Bons desserts, en particulier le délice de châtaigne, ou *pastizzu.*

LURI (20228 ; 700 hab.)

Une commune constituée de pas moins de 17 hameaux perdus dans une luxuriante nature, à mi-chemin entre les 2 côtes du cap Corse. On y accède depuis Santa-Severa par la route D 180, la seule à traverser toute la largeur du Cap. Église paroissiale du XVIIe s, qui abrite derrière l'autel une peinture sur bois du XVIe s représentant la vie de saint Pierre.

Du village principal, à 5 km de la marine, à ***A Piazza*** (ravitaillement possible sur la place), la route monte au *col de Sainte-Lucie* et redescend sur le versant ouest vers Pino. À faire en fin d'après-midi, avec quelques perspectives époustouflantes de beauté sur la mer et les monts.

Un petit chemin conduit à la *tour de Sénèque* (30 mn de sentier à pied), d'où la vue est extraordinaire par temps clair. La légende dit que Sénèque y vécut en exil au Ier s de notre ère. Sauf que la tour date du XIIIe s...

Où dormir ? Où manger dans les environs ?

Chambres d'hôtes et gîtes I Fundali (Chez Lisa et Maria Gabelle) **: Spergane,** *20228 Luri. ☎ 04-95-35-06-15. 06-82-67-18-64 (Lisa). • lisa0701@orange.fr • location corse-ifundali.com • À 2 km du hameau de A Piazza. Depuis la poste de A Piazza, suivre la route en direction de Spergane (à droite) sur env 3 km. Fermé nov-mars. Résa conseillée. Doubles 55-60 € (réduc à partir de 3 nuits), gîtes 60 € (2 pers ; 3 nuits min). CB refusées.* Parmi les plus chouettes chambres d'hôtes de toute la Haute-Corse, très appréciées par nos lecteurs depuis des lustres. Au milieu d'un paisible vallon verdoyant sur lequel semblent veiller les ruines d'une tour médiévale (mangée par la végétation) trône la maison Alain et Marie-Thé, et leurs 2 charmantes filles, Lisa et Maria qui ont repris l'affaire. Ils réservent à leurs hôtes un accueil toujours chaleureux, qui fait qu'on se sent vite chez soi. 5 chambres simples, confortables et très propres, avec salle de bains et clim, auxquelles viennent s'ajouter quelques gîtes. On peut se préparer son repas (cuisine commune et barbecue à disposition). Puis, installé dans les fauteuils du jardin et sur la terrasse, on regarde les étoiles.

Restaurant Tony Bar : *sur la place de* ***A Piazza*** *(commune de Luri). ☎ 04-95-35-00-21. Tte l'année midi et soir. Plats 10-15 €.* C'est Carine qui est à la tête de ce petit resto-bar qui ne paye pas de mine mais où se pressent les gens du coin pour se régaler des bons petits plats de la patronne. *Spezialite naziunale* (spécialités insulaires), mais pas seulement. Sauté de veau, lasagnes, brochettes de bœuf, légumes du jardin et fromage des environs. Et ici, on se tient bien. Un panneau indique : « Pas de bonjour, pas de resto ! ». On ne saurait lui donner tort.

Où acheter de bons produits ?

Libre-service A Piazetta : *sur la place de* ***A Piazza****. 06-03-35-73-68.* Cette petite épicerie de village propose des produits de qualité, notamment en charcuterie et fromage. De quoi préparer un casse-croûte d'enfer.

Fête

– **Fête du Vin de Luri** *(fiera di u vinu)* **:** *1er ou 2e w-e de juil, au port de Santa-Severa. Entrée : 2 €.* Rencontre des vignerons et producteurs de vin de l'île ; également des artisans et des fabricants de produits corses : charcuterie, fromage, miel, huile d'olive, etc. Repas corse traditionnel, animations musicales...

MACINAGGIO

(MACINAGHJU ; 20248 ; commune de Rogliano)

Le port de plaisance est l'un des plus courus du cap Corse : il peut recevoir jusqu'à 200 bateaux. Paoli, en 1761, souhaitait en faire une base navale pour sa future flotte. Et c'est aussi à Macinaggio qu'il débarqua le 13 juillet 1790 après son exil en Angleterre. Puis ce fut au tour de Bonaparte, 3 ans plus tard, de passer par là, et en 1869, l'impératrice Eugénie y débarqua. Quel défilé !
La route quitte la côte dans cette dernière marine de l'est pour s'enfoncer dans les terres vers l'ouest. Le seul moyen de suivre le littoral est d'emprunter, à pied, le sentier des Douaniers jusqu'à Centuri. Sublime.

Arriver – Quitter

➢ **De/vers Bastia :** avec les *Transports Micheli (☎ 04-95-35-64-02).* En juil-août, en principe, 3 bus/j. dans chaque sens (réserver) ; en saison scolaire, lun-ven, 1 bus/j. le soir (vers Macinaggio) et le mat tôt (vers Bastia). Avec les *Transports Scaniglia (06-11-53-68-64).* Mar et ven seulement, 2 bus/j., l'un le mat, l'autre l'ap-m. Également 1 bus mer et sam.

➢ **De/vers le sentier des Douaniers et Centuri :** pas de bus, mais une navette ou un taxi à partager avec *Taxi Saladini (06-20-73-52-09).*

Adresses utiles

Office de tourisme : *dans une maison sur la petite jetée entre les 2 ports. ☎ 04-95-35-40-34. • capcorse tourisme.corsica • En saison, ouv en théorie lun-sam 9h-12h, 14h-19h (15h-18h sam) ; dim et j. fériés 9h-12h. Le reste de l'année, lun-ven 9h-12h, 14h-17h.* Bons renseignements sur les possibilités de balades dans cette région du Cap.

Capitainerie : *en arrivant (de Bastia), sur le port à droite. ☎ 04-95-35-42-57.* Douches et toilettes publiques *(7h-21h en saison).*

Cap Évasion : *sur le 2e port. 06-81-70-38-48. • cap-evasion.biz •* Loue des bateaux rigides et semi-rigides pour découvrir les criques secrètes de la région.

Où dormir ?

Camping

Camping de la plage U Stazzu : *route de la plage de Tamarone. ☎ 04-95-35-43-76. • campingustazzu@live.fr • camping-u-stazzu.jimdo.com • Fléché à droite, à 200 m du port, sur la D 80 en direction de Centuri. De mi-mai à sept. Compter 20 € pour 2 avec tente et voiture ; bungalows 4 pers à louer à la sem. CB refusées.* Camping modeste au confort minimal, aux emplacements en légère pente et non délimités, mais bon marché et bien ombragé, planté à 200 m de la plage. Sanitaires propres et grande terrasse couverte pour prendre le petit déj, servi sur place. Balades superbes à proximité (plage de Tamarone à 1,5 km et sentier des Douaniers).

De prix moyens à chic

Hôtel U Libecciu : *route de la Plage. ☎ 04-95-35-43-22. • info@u-libecciu.com • u-libecciu.com • Prendre la D 80, puis tt de suite à droite après la supérette ; c'est indiqué. Fermé 10 oct-fin mars. Doubles 70-126 € ; appartements.* Légèrement à l'écart de la marine, un hôtel moderne. Les 30 chambres sont agréables, spacieuses et calmes, toutes avec clim, balcon ou terrasse. Également 8 appartements pour les familles, dans une petite résidence attenante. Le patron, Denis, réserve un accueil attentionné. Piscine sympa. Une bonne adresse dans cette gamme. Ne fait pas resto.

Chambres d'hôtes A Casa di Babbo : *lieu-dit Callela, à* ***Tomino*** *(20248). 06-78-04-77-46. • brigitte.villoresi@wanadoo.fr • casa-di-babbo.com • Bien fléché depuis la D 80, à 2 km au sud de Macinaggio, sur la gauche, puis faire 2 km. Mars-sept. Doubles 70-100 €. Table d'hôtes 30 € (vin et apéro compris).* Perchée sur sa colline dominant la mer avec vue extra qui va avec, cette maison d'hôtes propose 6 chambres confortables, pas immenses mais toutes à la déco personnalisée. La « Cavalière » avec ses objets équestres, la « Romantique » au lit douillet, la « Pêche » avec sa déco marine... Toutes, sauf la « Montagne », offrent une vue sur mer. Petite piscine agréable en terrasse et salon de jardin. Calme total. Bon accueil de Brigitte.

Où manger ? Où boire un verre ?

Restaurant La Vela d'Oro : *dans une minuscule ruelle piétonne ; emprunter le passage au niveau de la petite place devant le 1er port, c'est fléché. ☎ 04-95-35-42-46. • laveladoro@orange.fr • Tlj midi et soir. Fermé déc-fév. Menus 18-20 €, servis midi et soir ; pâtes à l'araignée décortiquée 22 € ; menu langouste env 58 € ; carte env 40 €.* Une adresse qu'on adore, et ce depuis fort longtemps. Caché comme il est, ce resto, tenu depuis plusieurs générations par la même famille, est l'un des piliers de la restauration du village, spécialisé dans les produits de la mer hyper frais. Le

2e menu propose une soupe de poisson et une pêche du jour d'une grande fraîcheur. Et on ne se moque pas du monde ! Superbes poissons cuits au four et langoustes du vivier au grill. Les spaghettis à l'araignée sont tout simplement divines. Service souriant dans une salle décorée d'anciennes cartes marines, ou sur la terrasse à l'arrière, tranquille.

Restaurant U Lampione : *sur le 2e port. ☎ 04-95-35-45-55. • boschian.alicia2012@gmail.com • Tlj sauf lun en basse saison. Fermé fin oct-début mars. Menus 17-25 €. Plats 15-20 €.* Face au mini chantier naval, un œil en biais vers le port, une petite terrasse sous tonnelle pour des formules, plats et menus bien sentis, classiquement corses et copieux : de la salade du berger au sauté de veau en passant par le moelleux à la châtaigne. Quant au poisson, sa provenance locale et le nom du pêcheur sont spécifiés sur l'ardoise. Bonnes pizzas également. Service avenant.

U Paradisu : *plage de **Tamarone,** au départ du sentier des Douaniers. 06-12-89-96-43. Mai-sept, tlj midi et soir. Fermé lun hors juil-août. Pizzas et salades 11-15 € ; plats 20-26 €.* Idéalement située sur la plage, cette simple paillote est devenue un vrai resto au fil de son succès, avec sa belle terrasse ouverte. Large carte qui réserve de bonnes surprises : salades copieuses, bonnes grillades, poissons frais. Pas donné, mais la carte permet de se remplir l'estomac à tous les prix.

Où acheter du bon fromage ?

Fromagerie E Piane : *à 2 km de Macinaggio, sur la route de Centuri. 06-10-79-04-44. Ouv de mi-nov à fin juin, mar, jeu et ven 8h30-12h30 et dim 10h-12h. L'été, appeler. Sinon, on trouve ces produits dans les commerces de proximité et les épiceries fines de l'île.* L'excellente tomme de Sandrine de Maggio a depuis plus d'une décennie fait le tour des meilleures tables de l'île et même celles du continent. Sa tomme pressée et recuite, sa tomme au poivre ou son *divinu* sont des régals absolus. Et jusqu'à fin juin, on profite d'un *brocciu* du tonnerre.

À voir. À faire

Le sentier des Douaniers : Macinaggio est le point de départ (ou d'arrivée) du sentier des Douaniers qui suit le littoral jusqu'à Centuri. Plus ou moins bien balisé et accessible à tous, même si la portion près de Centuri comporte un passage difficile. Brochure détaillée à l'office de tourisme. Indispensable pour tenter l'aventure qui, en 8h environ pour les plus rapides (jusqu'à 10-11h pour les autres), vous mènera de falaise en maquis en passant par les dunes. En été, cagnard redoutable ! Départ de Macinaggio même (parking au niveau du 2e port tout au fond), ou bien depuis la plage de Tamarone (accessible en voiture).
La rando peut se diviser en plusieurs sections, et on peut l'aborder par 4 sites différents ou ne parcourir que 1 ou 2 de ses 3 tronçons. Compter 4h pour Centuri-Tollare, 45 mn pour Tollare-Barcaggio (tous les 2 accessibles en voiture) et 4 bonnes heures pour rallier Barcaggio depuis Macinaggio (voir plus bas « Promenade en mer » pour les possibilités d'acheminement maritime depuis/vers Barcaggio). C'est dans cette dernière portion que l'on pourra passer par les sites suivants.

Le site naturel de la Capandula : ouf !, voilà encore un coin que les promoteurs et les lotisseurs n'auront pas ! Il s'agit de l'un des plus beaux morceaux de la côte, grosso modo toute la partie du littoral s'étendant de Macinaggio jusqu'à Barcaggio. Soit 377 ha de maquis et de plages protégés et surveillés avec attention par le Conservatoire du littoral. De mars à juin, chaque année, des groupes d'oiseaux migrateurs en provenance d'Afrique y font escale, preuve que nos amis à plumes n'ont pas mauvais goût ! Il n'y a pas qu'eux. Sur les *îles Finocchiarola,* au large de la plage de Tamarone, vit une colonie de goélands d'Audouin, une espèce très rare, identifiée en 1826 et en Corse ! À part en Espagne (delta de l'Èbre) et sur quelques autres îles de Méditerranée, ce goéland ne vit nulle part ailleurs. En Corse, on en dénombre entre 20 et 90 couples selon les années.

VIVONS HEUREUX, VIVONS CACHÉS !

Les goélands d'Audouin ne veulent ni ne peuvent, selon la loi, voir qui que ce soit entre le 1er mars et le 31 août, période durant laquelle l'accès aux îles est strictement interdit (c'est une réserve naturelle, propriété du Conservatoire du littoral) : si un visiteur humain s'approche, les parents abandonnent le nid et donc le poussin se retrouve à la merci des prédateurs. Déjà que les goélands d'Audouin ont un peu de mal à se reproduire...

De très belles ***plages :*** en sortant de Macinaggio vers Rogliano, prendre une petite route sur la droite qui se poursuit par un chemin de 2 km environ, conduisant à la plage de ***Tamarone*** dans la petite baie du même nom. La zone protégée de Capandula commence là. Il faut continuer son chemin à pied. Vraiment une très belle balade à faire dans la journée. On peut aussi aller de Macinaggio à Tamarone à pied. Se garer tout au bout du port, puis poursuivre à pied. Dans les collines calcaires de *punta di a Coscia* se cachaient des ossements de cerfs et de sortes de loups, remontant à 60 000 ans av. J.-C., qui tendraient à prouver, même si rien n'est sûr, que l'homme chassait dans le coin à cette époque reculée. Selon les années et les tempêtes, la belle plage de Tamarone est parfois envahie de posidonies.

De la plage de *Tamarone,* on peut gagner la très jolie *plage des Îles* par le ***sentier des Douaniers*** et rejoindre la *rade de Santa Maria* (45 mn à pied). À un moment, au passage d'un petit col, 4 tours génoises se trouvent alignées : celle de *Finocchiarola,* celles de *Santa Maria* et d'*Agnello,* et, plus loin encore, celle, carrée, de l'*île de la Giraglia.* Le sentier débouche sur la chapelle Santa Maria (à double abside). La rade se termine par la tour de Santa Maria, restaurée par le Conservatoire du littoral à l'identique, avec sa fière allure de ruine (n'a-t-elle pas été bombardée par l'amiral Nelson en 1793 ?).

Plus loin, par le sentier, on arrive en 10 mn à 2 autres criques : la *cala Genovese* et la *cala Francese,* sites superbes où le maquis glisse très lentement vers les eaux turquoise et le sable fin des plages.

➢ Pour le retour, compter un peu plus de 1h de marche entre la *cala Francese* et *Tamarone,* en passant à nouveau par le chemin des Douaniers. Sinon, sentier de l'intérieur, plus court.

■ ***Promenades en mer :*** *à bord du* San Paulu. *Infos au petit kiosque devant la capitainerie. ☎ 06-14-78-14-16. • sanpaulu.com • Mai-sept. Propose des sorties vers la réserve naturelle des îles Finocchiarola. 2 formules : la promenade en mer commentée avec arrêt baignade à Agnellu et la promenade avec escale à Barcaggio (3 ou 4 départs/j.). Tarifs : adulte respectivement 24 et 28 € ; enfant 14-16 €.* Prendre une paire de jumelles pour observer les oiseaux. Également possibilité d'emmener ou de ramener ceux qui voudraient faire le sentier des Douaniers jusqu'à Barcaggio ou depuis Barcaggio, leur épargnant de refaire le même chemin en sens inverse *(juil-août ; compter alors 17 € ; enfant : 12 €).* Propose également des matinées pêche *(mer et sam mat en juil-août ; 36 €)* et une promenade en mer commentée, le tour du cap Corse, avec escale à la journée sur Centuri *(lun-mar* *et jeu-ven en juil-août ; et seulement jeu en juin et sept : 38 €).* Également balade vers l'île de Capraia ou observation de cétacés, à bord du *Pelagus*, un bateau pour 12 passagers : *70 €.*

■ ***Centre nautique :*** *sur la plage de Macinaggio. 📱 06-86-72-58-40. Juil-août.* Stages de catamaran et Optimist. Sinon, location de *paddles*, kayaks, planches à voile...

ROGLIANO (RUGLIANU ; 20247 ; 550 hab.)

Ce beau village haut perché, dominant fièrement la côte, surprend par le nombre de ruines de châteaux forts, de tours fortifiées, mais aussi d'éoliennes modernes, vieilles demeures aux toits de *teghje* (pierres plates en schiste) dans les 7 hameaux qui le composent. Normal, cette commune fut l'ancienne capitale du cap Corse (comptant jusqu'à 4 000 habitants). L'arrivée sur son hameau principal, Bettolacce, est de toute beauté. Superbe vue des 2 églises Saint-Côme (San Còsimu) et Saint-Agnel (Sant'Agnellu). Panorama encore plus étendu de l'ancien couvent San Francescu situé au-dessus du village après le hameau d'Oliva (où se dressent 2 grosses tours génoises). On peut grimper aussi au château San Colombanu sur son éperon rocheux, dans le cadre de la boucle de 3,7 km (balisage jaune) qui permet de découvrir Rogliano.

Le Clos de Gioielli : *☎ 04-95-35-42-05. Sur la D 553, 2 km après Macinaggio (en direction de Rogliano), fléché.* Bonne étape de la route des Vins : bons rouges, muscat du tonnerre, et même du *rappu* (jus fermenté). Ni visite ni dégustation, seulement de la vente.

Où dormir ? Où manger ?

Hôtel-restaurant U Sant'Agnellu : *sur un nid d'aigle, dans un virage face à l'église du village. ☎ 04-95-35-40-59. • info@hotel-usantagnellu.com • hotel-usantagnellu.com • Ouv début mai-fin sept. Resto pour résidents seulement, le soir sur résa. Doubles 80-150 €. ½ pens possible (45 €/pers). Assiettes « Découverte » 20-30 € ; menu 30 € et carte env 35 €.* Ancienne maison communale (l'ex-mairie) très bien rénovée avec ses volets bleus, devenue un charmant 3-étoiles (tout confort et avec clim). Chambres modernes et déco reposante. Préférer celles avec vue sur mer (superbe) pour une différence de prix somme toute modeste. Très agréable de dîner sur la grande terrasse au crépuscule avec l'amphithéâtre de montagnes et Macinaggio tout en bas. Excellent accueil de M. et Mme Albertini.

BARCAGGIO (BARCAGHJU ; 20275 ; commune d'Ersa)

Un port de poupée à la pointe extrême du cap Corse, sorte de bout du monde avec, en face, à quelques encablures, l'îlot de la Giraglia en guise de point sur le « i » du cap Corse. De Macinaggio, on accède à Barcaggio en quittant la D 80 au hameau de Botticella, puis en dévalant, sur 10 km, une route étroite et sinueuse qui descend à travers le maquis jusqu'à la mer. Vastes paysages sauvages et inhabités. On aime bien cet endroit perdu resté à l'abri des appétits des promoteurs. Grande plage de sable de la Cala, située à 1 km à l'est, vers la pointe d'Agnello, avant la tour perchée et accessible en 30 mn par le sentier des Douaniers. Sur le chemin d'Agnello, le Conservatoire du littoral protège, par un système de clôtures, les dunes de genévriers qui souffrent de la fréquentation estivale.
À 2,5 km à l'ouest, hameau de *Tollare*, un coin sympa aussi, dominé par sa tour. Remarquer au passage en bord de mer des affleurements de calcaire.

Où dormir ? Où manger ?

Hôtel Le Saint-Jean : *Ersa, hameau de Botticella. ☎ 04-95-47-71-71. • lesaintjeanersa@orange.fr • lesaintjean.net • Entre Rogliano et Centuri sur la D 80, à 100 m de la route qui descend vers Barcaggio. ♿ Resto le soir seulement. Congés : nov-début avr. Doubles 65-150 €. Menu 22 € ; carte env 40 €.* Grosse maison couleur ocre occupant une belle position sur un promontoire, avec vue panoramique grandiose sur tout le nord du Cap. Sur la dizaine de chambres, 6 avec vue et terrasse. Vue que l'on apprécie des chambres simples, colorées et fraîches, à la déco thématique, et du resto pour le dîner. Cuisine soignée et goûteuse avec, à l'ardoise, souris d'agneau, burger de la casa et pêche du jour. Le proprio tient également la paillotte *A Cala* sur la plage de Barcaggio pour le midi *(de juin à mi-sept).*

Chambres d'hôtes Latu Corsu : *Ersa, hameau de Poggio. ☎ 04-95-35-99-95. 📱 06-16-10-70-70. • contact@cote-corse.com • cote-corse.com • Depuis la D 80, descendre vers Barcaggio, puis direction Tollare ; c'est fléché (préférer descendre en marche arrière la dernière pente vers le hameau). Mai-fin sept. Doubles 85-130 € ; studios 80-95 € (min 3 j. demandés).* Cette maison de hameau, protégée par une tour mitoyenne, abrite 5 chambres (dont 1 avec sa petite terrasse privée) et 1 studio aux bons soins de Patricia et d'Alain. De tailles variables, les chambres allient confort et décoration de goût, entre esprit contemporain et vieux matériaux. Hors saison, toute la maisonnée profite d'un salon TV aménagé dans un magnifique atelier-moulin encore équipé de sa meule. Depuis la terrasse, vue panoramique sur le maquis, qui vaut son pesant de confitures corses artisanales (excellentes au petit déj !). Accueil frais et charmant.

Chambres d'hôtes Casa a Rota : *Ersa, hameau de A Rota. 📱 07-81-56-09-82 et 06-59-61-02-36. • casaarota@locations-cap-corse.fr • locations-cap-corse.fr • Mars-oct. Doubles 85-110 €. CB refusées. Également 2 apparts pour 2 pers à louer pour 3 nuits min.* Une vénérable maison de maître de 1871, bonne grosse bâtisse carrée qui abrite 1 jolie chambre, impeccable et sobre, dont les proprios, tout en rénovant le lieu, ont su préserver les traces de l'histoire, le confort en plus. Celle-ci donne sur l'arrière. Par ailleurs, 2 appartements pour 2 pers (dont un avec balcon), équipés d'un salon et d'un coin cuisine. Terrasse de chaque côté de la maison, avec transats. Excellent accueil.

Hôtel Petra Cinta : *marine de Barcaggio. ☎ 04-95-36-87-45. • petracinta@orange.fr • hotelpetracinta.free.fr • Avr-oct. Doubles 75-135 € (155 € avec terrasse).* Le seul hôtel de la marine. Les chambres sont situées dans un édifice annexe, sur l'arrière du bar-resto. Toutes avec salle de bains et clim, bien au calme. Tarifs tout de même élevés en haute saison, mais c'est une bonne petite adresse dans un coin qui en compte peu.

U Fanale : *en bord de mer, marine de Barcaggio. ☎ 04-95-35-62-72. Avr-oct. En saison, tlj sauf mer midi et soir. Hors saison, tlj, seulement le midi. Résa nécessaire. Assiette de charcuterie env 17 € ; plats 20-28 €. CB refusées. U Fanale* (« Le Phare ») est une affaire de famille à la longue histoire. La carte met l'accent sur le poisson frais joliment traité (c'est le cousin qui le pêche !) et propose des plats inspirés, avec des produits de qualité (légumes du jardin). Les carnivores se rabattront sur le beau sauté de veau. Bons desserts.

CENTURI *(20238 ; 225 hab.)*

Arriver par l'est par la D 80 est peut-être la meilleure façon de découvrir Centuri. Un à un se succèdent les signes annonciateurs d'un lieu exceptionnellement charmant. La mer, d'abord, qui perce au creux des montagnes ; puis les silhouettes des anciens moulins dressés, çà et là, comme des guetteurs ; enfin, la descente par cette route étroite qui serpente entre les arbres jusqu'à ce croquignolet petit port de pêche. Replié sur lui-même comme pour se protéger du large, avec une poignée de maisons grises aux toits de serpentine verte (superbe pierre de la région), il attire touristes et vedettes : il faut croire qu'ils savent que Centuri fut longtemps le 1er port langoustier en France ! C'est ici que l'on tourna fin 2018 l'intrigante mini-série *Une île*, avec Laetitia Casta dans le rôle de la sirène. Superbe.

Pas mal de monde, donc, en été, où la circulation automobile devient délicate. Côté mer, pas de plage de sable fin (la plus proche est celle de Barcaggio), mais des fonds sous-marins aux eaux transparentes et très poissonneuses.

Où dormir ? Où manger ?

Camping

Camping L'Isulottu : *marine de Mute, à env 1,5 km au sud du port de Centuri, en suivant la route de gauche en arrivant. ☎ 04-95-35-62-81. • camping.isulottu@orange.fr • isulottu.fr • Mai-sept. Selon saison, compter env 21,30-23,60 € pour 2 avec tente et voiture. Chalets 5-6 pers à louer à la sem.* Camping bien ombragé par de beaux oliviers, à 300 m d'une plage de galets. Certains emplacements avec vue sur mer. Sanitaires impeccables (énergie solaire). Bar, alimentation, snack à pizzas *(en août seulement le soir, petit déj juin-sept).* Une adresse respectueuse de l'environnement.

De prix moyens à chic

Hôtel de la Jetée : *au bout du port versant sud. ☎ 04-95-35-64-46. • la-jeteecenturi@orange.fr • hotel-de-la-jeteecenturi.fr • Avr-oct. Doubles 70-120 € ; familiales.* Un peu à l'écart de l'agitation estivale, c'est une agréable maison, aux chambres bien équipées (clim), donnant sur le port pour les plus chères.

Restaurant A Macciotta *(chez Sker) : au port. ☎ 04-95-35-64-12. • henri.sker@hotmail.fr • Dans la rue qui descend au port, 20 m avt le quai. Tlj midi et soir. Fermé nov-mars. Menus 18,50 € (midi et soir), puis 22-26 € ; menu langouste 72 €. Apéritif maison (et digestif pour le menu langouste) offert sur présentation de ce guide.* On y vient pour ses poissons, bien sûr, de toute première fraîcheur, servis avec générosité. Le *Fritto* (pour 2 personnes) est un plateau de moules, gambas et rougets (ou autres poissons) frits, accompagnés d'une salade de fruits de mer. Sinon, le 1er menu est une bonne affaire. Terrasse agréable.

Le Pinocchio : *sur le port. ☎ 04-95-31-75-91. Juin à début oct. Tlj midi et soir. Pizzas env 12-15 €.* La pizzeria-glacier du port fait un bon boulot, notamment avec ses pizzas au feu de bois. Également moules fraîches de l'étang de Diane.

Le Sporting : *sur le port. Paninis env 6 € ; salades env 12-15 €.* Pour un en-cas, voici une petite adresse pas chère, pour un bon sandwich ou une salade. Quelques tables posées sur le quai, sous le grand figuier qui garantit l'ombre. Bonnes crèmes glacées aussi (au *brocciu*, arbouse, châtaigne corse, myrte sauvage...).

Plus chic

Hôtel-restaurant Le Vieux Moulin : *sur le port, côté gauche, légèrement en retrait. ☎ 04-95-35-60-15. • levieuxmoulincenturi@orange.fr • le-vieux-moulin.net • Mars-oct. Doubles dans les 2 annexes : en rez-de-jardin et vue village 65-135 € et vue mer 90-170 €. Suite junior dans la demeure historique 160-245 €. Plats 25-38 € ; carte 50-70 €.* La demeure principale a du caractère. Il s'agit du vieux palais Olivari, construit au XIXe s par un aventurier ayant émigré en Amérique latine. La maison principale n'abrite que 2 suites junior, les autres chambres (une vingtaine en tout, avec clim) étant situées dans des édifices annexes (modernes). On profite en revanche de la grande terrasse ombragée et du coin *lounge* extérieur, fort agréable, dominant le petit port. Au resto, d'une qualité régulière, parmi les plats phares on retrouve la salade de seiche tiède au miel, les pâtes à la langouste et les raviolis au *brocciu* et truffe noire. La pêche du jour est toujours une belle option.

Où dormir dans les environs ?

Chambres d'hôtes La Casamatta : *hameau de* ***Camera,*** *Centuri.* *06-66-36-39-74.* • *casamatta.luccioni@orange.fr* • *lacasamatta.squarespace.com* • *Quand on descend vers Centuri, dans le 1er hameau rencontré, sur la gauche. Doubles env 75-120 € (tarif dégressif pour 2 nuits pour la chambre la plus chère). CB refusées.* C'est dans sa vénérable maison de famille que la charmante Marie accueille ses hôtes avec gentillesse. Ses ancêtres sont tous présents sur les murs du grand salon (la famille remonte au XVIe s !), mais l'atmosphère n'a rien d'empesé, bien au contraire. 2 chambres assez petites mais fraîches (têtes de lit en bois flotté) et délicieusement décorées ; et une 3e bien plus spacieuse. Quant à la terrasse du petit déj, elle est tout bonnement sublime (pain et confitures maison). On plonge le regard vers Centuri, la Balagne à gauche, le Cap à droite, et on se sent comme en lévitation. Une belle adresse. Et le soir, le billard du salon est à votre disposition. Location également d'un gîte pour 5, à louer à la semaine et d'une grande maison dans le hameau de Cannelle.

Plongée sous-marine

Club de plongée

Corse Bleu Marine Compagnie : *marine de Mute, Centuri.* ☎ *04-95-35-60-46.* • *bleu-marine-compagnie.fr* • *Juil-août seulement. Baptême env 50 € ; plongées 37-45 € selon équipement ; forfaits dégressifs 6-10 plongées.* Explorations, baptêmes, formations (FFESSM) et stages enfants au sein de ce petit club associatif sympathique.

À voir dans les environs

Les « maisons d'Américains » : elles ne se visitent pas, mais on peut en admirer au hameau de ***Pecorile,*** situé dans la commune de Morsiglia, au sud de Centuri, en allant vers Pino (suivre le balisage jaune). Il s'agit du *palais Fantauzzi* et du *palais Ghielfucci* (1838) de style colonial espagnol, avec une double galerie d'arcades et la tour Caraccioli intégrée à la demeure. Ces maisons ont été construites pour la plupart par des Cap-Corsins ayant fait fortune à Porto-Rico au XIXe s. Voir aussi les 7 tours massives du XVIe s.

Le moulin Mattei : *ne se visite pas.* 1 km après Botticcella, il surplombe le col de la Serra. Vue sublime. On passe à ce point-là sur la côte ouest du Cap. Il a autrefois servi à la « réclame », comme on disait alors, pour l'apéritif au quinquina de la maison *Mattei.* Petit chemin d'interprétation du parking au moulin.

PINO (PINU ; 20228 ; 175 hab.)

Encore un étonnant village de la côte ouest du cap Corse, composé de hameaux accrochés à la pente de la montagne, où les maisons, noyées dans les pins et les cyprès, regardent la mer et les couchers de soleil. Les monuments témoignent d'une certaine opulence passée : vers les hameaux de *Raffalacce,* on trouve l'*église Sainte-Marie* (beau campanile et façade baroque, comme le décor intérieur) et, plus loin, une très ancienne maison d'habitation avec tour à mâchicoulis. Le sentier de village (balisage jaune) permet de descendre à *Scalu,* l'ancienne marine de Pino. À proximité, le couvent *San Francescu,* aujourd'hui abandonné, gardé par les ruines d'une tour génoise. Émouvant cimetière au milieu des roseaux et des figuiers de Barbarie. Accès en voiture également : 500 m après la sortie du village, une étroite route sur la droite y descend sur 1,5 km environ.

Au hameau de ***Metimo,*** jeter un œil sur la *casa Franceschi,* imposante demeure ayant appartenu à de riches Cap-Corsins, tel cet Antoine Piccioni, né à Pino en 1819. En partant, il lança à son père : « Tu n'auras de mes nouvelles que lorsque j'aurai fait fortune. » En Amérique, il découvrit un filon d'or et devint riche comme Crésus.

De Pino à Nonza, l'étroite route de corniche offre un panorama sur une côte vertigineuse de beauté, parfaitement en aplomb au-dessus de l'eau. Un coin de côte que les promoteurs n'auront jamais.

LE TAJ MAHAL EN CORSE !

Gustave Eiffel laissa à la Corse le magnifique viaduc de Vecchio, entre Venaco et Vivario. On sait moins que l'une de ses filles épousa le diplomate Camille Piccioni, d'une grande famille cap-corsine. À Pino, le magnifique mausolée des Piccioni (visible de la D 80, avant le hameau de Valle), avec ses 3 coupoles, est parfois malicieusement appelé « le Taj Mahal corse » !

Un peu au nord, sur la commune de *Morsiglia,* se trouve l'une des étapes de la route des Vins : le ***domaine de Pietri*** *(☎ 04-95-65-64-79).* On y produit un joli muscat.

MINERBIO (MINERBIU)

Minuscule village à 5 km environ au sud de Pino en allant vers Canari. Juste à gauche en y entrant, on peut voir l'incroyable tombeau de la famille Calizi-Altieri, construction massive, circulaire et à colonnes, coiffée d'un dôme. En descendant vers la mer, on gagne la petite marine de **Giottani** (commune de ***Barrettali***), à la longue plage de gros galets.

Où dormir ? Où manger à Barrettali ?

Maison Battisti *(Gîtes de France) :* ***Conchiglio,*** *20228 commune de Barrettali. ☎ 04-95-35-10-40. 📱 06-62-00-33-76. • contact@maisonbattisti.com • maisonbattisti.com • Sur la D 133 entre la marine de Giottani et Canari, dans le hameau. Tte l'année. Doubles 95-130 € (25 €/pers en plus) ; gîtes à la sem pour 4 pers. Table d'hôtes hors saison seulement et sur résa 25 €.* Marie-Pierre et Michel Battisti ont aménagé dans leur grande maison ancienne, chargée d'histoire(s) et pleine de coins et recoins, une belle chambre d'hôtes aux meubles anciens au rez-de-chaussée avec accès indépendant, ainsi qu'une chambre familiale dans l'espace grenier avec terrasse privative sur le toit dominant une mer de maquis et la mer tout court. Également 2 gîtes pour 4-6 personnes, qui jouxtent la maison de maître occupée par les propriétaires. Une belle adresse où l'on se sent bien. Boutique de produits régionaux. Excellent accueil et plein de bons conseils.

O Lamparo : *à* ***Minerbio,*** *sur la route principale. ☎ 04-95-36-49-25. Tte l'année. Avr-oct, tlj. Fermé mer en basse saison. Plats 16-26 €. Carte env 40 €.* La vue est extraordinaire depuis la terrasse ombragée, et la carte est raccord, méditerranéenne dans l'âme. La plupart des produits proviennent du

Cap et sont traités par ce jeune couple qui a repris l'affaire avec le respect qu'on leur doit. Les cuissons vapeur ou à la plancha révèlent les saveurs des poissons comme des viandes. La carte évolue au gré de l'inspiration et des produits du moment. Du beau travail.

Hôtel-restaurant Marinella : *marine de Giottani, 20228* ***Barrettali.*** *☎ 04-95-35-12-15. • info@hotelmarinella.fr • hotelmarinella.fr • Sur la droite en arrivant sur la marine. Avr-sept. Doubles 60-100 €. Menu 25 €.* Petit hôtel familial sans charme particulier face à la plage avec des chambres simples, propres, fonctionnelles et climatisées. Elles sont toutes situées dans une bâtisse sur l'arrière et donc non orientées vers la mer. En revanche, elles disposent pour la plupart d'une petite terrasse ou d'un balcon (notamment celles situées à l'étage). Un ensemble très correct pour qui veut passer une nuit dans un lieu isolé.

CANARI *(20217 ; 330 hab.)*

Une route étroite et tortueuse grimpe au hameau de Pieve, le cœur de Canari et sorte d'observatoire privilégié dominant la mer. *Santa Maria Assunta* (XIIe s) est l'une des rares églises romanes d'époque pisane encore très bien conservées. La place de la mairie dresse son campanile blanc à la façon d'un phare-tour de guet, au pied duquel on jouit d'une vue époustouflante... éblouissante même, au coucher du soleil. 5 palmiers en profitent chaque jour. Quant au couvent Saint-François, il accueille début septembre le festival international de Chant lyrique, et on peut y dormir (voir ci-après).

➢ Départs de sentiers de randonnée (le sommet du cap Corse, *cima di e Follicie,* s'atteint en 4h).

Où dormir ? Où manger à Canari et dans les environs ?

Au Bon Clocher : *face au campanile, hameau principal de* ***Pieve.*** *☎ 04-95-37-80-15. • auboncloche r@orange.fr • auboncloche r.fr • Tte l'année. Tlj sauf dim soir déc-mars. Doubles 55-65 €. Menu déj env 20 €, sinon pâtes et plats 12-20 €.* Un petit hôtel-resto de village, sans prétention mais d'un bon rapport qualité-prix-convivialité. Ses atouts : sa situation sur la place avec une vue panoramique extra. Ensuite, ses bons petits plats corses, ses langoustes du vivier à prix abordables, son poisson du jour, ses cannellonis au *brocciu*, sa charcuterie locale, le tout servi avec le sourire. Et pour dormir, 6 chambres, dont 4 avec balcon, simples (pas de clim), mais bien tenues. Un lieu plein d'authenticité qui constitue une bonne halte dans le secteur, à prix doux.

Résidence I Fioretti *(Gîtes de France)* **:** *couvent Saint-François, hameau principal de* ***Pieve.*** *☎ 04-95-35-42-17. • ifioretti@wanadoo.fr • ifioretti.com • Tte l'année. Double 70 € ; familiales et gîtes ; petit déj inclus. CB refusées.* Le couvent Saint-François, construit en 1505 et joliment restauré, abrite 5 chambres (4 doubles et 1 familiale), aménagées dans les anciennes cellules et qui proposent un confort, rassurez-vous, bien supérieur à celui offert aux franciscains de l'époque. Également 3 gîtes à louer à la semaine (4-6 personnes), situés dans l'enceinte du cloître.

Auberge du Chat qui pêche : *lieu-dit* ***Abro*** *(D 80). ☎ 04-95-37-81-52. • catu@live.fr • aubergeduchatquipeche.com • Sur la D 80, à env 2 km après la bifurcation pour Canari. Avr-nov, tlj ; déc-mars. Congés : de mi-nov à mi-déc. Doubles 49-59 €. Plats 18-25 €. Carte env 40 €.* À l'ombre d'un grand platane, on mange sur une petite terrasse surplombant des jardins, eux-mêmes en terrasses. Salades, viandes et poissons grillés dans un four à bois, voici une étape plaisante de bord de route, bien pratique sur un axe qui en compte assez peu. Également 4 petites chambres (2 avec vue sur mer). Une bonne table.

À voir

Le Conservatoire du costume corse ancien : *dans une salle du couvent Saint-François. ☎ 04-95-37-80-17. Juil-août, en théorie tlj 10h-13h, 16h-20h ; juin et sept, lun-ven 10h-12h15, 16h30-19h. GRATUIT ; visite commentée.* Belle expo de costumes de la 2de moitié du XIXe s ainsi que de photographies anciennes.

DE CANARI À NONZA

Le paysage, jusque-là couvert de végétation, se dénude soudain pour montrer ses épaules de rocaille grise et les vestiges abandonnés d'une carrière, dont on a extrait sans doute 300 000 t de fibre d'amiante entre 1947 et 1965. Soit près de la moitié des besoins français en amiante ! Le site a été réhabilité, mais une « érosion » a été constatée après la fin des travaux... Un peu plus loin, en contrebas, une plage d'un gris métallique aussi superbe qu'« amianté » (7 millions de mètres cubes de déblais auraient été rejetés dans la mer sous forme de galets de serpentine). Des analyses ont conclu que cette présence d'amiante serait inoffensive. Prudence tout de même, tout le monde n'est pas d'accord...

NONZA (20217) 70 hab.

À 18 km de Saint-Florent, ce petit bijou accroché entre ciel et mer est un de ces villages qui donnent le vertige. Un petit bistrot sous les platanes, quelques maisons héroïquement soudées à la montagne (qu'il est agréable de se promener dans ces ruelles !) et une tour (corse, pas génoise !) plantée sur un rocher plongeant dans la mer. La vue en est vertigineuse, et le contraste saisissant entre les eaux turquoise et les galets gris métallique. Observez les mots d'amour et les dessins réalisés avec des galets, visibles de là-haut.

Où dormir ? Où manger ? Où boire un verre ?

Chambres d'hôtes Casa Maria *(chez Julia Burini ; Gîtes de France)* **:** *dans le village, sur le chemin de la Tour. ☎ 04-95-37-80-95. 06-24-42-28-93. • casamaria@wanadoo.fr • casamaria.fr • Tte l'année. Doubles 80-105 € ; familiales. Table d'hôtes 30 €. CB refusées.* Dans une solide maison de famille, riche en histoires, 5 belles chambres à la déco sobre et apaisante, dont 1 suite familiale, toutes avec clim. Salon commun aux hôtes. Bon petit déj, servi en été sur la terrasse d'où la vue est si belle...

Chambres d'hôtes Casa Lisa : *dans le bas du village. ☎ 04-95-37-83-52. 06-11-70-45-73. • casa.lisa@orange.fr • casalisa.fr • Prendre une des ruelles piétonnes du village (bien fléché). Avr-oct. Doubles 60-80 € (triple également) ; petit déj en sus. CB refusées. Petit pot de confiture maison offert sur présentation de ce guide.* Une vraie maison de famille au cœur du village et dominant la mer, abritant quelques chambres pas bien grandes, simples et agréables, avec des meubles en bois (pas de clim), toutes avec vue plongeante sur la mer. Jolie terrasse et excellent accueil.

|●| 🍸 🍷 ⛱ **La Sassa :** *sur le chemin de la tour, juste avt la dernière montée, sur la gauche. ☎ 04-95-38-55-26. • lasassa.nonza@orange.fr • Fin avr-mi oct, midi et soir. Plats 24-29 €, dim brunch env 39 € (pas servi en juil-août).* Ce resto-bar en plein air bénéficie d'une situation imprenable grâce à ses multiples terrasses ombragées d'allure un brin chic. Il propose de belles salades ainsi que des plats plus élaborés. Bonnes glaces. Vin local au verre et bière bio au cédrat ou au miel viendront agrémenter l'inénarrable coucher de soleil.

|●| 🍸 ⛱ **Le Café de la Tour :** *à droite de l'église. ☎ 04-95-46-39-74.* On adore ce petit troquet au cœur du village, avec son comptoir installé à même la place et à l'ombre d'un gros platane ! Planche de charcuterie-fromage *(env 12 €).*

Où dormir ? Où manger dans les environs ?

Bon marché

|●| ***U Snacku :*** *marine d'Albo, sur la plage, 20217* ***Ogliastro.*** *📱 06-70-38-77-31. En été, tlj jusqu'à env 21h. Fermé lun-mar à la mi-saison. Paninis 5-7 €, planche du jour 13,50-15,50 €.* Sur la plage mais un peu en retrait, parfait pour une planche du jour, une planche fraîcheur ou un panini (vrai pain de boulanger).

De prix moyens à chic

|●| ⛱ **Chez Morganti :** *marine d'Albo, 20217* ***Ogliastro.*** *☎ 04-95-37-85-10. • morganti.restaurant@wanadoo.fr • À l'entrée de la marine sur la droite. Tte l'année ; tlj en saison ; nov-fév, seulement le w-e. Congés : 22 déc-15 fév. Plat du jour 15-17 € (servi tlj sauf dim). Plats 25-40 € ; carte env 50-60 €.* Dans l'ancien *Hôtel Morganti* (1892), grande salle ou terrasse adorable, ombragée par des mûriers-platanes et voisinant une adorable chapelle. Spécialités de soupe de poisson, spaghettis à l'araignée de mer ou bouillabaisse (à commander bien à l'avance). Plus simple, salade de poulpe, poisson du jour ou encornets à la mode corse. Du bon et du sérieux, assuré par un chef de solide réputation.

🏠 **Le Relais du Cap :** *plage de la marine de Negru, 20127* ***Olmeta-du-Cap.*** *☎ 04-95-37-86-52. • lerelaisducap@gmail.com • relaisducap.com • Mai-oct. Doubles 60-90 €, sdb partagée. 3 nuits min en juil-août. Appart 375-850 €/sem pour 2 (possibilité pour 3 nuits seulement). CB refusées. Apéritif maison offert à nos lecteurs.* Le *Relais du Cap* est une grosse maison austère, toute grise, dont la terrasse est quasiment les pieds dans l'eau. Gaëlle tient sa petite affaire avec un grand sens de l'accueil et du service. Cuisine d'été, masques et chaussures en plastique à dispo. Les chambres sont simples et dépouillées (sanitaires à partager) mais suffisamment confortables. Également un bel appartement avec vue panoramique. Sur le côté, grande terrasse commune avec transats, juste au-dessus de la plage. Ici, on savoure avant tout le paysage et la tranquillité des lieux.

🏠 **Les Gîtes du Cap Corse :** *marine de Negru, 20217* ***Olmeta-du-Cap.*** *☎ 04-95-37-27-50. • contact@cap-corse.com • cap-corse.com • À 6 km au sud de Nonza, dans le virage avt de rejoindre la plage. Fermé déc-janv. Studio pour 2 pers 290-500 €/sem. Plusieurs maisons pour 3-4 pers. Sur la base de 2 pers, compter 600-980 € (et 50 € par pers en plus). 2 autres maisons pour 8 pers max également, plus chère. Loc possible à la nuitée en dehors de l'été si dispo (sur demande ; compter 60-70 €). Réduc de 10 % sur le prix des hébergements, tte l'année sauf de mi-juil à fin août, sur présentation de ce guide. Également prêt de kayak pour nos lecteurs.* Dans un bel espace boisé, au départ d'un sentier de pays, un ensemble d'une dizaine de gîtes studios et appartements bien équipés, pouvant accueillir de 2 à 8 personnes. Un ensemble original et sympathique, aux hébergements très variés : *A Casa* est un appartement de 3 chambres au 1er étage de la maison principale. À côté, un petit gîte indépendant, *A Casuccia*. Sympathique également, *A Fronda*, un écogîte en bois pour 2, avec cuisine extérieure. Bref, il y en a pour tous les goûts.

À voir

L'église Sainte-Julie : du XVIe s, avec un autel baroque et en marbre. Également un tableau représentant le martyre de la sainte, qui eut lieu dans le coin, le 22 mai 303.

Ne pas hésiter à emprunter les escaliers qui dévalent vers le bas du village. Ruelles escarpées au détour desquelles on embrasse un merveilleux point de vue.

La tour Paoline : *petit sentier empierré depuis le cœur du village (facile à trouver).* Construite en 1760 sur ordre de Paoli sur la base d'un ancien fort génois, et toute de magnifique schiste gris-vert. Perchée au sommet du village, cette superbe tour carrée est fort bien conservée. Des plaques informatives racontent avec poésie l'histoire du lieu. De là-haut, vue grandiose sur la côte et la plage en contrebas.

La fontaine Sainte-Julie : *à la sortie nord du village à gauche. Un discret escalier dévale la falaise. La fontaine est dans la descente.* La légende veut que cette source ait jailli des seins de la sainte, coupés par son bourreau pour lui faire abjurer sa foi et jetés sur les rochers. Le site est magnifique : on y descend par de grandes marches entre jardins et terrasses séparés par des murets de pierres sèches. Les courageux continueront jusqu'à la plage. Après, il ne reste plus qu'à remonter !

UN HOMME-ORCHESTRE

Dans cette tour, en 1768, le paoliste Jacques Casella, tout seul et blessé, a tenu tête à l'armée française. Par un ingénieux système de ficelles, il réussissait à tirer des coups de fusil dans toutes les directions, impressionnant l'adversaire. Il négocia avantageusement sa reddition, et la consternation fut totale quand la troupe française présenta les armes devant un homme seul, s'aidant de béquilles, alors qu'elle s'attendait à voir sortir une armée !

Fête et manifestation

– ***Rencontres culturelles de Nonza :*** *2e sem d'août.* Festival d'art où l'on peut voir des expos de peintures et de photographies tandis que se tiennent des débats et des conférences.
– ***Fête de Sainte-Marie :*** *15 août.* « *Paese in luce* », le village illuminé. Ce jour-là, les habitants du village, les touristes aussi, défilent dans une sorte de procession féerique, formant de remarquables tableaux vivants. À ne pas rater !

DANS LES ENVIRONS DE NONZA

Ogliastro (*Ogliastru*) **:** *à 2 km au-dessus de la marine d'Albo.* Très joli village aux maisons colorées, composé de 2 parties (*Ogliastru Suttanu* et *Ogliastru Supranu*) reliées par une volée de marches.

La marine de Negru : *à 6 km au sud de Nonza, bien cachée depuis la route.* Une marine très encaissée. Plage avec sa tour génoise comme posée là. Jolie rando pour rejoindre le village dont dépend cette marine, Olmeta-du-Cap.

PATRIMONIO (PATRIMONIU) (20253) 670 hab.

C'est sûr, les dieux de la Méditerranée ont été généreux avec cette région, située à la racine du cap Corse. Tout d'abord, un site exceptionnel à flanc de montagne, des versants ensoleillés couverts de vignobles et une vue superbe sur la baie de Saint-Florent et les montagnes du Nebbio.
Patrimonio et 7 communes alentour, jusque dans les Agriate, élaborent vins blancs, rosés et rouges, ainsi qu'un délicieux muscat (le tout en AOC/AOP *patrimonio*). De succulents nectars, un peu sucrés, à boire très frais (on a une petite préférence pour le blanc). Ce vignoble, le plus vieux de Corse (Ve s av. J.-C.), allié à des méthodes traditionnelles d'encépagement et de vinification, produit des vins bio de grande qualité.
Le village lui-même est assez étalé et ne dégage pas de charme particulier, mais il est tranquille, ponctué de vignobles, et abrite quelques jolies adresses.

Où dormir ?

Campings

Sur un plan pratique, ce bout de côte constitue une heureuse alternative aux campeurs rebutés par les terrains de Saint-Florent, un peu bondés en été.

U Sole Marinu : *plage de Catarelli, à 3 km de Patrimonio, direction Nonza (accès par un chemin de 800 m). ☎ 04-95-37-12-20. 📱 06-15-52-44-06. • usolemarinu@gmail.com • usolemarinu.com • ♿ Juin-sept (mai-sept pour les loc). Compter 19,80-24,60 € pour 2 avec tente et voiture ; mobile homes climatisés 4-6 pers à louer à la sem.* Belle situation en bord de plage de galets (location de transats et *paddles*) à proximité d'une falaise calcaire. Peu d'emplacements, familial et très sympa. Mini-market, buvette et pizzeria *(juil-août).*

A Stella : *marine de Farinole, à 5 km de Patrimonio, direction Nonza. ☎ 04-95-37-14-37. • campingastella.com • Avr-oct. Compter 23,80 € pour 2 avec tente et voiture. CB refusées.* Grand terrain qui court jusqu'à une plage de galets (sable à 10 mn à pied), les emplacements les plus proches de l'eau (sur une grande prairie verdoyante) n'étant pas ombragés, aller planter la tente dans le sous-bois. Super panorama et pas de locatifs. Snack-bar sur place.

De prix moyens à chic

Hôtel du Vignoble : *en plein centre. ☎ 04-95-37-18-48. • hotel-du-vignoble@orange.fr • hotel-du-vignoble.com • D'avr à mi-oct. Doubles 55-95 €. Triples également. Parking privé, garage à motos.* Cet hôtel bien nommé s'avère bien pratique, au cœur du village. C'est une grosse bâtisse jaune aux volets verts, qui possède une âme avec ses grandes chambres colorées de maison de maître, offrant un excellent confort (bonne literie en particulier).

Hôtel U Casone : *lieu-dit Puccinasca. ☎ 04-95-37-14-46. • scea.montemagni@wanadoo.fr • hotelpatrimonio.fr • Dans le centre, suivre fléchage à gauche dans la montée. D'avr à mi-oct. Doubles 50-80 €. CB refusées.* Une maison imposante au crépi gris avec une grande pelouse soignée pour se dorer au soleil et prendre le petit déj. Chambres simples et dépouillées mais rafraîchies dans des tons actuels, avec salles de bains encore à l'ancienne. Elles donnent sur les montagnes ou sur un bout de mer bien au loin. Atmosphère de pension de famille. Garage pour les motards.

Casa Eva Maria : *route Impériale, Lucitello. 📱 06-28-46-24-27. • contact@casaevamaria.com •*

casaevamaria.com • Prendre le petit chemin juste en face de la poste et le suivre sur env 600 m. Fermé nov-mars. Doubles 80-115 € selon saison, petit déj inclus. CB refusées. Apéritif ou café offert sur présentation de ce guide. Adorable *B & B* assez luxe et charmant à la fois. Chacune des chambres (avec clim) possède sa terrasse privative, qui donne sur un coin de pelouse et de jardin fleuri dévalant en pente douce vers la belle piscine. Calme absolu et vue sur les montagnes. Quelques confortables transats autour de la piscine.

Chambres d'hôtes et gîtes Casa Andria : *lieu-dit Osteria, Barbaggio, à env 2,5 km de Patrimonio. ☎ 04-95-58-26-07. 📱 06-67-47-55-64. • sas.andria@orange.fr • Doubles 90-120 € et 2 gîtes (2-3 et 4-6 pers ; loc à la sem).* Au milieu des chênes blancs, une maison de pierre, moderne et élégante, juste au-dessus d'une charmante piscine (eau filtrée au sel). Les chambres, modernes et aux couleurs douces, sont disposées côte à côte, le long d'une coursive abritée. À côté, 2 gîtes dans des petites maisons indépendantes. La piscine domine les vignes, tout comme la longue table de bois du petit déjeuner. Quelques fauteuils pour se relaxer à l'ombre des chênes.

Chambres d'hôtes de Mme Jeannette Matraglia : *hameau Sainte-Marie. ☎ 04-95-37-01-19. 📱 06-12-01-07-39. • secretaire@festival-guitare-patrimonio.com • Prendre la ruelle à gauche juste avt la poste ; la maison est à 150 m sur la droite. Doubles 85-115 €. CB refusées.* La maison est plutôt ordinaire mais agréable, les 2 chambres simples et très propres (avec salle de bains) sont à l'étage et l'une possède un balcon. Mais le vrai plus, outre la gentillesse de l'accueil, c'est la sympathique piscine devant la terrasse. Bref, une adresse pratique, sans chichis, et un excellent accueil de Jeannette.

De chic à plus chic

Auberge U Lustincone : *route du Cap. ☎ 04-95-37-15-28. 📱 06-13-21-52-21 • u-lustincone@gmail.com • u-lustincone.com • ♿ À env 1 km de Patrimonio en direction de Nonza. Fermé oct-avr. Doubles 98-150 € ; petit déj inclus. Familiales également. Menus 22-27 €. Digestif maison offert sur présentation de ce guide.* Un petit hôtel familial et tranquille posé sur une colline au milieu du vignoble avec une belle vue dégagée qui s'étend jusqu'à la mer. Des chambres fraîches et confortables (clim), dans un style contemporain, avec douche à l'italienne. 1 familiale en duplex également. Agréable petite piscine pour se rafraîchir et terrasse sous les pins avec canapés et fauteuils. Bon resto ouvert le soir en saison. Accueil doux et attentionné.

Où manger ?

Libertalia Bistro Tropical : *route de l'Église. 📱 06-23-16-41-25. • domaine.maestracci@gmail.com • Prendre la ruelle à gauche juste à l'angle de la poste et faire 150 m. Avr-oct, tlj le soir seulement. Plats 12-25 €.* Une adresse pas comme les autres, décontractée et décalée. Des légumes du jardin, des produits choisis auprès de producteurs sérieux et une cuisine enlevée, généreuse : superbe pageot du chalut, beignets de courgettes, poulet corse mariné... Goûtez également les superbes *focaccia.* Grosses tables de bois sous les arbres, un grand gril argentin pour les cuissons et une bonne bière *Ribella* (brassée maison) pour se désaltérer. Du beau, du bon, du frais.

L'Assiette du Vigneron : *en plein centre. ☎ 04-95-31-61-35. Tlj le soir seulement. Congés : oct-avr. Plats env 20-25 €. CB refusées.* C'est le resto de l'*Hôtel du Vignoble,* jouxtant la cave de dégustation. Dans un cadre rustique de vieilles pierres et poutres, on savoure des paupiettes maison, du sauté de veau aux olives, des ragoûts sauce au vin... Une cuisine de tradition d'un bon rapport qualité-prix.

Le Bartavin : *hameau Palazzu. ☎ 04-95-38-37-94. 📱 06-02-07-27-09.*

À 800 m du centre en remontant la D 81 qui traverse le village. Tlj midi et soir. Pizzas 10-12 € ; plats 11-25 € ; menu 20 €. Apéritif maison sur présentation de ce guide. Rares sont les restos ouverts le midi à Patrimonio, et celui-ci est une bonne surprise. Dominant le village de sa terrasse à la vue grandiose, on déguste une cuisine corse de bonne facture : beignets de fromage frais *(migliaccioli)*, pâtes à l'araignée, soupe corse, sauté de veau, aubergine *a la parmiggiana...* Le soir, bonnes pizzas.

Où acheter du miel et du vin ?

Mele di Corsica : *à Catarelli (voir « Où dormir ? Campings. U Sole Marinu »). 06-17-03-44-28.* Pierre Carli a changé de métier pour se lancer dans l'apiculture. Ses 4 variétés de miel AOC sont excellentes.

La visite des caves : tous les crus sont bons. Cela dit, on a nos chouchous. En voici 5 qui méritent une attention particulière :

– ***Le clos Arena :*** *situé au rond-point de la route du Cap-Corse. ☎ 04-95-37-08-27. Sur rdv seulement.* Chez les Arena, des vins hyper structurés, superbement élaborés. Pas donné tout de même.

– ***Le clos de Bernardi :*** *dans le centre, sur la droite dans la montée. ☎ 04-95-37-01-09. • jeanlaurent@closdebernardi.fr •* Des vins de qualité, plus élaborés, surtout le rouge.

– ***Le clos Orenga de Gaffory :*** *au rond-point à la sortie de Patrimonio, prendre direction Saint-Florent, la cave est à 300 m sur la gauche. ☎ 04-95-37-45-00. • orengadegaffory.com • Tlj 9h-19h.* Parmi les vins rouges les plus élégants de Patrimonio. Sur place, également un espace dédié à l'art contemporain.

– ***Le clos Montemagni :*** *au centre du village. ☎ 04-95-37-00-80. • domaine-montemagni.com •* Le rouge, gouleyant, fruité et à la robe étonnamment claire, n'est pas sans rappeler les meilleures primeurs. Un vin de fête et d'amitié.

– ***Domaine Santamaria :*** *à* **Oletta,** *sur la route du lac de Padula, à 19 km de Patrimonio par la D 81 et D 38. ☎ 04-95-39-03-51. • domaine.santamaria@orange.fr • Caveau de dégustation ouv lun-ven 9h-12h, 14h-18h ; sur résa le w-e.* Depuis 6 générations, la famille Santamaria produit un vin exceptionnel, l'un des meilleurs rapports qualité-prix de l'appellation Patrimonio. Travaille en agriculture bio depuis 2011. Goûtez la cuvée *Travoï* en rouge, blanc ou muscat !

À voir

La statue-menhir : *sous un abri à gauche de la petite route menant à l'église de Patrimonio.* Sculptée dans le calcaire il y a plus de 3 000 ans, elle fut déterrée en 1965 par 2 frères. Elle rappelle vaguement la forme d'un couteau et représente un étrange visage humain au regard énigmatique (statue torréenne). Dommage qu'elle soit ainsi emprisonnée, mais, quand on voit comment elle a été graffitée, pas de regrets...

L'église San Martinu : perchée sur une butte à l'écart du village. Superbe. Notez sa taille presque disproportionnée au vu de l'importance du village.

Manifestation

– ***Festival de Guitare :*** *pdt la 2de quinzaine de juil. • festival-guitare-patrimonio.com •* Dans le théâtre de verdure près de la statue-menhir. Une superbe manifestation où des pointures locales, nationales et internationales se donnent rendez-vous.

SAINT-FLORENT ET LE NEBBIO (SAN FLORENZU E U NEBBIU)

(20217) Saint-Florent : 1 650 hab.

• Plan *p. 109*

Port au fond d'une merveilleuse baie encadrée par les montagnes du cap Corse et du Nebbio. À l'ouest, la mer vient lécher la côte sauvage des Agriate, formant un chapelet de belles plages accessibles seulement par bateau (sauf celle de Saleccia, joignable par une piste longue et rude).
Vu de l'intérieur, Saint-Florent est toujours la très jolie petite cité qui séduit les stars, les marins et les académiciens (notamment le regretté Jean d'Ormesson) venus s'y mettre au vert ou plutôt au bleu. C'est aussi le point de chute logique pour ceux qui font le tour du cap Corse par la route.
Ne pas négliger l'arrière-pays, le Nebbio, amphithéâtre de montagnes et de villages perchés, d'où l'on a une vue sublime sur le golfe de Saint-Florent.

Arriver – Quitter

En bus

■ ***Cars Santini :*** *☎ 04-95-37-02-98. • autocarssantini.com • Départs au parking des autocars, près du port, face au Spar.*

➢ ***De/vers Bastia, par le col de Teghime :*** juin-début sept, tlj, 4 départs/j. Début sept-mai, 2 à 3 bus/j., sauf dim et j. fériés.

➢ ***De/vers L'Île-Rousse :*** seulement juil-août, 2 bus/j., tlj.

Adresse utile

🅸 ***Office intercommunal de tourisme*** *(plan B1)* **:** *route du Cap-Corse, dans le bâtiment de la mairie et de la poste. ☎ 04-95-37-06-04. • corsica-saintflorent.com • Juil-août, lun-ven tte la journée et sam-dim le matin seulement. Le reste de l'année, lun-ven (plus sam mat en juin).* Abondante documentation et accueil de qualité. Brochure *(payante) Sentiers de découverte autour de Saint-Florent* qui décrit 7 randos de durées variables.

■ Adresse utile
- 🅸 Office intercommunal de tourisme (B1)

Où dormir ?
- **11** Camping Acqua Dolce et Camping Kalliste (hors plan par A2)
- **12** Hôtel Maxime (zoom)
- **13** Appart Bleu Azur (B1)
- **14** Hôtel Sole e Mare (B1)
- **15** Hôtel-restaurant de l'Europe (zoom)
- **16** Hôtel Tettola (hors plan par B1)
- **17** Hôtel Thalassa (hors plan par B1)

Où manger ?
- **15** Hôtel-restaurant de l'Europe (zoom)
- **30** Orsu Biancu et L'Arrière-Cour (zoom)
- **31** Ind'è Lucia (zoom)
- **32** Le Petit Caporal (zoom)
- **33** L'Auberge du Pêcheur (zoom)

Où boire un verre ? Où déguster une glace ?
- **40** Le Bara Vin, Le Mathurin (zoom)
- **41** Le Passage (zoom)
- **42** La Gelateria de Saint-Florent (zoom)

Où acheter de bons produits du terroir ?
- **43** Épicerie U San Petrone (zoom)

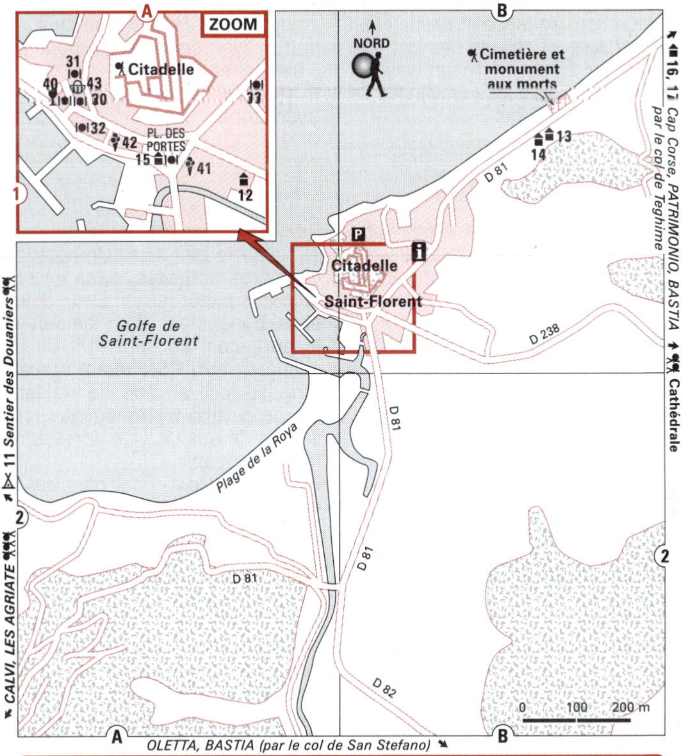

SAINT-FLORENT

Où dormir ?

Campings

Voir également les campings vers Patrimonio, finalement proches.

Camping Acqua Dolce *(hors plan par A2,* ***11****) : route de la Roya. ☎ 04-95-37-08-63. • info@campingacquadolce.fr • campingacquadolce.fr • Mai-sept. Pas de résas. Compter env 19 € pour 2 avec tente et voiture. CB refusées.* Un camping bien situé sur la plage de la Roya et une adresse intéressante, car elle accueille uniquement des campeurs, des vrais (pas de chalets), et juste quelques caravanes et camping-cars qui sont concentrés dans un même secteur. Pizzeria et alimentation. Assez bien ombragé par de grands eucalyptus et des oliviers.

Camping Kalliste *(hors plan par A2,* ***11****) : route de la Roya. ☎ 04-95-37-03-08. • contact@camping-saint-florent.fr • camping-saintflorent.fr • Mai-sept. Forfait 16,70-43,50 € pour 2 avec tente et voiture. Locatifs variés 4-6 pers.* Un camping qui réussit plutôt bien l'équilibre entre une certaine intimité et la grosse artillerie. Quelques atouts : la plage à proximité, la piscine agréable et l'atmosphère décontractée. Petite restauration sur place et animations. Les cottages et chalets peuvent être loués pour 2 nuits minimum (sauf en haute saison). Ils sont en revanche un peu à touche-touche.

De prix moyens à chic

Hôtel Maxime (plan zoom, **12**) : *route de la Cathédrale. ☎ 04-95-37-05-30. • hotel-maxime-saint-florent.fr • ♿ Fermé de mi-nov à début mars. Doubles 63-92 €. Parking privé et garage motos.* Établissement un peu à l'ancienne mais bien tenu et toujours d'un bon rapport qualité-prix, tout particulièrement à Saint-Florent, où l'on prend vite la grosse tête. On est à 2 pas du port et pourtant au calme. TV, minibar, balcon pour la plupart (certains donnant sur la rivière de Poggio). Pas de clim mais un bon ventilo.

Appart Bleu Azur (plan B1, **13**) : *route de Patrimonio. 📱 06-14-90-40-20. • contact@appart-bleuazur-corse.fr • appart-bleuazur-corse.fr • À la sortie de Saint-Florent. De mai à mi-oct. Apparts loués à la nuit 85-200 €.* Maison agréable aux volets bleus, proposant des appartements très modernes (clim, lit en 160 cm...), bien conçus, impeccables et clairs, avec un bout de terrasse sur l'avant et l'arrière. Petite piscine chauffée sur la terrasse et plage de galets juste de l'autre côté de la route. Bon accueil de toute la famille. Seul bémol : la route qui passe devant. Et si vous n'avez pas envie de cuisiner, à 2 pas le fiston concocte des pizzas à emporter (le soir seulement).

Hôtel Sole e Mare (plan B1, **14**) : *route de Patrimonio. ☎ 04-95-37-01-59. • soleemare@wanadoo.fr • solemare-stflorent.com • Avr-oct. Doubles 70-98 €, jusqu'à 130 € pour les triples supérieures et familiales. Remise de 5 % en avr-juin et sept-oct sur présentation de ce guide pour les résas en direct.* Chambres classiques (sur le devant ou sur l'arrière), pas très grandes mais vraiment nickel, avec frigo et bouilloire. Ensemble correct, un peu en retrait de la route (que l'on entend tout de même). Loue également à la semaine des studettes avec coin cuisine pour 2 ou 3 personnes.

Hôtel-restaurant de l'Europe *(plan zoom, **15**) : pl. des Portes. ☎ 04-95-35-32-91 • hotel-europe2.com • Resto ouv tlj ; fermé dim-mar en basse saison. Fermé de mi-janv à mi-fév. Doubles 70-120 €. Demi-pens possible. Menu corse 32 € ; carte env 45 €.* Un hôtel aux chambres actuelles, dans un style moderne plutôt réussi. Deux d'entre elles bénéficient d'un balcon sur le port mais ça peut être un peu animé en été. Côté resto, agréable terrasse face au port de plaisance et une cuisine bistronomique régulière et de qualité. Une adresse très recommandable.

Hôtel Tettola (hors plan par B1, **16**) : *route de Patrimonio. ☎ 04-95-37-08-53. • info@tettola.com • hoteltettola.com • ♿ À 2 km du centre-ville, direction Patrimonio. Avr-sept. Doubles 86-186 €.* Un établissement élégant disposant d'une trentaine de chambres, moitié côté rue, moitié côté mer, avec balcon ou terrasse. Elles sont épurées et de très bon confort. Celles donnant sur la mer sont évidemment plus agréables, spacieuses, et s'ouvrent directement sur une adorable plage de petits galets. Généreuse piscine juste au-dessus des flots et un coin pelouse avec quelques canapés et fauteuils. Tranquillité totale.

Hôtel Thalassa (hors plan par B1, **17**) : *lieu-dit Strutta. ☎ 04-95-37-17-17. • info@thalassa-hotel.com • thalassa-hotel.com • ♿ À 2 km du centre-ville, direction Patrimonio. Avr-sept. Doubles 69-135 €, jusqu'à 165 € pour les « supérieures ». Surveiller les promos sur le site.* Chambres de bon confort (TV, clim, sèche-cheveux), dans un édifice impeccable, sur 1 étage, situé côté mer. Du moderne impeccable, sans charme particulier, mais sans défaut. Belle piscine, et plage à 300 m. Les moins chères donnent côté route. Une adresse régulière en qualité et un peu à l'écart de la foule. Bon accueil.

BASTIA, LE CAP CORSE, SAINT-FLORENT ET SES ENVIRONS

Où manger ?

Prix moyens

Orsu Biancu (plan zoom, **30**) : *pl. Doria. Juste à côté du resto* L'Arrière-Cour *(mêmes proprios). Tlj, tte la journée l'été.* Tourte aux blettes ou aux oignons, gâteau à la châtaigne ou *fiadone,* parfait pour un en-cas à dévorer en déambulant dans les ruelles de la vieille ville.

L'Arrière-Cour (plan zoom, **30**) : *pl. Doria. ☎ 04-95-35-33-62. Tlj sauf mar hors saison. Fermé nov-mars. Plats 15-20 €, menu 29 €.* Petite adresse sans prétention mais plaisante et régulière en qualité depuis des années. Le lieu est attrayant, notamment grâce à son arrière-cour, ombragée et chaleureuse, où l'on sert quelques plats corses (lapin et veau à la corse, *tortiglioni au brocciu...*), ainsi que de bonnes pâtes. Certains soirs, couscous ou paella (mais ça, c'est pas corse !). Bon accueil.

Ind'è Lucia (plan zoom, **31**) : *pl. Doria. ☎ 04-95-37-04-15. Tlj sauf mer (excepté en juil-août). Fermé nov-mars. Carte seulement, compter env 40 €.* La terrasse s'ouvre sur l'agréable place Doria, où l'on déguste une cuisine familiale et régionale de bon aloi : soupe corse, cannellonis, mais aussi carpaccio d'espadon, lasagne à la brousse, *fiadone.* Bon accueil.

Hôtel-restaurant de l'Europe (plan zoom, **15**) : *voir plus haut « Où dormir ? ».*

Le Petit Caporal (plan zoom, **32**) : *sur le port. ☎ 04-95-37-20-26. Tlj midi et soir en saison. Fermé déc-janv. Pizzas 12-16 € ; plats 16-38 €.* Parmi les nombreuses adresses du port, celle-ci tire largement son épingle du jeu. Les habitués s'y retrouvent en bande et les touristes suivent le mouvement. Cuisine régulière et service prévenant. Les petits budgets opteront pour les bonnes pizzas, les budgets moyens choisiront les excellentes pâtes (celles aux fruits de mer sont top), et si on est en fonds, on dégustera un poisson du golfe, fraîchement pêché.

De chic à plus chic

L'Auberge du Pêcheur (plan zoom, **33**) : *route de Patrimonio. 06-24-36-30-42. • poissonneriestchristophe@orange.fr • Entrée par la poissonnerie Saint-Christophe. Avr-oct, tlj, seulement le soir (sauf dim soir hors saison), sur résa. Plats 25-40 €, carte 50-55 €. Digestif offert sur présentation de ce guide.* Ici, on est sûr et certain de la provenance du poisson ou des fruits de mer qui sont dans l'assiette. Il faut, en effet, traverser la poissonnerie pour accéder à la courette-resto, bien au calme. Poisson au four, loup en croûte de sel, *a la plancha* ou en sushi, pavé de thon rouge de ligne *Ikejime.* Cher, mais le bon poisson est à ce prix. Bon service.

Où dormir ? Où manger dans les environs ?
Où acheter de bons produits corses ?

Vers Oletta, au pied du Nebbio

Auberge Le Montana : *route d'**Oletta**. ☎ 04-95-37-14-85. • sarl.lemontana@wanadoo.fr • À 3 km de Saint-Florent. Resto fermé mer midi, plus mer soir hors saison. Fermé déc-janv. Doubles 65-85 €, en ½ pens 126-146 € (sauf en août). Menus 29 € ; carte env 40 €.* Pour ceux qui préfèrent l'arrière-pays, une adresse hautement recommandable. Même si la route passe à proximité de l'hôtel, c'est parfaitement calme le soir. Bon accueil, petite piscine pour se rafraîchir et chambres pas bien grandes mais impeccables, dans les tons crème. Au resto, des plats corses traditionnels bien préparés, servis dans la pimpante salle à manger, avec, hors saison (d'octobre à mars), de l'agneau de lait – hmm, qu'il est bon ! Et même un menu végétarien. Sur l'arrière, un petit coin *lounge* sous les arbres. En saison, la carte met surtout l'accent sur le poisson.

Chambres d'hôtes La Casa di l'Amanduli : *Troscia, route de la Plaine, 20232* ***Olmeta-di-Tuda.*** *☎ 04-95-37-28-87. • contact@casadilamanduli.com • acasadilamanduli.com • À 8 km de Saint-Florent. Prendre la route d'Oletta sur env 6 km, puis à droite en direction du lac de Padula (2 km). Le traverser puis prendre la 1re à gauche (direction San Petru). Avr-nov. Doubles 95-135 €. Table d'hôtes (sur résa) 29 €.* Bel environnement bucolique, entouré de champs d'amandiers, de quelques animaux qui paissent et de collines qui ondulent. 4 chambres personnalisées de styles différents, d'excellente tenue et coquettes. Grand salon vitré, avec canapé et billard. Piscine élégante et généreuse, posée sur une grande pelouse. Calme total et charme indéniable, à l'image de la propriétaire. On s'y sent vraiment bien.

Le Potager du Nebbio : *route de San Griolo, sur la commune d'***Oletta.** *☎ 04-95-60-64-16. • lepotagerdunebbio@orange.fr • 2 km après la sortie de Saint-Florent, sur la route d'Oletta (D 82), fléché à droite en face du supermarché* Leclerc ; *ensuite, chemin de terre sur env 2 km. 15 avr-15 oct. Tlj midi et soir, fermé lun midi en été, plus lun soir hors saison. Carte env 35 €. CB refusées.* Bienvenue dans cette exploitation agricole bio où les produits utilisés ont des racines locales (fruits et légumes du jardin), et les plats sont d'inspiration variée (samossa au fromage frais ou tiramisu à la châtaigne, par exemple...). Jérémie et Sophie élaborent de fameuses recettes qui enchantent les papilles, servies sous les arbres, dans un cadre éminemment champêtre. Quelques tables basses pour prendre l'apéro. On aime, d'autant que l'accueil est extra.

Dans le Nebbio

Maison d'hôtes Cicendolle : *à* ***Vallecalle*** *(20232). ☎ 04-20-20-04-19. • paulhenrigaucher@gmail.com • chambresencorse.com • À 16 km de Saint-Florent par Oletta. En bas du hameau principal de Vallecalle (suivre le fléchage). Tte l'année. Doubles 67-72 € (tarif unique tte l'année), adaptables en familiales. 3 nuits min l'été. CB refusées.* 3 grandes chambres à l'étage, dont 2 qui peuvent accueillir 3 à 5 personnes, dans une maison du XVIIIe s ayant gardé le cachet de l'ancien (plancher en châtaignier jusque dans les salles de bains). Jolie atmosphère. Situation agréable et vue époustouflante sur le Nebbio depuis le jardin où des transats et un hamac vous attendent. Excellent accueil.

Chambres d'hôtes Casa Ghjunca *(Gîtes de France) : à* ***Rapale*** *(20246), dans le village (côté est). ☎ 04-95-39-03-14. 📱 06-43-15-76-95. • balbinot-janick@orange.fr • Tte l'année. Doubles 85-120 € ; familiale. CB refusées. Apéritif maison offert sur présentation de ce guide.* Grande maison en pierre de 3 étages, datant du XVIIIe s, dans laquelle le moderne et l'ancien s'allient à la perfection. On y trouve 5 chambres de charme, très confortables et décorées avec beaucoup de goût. Excellent petit déjeuner avec pâtisserie maison, à prendre sur la terrasse d'un agréable jardin offrant une vue géniale. Accueil très chaleureux et plein de bons conseils pour réussir son séjour.

Ferme-auberge Campo di Monte : *à* ***Murato.*** *Dans le village, prendre la D 305 vers Rutali puis le chemin à doite après le pont (fléché). ☎ 04-95-37-64-39. De juin à mi-sept, ouv ts les soirs ; le reste de l'année, ouv également dim midi. Résa obligatoire. Repas complet unique 60 €, apéro, vin, fromage et café compris. CB refusées.* Coup de cœur pour cette merveilleuse ferme-auberge située dans une vieille maison tout en schiste et en lauzes, face à un paysage divin. Plusieurs petites salles à manger, aménagées avec beaucoup de goût dans les dépendances (ici, on ne mange pas en extérieur). Fine cuisine, aussi bonne que l'endroit est beau, avec des spécialités comme la charcuterie *(nustrale)*, les belles côtes de veau, le cabri rôti ou en sauce, la truite locale, les beignets de courgettes... Excellent accueil.

Le But : *à* ***Murato,*** *au centre du village. ☎ 04-95-37-60-92 ou 37-61-12. En saison, ouv le soir tlj, plus le midi* *dim ; en hiver, ouv seulement ven soir, sam soir et dim midi. Tte l'année. Résa obligatoire. Menu unique 45 € (30 € le lun soir en été pour le repas champêtre), apéro, vin et café compris.* Une vaste salle rustique et fleurie, et l'une des plus redoutables auberges de l'île. D'ailleurs, chacun dans le pays vous le dira : au *But*, on mange bien et copieusement !

Pour donner une idée : mise en bouche terre et maquis, suivi de petits beignets, puis verrine de *figatelli*, brochettes de charcuteries et légumes confits à l'huile d'olive... en attendant le plat, toujours à base de recettes traditionnelles corse (sauté de veau, rôti de veau corse au miel...). Les bons fromages et la confiture maison clôturent le salé, avec aussi les fruits de saison et les pâtisseries maison. Ouf ! Le lundi soir en été, le repas devient champêtre dans le jardin sur l'arrière, au son des polyphonies corses.

Le Grenier du Nebbiu : *dans le village de* **San-Gavino-di-Tenda** *(20246). 06-73-96-37-75. • gaellelebihan@hotmail.com • Avr-sept, tlj midi et soir. Fermé à la Toussaint et aux vac scol de fév. Résa indispensable. Compter env 35 € à la carte. CB refusées. Digestif offert sur présentation de ce guide.* Une table vraiment atypique. Gaëlle, cuisinière passionnée et autodidacte, a transformé le rez-de-chaussée de sa maison, garage compris, en restaurant. Avec de bons produits provenant uniquement des fermes locales et d'amis pêcheurs, elle concocte de bons petits plats créatifs dans sa cuisine ouverte, servis dans une ambiance à la bonne franquette... et le bouche à oreille a fait le reste. Les gourmets affranchis rappliquent en nombre ! Attention, le service est limité à 20 couverts : réserver ! Les desserts sont assurés par Ludo, son mari, sa *pavlova* est une pure merveille. Bon vin de Patrimonio, sélectionné avec soin, proposé aussi au verre. Un gros coup de cœur !

I Fratelli : *à la sortie du village de* **Rapale** *(20246), direction Pieve. ☎ 04-95-57-08-63. • i.fratelli@orange.fr • Tte l'année, tlj midi et soir. Plats 15-17 €, menu env 30 €.* Le genre café de village mis au goût du jour, ouvert à l'année. Hyper copieux, le menu voit défiler beignets et charcuterie, veau et lasagnes avant fromage et dessert. Autant dire qu'on redescend sur la côte bien calé. Belle terrasse donnant sur la Conca d'Oro.

Où boire un verre ? Où déguster une glace ? Où danser ?

Le Bara Vin, Le Mathurin (plan zoom, **40**) **:** *40, pl. Doria. Ouv le midi et à partir de 17h. Planches de dégustation et tartes aux herbes 8-22 €.* Bonne sélection de crus de la région. Une joyeuse occasion de les tester, avant d'aller faire un tour directement chez les producteurs. Tapas et *mezze* à déguster également.

Le Passage (plan zoom, **41**) **:** *pl. des Portes. Tte l'année, tlj jusque tard.* Patio ombragé pour déguster de succulents sorbets et glaces.

La Gelateria de Saint-Florent (plan zoom, **42**) **:** *route Neuve, la rue principale. Avr-sept, tlj 13h30-23h30.* Glaces artisanales, une cinquantaine de parfums différents (au miel du Nebbio, liqueur de myrte, châtaigne, muscat, nougat corse, figue...).

La Conca d'Oro : *à* **Oletta.** *☎ 04-95-39-00-46. À 6 km de Saint-Florent, à gauche de la route (fléché). Mai-sept, w-e et veille de j. fériés. Entrée payante.* La boîte incontournable de la région, qui draine locaux et touristes.

Où acheter de bons produits du terroir ?

Épicerie U San Petrone (plan zoom, **43**) **:** *pl. Doria. ☎ 04-95-37-10-95. Mai-sept : juil-août, tlj 8h-12h30, 14h30-23h ; sinon, tlj 10h-12h, 14h-18h30. Hors saison, ouv seulement le ven.* L'antre de Benoît Rinaldi, agriculteur-charcutier en Castagniccia, est considéré comme l'un des mieux approvisionnés de Corse : charcuterie de la production maison (excellente), fromages, liqueurs, vins (belle sélection de toute la Corse), tous de grande qualité.

À voir

La cathédrale de Nebbio *(Santa Maria Assunta ; hors plan par B1)* **:** *à 1 km du port. De juin à mi-oct, lun-ven 9h30-12h, 15h-18h30 ; sam 9h30-12h ; dim 15h-18h30. Entrée : env 1,50 € ; gratuit - de 16 ans. Visite guidée avec un guide conférencier ven à 16h en juil-août : 8 €.* Belle église romane d'époque pisane (XIIe s), longue de 30 m et large de 14 m, c'est-à-dire plutôt imposante pour l'époque. Sa grande simplicité extérieure, principalement marquée par de jolis modillons (éléments sculptés en pierre soutenant la corniche), cache une jolie richesse intérieure. Les bas-côtés sont séparés de la nef centrale par de massives colonnes à section carrée ou circulaire en alternance, ornées de chapiteaux naïfs avec animaux (lion, escargots, serpents, tête de bélier...) et végétaux stylisés. Notez les fresques du XVe s dans le chœur et les jolis autels du XVIIe s (baroque) dont les bas-reliefs se confondent avec ceux du mur. Enfin, une inhabituelle relique du corps d'un soldat romain embaumé (IIIe s) vêtu d'une tunique richement brodée du XVIIe s : tous les 3 ans (prochaine édition en 2021), la châsse de ce martyr romain est promenée le lundi de Pentecôte.

La citadelle *(plan zoom A-B1)* **:** *accès par la pl. Doria puis grimper par la petite rampe. Juil-août, expos dans le donjon (entrée : 1,50 €).* Construite par les Génois en 1439, elle a résisté à pas mal d'assauts et bombardements, y compris ceux de l'amiral Nelson en 1794. La petite promenade dans la vieille ville derrière le port se révèle bien agréable, jusqu'à l'imposante église fortifiée. Dommage, l'esplanade autour n'est pas vraiment mise en valeur. Vue superbe depuis l'enceinte.

Le cimetière et le monument aux morts *(plan B1)* : *sur la route de Patrimonio, juste après l'*Hôtel Sole e Mare *mais côté mer.* Dans cette « nécropole nationale » sont enterrés 49 soldats et goumiers (du groupe des Tabors marocains), morts pour la France en octobre 1943, lors des combats contre les Allemands au col de Teghime, qui ont abouti à la libération de Bastia.

À faire

➢ **Promenades en vedette :** *avr-sept, navettes entre Saint-Florent et la plage du Lodo (Lotu), dans le désert des Agriate, avec* **Le Popeye** *(☎ 04-95-37-19-07 ; résas au 📱 06-62-16-23-76 ; • lepopeye.com •). Départ ttes les heures depuis le port à partir de 9h ; heure de retour imposée pour certains tours. Env 20 €/pers l'A/R (et 12 € pour 1 seul trajet) ; réduc. Bateau-taxi possible pour Saleccia, avec retour en navette : 30 €/pers.* Un bon moyen pour voir les Agriate depuis la mer.

➢ **Promenades en mer** également : *avec* **Speed Mare.** *📱 06-12-99-23-65 ou 06-34-12-56-31. • promenades-mer-saint-florent.com • Bateau rapide de 12 pers, départs face à la capitainerie, à partir de 9h en saison (9h30 sinon). Compter 25-30 € selon saison.*

➢ **Dominique Plaisance :** *quai de l'Aliso, face à la gendarmerie. ☎ 04-95-37-07-08. 📱 06-16-90-58-02. • dominiqueplaisance.com • Avr-oct. Loc de bateaux avec ou sans permis à la ½ journée, à la journée ou à la sem. Forte caution demandée.* Semi-rigide ou Cap-Camarat. Carte côtière avec les petites criques indiquées. Propose également des sorties aux Agriate.

– **Club de voile et de plongée sous-marine CESM :** *plage de la Roya. ☎ 04-95-37-00-61. • cesmsaintflorent.fr • Pâques-oct.* Ce club – convivial et pas cher du tout – propose des stages de voile et de plongée sous-marine en externat, ½ pension ou pension complète.

– **Altore** *(Sports Adventure Corsica)* **:** *plage de la Roya (camping Aqua Dolce). 📱 06-88-21-49-16. • altore.com • Avr-oct. École de parapente (15 juin-15 sept). Baptêmes : parapente 90 € ; bateau volant à partir de 120 €.* Plusieurs sites pour le parapente, près de Saint-Florent ou dans le Cap. Également activités de canyoning et ULM hydro (aile delta montée sur un bateau pneumatique).

Plongée sous-marine

Nombreux spots intéressants dans le coin, tels la *pointe de Curza* (niveau I), riche en faune (poulpes, murènes, congres, spirographes...) ; le *Gendarme* (niveau II), très poissonneuse, et la sublime *roche de Nonza* (niveau III) avec son impressionnant tombant.

Clubs de plongée

Tous les clubs proposent baptêmes, formations, explorations et initiation pour enfants à partir de 8 ans.

■ **Actisub :** *quai de l'Aliso (face à la gendarmerie), sur le port. 📱 06-12-10-29-71 ou 06-07-70-18-01. • actisub.com • ♿ D'avr à mi-nov. Résa conseillée. Baptême env 70 €, plongées 40-50 € selon équipement ; forfaits dégressifs 5-10 plongées.* Plongée hors des sentiers battus du côté des Agriate, sur des sites vierges, ou au cap Corse.

■ **Saint-Florent Dauphin Club :** *sur le port, à côté du carénage. 📱 06-14-62-84-46. • plongee-saint-florent.com • ♿ Mai-déc. Résa conseillée. Baptême env 49 €, plongées encadrées à partir de 43 € avec équipement.* Un petit club sympa, où Pierre Mifsud dispose de 2 bateaux confortables pour rejoindre les meilleurs spots du coin.

■ **CESM Plongée :** *☎ 04-95-37-00-61. • cesmsaintflorent.fr • Résa conseillée. Baptême env 50 €, plongées 45-47 € (membre ou pas, équipé ou pas) ; forfaits dégressifs. Cotisation CESM à ajouter.* Baptêmes, formations jusqu'au niveau III et de belles explorations encadrées. Stages avec hébergement également. Intéressante formule voile-plongée.

DANS LES ENVIRONS DE SAINT-FLORENT

Le panorama du col de San Stefano : *à 12,5 km au sud de Saint-Florent, entre Oletta et Murato.* Superbe vue sur le golfe de Saint-Florent et les montagnes du Nebbio, ainsi que sur l'épine dorsale du cap Corse. On aperçoit même un morceau de la mer de la côte orientale (sud de Bastia). Un peu avant le col, ***Olmeta-di-Tuda,*** petit village où se trouve la maison natale de Jean Casale, héros de l'aviation française. Du col, la D 162 mène à Murato (voir plus loin). Suivre la D 62 en direction de ***Vallecalle*** et ***Pieve :*** s'arrêter à l'église de *Pieve,* au-dessus de la route, pour jeter un coup d'œil aux 3 statues-menhirs *(stantare)* qui contemplent paisiblement la vallée.
On peut rentrer sur Saint-Florent par l'étonnant village de ***Santo-Pietro-di-Tenda,*** où il est impossible de manquer l'*église Saint-Jean-l'Évangéliste,* l'une des plus grandes de Corse (mais en mauvais état). Tous les villages du Nebbio sont également faciles d'accès depuis Bastia par la route du *défilé du Lancone,* qui se prend sur la HT 20 au sud de Biguglia.

L'église San Michele : *la perle du Nebbio, à 1 km de Murato sur la D 162. Ouv avr-oct, tlj 14h-19h (sinon, le mat en sem et le reste de l'année, lun-ven 9h-12h, 14h-16h30 ; prendre les clés à la mairie de Murato). GRATUIT.*
Une de nos églises préférées en Corse (ce fut aussi l'avis de Mérimée lors de son voyage d'inspection des Monuments historiques au XIXe s). Un site extraordinaire : un promontoire isolé, avec une vue très étendue sur le golfe de Saint-Florent, les Agriate et, bien sûr, les montagnes du Nebbio. Sa silhouette originale se détache dans le ciel corse.
Cette superbe église romane de l'époque pisane (sans doute construite vers 1140 et consacrée vers 1280) se caractérise par la polychromie de ses murs, composés de chlorite verte et de calcaire blanc en alternance, dessinant tantôt des zébrures, tantôt des damiers sans souci de régularité. Étonnant clocher-porche monumental soutenu par de lourdes colonnes (le clocher a été rehaussé à la fin du XIXe s). Autre curiosité : la fantaisie et la variété surprenantes des motifs sculptés. En façade, on devine un homme et une femme sculptés. Sur tout le pourtour, une frise court, formant de petites arcades aux bases sculptées de ciseaux, gerbes de blé, main coupée, pièces. On pense que certaines symbolisaient les punitions dont écopaient les brigands et les voleurs, puisque l'église servait autrefois de tribunal. Sous les fenêtres latérales extérieures, beaux entrelacs de serpents. Sur la façade nord, côté mer, on voit Ève succombant au serpent, la main droite cachant son sexe (tout de même, on a sa pudeur !). À l'intérieur de l'église, colonnes à chapiteaux sculptés et mobilier intéressant.

Murato *(Muratu)* : le village le plus important du Nebbio. C'est d'ici qu'était originaire la famille de Raul Leoni, élu président du Venezuela en 1963. Le plus drôle est que son adversaire était un... Pietri, d'une famille originaire, elle, du cap Corse ! Le village est un haut lieu de l'histoire corse puisque Paoli s'y installa (son quartier général était le couvent) et y fit battre la monnaie corse depuis le palais de la monnaie *(a zecca)* ; on peut y voir une église (Saint-Jean-l'Évangéliste) dont la particularité est d'avoir un clocher triangulaire... Quelques quartiers qui fleurent bon le Moyen Âge, 3 ponts génois pas loin et une ancienne glacière, pas mal pour un village de 560 habitants !

De Murato à Saint-Florent, très jolie petite route qui passe par les villages perchés du Nebbio : *Rapale, Sorio, Santo-Pietro-di-Tenda.*

LES AGRIATE (E AGRIATE)

Réglons tout d'abord un (double) problème de terminologie : ce n'est pas un « désert » (la zone est, certes, inhabitée mais couverte de végétation), et si l'usage a longtemps entériné l'orthographe Agriates, les corsophones font remarquer que les Agriate (sans « s » final) sont, en corse, un pluriel et que le « s » final est redondant !
Touffu, impénétrable, inextricable, tout en épines et pourtant habité par les senteurs de l'île, le maquis couvre à perte de vue ce monde étrange, hérissé d'escarpements rocheux, raviné par quelques ruisseaux qui engendrent de petits étangs, uniques oasis de fraîcheur dans un univers torride. Pas de villages habités, de rarissimes maisons le long de la D 81, des vestiges de bergeries, les *pagliaghji* (paillers), en pierre, couverts de *teghje* ou de terre. Aucune route, seulement des pistes en piteux état (tant mieux !), chemins d'aventure et de purgatoire avant le paradis des plages de sable fin (Saleccia, Lodo – ou Lotu –, Malfalcu-Ghignu).
Les Agriate, ce sont 40 km de côtes magnifiques, intactes. La Corse avant la Corse, autant de lieux que le temps n'a pas défigurés. Et pourtant, il y en a eu des projets aberrants, comme ces idées d'y implanter un centre

d'essai atomique ou de transformer les Agriate en une immense zone de loisirs dédiée au dieu Tourisme. La *Banque Rothschild* posséda même une grande partie des terres avant le rachat, lent et obstiné, de la quasi-totalité de la façade maritime par le Conservatoire du littoral (qui possède aujourd'hui 5 500 ha). Ouf ! On est soulagé de savoir cette symphonie de rocaille, de lumière et de vent définitivement sauvée des menaces immobilières.
Reste un ennemi sournois, ravageur, impitoyable : le feu. Le dernier grand incendie remonte à septembre 1992. En quelques instants, près de 5 000 ha de maquis (et d'oliviers) sont partis en fumée ! Depuis, la vie a repris ses droits et le maquis a reverdi.

LE PLUS GRAND SITE NATUREL DU LITTORAL MÉDITERRANÉEN

Est-ce vraiment un désert aussi « désertique » que cela ? Non, car il y a des ruisseaux, des sources et des étangs en bordure de mer. Et des animaux en pagaille ! Des vaches débonnaires assoupies sur les plages, des sangliers, des lapins, des perdrix, des fauvettes et des jasons (grands papillons brun et orangé), sans oublier quelques petits troupeaux de moutons et de chèvres.
Au printemps, l'air est parfumé des senteurs du maquis corse (arbousiers, romarin, lentisques, myrtes et cistes). Preuve que tout pousse dans les Agriate ! Jadis, à l'époque génoise, les agriculteurs y cultivaient du blé dans des champs enclos de murets de pierre (que l'on remarque toujours aujourd'hui).

Comment y aller ?

IMPORTANT : sauf si vous avez décidé de prendre le maquis, on déconseille formellement l'intérieur des Agriate. Les seuls sentiers balisés (celui du littoral et celui de Punta Liatoghju à Ostriconi) permettent de découvrir ce milieu suffisamment bien. Quant aux pistes, sachez qu'elles sont très difficiles (voir ci-après) et qu'il ne faut en aucun cas s'en écarter. Et puis vous aviez saisi qu'il n'y a pas de camion-poubelle ici, et prévu de remporter vos détritus, non ? De toute façon, toujours se renseigner sur les risques d'incendie.

Par la mer

➢ Une superbe balade à faire au départ du port de Saint-Florent en navette régulière en saison jusqu'à la plage du Lodo (Lotu) ; de là, on est à celle de Saleccia en 1h à pied (ou 15 mn en 4x4). Des bateaux-taxis rapides font aussi la liaison directe entre Saint-Florent et la plage de Saleccia (lire « À faire » à Saint-Florent). Bien pour passer une journée sur une plage de rêve (sauf que les horaires sont assez contraignants).

Par les pistes

2 pistes (peu carrossables) partent de la route D 81 et mènent à la mer à travers le maquis. Ces pistes évoluent d'une saison à l'autre, au gré des remises en état et des intempéries, une année carrossables, l'autre non. Les emprunter à pied est très dangereux (si un incendie venait à prendre). D'ailleurs, elles sont interdites à la circulation dès que le vent dépasse les 40 km/h.
➢ ***Piste pour la plage de Saleccia :*** longue de 12 km et généralement en mauvais état (voire très mauvais), la piste commence sur la D 81, après le hameau de Casta, à 300 m de l'hôtel *Relais de Saleccia,* en allant vers L'Île-Rousse. Compter 1h en voiture (quand ça passe : la vitesse est limitée à 30 km/h) et 45 mn-1h30 à VTT. Pas toujours agréable à VTT vu le trafic de 4x4. Beaucoup de monde sur cette plage, d'autant qu'un camping s'est installé à proximité.
➢ ***Piste pour les plages de Malfalcu et Ghignu :*** longue de 13 km. En très mauvais état et même quasi impraticable (4x4 requis). Se prend à 22 km à l'ouest de Saint-Florent, à droite de la

route D 81 (en venant de Saint-Florent), au lieu-dit *Bocca-di-Vezu*. La piste descend jusqu'à la mer à travers des paysages dépouillés.

Par le sentier du littoral (sentier des Douaniers)

Magnifique randonnée, sans difficulté majeure (armé d'eau et d'un couvre-chef), pour découvrir, le temps d'un week-end ensoleillé de Pâques ou de la Toussaint – à coup sûr la meilleure époque pour une météo clémente –, la magie des Agriate de la façon la plus écologique qui soit : la marche. Départ de Saint-Florent, de la plage de la Roya (une piste intérieure mène à l'anse de Fornali où débute le sentier littoral). Arrivée 35 km plus loin à l'anse de Peraiola (plage de l'Ostriconi). Compter 3 étapes.

➢ ***1re étape :*** de Saint-Florent à la plage de Saleccia. Prévoir 5h30 de marche, avec comme points forts les petits marais de Valdolese (ou Fiume Bughiu) et du Fiume Santu (passages dans l'eau), la tour de la Mortella, les vaches paresseusement allongées sur la plage du Lodo (Lotu) et les dunes boisées de pins d'Alep et de genévriers de Saleccia.

➢ ***2e étape :*** entre la plage de Saleccia et la plage de Ghignu (où il est possible de dormir ; voir « Où dormir ? Où manger ? »). Promenade d'à peine 3h.

➢ ***Dernière étape :*** entre la plage et les paillers restaurés de Ghignu et l'embouchure de l'Ostriconi. Environ 6h30 de randonnée suivant le bord de mer, sauf au niveau des escarpements de la pointe de l'Acciolu.

À VTT

Circuit d'un niveau relevé, sentier non aménagé pour VTT, portage obligé sur les zones sablonneuses et risque de déshydratation (emporter de l'eau).

➢ La traversée la plus simple (sportive tout de même) part du hameau de *Casta*, descend à la plage de Saleccia, puis suit le sentier du littoral jusqu'à la marine d'Alga, ce qui permet de remonter la piste passant par les hameaux de paillers de Luogu Pianu et des Terriccie jusqu'à l'Ostriconi (compter 7-8h de VTT ; prévoir une manœuvre de véhicules, ou alors 14 km pour revenir au hameau de Casta par la D 81). Bon courage !

Par la route D 81

Elle traverse l'intérieur des Agriate, sur 28 km. Déjà de sublimes points de vue, notamment entre Casta et Bocca-di-Vezu (des refuges sont prévus pour les arrêts photos). Plusieurs départs de 4x4 le long de la route aux environs de Casta pour un aller-retour jusqu'aux plages de Saleccia ou du Lotu *(compter 20-25 €, temps de plage au choix 1h-6h ; parking gratuit pour laisser son véhicule).*

Où dormir ? Où manger ?

***Attention :* le camping sauvage est STRICTEMENT INTERDIT.**

⛺ ***La Canardière :*** *à* ***Casta*** *(direction Balagne), à env 7 km de Saint-Florent par la D 8, prendre une piste caillouteuse sur env 1 km. ☎ 04-95-37-20-79. 📱 06-83-07-10-34. • lacanardiere@live.fr • lacanardiere.com • Congés : janv-fév. Camping 18,80 € pour 2. Mobile homes également (loc possible à la nuitée hors juil-août). CB refusées.* Dans un site absolument sauvage, au flanc d'une colline aride et avec vue sur la mer. Un peu à l'écart de la ferme apicole familiale, quelques mobile homes climatisés avec terrasse et sanitaires. Également une aire naturelle de camping avec des emplacements pour planter sa tente sous les arbres et au calme. Frigo à dispo. Sanitaires simples mais propres (2 toilettes, 2 douches).

🏠 ***Refuge d'étape :*** *au-dessus de la* ***plage de Ghignu,*** *dans des paillers restaurés près de la mer. ☎ 04-95-59-17-35 (lun-ven 8h-16h). • agriate.org • (résas en ligne obligatoire). De mai à mi-oct. Compter 12 €/pers la nuitée (5 nuits max).* Il y en a une dizaine, de 4 ou 6 couchages (pas de matelas, juste une paillasse). Un pailler est aménagé en bloc sanitaire (douche, w-c). Pas de cuisine et eau non potable.

🏠 🍴 ***U Santu Petru :*** *20217* ***Casta.*** *☎ 04-95-37-04-60. • u.santu.petru@*

orange.fr • usantupetru.net • À 9 km de Saint-Florent sur la D 81, 2 km avt le village. Mai-sept. Doubles 65-85 € ; familiales. ½ pension possible à 25 €. Plats env 10-20 €. Café offert sur présentation de ce guide. Le restaurant offre une cuisine généreuse avec, par exemple, des beignets de fromage frais, des lasagnes au sanglier, une assiette corse. Excellent accueil de la famille Volelli, qui propose également une poignée de chambres agréables et confortables, refaites de manière très actuelle, certaines avec vue superbe sur le « désert » (au même prix que sur la route !). Location de VTT. Navette 4x4 *(payante)* pour Saleccia et, de manière plus générale, excursions en 4x4, au départ de l'hôtel ou de l'arrêt de bus de Saint-Florent *(06-64-00-38-92 ; • saleccia-off-road.com •).*

Hôtel Le Relais de Saleccia : *20217* ***Casta.*** *☎ 04-95-37-14-60. 06-67-99-35-90. • info@hotel-corse-saleccia.com • hotel-corse-saleccia.com • À 12 km de Saint-Florent, sur la D 81, vers la sortie de Casta. Avr-sept. Doubles env 60-80 €. Carte env 30 €.* Bon petit hôtel d'une dizaine de chambres, toutes (sauf 3) avec terrasse et vue superbe sur les Agriate, le monte Genova et un coin de mer au loin. Clim et bonne literie. Également un appartement pour 2 à 4 personnes (min 3 jours demandés). Le resto et le bar sont dans une salle prolongée par une jolie terrasse ouvrant sur le même magnifique paysage. Cuisine corse simple et soignée. Fait aussi snack-bar. Location de VTT électriques ou non. Navette 4x4 *(25 €/pers)* pour Saleccia.

Ferme-auberge de Pietra Monetta : *à Ostriconi, 20226* ***Palasca*** *(mais pas dans le village). 06-20-19-52-61. • auberge-pietramonetta@wanadoo.fr • location-agriates.com • À la sortie des Agriate, à 300 m après la jonction de la T 30, sur la droite à 16 km de L'Île-Rousse. Fin avr-sept. Resto le soir seulement, plus le midi le w-e (sauf juil-août). Doubles 82-90 €, petit déj inclus. Menu 28 €.* En bord de route, une vieille maison, ancien relais de poste, un peu loin de tout. La salle à manger ancienne a du caractère, et la terrasse est agréable avec sa tonnelle et ses tables de bois. Bon accueil et succulente cuisine corse : soupe aux herbes, agneau confit à l'ail, sauté de veau, cannelloni au brocciu... Tout est bon et frais, et les veaux viennent de la ferme familiale. Et si vous voulez y dormir, 4 chambres (avec sanitaires et clim) vous tendent les bras dans une maison en pierre attenante au resto. On aime bien les 2 qui donnent sur l'arrière, à l'étage. Propres et claires, plutôt mignonnes, avec poutres et terrasse. Excellent accueil de la jeune équipe.

Relais de la Fontaine U Baccialu : *à 16 km de Saint-Florent, sur la D 81, sur la gauche.* En surplomb de la route. Belle terrasse où il fait bon faire halte. Petite restauration.

À voir

La plage du Lodo *(Lotu)* **:** belle plage de sable fin, la plus proche de Saint-Florent par la mer (navettes régulières en été).

La plage de Saleccia : une merveille ! Accessible par une piste de 12 km (voir plus haut) ou par la mer, cette plage, longue de 1 km, est bordée par des dunes à genévriers (espèce protégée) et une pinède de pins d'Alep unique en Corse. Saleccia offre les couleurs d'un lagon tropical. Très fréquentée dès les beaux jours et visitée par de

DÉLOCALISATION

Darryl Zanuck, le producteur du Jour le plus long, *avait loué, pour pas bien cher, les services de 22 vaisseaux de la 6e flotte de l'US Navy, qui étaient alors en manœuvre au large de la Corse. Pas question d'aller en Normandie, on choisit la plage vierge de Saleccia pour le tournage des scènes du débarquement à Omaha Beach. En effet, les marines américains servirent de figurants à un tarif... très abordable. Les autres scènes furent tournées sur l'île de Ré.*

nombreux bateaux qui mouillent dans la baie. Ne pas s'attendre donc à une plage déserte en été. Une ancienne bergerie restaurée sert en été de poste de surveillance aux gardes départementaux du littoral chargés de la protection du site.

Les plages de Ghignu et Malfalcu : situées plus à l'ouest, au bout d'une longue piste quasi impraticable (4x4 seulement), elles sont plus petites que les autres plages. Les motards aiment bien y venir, ainsi que les plaisanciers. Des refuges pour randonneurs ont été aménagés dans d'anciennes bergeries typiques (des *pagliaghji* aux toits de terre) restaurées et situées à l'aplomb de la plage de Ghignu, à environ 2 km à l'est de l'anse de Malfalcu (voir plus haut « Où dormir ? Où manger ? »).
Routard assoiffé et imprévoyant, une source est située à l'extrémité de cette paradisiaque plage de Ghignu : celle-ci est la plus inattendue qui soit (le fleuve le plus court de toute la Corse), puisque, aussitôt jaillie d'un talus dont la base baigne dans la mer, son eau atteint déjà son embouchure !

La plage de l'Ostriconi : au fond de l'anse de Peraiola, point de rencontre entre les Agriate et la vallée de l'Ostriconi qui débouche sur la mer. Depuis la route principale (T30), prendre une petite route sur la droite. On descend par un sentier assez pentu. Se terminant par de langoureux méandres, la rivière, venue des montagnes, forme à son embouchure une sorte de zone marécageuse (d'ailleurs, dernièrement, pour accéder à la plage, il fallait donner de sa personne et traverser un bras de mer). Les dunes abritent un magnifique peuplement de genévriers à gros fruits *(Juniperus macrocarpa),* espèce protégée, comptant parmi les plus spectaculaires de Corse. Pas mal de monde sur la plage en saison.

À faire

Randonnée dans les Agriate : afin de mieux apprécier encore les rivages de l'Ostriconi, il faut s'aventurer au milieu des terres pour y découvrir, en ½ journée de marche facile, un condensé des Agriate : criques paradisiaques, vieux *pagliaghji,* senteurs des cistes, des immortelles et de ces espèces du maquis dont les fleurs et les couleurs éclatent au printemps.
Quitter la route par le chemin du Gradu (piste démarrant dans la ligne droite au niveau du restaurant *L'Agriate*). Laisser le départ du sentier de Punta Liatoghju sur la gauche et continuer à pied sur la piste qui s'enfonce à l'intérieur du désert : sous la *punta di Granaia,* un joli abri-sous-roche est la première curiosité à admirer ; puis la piste continue vers la bergerie de Monticellacciu, plus cahoteuse encore, elle passe à proximité du hameau de paillers de *Terriccie,* signalé par quelques oléastres (oliviers sauvages) et par le pacage de quelques ruminants.
À 300 m avant Terriccie, une piste (fermée à la circulation motorisée) partant sur la gauche permet de fermer la boucle en récupérant le sentier du littoral à Bocca Affacatoghju vers l'Ostriconi. Le sentier, situé en rive gauche, passe à côté de bergeries en ruine et mène à la plage sableuse de *Vana.* Une fois atteint les dunes de l'Ostriconi et leurs genévriers aux racines affleurantes interminables, on rejoindra le point de départ par le chemin du Gradu. Durée : 6h30.

Autre randonnée en suivant le sentier balisé de Punta Liatoghju (durée : 3h30). Départ du restaurant *L'Agriate* par le chemin communal du Gradu (ou piste de Terriccie), puis passage près de l'abri-sous-roche. On monte ensuite vers la punta di Granaia, puis cima a Forca, et Punta Liatoghju (magnifique vue sur la basse vallée d'Ostriconi, la plage, les dunes...) avant de redescendre vers le Gradu par un vallon. Carte IGN (Top 25, 4249 OT) fort utile.

LA BALAGNE

• Carte *p. 123*

L'ancien grenier à blé de la Corse forme un amphithéâtre montagneux ouvert sur la mer, avec pour capitale Calvi, ville historique et agréable station balnéaire bordée par une longue plage que longe une pinède, et dont la citadelle domine le golfe. Superbe arrière-pays de villages typés, environnés de maquis, d'oliveraies et de vignes... À l'est, L'Île-Rousse, port fondé par Paoli et aujourd'hui station balnéaire relax.

L'ÎLE-ROUSSE (L'Isula Rossa) (20220) 3 200 hab.

Trois belles plages de sable fin, le record des températures les plus chaudes de Corse et un arrière-pays d'une beauté époustouflante (la Balagne et le Giussani) : on ne pouvait rêver de meilleures conditions naturelles pour cette station balnéaire investie par des flots de touristes estivaux. Paoli n'imaginait certainement pas telle destinée pour ce port qu'il avait fondé en 1758, dans le but de concurrencer la génoise Calvi.
Il y fait bon vivre, et c'est un excellent point de chute sur le tour de Corse. Circulation toutefois particulièrement difficile en été. Hors saison, L'Île-Rousse reprend son atmosphère de tranquille bourgade où il fait bon vivre.

Arriver – Quitter

➢ ***En bateau :*** par les ferries de la *Corsica Linea (☎ 0825-88-80-88 ; 0,15 €/mn. • corsicalinea.com •)* à destination de Marseille ; ou par *Corsica Ferries (☎ 0825-095-095 ; 0,18 €/mn. • corsica-ferries.fr •)* pour Nice ou Toulon.
➢ ***En train :*** la gare est sur la route du Port. *☎ 04-95-60-00-50. • cf-corse.corsica •* De/vers Bastia, 2 trains/j., tte l'année dont 1 (celui de l'ap-m) avec changement à Ponte-Leccia, compter 2h30. De/vers Ajaccio, 2 trains/j. avec changement à Ponte-Leccia, compter 4h. Magnifique incursion dans les montagnes. De/vers Calvi, train-tramway de Balagne ; voir plus loin « À faire ».
➢ ***En autocar :*** départs depuis le parking de la poste. De/vers Saint-Florent, fin juin-début sept, 2 départs/j. avec les *Autocars Santini (☎ 04-95-37-02-98 ; • autocarssantini.fr •)*. De/vers Bastia, ligne Calvi-Bastia avec *Corsicar – Les Beaux Voyages (☎ 04-95-65-11-35 ; • corsicar.com •)*, 2 départs/j. tlj en juil-août, 1 départ/j. lun-ven hors saison.

Adresses utiles

ℹ ***Office de tourisme :*** *av. Joseph-Calizi. ☎ 04-95-60-04-35 ou 80-14 (central de résas). • balagne-corsica.com • ou appli sobalagne. En été, lun-sam 9h-19h ; dim 10h-13h, 15h-18h. Sinon, tlj sauf dim 9h-12h, 14h-18h (fermé le w-e oct-avr).* Propose 8 visites guidées à thèmes, dans L'Île-Rousse mais aussi dans les villages emblématiques de Balagne. Compter 15-35 €/pers selon le type de visite et la durée (de 1h30-2h). Guide *Rando L'Île-Rousse* en vente : 13 boucles balisées à faire dans les environs. Également appli disponible en téléchargement gratuit : *cyclo rando Balagne.* Équipe efficace.

■ ***Location de VTT :*** ***b-Bikes,*** *15, av. Paul-Doumer.* ☎ *04-95-62-72-90. Tte l'année, tlj sauf dim ap-m, 9h-19h.* Location de VTT et de vélos électriques.

■ ***Location de bateaux :*** ***Nautimarine,*** *route de Calvi.* ☎ *04-95-60-00-73.* • *nautimarine.com* • *Lun-sam 8h-12h, 14h30-18h.* Matériel fiable. Parfait pour écumer la côte et ses criques secrètes. Bon accueil et judicieux conseils.

P ***Parkings :*** *parkings payants en plein centre, près de la pl. Paoli, face à la mer, ou en face de la poste, au début de la route pour Monticello.*

Où dormir ?

Campings

⛺ ***Camping Les Oliviers :*** *route de Bastia,* ***Monticello.*** ☎ *04-95-60-19-92.* 📱 *06-15-35-00-45.* • *contact@camping-oliviers.com* • *camping-oliviers.com* • *À 1 km du centre-ville et à 200 m de la plage. Avr-sept. Forfaits pour 2 env 19-25,50 € (pas de résas) ; bungalows (4-6 pers) à louer à la sem (loc à la nuitée avt mi-juin et après mi-sept).* Plutôt bien ombragé et proche de la plage. Emplacements agréables si l'on évite ceux trop proches de la route. Les plus petits bungalows, tout en bois, sont modestes mais pas chers. Bar et pizzeria en saison. Belles calanques à proximité.

⛺ ***Camping Le Bodri :*** *à 1,2 km de la sortie de L'Île-Rousse et à 400 m en contrebas de la route.* ☎ *04-95-60-10-86.* • *info@campinglebodri.com* • *campinglebodri.com* • *Mai-sept. Compter 29 € pour 2 avec tente et voiture (30 % de réduc mai-juin et sept). CB refusées.* Un vaste camping avec des emplacements spacieux, organisés en terrasses, à l'ombre des eucalyptus et à 100 m de la plage. Snack-pizzeria et laverie. Accès possible à L'Île-Rousse et à Calvi par le petit train de Balagne qui traverse le camping. Pratique ! 2 belles plages de sable de l'autre côté de la voie ferrée.

⛺ ***Bodri Bungalow :*** *à côté du camping Le Bodri.* ☎ *04-95-60-19-70.* • *bodri-bungalow.com* • Une série de bungalows de taille variée et proposant plusieurs niveaux de confort, à tous les prix. Ils sont tous bien espacés, sous les pins et les eucalyptus. Pas d'emplacements pour campeurs.

Prix moyens

🏠 ***Hôtel Le Grillon :*** *10, av. Paul-Doumer.* ☎ *04-95-60-00-49.* • *hr-le-grillon@wanadoo.fr* • *hotel-grillon.net* • *Avr-oct. Doubles 45-80 €.* Établissement central et agréable. Ne pas se fier à la façade sur la grande artère, l'hôtel se situe en fait à l'arrière, très au calme. Un hôtel familial et à prix doux, aux chambres dans les tons actuels, qui proposent un bon confort général. La moitié dispose de balcon. Une bonne option à ce tarif. Hall moderne et excellent accueil.

De prix moyens à plus chic

🏠 ***Hôtel Isula Rossa :*** *sur la route du port de commerce.* ☎ *04-95-60-01-32.* • *hotelisularossa@wanadoo.fr* • *isularossa.com* • *Fermé nov-mars. Doubles 55-140 € ; familiales.* Petit hôtel familial très bien situé sur le port. Une vingtaine de chambres fonctionnelles, petites et propres, avec clim. Les 2 plus chères avec balcon et vue sur la grande bleue. Déco simple, mais à ce prix-là (sauf en août), on est content. Le port des ferries est à 3 mn à pied et le centre-ville à 5 mn.

🏠 ***Hôtel Funtana Marina :*** *route de Monticello.* ☎ *04-95-60-16-12.* • *hotel-funtana-marina@wanadoo.fr* • *hotel-funtana.com* • ♿ *À 1 km de L'Île-Rousse. Fermé déc-janv. Doubles 80-150 €. Parking privé gratuit. Réduc de 10 % offert sur présentation de ce guide d'avr à mi-mai et en oct-nov.* Hôtel moderne et bien tenu, qui a le mérite d'être situé dans un quartier paisible et d'offrir une vue agréable sur L'Île-Rousse et la mer. Équipement

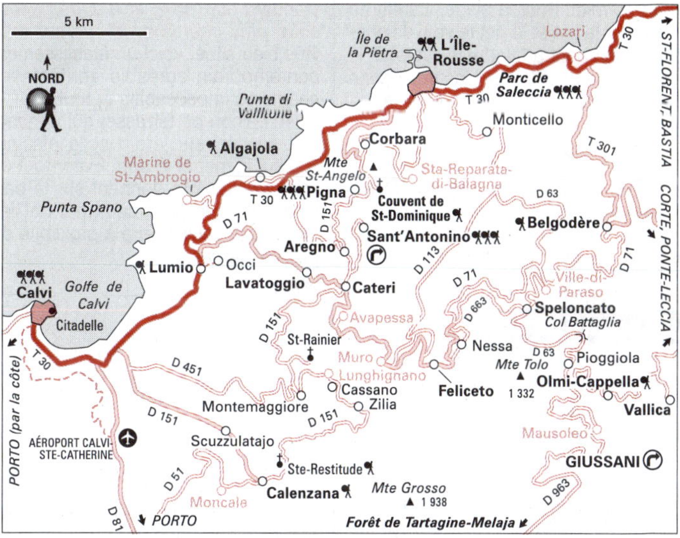

LA BALAGNE

moderne et balcon ou terrasse pour chaque chambre, avec vue panoramique sur la baie. Belle piscine chauffée avec transats et vue plongeante sur la ville et la baie. Très au calme et bonne atmosphère. Petit salon cosy à l'étage.

Hôtel Cala di l'Oru : *bd Pierre-Pasquini. ☎ 04-95-60-14-75. • hotelcaladiloru@wanadoo.fr • hotel-caladiloru.com • Du centre-ville, prendre la route de Calvi, puis à droite au supermarché Leclerc. Fermé nov-avr. Doubles 55-133 €. Familiales.* Intéressant 3-étoiles situé à 1,5 km du port, aux chambres pas immenses mais dotées de tout le confort moderne (clim), avec un vrai effort de déco. Jolies photos et œuvres contemporaines de qualité dans les parties communes. Sympathique piscine en terrasse sur l'arrière, au calme, s'ouvrant sur un espace verdoyant avec oliviers, arbousiers, cyprès... Accueil familial et pro. Prestations impeccables.

Splendid Hôtel : *av. Comte-Valery (petite rue perpendiculaire à celle qui longe la plage). ☎ 04-95-60-00-24. • info@le-splendid-hotel.com • le-splendid-hotel.com • Fermé de mi-déc à mars. Doubles 80-135 €, petit déj inclus, familiales également. Parking privé payant. 1 petit déj par nuit offert sur présentation de ce guide.* Belle bâtisse ocre à la façade tendance Art déco, qui propose une cinquantaine de chambres avec vue. Elles sont de tailles variables (selon le tarif), mais disposent toutes d'un bon confort (clim, ascenseur, double vitrage...). Déco assez neutre, mais l'ensemble est impeccable, l'accueil agréable, et on est à 50 m de la plage. Agréable salon au rez-de-chaussée. Hauts et vénérables palmiers au bord de la petite piscine, située à proximité de la rue.

Hôtel L'Amiral : *bd Charles-Marie-Savelli. ☎ 04-95-60-28-05. • info@hotel-amiral.com • hotel-amiral.com • De mi-avr à mi-oct. Doubles 85-160 €. Parking gratuit.* De taille raisonnable (3 niveaux), familial et sympathique, cet établissement cubique séduit grâce à sa très jolie déco marine (parquet de bateau, gravures et photos) dans les parties communes, et offre des chambres nickel, confortables et avec balcon. Terrasse en teck sur le devant, agréable pour prendre un verre en fin d'après-midi. Pour la plage, il suffit de traverser la rue et la petite voie de chemin de fer pour atteindre le sable. Et le centre-ville est à 2 pas. Une très bonne adresse, aux prestations régulières.

Beaucoup plus chic

Hôtel Best Western Santa Maria : *route du Port. ☎ 04-95-63-05-05. • infos@hotelsantamaria.com • hotel santamaria.com • Tte l'année. Doubles standard 90-185 €, et d'autres beaucoup plus chères avec vue sur mer.* Très bien situé, voici un établissement contemporain agréable abritant des chambres impeccables et tout confort (avec balcon ou terrasse) qui donnent soit sur le petit jardin et la piscine, soit sur la mer et le port. Éviter tout de même celles qui donnent sur le parking. Pratique pour ceux qui ont les moyens et veulent être à proximité du port des ferries.

Où manger ?

Bon marché

Flagrant Délice : *16, rue Napoléon. 06-87-53-09-32. Tlj l'été 12h-17h. Hors saison, fermé le w-e. Congés : fév. Plats 10-12 €.* Assez rare pour être signalée, voici une petite adresse végétarienne et végétalienne, qui change des classiques corses. À l'ardoise, des *veggie bowl*, *crudibowl*, soupe crue ou cuite, tarte du jour et desserts sans gluten. Une halte rafraîchissante et alternative, tenue avec gentillesse par Corinne. Quelques tables sur une terrasse de bois ou salle à l'étage.

De bon marché à prix moyens

A Quadrera : *6, rue Napoléon. ☎ 04-95-60-44-52. • serenaamariani@gmail.com • Tlj sauf dim. Fermé nov-mars. Menu 25 €. Plats 15-27 €. Apéritif offert sur présentation de ce guide.* Joli cadre rustique (salle voûtée avec pierres apparentes) ou petit bout de terrasse pour ce resto du centre-ville, où la « soupe de mon ex-femme » ou la « salade de M. Jojo, berger à Zilia » ouvre le menu de manière souriante. Une halte de qualité, dont la cuisine, au-delà de l'humour, répond aux attentes du gastronome (sauté de veau aux olives, linguines aux légumes d'été, pavé de thon...). Une régularité à souligner au fil des années.

L'Osteria : *pl. Santelli. ☎ 04-95-55-92-14. • losteria.isularossa@gmail.com • Au-dessus des rues piétonnes. Tte l'année. Tlj midi et soir, sauf lun en basse saison. Formule 19 € à midi en sem. Menus 23-28 € ; carte env 35 €. Digestif maison offert sur présentation de ce guide.* Un rien à l'écart de l'agitation, une salle un brin chic dans une ancienne fabrique de pâtes et sa terrasse sur rue pour une cuisine corse vraiment soignée et goûteuse. Des recettes de saison privilégiant les circuits courts : belle soupe corse, calamar à L'Île-Roussienne, croustillant d'épaule d'agneau aux épices, tartare de veau, saucisse aux herbes et haricots Soissons... Un régal du début à la fin. Excellent accueil.

U Spuntinu : *1, rue Napoléon. ☎ 04-95-60-00-05. • uspuntinu@orange.fr • Fermé lun midi, plus lun soir en basse saison. Congés : fin nov-fin fév. Plats env 18-24 € ; menu découverte 29 €. Digestif offert sur présentation de ce guide.* U Spuntinu, c'est le « Casse-croûte » en Corse. Ici, pas question d'un en-cas, mais d'une vraie cuisine corse, réalisée à base de produits frais. Beau « menu découverte » avec tarte aux herbes et au *brocciu*, gratiné d'aubergines à la châtaigne, pancetta aux haricots, puis un bon *fiadone*, à déguster en terrasse ou dans les agréables salles voûtées.

Brasserie du Port : *sur le port de commerce, à 1 km du centre. ☎ 04-95-36-19-50. • bdp1@orange.fr • Tlj midi et soir. Formule déj env 20 €, menus 22-25 €. Café offert sur présentation de ce guide.* Situation idéale pour ceux qui attendent un bateau. Cuisine de brasserie nette et honnête avec un service efficace malgré l'affluence. Dans l'assiette, soupe de poissons, pêche locale...

La Brasserie : *3, pl. Paoli. ☎ 04-95-60-11-57. En saison, service à tte heure (jusqu'à 2h). Pizzas 9-14 € ; plats 10-17 €.* Formule brasserie avec pizzas, salades... et crêpes, bien sûr, salées ou sucrées. Une adresse surtout appréciable pour ses heures de service étendues (sert sans interruption), bien pratique pour grignoter un petit quelque chose sur la généreuse terrasse quand tout est fermé.

Où dormir ?
Où manger dans les proches environs ?

Chambres d'hôtes Tre Castelli *(chez Christiane Bandini)* **:** *à 1,5 km de Monticello en direction de Speloncato. 06-17-96-16-66. • vanessa bandini@orange.fr • Du centre de L'Île-Rousse, direction Monticello (D 63), puis à gauche vers Speloncato. Après env 1,5 km, c'est sur la gauche. Avr-sept. Doubles 80-90 €, petit déj inclus. CB refusées.* Isolée à flanc de montagne, cette maison moderne à l'architecture originale est le point de chute idéal pour se ressourcer. Le calme est olympien, et la vue géniale sur les environs. Quant aux 5 chambres, elles se révèlent impeccables, spacieuses, claires et de bon confort (clim), et disposent toutes d'une entrée indépendante et d'une terrasse (2 seulement profitent de la vue panoramique). Accueil vraiment sympathique.

Hôtel A Pasturella : *pl. du village, **Monticello.** ☎ 04-95-60-05-65. • a.pasturella@orange.fr • a-pasturella.fr • Fermé nov-déc. Doubles 81-118 €. Plats 17-27 €, menu 38 €.* Sur la place du village, une grande bâtisse rénovée et tenue depuis 3 générations par la famille Martini. Chambres pas bien grandes, mais tout confort et aménagées avec soin (ardoise noire dans les salles de bains, murs en béton ciré, portes anciennes...), la plupart avec terrasse panoramique ou balcon donnant sur le golfe. Le resto s'honore de servir de bonnes spécialités corses de la terre (agneau de lait, tartare de veau au couteau) ou de la mer (dorade au four).

Pizzeria A Rusta : *route de Monticello. ☎ 04-95-60-14-34. • steph.mattei@wanadoo.fr • À 2,5 km du centre de L'Île-Rousse par la D 63 en direction de Monticello. Tlj mai-sept, seulement le soir. Uniquement le w-e le reste de l'année. Fermé de mi-déc à mi-janv. Pizzas env 10-15 € et grillades 22-25 €.* En salle ou en cuisine, ce sont 3 générations d'une même famille qui s'activent pour contenter les habitués. Les pizzas au feu de bois sont croustillantes et généreuses, les grillades parfaites, les pâtes fraîches et les desserts maison ne déçoivent pas. On en oublierait presque la vue magnifique depuis la terrasse !

Auberge De Tesa : *Lozari, route de Reginu, Occhiatana, sur la commune de **Belgodère** (20226). ☎ 04-95-60-09-55. 06-15-36-65-05. • infos@aubergedetesa.com • aubergedetesa.com • À env 10 km à l'est de L'Île-Rousse. De la plage de Lozari, prendre la D 113 (panneaux) ; c'est à 2 km. Mai-sept. Double 75 €. Resto seulement le soir. Plats à la carte 15-20 €. Menu 35 €. CB refusées.* Cette petite auberge isolée en pleine nature est réputée pour sa cuisine corse aux accents méditerranéens, servie dans une élégante salle à manger. Produits qui proviennent des fermes du secteur, et dans l'assiette ça se sent. Dispose de 7 chambres climatisées à l'étage, petites mais confortables et décorées simplement.

Hôtel Les Mouettes : *Lozari, à 1 km sur la RT 301 (route de Belgodère). ☎ 04-95-60-03-23. • info@hotel-lozari.com • hotel-lozari.com • Avr-oct. Doubles 82-125 € ; familiales. ½ pens 43 €/pers en sus, avec le resto du même nom, situé à 800 m. Parking.* Une jolie adresse, en retrait du passage et de l'agitation de la côte, mais en même temps à proximité (1,5 km) d'une très belle plage. Chambres impeccables et lumineuses, dans les tons blanc et gris, offrant un excellent niveau de confort. Elles sont décorées avec goût et disposées en arc de cercle autour d'un jardin entretenu avec grand soin, où se niche une jolie piscine. Une petite moitié dispose d'une terrasse. Un sans-faute à prix accessibles, même en haute saison.

Où acheter de bons gâteaux corses ?

Aux Gâteaux Corses *(chez Jean-Pierre Sartori)* **:** *rue de Nuit (elle donne sur la pl. Paoli). 07-86-76-56-99. Tlj sauf dim ap-m et lun 8h30-12h30, 15h30-18h.* Jean-Pierre est aux fourneaux pour approvisionner les habitués en *canistrelli* (aux noisettes, à la fleur d'oranger, à la châtaigne), *fiadone* et *torta* (sorte de génoise, spécialité de la Balagne).

Biscuiterie artisanale : *pl. du Canon. ☎ 04-95-60-01-49. Tlj sauf dim ap-m 10h-19h.* Excellents *canistrelli* à tous les parfums, réalisés sur place. Un bout de terrasse extérieure avec quelques tables, pour glisser un *canistrelli* dans le café, comme les Corses.

Où boire un verre ?

Le Grand Large : *sur la plage de L'Île-Rousse. ☎ 04-95-60-02-29. Tlj en saison, jusque tard le soir l'été.* Sur la longue plage du centre-ville, voici un endroit top pour se caler à l'heure de l'apéro, sur les fauteuils colorés. La montagne à droite, la citadelle à gauche, la mer en face, le sable sous vos pieds. Avec une bière corse à la main, le tableau est complet.

Café des Platanes : *pl. Paoli.* La plus belle terrasse de la place, encadrée de vénérables... platanes. Fidèle au poste depuis 1928, comme en témoigne la belle façade Art nouveau.

À voir

La place Paoli : bordée de cafés et de terrasses ombragées par des platanes, c'est le cœur de la ville. La statue de Paoli au centre, entourée de 4 palmiers exotiques, rappelle qu'il décida en 1765 de fonder un port à cet endroit. Enfin, les halles : marché couvert (producteurs locaux tous les matins en été) inspiré d'un temple grec à colonnes (rare en Corse).

La vieille ville : *au nord de la pl. Paoli.* Pour voir ce qu'était une « ville nouvelle » du XVIIIe s avec ses hautes façades austères.

Le phare de la Pietra : *sur la presqu'île du même nom, au-delà du port de commerce (s'y rendre à pied, sinon petit train).* On y a retrouvé des traces d'une présence humaine remontant à 6 000 av. J.-C.

À faire

➢ ***Promenade avec le train-tramway de Balagne :*** *en saison, ce petit train effectue 5 A/R par j. entre L'Île-Rousse et Calvi (45 mn de trajet) ; le reste de l'année, moins de liaisons. Infos et billets à la gare de L'Île-Rousse. ☎ 04-95-60-00-50. • cf-corse.corsica • Aller simple : 6 € ; réduc 4-12 ans.* Une belle promenade, insolite, côtière, avec possibilité, entre autres, de descendre à Algajola (plages). On longe souvent la mer au plus près, et le train s'arrête au bord des plages.

Plongée, voile, navigation

■ ***Beluga Diving :*** *au port.* 📱 *06-82-04-95-10. • beluga-diving.com • Mai-oct. Résa conseillée. Baptême 70 €, plongée env 56 € avec équipement.* Ce centre, sympa et sérieux, s'adresse plutôt aux plongeurs confirmés (niveau II et plus). Belles sorties jusqu'à Calvi, Porto, le cap Corse... Baptêmes également.

■ ***Club nautique de L'Île-Rousse :*** *plage de la Gare (route du Port).* ☎ *04-95-60-22-55. • cnir25.wixsite.com •* Catamaran, kayak de mer, *paddle,* planche à voile : initiation ou perfectionnement et location de matériel. Club dynamique et bien encadré, affilié à l'École française de voile.

DANS LES ENVIRONS DE L'ÎLE-ROUSSE

Le parc de Saleccia : *route de Bastia.* ☎ *04-95-36-88-83. • parc-saleccia.fr • À 4 km de L'Île-Rousse par la T 30 en direction de Bastia. Ouv avr-oct : juil-août, tlj 9h30-19h ; avr-juin et sept, tlj sauf lun mat 9h30 (10h dim et j. fériés)-19h ; oct, tlj 10h-18h sauf lun et sam. Entrée : 9,50 € ; réduc ; billet famille 27 €.* Dans une ancienne oliveraie dévastée par le feu en 1974, transformée en parc par un paysagiste passionné de botanique, un concentré des variétés et essences méditerranéennes sur 7 ha, que l'on visite en suivant un intéressant parcours découverte équipé de 30 panneaux présentant les plantes du maquis. Parmi les points forts, le secteur dédié aux zones à climat méditerranéen des autres parties du monde (Nouvelle-Zélande, Australie, Californie...), le ravissant jardin des 4 couleurs, ou encore l'adorable bassin aux nénuphars, l'oliveraie, la vallée des lauriers-roses. Équipe accueillante et compétente qui organise de nombreuses animations et manifestations (théâtre, concerts, observation du ciel nocturne, aire de jeux et ateliers...). En été, petite restauration de qualité (produits du jardin !), aire de pique-nique et belle boutique de produits régionaux. Balade à la fois agréable et reposante.

LA BALAGNE INTÉRIEURE, LE GIUSSANI ET L'OSTRICONI

Au nord-ouest de l'île, la Balagne forme un vaste amphithéâtre de montagnes et de collines, fermé au sud par une ligne de crête oscillant entre 1 000 et 2 000 m, mais largement ouvert sur la mer dès que l'on arrive en plaine. Une région attachante, avec des villages perchés figurant parmi les plus beaux de Corse. « Jardin de la Corse », la région fut, jusqu'au XIXe s, une terre riche et prospère, grâce aux plantations d'oliviers et aux vergers (figuiers, orangers...). Le vent de l'histoire a tourné, les villages se sont dépeuplés, mais certains ont repris vie et fourmillent d'activités et d'initiatives. Aujourd'hui restent les témoins merveilleux de cet âge d'or : chapelles romanes, églises baroques, fontaines et moulins à huile, et toutes ces hautes maisons soudées les unes aux autres comme pour mieux conserver leurs secrets.

Accessible par une superbe route de montagne, le Giussani est une micro-région, enclavée entre la haute Balagne et la vallée de l'Asco. Préservé mais dépeuplé, c'est un coin merveilleux, beaucoup plus vert et boisé que la Balagne.

Compter au moins 1 journée pour avoir un aperçu de la Balagne (plus si l'on s'aventure jusque dans le Giussani ou l'Ostriconi). Essayer de passer une nuit dans l'une de nos bonnes adresses de l'intérieur (moins chères que sur la côte).

Demandez dans les offices de tourisme la brochure *Strada di l'Artigiani* (la route des Artisans de Balagne) pour agrémenter vos parcours de haltes chez des professionnels de talent (une quarantaine sont ainsi labellisés).

LA BALAGNE INTÉRIEURE

Adresses utiles

■ ***Association Saladini :*** *06-17-94-70-72. • elizabethpardon@orange.fr • Avr-oct. Sur résa, de préférence 48h à l'avance. Env 30 €/pers, pour une visite à la journée ; réduc. ½ journée possible. Avoir un véhicule et prévoir son repas.* Propose des visites guidées passionnantes des villages de haute Balagne, du Giussani, de la Castagniccia, du Bozio et dans la vallée de l'Asco et bien d'autres parcours. Points de vue culturels, historiques et architecturaux sont abordés. Élizabeth Pardon connaît sa région sur le bout du cœur. Itinéraire « La montagne des orgues » vraiment bien, où elle s'installe à l'occasion au clavier d'un orgue d'église baroque, et là, c'est divin. Une partie de l'argent récolté va à la restauration des églises.

■ ***Bianconi Scuperta et 4x4 :*** *06-30-78-94-93. • olivier.bianconi@laposte.net • Visite à la journée, à partir de 40 € ; à partir de 30 € à la ½ journée.* Visites guidées culturelles et pédestres des citadelles particulièrement intéressantes, au départ de Calvi. Plusieurs circuits en groupe (max 20 pers), à pied, en voiture ou en 4x4 climatisé dans la microrégion (en Balagne) mais aussi à Calvi et axées sur l'histoire, culture et société de la Corse. Dans une journée, on peut à la fois faire de la marche, du canoë et des trajets en voiture.

CORBARA (CURBARA ; *20256 ; 925 hab.)*

À 5 km seulement de L'Île-Rousse : perché sur le monte Guido, ce gros village semble guetter la Méditerranée pour prévenir quelque invasion.

Une histoire corse

Corbara est le village des belles histoires. Comme celle de Davia Franceschini. Sa famille part chercher du travail sur le continent. Avant le départ, Davia vole au secours d'une mendiante, qui lui remet en retour un talisman, la « main de Fatima ». Les Franceschini embarquent, mais le bateau, après une tempête, dérive en mer et atteint les côtes mauresques, où les passagers sont emprisonnés. Un gardien de prison remarque le talisman autour du cou de la ravissante Davia et la conduit devant le sultan. Il s'agit du talisman de la sœur du sultan, disparue de la circulation pour échapper à un mariage forcé. Le sultan tombe amoureux de Davia, qui devient ainsi sultane du Maroc (en 1786).
Bien plus tard, revenu à Corbara, son père fait bâtir la maison que l'on appelle, aujourd'hui encore, la « maison des Turcs » (ils étaient pourtant tous corses !). Même si ce n'est qu'une belle légende, composée à partir de divers éléments, la vraie Davia, fille de Corses de Corbara capturés par les Maures et née à Tunis, a bel et bien été l'une des favorites d'un sultan. Elle serait morte à Larache (Maroc), sans avoir jamais mis les pieds en Corse...

Où dormir ? Où manger ?

■ |●| ***Chambres d'hôtes et gîtes A Chiosella :*** *sur les hauteurs, au-dessus de la chapelle Saint-Roch. 06-76-38-77-07. • gitelocationcorse@*

hotmail.fr • gitelocationcorse.com • Fermé 15 nov-1er avr. Doubles 70-75 € (forfait 3 nuits intéressant). Également 3 gîtes 4-8 pers. Table d'hôtes sur résa 25 € (avec boissons) et plat du jour env 12 €. CB refusées. Apéritif ou café offert sur présentation de ce guide. Dominant le village, quelques hébergements (chambres et studios) nichés dans une maison tenue avec beaucoup de convivialité par Daniel, voyageur, écolo, photographe et... fort sympathique. Photos de qualité et aphorismes décapants sur les murs mettent dans l'ambiance. 3 chambres personnalisées, colorées et agréables, et tout autour, plusieurs petites terrasses communes, coin transats et salons avec canapés. Également 3 gîtes fort bien équipées (chaque chambre avec sa salle de bains). À table, repas végétarien réalisé avec la production du potager. Rien que du frais donc. On aime.

Le Patio : *sur les hauteurs, au-dessus de la chapelle Saint-Roch. 06-10-83-30-15. • location-corbara.com • Doubles 70-90 € et appart pour 4 pers 100-120 €. Planche de charcuterie-fromage env 14 € et menu 26 €.* Un ensemble de 5 chambres nichées dans 2 vieilles maisons aux murs épais, bien fraîches et toutes différentes. L'une, à l'étage, dispose d'une terrasse. D'autres un peu plus sombres. Toutes avec sanitaires privés et clim. Juste à côté, jolie terrasse sur une minuscule place, où l'on pourra profiter d'une cuisine roborative ou d'une simple planche charcuterie-fromage, arrosée d'une bonne bière locale.

Gîtes chez Marie-Josée Salvatori : *lieu-dit Guido, tt en haut de Corbara. 06-70-00-43-97. • pluto.salvatori@orange.fr • Mai-sept. Gîtes 5 pers (au 1er étage) 395-830 €/sem et 6 pers (au 2e étage) 650-1 490 €/sem. Loc possible pour 2-3 nuitées seulement selon dispo au planning des résas (infos et résas sur • gites-corsica.com •).* Dans une maison de 1800 aux volets bleus, un véritable nid d'aigle avec vue imprenable, mais qui se mérite (on finit l'ascension à pied à partir de la chapelle Saint-Roch). 2 gîtes, sur 3 étages, l'un de 2 chambres, l'autre de 3. Bon équipement général, et terrasse. Le gîte du 2e étage, avec mezzanine, est presque 2 fois plus grand (100 m²). Loue, également à *Cateri,* 1 minivilla.

Saetta : *quartier Salicastri. Se garer devant la fontaine dans la rue principale, puis prendre à pied une ruelle piétonne en contrebas. C'est à 100 m. 06-12-73-83-29. • lisulanu@hotmail.fr • Fermé janv-avr. Tlj 11h-15h, 18h-23h. Formule 17 € ; gâteaux 6 €. Plats 16-19 €. Repas complet env 25 €. Café offert sur présentation de ce guide.* Le photographe Antoine Perigot, qui a publié de beaux ouvrages sur ses coins secrets en Corse et ses voyages en Afrique, est également un cordon-bleu. Il a allié ses 2 passions en ouvrant un restaurant-galerie photos dans une maison moderne avec terrasse panoramique et vue sur le village, la vallée et la mer au loin. Petit choix à l'ardoise en fonction du marché et du retour de pêche, genre soupe de poisson, risotto de fruits de mer ou riz thaï sauté aux légumes, linguines aux fruits de mer qu'il concocte seul dans sa cuisine ouverte. Fait également salon de thé (bons muffins aux châtaignes). Une adresse à l'atmosphère zen qui sort des sentiers battus.

Bar-restaurant A Cantina : *pl. de l'Ormeau, dans un virage sur la droite (terrasse avec pergola), quand on monte de L'Île-Rousse. ☎ 04-95-60-19-69. Plats 13-20 € ; le soir, menu 28 €. CB refusées. Digestif offert sur présentation de ce guide.* Petite terrasse conviviale mais en bord de route, dont l'ambiance est entretenue par une ribambelle d'habitués. La patronne mitonne une cuisine corse de bon aloi (sauté de veau, lasagnes au *brocciu*). Mention spéciale pour la belle assiette du pays avec charcuterie, fromage, pommes de terre et verre de vin. Accueil souriant.

LA BALAGNE

À voir

La collégiale de l'Annonciation et le musée du Trésor (A Nunziata) : *sur la pl. en haut du village. ☎ 04-95-46-15-53. Juil-août, tlj sauf dim, 10h-12h30, 15h-19h ; mai-juin et sept, jusqu'à 18h. Entrée : 3 € ; réduc.* Datant du XVIIIe s, voici l'un des édifices baroques les plus remarquables de Corse. À l'intérieur, remarquez l'autel et sa table de communion en marbres polychromes, ainsi que les orgues restaurés. Dans le chœur, fresques du XIXe s. Dans l'ancienne sacristie, intéressant petit *musée du Trésor* avec orfèvrerie religieuse et vêtements sacerdotaux.

Le point de vue : monter à la chapelle *Notre-Dame-des-Sept-Douleurs* pour connaître, après la douleur de la grimpette, la félicité du panorama.

Le musée privé de Guy Savelli *(Histoire de la Corse et de l'art ancien) : chez M. Guy Savelli, à 100 m de la pl. de l'Église (suivre les flèches). ☎ 04-95-60-06-65. De mi-avr à mi-oct, tlj sauf dim 15h-18h (16h-19h juil-août) ; sur résa le reste de l'année. GRATUIT.* Un petit musée privé que M. Savelli, passionné par l'histoire de son île, a aménagé à l'étage de sa maison familiale. Depuis plus de 50 ans, il travaille sans relâche à l'enrichir. Collection d'objets divers, la plupart ayant trait à la Corse, mais pas seulement. Un inventaire à la Prévert, composé de souvenirs de grande qualité et d'une indéniable valeur : livres rares (dont une *Histoire de la Corse* datant de 1594), documents de la période génoise, pistolets, manuscrits sur parchemins du XIIe au XVIIe s, instruments de musique d'époque (dont un piano mécanique), ancien mobilier (voir la banquette sur laquelle Pasquale Paoli s'est assis !), toiles intéressantes (une *Sainte Famille* du XVIIe s, un portrait célèbre, car unique, de Davia Franceschini, du XIXe s), monnaies républicaines corses, billets de banque à l'effigie de Napoléon... Une visite charmante au cours de laquelle Guy Savelli laisse parler sa passion et sa fierté d'avoir réuni une telle collection.

Le couvent de Saint-Dominique : *à l'extérieur du village, à 2 km au sud, face au village de Pigna. ☎ 04-95-60-06-73. • stjean-corbara.com • En principe, visite possible tlj à 15h sauf lun. Messe tlj à 11h30 (11h dim).* Fondé par des franciscains en 1456, reconstruit en 1850-1855 par les dominicains, il abrite aujourd'hui une communauté de frères de Saint-Jean. Maupassant y est passé, et le père Didon le jugea « ignorant des grandes cimes de la vertu et du dévouement ». Retraites spirituelles possibles. Superbe cloître. Excellent accueil et cadre magnifique.

UN ALLER-RETOUR AUX FRAIS DE LA RÉPUBLIQUE

Octobre 1914 : on annonce au préfet de Corse l'arrivée de 400 civils « austro-hongrois », qu'il faut interner dans le couvent de Corbara, alors désaffecté. Sauf qu'il y a erreur administrative : ce sont en fait des Alsaciens-Lorrains qu'on aurait « soustrait à la mobilisation allemande ». De là à les interner... Aussitôt, contre-ordre et, à peine arrivés sur l'île, ils repartent par le même bateau pour le continent !

PIGNA *(20200 ; 100 hab.)*

Adorable village, l'un des plus anciens de Corse, sur une butte. Les couchers de soleil y sont légendaires, la voiture y est proscrite, et les venelles pavées jouent à cache-cache entre elles depuis des siècles. Au fil de la balade, on découvre des passages sous voûtes, de vieilles portes en bois et de partout surgit un panorama extraordinaire sur la vallée. Voir la *piazza di l'olmu*, l'ancienne aire de battage du blé, d'où l'on embrasse une vue magnifique. Pigna est depuis longtemps l'un des villages phares de l'expérimentation sociale et culturelle de Balagne. Ne pas manquer de rendre visite aux nombreux artisans et artistes qui font la renommée du village, et que l'on découvre en parcourant les ruelles.
– **Parking** payant à l'entrée du village *(2 €)*. Pigna ne se visite qu'à pied.

Où dormir ? Où manger ?

De bon marché à prix moyens

A Casarella : *☎ 04-95-61-78-08. • sylben@yahoo.fr • Bien indiqué dans le village. Avr-oct, tlj en continu jusqu'à 22h en saison. Ouv midi et soir en moyenne saison et seulement le midi en basse saison et fermé sam. Repas env 20 € (ou 8* piattini *pour 38 €). Café offert pour un repas sur présentation de ce guide.* Une petite adresse que l'on aime beaucoup, avec des tables en bois disposées sur une terrasse (vue exceptionnelle) ou dans la salle voûtée. Plats du jour du genre poivrons farcis, lentilles au *figatelli* ou ces délicieux *piattini corsi,* copieuses tapas à la mode corse. Uniquement des produits bio et locaux.

A Casa Musicale : *☎ 04-95-61-77-31. • resa@casa-musicale.org • casa-musicale.org • Fermé de janv à mi-fév. Résa indispensable. Doubles 60-100 € (et jusqu'à 125 € pour les supérieures). Au resto, plats 15-28 € ; carte env 40 €.* « *Si manghja, si dorme e si canta.* » (On y mange, on y dort et on y chante !) Bon, on y dort dans une petite dizaine de chambres sobres et au confort simple et agréable. Les plus chères occupent une maisonnette indépendante avec vue sur les collines. La « Sulana » dispose d'une belle terrasse. La *Casa Musicale* est un célèbre espace culturel, lieu de rencontre et d'échange axé sur la musique. Le midi, choix à l'ardoise de pâtes fraîches au pestu, planche apéritive, parmentier de joue de veau, bruschetta... servis en terrasse (vue vraiment géniale) ou dans la jolie salle rustique.

Cantina A Moresca : *au bout du village. ☎ 04-95-55-64-53. • amoresca@orange.fr • Avr fin oct, tlj midi et soir (sauf mar avr-mai et sept-oct). En saison, réserver. Plats 13-25 €, tapas également.* À l'ombre des mûriers ou sur les délicieuses terrasses ouvertes sur la mer, une belle et originale cuisine concoctée à partir de produits locaux et bio : *boccarini* (tapas du coin), fameux *migliacciole* (beignets au fromage frais), charcuterie, fromages fermiers et, pour finir, des glaces irrésistibles. Apéros servis sur l'aire de battage du blé, au bout du pré, pour un coucher de soleil exceptionnel. Soirées musicales hors saison.

De chic à beaucoup plus chic

Hôtel U Palazzu : *juste au-dessus de l'église. ☎ 04-95-47-32-78. 06-10-86-22-45. • palazzupigna@wanadoo.fr • hotel-palazzu.com • Avr-oct. Doubles 140-160 €, suites 220-290 €.* Du charme à revendre et déco hyper soignée, esprit de quiétude et de sérénité, voilà quelques mots pour qualifier cette vénérable demeure de maître du XVIIIe s. La bâtisse a conservé les cicatrices du temps, mais elle s'est refait une beauté intérieure, dans la sobriété et le respect. Les immenses chambres en soupente et suites avec terrasse privée sont d'excellent confort. Terrasse et solarium communs à 2 des chambres. Côté table, l'équipe respecte le niveau de l'hôtel, en travaillant essentiellement des produits locaux avec intelligence et délicatesse.

À voir

Museu Musica : *juste à gauche de la pl. du village. ☎ 04-95-58-02-24. De mi-avr à début nov, tlj sauf sam-dim 10h-13h, 16h-20h. Hors saison, se renseigner par tél. Entrée : 3 € ; réduc.* Cœur de la culture musicale de Balagne, centre national de création musicale depuis 2017, Pigna se devait d'avoir un espace dédié à la musique. Certes, l'unique salle est petite, mais les vitrines regorgent d'instruments corses et plus largement méditerranéens, parfois étonnants. Parmi eux on verra la *pivana* (cornes de chèvre), la *pirula* (pipeaux et flûtes) ou encore la *caramusa* (cornemuse) qui ne vient pas que d'Écosse ! Noter encore les *cetera* et *ceterina,* instruments à cordes du XVIIe s, qui faillirent disparaître. Une richesse instrumentale méconnue. Vente de CD (la plupart enregistrés à l'auditorium du village).

À la rencontre des artisans du village : en parcourant les ruelles, vous tomberez immanquablement sur les artisans qui animent Pigna depuis de nombreuses années. À l'entrée du village, *Scat'a Musica*, où Marie-Claire Darnéal fabrique de bien jolies boîtes à musique. À 2 pas, Cyril Quilichini, potier-céramiste, réalise de bien belles œuvres, tandis qu'un peu plus loin, *Atraverre* travaille habilement le verre...

Manifestations

– ***Festivoce :*** *autour de la mi-juil. • centreculturelvoce.org • À l'auditorium.* Pigna est l'épicentre de ce festival de la Voix qui anime différents villages de Balagne. Groupes corses, chant sacré médiéval ou profane et théâtre. Artistes de haut niveau.
– En saison, à l'***auditorium,*** généralement 2 concerts payants par semaine (voir le site internet ou l'affichage dans tous les villages dans les environs). Également des concerts en hiver. Sinon, *bœufs* fréquents à la ***Casa Musicale !***

SANT'ANTONINO (SANT'ANTONINU ; 20220 ; 80 hab.)

Un nid d'aigle médiéval accroché à un éperon de granit. Superbe. À 2,5 km de Cateri, Sant'Antonino se découvre à pied, évidemment, au fil des venelles pavées, des voûtes envoûtantes... Une sorte de labyrinthe de pierre, tout biscornu, où s'enchevêtrent les maisons anciennes. Sur la petite terrasse nord, une chapelle mimi comme tout... C'est certainement l'un des villages les plus typiques de cette belle région, quoique devenu très touristique. Label des Plus Beaux Villages de France oblige.
L'*église paroissiale,* quant à elle, est isolée au milieu de l'ancienne aire de battage, un peu à l'écart du village. À l'intérieur, plusieurs beaux tableaux. Quant au remarquable orgue, il a été volé !
– ***Parking*** payant en bas du village *(2 €/j.).*

Où manger ?

Bon marché

Le Bellevue : *non loin de l'église haute. ☎ 04-95-61-73-91. • stephane.olhagaray@sfr.fr • Grimper par la gauche du village, c'est après le passage sous voûte. Pâques-fin sept. Tlj midi et soir. Menu unique 16,50 €, servi tt le temps. CB refusées. Apéritif offert sur présentation de ce guide.* Très bons produits maison (le patron est éleveur et cultivateur) et menu copieux pas compliqué, concocté par madame : charcuterie, omelette au *brocciu,* sauté de veau en sauce, fromage de brebis et dessert, ouf ! De la terrasse, vue sur mer et montagne. Accueil naturel et gentil, et ce depuis fort longtemps.

De prix moyens à plus chic

La Voûte : *en haut de l'escalier menant du parking au village. ☎ 04-95-61-74-71. • restaurant.lavoute@gmail.com • Congés : oct-début avr. Fermé mer et sam soir en basse saison. Formule env 16 €, servie midi et soir. Menus 23,90-29,90 €. Digestif offert sur présentation de ce guide.* Terrasses ombragées idéales pour déguster une glace ou se restaurer de spécialités tout en admirant la vue. Beignets de fromage frais, ceviche de loup, agneau de lait rôti, viande à la broche. Le plat du jour est aussi une option intéressante. Accueil souriant.

I Scalini : *tt en haut du village. ☎ 04-95-47-12-92. De mai à mi-oct, tlj sauf mer midi et sam midi. Plats env 19-28 €. Assiette complète I Scalini, servie tlj le midi seulement 17 €, carte env 40-45 €.* Resto de charme situé dans une sorte de perchoir improbable, où l'on choisit entre les salles voûtées du bas et des terrasses aux accents marocains qui s'étagent comme des Lego blancs posés au sommet du village. Vue à 360°, confort douillet (plein de coussins), tables en mosaïque et réalisations tout en fraîcheur, qui vont puiser leurs sources bien au-delà de la Méditerranée (pâtes aux moules et gambas, ravioles au crabe, tartare de liche à l'ananas ou en brochette grillée...). Excellent accueil de la dynamique patronne.

Où boire un jus de citron ? Où acheter du vin ?

Clos Antonini : *pl. de l'Église, face au parking. 06-09-58-94-01. • olivier-antonini@wanadoo.fr • Avr-déc. Verre de citron pressé 2,50 €, cocktail citron-raisin 3 €.* Olivier Antonini tient la passion de l'agrume de ses ancêtres. Il vend, dans une belle salle voûtée, de vrais gros beaux citrons de Balagne, à la pièce ou au poids, des confitures (de citron) et des vins des 3 couleurs du domaine familial. Belle terrasse avec grandes tables d'accès libre pour ceux qui prennent un citron pressé, sans se presser, tout en cassant la croûte (apporter son pique-nique).

LA BALAGNE

À faire

Balade à dos d'âne : *avec Bastien (juste devant le parking). 06-10-89-95-63. Juin-sept, tlj 15h-19h30. Compter 15 € pour 20 mn de balade (10 € pour les enfants).* On grimpe vers la colline face au village. Vue extra et balade sympa pour les enfants.

AREGNO (AREGNU ; *20220 ; 610 hab.)*

Village à flanc de colline, au pays des orangers, citronniers, oliviers, mais aussi des amandiers qui valent au village sa foire de l'amandier (*festa di l'amandulu* ; fin juillet ou début août). Un petit bijou d'église romane d'époque pisane : l'*église de la Trinité et de San Giovanni* (XIIe s), aux murs de pierre polychrome, comparable à la célébrissime église de Murato, dans le Nebbio. Entourée des tombes d'un cimetière, dressées comme les gardiens du temple, ses murs sont sculptés de motifs étranges représentant des figures humaines ou des animaux. Un vrai zoo ! Des quadrupèdes évoquant des ours, un bovidé, des serpents... Regardez aussi au-dessus de l'entrée, tout en haut, cet homme qui prend son pied ! De chaque côté, un homme et une femme, personnages énigmatiques. À l'intérieur, 2 belles peintures murales du XVe s, dont l'une représentant saint Michel, impassible, sa petite balance à la main, en train de terrasser le dragon. Au sol, quelques dalles mortuaires, l'une d'elles représentant une tête de mort ; une autre un squelette.

Où manger ? Où boire un verre ?

Restaurant de la Place (chez Martin) **:** *pl. de l'Église. ☎ 04-95-56-17-40. Avr-sept. Tlj midi et soir en saison. Fermé le soir lun-jeu en basse saison. Plat env 15 € ; menu 28 €. Café offert sur présentation de ce guide si l'on y mange.* C'est le bar-tabac du village, avec la mairie en face et l'église sur la gauche. Petite terrasse agréable pour profiter du copieux menu : charcuterie corse, sauté de veau aux olives et aux champignons ou agneau en sauce et fromage (féroce !). Également des pizzas au feu de bois. Jus d'orange ou de citron du jardin.

LAVATOGGIO (Lavatoghju ; 20225 ; 140 hab.)

Petit village situé à 2 km de Cateri, sur la route qui descend vers Lumio et Calvi. Belle vue sur la Balagne.

Où manger ?

Ferme-auberge Chez Edgard : *au centre du village.* ☎ *04-95-61-70-75.* *Seulement le soir, sur résa. Ouv de début avr à fin oct. Menu unique 38 €. CB refusées.* On a des chances d'être accueilli par Edgard Santelli, le patron, un homme de caractère, qualité que l'on retrouve dans son auberge au cadre à la fois rustique et soigné, et dans sa cuisine, copieuse et authentique : veau à la broche, gigot d'agneau rôti, sauté de veau aux figues et aux pruneaux, et soupe corse (estomacs rétrécis, s'abstenir !). Produits garantis fermiers (la famille possède une ferme dans les environs). Rien que du solide.

CATERI (Catteri ; 20225 ; 220 hab.)

Charmant village avec ses ruelles à arcades et ses maisons de caractère en granit. Église baroque. Petite chapelle romane du XIIe s au hameau de San-Cesario.

Où dormir ? Où manger ?

Hôtel U San Dumé – Restaurant Chez Léon : *dans le bourg.* ☎ *04-95-61-73-95.* • *info@usandume.com* • *hotel-corse-usandume.com* • *À la sortie de Cateri, descendre à droite vers le couvent de Marcasso, qu'on laisse à gauche à la fourche ; continuer sur 200 m. Hôtel fermé de mi-nov à mi-mars. Resto ouv tte l'année, sauf lun-mer le soir. Doubles 80-98 €. Également 4 appartements pour 2-6 pers (min 3 j.). ½ pens 138-156 € pour 2. Menu le midi sauf dim 17 € ; menu corse 29 € ; carte 35-40 €. Parking privé.* Une maison récente dominant la vallée (donc belle vue des chambres et du resto). Chambres impeccables au style contemporain très raffiné, certaines avec terrasse et vue sur mer (clim et TV). Au resto, cuisine familiale, soignée et mijotée, avec tous les grands classiques corses : charcuterie, sauté de veau aux olives, agneau de lait rôti, cannellonis au *brocciu,* civet de sanglier et côte de veau corse... Bonne atmosphère, authentique et conviviale.

FELICETO (Filicetu ; 20225 ; 210 hab.)

À 350 m d'altitude, Feliceto s'étire nonchalamment à flanc de montagne dans un cadre ombragé et verdoyant. En contrebas, l'église sur son promontoire, et au loin, la côte (à 14 km seulement), panorama dont on pourra profiter depuis la petite terrasse du *Rigo Bar.* Feliceto est également réputé pour la qualité de son huile d'olive.
Tout là-haut, c'est le ***monte Grosso*** (1 938 m) : on se croirait au fin fond de la cordillère des Andes... mais on est bien en Corse. Pour gagner ce sommet, le plus beau belvédère de Balagne, 2 voies, faciles mais longues malgré 2 pistes écourtant la marche d'approche et remontant respectivement vers les sources de la Bartasca ou de la Melaja (torrent affluent de la Tartagine dans le Giussani).

Où dormir ? Où manger ?

Hôtel Mare e Monti : *au centre du village. ☎ 04-95-63-02-00 (hôtel) ; ☎ 04-95-61-37-14 (restaurant). • info@hotel-maremonti.com • hotel-maremonti.com • Resto tlj sauf lun en juil-août, sinon le soir seulement, plus le midi le w-e. Fermé oct-fin avr. Doubles 85-139 € ; familiales. Plats 25-29 € ; carte env 60 €.* Dans une grande demeure de caractère, dans la même famille depuis des générations, voici une ancienne « maison d'Américain », bâtie par un ancêtre du propriétaire, une fois fortune faite à Porto-Rico. C'est une noble bâtisse de charme, aux chambres personnalisées, qui offrent des styles très variés, du plus moderne (celles refaites) au plus classique. Les moins chères sont petites certes, mais permettent de profiter de ce superbe lieu. Jeter un œil au remarquable salon Napoléon III, de toute beauté (mais on ne peut pas y pénétrer). Accueil courtois. Vous pouvez faire un tour à la cave du domaine Renucci à côté. Resto, *Sol e Luna,* de bonne tenue (bien qu'assez cher), avec terrasse au bord de la piscine chauffée.

Osteria U Mulinu (Auberge du Moulin) **:** *à la sortie de Feliceto, en direction de Nessa. ☎ 04-95-61-73-23. Tlj le soir seulement sauf mar. Ouv mai-oct. Résa obligatoire. Menu 40 €, vin compris. CB refusées. Apéritif offert sur présentation de ce guide.* Le patron, Joseph Ambrosini, que tout le monde appelle José, fait chaque soir un véritable one man show, se déguisant en Zorro, en Carmen, et faisant voler les assiettes. Même s'il ne fait pas dans la dentelle, quelle agilité, et on rigole bien ! Au menu, *prisuttu* (jambon de pays) volant, « assiette en catastrophe », sanglier en sauce, fromage, dessert et digestif obligatoire. Le resto est installé dans un authentique moulin à huile dont on vous expliquera avec plaisir le fonctionnement. L'adresse la plus farfelue de toute la Corse ! On aime ou on n'aime pas. Nous on aime, comme d'ailleurs Belmondo, Bécaud et tant d'autres artistes qui y passèrent.

LA BALAGNE

Où dormir dans les environs ?

Chambres d'hôtes de la famille Nobili-Pinaud (Gîtes de France) **:** *sur la commune de* ***Nessa,*** *à 3 km de Feliceto. ☎ 04-95-61-71-01. 📱 06-07-40-46-02. • jean-marc-pinaud2b@orange.fr • Sur les hauteurs du village (fléché). Avr-oct. Doubles 65-85 €, familiales également. CB refusées.* 5 chambres spacieuses et modernes, dans une grande maison très lumineuse. Magnifique vue depuis la terrasse où l'on prend le petit déj. Calme total. Une des chambres possède en plus une grande terrasse privative. Accueil super gentil.

SPELONCATO (SPILUNCATU ; *20226 ; 275 hab.)*

Encore un beau village fièrement accroché à la montagne. Il doit son nom à un énorme rocher nommé « la grotte » (*speloncа* en corse). Sur la place inondée de lumière, un café en terrasse très vivant face à une fontaine glougloutante à l'ombre des hautes maisons et de l'ancienne église Sainte-Catherine. Au bout de la ruelle piétonne, la crypte de la collégiale Santa-Maria Assunta renferme quelques tombes et l'ossuaire d'un ancien cimetière médiéval.

MIEUX QUE LE RAYON VERT !

La curiosité locale est la Petra Tafunata *(la pierre percée), un rocher où, tous les ans, les 8 avril et 8 septembre, les rayons du soleil couchant parviennent à passer dans une ouverture de 8 m de long, semblable à un tunnel, et à éclairer la place du village située... 2 km plus loin (pendant 10 à 15 s). Beau temps nécessaire !*

Où dormir ? Où manger ?

🏠 🍽 ⛱ ***A Spelunca di u Sechju :*** *pl. de l'Église. ☎ 04-95-61-50-38. • info@hotel-a-spelunca.com • hotel-a-spelunca.com • Resto tlj midi et soir. Ouv avr-oct. Doubles 55-85 €. Menu déj 17 € (entrée, dessert, verre de vin et café), carte 35-40 €.* Un délicieux hôtel de charme, au cœur du pittoresque village et à l'ombre de l'église. Cette haute et noble maison du XIXe s aux murs roses abrite des chambres confortables et spacieuses, hautes de plafond, ordonnées autour d'un superbe escalier. Certaines bénéficient d'une belle vue sur la vallée ; d'autres, au dernier étage, sont mansardées. Elles marient avec harmonie l'ancien et le contemporain. Dans le grand salon, le portrait du cardinal Savelli, secrétaire d'État du pape Pie IX, rappelle que cette demeure aristocratique fut sa résidence d'été. Côté cuisine, du corse au goût du jour, avec de l'agneau de lait rôti au thym, un *corsican* cheeseburger, de la lotte à la pancetta, des pâtes aux gambas... L'ensemble est tenu par un couple accueillant et dévoué. Un coup de cœur !

BELGODÈRE *(BELGUDÈ ; 20226 ; 470 hab.)*

À 11 km de Speloncato et 19 km de L'Île-Rousse. Un village qui mérite bien son nom. En effet, *Belgudè* signifie « beau plaisir ». Le peintre Maurice Utrillo y vécut en 1912-1913. Dieu sait si l'endroit est plaisant, avec ses oliveraies à flanc de montagne et ses vergers parfumés. Sur la place du village, l'église Saint-Thomas date du XVIe s (belle façade rénovée). Du point de vue surplombant Belgodère, le panorama est vraiment saisissant.

LE GIUSSANI (GHJUNSANI)

Ⓒ L'une des plus belles microrégions de l'île, à 900 m d'altitude. 4 villages la composent : Pioggiola, Mausoleo, Olmi-Cappella et Vallica. Des villages du bout du monde, bâtis en terrasses et plein sud, des bois de chênes et de châtaigniers, et aux alentours, des sommets austères, majestueux, couverts en partie de forêts profondes comme celles de Tartagine et de Melaja. Un royaume naturel haut perché, très dépeuplé : le Giussani, c'est la Corse en dehors des sentiers battus ! Et dire que dans le passé, ce coin perdu fut l'un des secteurs les plus peuplés de Balagne, comme en témoigne le 1er collège de Balagne à Olmi-Cappella (l'établissement Battaglini)...

➢ ***Pour y aller :*** il faut forcément passer un col avant d'atteindre le Giussani. De Balagne, passer par Speloncato, après quoi 15,5 km de route vous mènent au col de Battaglia (1 100 m), d'où l'on descend sur Pioggiola. De la route vers Ponte-Leccia, même distance (et autant de virages !) pour Olmi-Cappella. Sur la N 1197, tourner pour Castifao (D 247), puis continuer par la D 547 et la D 963, direction Olmi-Cappella. En prenant l'une à l'aller et l'autre au retour, belle boucle.

Dès que l'on bascule dans le Giussani et ses 4 villages, l'ombre et la verdure envahissent les bords de route, et la Corse cache dans cette enclave haut perchée l'un de ses îlots les plus verts et parmi les plus belles de ses châtaigneraies et autres forêts de chênes verts, de chênes pubescents et de pins laricio.

VALLICA *(20259 ; 40 hab.)*

Petit paradis pour la randonnée pédestre, Vallica fait face à la belle vallée du Tartagine, face au *monte Padru* (2 393 m). Au bout de la rue qui traverse le village se dresse l'église paroissiale de style baroque : de là, on a une superbe vue sur la vallée et les forêts. Dans l'église, bénitier remarquable (il est soutenu par une sculpture de femme taillée dans la pierre noire de Murato).

Où dormir ?

Ferme L'Aghja : *06-34-29-17-13. • pigelet.christophe@gmail.com • camping-ferme-l-aghja.com • En arrivant à Vallica quand on vient d'Olmi-Cappella. Gîte tte l'année (sur résa hors saison), camping avr-sept. Compter env 18 € pour 2 avec tente ; 2 gîtes 4-5 pers également. Dîner pour les clients du camping (résa la veille) : menu unique 17 € (produits de la ferme et vin compris). CB refusées.* Beau petit camping à la ferme tenu par Christophe et Mado, des exploitants agricoles. Comme on est à 850 m d'altitude, il est plus raisonnable d'envisager de planter la tente entre mai et septembre. Emplacements spacieux sur des espaces accueillants. Équipements limités. Piscine. Également un gîte pour 4 ou 5 personnes (ainsi qu'un autre à Belgodère). Christophe aime son village et sa région, et sait faire partager cette passion.

OLMI-CAPPELLA *(20259 ; 190 hab.)*

Le principal village du Giussani, à flanc de coteau, en réalité la réunion de 2 petits villages proches, Olmi et Cappella. On y accède par l'unique route (la D 963) qui traverse la région. Le paysage change : les versants des montagnes se couvrent de châtaigniers. À 4 km d'Olmi-Cappella, en remontant vers la ligne de crête, on arrive à *Pioggiola,* le plus haut village du Giussani, réputé pour ses châtaigniers, ses chants polyphoniques et ses sonneurs de cloches (ils se rassemblent en principe au 15 août). Au hasard des nombreux virages, on a droit à de magnifiques échappées. Vue grandiose du col de *bocca di a Battaglia,* entre Pioggiola et Speloncato.

Adresse utile

Office de tourisme du Giussani : *bât. Battaglini. ☎ 04-95-60-04-35. • balagne-corsica.com • Juin-sept, lun-ven 9h-12h30, 13h30-15h30.*

Où manger ?

U Furnellu : *tt en bas du hameau de Cappella. 06-83-60-14-62. • chjara3115@gmail.com • Avr-oct. Fermé mer et dim soir en basse saison. Résa conseillée. Menu 15 €. Carte env 20-25 €. CB refusées. Café offert sur présentation de ce guide.* Bonne cuisine classique (veau aux olives, beignets au fromage ou courgettes et menthe, raviolis frais...) ainsi que des pizzas au feu de bois le soir et des grillades.

Où manger dans les environs ?

A Merendella : *col de Battaglia, à 1 100 m d'altitude, 20259* ***Pioggiola.*** *06-23-24-93-65. Pâques-oct. En juil-août, tlj midi et soir sauf lun. Le reste de la saison, tlj le midi seulement sauf le lun. Congés : nov-mars. Carte 20-25 €. Plats 12-24 €. Digestif offert sur présentation de ce guide.* Un resto aux allures de refuge, simple et sans prétention. Le truc pas ruineux, très bien pour un casse-croûte. Goûter aussi les charcuteries maison (porc *nustrale*), ainsi que des recettes à base de farine de châtaigne et fromages fermier. Assiette *battaglia* (travers de porc grillés au feu de bois avec leurs petites crêpes à la farine de châtaigne – *nicci*) et un agneau en sauce à la menthe, servi avec beignets de légumes. Bonnes viandes grillées également. Desserts maison.

Festival

– **Rencontres internationales de théâtre :** *1 mois entre mi-juil et mi-août, à* ***Olmi-Cappella.*** *Association Aria (Association des rencontres internationales artistiques) : ☎ 04-95-61-93-18. • ariacorse.net •* L'acteur Robin Renucci, qui vit à Pioggiola, a choisi Olmi-Cappella comme siège pour l'*Aria,* son association, qui s'est installée dans le magnifique bâtiment Battaglini. Représentations données dans les villages du Giussani, mais aussi dans quelques autres villages des environs. Également des stages de formation pour comédiens, en hiver, au printemps et dans le mois qui précède les rencontres. L'association s'est dotée d'un magnifique « outil théâtral », *A Stazzona,* inauguré en 2010 : cette belle salle à la structure de bois se situe entre Pioggiola et Olmi-Cappella.

Randonnées

➢ ***Accès au GR 20 :*** de la maison forestière de Tartagine au refuge d'Ortu di Piobbu (1 570 m). Compter 6h. Pas facile. Prévoir impérativement suffisamment d'eau et de vivres.

➢ ***Des sentiers de pays,*** fléchés et balisés en orange, forment un réseau intéressant de balades à la journée, partant à la découverte d'un patrimoine boisé particulièrement varié. L'office de tourisme en propose pour sa part 8, sous forme de boucles de 1h45 à 6h de marche (dépliants). Très sympa, par exemple, de visiter la *vallée du Francioni* qui coule sous Mausoleo, Pioggiola et Olmi-Cappella, et que franchissent plusieurs ponts aux arches vénérables ; ou encore de dévaler sous les chênes verts le sentier menant de *Vallica* au *pont sur la Tartagine* (2h aller et retour), un ouvrage considéré parmi les plus anciens de Corse.

➢ ***En montagne,*** les possibilités sont tout aussi riches à partir des pistes forestières qui remontent les vallées de Tartagine et de Melaja. Ces pistes sont seulement cairnées (petits tas de pierres indiquant le chemin). ATTENTION ! pour ces sentiers, mieux vaut être un randonneur expérimenté : on se perd facilement et le niveau est relevé. Le plus beau chemin est une ancienne voie de transhumance de la *bocca di l'Ondella* avec ses énormes murs de soutènement toujours debout ; le sommet le plus impressionnant est celui du *capu a u Dente,* avec ses 2 dents caractéristiques visibles de fort loin ; les plus beaux belvédères ont pour nom *monte Corona* (dominant le massif de Bonifato), *monte Padru* (point culminant du massif et lieu d'errance des mouflons et autres gypaètes barbus) et *monte Grossu* (sommet avancé dominant superbement les villages et côtes de Balagne).

LA FORÊT DE TARTAGINE

L'une des forêts les plus sauvages et les plus retirées de Corse. Couverte de pins laricio et de pins maritimes, cernée par de hautes montagnes culminant entre 2 029 m *(capu a u Dente)* et 2 393 m *(monte Padru).* On y accède par une route sinueuse et interminable (la D 963) au départ d'Olmi-Cappella (17 km jusqu'à la maison forestière de Tartagine). De celle-ci, un chemin à peine carrossable remonte, en longeant la rivière Tartagine, jusqu'au fond du cirque. À la fin de ce chemin, endroit idéal pour pique-niquer. Un vrai bout du monde !

L'OSTRICONI

Entre Balagne, Agriate, massif du Tenda et vallées montagneuses proches (Asco, Tartagine, Golo...), l'Ostriconi est une vallée charnière désormais désenclavée par le passage de la route rapide Bastia-Calvi (la *Balanina*).
Cette microrégion comprend 5 villages : Lama, Urtaca, Pietralba, Novella et Palasca. Même pas 1 000 âmes à eux 5 ! Ce pays affiche des airs de musée naturel assez étonnants : d'anciens hameaux désertés (*E Spelonche* à Palasca, *U Loru* à Lama, *Lumisgiana* à Pietralba), des moulins et des oliviers rappelant la 1re moitié du XXe s, quand les familles Bertola de Lama et Orabona de Novella étaient parmi les plus riches propriétaires oléicoles de France.
On y trouve aussi des villages coquets, avec des ruelles étroites et des parterres fleuris, où le tourisme et l'initiative locale ont favorisé des opérations de rénovation tout à fait réussies.
Attention ! Si vous empruntez la *Balanina* (autrement dit la T 30), prenez garde aux vaches errantes et n'oubliez pas d'utiliser votre klaxon.

LAMA (20218 ; 175 hab.)

Le chef-lieu de la vallée est remarquablement bâti sur un éperon rocheux. Belle balade au gré des ruelles en haut du village, et arrêt indispensable dans les anciennes écuries, le *stallo,* où sont exposées des photos du début du XXe s : scènes des champs, portraits de famille, 1re automobile passant par Lama...
De nombreux gîtes ruraux ont redonné vie à ce village qui pleurait sa richesse oléicole passée (35 000 oliviers sont partis en fumée lors de l'incendie de 1971, précipitant un déclin annoncé). Une politique de tourisme intelligent qui a porté ses fruits. Lama a conservé son caractère presque sauvage, appréciable si près des plages de L'Île-Rousse. En contrebas du village, tennis et piscine municipale (ouverts en juillet et août). Le luxe !

Adresse utile

Office de tourisme Paese d'Ostriconi : *dans le village, en arrivant.* ☎ *04-95-60-04-35.* • *balagne-corsica.com* • *Avr-sept, lun-ven 9h-12h, 14h-18h ; juil-août, tlj 9h-13h, 15h-18h.* Délivre toutes les infos pour les hébergements à Lama et dans les environs (nombreux gîtes). Liste des activités et manifestations locales.

À faire

De ***petites balades*** sympa à faire autour du village, comme monter à l'*ancienne fontaine couverte* du village ou à l'*aire de battage* proche.

Des ***parcours balisés,*** tels que la liaison avec le village voisin d'*Urtaca* (facile et intéressant), ou l'ascension du *monte Asto,* point culminant du massif du Tenda (1 535 m ; 3h de montée à partir du village de Lama ; départ près du réservoir communal ; topoguide en vente à l'office de tourisme). Balisage en orange.

Festival

– ***Festival du Film de Lama :*** *durant 1 sem, fin juil-début août.* • *festilama.org* • Un festival international de grande qualité, né en 1994, où sont projetées des avant-premières de longs ou courts métrages en présence de comédiens et de réalisateurs. Et tout cela en plein air, sous la voûte étoilée ! Également des documentaires diffusés dans la journée (en salle).

ALGAJOLA (ALGAGHJOLA) (20220) 300 hab.

À mi-chemin entre L'Île-Rousse et Calvi, une modeste station tranquille et familiale, blottie autour de sa citadelle. Longue plage (appelée plage d'Aregno) prisée par les véliplanchistes. Beaucoup de monde en été pour un si petit endroit. Hors saison, le village retrouve ses aises et sa tranquille atmosphère.

Où dormir ?

De prix moyens à plus chic

Hôtel-restaurant de la Plage Les Arcades : *15, route nationale (le long de la petite rue principale qui longe la plage). ☎ 04-95-60-72-12. • contact@hotelalgajola.fr • hotelalgajola.fr • Mai-fin oct. Doubles 70-145 € ; familiales. Repas env 30 €.* 2 bons points pour ce petit hôtel situé dans le village, juste au-dessus d'une plagette : un accueil sympa et des chambres de taille honorable, décorées dans un style moderne et agréable. Les plus chères profitent d'une vue dégagée sur la mer. Petit déj servi dans la (belle) salle à manger du restaurant.

Hôtel et Résidence Santa Vittoria : *le long de la rue principale (à côté du précédent). ☎ 04-95-35-17-03. • martelli-jhp@orange.fr • hotelplage-vittoria-corse.com • Avr-oct. Doubles 60-140 €. Également des apparts loués à la nuit ou à la sem. Resto le soir seulement, plus le midi le w-e ; fermé avr et oct. Menu 26 € ; carte 30-40 €.* Le plus ancien établissement de la station, ouvert en 1914 et dans la même famille depuis 7 générations. On y trouve des chambres bien tenues et convenables (clim, TV), dans un style balnéaire simple et classique. Vue sur mer ou sur l'arrière et plagette juste en dessous (parfois couverte de posidonies). À 2 pas de l'hôtel, une résidence hôtelière de l'autre côté de la petite voie ferrée : beaux appartements pour 4-6 pers, très bien équipés.

Hôtel Stella Mare : *chemin Santa-Lucia. ☎ 04-95-60-71-18. 📱 06-11-47-20-46. • info@stellamarehotel.com • stellamarehotel.com • Au bout du village, de l'autre côté de la voie ferrée (face à la petite gare). De fin avr à mi-oct. Doubles 123-180 €, petit déj 12 €. Parking.* L'adresse romantique du village. Belle villa d'une quinzaine de chambres surplombant un jardin soigné. Le caractère familial de l'établissement permet de conserver une atmosphère intime et conviviale au lieu. Chambres élégantes et confortables. Pour se relaxer, coquette terrasse et petits salons voûtés au style méditerranéen. Également un appartement dans le village pour 6 personnes. Accueil souriant et attentionné.

Où manger ?

La Vieille Cave : *3, pl. de l'Olmo, dans le village, côté citadelle. ☎ 04-95-60-70-09. Tlj sauf lun midi. Avr à mi-oct. Menus 25-29 €. Plats 18-23 €. Apéritif offert sur présentation de ce guide.* Sur la terrasse ombragée au cœur du vieil Algajola, un resto convivial proposant une honnête cuisine estivale : agneau de lait corse au four, pierrade de viandes ou de poissons (le soir), appréciables et pas ruineux. Carte assez éclectique.

U Marosu : sur la plage d'Algajola, le tt dernier resto sur la droite quand on regarde la mer. ☎ 04-95-36-30-88. • basc220@hotmail.fr • Tlj midi et soir. Hors saison seulement ven soir, sam et dim midi. Moules et pizzas env 13-16 €. Plats 20-27 €. Café offert sur présentation de ce guide. On est au calme sur cette grande terrasse au bout de la plage. Large carte permettant de se rassasier à tous les prix, avec des plats qui s'aventurent vers des horizons lointains. Bonnes pâtes aux fruits de mer, poissons frais bien travaillés, ravioles à la crème de truffe... Pour les petits budgets, les pizzas font parfaitement l'affaire, mais elles ne sont proposées qu'en été et le soir.

LUMIO (Lumiu) (20260) 1 250 hab.

Le village de Balagne le plus proche de Calvi, à 8 km. Certains y vont en pèlerinage, espérant y rencontrer une certaine star (Laetitia Casta)... D'autres, simplement pour le village lui-même, bien retapé, avec des maisons imposantes. C'est également à Lumio que l'humoriste Guy Bedos s'est fait enterrer en juin 2020, au cimetière du village. Très attaché à l'île et à sa population, il appelait la Corse avec tendresse, son « Algérie de rechange ».

Où dormir ?

Campings

Camping Panoramic : *route de Lavatoggio. ☎ 04-95-60-73-13. • info@le-panoramic.com • le-panoramic.com • ♿ À 2 km au nord de Lumio, prendre la route de Lavatoggio. C'est 1,5 km plus loin, à gauche. Mai-sept. Compter env 19,50-28 € pour 2 ; mobile homes (4-6 pers) à louer à la sem. CB refusées.* À flanc de colline, ombragé par des eucalyptus et équipé d'une jolie piscine. Grandes terrasses avec emplacements délimités. Calme, agréable et très belle vue. Camping écoresponsable avec panneaux solaires, système de traitement de l'eau et tri sélectif des déchets. Resto en été. Sympathique adresse et patron serviable.

Camping Monte Ortu : *chemin du monte Ortu. ☎ 04-95-60-73-93. • contact@monte-ortu.fr • camping-monteortu.corsica • ♿ Au nord de Lumio, sur la T 30, prendre, dans un virage, la petite route qui part sur la gauche, vers la mer. Avr-oct. Forfaits 14-30 € pour 2. Locatifs 2-5 pers avec sanitaires et clim (pour la plupart).* Un peu isolé, en pleine nature à l'écart du trafic de la nationale. Le camping s'étend sur 11 ha et offre de jolies vues. Ombragé par des eucalyptus et équipé d'une jolie piscine. Location de mobile homes de toutes tailles, assez espacés les uns des autres. Resto sur place en saison. Petite piscine.

Où acheter des produits corses ?

Clos Culombu : *au pied de Lumio, chemin San-Petru. ☎ 04-95-60-70-68. • closculombu.fr • En allant vers Calvi, indiqué dans un virage, sur la gauche. À env 2 km. Tlj en été, 9h-20h (19h juin et sept, fermé entre 13h et 15h le dim).* Superbe espace de réception, très moderne, alliant le bois et le métal et accueillant des expos à l'étage. Espace de dégustation également, où l'on profite des excellents blancs pour leur fraîcheur subtile et leur rondeur. Des rouges très intéressants également, fruités et généreux.

Le Moulin Atrium : *T 30, à 6 km de Calvi sur la route de Lumio, à droite. ☎ 04-95-36-47-90. • moulinatrium.com • Tlj 9h30-19h, fermé entre 12h et 15h hors saison. Congés : janv-fév.* Belle ancienne bâtisse qui abrite une étonnante gamme de produits provenant de toute la Corse (charcuterie affinée sur place, huiles, gâteaux, confiture, miel, vin...). Un peu d'artisanat corse également.

À faire

Superbes plages ! En venant de Calvi, la 1re est celle du ***Pain de sucre.*** Petite crique charmante quand il n'y a pas trop de monde (c'est rare...), et une eau translucide. Resto les pieds dans l'eau (transats sur la plage) dans un cadre paradisiaque et romantique... En continuant vers L'Île-Rousse, ***plage de l'Arinella (ou du Mata Hari),*** fort belle quand on n'y est pas empilés.

Randonnée vers Occi *(prononcer Odgi)* **:** une belle promenade pour son panorama admirable sur la baie de Calvi et la pointe de Spano. On part de Lumio (se garer au resto *Chez Charles,* vers la sortie nord de Lumio). Rude montée au début. Le sentier, en 30 mn environ, mène au village d'Occi dont on admirera les ruines d'anciennes maisons aux équilibres miraculeux. Seule l'église a été retapée (grande procession à la Pentecôte). On redescend sur Lumio en rejoignant la piste qui continue vers Lavatoggio (à droite au niveau de la chapelle), puis descente escarpée sur le quartier Torricella de Lumio.
Compter 1h30 aller-retour pour cette promenade familiale ; doubler cette durée si l'on monte au sommet voisin du *capu d'Occi* (vue encore plus splendide). Accès balisé au départ d'Occi, avec possibilité de boucle en redescendant par derrière.

CALVI (20260) 5 400 hab.

• Plan *p. 145*

C'est par mer qu'il faudrait arriver dans la capitale de la Balagne, et si possible à l'aube, quand le soleil se lève derrière les cimes. Bon, ça fait peut-être beaucoup de contraintes, et la ville est aussi bien belle quand on l'aborde par la route. La vieille citadelle surplombe une large baie bordée sur 6 km par une superbe plage (sans tabac !) et par une vaste pinède. L'ancienne cité génoise (seule avec Bonifacio à n'avoir jamais lâché les Génois, au grand dam de Pasquale Paoli) est aujourd'hui avant tout une station touristique de premier plan, offrant du charme, des infrastructures de qualité et à tous les prix, ainsi que de bonnes petites adresses pour profiter des spécialités locales.

UNE LÉGION PAS SI ÉTRANGÈRE

En créant ce corps d'élite, en 1830, Louis-Philippe reprenait l'idée des mercenaires étrangers au service du roi. Après 1945, beaucoup de soldats de la Wehrmacht s'y engagèrent. On y trouvait aussi des Français, à condition de changer de nom. Un moyen efficace pour réinsérer les indésirables de la société française (évadés, escrocs, voyous...). Il leur suffisait de s'inscrire sous une fausse identité pour changer de vie.

De par sa dimension, son bel arrière-pays et sa superbe plage à 2 pas du centre-ville, elle attire beaucoup de monde. Par ailleurs, une tradition festivalière internationale anime la cité presque toute l'année et lui donne une couleur assez cosmopolite. Bref, Calvi, on aime... mais on n'est pas les seuls.

Arriver – Quitter

En bateau

Le port le plus proche est celui de L'île-Rousse.

En train

Prendre les billets à la gare *(plan A2)*. ☎ 04-95-65-00-61. • cf-corse.corsica •

➢ ***De/vers L'Île-Rousse :*** navette, appelée « le tramway de Balagne », 4-6 fois/j. selon saison. Aller simple 6 €.
➢ ***De/vers Ajaccio :*** 2 trains/j., changement à Ponte-Leccia. Trajet : 4h30.
➢ ***De/vers Bastia :*** 2 trains/j., dont 1 avec changement à Ponte-Leccia (celui de l'ap-m). Compter 3h.

En bus

La plupart des bus partent de la pl. de la Porteuse-d'Eau *(plan A2)*, proche de la gare, où se situent les bureaux de la compagnie *Corsicar – Les Beaux Voyages* (☎ 04-95-65-11-35 ; • corsicar.com •).

➢ ***De/vers Calenzana** (départ du GR 20)* **:** fin juin-début sept, tlj 2 bus/j. Hors saison, 1 bus scolaire/j. lun-mar et jeu-ven, seulement dans le sens Calvi-Calenzana.
➢ ***De/vers Bastia :*** juil-août, tlj sauf 14 juil et 15 août 2 bus/j. Le reste de l'année, 1 bus/j. lun-ven seulement. Prévoir 2h10 de route.
➢ ***De/vers Porto :*** 1 bus/j. tlj en juil-août, et seulement lun-sam début mai-fin sept. Durée : 2h30. Autocars *S.A.S.A.I.B.* (☎ 04-95-22-41-99 ; • autocars-iledebeaute-ajaccio.fr •). Départ sur le parking face au *Super U.*

En avion

✈ ***Aéroport Sainte-Catherine :*** *à 7 km de Calvi.* • calvi.aeroport.fr • Pas de navette, seulement le taxi : *Abeille Taxis* (☎ 04-95-65-03-10) ou *Radio Taxis Calvais* (☎ 04-95-65-30-36). Env 25 € entre le centre-ville et l'aéroport.
➢ ***De/vers Paris-Orly, Paris-CDG mais aussi de nombreuses villes de province :*** vols réguliers avec *Air Corsica* ou *Air France.* Nombreux charters également.

En voiture

Pour se garer, ***parkings payants*** avr-oct à l'entrée de la ville (avant le port) et au pied de la citadelle *(compter 15 €/j. !).* Stationnement résidentiel gratuit à la sortie de la ville vers Porto.

Adresses utiles

Infos touristiques

ℹ ***Office de tourisme intercommunal Calvi-Balagne** (plan A2)* **:** *chemin de la plage (port de plaisance).* ☎ 04-95-65-16-67. ♿ • balagne-corsica.com • *Juil-août, lun-sam 9h-19h et dim 9h-13h. Mai-juin et sept, lun-sam 9h-12h, 14h-18h30 et dim 9h30-12h30. Hors saison, seulement lun-ven 9h-12h, 14h-18h (et sam en avr).* Un vrai office de tourisme, organisé, dynamique, compétent et sympa, prêt à vous renseigner sur Calvi et la Balagne. Liste des hébergements. Guide d'hébergements, magazine Calvi-Balagne, plan de ville. et infos sur le patrimoine, les visites guidées de la citadelle, et de la ville. Audioguide adultes et enfants, et chasse au trésor pour les enfants. Topoguide de 30 belles balades de Balagne (pédestres) et guide des itinéraires VTT en Balagne. Également fiches-randonnées pédestres. Billetterie spectacles. ***Bureau d'information touristique*** également à l'entrée de la citadelle (plan B1) : ☎ 04-95-38-33-93. En juil-sept, lun-ven.

Location de voitures, vélos et scooters

■ ***Location de vélos et de scooters*** (plan A1) : au **Garage d'Angeli,** pl. Bel-Ombra. ☎ 04-95-65-02-13. • garagedangeli.com • Tte l'année, lun-sam 9h-12h, 14h-18h (19h en été). ***Tra Mare e Monti,*** sur le port, au niveau de l'office de tourisme. ☎ 04-95-65-21-26. • tramare-monti.com • Et ***Wild Machja,*** résidence Caroline, bât. 1, av. Christophe-Colomb. 📱 07-78-57-35-61. • wildmachja.com • Tlj (sauf dim-lun nov-mai) 8h30-12h, 15h-18h30. Location de toutes sortes de 2-roues et randos avec guide. Extra.

■ ***Location de voitures :*** ***Hertz,*** à l'aéroport, ☎ 04-95-65-02-96. • hertz.fr • ***Avis,*** à l'aéroport, ☎ 04-95-65-88-38 • avis.fr •. ***Europcar,*** à l'aéroport, ☎ 04-95-65-10-19. ***Mattei,*** 5, bd Wilson. ☎ 04-95-58-85-29 ; 📱 06-16-02-67-67 (tlj 8h-20h). • matteilocation.fr • Agence à l'aéroport également.

■ ***Location de bateaux :*** ***Tra Mare e Monti,*** près de l'office de tourisme. ☎ 04-95-65-21-26. • tramare-monti.com • Bateaux à moteur avec ou sans permis. Également des sorties en mer avec skipper.

LA BALAGNE

Où dormir ?

Campings

Attention, certains campings sont bondés en très haute saison...

⛺ ***Camping Paduella*** (hors plan par A2, **10**) : route de Bastia. ☎ 04-95-65-06-16. • info@campingpaduella.com • campingpaduella.com • ♿ À env 2 km du centre-ville et à 300 m de la plage. Mai-début oct. Compter env 19,40-29 € pour 2 ; bungalows en toile 2-6 pers (sans sanitaires). Propre, plutôt coquet et bien ombragé, avec environ 150 emplacements assez spacieux et bien délimités. Épicerie, bar (avec billard), aire de jeux. À noter, les bungalows (2-3 pers ou 3-4 pers) peuvent être loués à la nuitée. Bon rapport qualité-prix. Sans doute le meilleur camping 3 étoiles de Calvi.

⛺ ***Camping La Clé des champs*** (hors plan par A2, **10**) : route de Pietramaggiore. ☎ 04-95-65-00-86. • contact@calvi-cledeschamps.fr • calvi-cledeschamps.fr • À env 800 m du centre-ville et à 300 m de la plage. Avr-oct. Compter 17,40-22,10 € pour 2 ; bungalows 2-6 pers. CB refusées. Un camping tout petit, où, en août, on a tendance à s'entasser sur une poignée d'emplacements ombragés. Mais, compte tenu des tarifs modérés, ça dépanne bien et l'ambiance est sympa. Quelques chalets ou maisonnettes en dur bien équipés mais ils sont vraiment collés les uns aux autres. Épicerie.

⛺ ***Camping Bella Vista*** (hors plan par A2, **10**) : route de Pietramaggiore. ☎ 04-95-65-11-76. • campingbellavista@orange.fr • camping-calvi-bellavista.com • À env 1 km du centre-ville et à 700 m de la plage. Pâques-sept (et mi-oct pour le locatif). Compter env 19-27 € pour 2 ; chalets 2-5 pers. Sur un vaste terrain bien plat et fleuri de 5 ha, camping 3 étoiles agréable et ombragé, calme, familial et bien entretenu. Chalets classiques à louer. Pizzeria-snack, alimentation et laverie. Bar pour le petit déj. Ping-pong et jeux d'enfants. Pas de piscine.

Bon marché

🏠 ***Relais international de la jeunesse U Carabellu*** (hors plan par A2, **11**) : route de Pietramaggiore. ☎ 04-95-65-14-16. • relais.calvi@gmail.com • clajsud.fr • À 2,5 km du centre. Panneaux à partir du rond-point du supermarché Casino sur la route de L'Île-Rousse. Avr-oct. Résa conseillée. En dortoir ou en chambre, 20 €/pers, petit déj compris. ½ pens et pens complète possibles. Tarif « familles » également. Dans 2 maisons distinctes et voisines, des chambres simples mais propres (3 à 5 lits, avec salle de bains et toilettes privatifs), et 2 dortoirs de 11 et

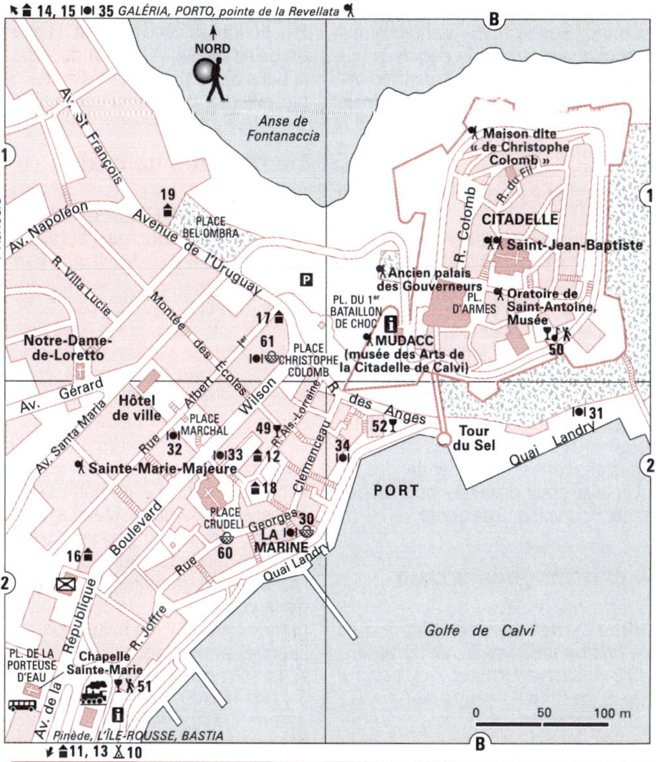

CALVI

Adresse utile

- Office de tourisme intercommunal Calvi-Balagne (A2 et B1)

Où dormir ?

10 Camping Paduella, Camping La Clé des champs, Camping Bella Vista (hors plan par A2)
11 Relais international de la jeunesse U Carabellu (hors plan par A2)
12 Hôtel du Centre (A2)
13 Hôtel Cyrnéa (hors plan par A2)
14 Hôtel Il Tramonto (hors plan par A1)
15 Hôtel Saint-Érasme (hors plan par A1)
16 Le Grand Hôtel (A2)
17 Hôtel Le Belvédère (A1)
18 Hôtel Le Magnolia (A2)
19 Hôtel Saint-Christophe (A1)

Où manger ?

30 A Casetta (A2)
31 Le Chalet du Port (A2)
32 A Piazzetta (A2)
33 U Minellu (A2)
34 Le Comme chez Soi (B2)
35 U Fanale (hors plan par A1)

Où boire un verre ? Où écouter de la musique ? Où danser ?

49 Café des Fleurs (A2)
50 Chez Tao (B1)
51 Eden Port (A2)
52 Bar de la Tour (B2)

Où acheter de bons produits du terroir ?

30 A Casetta (A2)
60 Traiteur Chez Annie (A2)
61 Casa Vinu (A1)

13 lits, l'ensemble à prix unique par personne. Superbe vue panoramique sur la citadelle et la baie depuis la terrasse. Ambiance conviviale distillée par les bénévoles d'une association dont le but est de proposer un hébergement à bas coût pour tous. Une vraie adresse démocratique. On peut même venir vous chercher à la gare. Réserver bien à l'avance.

Hôtel du Centre (plan A2, **12**) : *14, rue Alsace-Lorraine. ☎ 04-95-65-02-01. Juin-sept. Doubles avec douche (w-c extérieurs) env 42-61 €. CB refusées.* Le dernier établissement sans étoile du centre-ville, qui tient bien la route, dans une ruelle tranquille à 2 pas du port. C'est une véritable aubaine pour les petits budgets, qui trouveront un accueil doux et serviable, des chambres modestes, certes, mais bien tenues, et tout cela au cœur de la cité, pour un prix écrasé. *Pourvou qué ça doure !*

De prix moyens à chic

Hôtel Cyrnéa (hors plan par A2, **13**) : *av. Christophe-Colomb. ☎ 04-95-65-03-35. • reservation@hotel-cyrnea.fr • hotel-cyrnea.fr • À l'entrée de Calvi sur la route de Bastia, à 2 km du centre-ville. De mi-avr à fin oct. Doubles 74-98 € ; familiales. Parking gratuit. Réduc de 8 % sur la formule chambre + petit déj sur présentation de ce guide pour les résas en direct.* Un brin en retrait de la route, structure cubique sur 2 étages, à l'architecture marquée par les années 1970, certes, mais aux parties communes très agréables. Chambres classiques, simples et confortables, de bonne tenue (clim et double vitrage), spacieuses et toutes avec balcon aux étages. Celles à l'arrière donnent sur la montagne. Piscine au bord de laquelle on peut prendre le petit déj. Accueil familial.

Hôtel Il Tramonto (hors plan par A1, **14**) : *route de Porto (par la côte). ☎ 04-95-65-04-17. • il.tramonto.calvi@gmail.com • hoteliltramonto.com • À env 1 km du centre. Avr-sept. Doubles 52-128 €, les plus chères avec vue sur mer. Parking gratuit (non fermé).* Petit hôtel moderne sans charme particulier mais situé face à la mer, à 500 m de la citadelle. Chambres classiques et fonctionnelles avec parquet, clim, salle de bains refaite et balcon donnant sur la belle bleue pour les meilleures. Simple, efficace et pas cher (sauf en août !).

De chic à plus chic

Hôtel Saint-Érasme (hors plan par A1, **15**) : *route de Porto (par la côte). ☎ 04-95-65-04-50. • info@hotel-st-erasme.com • hotel-calvi-corse.fr • À env 1 km du centre. Mi-avr à début nov. Doubles 99-149 €, jusqu'à 228 € pour les supérieures ; familiales. Parking gratuit (non fermé). Un petit déj/chambre par j. offert pour un petit déj pris, sur présentation de ce guide.* Certes, cet établissement moderne n'est pas donné, mais les chambres sont impeccables et confortables, bien qu'assez classiques. Mais, à 10 mn à pied du centre, on gagne la tranquillité, une terrasse fleurie charmante à l'ombre d'un grand jardin pour profiter de la vue superbe sur la mer et de la grande piscine. Une halte reposante à l'accueil sympathique.

Le Grand Hôtel (plan A2, **16**) : *3, bd Wilson. ☎ 04-95-65-09-74. • contacts@grand-hotel-calvi.com • grand-hotel-calvi.com • Tte l'année. Doubles 75-130 €, jusqu'à 200 € pour les « confort » et « grand confort » ; familiales.* Un *Grand Hôtel* du début XXe s comme on n'en fait plus, avec de longs couloirs et des chambres très classiques, mais spacieuses et refaites pour la plupart. Bonne literie et confort général de qualité. Celles donnant sur l'arrière ont toutes un balcon. Accueil et ambiance agréables. Si vous dînez sur place, vous grimperez au 5e étage, dans la vaste salle panoramique façon paquebot 1930 qui voguerait sur les toits de Calvi. Vue remarquable.

Hôtel Le Belvédère (plan A1, **17**) : *pl. Christophe-Colomb. ☎ 04-95-65-01-25. • belvedere-calvi-hotel@calvi-location.fr • belvedere-calvi-hotel.com • ♿ Au pied de la citadelle, à 50 m du port. Tte l'année. Doubles 55-112 €, jusqu'à 151 € pour les « supérieures » ; familiales. Réduc de 10 % sur le prix de la chambre sur présentation de ce guide.* Un hôtel efficace et bien tenu.

Pas un charme fou de l'extérieur, mais un certain caractère. Agréable salle de petit déj avec vue sur la citadelle et des chambres contemporaines nickel (avec clim), confortables et fonctionnelles, certaines avec vue mer.

De plus chic à beaucoup plus chic

Hôtel Le Magnolia *(plan A2,* ***18****) : rue Alsace-Lorraine. ☎ 04-95-65-19-16. • hotel.magnolia@orange.fr • hotel-le-magnolia.com • Fermé janv-mars. Doubles 70-155 €, jusqu'à 180 € pour les « supérieures » ; familiales. Menus 24-29 € servis midi et soir.* Au cœur de la ville, dans une ruelle tranquille à 2 pas du port, la fière bâtisse est discrète et précédée d'une jolie cour arborée. Des chambres tout confort, à la déco classique (avec clim, tableau végétal, angelots en médaillon). D'autres refaites dans un style contemporain et qui donnent directement sur le patio. La plupart avec des lits qui se nichent dans une petite alcôve. Belles salles de bains. Une adresse de charme qui tourne bien rond, très régulière en qualité. Quant au resto, il délivre une cuisine régulière en qualité mais changeante dans les recettes proposées. On profite de ce bon repas sur la romantique terrasse donnant sur... le magnolia.

Hôtel Saint-Christophe *(plan A1,* ***19****) : pl. Bel-Ombra. ☎ 04-95-65-05-74. • info@hotel-saint-christophe.com • saintchristophecalvi.com • Fermé fin oct-mars. Doubles 160-266 € (les plus chères avec balcon et vue mer), familiales. Parking payant.* Au pied de la citadelle, un établissement moderne qui bénéficie d'une situation et d'une vue exceptionnelles. Chambres de bon confort évidemment (en grande partie refaites), parfaitement équipées et toutes avec balcon ou terrasse. Celles avec vue mer profitent d'un balcon lumineux au lever du soleil. Piscine agréable sur une belle terrasse. Snack autour de la piscine en juillet-août.

Où manger ?

Sur les quais et dans les ruelles de la vieille ville, les restos se pressent comme sardines en boîte ; ils sont beaucoup moins nombreux dans la citadelle.

De bon marché à prix moyens

A Casetta *(plan A2,* ***30****) : 16, rue Clemenceau. ☎ 04-95-65-32-15. • acasetta2b@orange.fr • Tlj en saison, 9h30-22h. Avr-oct. Planches « découverte » 14-18 € (petite) et 26-32 € (grande pour 2 pers). Digestif offert pour un repas pris sur présentation de ce guide.* Cette boutique de produits corses dispose d'une adorable petite terrasse de bois (juste quelques tables) dominant le port au fond du magasin. De délicieuses planches de charcuterie, fromage et melon. Frais et pas cher. Top !

Le Chalet du Port *(plan B2,* ***31****) : tt au bout du port de commerce. 06-23-21-14-53. Tte l'année. En été, tlj midi et soir. Le reste de l'année, ouv seulement le midi et fermé le dim. Plats 12-15 €. Carte env 25 €.* Une des rares adresses ouvertes à l'année à Calvi et il faut le saluer. Cette cabane à la façade bleue couverte de plaques émaillées est une institution. Beaucoup de locaux s'y donnent rendez-vous en terrasse ou dans la chaleureuse salle, à l'écart du touristique quai Landry. On y profite d'une cuisine à prix doux, simple, copieuse et fort réussie. Pour commencer, de bonnes petites recettes des familles : céleri rémoulade, asperges vinaigrette, harengs pomme à l'huile... Puis les bonnes viandes grillées au feu de bois, l'andouillette braisée accompagnées de généreux légumes du jardin. Les petites faims pourront se contenter de plusieurs entrées. Service gentil comme tout. On adore !

De prix moyens à chic

A Piazzetta *(plan A2,* ***32****) : pl. Marchal. ☎ 04-95-37-87-74. • francois.ricco1609@orange.fr • Juil-août, tlj seulement le soir. Le reste* *de la saison, midi et soir. Fermé nov-mars. Menu corse 20 € ; pâtes et plats 15-27 €. Carte env 40 €. CB refusées.* C'est l'adresse préférée des gens du coin. Pour son cadre chaleureux, sa grande terrasse, son accueil vraiment sympa et décontracté, et ses plats traditionnels généreusement servis dans de grandes poêles (les *broconcini,* des roulés d'escalopes au fromage corse, avec de bonnes pommes de terre sautées, sanglier à la mode corse, côte de veau à la panzetta, pâtes aux langoustines...). Viandes de qualité, cuites à la perfection et côté pâtes, portions énormes. Une excellente adresse depuis fort longtemps. Du coup, c'est souvent bondé !

U Minellu *(plan A2,* ***33****) : traverse de l'Église. ☎ 04-95-65-05-52. • calistrifrancesca@yahoo.fr • Tlj sauf mer midi et dim midi en saison ; fermé lun, mar-mer soir ainsi que dim soir en basse saison. Fermé de mi-oct à fin mars. Menu (midi et soir) 21,50 €. Plats 15-22 €.* Installé dans une ruelle en escalier, un resto-brocante original. Tables et chaises dépareillées, bibelots un peu partout ! Dans l'assiette, une cuisine corse convaincante concoctée par un chef inspiré, à base de produits finement sélectionnés (*crostini* de fromage frais, *conchiglioni* farcis à la brousse, pâtes façon thaï au veau corse...). Accueil familial et clientèle d'habitués locaux.

Le Comme chez Soi *(plan B2,* ***34****) : sur le port, quai Landry. ☎ 04-95-33-84-70. • orsinibenoit@hotmail.fr • Tlj midi et soir en saison. Fermé déc-mars. Menu (midi et soir) 21 €. Carte env 35 €. CB refusées.* On annonce ici « Cuisine faite maison, produits frais, beaux de préférence et selon le marché »... et « Ici on désosse, découpe, écaille, épluche, on cuisine, on mijote... » Un coup de pub ? Eh bien non, un vrai bon coup de fourchette, et sans coup de fusil ! On est sur le port, et la cuisine est enlevée, fraîche et goûteuse, à l'image de cette belle épaule d'agneau confite à basse température. Juste à côté, le ***Winebar Ebbrezza*** (même maison) propose de bons vins au verre et quelques tapas.

U Fanale *(hors plan par A1,* ***35****) : au lieu-dit Mozzello, route de Porto. ☎ 04-95-65-18-82. • andre.maestracci@wanadoo.fr • À 500 m du centre-ville. Tlj sauf mar midi en hte saison. Fermé mar hors saison. Fermé janv-mars. Carte env 45 €. Digestif offert sur présentation de ce guide.* Adresse tranquille et discrète, avec terrasse ombragée par un énorme pin parasol et vue sur le phare, dont le resto tire son nom. La carte propose d'intéressantes préparations (poisson grillé sur peau, poire de bœuf rôti...), finement réalisées. Une adresse de qualité, appréciée des locaux.

Où boire un verre ? Où écouter de la musique ? Où danser ?

Café des Fleurs *(plan A2,* ***49****) : pl. du Marché. 📱 09-67-02-79-62. Tlj en été 18h-2h. Fermé dim-lun hors saison.* On aime beaucoup cette petite adresse distillant une jolie ambiance, avec ses quelques tables sur la minuscule terrasse, son comptoir de marbre et son coin salon, équipé de vieux fauteuils de cuir. Aux murs, collage et photos diverses. Pour accompagner votre Pietra ou Colomba, des petites planches à grignoter.

Chez Tao *(plan B1,* ***50****) : palais des Évêques. ☎ 04-95-65-00-73. • contact@cheztao.com • Dans la citadelle. Juil-août, tlj de 23h à l'aube en été, le reste de l'année sam seulement. Entrée payante.* Tao Khan Kerefoff, un danseur russe, arriva en 1925 à Calvi pour une fête et tomba amoureux d'une Corse et de l'île. L'établissement qu'il ouvrit en 1935 a conservé son cadre superbe de salles voûtées du XVIe s, une loggia élégante et plusieurs petites terrasses ouvertes. Longtemps une institution où quelques pointures venaient travailler leur doigté, notamment Brel, Nougaro et Gainsbourg, jusqu'au regretté Jacques Higelin (l'escalier qui y mène porte son nom) qui y composa sa célèbre « Ballade de chez Tao », le lieu est devenu une boîte de nuit sélecte pour les jeunes. Si Tao-By, l'un des 4 fils de Tao, y interprète toujours quelques chansons pour ouvrir la soirée, le relais est pris vers 1h30 du matin par un DJ survolté qui pousse la nuit dans ses retranchements.

Eden Port (plan A2, **51**) : *quai Landry. ☎ 04-95-60-57-44. Tte l'année, à partir de 19h (1h pour l'Eden Club).* Il y a bien sûr une terrasse sur le quai et une salle moderne, mais aussi une boîte dans l'arrière-salle, qui draine la jeunesse locale en été, jusqu'aux petites heures du jour. Mais généralement, l'été, à partir de 2h du matin on file chez Tao dans la citadelle (voir plus haut)

Bar de la Tour (plan B2, **52**) : *quai Landry. ☎ 04-95-65-04-13. Tlj en saison, jusqu'à 2h.* On aime bien ce bar encore discret, tout au bout du quai. L'un des plus simples, avec un bon mélange de locaux et de *pinzuti.* Quelques tonneaux et hauts tabourets le long du quai. Bières corses et bons cocktails.

Où manger ? Où boire un verre dans les environs ?

U Nichjaretu : *Vitrigiliale, à env 10 km de Calvi en direction de Galéria, par la sublime petite route côtière. ☎ 04-95-47-84-36. • denisfabrizy@gmail.com • Fin avr-fin oct, tlj. Plats 14-25 €.* En contrebas de la route, on découvre un petit coin de paradis : une ancienne bergerie reconvertie en bar-restaurant stylé, qui profite d'un cadre exceptionnel et sauvage. À la carte, c'est tout simple (de bonnes grillades au feu de bois, des poissons frais au four, burger corse et de jolies salades), mais on n'a pas besoin de plus pour passer un moment extra les yeux perdus dans la grande bleue. On peut aussi venir y boire un verre, mais ne pas venir trop tard pour profiter de la vue.

Où acheter de bons produits du terroir ?

A Casetta (plan A2, **30**) : *16, rue Clemenceau. ☎ 04-95-65-32-15. • acasetta2b@orange.fr • Tlj 11h-22h. Avr-oct.* Boutique de produits corses (charcuterie, fromages, vins), que l'on peut aussi déguster sur place (voir « Où manger ? »).

Traiteur Chez Annie (plan A2, **60**) : *5, rue Clemenceau. ☎ 04-95-65-49-67. • annietraiteur@orange.fr • Tlj 7h-21h (23h juil-août). Pâques à la Toussaint. Réduc de 10 % sur tous les produits du magasin offert sur présentation de ce guide (hors promotion).* Une institution à Calvi, présente dans nos pages depuis plus de 20 ans ! On apprécie bien les plats préparés à emporter, des *erbiata* par exemple, feuilletés de blettes et *brocciu,* ou des *involtini* (ce sont des « roulés »), charcuterie et tartes diverses du jour. Également toutes sortes de bons produits corses : huile d'olive, fromages, charcuterie (AOC Nustrale), miel et un intéressant choix de vins.

Casa Vinu (plan A1, **61**) : *15, bd Wilson. ☎ 04-95-31-37-09. • casavinucalvi@gmail.com • Tlj 9h-23h (fermé dim en mi-saison, dim-lun en hiver).* Une boutique proposant les vins de centaines d'excellents domaines corses, parfois méconnus. Les amateurs apprécieront. On peut aussi y grignoter quelques petites choses.

À voir

La citadelle (plan B1)

Sur un promontoire rocheux dominant la ville et la baie de Calvi. Y monter de préférence avant les heures chaudes (et avant la foule) ou alors en fin d'après-midi (la lumière est plus belle sur la mer et la Balagne). Commencée vers le XIIe s, la citadelle a été solidement fortifiée par l'Office de Saint-Georges, puissante banque

d'affaires affiliée à la république de Gênes qui établit ainsi sa mainmise sur l'île. De là-haut, vue exceptionnelle sur la ville, le port et la grande bleue.
– ***Visites pour individuels avec audioguide :*** se renseigner au ***Bureau d'Information de la citadelle***. Muni d'un MP3, on visite la citadelle au fil des commentaires enregistrés *(tarif : 7 €/pers).* Pour que les enfants y trouvent leur compte, chasse au trésor interactive également disponible *(tarif : 4 €/enfant).* En saison, ***visites guidées avec un guide conférencier régional*** de la ville et de la citadelle 1 fois par semaine sur réservation *(15 €/pers, durée 2h30 env).*

🚶 ***Le palais des Gouverneurs*** *(plan B1)* **:** fortifié en 1496. Abrite aujourd'hui la caserne Sampiero. Ne se visite pas. À côté, sous le passage voûté, dans un bâtiment restauré, le ***MUDACC*** (***musée des arts de la Citadelle de Calvi),*** consacré à l'art contemporain. *Entrée libre. Juin-sept, en théorie lun-ven (appeler l'office de tourisme pour les horaires).*

🚶 ***L'oratoire de Saint-Antoine*** *(plan B1)* **:** *dans la petite rue Saint-Antoine. En principe, tlj 10h-18h.* Construit en 1510, il présente un linteau sculpté dans l'ardoise figurant saint Antoine, entouré de saint Jean-Baptiste et saint François. La nef vaut le coup d'œil pour ses fresques anciennes sur la Crucifixion.

🚶🚶 ***La cathédrale Saint-Jean-Baptiste*** *(plan B1)* **:** *tlj 10h-18h.* Datant du XIIIe s, restaurée vers 1570. Elle abrite de belles œuvres : les fonts baptismaux et le maître-autel baroque en marbre polychrome, le triptyque dans l'abside (XVe s), la remarquable chaire de bois et le *Christ des Miracles* (autel à droite du chœur).

🚶 ***La maison dite « de Christophe Colomb »*** *(plan B1)* **:** tiens, qu'est-ce qu'il fait ici, celui-là ? On le croyait né à Gênes. Et voilà que des érudits corses affirment le contraire ! Manque l'acte de naissance de Colomb, que le Vatican posséderait et refuserait de communiquer, attitude suspecte aux yeux des partisans d'un Colomb corse : ne voudrait-on pas protéger ainsi la thèse officielle du Colomb génois ? Quant à ladite maison, ce n'est qu'un ensemble de ruines de lourdes pierres (plaque commémorative), où les parents de Christophe, commerçants génois, auraient résidé. Le petit vint sans doute à Calvi avec ses parents, mais quant à savoir s'il y est né, c'est une autre histoire...

En ville

🚶 Les quelques ***petites rues et placettes*** séparant les quais du boulevard Wilson accueillent beaucoup de commerces, souvent attrape-touristes. Un arrêt à l'***église baroque Sainte-Marie-Majeure*** *(plan A2),* toute ronde : à l'intérieur, atmosphère de grande piété et curieuse statue de *Sainte Thérèse de l'Enfant Jésus,* sous verre, gisante... Vers le 2 juin, à l'occasion de la Saint-Érasme (à qui l'une des chapelles latérales est dédiée), une procession est organisée.

À faire

➢ ***Promenades en mer :*** ***Colombo Line,*** *sur le port.* ☎ *04-95-65-32-10.* • *colombo-line.com* • *Avr-oct. Départ tlj, 2 fois/j. pour Scandola et Girolata ; départ 1-2 fois/sem pour Ajaccio. Excursion à Scandola env 55 € (et 70 € pour aller à Girolata) ; réduc - de 10 ans. Également une sortie en semi-rigide (55-70 €). CB refusées.* Excursion en grosse vedette jusqu'à la réserve naturelle de Scandola, les golfes de Girolata et de Porto, avec ou sans baignade. Superbe balade d'une journée ou d'une demi-journée. Également des sorties en catamaran et en semi-rigide. Plusieurs options possibles.

➢ ***Calvi Évasion :*** *sur le port, juste en contrebas de l'office de tourisme.* 📱 *07-87-13-59-95.* • *calvi-evasion.com* • *Compter 60 € pour la balade jusqu'à Scandola*

(4h) et 80 € pour Scandola et Girolata (6h). Également excursion dans les Agriate 60 € (4h), le golfe 30 € (2h) et sortie apéro-coucher de soleil à la pointe de Revellata 35 €. Balade à la journée pour Piana également. 12 pers max sur les bateaux. Le père (Éric) et le fils (Mickael) sont pêcheurs, et les choses de la mer, ils connaissent, de même que leur équipe ! Ils font découvrir avec passion leurs côtes sublimes, en comité restreint. Plaisir, gentillesse et découverte, baignade et histoire. Que du bonheur !

Plongée sous-marine

Calvi est surtout connue pour son épave majestueuse : un énorme *bombardier américain B-17,* posé sur le sable clair, pour plongeurs confirmés. Mais il n'y a pas que cela ! Les fonds sauvages et découpés à l'ouest de la ville offrent des plongées inoubliables.

Clubs de plongée

■ ***École de plongée internationale de Calvi*** *(EPIC)* **:** *sur le port. 06-13-38-61-26. • epic-plongee.com • De mi-mars à mi-nov. Baptême 65 €, plongée autonome 35 €, loc équipement complet 15 €.* Baptêmes et formations jusqu'au monitorat fédéral (FFESSM et PADI) pour ce club tenu par Olaf. Balades riches en curiosités à découvrir en petit comité. Plongée au *Nitrox* (air enrichi en oxygène) à prix intéressant pour les confirmés. Bonne ambiance.

■ ***Centre de plongée Castille :*** *sur le port de plaisance. ☎ 04-95-65-14-05. 06-07-89-77-63. • plongeecastille.com • Mars-déc. Baptême 70 €, plongée 40-50 € selon équipement, snorkelling env 25 € ; forfaits dégressifs 5-10 plongées.* Plongée à la carte et en petit comité dans ce club (FFESSM, CMAS, ANMP et PADI) basé à bord de la *Vénus des îles.* Baptêmes, formations et belles explorations (sorties à la journée possibles), telles sont les prestations que propose cette équipe compétente. Plongée au *Nitrox*.

■ ***Calvi Plongée :*** *sur le port, à côté de la capitainerie. ☎ 04-95-65-33-67. 06-18-01-41-83. • calviplongee.com • Avr-nov. Baptême 75 €, plongée 45 € avec équipement, snorkelling 25 € ; forfaits dégressifs.* Encadré par Pascal Esplat et une palanquée de moniteurs : baptêmes, formations, sans oublier les explorations sensationnelles. Belles randonnées palmées avec guide accompagnateur. Ambiance vraiment sympathique.

■ ***Diving Calvi A Piaghja :*** *sur la plage, dans la pinède. 06-81-29-99-46 ou 06-61-84-63-34. • divingcalvi.fr • Avr-fin oct, tlj sauf dim. Baptême 65-70 €, plongée explo 50 € avec équipement, snorkelling 25 €.* Sarah, Teddy et leur équipe partent en baptême, formation et exploration sur une dizaine de sites situés à 10 mn maxi. Ambiance jeune, à la fois sérieuse et décontractée.

Nos meilleurs spots

Le Bombardier B-17 *(niveau II)* **:** au pied de la citadelle, la plongée incontournable de Calvi. Coulé en 1944 lors d'un amerrissage en catastrophe, cet énorme quadrimoteur a gardé sa silhouette majestueuse. Par 28 m de fond, quelques éponges colorées ont investi fuselage et cockpit, alors que de petites langoustes craintives se nichent dans les moteurs. Parfois des congres sous les ailes.

La pointe de la Revellata *(tous niveaux)* **:** un ensemble rocheux accidenté. De 12 à 40 m de fond, enchaînement séduisant de failles, tombants, voûtes et canyons couverts de gorgones violettes et d'anémones jaunes, que survolent dentis et mérous. De bonnes surprises dans les fractures (murènes et langoustes de belle taille) et de précieuses branches de corail rouge (pas touche !).

La Bibliothèque (niveau I) : entre 0 et 30 m, glissez entre des rochers ressemblant à des rangées de bouquins, taillés dans le roc ! Ici, congres, murènes, rascasses et poulpes montrent – à chaque plongée – la même soif de culture !

Fêtes et animations

– ***Semaine sainte :*** *fêtes de Pâques.* Processions très populaires, dès le mercredi. Les membres des confréries de Saint-Antoine et de Saint-Érasme défilent 2 fois le Vendredi saint (*a cerca* le matin, *a granitula* le soir).
– ***Festival Calvi on the rocks :*** *1 sem début juil.* • *calviontherocks.com* • Musiques électroniques... on ne peut plus djeun's et branché.
– ***Fête de la Saint-Vincent :*** *29 juil.* Fête des vignerons de Balagne. Procession, dégustation (dans la citadelle), grosse ambiance.
– ***Rencontres Internationales de chants polyphoniques :*** *5 j. mi-sept. ☎ 04-95-65-23-57 (association U Svegliu Calvese).* • *l-invitu.net* • Festival international réunissant choristes et solistes de Corse et d'ailleurs, aux côtés du groupe organisateur calvais *A Filetta.* Une réussite.

DANS LES ENVIRONS DE CALVI

La pointe de la Revellata *(hors plan par A1) : à 6,5 km de Calvi par la route de Porto.* On descend 1,5 km de piste défoncée jusqu'à la plage de l'Aghja (très belle anse, hyper fréquentée en saison), d'où un sentier permet de gagner à pied l'extrémité de la presqu'île. Sentier depuis Calvi (départ devant l'*Hôtel Il Tramonto*). Très beau site.

La chapelle de la Madonna di a Serra : *à 6 km au sud-ouest de Calvi par la route de Galéria (D 81 bis).* Après 4 km, une route qui monte à gauche mène à cette chapelle (XIXe s) d'où l'on a une vue vraiment époustouflante sur le golfe de Calvi et les montagnes de la Balagne. En chemin, de superbes *taffoni* (roches creusées par le dessous). La chapelle, quant à elle, est souvent fermée.

CALENZANA (CALINZANA) (20260) 2 170 hab.

Calenzana, point de départ du GR 20 (ou d'arrivée pour certains) et du Mare e Monti, vit aujourd'hui au rythme très paisible des randonneurs sac au dos... Il faut prendre la peine d'y déambuler un peu : ruelles et maisons typiques ne se devinent pas si l'on ne fait que la traverser par la rue principale. Quelques artisans aussi proposent des produits de qualité (gâteaux, charcuterie). En plein centre, l'église Saint-Blaise est un bel édifice baroque (1691-1707) avec une remarquable façade. Juste en

UN BONAPARTE ASSASSIN

Dans la famille Bonaparte, on demande le neveu, Pierre, fils de Lucien. Il n'est pas entré dans l'histoire pour avoir été le bienfaiteur de Calenzana, mais pour avoir assassiné le jeune journaliste Victor Noir, en 1870. Ce dernier vint en tant que témoin pour organiser un duel après des insultes proférées contre les Corses. Il fut abattu par un Pierre Bonaparte à la gâchette facile. Victor Noir, bien malgré lui, passa à la postérité : son gisant est l'un des plus visités du cimetière du Père-Lachaise (il est en érection) ! Quant au prince Bonaparte, il fut acquitté !

face, de l'autre côté de la rue, jeter un coup d'œil à la chapelle Sainte-Croix *(la Casazza)*, siège de la confrérie de Sainte-Croix Calenzana. On y entend parfois de jolis chants. Le campanile (fragile) a été érigé sur le Campo dei Tedeschi, où, le 1er janvier 1732, 500 mercenaires allemands au service de Gênes furent tués et... enterrés sur place.

Arriver – Quitter

➢ ***De/vers Calvi :*** en bus avec *Corsicar – Les Beaux Voyages* (☎ 04-95-65-11-35). Fin juin-début sept, 2 bus/j.

Adresse utile

ℹ ***Point info du parc :*** *à côté du gîte d'étape (voir ci-après). ☎ 04-95-62-87-78. Juil-août, tlj sauf j. fériés 17h-19h.* Bureau saisonnier pour s'informer sur le parc naturel, prévisions météo et conseils divers. Accueil compétent et très sympa.

Où dormir ?

Camping et gîte

⛺ 🏠 ***Gîte d'étape municipal :*** *en arrivant de Calvi, quelques centaines de mètres avt l'entrée du village, prendre à gauche. C'est à 100 m sur la gauche. ☎ 04-95-62-77-13. • gite-calenzana@wanadoo.fr • Mi-avr à mi-oct. Env 15 €/pers en gîte ; pas de petit déj. En camping, compter 9 €/pers. CB refusées.* Un gîte bien pratique, puisque situé dans un coin tranquille au départ du GR 20 et du Mare e Monti. Il dispose de 7 chambres de 4 lits avec sanitaires dans chaque chambre et 1 chambre double (même tarif que les lits en dortoir). Cuisine équipée de bonne taille, salle commune et belle terrasse sous les mûriers-platanes pour partager son repas avec les autres randonneurs. Sur place, *Point info* du parc.

Prix moyens

🏠 ***Chambres d'hôtes À l'Ombre du Clocher :*** *dans le centre. Juste avt la place, prendre la rue qui descend puis la 1re à gauche. ☎ 04-95-31-17-12. • ombre-du-clocher.com • Tte l'année. Doubles 80-90 €.* Charmant accueil de Bérangère dans sa maison simple et discrète, mettant à la disposition des visiteurs 3 chambres arrangées avec soin. Aucune n'a de vue mais la maison reste agréable. On est au calme et au cœur du village.

Beaucoup plus chic

🏠 ***Chambres d'hôtes Au Pied des Oliviers :*** *7, route de Moncale. Juste avant d'arriver à Calenzana, prendre la 1re à droite après la station Esso et faire 100 m, c'est fléché sur la gauche. 📱 06-50-23-78-61. • chambresdhotes@aupiedsdesoliviers.com • aupieddesoliviers.com • Tte l'année. Doubles 150-190 € et suite 165-205 €.* À 2 pas de Calenzana, au calme total, voici une maison moderne dont la façade classique ne présage en rien de la déco hautement colorée, soignée et design de ces 2 superbes chambres. Chacune avec sa petite terrasse privée qui domine la vallée, avec vue sur la mer au loin. Entre les 2 chambres, grand salon commun avec baby-foot, salon TV... Sur le côté, la séduisante piscine vous tend ses transats et un coin a été aménagé pour le petit déj. Dans une maisonnette séparée, une grande suite peut accueillir 4 personnes. Jeux d'enfants et terrain de pétanque. Accueil adorable et pro du jeune couple bourguignon qui est venu s'installer ici.

Où manger ?

A Stazzona : *17, rue du Fond. ☎ 04-95-36-47-12. Tlj midi et soir. Formule (planche fraîcheur) le midi 17 € ; menu corse 23 € et plats 18-25 €. CB refusées. Digestif offert sur présentation de ce guide.* Une adresse qui s'est fait sa petite réputation en Balagne. On prend son repas sur une jolie terrasse verdoyante ou dans une petite salle voûtée. Plats bien travaillés. Bons produits, comme la pêche du jour (Calvi n'est pas loin) et quelques plats tout simples pour les budgets serrés. Accueil prévenant.

L'Alivu : *6, pl. du Prince-Pierre. ☎ 04-95-46-37-41. Tlj sauf lun midi (plus lun soir hors saison). Fermé déc-fév. Plats 19-26 €.* Face à l'église, petit resto d'allure contemporaine qui ne propose que des produits locaux sélectionnés dans un périmètre court. Bien connu des gourmets, on s'y régale d'un savoureux cabri rôti mais aussi de tagliatelles de veau corse ou encore d'échine de porc noir... Belle carte de vins corses et délicieux desserts. Un peu plus cher que ses concurrents, mais la qualité est là. Cerise sur le *fiadone,* le patron est plein d'humour.

Où dormir ? Où manger dans les environs ?

De bon marché à prix moyens

Gîte d'étape, camping et Auberge de la Forêt : *à* ***Bonifatu,*** *20214 Calenzana. ☎ 04-95-65-09-98. • aubergeforetbonifatu@sfr.fr • auberge-foret-bonifatu.com • De Calvi, prendre la D 81 vers Moncale, puis la D 251 qui suit la rivière Figarella jusqu'à Bonifatu (attention, on ne passe pas par Calenzana). Compter env 20 km et 30 mn de route depuis Calvi ou Calenzana. Avr-sept. Doubles 84-95 € ; lit en dortoirs 20 €. Pour ces derniers, apporter son duvet (couvertures non fournies). Bivouac 9 €. ½ pens possible pour ts les hébergements à 25 €/pers. Plats à la carte 11-18 €. CB refusées.* En pleine nature, dans un fond de vallée magnifique cerné de montagnes boisées, une adresse discrète, loin de l'agitation de la côte. Pour dormir, 6 chambres spacieuses à la déco soignée dans la maison principale, avec salle de bains moderne bien équipée. Par ailleurs, plusieurs dortoirs pour 6 à 8 personnes dans des petits chalets de bois nickel, agréablement dispersés dans un sous-bois à l'arrière de l'auberge, organisés en terrasses. Un chalet à part abrite les sanitaires communs et propres. Au resto, cuisine familiale et traditionnelle mais aussi assiette de charcuterie/fromage. Super accueil de la dynamique patronne, Valérie, qui donne plein d'infos et de conseils pour randonner sur le GR 20 ou le Mare e Monti qui passent à proximité. Rivière pour se tremper à quelques minutes de l'auberge.

Restaurant A Funtanella : *à 6 km de Calenzana, juste avant d'arriver à* ***Zilia.*** *☎ 04-95-56-01-76. Menu 20 € (tlj midi et soir). Plats 15-23 €.* Un petit resto sympathique, juste au-dessus d'un cours d'eau. Carte courte, simple et efficace. Les tables sont organisées en petites terrasses sous les arbres et c'est fort agréable. Le petit menu fait parfaitement le boulot et après le repas, on peut même faire trempette dans un mini-bassin en contrebas.

De prix moyens à chic

Chambres d'hôtes E. Casalte : *au cœur du village de* ***Cassano.*** *☎ 04-95-62-71-29. 📱 06-86-58-20-03. • r.filippi@wanadoo.fr • ecasalte.com • À 9 km de Calenzana par la D 151. Se garer sur le parking en direction du cimetière. Tte l'année. Doubles 75-90 €. CB refusées.* Tout pour plaire ! L'environnement : génial (un village adorable aux ruelles pittoresques). L'accueil : souriant et attentionné. La maison : de famille, donc pleine de caractère. Les

2 chambres : décorées avec goût et tout confort, même si elles ne sont pas bien grandes. Le petit déj est servi sur une petite terrasse offrant une vue superbe. Cuisine à dispo pour les hôtes. Une adresse bien sympathique.

Chambres d'hôtes de Magali : *au cœur du village de* ***Cassano*** *(à 9 km de Calenzana par la D 151). ☎ 04-95-21-25-33. 06-87-61-31-94. • etienne.ambrosini@wanadoo.fr • chambresdhotesdemagali.fr • Se garer sur le parking en direction du cimetière. Doubles 100-120 € (90-100 € à partir de 2 nuits).* Cette maison de famille tout en hauteur abrite 5 jolies chambres situées au 1er étage (portant chacune le nom d'une couleur), décorées avec grand soin, chaleureuses et charmantes. Elles offrent toutes une vue dégagée. Petit déj bio de qualité, à prendre sur la verdoyante petite terrasse du 2e étage.

Plus chic

A Flatta : *à* ***Calenzana.*** *☎ 04-95-62-80-38. • info@aflatta.com • aflatta.com • Fléché depuis Calenzana sur 3 km d'une route-piste. Fermé 15 oct-30 avr. En juil-août, tlj midi et soir ; à la mi-saison, le soir seulement et le dim midi. Compter env 35-50 € à la carte.* Dans un vallon superbe et verdoyant, en contrebas de monts abrupts, avec un panorama somptueux sur la côte. Cette construction moderne et bien conçue se la joue chicos dans un environnement sauvage, avec une superbe et généreuse terrasse de bois et une piscine. Cuisine corse créative à base de produits locaux (cochon ou agneau de lait corse aux herbes, légumes du jardin, encornets farcis au *brocciu* et risotto...). On peut aussi se contenter d'un bel apéro dînatoire. Également des chambres.

Où acheter des produits corses à Calenzana et dans les proches environs ?

Biscuiterie artisanale E. Fritelle : *résidence Fabiani, bd Marini. ☎ 04-95-62-78-17. • efritelleperrin@orange.fr • En été, lun-ven 7h-19h, sam 8h-12h.* Une petite pâtisserie corse bien connue dans la région pour ses beignets chauds, ses gâteaux secs à base de farine de châtaigne, mais aussi les *cuggiulelle (ou cujuelle)*, des biscuits sans œufs ni lait, mais au vin blanc.

U Castellu di Santarellu : *3, pl. Prince Pierre. ☎ 04-95-62-72-31. En été, tlj 7h-23h.* Une biscuiterie artisanale ouverte depuis 1948 ! Comme son voisin, spécialité de *cuggiulelle.* Terrasse en face pour les déguster avec un café.

Coutelier Jean-Charles Bianconi : *au centre de Calenzana. Juste avant la place, prendre la rue qui descend puis la 1re à gauche, c'est à 30 m sur la gauche. 06-17-47-24-22.* Ce coutelier fabrique ses couteaux de A à Z, avec des lames en acier-carbone et des manches en cornes de brebis. On peut le voir travailler dans son atelier-garage, ouvert sur la rue. Pas donné, mais la qualité est à ce prix.

Domaine Orsini : *sur la route de Calenzana à Calvi (à mi-chemin), sur la gauche. ☎ 04-95-62-81-01. Tlj 9h-12h30, 14h-19h.* Dégustation et vente des vins du domaine (blanc, rosé, gris et rouge). Également liqueurs, confitures, pâtes de fruits et maquisettes (bonbons).

Fête et manifestations à Calenzana et dans les proches environs

– ***Fête de Sainte-Restitude :*** *w-e le plus proche du 21 mai.* 2 processions importantes, conclues par une *merendella* (pique-nique géant). Très convivial.

– ***Foire de l'olivier*** *(fiera di l'alivu)* ***de la commune de Montegrosso :*** *w-e mi-juil à* ***Montemaggiore,*** *à 11 km de Calenzana par la D 151. • fieradilalivu@wanadoo.fr •*

L'olive de Balagne est dignement honorée pendant 2 jours. Une centaine d'artisans, animations pour enfants, spectacles et concerts en soirée, etc. Et l'occasion d'acheter de l'huile d'olive extra.
– ***Rencontres de Calenzana :*** *5 j., en principe juste après le 15 août.* • *musical-calenzana.com* • Festival dédié aux musiques classiques et contemporaines. Extra.

DANS LES ENVIRONS DE CALENZANA

La chapelle Sainte-Restitude : *sur la route de Zilia, à 1 km à gauche.* Dans la crypte, sous le chœur, un étonnant sarcophage en marbre blanc renferme les restes de sainte Restitude, suppliciée en 304 à Calvi. Pièce unique, il daterait du IVe s de notre ère et porte le monogramme du Christ et des dauphins, symboles d'immortalité. Pour visiter la chapelle, demander en principe les clés au bureau de tabac dans la rue en biais partant de l'église Saint-Blaise, dans le centre de Calenzana. Ne pas confondre avec le bar-tabac juste à côté de l'église.

La route de Calenzana à Cateri (vers les villages de Balagne) : après avoir croisé la chapelle Sainte-Restitude, la D 151 s'élève vers ***Zilia,*** à environ 5 km de Calenzana ; le village, typique, est connu pour son eau de source, embouteillée ici et largement distribuée dans l'île. Plus loin, il faut quitter la départementale pour entrer dans le pittoresque village de ***Cassano,*** sur la gauche. On accède à la place de l'Église en passant sous une arche basse. On peut aller de Zilia à Cassano à pied en descendant vers la rivière (passer devant le cimetière, puis la chapelle Saint-François) puis en remontant vers Cassano. Environ 1h. En continuant vers Cateri, on rejoint l'itinéraire des villages de Balagne décrit précédemment. Cette portion de route offre de larges panoramas sur la côte. Splendide.

Randonnée dans le cirque de Bonifato

Le cirque de Bonifato est, avec le massif de Bavella, le plus bel ensemble d'aiguilles de toute la Corse, un espace minéral grandiose teinté par le rose du granit et par l'obstination des pins laricio à accrocher leur verdure dans les recoins escarpés les plus improbables.

Une ***variante du GR 20*** traverse le cirque de Bonifato. Accès possible à partir du parking de *L'Auberge de la Forêt* (voir plus haut « Où dormir ? Où manger à Calenzana et dans les environs ? »). Attention, cette rando, assez facile pour certains, est très ardue pour d'autres. On conseille de vous informer au point info du Parc à Calenzana : topoguide et infos météo. Parking payant.

Randonnée pédestre Mare e Monti

De Calenzana partent les 2 sentiers de randonnée les plus glorieux de Corse : le GR 20 et le Mare e Monti qui rejoint Cargèse.
Balisé en orange, le Mare e Monti est divisé en 10 étapes de 4 à 6h. Possibilité de réduire à 7 jours pour les très bons marcheurs. Les gîtes d'étape sont généralement ouverts au minimum du 1er avril au 30 septembre.

➢ Sortir de Calenzana par le sud-est jusqu'à la fontaine d'Ortiventi. À env 100 m de la fontaine, on quitte l'itinéraire commun avec le GR 20 pour se diriger à l'ouest vers ***Bonifatu*** (L'Auberge de la Forêt, ☎ *04-95-65-09-98 ; voir plus haut)* puis vers *bocca a u Corsu.* Les gîtes sont ensuite classés par communes (ou hameaux) : ***Tuarelli*** (*gîte* L'Alzelli, ☎ *04-95-57-63-34*) ; ***Galéria*** (Étape Marine, ☎ *04-95-62-00-46*) ; ***Girolata*** (Le Cormoran Voyageur, ☎ *04-95-20-15-55*) ***Curzu*** (☎ *04-95-27-31-70*) ; ***Ota*** (*gîte et resto* chez Félix, 📱 *06-22-47-98-87* ; Chez Marie, ☎ *04-95-26-11-37*) ; ***Évisa*** (U Poghju, ☎ *04-95-26-21-88*) ; ***Marignana*** (Ustaria di A Rota ☎ *04-95-26-21-21*) ; puis ***Cargèse,*** où l'*Hôtel Saint-Jean* (☎ *04-95-26-46-68*) accueille les randonneurs.

LA CÔTE OUEST ENTRE LA BALAGNE ET AJACCIO

Un secteur parmi les plus spectaculaires de Corse, avec d'abord la paisible Galéria, comme alanguie et presque oubliée, puis le fort contraste des *calanche* de Piana, pics rouge sombre surgis des flots et tout découpés, sculptés de formes fantastiques... L'arrière-pays en montant vers Évisa est magnifique aussi, comme aux abords de la forêt d'Aïtone. Mais attention, la route côtière est très étroite, sinueuse et à flanc de falaise – plus d'une fois, en croisant, on se fait des frayeurs, surtout dans le sens nord-sud, où l'on côtoie le précipice. Donc allez-y doucement et attention dans les virages, klaxonnez sans hésiter pour vous signaler. Ceux qui ont facilement le vertige prendront la route de l'intérieur et rejoindront la côte à Galéria. Mais ils ne gagneront que 5 km et manqueront un sacré spectacle ! Attention : la route est vraiment très étroite sur 32 km (jusqu'au pont de Galéria), et le revêtement, à partir du 14e km, au départ de Calvi, est mauvais. Plus loin, des travaux ont été effectués entre le col de Croce et Porto, mais si le revêtement au sol est meilleur et la route élargie, les virages sont toujours là ! L'itinéraire se termine tranquillement, avec un relief plus doux et les belles plages de Cargèse à Tiuccia.

GALÉRIA (GALERIA) (20245) 340 hab.

À l'exception du vieux village qui se concentre autour de l'église à flanc de colline, Galéria ne présente, au premier abord, guère d'unité. Même en plein cœur de l'été, c'est l'une des places les plus tranquilles de Corse. Il faut dire que l'on est vraiment loin de tout. Le village a été fondé par des montagnards du Niolu, qui descendaient de leurs hauteurs et faisaient paître leurs troupeaux sur le littoral en hiver.

LA TOMME OUI, L'ATOME NON !

En 1960, le 1er ministre Michel Debré annonça que le gouvernement choisissait une mine abandonnée de l'Argentella, à quelques kilomètres au nord de Galéria, pour y mener des expérimentations nucléaires. Face à la mobilisation des élus et de la population, il ne fallut pas plus de 3 semaines pour que l'État range le projet dans les cartons. 6 ans plus tard, les 1ers essais nucléaires débutaient en Polynésie française, à Mururoa.

➢ On est ici dans le parc naturel régional, au débouché de la vallée du Fangu et aux portes de la réserve naturelle de Scandola, accessible seulement par la mer et qui sert de refuge à des milliers d'oiseaux marins.

2 plages, dont la plus belle, la plage de la Tour, est à 10 mn à pied du centre (gravier gris).

Arriver – Quitter

En bus

➤ ***De/vers Calvi :*** en été, 1 liaison/j. ; 45 mn de trajet. Avec les autocars *SASAIB* (ligne Porto-Calvi), en principe début mai-fin sept, lun-sam et tlj en juil-août, à 4 km de Galéria, au carrefour du Fango (pont), face à l'office de tourisme.
➤ ***De/vers Porto :*** l'autocar *SASAID*, au retour de Calvi, continue sur Porto (arrêt dans l'ap-m devant l'office de tourisme, carrefour du Fango). Env 2h de trajet.

Adresse utile

ℹ ***Bureau d'information touristique de Galéria-Filosorma :*** *dans un préfabriqué au carrefour du Fangu, à l'embranchement Porto-Calvi, à 4 km du centre.* ☎ *04-95-62-02-27.* • *balagne-corsica.com* • *En juil-août, lun-mer 9h-18h, jeu-sam 9h-16h30, plus dim 9h30-12h30. Mai-juin et sept-oct, lun-ven 9h-13h, 13h30-16h30.*

Où dormir ? Où manger à Galéria et dans les environs ?

Plusieurs de nos adresses sont au hameau de Fango, à 4 km de Galéria, direction Porto.
– ***Camping-cars :*** parking payant 24h/24 à l'entrée de Galéria (et aux voitures aussi). Mais ni eau ni électricité, même pas d'ombre. Et cher en plus *(env 15 € la nuit !).*

Gîtes d'étape

🏠 🍽 ***Gîte A Funtana*** *(Gîtes de France) : au hameau de Monte Estremo, 20245* ***Manso.*** 📱 *06-15-43-84-54.* • *jmcosta@wanadoo.fr* • *gite-afuntana.jimdofree.com* • *Plus haut que Manso (continuer la D 351 jusqu'au bout de la route). De mi-avr à fin oct. Env 47 €/pers en ½ pens. Couchage seulement 25 €/pers. CB refusées.* Un gîte récent avec vue évidemment imprenable sur la vallée du Fango et environnement sauvage à souhait. 4 chambres (pour 4-6 personnes) et 1 dortoir. Excellent accueil de Corinne et Jean-Marie. Une bonne adresse où l'on mange bien également.
⛺ 🏠 ***Gîte L'Étape Marine :*** *dans le village, suivre les panneaux indiquant l'hôtel* Stagnolu *et l'*Idéal Camping. ☎ *04-95-62-00-46.* • *baptiste.acquaviva@orange.fr* • *D'avr à mi-oct. Compter 50 € en ½ pens. Possibilité de camper 10,50 €/pers. Hébergement en chambre pour 2 à 4 pers.* Quelques emplacements de camping pour les randonneurs.

De prix moyens à plus chic

🏠 ***Chambres d'hôtes A Martinella :*** *à 100 m de la plage, sur la route du Port.* ☎ *04-95-62-00-44.* ♿ *Avr-fin oct. Doubles 65-80 €, petit déj 7€. CB refusées.* Dans une grande maison récente avec jardin, Mme Corteggiani propose des chambres fonctionnelles, spacieuses et bien tenues, la plupart de plain-pied avec terrasse. Bien agréable, donc, d'autant que le niveau de confort est bon (clim et frigo). Et puis la plage est à 2 pas !
🏠 ***Chambres d'hôtes La Casaloha :*** *hameau de* ***Fango,*** *juste après le pont.* ☎ *04-95-34-46-95.* 📱 *06-12-88-14-10.* • *lacasaloha@gmail.com* • *casaloha.jimdofree.fr* • *Fermé nov-mars. Doubles 75-85 € ; familiale. CB refusées.* Jean-Pierre et Isabelle Corteggiani aiment voyager. Ils accueillent par conséquent leurs hôtes comme des amis (l'esprit d'ouverture !) et ont décoré leurs chambres de façon thématique (« l'Hawaïenne »,

« l'Indienne »...). Charmante et très cosy, chacune dispose d'un balcon ou d'une terrasse. Agréable jardin pour prendre le petit déjeuner. Que demander de plus ? Une piscine chauffée ? Ça tombe bien, car il y en a une !

Hôtel U Palazzu : *route du Bord-de-Mer, à 100 m de la plage. ☎ 04-95-62-03-61. • contact@palazzu.com • palazzu.com • Resto mai-sept. Congés : oct-avr. Doubles 65-140 € ; studios et apparts. ½ pens possible.* D'accord, ce petit établissement récent n'est pas vraiment donné en haute saison, mais compte tenu de l'accueil sympa, de sa situation et des bonnes prestations (piscine très agréable, chambres impeccables et coquettes, avec clim et TV), on en a pour son argent.

Hôtel Stella Marina : *face au petit port de Galéria. ☎ 04-95-62-00-03. • hotel-marina@wanadoo.fr • Mai-sept. Doubles 60-100 €.* Charmant petit hôtel familial, idéalement situé au bout de la plage. Des chambres refaites au goût du jour, confortables (clim), de bon volume, toutes avec balcon. En prime, une belle piscine à débordement surplombant la mer. Un très bon rapport qualité-prix-accueil !

Hôtel Cinque Arcate : *à* ***Fango,*** *au carrefour du pont (routes pour Calvi ou Porto). ☎ 04-95-65-02-24. • hotel.5arcades@wanadoo.fr • hotelcorse-galeria.com • Juin-sept. Doubles 58-88 € ; triples.* Bon accueil dans ce petit 2-étoiles sans prétention, équipé d'une agréable piscine. Chambres simples, propres et tranquilles. Les enfants des charmants propriétaires tiennent le restaurant *Ponte Vecchiu* (voir plus loin).

Auberge de Ferayola : *à* ***Argentella,*** *à env 8 km du pont de Galéria, sur la gauche de la route quand on vient de Calvi. ☎ 04-95-65-25-25. • info@ferayola.com • ferayola.com • De mi-avr à fin sept. Doubles env 60-135 € ; familiales ; ½ pens possible. Remise de 10 % sur le prix des chambres de mi-avr à fin mai sur présentation de ce guide.* Ça fait du bien de trouver cette auberge sur cette étroite route qui compte peu d'adresses où se poser. Les chambres sont confortables et bien aménagées, avec petite terrasse pour celles qui donnent côté mer. Également des chalets pour 2 à 5 personnes à louer à la semaine, ou à la nuit hors saison. Piscine agréable et ombragée. Restaurant.

L'Artigiana : *avt l'entrée de Galéria, sur la gauche, au-dessus du parking de la Tour. 06-13-57-78-18. • lara.wolff@wanadoo.fr • Mai-sept, tlj 12h-21h30 (17h en mai). Parts de tarte et sandwichs env 5-7 €, plateaux 12,50-18,50 €. CB refusées.* L'« artisane », c'est Lara, aidée par sa fille Julie, qui puise dans sa propre production de tomates, courgettes et aubergines (le jardin est à côté) pour nous régaler de superbes tartes, de planches gourmandes, mais aussi de falafels ou de *Buddha bowls* réalisés avec amour. On s'installe à l'une des tables en bois, bien ombragées, face à la mer, et on passe un joli moment, empreint de simplicité et d'authenticité. Pour prolonger le plaisir, de bons produits sont proposés dans sa petite échoppe (fromage, saucissons, confiture, miel...). Une halte chaudement recommandée.

Restaurant Ponte Vecchiu : *à 8 km de Galéria, sur la route de Manso, au niveau du pont génois sur le Fango, 1 km après l'embranchement. ☎ 04-95-62-00-66. • candella@orange.fr • De mi-mai à mi-sept, tlj le soir seulement. Pizzas 10-12 € ; menu 25 €. Digestif offert sur présentation de ce guide.* Dans une maison récente recouverte de pierre du pays, avec terrasse, un resto plébiscité par les locaux pour ses pizzas au feu de bois et sa bonne cuisine corse traditionnelle. Le secret ? Les charcuteries et le veau viennent de la ferme familiale ! Accueil jeune et sympa.

À faire

➢ Promenades en mer pour Girolata avec **Galeria Marina.** *Au port. 06-12-52-63-53. • visite-scandola.com • Tarifs : 35 € pour 2h et 55 € pour 4h de balade ; gratuit pour les enfants qui restent sur les genoux de leurs parents (jusqu'à 5 ans env).* Le 1er circuit, le plus court, permet, en un temps record et en petit comité (12 personnes sur le *taxi boat*), de longer la réserve de Scandola. Commentaires intéressants. Le circuit complet inclut une halte à Girolata, ainsi qu'une baignade et l'apéro.

Randonnées pédestre et aquatique

Galéria est une étape sur le très beau sentier ***Mare e Monti,*** qui relie Calenzana à Cargèse en 10 jours.

➢ De Galéria, en 6h de marche, on peut rejoindre Girolata par un tronçon (superbe) de cet itinéraire (balisé en orange). Une balade de 2 jours, donc, avec une nuit à Girolata (gîte) ; voir plus haut les infos dans la rubrique « Randonnée pédestre Mare e Monti » à Calenzana.

➢ ***Balade en kayak dans l'embouchure du Fango :*** *à l'arrivée sur le parking de la Tour, se garer et prendre sur la droite le chemin qui mène au Fango (panneau). 06-22-01-71-89. • delta-du-fangu.com • Juin-sept, tlj 10h-18h. Durée : 1h. Env 6 €/pers.* Henri, grâce à son travail, a redonné vie à ce petit bout de rivière, qu'il a nettoyé, qu'il entretient et qu'il protège. Il loue des canoës (monoplaces ou biplaces) qui permettent d'observer la flore et la faune (notamment des tortues) au milieu des bouquets de joncs en empruntant les petits bras d'eau. En été, superbes nénuphars (pas touche !). Balade sympa comme tout.

DANS LES ENVIRONS DE GALÉRIA

La vallée du Fango (Fangu) **:** *du hameau de Fango, à 6 km à l'est de Galéria, jusqu'au hameau de Barghiana, la D 351 longe le torrent du Fango, en le surplombant.* Très belle promenade de 11 km dans le Filosorma (ou Falasorma), microrégion particulièrement belle. La forêt du Fango, la plus vaste forêt de chênes verts de Corse (et même d'Europe, ce qui lui vaut d'être classée réserve de biosphère, comme tout le bassin-versant du Fango, alors qu'une partie de la haute vallée du Fango est un site Natura 2000), couvre les pentes des montagnes tandis que la rivière décrit des piscines naturelles en porphyre rouge dans lesquelles c'est un régal de se baigner en été aux heures chaudes. On peut y observer des oiseaux comme le martin-pêcheur ou le héron cendré. Parking payant *(4 €)* au ponte Vecchiu, où l'on trouvera des infos auprès des écogardes. Attention de ne pas se garer n'importe où.
Plus on avance dans la vallée, moins l'accès à la rivière est facile et, bien sûr, moins il y a de monde. Jusqu'à Pirio (parking), situé après Tuarelli, pas trop de problèmes pour rejoindre le lit. Plus loin, en direction de Manso, la descente devient beaucoup plus abrupte. Mais quel environnement ! Un tronçon du sentier Mare e Monti (balisé en orange) longe la rivière du gîte de Tuarelli au ponte Vecchiu. Durée de cette belle promenade : 1h30 l'aller.

PORTO (PORTU)

(20150 ; commune d'Ota)

• Plan Porto *p. 163* • Carte Porto et ses environs *p. 169*

On accourt de partout pour admirer ici l'un des plus beaux couchers de soleil de Méditerranée... De Galéria, il n'y a guère que 50 km de route, mais ils paraissent plutôt longs. Symbole bien connu de l'endroit, une tour génoise carrée, au sommet d'un gros rocher battu par les vagues. À côté,

une plage de galets belle et grise, au fond d'un golfe extraordinaire, comme taillé à grands coups de hache dans les flancs d'une montagne. Ce golfe de Porto (c'est-à-dire l'ensemble que constituent les *calanche* de Piana, le golfe de Girolata et la réserve de Scandola) est inscrit au Patrimoine mondial de l'Unesco, et c'est bien mérité.

Le village, côté marina, peut ne pas plaire autant... On a construit « moderne », et même sacrifié de vénérables allées d'eucalyptus...

Attention, les plages de galets du secteur de Porto (comme celle de Bussaglia) sont très dangereuses quand il y a des rouleaux. D'ailleurs, à Porto, la baignade – surveillée – est alors interdite (et les amendes tombent sur les inconscients qui s'y risquent quand même).

Arriver – Quitter

➢ ***De/vers Ajaccio :*** avec les *Autocars Ceccaldi* (☎ 04-95-21-38-06 ; 📱 06-09-96-15-37 ; ● autocars-ceccaldi-ajaccio.fr ●). Juil-août, en principe 2 liaisons/j. Sept-juin : 1 bus/j. lun-sam. Le bus part d'Ota et dessert en chemin Piana, Cargèse, Sagone et Tiuccia. Trajet : 2h15.

➢ ***De/vers Calvi :*** avec les *Autocars SASAIB/Ceccaldi Voyages* (☎ 04-95-22-41-99 ; ● autocars-iledebeaute-ajaccio.fr ●). Mai-sept, 1 liaison/j. le mat, dans le sens Porto-Calvi, tlj sauf dim et j. fériés (tlj juil-août). Dessert Serriera, Partinello, Curzo, le col de la Croix, le carrefour du Fango (à 4 km de Galéria), le carrefour de Bonifato. Retour l'ap-m.

Adresses utiles

ℹ ***Office de tourisme intercommunal Ouest Corsica Ota-Porto*** *(plan zoom)* **:** *pl. de la Marine, dans l'ancien aquarium.* ☎ *04-95-26-10-55.* ● *ouestcorsica.com* ● *Juin-sept, tlj sauf dim ; oct-avr, lun-ven seulement.* Riche documentation et excellent accueil. Guides de randonnées en vente. Expo temporaire gratuite dans la salle voûtée.

■ ***Distributeurs automatiques de billets :*** *à la* ***poste,*** *entre le village et la marina, et au* ***Crédit agricole*** *(marine).*

🚗 ***Taxis : Taxi Évisa,*** 📱 *06-14-15-46-27.*

■ ***Porto Location*** *(VTT et mountain bikes)* **:** *Porto-Village, en face du supermarché.* ☎ *04-95-26-10-13. Env 25 €/j. pour un VTC ; tarif dégressif pour plusieurs j.* Loue également des voitures et des scooters.

Où dormir ?

Beaucoup d'hôtels-restaurants se disputent le touriste... Hors saison ou en mi-saison, il arrive qu'on casse les prix. Il arrive aussi que les campings soient plus que bondés en très haute saison, avec plusieurs tentes par emplacement...

Campings

⛺ ***Camping Le Porto*** *(plan B2,* ***7****)* **:** *à Porto-Village.* ☎ *04-95-26-13-67.* 📱 *06-85-41-50-74.* ● *campingleporto@gmail.com* ● *camping-le-porto.com* ● *Prendre le petit chemin (fléché) sur la gauche à la sortie du village sur la D 81, direction Piana. 15 juin-30 sept. Compter 19-22 € pour 2 avec tente et voiture.* Petit camping au calme installé dans un ancien verger. Emplacements sur d'adorables petites terrasses. On plante sa tente à l'ombre d'un treillage où s'accroche la vigne, ou sous un cerisier. Accueil familial et vraiment sympa. Pas de locatifs, un vrai camping pour campeurs, quoi ! Piscine naturelle à 5 mn à pied.

⛺ ***Camping Funtana al Ora*** *(hors plan par B2,* ***8****)* **:** *route d'Évisa (à env 2 km).* ☎ *04-95-26-11-65.* ● *funtana.contact@gmail.com* ● *funtanaalora.fr* ●

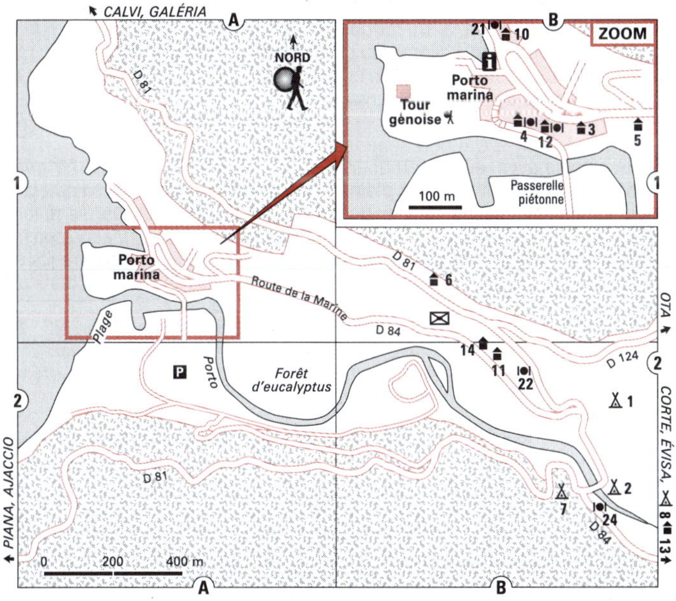

PORTO

■ Adresse utile

- Office de tourisme intercommunal Ouest Corsica Ota-Porto (zoom)

Où dormir ?

- **1** Camping Sole e Vista (B2)
- **2** Hôtellerie de plein air Les Oliviers (B2)
- **3** Hôtel Brise de Mer (zoom)
- **4** Le Belvédère (zoom)
- **5** Hôtel Le Marina (zoom)
- **6** Bella Vista (B1)
- **7** Camping Le Porto (B2)
- **8** Camping Funtana al Ora (hors plan par B2)
- **10** Hôtel Subrini (zoom)
- **11** Hôtel Bon Accueil (B2)
- **12** Hôtel Le Romantique (zoom)
- **13** Casa del Torrente (hors plan par B2)
- **14** Hôtel Le Vaïta (B1-2)

Où manger ?

- **4** Le Belvédère (zoom)
- **12** Hôtel Le Romantique (zoom)
- **21** Restaurant La Mer (zoom)
- **22** Restaurant Romulus (B2)
- **24** Le Moulin (B2)

♿ *Avr-oct. Compter env 19-29,80 € pour 2 avec tente et voiture ; location de mobile homes et chalets (2-6 pers). CB refusées.* Beaux espaces en terrasses, avec beaucoup d'arbres. Un site vraiment relax et une bonne ambiance familiale, même s'il y a du monde en août (comme partout). Sanitaires en nombre suffisant et bien entretenus. Piscine chauffée, terrains de basket, de football, et bien sûr le bar et la pizzeria. Baignade dans le torrent à 200 m seulement. Excellent accueil.

Camping Sole E Vista *(plan B2, **1**) : derrière le Spar, sur les hauteurs. ☎ 04-95-26-15-71. • camping.soleevista.porto@gmail.com • camping-sole-e-vista.fr • Avr-oct. Pour 2, compter env 20-35 € ; nombreux locatifs.* Vaste camping très fleuri, étagé sur plusieurs niveaux, avec des emplacements peu (ou pas) délimités mais correctement ombragés. En août, évidemment, on a du coup tendance à s'entasser... Nombreux bungalows et un nouveau concept, le *Lodge Club,* avec des hébergements originaux (« bivouac », « paillote », « trappeur ») pour 2 à 6 personnes. Grande piscine avec jeux d'eau pour les enfants, espace fitness en plein air et restaurant (pizzas au feu de bois).

Hôtellerie de plein air Les Oliviers *(plan B2,* ***2****) : juste au niveau du pont, à l'entrée de Porto-Village en venant de Piana. ☎ 04-95-26-14-49. • lesoliviersporto@wanadoo.fr • camping-oliviers-porto.com • Fin mars-début nov. Compter 24-32,60 € pour 2 avec petite tente et voiture ; loc de roulottes et chalets (2-8 pers).* Très beau camping, bien organisé, avec des emplacements pas bien grands mais étagés sur la colline. Ensemble bien ombragé par de généreux arbres. Belle piscine chauffée, aménagée avec faux rochers, parasols, transats et séduisante terrasse de bois. Grande salle de muscu-fitness, très bien équipée (accès gratuit pour les campeurs). Pizzeria, bar, sauna. Sentier botanique et rivière à 2 pas pour la baignade en milieu naturel. Et pas mal d'animations en saison.

Chalets

Casa del Torrente *(hors plan par B2,* ***13****) : à 1,5 km de Porto, route d'Évisa. ☎ 04-95-22-45-14. • casadeltorrente.residence@gmail.com • casadeltorrente.com • Fin mars-début nov. Pour 4 pers, 570-1 350 €/sem, 90-200 €/nuit. CB refusées.* Un charmant ensemble de chalets en bois accueillant de 2 à 10 personnes (avec 2 ou 4 chambres, dont 1 avec lits superposés). Un peu trop rapprochés les uns des autres, ils sont cependant de bon confort : literie très convenable, suffisamment d'ustensiles de cuisine... D'ailleurs, celle-ci se trouve, selon les modèles, à l'intérieur du chalet ou sur la terrasse. Accès direct à une plage privée au bord de la rivière. Accueil dévoué et sympa d'Esteban, le jeune propriétaire.

De prix moyens à chic

Hôtel Le Vaïta *(plan B1-2,* ***14****) : route de la Marine, quartier Vaïta. ☎ 04-95-26-10-37. • hotel-vaita@wanadoo.fr • le-vaita.com • ♿ Fermé oct-mars. Doubles 54-85 € ; familiales. Apéritif offert sur présentation de ce guide.* Une bonne adresse dans sa catégorie. Les chambres, rénovées, se révèlent agréables (avec clim, TV et balcon côté rue). On aime moins les couvre-lits et la moquette, mais l'accueil est particulièrement chaleureux.

Hôtel Bon Accueil *(plan B2,* ***11****) : route de la Marine, quartier Vaïta. ☎ 04-95-26-19-50. • ba20150@orange.fr • bonaccueilporto.com • Ferlé déc-janv. Doubles env 59-79 € ; familiales.* Petit hôtel classique, fonctionnant à l'année, avec son bar et ses habitués, proposant des chambres sans prétention donnant sur rue ou sur une agréable cour intérieure fleurie. Ne pas s'attendre à du grand luxe : c'est propre, très simple, et les salles de bains sont souvent riquiqui. Mais en bonus, une cuisine équipée à disposition donnant sur une terrasse ombragée pour prendre ses repas. Accueil souriant.

Hôtel Brise de Mer *(plan zoom,* ***3****) : à Porto-Marina. ☎ 04-95-26-10-28. • brise-de-mer@wanadoo.fr • brise-de-mer.com • De mi-avr à mi-oct. Doubles env 60-95 €. ½ pens possible.* Chambres claires à la déco d'une redoutable sobriété, mais d'un bon rapport confort-prix : toutes ont douche ou bains et w-c, clim, double vitrage, TV et un balcon agréable. Demandez-en une avec vue sur la mer. Fait resto-pizzeria.

Hôtel Le Romantique *(plan zoom,* ***12****) : sur le port. ☎ 04-95-26-10-85. • info@hotel-romantique-porto.com • hotel-romantique-porto.com • De mi-avr à mi-oct. Doubles env 75-99 € selon saison. Repas env 25-30 €.* Seulement une douzaine de chambres, mais confortables (clim, coffre, double vitrage) et refaites (literie et mobilier neuf), toutes avec balcon offrant une vue dégagée sur la mer. Un bon établissement, sérieux et sans histoires. Bon restaurant en terrasse face aux bateaux, proposant un menu corse goûteux et des plats express (omelette aux châtaignes, ravioles, croque-corse) : idéal pour le midi avant une sortie en mer.

De chic à plus chic

Hôtel Le Marina (plan zoom, **5**) : *juste avt l'entrée de Porto-Marina, à gauche.* ☎ *04-95-26-10-34.* • *hotelmarinaporto@yahoo.fr* • *hotel-lemarina-porto.com* • *De fin avr à mi-oct. Doubles 80-133 €. Parking.* Le Marina est un établissement bien tenu (chambres avec balcon, classiques et sans mauvaise surprise), mais il se distingue surtout grâce à 2 atouts : sa piscine plus qu'agréable au bord de la rivière et sa tranquillité (un peu en retrait de la route, il est central tout en se préservant de l'agitation). En plus, l'accueil est sympa.

Bella Vista (plan B1, **6**) : *route de Calvi.* ☎ *04-95-26-11-08.* • *info@hotel-bellavista.net* • *hotel-corse.com* • *Fermé en nov. Doubles standard env 60-100 €, supérieures 70-170 € ; familiales.* Un charmant petit établissement offrant de jolies chambres rénovées et confortables (clim, TV). Toutes sont différentes et dans des gammes de prix étendues pour tous budgets. Vue sur le jardin ou sur la montagne (certaines disposent de super terrasses !). Excellent service qui compense le fait que l'hôtel soit un peu éloigné du port. Petit déjeuner de grande qualité.

Le Belvédère (plan zoom, **4**) : *à Porto-Marina.* ☎ *04-95-26-12-01 (hôtel), 04-95-26-82-13 (restaurant).* • *info@hotelrestaurant-le-belvedere.com* • *hotelrestaurant-lebelvedere-porto.com* • ♿ *Fermé fin oct-fin mars. Doubles 50-115 €. Repas env 25-35 €.* Un établissement parfaitement tenu, aux chambres classiques de très bon confort, la plupart avec balcon et même une terrasse pour les catégories supérieures. Si l'on peut, choisir une de celles côté port, quelle jolie vue ! On a également affaire à une vraie table, à la cuisine élaborée et de qualité régulière, servie sur une terrasse superbe, donnant sur le port. Accueil prévenant.

Hôtel Subrini (plan zoom, **10**) : *à Porto-Marina.* ☎ *04-95-26-14-94.* • *subrini@hotels-porto.com* • *hotel-lesubrini-corse.com* • ♿ *Pâques-Toussaint. Doubles 70-120 € ; familiales.* Un établissement de bon confort général, très propre, aux chambres fonctionnelles assez spacieuses et dotées d'une loggia et d'un petit balcon. Accès libre et gratuit à la piscine de l'*Hôtel Idéal* à côté (même proprio). Propose également des sorties en mer (réduc de 15 % pour les résidents).

Où manger ?

De prix moyens à chic

Sur le port des bateaux d'excursion, les hôtels **Le Romantique** *(plan zoom,* **12***)* et **Le Belvédère** *(plan zoom,* **4***)* chacun avec une agréable terrasse, proposent une bonne cuisine (voir « Où dormir ? »).

Le Moulin (plan B2, **24**) : *après le pont, au début de la route d'Évisa (D 84).* ☎ *04-95-26-12-09.* • *lemoulindeporto@gmail.com* • *Avr-nov ; tlj. Menus env 22,50-25 €.* À l'écart du port, en bordure de la rafraîchissante rivière, *Le Moulin* propose une copieuse cuisine corse avec au menu : charcuterie, soupe, veau, sanglier, cannellonis au *brocciu,* fromage local ; le plateau découverte est composé d'un peu de tout (en plus petite portion heureusement !). Service gentil comme tout.

Restaurant Romulus (plan B2, **22**) : *route de Calvi.* ☎ *04-95-26-11-58.* • *restaurant.romulus@wanadoo.fr* • *Fermé oct-avr. Menu 27 €.* Menu corse classique, pâtes, mais aussi viandes et poissons, ainsi que de bons desserts comme le tiramisu au granola.

Restaurant La Mer (plan zoom, **21**) : *tt au bout de la marina, face à la tour génoise.* ☎ *04-95-26-11-27.* • *laora5@wanadoo.fr* • *De mi-avr à fin oct ; tlj midi et soir. Formule à midi en sem 20 € ; plats 18,50-26 €.* Elle passerait presque inaperçue, cette maison en pierre de taille retirée au bout du quai, avec sa belle terrasse à l'étage ombragée par des mûriers-platanes. La vue est plus qu'agréable, l'atmosphère tranquille, loin du passage : idéal pour profiter de la formule déjeuner de bon aloi. À la carte, c'est autre chose. Plats travaillés avec finesse, tournés vers les produits... de la mer, évidemment. Également des pizzas.

Où dormir ? Où manger dans les environs ?

Pensez également aux adresses situées à Ota et à Évisa (voir plus loin).

Camping E Gradelle : *20147* ***Osani,*** *à env 20 km au nord de Porto, route de Galéria. ☎ 04-95-27-32-01. • camping-gradelle@orange.fr • camping-corsica-gradelle.com • À 21 km au nord, au niveau du col de la Croix, petite route à gauche, étroite et sinueuse, qui mène à Osani et se poursuit jusqu'à la plage de Gradelle, 4 km plus bas. Camping à 300 m de la plage (de galets). Mai-sept. Compter env 28 € pour 2 avec voiture et tente.* Camping en terrasses de confort modeste (sol caillouteux), mais en pleine nature, tranquille et ombragé par des oliviers et chênes-lièges. Petit bar sympa avec restauration le soir. En revanche, le camping ne prend pas de résa : 1er arrivé, 1er servi. Passez un coup de fil avant de prendre la route, la descente paraît longue ! Location de Zodiac et kayaks sur la plage : un bon plan pour visiter les criques, et pas si cher.

Maison d'hôtes L'Alivi : *à* ***Serriera,*** *à 6 km au nord de Porto. ☎ 09-74-56-38-98. 📱 06-17-55-90-51. • l-alivi@orange.fr • usterialalivi.fr • Fermé de nov à mi-mars. 70-80 €/pers en chambre double. Menu 28 €.* Au cœur du village, une maison traditionnelle restaurée dans le respect du patrimoine local qui propose 5 chambres joliment décorées. Resto *L'Usteria* (ouvert à tous) très sympathique installé dans un ancien moulin à huile. Excellente cuisine de Régine Luccioni, à base de produits locaux. Des soirées thématiques sont organisées (œnologie, chants corses ; etc.). Très convivial.

Restaurant Les Galets : *plage de Bussaglia, à* ***Serriera.*** *☎ 04-95-26-10-49. 📱 06-88-96-04-62. • serriera@wanadoo.fr • Mai-sept, tlj. Assiette repas-corse 19 €, plats 17-23 €, pizzas et moules 10-15 €.* Plus qu'un resto de plage, un lieu familial et convivial où l'on mange très bien. Françoise, la patronne, concocte une belle cuisine corse terre-mer à base de produits de grande qualité : loup grillé, tartare de thon au gingembre, carré d'agneau au miel, lasagnes à la brousse. Le soir, le pizzaïolo cuit au feu de bois de délicieuses pizzas croustillantes à souhait. Location de kayaks de mer.

À voir. À faire

La tour génoise *(plan zoom)* **:** *☎ 04-95-26-10-05. De mi-avr à mi-oct, tlj 9h-18h (19h juil-août). Fermé en hiver. Entrée : 2,50 € ; gratuit - de 7 ans.* Historiquement connue sous le nom de tour de Sia, l'une des 1res construites par Gênes. On peut y grimper et profiter depuis sa terrasse du panorama sur le golfe. Abrite une expo permanente sur les fortifications des rivages de la Corse. En contrebas de la tour, une maisonnette renferme une courte expo sur la bruyère (et son importance pour l'économie locale : en 1919, 800 personnes vivaient de l'extraction de souches, utilisées pour la fabrication de pipes).

Les calanche de Piana *(plan Porto et ses environs)* **:** elles commencent à 7 km de Porto, sur la route de Piana. Attention, circulation difficile. Des à-pics vertigineux de 300 m de haut, des falaises de granit rouge (du porphyre) déchiquetées, ravagées par le temps. Maupassant, de passage en 1880, décrivit

ainsi les *calanche* : « Une vraie forêt de granit pourpré [...] des roches aux formes étranges, des moines en robe, diables cornus, oiseaux démesurés, tout un peuple monstrueux, une ménagerie de cauchemar pétrifiée par le vouloir de quelque dieu extravagant. » À voir, si on le peut, aux heures crépusculaires, entre chien et loup. Une brochure, à demander à l'office de tourisme de Porto, recense les formes fantasmagoriques.
Belles balades à faire à travers les pins et les rochers. 5 circuits bien balisés (de 1h30 à 6h de marche aller-retour). Se renseigner à l'office de tourisme (de Piana ou de Porto). En période de sécheresse, l'accès au massif est interdit.

SATAN ET LES *CALANCHE*

La légende raconte que Satan, ne parvenant pas à séduire une bergère corse fière et farouche, piqua une noire colère et décida de rendre l'endroit invivable en créant un chaos rocheux. On peut deviner aujourd'hui les silhouettes rocailleuses d'une bergère et son mari, un cœur entre les époux, la tête d'un chien, un évêque... et bien d'autres formes minérales sorties d'un imaginaire délirant.

***L'ascension du capo d'Orto** (capu d'Ortu)* **:** point culminant des *calanche* (1 294 m), accessible par un magnifique sentier partant du stade municipal de Piana. Compter 5h30 l'aller-retour. Du haut des murailles géantes qui soutiennent le sommet, la vue est fantastique sur le golfe de Porto. Assurément l'une des plus belles randonnées de l'île. Mais attention, très éprouvant, surtout en été. Prévoir au moins 2 l d'eau par personne. Évidemment, être bien chaussé.

Plongée sous-marine

Temps fort de la plongée en Corse. Les eaux cristallines de Porto renferment de « l'or rouge » ; entendez : de précieux jardins de corail rouge par moins de 30 m de profondeur. C'est exceptionnel ! Également de très beaux poissons à proximité immédiate de la réserve de Scandola, interdite à la plongée. En tout, une vingtaine de spots et au moins autant d'émotions.

Club de plongée

■ ***Centre de plongée du golfe de Porto :*** *au port, un petit chalet face à la capitainerie (de l'autre côté de la passerelle). 06-87-23-60-29. • plongeeporto.com • Avr-fin oct. Baptême 75 €, plongée 42-58 € selon équipement, snorkelling 35-45 € selon le lieu. CB et chèques-vacances acceptés.* La plongée en comité restreint est de rigueur sur les embarcations rapides de ce centre sérieux (FFESSM, ANMP et PADI), pour goûter à la beauté des fonds en toute quiétude. Animée par Tomek, une équipe de moniteurs assure baptêmes, formations jusqu'au niveau III et vous guide sur les plus beaux spots du coin. Également du snorkelling, des plongées familiales (avec initiation enfants dès 8 ans) et des sorties à la journée pour vraiment apprécier la beauté des sites.

Nos meilleurs spots

Vardiola : à partir du niveau II. En braquant votre lampe torche sur les parois voûtées de cette surprenante cheminée (de 8 à 33 m), vous enflammez littéralement de somptueux jardins de corail rouge. Mérous et mostelles sont déjà fascinés par l'incendie, alors que de jolies langoustes indifférentes montent la garde auprès des précieuses branches (ne touchez à rien !).

Punta Mucchilina : pour débutants (niveau I et plus). À la limite de la réserve de Scandola, les poissons (mérous, chapons, dentis, mostelles et murènes) ont souvent des tailles impressionnantes. De 17 à 30 m de fond, plusieurs balades possibles : une épave, le *Jean-Mathieu* (19 m), et de beaux tombants. Explo à plus de 40 m pour plongeurs de niveau III.

DANS LES ENVIRONS DE PORTO

Sorties en mer vers Scandola et Girolata : c'est LA balade incontournable des environs de Porto. Alors, certes, ce n'est pas donné, mais il serait tout de même dommage de rater le spectacle fascinant des falaises dentelées plongeant abruptement dans la mer (voir la description plus loin). Une douzaine de compagnies proposent des promenades de 2 à 3h. Vous avez le choix entre les gros bateaux, plus stables et plus confortables, ou les petites unités, plus rapides et donc plus turbulentes, mais qui ont l'avantage de se faufiler facilement parmi les reliefs géologiques, voire au cœur même de failles impressionnantes. Au retour, arrêt possible selon les options au village de Girolata (voir plus loin).

Sorties en mer vers les calanche de Piana : plus courte (compter 1h30) et moins onéreuse, cette balade propose une vision bien différente des *calanche* de celle que l'on peut apprécier par la route. On peut voir aussi de belles tours génoises, des nids de balbuzards accrochés aux falaises, faire une pause baignade dans un lagon paradisiaque et même se faufiler (pour les petites embarcations) dans certaines grottes.

■ ***L'Alpana :*** *06-69-69-04-05. • scandola-girolata-piana.com • Ouv Pâques-Toussaint. Billets au kiosque de la rue piétonne vers la tour génoise, ou, à Piana, à l'épicerie* Castellani. *Résa conseillée. Compter 35 € pour le petit tour (1h30) des* calanche *de Piana-capo Rosso ; 50 € pour celui de Scandola et Girolata (2h30) ; et 65 € pour le grand tour Scandola,* calanche *et Girolata (3h30).* Embarcation familiale de 12 places avec, comme capitaine, François-René qui propose une visite détaillée des grottes avec arrêt baignade en été.

■ ***Le Pass'Partout :*** *06-75-99-13-15 ou 06-85-12-29-15. • lepasspartout.com • Billets au kiosque de la rue piétonne vers la tour génoise, ou chez* Anthony Boutique, *pl. de la Marine. Tte l'année. Prix : env 50-60 € pour le grand tour, 40-45 € pour Scandola et Girolata, 28-30 € pour les* calanche *de Piana.* 3 petits bateaux de 12 personnes (avec sièges ombragés et w-c à bord) et un hybride de 39 places. Sorties pour Scandola avec arrêt à Girolata (3h30) ; pour les *calanche* de Piana et le capo Rosso avec arrêt baignade (1h30) ; ou « l'intégralité des Golfes » (4h). Jeunes capitaines très sympa aux commentaires pleins d'humour. Une compagnie sérieuse gérée par Maud.

■ ***Compagnie Nave Va :*** ☎ *04-95-26-15-16. 06-17-11-63-41. • naveva.com • De Pâques à mi-oct. Kiosque situé devant la terrasse du restaurant* Cyrnée. *Le grand classique est la promenade de 3h15 remontant la côte jusqu'à la réserve de Scandola avec arrêt de 30 mn à Girolata. Prix : 40 €.* Calanche *de Piana 27 €, 48 € pour le grand tour de 4h30. Grosse embarcation, mais la seule compagnie à faire des réduc pour les 4-12 ans.* On longe d'abord les *calanche* de Piana (vers le sud-ouest), puis on remonte vers Scandola et Girolata. Également des sorties plus chères en semi-rigide pour 12 personnes *(60 €).*

■ ***Corse Émotion :*** *06-68-58-94-94. • corse-emotion.com • Kiosque pl. de la Marine, au rdc de l'hôtel* Les Flots Bleus. *Tte l'année. Résa conseillée. 42-45 €/pers pour Scandola et Girolata (2h15) ; sorties dans les* calanche *de Piana et vers capo Rosso (1h30)*

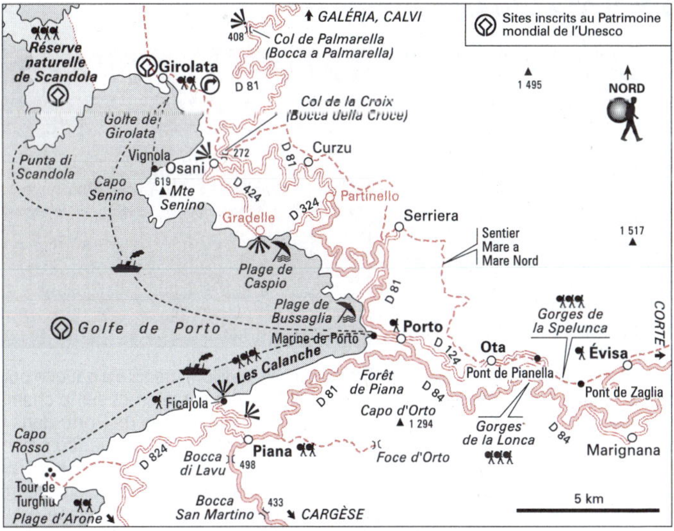

PORTO ET SES ENVIRONS

26-30 € ; tour complet (3h15) 55-60 €. Sorties en bateau semi-rigide de 11,50 m (12 places) avec 2 moteurs puissants (600 chevaux !) : les amateurs de sensations fortes seront à la fête ! Cela dit, si effectivement ça décoiffe, c'est tout de même confortable (sièges « jockey », rembourrés), et, comme c'est très rapide, cela laisse plus de temps sur place pour explorer coins et recoins. Équipe dynamique.

➢ ***Location de bateaux :*** on peut aussi faire soi-même sa balade en mer en louant au port un bateau avec ou sans permis, d'octobre à avril. *Selon saison, pour un sans permis, compter env 65-90 € la ½ journée et 110-130 € la journée, hors carburant.* Location également de kayaks de mer.

■ ***Le Goéland :*** *le port, de l'autre côté de la passerelle. 06-09-49-06-10. • goeland-porto.fr •* Propose également des sorties en mer.

■ ***Patrick et Toussaint :*** *le port. 06-81-41-70-03. • patrickettoussaint.com •*

■ ***Porto Bateaux Location :*** *le port. 06-88-84-49-87. • location-bateau-porto-corse.fr •*

LES PLAGES ENTRE PORTO ET GIROLATA

La route, étroite et escarpée, offre de splendides points de vue. À 6 km au nord de Porto, on trouve la superbe ***plage de Bussaglia.*** Large et longue, mais composée de petits cailloux et dangereuse en cas de rouleaux. Bon resto *Les Galets* sur la plage (voir plus haut « Où manger dans les environs ? »).

Un peu plus au nord, au village de Partinello, une petite route permet de gagner en 1,5 km la jolie petite ***plage de Caspio.*** Tranquille et très agréable, car bien protégée par des collines couvertes de maquis. Location de kayaks de mer.

GIROLATA (20147)

À une vingtaine de kilomètres au nord de Porto, ce ravissant hameau est connu pour sa rade et sa tour génoise très photogénique. Aucune route n'y mène, on ne peut s'y rendre que par un sentier pédestre (chaussures de marche nécessaires), qui part du col de la Croix, *bocca della Croce,* à 260 m d'altitude, en 2h environ (2h30 pour le retour). Très jolie balade sur ce chemin appelé « sentier de Guy-le-Facteur » (c'est une partie du Tra Mare e Monti). Après la plage de Tuara, dans le raidillon, prendre à gauche pour faire la variante plus intéressante. Ceux qui ont le vertige resteront sur le chemin principal. Des promenades en mer sont également organisées de Porto dans la journée. Il existe aussi, en principe, une navette partant de Vignola (commune d'Osani). *2-8 A/R par j. selon saison.* 📱 *06-16-57-23-37.* Résultat : ce site superbe, dominé par la fameuse tour génoise (privée), est bondé en été. Si le village, recroquevillé sur les hauteurs, est quelque peu préservé de la foule, le rivage est, à l'inverse, entièrement phagocyté par les terrasses des restos. Dès 10h, on voit les tables dressées pour accueillir les groupes qui vont débarquer pour midi ! Côté couchage, 2 gîtes, et puis c'est tout. C'est là que tous les randonneurs posent leurs sacs.

LA GALÈRE POUR TOUS

En 1540, les Génois capturèrent lors d'une bataille navale devant Girolata un célèbre pirate turc, Dragut, protégé de Barberousse. Ce fut leur 1re victoire sur mer contre les Turcs. Dragut passa 4 ans comme galérien avant d'être racheté par Barberousse. Pour se venger, et avec l'appui de... la France, il s'attaqua quelques années plus tard à Bonifacio et pilla la cité.

Où dormir ? Où manger ?

Gîte d'étape Le Cormoran Voyageur : *en arrivant par le port, c'est sur la gauche.* ☎ *04-95-20-15-55.* • *cormoranvoyageur@hotmail.fr* • *D'avr à mi-oct. 3 dortoirs 6-8 lits. ½ pens (obligatoire) 49-54 €/pers. CB refusées.* Dans une petite maison pittoresque les pieds dans l'eau. Pas beaucoup de place et confort sommaire, mais l'ensemble est propre, le couchage satisfaisant, et surtout l'ambiance se révèle conviviale. Notamment à l'heure du (bon) repas à base de poisson.

Le Gobi : *sur le port, à l'extrémité gauche.* 📱 *06-12-10-17-52.* • *gobigiro@gmail.com* • *Mai-oct, tlj. Assiettes 13-17 €, planches 9-19 €. CB refusées.* 2 bonnes raisons pour faire une halte au *Gobi Caffè* : une jolie terrasse fleurie côté montagne et toutes sortes d'en-cas et de petits plats préparés avec de bons produits (sandwichs au fromage corse, quiche maison, tarte aux légumes du jardin, planches de charcuterie...). Très sympa.

A Bastella : *sur le port, à gauche de la capitainerie.* 📱 *06-12-10-17-52.* • *magaperrin@yahoo.fr* • *15 avr-30 sept. Fin juin-fin août, fait resto : pizzas 12,50-16 €, sur place le midi, à emporter le soir.* Toute petite échoppe où l'on ne manquera pas de s'arrêter pour faire le plein de *bastelle,* gâteaux à la châtaigne, et autres gourmandises juste sorties du four. Délicieux !

LA RÉSERVE NATURELLE DE SCANDOLA

Inscrite au Patrimoine mondial de l'Unesco, cette presqu'île inhabitée située au nord du golfe de Girolata, réputée pour ses décors montagneux sauvages, est une partie du site dénommé « golfe de Porto ». Les curiosités géologiques ne manquent pas : falaises déchiquetées, orgues de pierre volcanique renversées,

failles abyssales, flancs érodés, magie des couleurs et de curieux trous appelés *taffoni*, qui restent encore un mystère pour les spécialistes. Et, de loin en loin, une tour génoise qui n'en finit plus de monter la garde... Stupéfiant de beauté.
Le maquis recouvre une partie des 919 km² de la réserve. On y trouve une ***flore particulièrement riche*** pour une région côtière (on a répertorié 36 plantes endémiques), dont des bruyères arborescentes pouvant atteindre 4 m de haut. Sous l'eau, les fameux herbiers de posidonies (qui sont bien des herbes et non des algues, et qui, en tant que telles, réalisent la photosynthèse et donc oxygènent la Méditerranée), sur lesquels les scientifiques continuent leurs recherches.
Côté bébêtes, la réserve n'est pas en reste, avec notamment le sauvetage des derniers spécimens de balbuzards pêcheurs (une trentaine de couples aujourd'hui, contre 4 en 1973) et la plus grande chauve-souris d'Europe, le molosse. Avec un peu de chance, vous verrez au cours de la balade des nids d'aigle perchés au sommet de pics acérés, mais aussi quantité d'autres oiseaux, certains rares comme le goéland d'Audouin, le cormoran huppé, la grive musicienne, le troglodyte mignon et autres pitchous ! On leur a tout de même laissé quelques prédateurs, histoire de préserver le milieu naturel : renards, couleuvres... Quant aux chèvres, elles se sont réapproprié le site et gambadent à flanc de falaise à la manière d'acrobates. Saisissant ! Heureusement, le site est complètement protégé et fermé aux randonneurs.
Quant à l'espace marin, la plongée avec bouteille y est interdite, ainsi bien sûr que la chasse sous-marine. Pourtant, hors de la partie appelée « réserve intégrale », dans la partie dite « périphérique » (sorte de sous-partie de la réserve), il est curieusement toujours possible d'ancrer son bateau (mouillage limité à la baie d'Elbo, au nord de la presqu'île). Quand on sait l'importance des posidonies dans l'équilibre de ce fragile écosystème et les ravages que font ces pièces de métal sur les fonds sous-marins, on s'étonne ! Enfin, pas tant que ça, puisque, début 2019, la sur-fréquentation touristique a enfin été montrée du doigt, avec de fortes tensions localement. Elle met en péril la survie des balbuzards (les poussins ne sont plus assez nourris, le passage des bateaux rendant plus difficile la pêche). Une réglementation plus contraignante, avec une zone d'exclusion de 250 m pour les bateaux de tourisme, a été décidée en juillet 2019. Mais en 2020, le Conseil de l'Europe a annoncé qu'il envisageait de retirer le « diplôme » d'espace européen protégé attribué à la réserve... Affaire à suivre.

L'ARRIÈRE-PAYS DE PORTO

Circuit d'une soixantaine de kilomètres, qui permet de rejoindre Sagone à travers la montagne. Si l'on vient du nord, ne pas prendre cette route avant d'avoir vu au moins Piana (plus au sud sur la côte) ! Cette incursion en Corse profonde permet de découvrir quelques merveilles de l'intérieur : maquis, forêts, routes de montagne aux panoramas multiples, cochons sauvages et petits villages paisibles où se perpétuent les traditions insulaires...

OTA

(20150) 540 hab.

À 5 km à l'est de Porto par la D 124. C'est de cette commune que dépend Porto. Bâti à flanc de coteau, Ota se présente comme un charmant petit village typique, avec ses grosses maisons de pierre. Autour du village, panorama de rêve sur les collines déchiquetées, envahies par le maquis.

Où dormir ? Où manger ?

Gîtes d'étape

Gîte d'étape Chez Félix : *pl. de la Fontaine, au centre du village. ☎ 04-95-26-12-92 (restaurant). 06-22-47-98-87. • ceccaldilr@wanadoo.fr • gitechezfelixota.com • Fermé de nov à mi-mars. En dortoir, env 43 €/pers en ½ pens ; également des doubles 45-65 €. Menu « rapide » 21 € ; menu 26 €.* Chez Félix, c'est en réalité 2 établissements distincts, gérés toutefois par la même famille. Infos et réception au bar-resto à droite en venant de Porto. Le gîte est de l'autre côté de la rue, dans une haute maison de pierre. Dortoirs de 6 à 8 personnes simples et classiques (sanitaires communs corrects). Chambres doubles et studios 2 à 4 personnes également. Au resto, spécialité de cannellonis au *brocciu* et plats du jour servis dans une agréable salle panoramique.

Bar des Chasseurs *(gîte d'étape) : à l'entrée du village, sur la droite. ☎ 04-95-26-11-37. • contact@gite.chezmarie.com • gite-chez-marie.com • Tte l'année. Fermé jeu en basse saison. Compter 22 € le lit en dortoir 6-8 places et 45 €/pers en ½ pens ; également 2 doubles 48 €. Menus 20 € (midi) et 26 € (soir).* Une adresse bien connue depuis des lustres. Situé sous le resto (entrée individuelle), le gîte propose 3 dortoirs propres avec lits superposés. Très simple (à noter que 2 d'entre eux profitent d'une vue d'enfer, tandis que le 3e... n'a pas de fenêtre). Toute petite cuisine (2 plaques électriques). À table, on déguste une solide cuisine traditionnelle corse (spécialité de cannelloni au *brocciu*), servie en terrasse ou dans une salle dont les baies vitrées ouvrent sur la vallée. Accueil décontracté.

Prix moyens

Chambres d'hôtes chez Joëlle Chiaroni : *Le Casone, en haut du village. 06-86-61-77-73. • joelleota@hotmail.fr • joelleota.fr • Laisser son véhicule à la fontaine au centre du village. Prendre la ruelle qui monte sur la gauche. Au resto* U Fragnu, *prendre à droite puis tt droit. À la minuscule placette-parking, suivre le chemin qui descend. C'est la 1re maison sur la gauche. Tte l'année. Double 70 €. CB refusées.* Joëlle, votre sympathique hôtesse, accueille avec gentillesse ses visiteurs dans sa maisonnette pittoresque (maison familiale depuis 300 ans). Un salon de poche coloré et chargé de mille objets, des toilettes incrustées de petites pierres, et 2 petites chambres rustiques et chaleureuses se partageant la même salle de bains. L'ensemble dégage beaucoup de chaleur.

DANS LES ENVIRONS D'OTA

Nombreuses promenades à faire dans les environs. Parmi les plus intéressantes :

Les gorges de la Spelunca *(Spilonca)* **et les ponts génois :** un sentier balisé relie Ota à Évisa en 6h minimum aller et retour. Partir tôt le matin (mais possibilité de faire la partie la plus caractéristique en 2h). Départ de *Chez Félix*. On parvient en 40 mn au pont génois *a Pianella* (XVe s), doublé par un autre pont, moderne, qui franchit la rivière. Le sentier qui part à droite de la 2de rivière conduit à Évisa par les gorges de la Spelunca ; là, 2 rivières se rejoignent et passent au pont génois dit « de Zaglia » (XVIIIe s). En cours de route, quelques beaux points de vue sur les gorges et baignade possible (notamment au niveau du 1er pont génois). Les paresseux pourront prendre la voiture pour rejoindre le 1er pont, 2 km sur la D 124 après le village. En continuant pour rejoindre la D 84, belle vue sur Ota.

Les gorges de la Lonca : la Lonca, c'est le joyau de cette vallée de Porto. Elle se glisse sous les parois gigantesques des *Cascioni* (crêtes dentelées en forme de peigne). Pour la visite de cette vallée sublime, un sentier à la sortie est d'Ota gagne un petit col avant de redescendre jusqu'à la rivière (balade courte et très sympa). Plus loin, ce chemin remonte le long du torrent, avant de s'élever sur la gauche pour gagner les bergeries de Corgola et de Larata. Retour alors possible sur Ota en rejoignant le balisage orange du Mare e Monti, à proximité du séchoir à châtaignes de Pedua et de l'inoubliable belvédère du San Petru.
Compter 8h pour cette boucle. C'est vraiment une très belle rando, mais ATTENTION, ne s'adresse qu'aux marcheurs expérimentés (balisage parfois insuffisant).

ÉVISA (20126) 200 hab.

Dans ce joli village d'altitude (850 m), à 23 km de Porto, l'air est plus frais, plus cristallin que sur la côte. Route somptueuse pour y monter. Entre la forêt d'Aïtone et les gorges de la Spelunca, sur un promontoire rocheux, Évisa se présente comme la gardienne des secrets de la Corse profonde. La région, sillonnée de sentiers, constitue un véritable petit paradis pour les marcheurs.

Arriver – Quitter

➢ ***En autocar :*** liaison Marignana-Ajaccio via Évisa et Vico ; 2 départs/j. (sauf dim et j. fériés sept-juin) avec les *Autocars Ceccaldi (☎ 04-95-21-38-06).*

Où dormir ? Où manger ?

Camping

Camping L'Acciola : *sur la D 70, à 2 km au nord du bourg. ☎ 04-95-26-23-01. • helenecamilli@gmail.com • acciola.com • De mi-mai à fin sept. Forfait pour 2 env 19-21,50 €. CB refusées.* Petit camping tout simple et sans chichis : on plante la tente sous les châtaigniers et on profite de la vue superbe sur les environs. L'ensemble est propre, les sanitaires ont été récemment refaits. L'accueil est gentil comme tout.

Gîtes ruraux

Gîtes du Belvédère : *au centre du village et en contrebas (à droite) du parking. S'adresser à M. Gianni, dans la maison attenante aux gîtes. ☎ 04-95-26-20-95. • locations-corse-evisa.fr • Début juin-fin sept. Gîtes 2-6 pers 350-700 €/sem selon taille et saison.* 6 gîtes de 2, 3 et 4 pièces avec une vue plongeante sur la vallée, pas tout neufs et aménagés à l'ancienne mode, mais calmes et très bien tenus. Certains disposent d'une terrasse avec barbecue. Accueil très gentil des propriétaires.

Prix moyens

A Tràmula, Bar de la Poste : *au cœur du village, sur la route principale. ☎ 04-95-23-08-94 ; 📱 06-85-16-87-80. • ceccaldi_patricia@orange.fr • Mars-nov. Crêpes-repas env 14 €.* Ici, on ne fait pas les choses à moitié. Au menu, excellentes charcuteries (du fils de la maison), porc sauce châtaigne

AOP et lasagnes au *brocciu*, ou encore des crêpes à la farine de châtaigne, à savourer dans le cadre pittoresque d'une salle de bistrot de village, à moins de préférer la vue géniale depuis les 2 terrasses. Une halte de choix.

À faire à Évisa et dans les proches environs

Les gorges de la Spelunca : on en parle plus haut, voir « Dans les environs d'Ota ». Départ au niveau du cimetière (à l'entrée du village en venant de Porto).

Randonnée pédestre en forêt d'Aïtone : à pied, compter 2h-2h30 aller et retour. Départ en face du *Bar de la Poste,* au niveau du sentier Mare a Mare. De là, chouette promenade familiale (sentier du Châtaignier, pédagogique et bien conçu, qui se fait en 1h30-2h). On traverse la châtaigneraie, puis on arrive à la *grotte des Bandits* (halte ! qui va là ?), ensuite vue splendide du belvédère et retour via les piscines naturelles d'Aïtone (cascade La Scarpa et « marmites » *A Madre*). L'eau est frisquette ! La forêt est l'une des plus belles de l'île, réputée pour ses gigantesques pins laricio. On peut s'en rapprocher en voiture également par la D 84 *(ensuite compter au min 30-40 mn A/R à pied pour les piscines).*

Fête

– *Fête du Marron : nov. Rens : ☎ 04-95-26-20-09 (mairie).* Voici l'occasion d'honorer le marron et de mieux le connaître. Celui du pays, l'*insitina,* vaut son pesant de cacahuètes. Quelques champignons sont aussi de la fête. Une manifestation unique au monde et 100 % rurale et corse ; en un mot, authentique !

LA CÔTE, DE PIANA À AJACCIO

PIANA (20115) 445 hab.

À 12 km de Porto par une route très sinueuse. Niché au-dessus des fameuses *calanche* (ou calanques) rouges, assurément l'un des plus beaux spectacles naturels de la mer Méditerranée. Le village, bien préservé, est charmant et pimpant, avec quelques vieilles maisons de pierre et, bien sûr, la mer et une vue à couper le souffle ! Pour s'en persuader, descendre dans le bas du village, juste après *Le Gîte de la Fontaine.*

Magnifique plage de sable d'Arone, encadrée de rochers roses, mais à 12 km du village quand même.

Attention, forte pente : on perd vite pied (surveiller les enfants). Sur la route (la D 824, appelée « route Danielle-Casanova » en mémoire de la grande résistante corse dont la famille était originaire de Piana), un peu avant la plage, voir la stèle qui rend hommage aux résistants.

DES MULES ET DES ARMES

C'est un petit chemin muletier partant de la plage d'Arone qui a permis, en février 1943, de livrer aux maquisards corses leurs 1res armes (450 mitraillettes tout de même, et pas moins de 60 000 cartouches), acheminées par le sous-marin Casabianca des Forces françaises libres.

Adresse utile

Office de tourisme : *en plein centre, avec les bâtiments administratifs, sur la gauche en venant de Porto. ☎ 04-95-27-84-42. • ouestcorsica.com • Juil-août, lun-ven 9h-12h, 13h-17h ; w-e 9h-12h. En mi-saison, lun-ven 9h-12h, 13h-17h ; sam 9h-12h.* Brochure sur les randos possibles *(1 €).*

Où dormir ? Où manger à Piana et dans les environs ?

Camping

Camping Plage d'Arone : *le plus proche de Piana (mais à 12 km tt de même, par une sublime route), et à 500 m de la plage d'Arone. ☎ 04-95-20-64-54. De mi-mai à fin sept. Forfait pour 2 269 €. CB refusées.* Camping familial s'étendant sur 3,5 ha, ombragé par des eucalyptus et des oliviers. Emplacements spacieux. Confort de base : épicerie de dépannage, lave-linge, eau chaude, et sanitaires bien entretenus. Plage accessible à 500 m à pied par un sentier.

De bon marché à prix moyens

Le Gîte de la Fontaine : *pl. de la Fontaine. ☎ 04-95-27-80-77. 06-24-64-54-34. • gitedelafontaine@sfr.fr • location-piana.com • Double 55 €. CB refusées.* Donnant sur une placette tranquille, cette petite maison à prix doux est la bonne surprise de Piana : au rez-de-chaussée, la cuisine commune ; dans les étages, 4 chambres agréables et confortables ; et, sous les combles, un salon avec TV, bibliothèque et quelques jeux à disposition.

La Voûte : *dans le centre, à côté de l'église. ☎ 04-95-27-80-46. Tte l'année sauf nov, tlj midi et soir, sauf dim soir en basse saison. Menus 25-28 €. Digestif maison offert sur présentation de ce guide.* Chez Joseph, Antonella et Antoine, du menu corse à celui « du pêcheur », tout est bon : cabri rôti (sur commande), pâté aux langoustes, poissons du golfe grillés (pêche locale). Terrasse abritée au calme. Frais et familial.

Chic

Hôtel Mare e Monti : *route des Calanche. ☎ 04-95-27-82-14. • contact@mare-e-monti.com • mare-e-monti.com • À la sortie de Piana vers Porto. Avr-sept. Doubles 80-130 €, petit déj inclus.* Petit hôtel familial dont les chambres ont toutes été rénovées : confort très correct (salle de bains, TV écran plat), mais, surtout, on profite sur l'arrière de balcons qui permettent d'admirer les *calanche* au loin.

L'Onda : *plage d'Arone (prendre à droite à la bifurcation quand on a fini la descente). ☎ 04-95-73-58-86. • thomas-2a@live.fr • Juin-sept, tlj 7h30-23h ; avr-mai et oct-nov, tlj 11h-18h. Menus 27-35 € ; pizzas 10-15 € et plats 17-31 €.* Quasi les pieds dans l'eau, dans ce cadre enchanteur, un confortable et sympathique restaurant offrant une cuisine de grande qualité. Tout est concocté à partir de produits ultra-frais (pêche du jour locale et fromages de l'un des derniers bergers de Piana). Grand choix à la carte avec 2-3 coups de cœur : les croustillants de langoustine au miel et le cabri corse rôti, comme le poisson, au feu de bois... Pour juste casser une petite graine, le *Cabanon de Livia,* en contrebas du resto, propose une restauration rapide fort correcte.

Le Café de la Plage : *sur la plage d'Arone, à env 12 km de Piana. ☎ 04-95-20-17-27. • lecafedelaplagearone@orange.fr • Avr-oct ; tlj midi et soir (service en continu). Pizzas 10-13 € ; plats 25-32 €.* Vaste, résolument tendance, *Le Café de la Plage* déploie sa terrasse cosy et aménagée avec soin (les espaces en bois flotté sont très réussis) face à la grande bleue. Une situation exceptionnelle, donc, pour goûter de jolies assiettes aux accents méditerranéens, sympathiques et colorées, copieuses et goûteuses. Également, pour les plus petits budgets, *Côté Snack* (hamburgers, paninis, *bruschette*...) et *Côté Pizza,* avec des pizzas au feu de bois.

Plus chic

Hôtel-restaurant Les Roches Rouges : *à l'entrée de Piana quand on vient de Porto. ☎ 04-95-27-81-81. • hotellesrochesrouges@wanadoo.fr • lesrochesrouges.com • Avr-oct. Doubles 150-170 €. ½ pens possible 110-120 €/pers. Menus 39-49 €.* Une vaste bâtisse construite en 1912, au charme fou, qui surplombe merveilleusement les *calanche.* Vue sublime de la terrasse, où il est agréable de venir boire un verre au coucher du soleil. Grandes chambres simples et claires, bien tenues, certaines avec vue sur mer et toutes avec un vrai cachet. Parfois, le parquet du dessus a tendance à craquer, et l'animation du bar-resto s'entend de certaines chambres. C'est aussi cela, le charme de l'ancien... Mais *Les Roches Rouges,* c'est également une excellente table. Repas servi dans une superbe salle à manger, classée pour son plafond, ses fresques et son parquet. Indéniablement une halte culinaire recommandable.

DANS LES ENVIRONS DE PIANA

Les calanche : panorama d'ensemble absolument divin (surtout au coucher du soleil) quand on arrive par la route de Cargèse. Mais on se fait une meilleure idée de ce que sont les *calanche* en sortant de Piana pour aller vers Porto. Là aussi, au coucher du soleil, c'est le choc assuré. Attention, la circulation est infernale dans la journée (nombreux cars) et la visibilité est bien souvent réduite à pas grand-chose, sans parler des nombreux piétons sur la route, descendus de leur véhicule garé un peu n'importe où. N'oubliez pas de demander dans l'un des offices de tourisme du secteur la brochure *Calanche de Piana,* qui vous aidera à découvrir les surprenantes formes de certains rochers (l'Évêque, le Lion, l'Indien...).

La marine de Ficajola : *de la route d'Arone, une tte petite route y descend. Vertigineux (faire très attention, surtout si l'on a un véhicule un tant soit peu volumineux). 5-10 mn de marche après le parking.* Quelques cabanons, une plage de poche... et du monde en saison.

La plage d'Arone : *à env 12 km de Piana.* La belle route qui y mène dispense de somptueux points de vue. Belle plage de sable offrant toutes les activités nautiques possibles et imaginables. En arrivant, prendre à gauche (accès public).

Randonnée au capo Rosso (capu Rossu) **:** *compter 3h30 A/R, pour env 7 km. Dénivelée positive : 454 m. Attention, pas d'ombre, prévoir beaucoup d'eau.* Le capo Rosso est cette presqu'île qui ferme au sud le golfe de Porto. De Piana, prendre la route de la plage d'Arone (D 824) et se garer dans le large virage à gauche signalé par un panneau du Conservatoire du littoral, au niveau de la buvette. Il ne faut ensuite que 1h30 à 2h pour gagner le sommet du capo Rosso, le long d'un sentier caillouteux en bon état mais non balisé, qui s'approche à plusieurs reprises du bord de la falaise. On remarque ici et là les restes d'anciennes exploitations agricoles (terrasses, aires de battage, bergeries...).

Au pied de la pyramide du capo Rosso, il est conseillé d'emprunter un sentier balisé par des cairns (empilements de gros cailloux), qui part à l'assaut du sommet en passant un peu plus haut à côté d'une cavité facile à remarquer. Un peu difficile et même technique pour qui n'aime pas l'escalade (mais on peut éviter ce passage). La fin est plus chaotique, entre escarpements rocheux et buissons piquants que l'on s'efforce d'éviter au mieux. Évidemment, être bien chaussé.

LA CÔTE OUEST ENTRE LA BALAGNE ET AJACCIO

On atteint ainsi la *tour de Turghiu,* parfaitement restaurée (avec même une cheminée à l'intérieur), et son panorama admirable sur le golfe de Porto, enchâssé dans son écrin montagneux. Pour le retour, redescendre vers le sud, pour rejoindre une bergerie restaurée (cairns également). On peut éviter l'accès le plus escarpé de l'aller en passant par cette bergerie.

CARGÈSE (CARGHJESE) (20130) 1 160 hab.

• Plan *p. 179*

Cargèse « la Grecque », à 19 km au sud de Piana. En 1676, des immigrés grecs originaires d'Itylo, dans le Magne (sud du Péloponnèse), fuirent l'Empire ottoman et arrivèrent en Corse après quelques tribulations. Ils s'établirent à Paomia, pas très loin, d'où ils furent chassés en 1731. Ajaccio les accueillit alors, mais bientôt, à la suite de frictions avec les Corses, les Français les installèrent à Cargèse, en 1774. De là vient qu'aujourd'hui encore certains Corses de Cargèse portent un nom d'origine grecque (reconnaissable à la terminaison de leur nom, « -acci », adaptation du grec « -akis »). La petite église catholique grecque de rite oriental est ornée d'icônes, dont certaines sont fort belles. La municipalité est d'ailleurs jumelée avec Itylo.
En été on s'y bouscule, mais l'ambiance reste agréable. Cargèse est également le terminus du sentier de randonnée Mare e Monti.

Adresse utile

i ***Office de tourisme intercommunal*** *(plan B1)* **:** *rue du Docteur-Dragacci. ☎ 04-95-26-41-31. • ouestcorsica.com • Dans le centre. Mai-sept, lun-sam 9h-13h, 14h-18h, dim 9h-13h ; hors saison, horaires restreints.* Liste des hébergements et des loisirs, infos sur les randonnées pédestres du coin. Accueil dynamique.

Où dormir ? Où manger dans Cargèse ou sur la plage de Pero ?

De prix moyens à chic

🏠 ***Hôtel-résidence Hélios*** *(hors plan par B2,* ***10****)* **:** *Menasina, à 2,5 km de Cargèse, direction Ajaccio. ☎ 04-95-26-41-24. • hotel.helios.cargese@wanadoo.fr • locations-corse-cargese.com • De mi-mars à mi-nov. Apparts 2-4 pers 385-1 155 €/sem et 4-6 pers 550-1 380 €/sem selon saison. Ils sont loués en chambres doubles à la nuit (TV, douche et w-c), 80-100 € selon saison, seulement au dernier moment, selon disponibilité.* Les hébergements de cette résidence hôtelière sont divisés en 3 entités. Les appartements pour 2-4 personnes se situent en contrebas de la réception, à l'écart de la route avec un bout de pelouse sur le devant. Les appartements pour 4-6 personnes sont de l'autre côté de la route, à 50 m. L'ensemble est propre, fonctionnel et bien aménagé. Terrasse sympa avec piscine et hamacs dans le bâtiment principal, et jeux pour enfants.

🏠 |●| ***Hôtel-restaurant Le Saint-Jean*** *(plan B1,* ***11****)* **:** *pl. Saint-Jean. ☎ 04-95-26-46-68 (hôtel) ou 04-95-20-73-82 (resto). • contact@lesaintjean.com •*

lesaintjean.com • À l'entrée du village en venant de Piana, sur la gauche. Fermé en janv. Doubles 65-100 € selon vue et saison. ½ pens 112-147 € en chambre double. Plats 13-25 €, pizzas 11-14 €. Parking privé. Établissement de construction récente, aux chambres de bon confort, aménagées de façon agréable (tons pastel, clim, TV). 2 types de chambres, côté mer avec loggia (mais aussi côté route et terrasse du resto...), ou sur l'arrière, plus petites et sans balcon. Fait aussi resto : on y mange très bien.

Hôtel Cyrnos (plan B2, **12**) : *rue de la République. ☎ 04-95-26-49-47. 06-08-42-03-17. • leshautsdetorraccia@wanadoo.fr • torraccia.com • Tte l'année. Doubles 42-72 € selon vue et saison ; petit déj 6 €.* Petit hôtel familial d'une poignée de chambres (propres et fonctionnelles), que l'on reconnaît facilement à sa façade jaune et ses volets bleu-gris. On conseille vraiment celles avec balcon et vue mer, nettement plus agréables, celles sur rue étant bruyantes dans la journée. Bien le préciser lors de votre réservation.

Le Continental (plan B1, **13**) : *route de Piana. ☎ 04-95-26-42-24. • lecontinentalhotel@orange.fr • lecontinentalhotel.fr • Resto fermé ven hors saison. Fermé déc-janv. Selon saison, doubles 62-80 €. Menu 18 €, plats 14-24 €. Apéritif offert sur présentation de ce guide.* Des chambres simples mais spacieuses et propres (TV). Seul défaut, la plupart donnent sur la route principale, assez passante en saison. Cela dit, ces mêmes chambres profitent d'un balcon et d'une vue bien agréable sur la mer. À table, cuisine familiale très convenable : salades-repas, pâtes fraîches à la châtaigne, lasagnes du pays, crêpes à la farine de châtaigne... Accueil naturel, ambiance décontractée.

Motel Ta Kladia (hors plan par B1, **15**) : *sur la plage de Pero. ☎ 04-95-26-40-73. • reservation@moteltakladia.com • motel-takladia.com • À l'extrémité nord de la plage, à env 3 km du village. D'avr à mi-oct. Studios 80-170 € selon taille (2-4 pers) et saison. Linge et ménage en sus.* Un minivillage de maisonnettes méditerranéennes blanches plantées sur un promontoire et étagées au-dessus de la plage. Studios un tantinet vieillissants, mais bien tenus, avec lits superposés, canapés, kitchenette et terrasse donnant sur la mer. Certains peuvent accueillir jusqu'à 6 personnes. Confort simple et sans prétention. Bar et resto sur place en saison.

Hôtel-restaurant Les Lentisques (hors plan par B1, **14**) : *à 100 m de la plage de Pero. ☎ 04-95-26-42-34. • info@leslentisques.com • leslentisques.com • Ouv mai-début oct. Resto seulement le soir juin-début sept. Doubles avec douche ou bains 80-160 €.* Le calme de cet établissement moderne, son côté discret et tranquille, ses chambres confortables (TV écran plat, clim, bonne literie), claires et assez spacieuses – avec petite loggia et vue mer pour certaines d'entre elles –, en font une bonne adresse. D'autant que l'accueil est prévenant et que la piscine se révèle plus qu'agréable ! Accès à la plage par un chemin privé.

Agula Marina – Auberge du Pêcheur (plan B2, **17**) : *sur le port. 06-30-35-91-51. • lagulamarina@gmail.com • Mars-oct, midi et soir. À midi, plat du jour 14 € ; menus 23-25 € ; carte 35-40 €, et davantage pour la langouste.* Ce restaurant s'est vite imposé sur le port de Cargèse. Adresse on ne peut plus familiale : le patron est pêcheur, et toute la famille lui apporte son concours. Dans l'assiette, du poisson évidemment (même si le frère du patron, berger, fournit les viandes) : demander la pêche du jour et des spécialités comme le méli-mélo de poissons ou, si on peut se le permettre, opter pour les pâtes à la langouste (55 €) ou la langouste grillée. Excellent accueil. Soirées musicales en été.

U Rasaghiu (plan B2, **16**) : *sur le port. ☎ 04-95-26-48-60. • fediandree01@gmail.com • De mi-mars à mi-nov. Plat du jour env 17 € ; menus 23-26 € ; plats 15-28 €.* Il y a en réalité 2 adresses. D'un côté, le resto, avec une grande et agréable terrasse couverte sur le port de Cargèse. Dans l'assiette, plusieurs formules, comme le menu terre et mer, présentant un rapport qualité-prix correct, la pluma

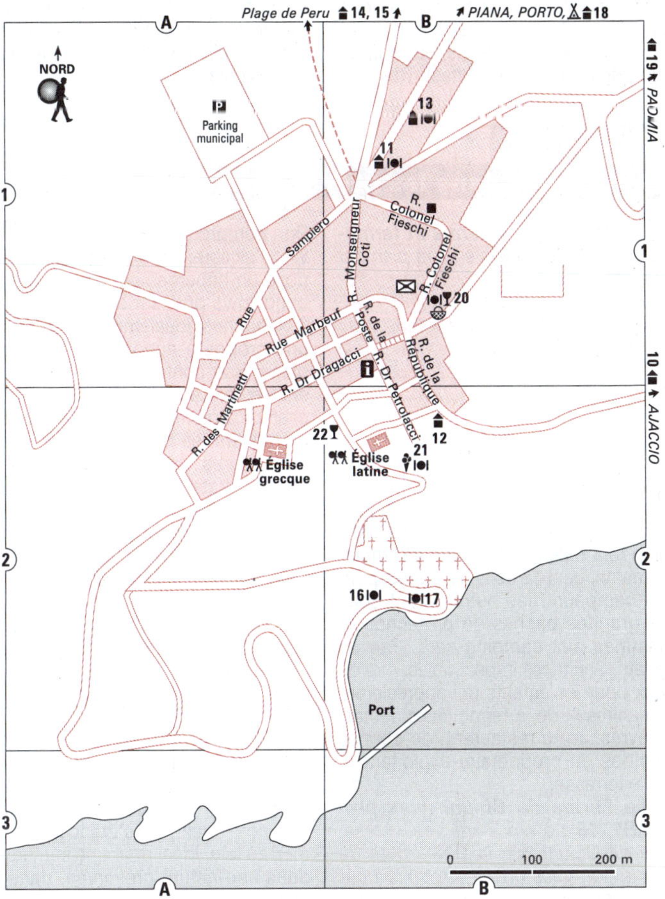

CARGÈSE

Adresse utile

Office de tourisme intercommunal (B1)

Où dormir ? Où manger ?

- **10** Hôtel-résidence Hélios (hors plan par B2)
- **11** Hôtel-restaurant Le Saint-Jean (B1)
- **12** Hôtel Cyrnos (B2)
- **13** Le Continental (B1)
- **14** Hôtel-restaurant Les Lentisques (hors plan par B1)
- **15** Motel Ta Kladia (hors plan par B1)
- **16** U Rasaghiu (B2)
- **17** Agula Marina – Auberge du Pêcheur (B2)
- **18** Camping Le Mandriale et La Ferme de Chiuni (hors plan par B1)
- **19** La Pampa (hors plan par B1)

Où déguster une glace ?

- **21** A Volta (B2)

Où boire un verre ?

- **22** Le Yuka (B2)

Où déguster de bons vins ? Où acheter de bons produits corses ?

- **20** Épicerie Leca (B1)

ibérique ou le poisson du jour. Sinon, le bar attenant s'est spécialisé dans les pizzas et les petits menus tout simples (du genre brochettes-frites). Basique, mais bien pratique pour un repas rapide et pour profiter de la terrasse sans se ruiner. En saison, le mercredi, chants corses.

Où dormir ?
Où manger dans les proches environs ?

Camping à la ferme et ferme-auberge Le Mandriale (hors plan par B1, **18**) : route de Lozzi. ☎ 04-95-25-59-60. • camping.le.mandriale@gmail.com • lemandriale.com • À 3,5 km au nord de Cargèse (quitter la D 81 sur la droite pour la route de Lozzi, c'est tt de suite après). Ouv 20 avr-20 oct. Pour 2 avec voiture et tente, compter 15-25 €. Repas le soir seulement : plats 11-17 €. Petits déjeuners possibles. Membre du réseau *Bienvenue à la ferme*, car rattaché à une exploitation agricole (une centaine de vaches à viande), ce camping tout récent dispose de 25 emplacements, dont 15 sous les arbres, pour les campeurs, les autres étant sous de grandes bâches de protection et destinés aux camping-cars. Pas de locatif. Sanitaires impeccables. Aire de jeux pour les enfants qui apprécieront les animaux de la ferme (ânes, lamas, chèvres...). Au restaurant, de bonnes viandes du propriétaire-exploitant et belle terrasse.

La Ferme de Chiuni (hors plan par B1, **18**) : à env 7 km de Cargèse, lieu-dit Chiuni, par la D 81 (route de Piana ; on vous envoie un texto pour vous indiquer l'accès). 06-38-20-26-44. • fermedechiuni@gmail.com • Ouv avr-oct. Résa conseillée. Bungalows 119-139 € selon la saison ; 1 studio pour 2 69-89 €. Petit déj possible (12,50 €). Parking sécurisé et gratuit. Prêt de vélos. CB refusées. Bon compromis entre le confort et la vie à l'air libre, *La Ferme de Chiuni* propose un hébergement dans 7 grands bungalows pouvant accueillir jusqu'à 6 personnes, idéalement disposés sur une propriété agricole à 1 km de la plage. Bon confort (clim, TV), cuisine entièrement équipée. Tout autour, des champs à perte de vue sur lesquels se promènent les animaux des 2 jeunes propriétaires : vaches, poules, canards, chiens, chats, et même un couple de paons blancs.

La Pampa (hors plan par B1, **19**) : hameau de Paomia, à env 5 km de Cargèse, par la petite route de Paomia (au rond-point, prendre cette route qui monte juste à droite de l'hôtel Saint-Jean). 06-72-83-27-23 et 06-24-44-61-89. • lapampa.cargese@gmail.com • lapampa-cargese.com • Fermé nov-déc. Compter env 85-95 € pour 1 double. Table d'hôtes sur résa : env 25 €. Une poignée de chambres *(2 à 5 pers)* prolongées par une belle terrasse en bois avec une superbe vue, côté ouest, qui s'étend jusqu'à la mer, au loin. Idéal pour une immersion dans une nature préservée, dans un calme total. Bonne table d'hôtes, qui plus est. Autour, une oliveraie et la miellerie (la propriétaire est également apicultrice et a aussi développé une gamme de produits à base de miel ou de lait de chèvres : fameux !).

Où déguster une glace ?

A Volta (plan B2, **21**) : pl. du Chanoine-Mattei (ou pl. de l'Église-Latine). ☎ 04-95-26-41-96. • matcavi@gmail.com • Avr-oct. Tlj à partir de 10h. Plats 16-26 €. Compositions glacées 11-15 €. Dominant le petit port du haut de la corniche, cette terrasse accueillante offre une vue extra. Idéal pour déguster les créations de Pierre Géronimi, le célèbre maître glacier voisin de Sagone. On y mange également très bien : mi-cuit de thon rouge, burger de veau, risotto *verde* de couteaux, ainsi que des salades-repas. Extra.

Où boire un verre ?

Le Yuka *(plan B2, **22**)* **:** *route du Lavoir, juste en contrebas de la place de l'église catholique. 06-23-97-15-91. En saison, 10h-14h et 18h-21h env.* Quel spectacle nous offrent ces 2 jolies terrasses ombragées ! Pour un beau jus de fruits pressés (paille en bambou !), une salade composée avec soin ou une tartine gourmande, voici un lieu qui nous a tapé dans l'œil et ravi l'estomac. Service gentil comme tout, et toilettes sèches, ce qui constitue une vraie démarche écologique à saluer.

Où déguster de bons vins ? Où acheter de bons produits corses ?

Épicerie Leca *(plan B1, **20**)* **:** *rue du Colonel-Fieschi. ☎ 04-95-78-51-95. • epicerieleca@orange.fr • Mars-oct, tlj 9h-minuit ; déc-janv, le w-e. Fermé en fév et nov. Pain montagnard env 13 €, « Napoléon burger » env 16 €.* À côté de l'épicerie fine, bien approvisionnée, le bar à vins est l'un des lieux animés du village. Agréable pour découvrir les crus insulaires (belle sélection) ou les bières locales. Restauration également (*U Spuntinu* : assiettes de charcuterie ou de fromages, tapas corses, *bruschette,* glaces artisanales), histoire d'accompagner les boissons...

À voir. À faire

Le panorama : de la terrasse de l'église catholique, vue superbe sur le golfe, le charmant petit port et les vieilles maisons fleuries du village. On peut descendre au port par un chemin, depuis l'église catholique latine.

L'église catholique latine *(plan B2)* ***et l'église catholique grecque de rite oriental*** *(plan A2)* **:** *l'une en face de l'autre.* L'église catholique, de style baroque, a des airs très méditerranéens avec sa façade blanche. Elle fut construite au début du XIXe s. Intérieur richement décoré. Entre autres, un amusant trompe-l'œil et divers tableaux anciens.
L'église grecque, quant à elle, est de rite byzantin et date de la fin du XIXe s. On y trouve 4 icônes venues de Grèce, dont un saint Jean-Baptiste ailé (peint au mont Athos, au XVIe s) et une Vierge à l'Enfant de style byzantin (XIIe s). Ne pas manquer la Pâque orthodoxe. En été (juin-juillet), des concerts y sont organisés.

Les plages : il y en a 6 sur la commune. Celle de *Chiuni,* 8 km au nord, est sans doute la plus belle. L'autre plage bien sympa est celle de *Peru* (Pero), la plus proche. On peut y descendre à pied par le sentier de Funtanella (il se prend à l'opposé du *Saint-Jean,* à gauche de la route de Peru). Plusieurs paillotes pour prendre un verre ou se restaurer (on recommande *a Piaghia*). Également la belle *plage de Menasina,* au sud-est de Cargèse, accessible uniquement à pied depuis la route.

UN NOM POUR UN AUTRE

Le sous-marin Casabianca, *héros de la Résistance corse, s'appelait à l'origine* Casablanca. *En 1936, le ministre de la Marine, Pietri (qui était corse), s'émut de ce qu'aucun bâtiment français ne porte le nom de Casabianca, un officier de marine corse, héros de la bataille d'Akoukir (1798). Il suffisait de changer une lettre, ce qui fut fait.*

LA CÔTE OUEST ENTRE LA BALAGNE ET AJACCIO

Randonnées : à partir du hameau de *Revinda,* accessible par une route à moitié goudronnée, partant sur la droite à 7,5 km de Cargèse, direction Piana, on gagne à pied le hameau abandonné de *E Case,* sur le trajet du Tra Mare e Monti.
– Également une autre balade au départ de la plage de Peru (Pero) pour rejoindre la tour génoise d'Omigna, avec possibilité de baignade.

Promenades en mer à Girolata-Scandola :

■ Balade à bord d'un bateau rapide, ***U Filanciu.*** *Billets en vente à la guérite sur le port (à Cargèse), ou au resto* L'Ancura *(à Sagone) ainsi que sur leur site.* *07-60-14-03-04.* • *ufilanciu.fr* • *Env 60 € pour les balades en journée (« grand tour » : 3h30). Jusqu'à 5 départs/j. (de Cargèse et de la plage d'Arone). Réduc de 5 % sur présentation de ce guide.* Seulement 12 personnes maximum embarquent à bord de ce bateau piloté par un jeune sympathique. Léo Serreri, fils et petit-fils de pêcheur, et son équipe, vous feront profiter de sa connaissance des sites remarquables et vous emmèneront dans les moindres recoins grâce à leurs petits bateaux. Proposent également une sortie pour toute la journée avec panier-repas (produits corses !) et baignade dans une crique secrète *(100 €/pers).* Sinon, la visite **des calanques de Piana** *(1h45 ; 38 €)* ainsi qu'un service de bateau-taxi pour les soirées (Arone, Porto, Girolata).

■ ***Nave Va :*** *06-17-11-58-02. Voir à Sagone la rubrique « À faire ». Mêmes tarifs.* La vedette part de Sagone à 9h et fait halte à Cargèse à 9h30 pour embarquer des passagers.

■ La compagnie des croisières ***Grand Bleu*** (rue Marbeuf) propose le même genre de promenade au départ de Cargèse seulement. *Également un bureau sur le port. Infos : ☎ 04-95-26-40-24.* • *croisieresgrandbleu.com* • *Compter 50 €/pers ; réduc enfants. En semi-rigide 12 places, 60-65 €/pers pour le grand tour et 38 € pour les calanche de Piana.*

LA CÔTE OUEST ENTRE LA BALAGNE ET AJACCIO

Plongée sous-marine

À Cargèse et dans les environs, les montagnes de granit aux couleurs chaudes dégringolent dans l'azur profond de la Méditerranée, pour y poursuivre leurs extravagances chaotiques. Ici, la vie sous-marine est sauvage et intense !

Club de plongée

■ ***Explorasub*** *(plan B2) : sur le port.* *06-11-01-19-54.* • *explorasub.fr* • *Avr-oct. Résa vivement conseillée, surtout en juil-août. Baptême env 70 €, plongées 45-55 € selon équipement, snorkelling 35 € ; forfaits dégressifs 5-10 plongées.* Plongée à la carte et en comité restreint dans ce club (FFESSM et SSI), où le dynamique Jean-Marc Frère et sa petite équipe très sympa assurent un encadrement exemplaire dans une ambiance conviviale. Depuis leurs bateaux rapides, ils proposent baptêmes, formations jusqu'au niveau III et brevets PADI, sans oublier des explorations grandioses (l'équipe recherche de nouveaux sites en hiver) dont vous garderez de grands souvenirs. 1 fois par semaine, journée vers la réserve de Scandola et randonnées palmées (snorkelling) possibles. Plongée au *Nitrox* (air enrichi en oxygène), sans supplément, pour les confirmés : stages découverte, biologie et photo hors juillet-août. Initiation enfants dès 8 ans. Accueil des personnes à mobilité réduite. Équipement complet fourni (pas de portage des bouteilles). Boutique sur place.

Nos meilleurs spots

La Pierre marine : devant le port. Idéal pour les baptêmes et plongeurs de tous niveaux. C'est une roche émergeante assez pelée mais très poissonneuse (de 0 à 30 m de fond). Des girelles paons joliment colorées et peu farouches viennent à votre rencontre, alors que mérous et barracudas vivent leur vie sans vous prêter attention. Une plongée sympa.

La grotte de la Femme nue : dans la baie de Chiuni. Idéal pour les baptêmes et plongeurs de tous niveaux. Cette magnifique petite crique, bien abritée, tient son nom d'une nymphette anonyme qui venait ici se faire bronzer !... Ce n'est donc pas étonnant que, sous l'eau, on se rince l'œil sans compter en explorant éboulis, grotte, tunnel, puis une cheminée qui aboutit à une piscine naturelle. Belles éponges rouges, mostelles, beaucoup de rougets, oursins diadèmes, sans oublier un homard super costaud.

Capo Rosso : au nord de Cargèse. Idéal pour les baptêmes et plongeurs de tous niveaux. Un étonnant bouquet de pics rocheux posés sur le sable (de 2 à 40 m de fond) et magnifiquement colorés par les éponges, spirographes, anémones et gorgones. Murènes et mérous débonnaires ont investi les failles. Également d'impressionnantes raies pastenagues et, parfois, des raies aigles d'une rare élégance. Une plongée sublime et très sauvage.

La pointe de Locca : sans doute le tombant le plus impressionnant du coin. Le relief superbe est composé d'un festival de rochers fantastiques, parmi lesquels on découvre de belles gorgones bleues, des langoustes, du corail rouge...

SAGONE (SAVONE)

(20118 ; commune de Vico)

À 13 km au sud-est de Cargèse. L'origine du village est très ancienne puisque l'on y a découvert d'importants menhirs, des ruines romaines et les vestiges d'une cathédrale romane (l'une des plus anciennes de Corse). De son passé glorieux, seule subsiste une imposante tour génoise. Sagone, grâce aux grandes plages formées par son golfe, est devenue une station balnéaire agréable, même si les constructions récentes ont atténué son charme.

Où dormir ?

Camping

Camping et Village Le Sagone : *route de Vico, à 1,5 km de Sagone, sur la gauche. ☎ 04-13-59-44-17. • contact@camping-sagone.fr • camping-sagone.fr • Camping et village ouv avr-début nov. Compter env 19-32 € pour 2 avec tente et voiture ; également des bungalows 2-8 pers.* Immense camping très arboré, donc ombragé, et fleuri. Grands emplacements bien délimités, nombreuses locations, du bungalow toilé aux chalets de standing, avec clim, TV et une ribambelle de prestations : restaurant *(La Palmeraie)*, piscine chauffée et plusieurs terrains de tennis, volley, golf et football. Location de VTT. Supermarché et laverie à 100 m : un vrai « village », quoi ! Animations très festives en haute saison.

Où dormir dans les environs ?

Résidence Funtanella : *à 4 km au nord de Sagone et 10 km au sud de Cargèse, bien fléché en bord de route. ☎ 04-95-28-02-49. • contact@residence-funtanella.com • residence-funtanella.com • Tte l'année. Studios, apparts et minivillas pour 2, 4 et 6-8 pers : pour 2, compter 382-700 €/sem (80-150 € la nuitée) ; pour 4, 450-860 €/sem (110-200 € la nuitée).* Un ensemble de petites constructions agréables, qui débute en bord de route et s'étend en profondeur sur un terrain fleuri (réserver les plus à l'écart). Propres, clairs et fonctionnels, tous les hébergements ont kitchenette, salle de bains et petite terrasse. La mer est juste en face, mais la plage est à Sagone. Une option très pratique (draps et produits de bain sont fournis, comme à l'hôtel).

Où manger ?

L'Ancura : *sur le port. ☎ 04-95-52-20-96. • info@ancura.fr • Fermé nov-fév. Carte 20-30 €.* Une terrasse couverte aménagée avec goût sur le charmant petit port de Sagone, au bord de l'eau, devant quelques pointus de pêcheurs qui se dandinent. Côté cuisine, c'est une jeune et sympathique équipe qui opère : on vous régale de poissons qu'apporte la pêche du jour (le propriétaire est pêcheur lui-même). Plats traditionnels soignés, sans oublier d'excellentes charcuteries artisanales. Une adresse raffinée et authentique.

Le Santana : *plage de Santana, à 1 km au sud de Sagone en direction d'Ajaccio. ☎ 04-95-74-02-03. • ancura@orange.fr • Fermé lun et dim soir en basse saison. Fermé en janv. Menu 31 € ; plats 17-35 €.* On le repère aisément avec sa grande terrasse en bois en surplomb de la plage, qui prolonge une non moins grande salle, de style contemporain. Avec le bruit des vagues et un coucher de soleil imprenable, l'adresse ne manque pas d'atouts, sans parler de ce qui est proposé dans l'assiette. Le midi, on peut se contenter de la formule brasserie *(au kiosque, juin-sept, ouv 8h-19h).*

Où déguster une glace ?

Glaces Géronimi : *dans le centre. ☎ 04-95-28-04-13. • dolcigeronimi@orange.fr • Boule env 3,50 €, coupes glacées 10-15 €.* C'est ici que vous goûterez les fameuses glaces de M. Géronimi, un maître glacier célèbre dans toute la Corse (et ailleurs) pour avoir remporté de prestigieux concours (notamment, il a gagné le prix du Meilleur Glacier d'Europe). Succulent et divinement original quant aux parfums proposés. Outre les sorbets exotiques comme le litchi et la passion, il faut tenter ces incroyables glaces salées aux anchois, oignons confits, eau de mer, moutarde... Fier de ses racines, M. Géronimi n'oublie pas la châtaigne, la noisette ou le myrte.

À faire

Se baigner, bien sûr, mais nous vous mettons en garde contre les DANGERS DE LA PLAGE DE SANTANA, juste après la station-service le long de la route d'Ajaccio. C'est vrai qu'elle est tentante mais, chaque année, de mauvais courants y font des victimes. Bon à savoir, surtout avec des enfants. Elle est surveillée en juillet-août.

Promenade en mer à Girolata-Scandola :

■ Balade à bord d'un bateau rapide, ***U Filanciu.*** *07-60-14-03-04. • ufilanciu.fr • Billets en vente dans une guérite sur le port de Cargèse ou au resto L'Ancura (à Sagone) ainsi que sur leur site. Env 60 € pour les balades en journée (« grand tour » : 3h30). Jusqu'à 5 départs/j. (de Cargèse et de la plage d'Arone). Réduc de 5 % sur présentation de ce guide.* Seulement 12 personnes maximum embarquent à bord de ce bateau piloté par un jeune sympathique. Léo Serreri, fils et petit-fils de pêcheur, et son équipe vous feront profiter de leur connaissance des sites remarquables et vous emmèneront dans les moindres recoins grâce à leurs petits bateaux. Proposent également une sortie pour toute la journée avec panier-repas (produits corses !)

et baignade dans une crique secrète *(100 €/pers).* Sinon, la visite des calanques de Piana *(1h45 ; 38 €),* ainsi qu'un service de bateau-taxi pour les soirées (Arone, Porto, Girolata).

■ ***Nave Va :*** *06-17-11-58-02. Résa impérative la veille. Prix : 55 € ; réduc 4-12 ans.* Du petit port de Sagone, départ à 9h et retour vers 17h15. Pause pique-nique et baignade à Girolata, visite des *calanche* et de capo Rosso, puis découverte de la réserve de Scandola. Possible aussi en semi-rigide *(12 places max : 60 €).* Également un départ vers 17h30 pour les *calanche* de Piana *(35 €).*

– ***Activités nautiques :*** *au centre* ***UCPA Triu Funtanella,*** *à 5 km de Sagone, pont de Stagnoli. ☎ 04-95-28-02-21. Mai-fin oct.* Kayak de mer, planche, catamaran, plongée sous-marine. En été, les jeunes sont acceptés en externat.

Super virée dans l'arrière-pays : une boucle partant de Sagone et ralliant ***Vico, Murzo*** (piscines naturelles où se baigner sous le pont de Belfiore), sentier botanique, *Maison du miel – Casa di U Mele* – ouverte par le parc naturel régional *(• maisondumielcorse.com • ; avr-sept, lun-sam 9h-12h, 14h-17h ; GRATUIT),* ***Muna*** (hameau de 20 maisons du XVIIIe s, tout à fait pittoresque et ignoré), ***Rosazia, Salice, Azzana*** (belle piscine naturelle sous le pont entre Azzana et Lopigna), puis ***Lopigna*** (somptueux panoramas) et retour sur la côte, à 5 km au sud de Sagone. Petit détour possible, à ***Rezza.*** Compter une ½ journée en voiture. Routes empruntées : Sagone-Vico, 13 km, D 70 ; Vico-Murzo, 6 km, D 23 ; Murzo-Rosazia-Azzana, 22 km, D 4 ; et descente sur la côte par la D 125, puis la D 25 (une trentaine de kilomètres).

VICO (VICU)

(20160) 900 hab.

Moins spectaculaire qu'Évisa, mais encastré dans un amphithéâtre de montagnes vertes, Vico est un bourg typique, avec ses hautes maisons, ses ruelles, ses placettes écrasées de chaleur (curieux monument aux morts avant le *Caffé Naziunale*). C'est la vraie vie des hauteurs, loin de la frime des plages. Non, pas de plage ici, mais une rivière, le Liamone, où l'on peut se baigner en été (à 3 km environ de Vico, sous le pont de la D 23 direction Poggiolo), et la mer, à Sagone, n'est tout de même qu'à 14 km.

Où dormir ? Où manger ?

Chambres d'hôtes

Chambres d'hôtes L'Altore chez Santa Carlotti : *route du Stade, au col de Saint-Antoine. 06-87-20-25-31. • contact@altore-vico • altore-vico.fr • Prendre à droite après le col, c'est juste sur la droite. Double 80 €. Repas sur résa 30 €.* Dans sa jolie maison récente aux volets verts, l'adorable Santa vous accueille avec gentillesse. Chambres très bien tenues et soignées, toutes avec salle de bains. Certaines offrent une sympathique vue sur la vallée. Et puis ça vaut le coup d'y prendre un repas, car tout est fait maison : entrée généralement à base de *brocciu,* sanglier ou autre viande, fromage bio avec sa confiture de figues, dessert et vin compris. Après, on peut s'installer au salon pour papoter, car la maison est réservée aux hôtes (Santa habite juste à côté).

Les Jardins de Casa Murza *(Gîtes de France) : à Pieve. • casamurza@free.fr • casa-murza.com • 06-80-96-27-02. Traverser le bourg et tourner à gauche avt d'en sortir, de sorte à passer devant l'église, plus monter sur env 1 km (ça monte fort). Avr-oct. Compter 110 € pour 2. Table* *d'hôtes (sur résa) 30 €. CB refusées.* Sur les hauteurs de Vico, Bernard et Michel ont fait construire, selon leurs souhaits, une belle maison d'hôtes avec, à l'étage, 1 chambre double et 1 suite (2 personnes max), de très bon confort. Sont venues plus récemment s'ajouter une *casetta* (cabanon) écologique, dans le jardin, réalisée en autoconstruction (toilettes sèches), et une roulotte, sous le petit nom de *Philomela.* Petit déjeuner (excellent) servi dans le jardin, dont les propriétaires, attentifs et discrets, s'occupent avec le plus grand soin – bon, ils s'occupent également très bien de leurs hôtes !

De bon marché à plus chic

Hôtel U Paradisu, restaurant Saint-Pierre : *sur la route du couvent Saint-François, à la sortie de Vico. ☎ 04-95-26-61-62. • hotel.uparadisu@cegetel.net • hoteluparadisu.com • Fermé 3 sem fin déc-début janv et 3 sem fin fév-début mars. Doubles 73-116 € selon confort et saison. ½ pens possible. Formule déj 18 € ; menus 21-34 €.* Longue et solide bâtisse à la mode corse. Chambres classiques, parfois un peu datées, profitant pour certaines d'une fort jolie vue. Piscine. Restaurant qui se défend bien. Une ambiance pension de famille pas désagréable et un bien bon accueil.

Café National : *en plein centre. ☎ 04-95-26-60-25. • francoispaoli@orange.fr • Avr-sept, tlj ; hors saison fermé lun, et le soir mar-jeu. Fermé 3 sem en mars et 3 sem en oct. Pizzas 9-11 € ; formule déj 13,50 € ; viandes 15-16 €. Digestif offert sur présentation de ce guide.* Sympathique terrasse qui vaut pour son ombre généreuse. La carte est assez courte ; s'y distinguent les pizzas, très appréciées, et la belle « assiette nationale », très complète, qui vous cale un repas (on y trouve jusqu'aux légumes du potager). En été, soirées musicales (chants traditionnels corses).

Bar-restaurant A Piazza : *pl. Casanelli-d'Istria. ☎ 04-95-26-60-99. • apiazzavico@gmail.com • Sur la 2e pl. de Vico, très tranquille. Avr-oct. Midi et soir en saison, fermé dim soir et mer soir en basse saison. Pizzas 10-12 € ; viandes 18-19 €. CB refusées.* Adresse de village, sympathique et sans chichis : omelettes, charcuterie, pizzas, de quoi contenter toute la famille. Excellentes glaces au passage. Bon accueil.

Où dormir ? Où manger dans les environs ?

Prix moyens

L'Auberge des Deux Sorru : *à* **Guagno-les-Bains,** *20125* **Poggiolo.** *☎ 04-95-28-35-14. • ibagni@orange.fr • hoteldesdeuxsorru.com • ♿ À 12 km à l'est de Vico. En arrivant à Guagno-les-Bains, sur la gauche de la route. Resto ouv le soir et dim midi. Fermé nov-début avr. Doubles standard 65-80 € selon saison. Menu du jour 21 € ; plats 18-22 €. Café offert sur présentation de ce guide.* Un bâtiment de construction récente, abritant des chambres fonctionnelles et nickel, et même plutôt mignonnes avec leurs couvre-lits et rideaux aux tons chauds. Au resto, grande salle claire et terrasse côté vallée. Cuisine familiale.

Auberge U Fragnu : *à* **Murzo,** *à 5 km à l'est de Vico, sur la route de Guagno. ☎ 04-95-26-69-26. ♿ Fermé dim soir-lun hors saison. Fermé nov-avr. Formules et menus env 15-25 €.* Une jolie auberge aménagée dans un ancien moulin à huile d'olive. Honnête « menu du berger ». Cannellonis, agneau au feu de bois, et pizzas au feu de bois également. À noter : le village de Murzo organise la plus importante foire au miel de Corse *(le dernier dim de sept).*

A Merendella : *piazza al Brignone 20125* **Soccia.** *📱 06-45-35-61-53. Ouv fin juin-début sept. Formule plat dessert 28 €, menu complet 44 €. CB* *refusées.* Dans un adorable jardin resté très nature, sous un cerisier ou un pommier et face à la vallée, une adresse rare. Ici, chez les Caprino, on sait ce que veut dire travailler en famille (le fils est aux fourneaux, la fille au service avec sa mère et Michel Caprino veille). La cuisine, à la fois simple et très inspirée, récompense des efforts pour monter jusqu'à Soccia par la route sinueuse. Juste quelques plats fétiches, préparés avec grand professionnalisme, et cela suffit au bonheur. On repart tout heureux d'être monté manger en un tel endroit. Un détail : il peut faire un peu frisquet le soir, même en été, pensez-y !

U Paese : *Umbricia, 20125* ***Soccia.*** *☎ 04-95-28-31-92. • hotel.u.paese@wanadoo.fr • hotel-soccia.com • Ouv de mi-avr à fin oct. Doubles 77-84 € selon saison. Réduc à partir de 3 nuits.* Dans une grande maison de pierre, très Corse profonde, un hôtel sympathique, sur 3 niveaux (ascenseur). Bar et salon-bibliothèque. Fréquenté par les randonneurs qui apprécient l'authenticité du lieu et les bons conseils des propriétaires.

Randonnée : le lac de Creno (Lavu di Crena)

Encore un lac créé par le diable selon la légende, bien agréable à découvrir en été, car on pourra pique-niquer sur ses rives, à l'ombre généreuse des pins laricio (c'est le seul lac de montagne en Corse à proposer cela). Compter 2h30 aller et retour (3h30 aller et retour en partant d'Orto). Être bien chaussé. Carte IGN Top 25 Monte d'Oro, Monte Renoso. À noter qu'il est également possible de partir en balade à dos d'âne ou à poney. *Loc depuis le parking au départ du lac de Creno. 06-10-78-56-22. • astalla.e-monsite.com • Compter 40 € la journée (plus cher pour un mulet ou un cheval).*

De Vico, aller à Soccia, à une quinzaine de kilomètres. On s'arrêtera à proximité du 2e lacet au-dessus du village : une croix géante et un panneau indicateur sont là pour signaler le début du chemin qui s'élève paisiblement sur le versant nord-ouest du *Sant'Eliseo* (un sommet orné d'une petite chapelle qui est, en août, un lieu de pèlerinage très couru). Avant d'atteindre le lac de Creno, le sentier balisé passe au-dessus des bergeries et du petit lac de l'Arate, puis à côté de la fontaine de Veduvella (parfois à sec), 2 lieux de pause fort sympathiques.

Au passage, il croise le chemin, lui aussi balisé, qui monte à Creno du village voisin d'Orto, un point de départ plus sportif – la dénivelée est pratiquement double –, mais plus attrayant, car le parcours s'y déroule en partie dans une châtaigneraie, et les panoramas y sont plus variés.

Canyoning au canyon de Zoicu : *au-dessus de Soccia. 06-15-05-28-42. • canyon-corse.com • Tlj en juil-août. Compter 50 €/pers.* Le canyon de Zoicu peut se pratiquer en famille (descente accompagnée possible dès 7 ans). Le rendez-vous se fait devant au parking de la Croix, au-dessus de Soccia.

Où méditer sur la finalité des choses ?

Le couvent Saint-François : *à la sortie de Vico, direction Arbori. ☎ 04-95-26-83-83. • couventdevico.fr • Ouv à la visite tlj tte la journée ; GRATUIT.* C'est une grande bâtisse blanche entourée de jardins et de bois. Fondé par des franciscains en 1489, reconstruit entre 1627 et 1785, le couvent est occupé de nos jours par une poignée de missionnaires de la congrégation des oblats de Marie. Remarquer, dans l'église, le Christ en croix, le plus vieux de Corse, les fresques à l'italienne et, dans la sacristie, un meuble du XVIIe s en châtaignier.

L'intérieur même du couvent est intéressant également. On peut découvrir les couloirs, la bibliothèque, des cellules, une chapelle et une salle de TV des plus insolite sous ces fresques colorées. Hébergement possible.

Festival

– ***Sorru in Musica :*** *fin juil. Rens : ☎ 04-95-26-60-08. • sorru-in-musica.corsica •* Animations culturelles en fin d'après-midi, concerts délocalisés dans plusieurs villages du canton (Vico, Renno, Soccia, Coggia, Rosazia, Murzo et Sagone). Pour les musiciens, académie de musique en résidence au couvent et master classes.

TIUCCIA

(20111 ; commune de Sari-d'Orcino)

À 7 km au sud de Sagone et à une trentaine de kilomètres d'Ajaccio. Une petite station appréciée pour ses très belles plages, encaissées dans le golfe de la Liscia, et son accès rapide depuis Ajaccio. Beau point de vue sur le site quand on arrive d'Ajaccio, au col de San Bastiano.

Où dormir dans les environs ?

Campings

⛺ ***Camping la Casa :*** *D 81, 20111* ***Calcatoggio.*** *Dans la grande descente quand on vient d'Ajaccio, sur la gauche. Début avr-début oct. ☎ 04-95-10-09-78. • info@lacasacamping.com • lacasa-camping.com • Env 19-38 € pour 2 avec voiture et tente. Location à la sem de bungalows et chalets de 4-6 pers.* Camping de standing, récent et bien conçu, étagé en terrasses. 2 espaces réservés pour les campeurs, sinon de nombreux locatifs de qualité. Bon entretien d'ensemble. Piscine pas très grande mais un sentier donne accès directement à la plage en 10 mn seulement. Resto, animations, jeux enfants...

⛺ ***Camping A Marina :*** *golfe de la Liscia, 20111* ***Calcatoggio.*** *☎ 04-95-52-21-84. • contact@camping-amarina.com • camping-amarina.com • À 3 km de Tiuccia, en bord de mer. D'avr à mi-oct. Forfaits pour 2 25-33 € selon saison ; également des chalets et mobile homes qu'on peut louer à la nuit hors saison ou à la sem (380-1 200 €).* Un camping plaisant car isolé dans un coin calme au bout d'un chemin privé. Espaces ombragés et agréables. Sanitaires propres en nombre suffisant, et équipements convenables (snack-bar, pizzeria, épicerie, aire de jeux pour enfants). Et, surtout, la plage est juste devant.

Chambres d'hôtes

🏠 ☂ ***Chambres d'hôtes Le Ruone :*** *chemin de Petra Nera, 20111* ***Calcatoggio.*** *☎ 04-95-25-62-11. • leruone@gmail.com • ruone.fr • En arrivant d'Ajaccio, ne pas prendre la route de Calcatoggio mais poursuivre sur la D 81 pdt 1,9 km : c'est un chemin qui descend abruptement à droite. Fermé nov-mars. Doubles 110-200 € selon confort et saison ; familiales 175-265 €. CB refusées.* C'est d'abord la situation qui retient l'attention : isolées à flanc de montagne, les 2 maisons modernes profitent d'une vue superbe sur le golfe. Ensuite, les chambres : aménagées avec goût dans un style actuel, elles se révèlent très confortables. Impeccable pour se ressourcer, à l'image de la terrasse sur pilotis avec vue panoramique ou de la belle piscine. Accueil dynamique.

Gîtes ruraux

🏠 ***Gîtes de Sophie Stephanopoli-Lustenberger*** *(Gîtes de France)* ***:*** *à* ***Canaggiola-Casaglione.*** *Résas auprès des Gîtes de France : ☎ 04-95-10-54-30. À 9 km à l'est de Tiuccia par la D 25.*

Avr-nov. Selon type de gîte et saison, 379-1 049 €/sem. Une bonne situation pour ces 7 gîtes pas trop éloignés des grandes plages de Tiuccia ou Sagone (15 à 20 mn en voiture) et profitant d'un cadre pittoresque de village d'arrière-pays, ceint de montagnes. Commerce à 6 km (mais le boulanger passe). Gîtes simples et fonctionnels, répartis entre 2 maisons récentes se partageant un vaste terrain clos (un 7e gîte pour 2 personnes, moins cher, est mitoyen à la maison des propriétaires dans le village). Lave-vaisselle, congélateur, TV, micro-ondes. Lave-linge commun aux gîtes. Location de draps et serviettes en sus, salon de jardin, cheminée. Jeux pour les jeunes enfants.

Où manger dans les environs ?

U Cunventu : *Acqua in ghju, 20151* **Sari d'Orcino.** ☎ *04-95-50-56-95.* *06-14-36-87-41.* • *contact@ucunventu.com* • *Tlj midi et soir en saison, le ven soir et les w-e le reste de l'année. Plats 14-19 €.* Le genre de petite adresse de campagne comme la Corse sait en proposer. Dans ce lieu improbable, un ancien couvent franciscain, qui a connu 1 000 vies (école, prison, gendarmerie...) – et a même accueilli Paoli *himself* – , accolé à l'église San Martinu. On s'installe tranquillou en plein air face à la vallée. Rien de compliqué dans l'assiette, carte composée de généreux plats de viande pour l'essentiel, mais également des pizzas. Bons desserts de la maman en prime. Accueil tout en décontraction, très sympathique.

AJACCIO ET SA RÉGION

AJACCIO (AJACCIU) (20000) 70 700 hab.

• Carte Le golfe d'Ajaccio *p. 191* • Plan Ajaccio *p. 192-193*

Même si Ajaccio, qu'on peut trouver un peu bruyante, et parfois embouteillée, n'est pas en soi une destination de séjour, on a vite fait de se perdre dans la vieille ville animée, avec ses hautes bâtisses aux maisons colorées, concentrée autour du port. La partie moderne s'étire tout le long du grand boulevard de bord de mer. Ses constructions, à l'architecture pas toujours heureuse, se disséminent jusque sur les collines.
Ajaccio peut être une base d'où rayonner pour visiter les environs : la route des îles Sanguinaires, les plages de Porticcio, les 3 vallées (dont celles de Gravona et du Prunelli) et la montagne toute proche, qui offre à la baie d'Ajaccio un cadre superbe.
Bien sûr, on ne peut parler d'Ajaccio sans évoquer Napoléon, l'enfant du pays, maître de l'Europe et génie militaire et politique – pour d'autres, tyran et boucher, mais nous n'entrerons pas dans cette discussion, et d'ailleurs à quoi bon ? On ne refait pas l'Histoire...

NAPOLÉON EMPESTAIT !

C'est à l'arrivée des Français en Allemagne en 1801 que l'usage de l'eau de Cologne se popularisa. Son plus célèbre utilisateur était Napoléon, qui en versait un flacon dans ses bottes avant de monter à cheval. Il en consommait jusqu'à 40 l par mois. À Sainte-Hélène, privé de son eau favorite, il parvint à en retrouver la formule en faisant appel aux souvenirs de ses compagnons d'infortune.

UN PEU D'HISTOIRE

Une 1re petite ville a existé dès l'époque antique, sans que l'on sache tout sur elle : elle était située au nord du centre actuel, vers l'hypermarché *Leclerc.* Elle fut le siège d'un évêché dès le VIe s et un château, *Castel Lombardo,* fut édifié 2 km au nord de l'actuelle citadelle. Ce n'est qu'en 1492 que les Génois lancèrent la construction d'un nouveau château fortifié, qui devint au siècle suivant une citadelle, de forme hexagonale. Les Gênois voulaient faire de la nouvelle ville la capitale de la province du Delà-des- monts. Le quartier d'U Borgu, le faubourg en dehors des murs, se développa alors, traversé par l'actuelle rue Fesch.
Ajaccio prend son apparence actuelle au XIXe s : les anciens remparts sont détruits, l'extension vers l'est est décidée et les grands axes dessinés, notamment le cours Grandval jusqu'au Casone. La cote d'Ajaccio devient telle que le quartier des Étrangers, créé sous Napoléon III, accueille jusqu'à 1 000 visiteurs britanniques, en particulier pour le tourisme d'hiver. Et à la même époque, loin des

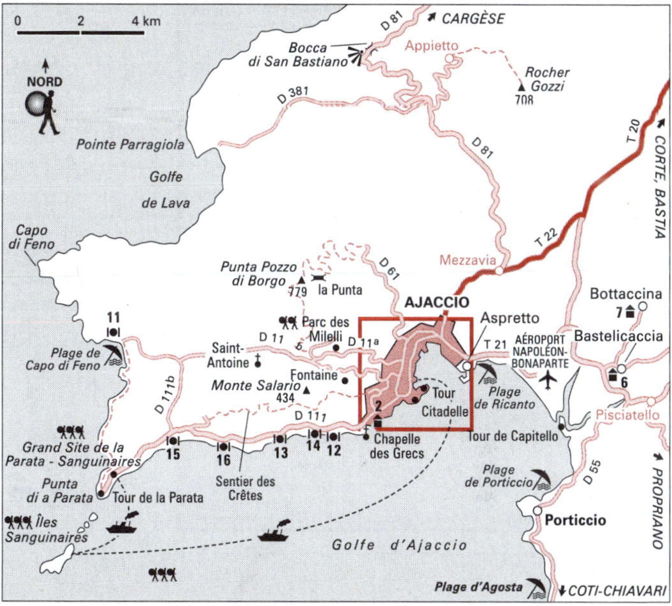

LE GOLFE D'AJACCIO

Où dormir ?	12 L'Altru Versu
2 Hôtel Les Mouettes	13 Restaurant Chez Pech
6 Motel L'Orangeraie	14 Le Beau Rivage
7 Les Hameaux de Bottaccina	15 Paillote Le Goéland
Où manger ?	16 Neptune Plage
11 Le Pirate, chez Pierre Tou	

beaux quartiers, le bagne pour enfants (officiellement une colonie correctionnelle horticole), également voulu par Napoléon III, est construit à l'emplacement de l'actuel hôpital de Castellucio et fonctionne de 1855 à 1866...
La citadelle d'Ajaccio, longtemps occupée par les militaires, est récemment redevenue propriété de la ville d'Ajaccio. La municipalité a lancé l'étude d'un projet d'aménagement avec la volonté d'en faire un quartier à part entière. Rendez-vous dans quelques années !

Arriver – Quitter

En bus

Attention : les horaires ou fréquences peuvent varier d'une année à l'autre...

Gare routière *(plan B3)* **:** *bd Sampiero. ☎ 04-95-21-57-59. • gare routiere-ajaccio@wanadoo.fr •*

➢ ***De/vers Olmeto, Propriano, Sartène, Pianottoli, Porto-Vecchio, Bonifacio :*** *Autocars Eurocorse (☎ 04-95-21-06-30 ; • eurocorse.com •).* Lun-sam, 3 bus/j. 1er juil-31 août ; 2 bus hors saison. Compter 1h35 de route pour Propriano et 3h10

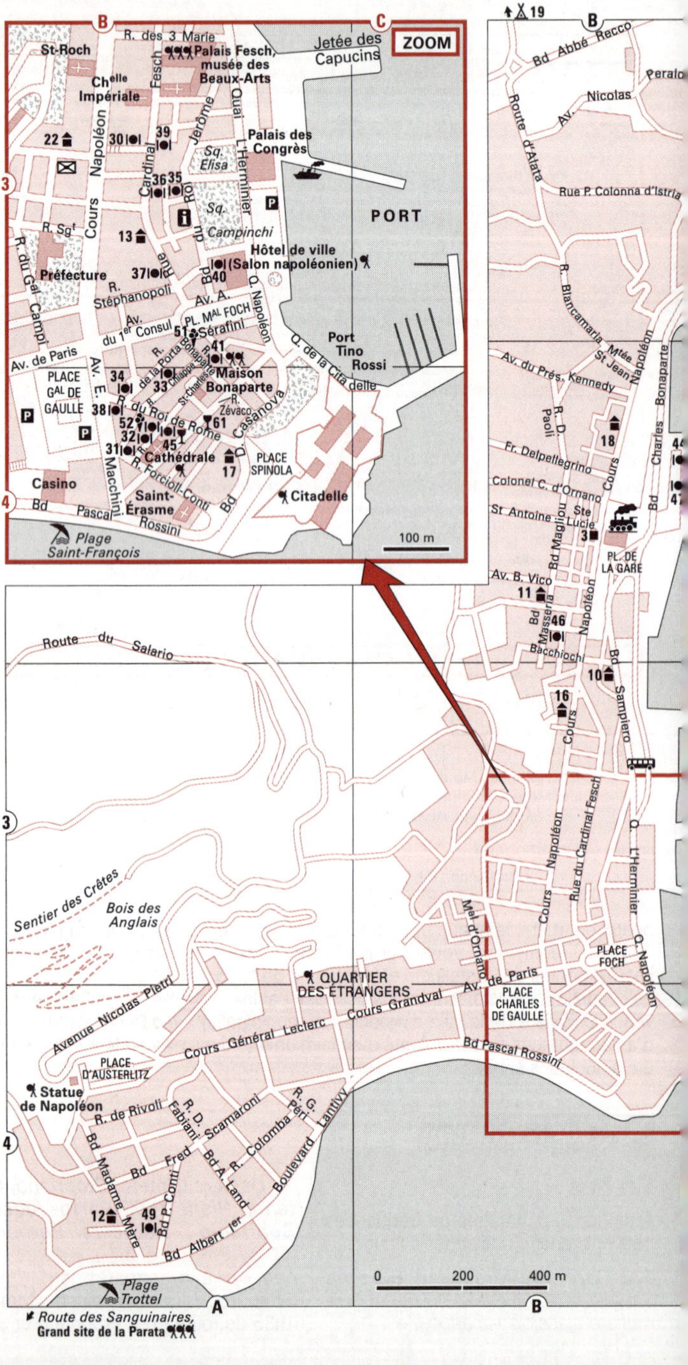
ZOOM
B
C
R. des 3 Marie
St-Roch
Palais Fesch, musée des Beaux-Arts
Jetée des Capucins
Chelle Impériale
Fesch
Jérôme
Quai L'Herminier
Palais des Congrès
22
30
39
Cours Napoléon
Cardinal
Sq. Elisa
36 35
Roi
du
Sq. Campinchi
PORT
R. Sgt
R. du Gal Campi
13
Rue
Hôtel de ville (Salon napoléonien)
Préfecture
37
Bd 40
R. Stéphanopoli
Av. A.
Q. Napoléon
PL. Mal FOCH
Av. du 1er Consul
51 Sérafini
Q. de la Citadelle
Port Tino Rossi
Av. de Paris
41
R. de la Porta
Bonaparte
R. Chiappe
St-Charles
Maison Bonaparte
PLACE Gal DE GAULLE
Av. E. Macchini
34
33
38
R. du Roi de Rome
R. Zévaco
D. Casanova
52
61
32
45
31
Cathédrale
17
PLACE SPINOLA
R. Forcioli-Conti
Casino
Saint-Érasme
Bd
Citadelle
Bd Pascal Rossini
Plage Saint-François
100 m
19
Bd Abbé Recco
Peralo
Av. Nicolas
Route d'Alata
Rue P. Colonna d'Istria
R. Blancamaria
Mtée St Jean
Av. du Prés. Kennedy
Cours Napoléon
Bd Charles Bonaparte
R. D. Paoli
18
Fr. Delpellegrino
Colonel C. d'Ornano
St Antoine
Ste Lucie
3
PL. DE LA GARE
Av. B. Vico
11
Bd Maglioli
Bd Masseria
46
Bacchiochi
10
Bd Sampiero
16
Cours
Route du Salario
Sentier des Crêtes
Bois des Anglais
Cours Napoléon
Rue du Cardinal Fesch
Q. L'Herminier
Mal d'Ornano
PLACE FOCH
Q. Napoléon
QUARTIER DES ÉTRANGERS
Av. de Paris
PLACE CHARLES DE GAULLE
Avenue Nicolas Pietri
Cours Grandval
Cours Général Leclerc
Bd Pascal Rossini
PLACE D'AUSTERLITZ
Statue de Napoléon
R. de Rivoli
R. D. Fabiani
Scamaroni
R. G. Péri
R. Colomba
Boulevard Lantivy
Bd Madame Mère
Bd Fred
Bd A. Land
12
49
Bd P. Conti
Bd Albert Ier
Plage Trottel
0
200
400 m
A
B
3
4
Route des Sanguinaires, Grand site de la Parata

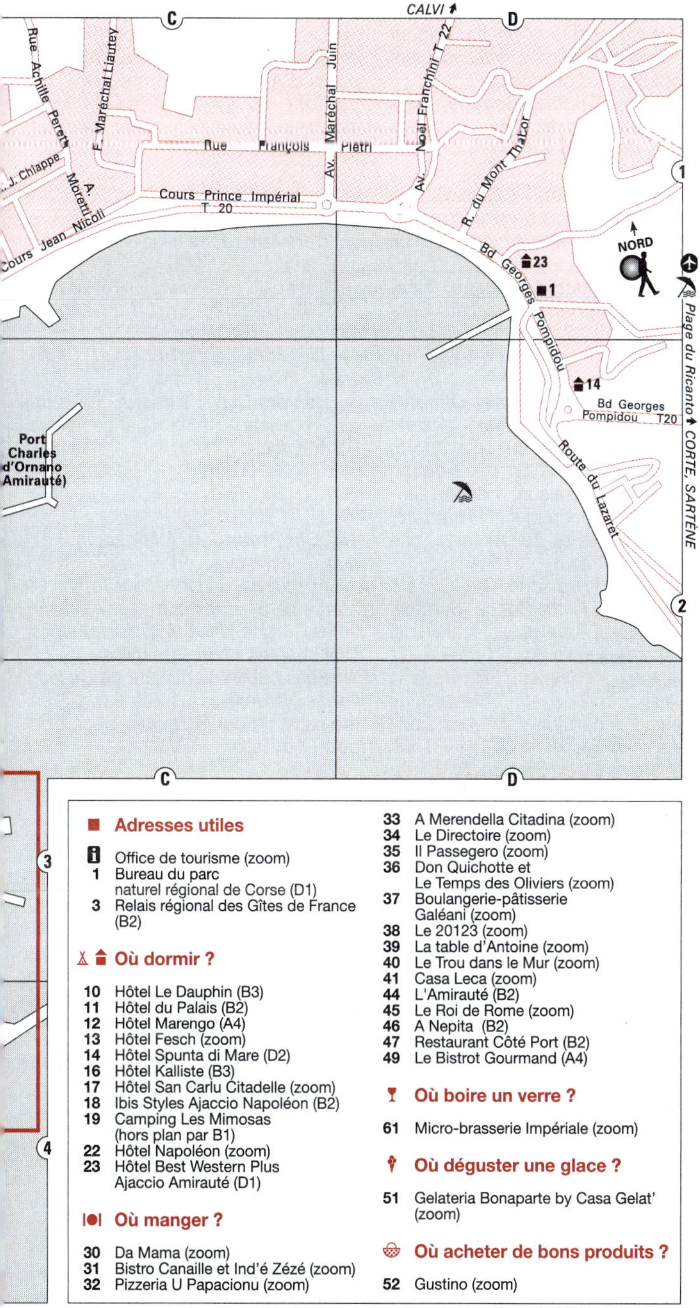

Adresses utiles

- Office de tourisme (zoom)
- 1 Bureau du parc naturel régional de Corse (D1)
- 3 Relais régional des Gîtes de France (B2)

Où dormir ?

- 10 Hôtel Le Dauphin (B3)
- 11 Hôtel du Palais (B2)
- 12 Hôtel Marengo (A4)
- 13 Hôtel Fesch (zoom)
- 14 Hôtel Spunta di Mare (D2)
- 16 Hôtel Kalliste (B3)
- 17 Hôtel San Carlu Citadelle (zoom)
- 18 Ibis Styles Ajaccio Napoléon (B2)
- 19 Camping Les Mimosas (hors plan par B1)
- 22 Hôtel Napoléon (zoom)
- 23 Hôtel Best Western Plus Ajaccio Amirauté (D1)

Où manger ?

- 30 Da Mama (zoom)
- 31 Bistro Canaille et Ind'é Zézé (zoom)
- 32 Pizzeria U Papacionu (zoom)
- 33 A Merendella Citadina (zoom)
- 34 Le Directoire (zoom)
- 35 Il Passegero (zoom)
- 36 Don Quichotte et Le Temps des Oliviers (zoom)
- 37 Boulangerie-pâtisserie Galéani (zoom)
- 38 Le 20123 (zoom)
- 39 La table d'Antoine (zoom)
- 40 Le Trou dans le Mur (zoom)
- 41 Casa Leca (zoom)
- 44 L'Amirauté (B2)
- 45 Le Roi de Rome (zoom)
- 46 A Nepita (B2)
- 47 Restaurant Côté Port (B2)
- 49 Le Bistrot Gourmand (A4)

Où boire un verre ?

- 61 Micro-brasserie Impériale (zoom)

Où déguster une glace ?

- 51 Gelateria Bonaparte by Casa Gelat' (zoom)

Où acheter de bons produits ?

- 52 Gustino (zoom)

AJACCIO

pour Porto-Vecchio et Bonifacio (pour cette dernière destination, changement à Scopetto, près de Figari).

➢ ***De/vers Tiuccia, Sagone, Cargèse, Piana, Porto, Ota :*** *Autocars Ceccaldi (☎ 04-95-21-38-06, 📱 06-09-96-15-37 ; • autocars-ceccaldi-ajaccio.fr •).* Tlj en juil-août, 2 départs/j. (1 le mat et 1 l'ap-m), et 1 départ/j. lun-sam le reste de l'année. Compter env 2h pour Porto.

➢ ***De/vers Tiuccia, Sagone, Vico, Évisa*** et ***Marignana :*** *Autocars Ceccaldi (☎ 04-95-21-38-06).* Juil-août, 2 départs/j. (1 le mat et 1 l'ap-m). Sinon, 1 départ/j. lun-sam.

➢ ***De/vers Porto-Pollo*** et ***Olmeto-Plage*** *(via Bisinao et Pila Canale)* **:** autocars *Ricci Marcel Transports (☎ 04-95-77-77-77).* En été, 1 départ tlj l'ap-m ; hors saison, 1 départ lun-sam. Le bus continue sur ***Propriano, Sartène, Levie*** et ***Zonza*** (ainsi que ***Bavella*** en juil-août).

➢ ***De/vers Propriano*** *(via Olmeto par la T 40)* et ***l'Alta Rocca*** *(Sartène, Levie, Zonza et Bavella)* **:** autocars *Ricci Marcel Transports (☎ 04-95-77-77-77 ; • transports-voyageurs-ajaccio.fr •).* Juil-août, 2 départs/j. ; le reste de l'année, 1 départ lun-sam. Attention : Bavella n'est desservie qu'en juil-août. Les *Autocars Balesi Évasion (☎ 04-95-70-15-55 ; • balesievasion.com •)* proposent un trajet ***Ajaccio/Porto-Vecchio,*** via Aullène, Quenza, Zonza, Bavella et L'Ospédale. Départ tlj en juil-août, lun et ven le reste de l'année (hors saison, Bavella n'est pas desservi). Compter 3h30 de trajet.

➢ ***De/vers Porticcio (jusqu'à Verghia) :*** avec les *Autocars Corse Méditerranée (☎ 04-95-25-40-37).* 3 bus/j., qui continuent ensuite jusqu'à la pointe de l'Isolella et Verghia (plage Mare e Sole).

➢ D'autres petites compagnies desservent les ***villages de l'arrière-pays d'Ajaccio*** : comme les *Cars Santoni (☎ 04-95-22-64-44)* qui montent jusqu'à Zicavo, via Cauro et Sainte-Marie-Sicchè.

En train

🚂 ***Gare ferroviaire*** *(plan B2)* **:** *à proximité du port. ☎ 04-95-23-11-03. Lun-ven 5h40-20h45, sam 6h15-20h45, dim 8h40-13h20 et 14h55-21h10.* Consignes à bagages.

➢ ***De/vers Bastia :*** 4 trains/j. Trajet : 4h.

➢ ***De/vers Calvi :*** 2 trains/j. Trajet un peu plus long : 4h30. Changement à Ponte-Leccia.

En bateau

⛴ ***Gare maritime*** *(plan zoom B3)* **:** *quai L'Herminier. ☎ 04-95-51-55-45.*

➢ Au moins 1 départ/j. pour ***Toulon*** et ***Marseille*** avec les compagnies maritimes *Corsica Linea* et *Corsica Ferries* (voir ci-après « Adresses utiles »).

➢ Sans oublier la navette de *Découvertes Naturelles,* jusqu'à 9 fois/j. en hte saison, pour ***Porticcio.*** Départ du port Tino-Rossi.

En avion

✈ ***Aéroport Napoléon-Bonaparte*** *(carte Le golfe d'Ajaccio)* **:** *situé à 6 km d'Ajaccio, à Campo dell'Oro, sur la route de Porticcio. ☎ 04-95-23-56-56. • 2a.cci.fr • Pour s'y rendre, prendre le bus n° 8 au niveau du rond-point de la gare ferroviaire : départ ttes les heures env 5h-23h (durée : 15 mn) ; de l'aéroport, même fréquence ; env 5 €.* Point info dans le hall.

Adresses utiles

ℹ ***Office intercommunal de tourisme du Pays d'Ajaccio*** *(plan zoom B3)* **:** *3, bd du Roi-Jérôme. ☎ 04-95-51-53-03. • ajaccio-tourisme.com • Juil-août : lun-sam 8h-20h ; dim 9h-13h, 16h-19h. En mi-saison : lun-sam 8h-19h, dim 9h-13h. Nov-mars : lun-ven 8h-12h30, 14h-18h ; sam 8h30-12h30, 14h-17h ; fermé dim et j. fériés.* Dirigé par une équipe dynamique. Plan gratuit de la ville et des environs, riche documentation, horaires des bus, trains, bateaux, et infos sur l'hébergement et les activités du secteur. Demandez le programme des visites guidées, très fourni, ainsi que des concerts – *Les Polyphonies de l'été* – chaque mercredi soir de juillet à mi-septembre.

■ ***Bureau du parc naturel régional de Corse*** *(plan D1, **1**)* **:** *19, av. Georges-Pompidou, immeuble Faggianelli, CS 30417, Ajaccio Cedex 9.* ☎ *04-95-51-79-00.* • *pnr.corsica* • *Lun-ven 8h30-12h, 14h-17h.* Personnel extrêmement sympa et efficace. Bonne doc sur les sentiers de randonnée et les gîtes d'étape. On peut y acheter de nombreux topoguides avec cartes et se procurer des dépliants sur les balades en boucle dans les microrégions.

■ ***Relais régional des Gîtes de France*** *(plan B2, **3**)* **:** *77, cours Napoléon, BP 10.* ☎ *04-95-10-54-30.* • *gites-corsica.com* • *Lun-ven 8h-12h30, 14h-17h30 (16h30 ven).* Propose la liste de gîtes de séjour, chambres d'hôtes et campings à la ferme dans toute l'île.

P ***Parkings*** **:** *parkings payants sous la pl. du Général-de-Gaulle (pl. du Diamant) ou quai Napoléon. Également un autre parking bd Sampiero.* Très pratiques en été, où il devient difficile de trouver à se garer, à moins d'arriver le matin avant 10h.

■ ***Capitaineries des ports de plaisance*** **:** *port Tino-Rossi,* ☎ *04-95-51-22-78. Urgences :* 📱 *06-16-35-80-42. Port de l'Amirauté (Charles-d'Ornano),* ☎ *04-95-22-31-98.* Pour les plaisanciers : canal VHF 9. Sur place : douche, w-c, carburants...

Transports

■ ***Air Corsica (Air France)*** **:** *à l'aéroport.* ☎ *36-54 (0,35 €/mn).* • *aircorsica.com* • Vols réguliers au départ de Paris, Lyon, Nice et Marseille. Vols saisonniers à partir de nombreuses villes de province.

■ ***Ollandini Voyages*** **:** *1, rue Paul-Colonna-d'Istria.* ☎ *04-95-23-92-34.* • *la-corse.travel* • *ollandini.fr* • *Bureau à l'aéroport ouv en fonction des horaires des vols.* Vols saisonniers pour les 4 aéroports corses depuis les principales villes de province.

■ ***Corsica Linea*** **:** *à la gare maritime.* ☎ *0825-88-80-88 (0,15 €/mn). Lun-sam 8h15-12h et 14h-19h, dim 15h-19h.* Ferries de/vers Marseille.

■ ***Corsica Ferries*** **:** *à la gare maritime.* ☎ *0825-095-095 (nº Azur).* • *corsicaferries.com* • Ferries de/vers Nice et Toulon.

■ ***La Méridionale*** **:** *port de commerce, 15, bd Sampiero, entre la gare maritime et la gare ferroviaire.* ☎ *09-70-83-20-20 ou* ☎ *04-95-11-01-00.* • *lameridionale.fr* • Navires mixtes passagers-marchandises de/vers Marseille.

■ ***Transports en commun d'Ajaccio*** *(TCA)* **:** *75, cours Napoléon.* ☎ *04-95-52-95-00.* • *ca-ajaccien.corsica/muvistrada/* • Les bus desservent toute la ville. Il existe un *pass séjour,* valable 24h *(3 €)* ou 1 semaine *(10 €).*

🚕 ***Stations de taxis*** **:** *pl. du Général-de-Gaulle,* ☎ *04-95-21-00-87 ; av. Pascal-Paoli,* ☎ *04-95-23-25-70.*

Location de voitures

Une demi-douzaine de loueurs vous attendent à l'extérieur de l'aéroport d'Ajaccio. Pensez à louer une petite voiture, pratique pour les routes étroites et sinueuses, avec un toit ouvrant ou la clim (il fait parfois très, très chaud !).

■ ***Ada*** **:** *à l'aéroport.* ☎ *04-95-23-56-57.* • *ada.fr* •

■ ***Hertz*** **:** *à l'aéroport.* ☎ *04-95-23-57-04.* • *hertzcorse.com* •

■ ***Avis*** **:** *à l'aéroport.* ☎ *04-95-23-56-90. En centre-ville : 1, rue Paul-Colonna-d'Istria.* ☎ *04-95-23-92-55 ou 0825-05-05-05 (nº Vert).* • *avis-corse@ollandini.fr* •

■ ***Budget*** **:** *à l'aéroport.* ☎ *04-95-23-56-63.* • *budget.fr* •

■ ***Entreprise*** **:** *à l'aéroport.* ☎ *04-95-23-57-15.* • *entreprise.fr* •

Location de vélos, scooters, motos et bateaux

■ ***LSP 2 Roues*** *(plan B2-3)* **:** *13, bd Sampiero.* 📱 *06-07-28-84-81.* • *lsp2roues.com* • *À côté de l'hôtel* Le Dauphin. *Fermé sam ap-m et dim.* Location de scooters, vélos électriques et traditionnels.

■ ***Rout'Évasion*** *(plan D1)* **:** *10, av. Noël-Franchini.* ☎ *04-95-22-72-87.* • *routevasion.com* • *Au début de la*

T 22, direction Mezzavia-Calvi par la côte. Réparation, location et vente de VTT et vélos uniquement.

■ ***Moto Corse Évasion*** *(plan B2-3) : 13, bd Sampiero.* ☎ *04-95-51-19-20.* 📱 *06-50-85-84-69.* ● *corsicamoto.fr* ● Location de scooters et motos. Organise aussi des randonnées et séjours à moto.

Où dormir ?

Ajaccio n'offre pas un grand choix d'adresses bon marché. Sinon, dans l'ensemble, le niveau de l'hôtellerie est plutôt satisfaisant.

Pour les campings, pas un grand choix non plus, et ils ne sont pas centraux. D'autres à Porticcio, à 15 km.

En ville

Camping

⛺ ***Camping Les Mimosas*** *(hors plan par B1,* ***19****) : chemin de la Carosaccia, route d'Alata, puis à gauche vers « Les Baraques ». Fléché.* ☎ *04-95-20-99-85.* ● *campingmimosas@wanadoo.fr* ● *camping-lesmimosas.com* ● ♿ *À 3 km du centre-ville. De l'aéroport, bus n° 8 jusqu'à l'arrêt Mercure puis 20 mn de marche. D'avr à mi-oct. Compter env 20-21 € pour 2 avec tente et voiture ; également des mobile homes pour 4 (avec sanitaires) et de petits chalets pour 3-4 (sans ou avec sanitaires). CB refusées. Pas de résa pour les emplacements.* Assez tranquille, en retrait du tumulte ajaccien et pourtant pas trop loin de la ville, un petit camping sans chichis mais convenable. Sanitaires simples et propres (eau chaude). Petite épicerie.

De prix moyens à chic

🏠 ***Hôtel Marengo*** *(plan A4,* ***12****) : 2, rue Marengo.* ☎ *04-95-21-43-66.* ● *hotel-marengo@orange.fr* ● *hotel-marengo.com* ● *Début avr-fin oct. Réception au tél 9h-19h. Doubles avec ou sans douche et w-c privés 75-125 €.* L'une de nos adresses ajacciennes les plus anciennes et les plus régulières. Petit hôtel caché dans une cour intérieure, donc au calme, à proximité de la plage Trottel. Les chambres, réparties entre la maison principale et l'annexe sur le côté, sont simples mais bien tenues, fonctionnelles, et dotées de tout le confort (TV, clim, double vitrage...). Couleurs chaleureuses et un notable effort de déco. Certaines sont de plain-pied et donnent sur la cour et sa petite terrasse fleurie. Accueil attentionné.

🏠 ***Hôtel du Palais*** *(plan B2,* ***11****) : 5, av. Beverini.* ☎ *04-95-22-73-68.* ● *hoteldupalais@wanadoo.fr* ● *hoteldupalais.corsica* ● *De mi-mars à mi-nov. Doubles climatisées 57-82 € selon confort et saison ; petit déj 6 €.* Un immeuble assez central, dont le 1er étage a été transformé en tout petit hôtel 2 étoiles de 7 chambres. Double vitrage (mais l'insonorisation est moyenne), clim et TV dans chaque chambre. Déco moderne. Propre.

🏠 ***Hôtel Spunta di Mare*** *(plan D2,* ***14****) : quartier Saint-Joseph.* ☎ *04-95-23-74-40.* ● *hotelspuntadimare@wanadoo.fr* ● *hotel-spuntadimare.com* ● *Fermé 20 déc-26 janv. Doubles 77-123 € selon saison, petit déj inclus.* À 1,5 km du centre, un immeuble moderne aux chambres impeccables, rénovées dans un style contemporain agréable. Bien tenu et tout confort : TV satellite, clim et excellente literie. Panorama sur le golfe pour une bonne partie des chambres, salle de muscu et solarium au 4e étage. Accueil efficace.

🏠 ***Hôtel Le Dauphin*** *(plan B3,* ***10****) : 11, bd Sampiero.* ☎ *04-95-21-12-94.* ● *ledauphinhotel@wanadoo.fr* ● *ledauphinhotel.com* ● *Juste en face de la gare maritime. Tte l'année. Doubles env 65-95 €.* Le principal atout de cet hôtel sans prétention à la façade toute rose est sans doute sa situation. Chambres avec sanitaires, double vitrage et clim, fonctionnelles avant tout. En demander une dans les étages et avec balcon (meilleure vue... du moins côté mer : un peu tristoune sur l'arrière). Pour une étape, donc. Bar-resto au rez-de-chaussée.

De chic à plus chic

🏠 ***Hôtel Best Western Plus Ajaccio Amirauté*** *(plan D1,* ***23****) : 20, bd Georges-Pompidou (route de Sartène). ☎ 04-95-27-22-57. • contact ajaccio@corsica-hotels.fr • ajaccio.corsica-hotels.fr • À 1,5 km du centre. Doubles standard env 85-210 € ; petit déj 12 €.* Ceux qui aiment avant tout les vieilles pierres dans les centres historiques pousseront plus loin, mais cet hôtel récent de bon standing présente l'avantage d'offrir des chambres spacieuses, fonctionnelles, tout confort (clim, TV), et au final agréables. Également des apparts-hôtels bien conçus (avec terrasse), dans le bâtiment voisin : impeccables pour les familles. Terrasse-solarium, piscine (chauffée de Pâques à la Toussaint), spa de nage. Accueil efficace et souriant.

🏠 ***Hôtel Fesch*** *(plan zoom B3,* ***13****) : 7, rue Cardinal-Fesch. ☎ 04-95-51-62-62. • hotelfesch@yahoo.fr • hotel-fesch.com • Tte l'année. Doubles 82-163 € selon saison (si vous voulez la terrasse, au dernier étage, c'est plus cher).* Le gros avantage du *Fesch*, c'est sa situation stratégique au cœur de la ville, dans la rue piétonne la plus populaire et animée. Pour le reste, il occupe un bâtiment ancien, et les chambres sont dans le même esprit : bien tenues, plutôt confortables (minibar, clim et TV satellite).

🏠 ***Hôtel San Carlu Citadelle*** *(plan zoom B4,* ***17****) : 8, bd Danielle-Casanova. ☎ 04-95-21-13-84. • reception@hotelsancarlu.com • hotel-sancarlu.com • ♿ Tte l'année. Selon catégorie de chambre, doubles env 70-215 €. Parking payant à proximité.* Face à la citadelle et côté mer, belle vue pour les plus chères des chambres (4 catégories de prix, les moins chères sont un peu exiguës), et bon confort, car l'établissement a été rénové : bains ou douche et w-c, TV satellite, clim et chauffage. L'ensemble est bien tenu et l'accueil souriant. Plage de Saint-François à seulement 100 m.

🏠 ***Hôtel Kalliste*** *(plan B3,* ***16****) : 51, cours Napoléon. ☎ 04-95-51-34-45. • contact@kalliste-ajaccio.com • kalliste-ajaccio.com • Selon saison et situation, 78-126 € en sem (plus cher le w-e et encore plus pour une twin). Également des triples. Garage sécurisé (15 €).* On ne peut plus central, occupant un immeuble typique de cette artère traversant la ville et proposant 62 chambres, plus ou moins spacieuses, cet hôtel a fait l'objet d'une rénovation tout à fait réussie. Jolis espaces communs. Dans les chambres, murs de brique ou de pierre, carrelage, apportent une touche ancienne sans rien enlever au confort. Également une résidence avec 9 appartements de standing à proximité.

🏠 ***Hôtel Napoléon*** *(plan zoom B3,* ***22****) : 4, rue Lorenzo-Vero. ☎ 04-95-51-54-00. • info@hotel-napoleon-ajaccio.com • hotel-napoleon-ajaccio.com • Fermé 21 déc-15 janv. Doubles 110-155 € selon saison.* En plein centre-ville, dans une rue calme, perpendiculaire au cours Napoléon. Des chambres assez petites mais cosy, dans un style très classique. Clim, double vitrage, TV. Joli hall style Empire. Bon confort. Réception accueillante et compétente.

🏠 ***Ibis Styles Ajaccio Napoléon*** *(plan B2,* ***18****) : 91, cours Napoléon. ☎ 04-95-10-22-22. • h9930@accor.com • accor.com • Tte l'année. Doubles env 76-158 €. Parking souterrain.* Face au port de l'Amirauté, encore suffisamment près du centre-ville pour s'y rendre à pied, cet hôtel de chaîne ne prétend pas briller par une quelconque originalité, même si la déco urbaine style industriel finit par faire oublier le côté très fonctionnel des chambres. Ces dernières, spacieuses avec de grandes salles de bains, se révèlent agréables. Bon petit déjeuner et accueil charmant.

Sur la route des Sanguinaires (Ajaccio ouest)

Beaucoup plus chic

🏠 🍽 ***Hôtel Les Mouettes*** *(carte Le golfe d'Ajaccio,* ***2****) : 9, cours Lucien-Bonaparte, sur la route des Sanguinaires, à 1,5 km du centre-ville. ☎ 04-95-50-40-40. • info@hotellesmouettes.fr • hotellesmouettes.fr • ♿ Fermé de* *mi-nov à fin mars. Doubles standard 120-245 € ; chambres privilège, supérieures et suites beaucoup plus chères.* Plus qu'un hôtel, c'est surtout une belle villa de charme à la déco raffinée, lumineuse, et stratégiquement située les pieds dans l'eau. Chambres élégantes et tout confort, la plupart avec terrasse privative ou balcon. Celles sur l'arrière sont tout de même moins « classe », car proches de la route, mais bien plus abordables. Piscine en surplomb de la grande bleue, pelouse et du bout de plage en contrebas (rochers et sable). Resto chic *(A Terrazza).* Accueil pro et souriant.

Où manger ?

La *Dolce Vita* ajaccienne n'est pas une vue de l'esprit, c'est pourquoi on trouve ici de bonnes tables un peu partout ! Attention, beaucoup de restos sont fermés le dimanche, car tout le monde migre vers les plages !

Bon marché

– ***Sur le marché*** *(plan zoom B3) : pl. Campinchi, Après plusieurs années pl. du Maréchal-Foch (pl. des Palmiers), le marché a retrouvé son emplacement historique, sur une place végétalisée et sous de nouvelles halles.* Vous avez de la chance, le marché est ouvert tous les jours (mais moins de stands le lundi). On conseille d'acheter des petits feuilletés aux blettes ou aux oignons (pas chers), de se faire couper une tranche de jambon, un bout de fromage et du pain : chouette casse-croûte en perspective. Les Corses vous le diront : évitez d'acheter *figatellu* (saucisse de foie) et *brocciu* (fromage de brebis) en été ; ce n'est pas la saison ! Attardez-vous également à la nouvelle Halle Gourmande, un espace du marché dédié aux gourmets.

Et puisque vous êtes dans le coin, montez donc jusqu'au n° 3 de la rue Cardinal-Fesch, à la ***boulangerie-pâtisserie Galéani*** *(plan zoom B3,* ***37****) : tlj sauf lun (dim jusqu'à 13h).* Superbes *canistrelli* au citron, à l'anis ou au vin blanc, et plein d'autres bonnes choses à découvrir... Quelques tables sur place. Stand sur le marché également.

Ind'é Zézé *(plan zoom B4,* ***31****) : 1, rue Forcioli-Conti. ☎ 04-95-28-39-63. • viviettori@gmail.com • Tlj sauf dim 7h-19h. Congés : fév. Sandwichs 5-7 €, plat du jour env 15 €.* Parfait pour la pause, quelle que soit l'heure : le matin, on y sert des petits déj, et, le reste du temps, quelques plats du jour et des salades à composer.

Pizzeria U Papacionu *(plan zoom B4,* ***32****) : 16, rue Saint-Charles. ☎ 04-95-21-27-86. Mai-sept, tlj sauf dim, seulement le soir. Réserver en hte saison. Pizzas 11-16 €.* Nichée dans une ruelle piétonne, où sont installées les tables, cette pizzeria est depuis longtemps l'une des préférées des Ajacciens. Bonnes pizzas à la pâte fine, classiques ou originales (goûtez donc la « Papacionetta »), mais aussi des salades réussies et tout un cortège d'*antipasti*. Bons desserts également. La déco simple et fraîche et une équipe agréable contribuent à faire de cette adresse très courue une valeur sûre.

Prix moyens

Le Temps des Oliviers *(plan zoom B3,* ***36****) : 1, rue des Halles. ☎ 04-95-28-36-72. • letempsdesoliviers@live.fr • Entre la rue Cardinal-Fesch et le bd du Roi-Jérôme. Le soir à partir de 19h30, sauf dim. Brunch dim 11h30-15h sauf en juil-août. Fermé en nov. Pasta 15-18 €, risotto 15-20 €.* Les Ajacciens apprécient beaucoup cette adresse pour son cadre agréable en toute saison (pour l'hiver, une salle voûtée à la déco actuelle : mobilier contemporain, un coin salon et un vieux pressoir pour la touche rustique), sa *pasta* ou son risotto, et surtout ses bonnes pizzas à pâte fine... servies en format XL ! Accueil jeune et dynamique.

Da Mama *(plan zoom B3,* ***30****) : passage Guinguette (porche et escalier donnant cours Napoléon, face à la poste). ☎ 04-95-21-39-44. Fermé dim (sauf dim soir en saison) et lun midi. Fermé de mi-déc à mi-mars. Résa souhaitable. Formule déj (jusqu'à 13h30)*

14 € ; menus 18-29 €. Une adresse discrète et dotée d'une terrasse ombragée agréable, sous le caoutchouc géant, retranchée dans une ruelle pentue reliant le cours Napoléon à la rue Cardinal-Fesch. Service prompt et attentionné – et pourtant, il y a du monde ! – pour une cuisine qui se tient, notamment le menu corse, d'excellente facture ou le magret de canard au miel. Bonne sélection de vins corses.

|●| *La Table d'Antoine* *(plan zoom B3,* ***39****) : 34, rue Cardinal-Fesch. ☎ 04-95-21-61-03. • lastragale.ajaccio@gmail.com • Ouv lun-sam midi et soir. Peu de tables : réservez ! Menus 24-27 € ; plats 25-29 €.* Ce petit restaurant avec sa terrasse étroite pourrait passer inaperçu dans cette rue Fesch où les boutiques pour touristes se succèdent. On y propose une cuisine sincère et généreuse, qui témoigne d'une véritable recherche, avec une carte souvent renouvelée. Bon accueil.

|●| *Le Trou dans le Mur* *(plan zoom B3,* ***40****) : 1 bis, bd du Roi-Jérôme. ☎ 04-95-21-49-22. • vincensini2a@orange.fr • À 2 pas de la pl. du Marché. Ouv le midi (service non-stop jusqu'à 19h en hte saison) ; fermé lun hors saison. Fermé 3 sem en fév-mars. Menu express 18,90 € ; salades-repas 15,80-18,80 €.* À l'origine un bar, mais, au fil du temps, la terrasse du Trou, déployée sur le trottoir, est devenue le rendez-vous des Ajacciens travaillant dans le coin. Généreuses salades-repas, crostini, spécialité de lasagnes, et toutes sortes de plats de brasserie simples et copieux. Service sympa

De prix moyens à chic

|●| ☂ *Bistro Canaille* *(plan zoom B4,* ***31****) : 20, rue Saint-Charles. 📱 06-30-51-84-93 ou 06-48-00-10-51. • bistrocanailleajaccio@gmail.com • Ouv de mi-avr à oct (du moins s'il ne pleut pas !), tlj sauf lun. Plats 16-23 €.* On aime bien cette terrasse, joliment arrangée sur cette place devant la cathédrale, d'où, d'un regard en biais, on aperçoit la mer. Petite carte qui mise sur la diversité avec des touches piochant ici ou là : *tataki* de thon, ceviche, *tagliata* de filet de bœuf... Le tout est préparé par une jeune équipe en cuisine et servi tout en décontraction. À 2 pas, le *glacier Canaille* propose, outre des glaces, des *piadine (11-13,50 €).*

|●| *Il Passegero* *(plan zoom B3,* ***35****) : 3, bd du Roi-Jérôme. ☎ 04-95-21-30-52. • ilpassegero@orange.fr • De mi-avr à mi-oct, tlj midi et soir sauf dim midi ; hors saison, fermé dim ainsi que le soir mar et jeu. Salades-repas et pâtes 14-20 €, raviolis artisanaux ou risotto 18-20 €. Digestif offert sur présentation de ce guide.* Un restaurant italien disposant d'une belle terrasse sur le trottoir. On vient principalement pour ses plats de pâtes (mention spéciale aux raviolis maison) et pour ses risottos. Pizzas également. Belle sélection de vins italiens. Accueil agréable.

|●| *Don Quichotte* *(plan zoom B3,* ***36****) : rue des Halles. ☎ 04-95-21-27-30. • contact@ledonquichotte.fr • ♿ Entre la rue Cardinal-Fesch (passage entre les nos 26 et 28) et le bd du Roi-Jérôme. Tlj sauf dim. Fermé 15 j. en nov. Formule à midi 21 € ; menu 38 € et carte 30-40 €. Café offert sur présentation de ce guide.* Une adresse classique très appréciée pour sa cuisine méditerranéenne (encornet farci, Saint-Jacques au riz noir...) qui s'offre, avec son jeune chef, des échappées bienvenues vers une tournure plus moderne. Ici, on est marseillais (du Panier) autant que corse : le vendredi, c'est aïoli. À voir, dans la salle de resto, la statue trouvée au cours des derniers gros travaux de rénovation : une Vierge à l'Enfant Renaissance italienne d'une beauté rare, gracieuse comme un Botticelli.

|●| *Casa Leca* *(plan zoom B3-4,* ***41****) : 11, rue Bonaparte. 📱 06-88-60-60-60. • acasaleca@gmail.com • Fermé dim-lun. Plats env 15-21,50 €. Planche dinatoire 20 €.* Une adresse bien dans l'air du temps, pour estomacs végétariens, mais on est en Corse et l'île ne fourmille toujours pas d'adresses comme celle-ci. Même si une concession est faite aux mangeurs de viande impénitents qui trouveront au moins un plat pour les satisfaire, l'ardoise décline wraps, assiette veggie, burger végétal ou encore ce Buddah Lov' : c'est tout bio, c'est tout bon.

|●| *L'Amirauté* *(plan B2,* ***44****) : port Charles-d'Ornano (port de l'Amirauté).*

☎ 04-95-22-48-22. • amiraute@wanadoo.fr • Tlj midi et soir (service continu en saison), sauf lun midi. Fermé lun en basse saison. Fermé 18 déc-31 janv. Formule déj en sem 26 €, plats du jour 13-15 €, salades-repas 14-20 €, viandes et poissons 16-32,50 €. Avec sa terrasse sur le quai d'Honneur, *L'Amirauté* (*Chez Rita* pour les locaux, du nom de l'aimable patronne) est du genre vaste brasserie qui ne désemplit pas. Salades-repas, pizzas, plats du jour et, le week-end, poisson frais grillé. Beaux desserts. Les Ajacciens apprécient et constituent le gros de la clientèle.

Restaurant Côté Port (*plan B2,* **47**) *: port de l'Amirauté. ☎ 04-95-10-85-75. 06-22-07-25-24. • jean-toussaint.paoletti@wanadoo.fr • Tlj sauf dim. Fermé 15 j. en fév. Salades-repas 15,50-17,50€ ; pizzas 10,50-16,50 € ; carte env 35 €. Digestif offert sur présentation de ce guide.* « Côté port », oui, incontestablement, la salle et la terrasse le regardent, mais la carte, elle, est mixte : les spécialités de poisson partagent la vedette avec de bons plats de viande (côté terre). Pâtes fraîches et salades-repas également. Une adresse qui joue sur une belle déco, un service amène et, côté assiette, de bonnes choses.

A Merendella Citadina (*plan zoom B4,* **33**) *: 19, rue Conventionnel-Chiappe. ☎ 09-67-78-99-13. 06-42-20-42-17. • amerendellacitadina@gmail.com • Tlj midi et soir. À midi, formules 17-19 €. Le soir, menus 29-39 €.* Dans cette ruelle fraîche du vieil Ajaccio, on choisit entre les quelques tables à l'extérieur et l'option salle avec voûtes (climatisée). Aux commandes, une jeune équipe qui fait le boulot avec sérieux et propose une cuisine intéressante et bienvenue. À découvrir.

A Nepita (*plan B2,* **46**) *: 4, rue San-Lazaro. ☎ 04-95-26-75-68. • anepita@sfr.fr • Ouv le midi mar-ven, plus le soir jeu-sam. Congés : août et autour de Noël. Résa conseillée. Plat avec entrée ou dessert 28 € (midi) ; menus 33 € le midi et 42 € le soir.* En salle, c'est Julien (le pâtissier maison) qui accueille ses hôtes avec ce mélange de décontraction et de compétence qui met tout le monde à l'aise. Et, en cuisine, c'est Simon, qui se (nous !) fait plaisir en élaborant chaque jour un menu en fonction du marché et de l'inspiration (4 entrées, 4 plats et 4 desserts, et c'est bien suffisant). Sa maîtrise, sa générosité (il a laissé son étoile pour se consacrer sans pression à sa passion) et la qualité des produits sont la garantie d'un repas toujours raffiné et savoureux. Et comme le cadre est à l'unisson (un bistrot chic contemporain), on comprend mieux pourquoi il faut réserver – et pas au dernier moment !

Le Roi de Rome (*plan zoom B4,* **45**) *: 12-14, rue du Roi-de-Rome. ☎ 04-95-21-32-88. 06-33-54-65-22. Tlj sauf dim midi. Menu 19,50 € à midi en sem ; plats cuisinés 18-24 € ; viandes 19-38 €.* Un des restos les plus en vue du quartier festif d'Ajaccio où se succèdent restos et bars à vins. D'ailleurs, *Le Roi de Rome,* c'est les 2 à la fois, ce qui est bien pratique. Côté resto, on recommande les viandes et la charcuterie de qualité, ou les plats de pâtes. Quelques bons desserts également. La cave à vins propose d'excellents crus (ne pas hésiter à demander à Jean-Simon des conseils si besoin).

Le Directoire (*plan zoom B4,* **34**) *: 1, rue Emmanuel-Arène. ☎ 04-95-21-98-30. Fermé dim ainsi que lun et sam à midi. Le midi formule 18 € et menu 22 €. Le soir plats 18-34 €.* Adresse appréciée des trentenaires ajacciens qui aiment y venir le soir dès l'heure de l'apéro. Il faut dire que l'agréable terrasse, au calme, un peu en hauteur de la rue piétonne, n'y est pas pour rien. Mais la cuisine attire tout autant, avec des plats élaborés avec soin qui ne jouent pas la carte corsitude à tout prix et révèlent un réel savoir-faire. Service agréable.

Le Bistrot gourmand (*plan A4,* **49**) *: 3, bd Pugliesi-Conti. ☎ 04-95-52-11-43. Fermé dim-lun. Formule plat-dessert 29 €, menu 39 €.* À 2 pas de la plage Trottel, une adresse discrète mais réputée, où le sympathique patron, au service, se fait un plaisir de vous expliquer sa carte, courte et souvent renouvelée. Encornets farcis à la bastiaise, *pignata* (marmite) de veau, par exemple, ou encore médaillon de lotte et de mérou, sans parler des desserts, très réussis. Un sans-faute.

|●| **Le 20123** *(plan zoom B4, **38**) : 2, rue du Roi-de-Rome. ☎ 04-95-21-50-05. • contact@20123.fr • Fermé en janv. Ts les soirs en saison ; fermé dim soir et lun soir hors saison. Menu unique 38,50 €. CB refusées. Café ou digestif offert sur présentation de ce guide.* Auparavant situé à Pila Canale (CP 20123 !), dans l'arrière-pays d'Ajaccio, ce resto a déménagé dans cette rue piétonne, emportant avec lui son décor, à savoir la reconstitution d'un village corse. Au menu, 5 plats : charcuterie corse, tarte au *brocciu*, puis viande au choix, grillée ou en ragoût, cochon, tripettes de veau à la corse, fromage et dessert typique (flan à la farine de châtaigne). C'est simple, bon et efficace, caressant gentiment la corsitude dans le sens du poil (de sanglier). Mais on se laisse facilement embarquer dans le jeu, surtout quand les chanteurs sont de la partie. On va chercher l'eau à la fontaine avec la cruche et on se coupe le pain soi-même ! Également un bar à vins.

Où manger vers la route des Sanguinaires ?

De prix moyens à plus chic

|●| **Paillote Le Goéland** *(carte Le golfe d'Ajaccio, **15**) : route des Sanguinaires, à 7 km d'Ajaccio, juste après la route de Capo di Feno (plage de la Terre-Sacrée). ☎ 04-95-52-03-82. • phr.llb@gmail.com • ♿ De mi-avr à fin sept, tlj mais fermé le soir sauf de mi-juin à fin août ; mars-avr et oct, le w-e. Fermé de mi-oct à mi-avr. Salades-repas 15-21 €, plats 16-29 €. Sur présentation de ce guide, café offert. CB refusées.* Paillote tranquille, à l'ambiance décontractée, bien à l'écart de la route, dont la belle terrasse est ouverte sur la plage. Excellentes salades-repas, mais aussi et surtout poissons grillés, qui méritent le déplacement. Et pour finir en beauté, les desserts maison font mieux que se défendre. Location de matelas et de parasols.

|●| **L'Altru Versu** *(carte Le golfe d'Ajaccio, **12**) : route des Sanguinaires, les 7-Chapelles. ☎ 04-95-50-05-22. • laltru.versu@wanadoo.fr • Fermé lun. Menu découverte 29 € ; plats 21-40 €. L'Altru Versu,* sous la houlette des talentueux frères Mezzacqui, n'a cessé d'élever son niveau pour offrir une cuisine à la fois ambitieuse et respectueuse de la clientèle. Ici, la tradition insulaire, servie par des produits locaux de grande qualité (des légumes aux viandes en passant par les charcuteries), est revisitée avec une belle inventivité. Mais ici, ce sont les produits de la mer, en particulier, qui sont à l'honneur. Quant aux desserts, ils sont la passion du chef, David, et permettent de finir en beauté un repas plaisir. La terrasse donnant sur la mer se révèle des plus agréable : penser à réserver le soir pour profiter du coucher de soleil.

|●| **Restaurant Chez Pech** *(carte Le golfe d'Ajaccio, **13**) : route des Sanguinaires, Barbicaja. ☎ 04-95-52-00-90. • evapresle@hotmail.fr • Fermé dim soir-lun. Résa conseillée le w-e. Formule déj en sem 16 € ; menu 29 € ; carte env 40 €.* Une belle adresse, sans concession au bling-bling ambiant, très appréciée des Ajacciens qui investissent la grande terrasse dès les 1ers beaux jours. La cuisine y est classique et régulière, et le menu d'un rapport qualité-prix difficilement égalable sur Ajaccio. On vient avant tout « chez Pech » pour le poisson, toujours de qualité et choisi par le patron (pêche du jour, poisson en croûte de sel, carpaccio).

|●| **Neptune Plage** *(carte Le golfe d'Ajaccio, **16**) : route des Sanguinaires. ☎ 04-95-52-00-11. • ciap0@orange.fr • Le midi, formules buffet 22-24,50€ ; le soir, plats 13-39 € et pizzas au feu de bois 13,50-16 €.* On choisit le côté resto, ouvert sur la mer, ou le côté paillote, qui évoque ce qu'a d'abord été le *Neptune Plage,* avant de monter en gamme. Dans les 2 cas, une belle et bonne cuisine, côté mer ou côté terre, servie avec le sourire. Soirées à thème en saison. Accueil aimable.

|●| **Le Beau Rivage** *(carte Le golfe d'Ajaccio, **14**) : route des Sanguinaires. ☎ 04-95-21-12-07. • lebeaurivage2a@gmail.com • ♿ Fermé le soir*

dim et mer ainsi que lun sauf juin-sept. Congés : en fin d'année. Plat du jour 15,80 € en sem ; menu poisson 33 € ; carte 40-45 €. Surplombant les flots, une bien agréable table de la mer. Salle coquette et lumineuse, à la déco marine, ou terrasse les pieds dans l'eau, service prévenant, et poisson frais bien cuisiné et sans artifices. Et des prix raisonnables, notamment pour le menu avec sa pêche du jour. Bref, un bon rapport qualité-prix et une belle régularité. L'une des valeurs classiques et sûres d'Ajaccio.

Le Pirate, chez Pierre Tou *(carte Le golfe d'Ajaccio,* ***11****) : plage de* ***Capo di Feno.*** *☎ 04-95-52-03-68. À 12 km à l'ouest d'Ajaccio. Direction les Sanguinaires, puis sur la droite la D 111b pour Capo di Feno, et, sur la gauche, chemin pour la plage (le 2d). Tlj mai-oct, midi et soir. Carte env 35 €. CB refusées. Café offert sur présentation de ce guide.* Le *Pirate* est une paillote appréciée pour son ambiance décontractée et sa situation sur la plage superbe de Capo di Feno. Pas un grand choix mais, selon les jours, brochettes, pans-bagnats, poissons grillés (le soir), gambas au pastis ou salades copieuses s'y dégustent agréablement. On peut aussi simplement y prendre un verre.

Où boire un verre ?

Micro-brasserie Impériale *(plan zoom B4,* ***61****) : 5-7, rue Zevaco. 06-10-34-20-15. Ouv 17h-2h mar-dim (en basse saison ouv seulement jeu-sam).* Bières artisanales (et pour les amateurs d'autres bulles, limonade artisanale) : *Bionda, Ambrata,* et des bières spéciales brassées pour certaines occasions. Belle salle voûtée et une sacrée ambiance au fur et à mesure que la soirée avance.

Où déguster une glace ?

Gelateria Bonaparte by Casa Gelat' *(plan zoom B3,* ***51****) : 1, rue Bonaparte. Tlj sauf dim 15 avr-15 oct 13h-19h (jusqu'à minuit juil-août).* Glaces artisanales (de Christophe Casalonga) qui font l'unanimité pour leur qualité.

Gustino *(plan zoom B4,* ***52****) : 6, rue du Roi-de-Rome. ☎ 04-95-72-94-19. Tlj en saison 10h-minuit. Plats 6,50-9,50 €.* Glaces de Pierre Raugi (Bastia). Propose aussi un service de petite restauration (tarte et salade du jour, sandwichs).

Où acheter de bons produits ?

U Stazzu *(plan zoom B3) : 1, rue Bonaparte. ☎ 04-95-51-10-80. Lun-sam 9h-12h, 15h-19h.* De la charcuterie de Bocognano et plein d'autres bonnes choses provenant des meilleurs producteurs.

Le Chemin des Vignobles *(plan D1) : 16, av. Noël-Francini. ☎ 04-95-51-46-61. • ajaccio@chemin-des-vignobles.fr • Lun-sam 10h-12h, 14h30-19h30.* Nicolas Stromboni est surnommé « l'Empereur des cavistes » : avec près de 2 500 références de vins, difficile de faire mieux sur l'île. Et c'est sans parler de l'épicerie fine... Également des ateliers dégustation sur place et resto-bar à vins. Egalement une boutique dans le centre, 6 rue Bonaparte *(plan zoom B3-4 ; mar-sam 10h-13h, 15h-19h).*

À voir

La cathédrale Santa Maria Assunta *(plan zoom B4) : lun-sam 8h-11h30, 14h30-17h45, dim 8h-9h30.* On la dit de Giacomo Della Porta, architecte romain du XVIe s. Bon, elle a une certaine tenue, cette cathédrale de l'Assomption, avec sa façade baroque, et l'on peut toujours rêver au futur Empereur, baptisé ici le 21 juillet 1771. Eugène Delacroix a peint la *Vierge du Sacré-Cœur* dans la 1re chapelle à gauche, une œuvre de jeunesse aussi connue sous le nom de *Triomphe de la religion*. Bien qu'il fasse sombre, on constate que le sujet ne devait pas passionner le maître. On est loin des *Femmes d'Alger* !

PLACE AUX JEUNES

L'évêque de Nantes commanda une peinture religieuse à Géricault. Peu inspiré, l'illustre artiste confia le travail à un de ses jeunes élèves. Furieux, l'évêque expédia le tableau à la cathédrale d'Ajaccio. Le magnifique Triomphe de la religion trône derrière l'autel. C'est l'une des 1res œuvres du célèbre... Delacroix.

Le Salon napoléonien (plan zoom B3) **:** *dans l'hôtel de ville. 15 juin-15 sept, lun-ven 9h-11h45, 14h-17h45 ; hors saison, lun-ven jusqu'à 16h45. Entrée : 2,50 € ; réduc.* La salle de réception de la mairie est ouverte au public. Portraits de la famille Bonaparte, copie de l'acte de naissance de l'Empereur, masque mortuaire du même (la boucle est bouclée !) et, dans un cabinet attenant, une petite collection de pièces et de médailles... Surtout pour les fans.

La maison Bonaparte (plan zoom B4) **:** *rue Saint-Charles. ☎ 04-95-21-43-89. • musees-nationaux-malmaison.fr/musee-maisonbonaparte • ♿ Tlj sauf lun 10h-12h30, 13h15-17h30 (10h30-12h30, 13h15-16h30 oct-mars). Dernière admission 30 mn avt la fermeture. Entrée : 7 € (un peu plus cher en cas d'expo temporaire), audioguide compris ; réduc ; gratuit - de 26 ans et pour ts le 1er dim du mois.*

C'est la maison où vécurent les Bonaparte à partir de la fin du XVIIe s, l'occupant d'abord en partie, puis entièrement, rachetant un à un les étages (on dit qu'habitaient au-dessus de leur appartement des Pozzo Di Borgo, des alliés politiques qui allaient devenir, pendant la Révolution, des ennemis mortels). C'est qu'il en fallait, de la place, pour cette famille nombreuse et assez modeste. Carlo-Maria Bonaparte, notable important et père du futur empereur, apportera quelque lustre au foyer. Meubles, étoffes, huisseries... seront totalement pillés par les Anglais en 1793. Remeublée par l'Empereur (en réalité, son frère Joseph), la maison sera à nouveau vidée par le cousin Levie Ramolino en 1844. Et ce n'est qu'avec Napoléon III qu'elle deviendra telle qu'on la voit aujourd'hui, c'est-à-dire qu'il ne reste pas grand-chose du cadre où naquit et grandit Napoléon. En revanche, à la suite de la dernière campagne de restauration, les murs ont été soigneusement grattés pour dégager et rétablir le décor typique du Second Empire.

POURQUOI NAPOLÉON POSAIT-IL LA MAIN SUR SON VENTRE ?

En fait, il appuyait la main sur son estomac pour se soulager d'un ulcère persistant (trop de soucis, sans doute !). Mal soignée, cette maladie se transforma en tumeur qui l'emporta à l'âge de... 51 ans. Eh oui !

À noter, la qualité de la présentation, très didactique, et l'intérêt des textes pédagogiques accompagnant les œuvres et documents (des audioguides viennent compléter le dispositif). La maison, dans l'ensemble meublée simplement, malgré le rang social de la famille – du moins le décor et le mobilier n'ont-ils rien d'impérial –, dispose tout de même de nombreuses jolies pièces : au 2e étage, où la visite commence, immense carte de la Corse du milieu du XVIIIe s, où l'île apparaît particulièrement joufflue. Gravures sur l'enfance du petit Bonaparte. Puis des bustes, des portraits de Madame Mère, de l'Empereur et de ses frères (début XIXe s), un canapé et une commode Louis XVI ici, une console rocaille là, des lustres italiens... Doc sur le retour de la famille en Corse (chassée par les Anglais), infos sur l'autre empereur, Napoléon III. Impressionnant masque mortuaire de l'Empereur (le plus ancien qui soit, l'original) et curieux arbre généalogique des Bonaparte, réalisé par une Cortenaise admiratrice... avec ses cheveux ! Dans les vitrines à côté, d'autres objets fétiches, liés à l'Empereur. La visite s'achève par un petit tour dans les écuries (matériel ancien venu des Milleli, la maison de campagne des Bonaparte).

LA FORTUNE DU CARDINAL FESCH

Joseph Fesch, l'oncle de Napoléon, devint prêtre mais se défroqua lors de la Terreur. Il fit fortune en devenant fournisseur des armées d'Italie (piston du neveu). Il reprit la soutane pour devenir cardinal. Passionné d'art, il constitua sa collection à Rome, surtout après la chute de l'Empire. À sa mort, il possédait 16 000 œuvres alors que le Louvre en détenait moins de la moitié.

***Le palais Fesch, musée des Beaux-Arts** (plan zoom B3) : 50, rue Cardinal-Fesch. ☎ 04-95-26-26-26. • musee-fesch.com • Fermé à Noël et 1re quinz de janv. Mai-oct tlj 9h15-18h ; nov-avr tlj 9h-17h. Entrée : 8 € ; réduc. Visites guidées (se renseigner).* Construit de 1828 à 1852, ce vaste bâtiment, conçu pour abriter la collection Fesch (486 tableaux de l'école italienne exposés aujourd'hui), ne manque pas de prestance avec sa belle cour d'apparat où trône la statue du cardinal. Le grand homme le mérite largement. Pas seulement pour avoir réussi l'exploit de réunir une collection fabuleuse à l'occasion de ses séjours romains, qu'il exposait dans le palais Falconieri qu'il occupait, mais pour avoir permis à la Corse de créer son 1er grand musée. Le cardinal, qui rêvait d'un institut des arts et des sciences, a disparu avant la fin des travaux. Depuis sa rénovation, la nouvelle muséographie privilégie un accrochage à la manière des palais italiens, c'est-à-dire cadre contre cadre, sans tenir compte du thème ou de l'époque du tableau. Une présentation digne de la plus vaste collection de peintures italiennes après celle du Louvre !

Les œuvres sont logiquement présentées dans un ordre chronologique. Pour cela, ***il faut commencer par le 2d étage*** : les primitifs italiens (2 salles), bien sûr, mais aussi toute la période qui couvre la Renaissance jusqu'aux dernières tendances à Rome au XVIIIe s. Au gré de la visite, on s'attarde devant Giovanni Bellini *(Vierge à l'Enfant),* Titien (*L'Homme au gant* – on a longtemps émis des doutes sur l'identité du peintre, mais la restauration du tableau a permis d'établir avec certitude qu'il s'agit bien de Titien), Véronèse *(Léda et le Cygne),* ou encore Botticelli *(La Vierge à l'Enfant).* On reste subjugué par cet art si poétique, cette technique parfaite et cette inspiration. On découvre également quelques peintres « mineurs », tel, dans la salle des peintures florentines, ce Santi Di Tito (2de moitié du XVIe s), avec plusieurs tableaux dont la *Sainte Famille*. Beau portrait de Pétrarque par Vasari. Voir, dans la salle des « peintures caravagesques » celles – sombres et torturées – de Luca Giordano (XVIIe s), notamment *Saint Sébastien martyr* et le *Martyre de saint Pierre,* dont le format, en largeur, est original. Dans la grande galerie, qui occupe l'aile sud, de nombreuses toiles monumentales, dont quelques crucifixions.

Après les sections consacrées aux natures mortes (toujours italiennes), qui occupent la galerie centrale du 2d étage, on descend au 1er niveau : peintures romaines, salle des Batailles, auxquelles s'opposent les miniatures du cabinet du Couchant, salle Corrado-Giaquinto (1703-1766), un peintre de l'école napolitaine à découvrir. Quelques tableaux également de non-Italiens partis peindre sous le soleil romain.

Changement de registre en rez-de-cour avec le département napoléonien : nombreux portraits (dont ceux de François Gérard, peintre quasi officiel sous l'Empire) et bustes de la famille Bonaparte (dont celui du cardinal Fesch par le grand sculpteur Canova), mais également une section réservée au Second Empire.

Enfin, le sous-sol (« rez-de-marine ») renferme une intéressante collection de peintures, dessins et gravures réalisés par des artistes la plupart du temps corses, situés principalement entre le milieu du XIXe s et la fin du XXe s (œuvres de Lucien Peri, Dominique Frassati, ou encore Charles-Léon Cannicioni, au style orientalisant).

– ***La bibliothèque municipale :*** *aile gauche du palais Fesch. En principe, lun-ven 9h-12h et 14h-17h (horaires souvent réduits en juil-août). GRATUIT.* Inaugurée en 1865. L'intérieur vaut le coup d'œil. Salle classique immense (c'est l'aile nord du Palais) aux hauts murs entièrement recouverts d'une impressionnante bibliothèque en bois sombre. 40 000 ouvrages ! Quelques trésors dont l'*Atlas de Blaeu*, de 1657, où sont représentées les principales villes européennes d'alors. Prière de ne pas troubler le silence.

– ***La chapelle impériale :*** *aile droite du palais Fesch. Mêmes horaires que le musée, mais ouv en été seulement. Entrée : 3 € (entrée gratuite si l'on a visité le musée).* Cette bâtisse de style néo-Renaissance inaugurée en 1860 renferme les tombeaux de membres de la famille Bonaparte... Elle est décorée de peintures en grisaille, tandis que les sépultures sont recouvertes de marbre noir. Dans la crypte octogonale, tombeaux des 2 parents de l'Empereur et du cardinal Fesch.

Le marché : *ts les mat (lun, il y a moins de stands), pl. Campinchi.* Produits laitiers et maraîchers, salaisons et, dans la halle couverte, beaux étals de poisson. Des éleveurs-agriculteurs ont leurs éventaires. On peut se faire emballer sous vide la charcuterie et le fromage pour le voyage.

La citadelle *(plan zoom B-C4)* **:** bel ouvrage militaire qui ne se visite pas. C'est en fait le noyau originel de la ville, un promontoire rocheux choisi par les Génois en 1492 pour la construction du *castello* (château) flanqué d'un donjon. Renforcée par une nouvelle enceinte (XVIe s), la citadelle conserve aujourd'hui 2 beaux bastions et 1 échauguette.

Le quartier des Étrangers *(plan A-B3-4)* **:** *entre la pl. du Général-de-Gaulle (pl. du Diamant) et la statue de Napoléon (voir plus bas).* Sous le Second Empire, on a créé à Ajaccio un nouveau quartier, avec des bâtiments luxueux destinés à une nouvelle espèce de l'humanité : le touriste. Une aristo écossaise, miss Campbell, avait fait la promotion d'Ajaccio qui accueillait, à la fin du XIXe s, une moyenne de 1 000 touristes hivernaux. Rien que pour eux, on avait construit une église anglicane ! Le *Grand Hôtel Continental* (où siège aujourd'hui la Collectivité territoriale), le *Cyrnos-Palace*, l'*Hôtel Germania*, tout au long du cours Grandval *(plan B4)*, étaient les fleurons de l'industrie touristique d'alors. Matisse a passé quelque temps dans le coin en 1898 (villa della Rocca, place Miot).

La statue de Napoléon *(Casone ; plan A4)* **:** *pl. d'Austerlitz. Tt en haut du cours du Général-Leclerc.* Ce monument colossal est la copie d'une statue du sculpteur Émile Seurre, trônant aujourd'hui dans la cour d'honneur des Invalides. Intéressant pour la vue sur la ville depuis le sommet des marches. Tandis qu'on les arpente, on peut lire les noms gravés dans la pierre des 33 victoires du génial stratège : Arcole, Wagram, Austerlitz, c'est entendu, mais Montmirail ou Bautzen, vous connaissiez ? Egalement une petite grotte (appelée évidemment Napoléon): le futur empereur serait venu méditer ici entre ces gros blocs de granit.

Le parc des Milelli *(carte Le golfe d'Ajaccio)* **:** *route d'Alata (fléché mais pas forcément très facile à trouver), à env 10 mn en voiture au nord. GRATUIT.* Il s'agit de la maison de campagne des Bonaparte, au milieu de l'oliveraie

LES TUILERIES... EN CORSE !

Incendiée en 1871 pendant la Commune, une aile du palais des Tuileries à Paris n'a jamais été reconstruite et a été rasée en 1882. Un entrepreneur racheta les pierres pour les revendre. C'est ainsi que le duc Jérôme Pozzo Di Borgo en acquit un important lot, pour faire construire le château de la Punta, très marqué par l'influence architecturale du palais parisien.

(toujours exploitée) et d'un grand parc. La maison, elle, ne se visite pas. En été, visite guidée sur résa auprès de l'office de tourisme. Beaucoup plus haut, on aperçoit le ***château de la Punta,*** ancienne propriété de la famille Pozzo Di Borgo, grande rivale des Bonaparte. Ne se visite pas non plus mais un sentier de randonnée balisé partant près de l'hôpital de Castelluccio, à l'ouest d'Ajaccio, y monte en 1h50 env.

À faire

➢ ***Le petit train d'Ajaccio :*** *2, quai Napoléon. ☎ 04-95-51-13-69. En bas de la pl. du Maréchal-Foch. D'avr à mi-nov. Tour de la vieille ville : 45 mn ; env 8 €. Circuit Sanguinaires : 1h30 ; 11 €.*

➢ ***Ajaccio Vision :*** *quai Napoléon. Résas : 06-20-17-50-33. • ajacciovision.fr • En bas de la pl. du Maréchal-Foch. 2 circuits : Ajaccio (55 mn ; 9 €) et Ajaccio-Sanguinaires (1h30 ; 11 €) ; ½ tarif 7-12 ans.* Visite commentée en bus à impériale.

Plages : le golfe d'Ajaccio compte une vingtaine de plages. À Ajaccio même, près de la citadelle, la *plage Saint-François (plan zoom B4)* est plutôt étroite. Sinon, vers l'aéroport, vous trouverez la longue *plage du Ricanto.* Mais c'est sur la route des Sanguinaires que vous découvrirez les plus beaux sites, des plages pas bien grandes mais qui s'égrènent sur près de 8 km, comme celle de *Trottel,* située à côté du square du même nom, toute proche du centre. Toutes ces plages, desservies par bus (ligne n° 5), sont vite bondées. Coin très agréable en particulier sous la maison de Tino Rossi (accès par la *Paillote du Scudo*).

OPÉRATION ESCARGOT

L'escargot corse n'existe que sur une mince bande côtière, la plage du Ricantu, à côté de l'aéroport d'Ajaccio, et nulle part ailleurs. Menacé d'extinction, il est si discret qu'on a même cru qu'il avait disparu, aucun scientifique ne l'ayant observé entre 1912 et 1994 ! Il faut dire qu'il passe ses journées sous le sable (jusqu'à 60 cm de profondeur) et ne sort que la nuit... Du coup, le Conservatoire du littoral a aménagé la lande pour le sauver !

Le mieux, si vous êtes motorisé, est encore d'aller à la plage très agréable de *Capo di Feno,* à environ 15 km à l'ouest d'Ajaccio (prendre la route des Sanguinaires, puis à droite la D 111b vers Capo di Feno ; après le col, laisser la piste à gauche et continuer la route étroite et sinueuse). Magnifique au couchant, mais parfois dangereuse (courants puissants). On peut y manger. Possibilité également de s'y rendre à pied depuis le site de la Parata (voir ci-après).

Le Grand Site de la Parata – Sanguinaires *(carte Le golfe d'Ajaccio) : à 12 km à l'ouest d'Ajaccio. Accès en voiture, en bus (ligne n° 5) ou par le petit train. Point info tourisme à la Maison du site (en saison, tlj 10h-17h). • parata-sanguinaires.com • Parking (payant pour les non-résidents). Pour les marcheurs, possibilité de rejoindre la plage de Capo di Feno (2h30 A/R ou 3h en faisant une boucle).* Au coucher du soleil, ces îles (en fait, des îlots) de porphyre qui prolongent la presqu'île de la Parata prennent des reflets rougeâtres – et surtout la mer et le ciel, car les îles elles-mêmes ne sont ensoleillées le soir que 1 ou 2 mois en hiver. Superbe spectacle. Alphonse Daudet, qui, sorti de son moulin, laissait vagabonder sa plume, fit des Sanguinaires le cadre de l'une de ses nouvelles. La municipalité a aménagé le site de la Parata : après s'être garé, on va donc désormais à pied jusqu'à la pointe ; compter 40 mn aller-retour (navette électrique pour les personnes à mobilité réduite).

Enfin, les randonneurs peuvent rejoindre la route des Sanguinaires par le ***sentier des Crêtes*** : départ d'Ajaccio, du bois des Anglais *(plan A3),* lui-même situé

400 m au-dessus du *Casone* et de la statue de Napoléon (on s'y rend par le bus nº 7) et, après 3h de marche pas bien difficile, mais sans ombre, on rejoint la côte à Vignola, juste avant la route pour Capo di Feno (possibilité de rentrer en prenant le bus nº 5).

Randonnées et activités de plein air

■ ***Couleur Corse*** *(plan A4)* **:** *6, bd Fred-Scamaroni.* ☎ *04-95-10-52-83.* 📱 *06-15-05-28-42.* • *couleur-corse.com* • *canyon-corse.com* • Laetitia et son équipe dynamique proposent des séjours nature fort bien organisés (à la carte ou clés en main). Rando (le GR 20 en 1 semaine...), trekking, escalade, canyoning, et c'est super ! Activités à la journée possibles. De bonnes prestations, vraiment.

Promenades en mer

Infos aux kiosques du port Tino-Rossi *(plan zoom B-C3)*, en bas de la place Foch.

■ ***Nave Va :*** ☎ *04-95-51-31-31.* • *naveva.com* • Propose d'avril à octobre des virées à la journée pour Scandola-Girolata *(60 €)* et Bonifacio *(65 €)*. Également une sortie dans le golfe d'Ajaccio dans l'après-midi avec arrêt baignade à Mezzumare, la « grande Sanguinaire » *(29 €)* et, en soirée, « Magie des sens » (coucher de soleil aux îles Sanguinaires avec atelier vins ; *57 €)*. 30 mn après le départ d'Ajaccio, le bateau passe prendre d'autres passagers à Porticcio. *Réduc 4-12 ans.*

■ ***Découvertes Naturelles :*** ☎ *04-95-21-06-16.* 📱 *06-03-13-46-80.* • *promenades-en-mer.org* • Promenade en mer vers les Sanguinaires, avec escale à Mezzumare *(29 €)*. Excursion vers Scandola également *(60 €)*. Départs de Porticcio également. *Réduc 4-12 ans.*

Équitation

■ ***Ajaccio Équitation*** *(poney-club et centre équestre d'Ajaccio)* **:** *Campo dell'Oro, route de Bastia.* ☎ *04-95-23-03-10.* • *ajaccio-equitation.com* • *À 10 km à l'est du centre-ville (prendre la route de Bastia, puis rapidement à droite ; bien indiqué), à côté de l'aéroport. En été, 8h-12h, 16h-21h ; en hiver, 8h-12h, 14h-19h ; fermé jeu. Promenades sur la plage mai-sept.* Un club bien cool, ouvert à tous, des plus jeunes aux adultes et aux cavaliers confirmés. Idéal pour découvrir l'arrière-pays d'Ajaccio. École d'équitation pour les 3-6 ans, avec une approche ludique, activités poney et double poney pour les enfants un peu plus âgés.

Plongée sous-marine

Assurément, le golfe d'Ajaccio offre des plongées impériales ! Ici, peu d'épaves mais d'infinies richesses vivantes que contempleront fiévreusement nos routards plongeurs, néophytes et aguerris, le long de tombants souvent vertigineux. Quelques spots particulièrement remarquables – près de la côte ou aux îles Sanguinaires – où, malheureusement, vous ne croiserez pas le fameux poisson Napoléon, trop exotique !

Clubs de plongée

Le 1er se trouve dans Ajaccio, alors que les 2 autres sont installés après Porticcio, sur de jolies plages plutôt sauvages. À vous de voir lequel vous convient le mieux.

■ ***E Ragnole*** *(hors plan par A4) : 12, cours Lucien-Bonaparte, sur la plage Trottel. ☎ 09-83-96-80-31. 📱 06-08-47-25-51. • eragnole.com • ♿ Mars-nov. Résa conseillée. Baptême env 65 €, plongées 35-40 € selon équipement, snorkelling env 30 € ; forfaits dégressifs (individuel et famille) 5-10 plongées.* Tout proche du centre-ville, ce petit centre (FFESSM, CMAS et PADI), réputé pour son sérieux, vous embarque en comité restreint sur l'un de ses bateaux rapides. Au menu : baptêmes, formations jusqu'au monitorat et brevets PADI, et de belles balades sous-marines. Une sortie par semaine à la réserve de Scandola et, autant que possible, à la vallée des Mérous, site d'exception dans le golfe. Plongée au *Nitrox* (air enrichi en oxygène) et au *Trimix* (mélange d'air et d'hélium) pour les confirmés, et stages enfants à partir de 8 ans. Randonnées palmées (snorkelling). Équipement complet fourni. Hébergement possible.

■ ***Corse Plongée :*** *centre commercial du rond-point de l'Isolella (à 8 km au sud de Porticcio). 📱 06-07-55-67-25. • corseplongee.fr • ♿ Tte l'année sur résa. Baptême env 60 €, plongées 32-49 € selon équipement, snorkelling env 30 € ; forfaits dégressifs 6-10 plongées.* Très bien équipé, ce petit club (FFESSM, ANMP et PADI) arme plusieurs navires rapides pour acheminer ses plongeurs sur les meilleurs spots du golfe. Embarquement sur la jolie presqu'île sauvage de l'Isolella, où l'on assure également, avec son équipe de moniteurs : baptêmes, formations jusqu'au niveau IV et brevets PADI. Initiation enfants dès 8 ans, et plongée au *Nitrox* et au *Trimix* pour les confirmés. Plongée de nuit 1 fois par semaine. Équipement complet fourni et locaux confortables.

■ ***Agosta Plongée :*** *à l'hôtel Agosta Plage, juste au sud de Porticcio. 📱 06-20-90-22-30. • agosta-plongee.fr • Mai-oct. Résa très conseillée. Baptême env 55 €, plongées env 38-50 € selon équipement ; forfaits dégressifs 5-10 plongées.* Ce petit club familial (FFESSM et ANMP), sérieux et sympa, dispose d'un bateau de 28 places pour partir explorer les meilleurs spots du golfe en toute sécurité. Également au programme : baptêmes et formation jusqu'au niveau III. Plongée enfants dès 8 ans. Équipement complet fourni. Ambiance amicale.

Nos meilleurs spots dans le golfe d'Ajaccio

La Tête de Mort : tous niveaux. Au sud du golfe, un « caillou » accueillant malgré son nom ! Son architecture généreuse (de 0 à 46 m de fond) offre d'excellents refuges à la faune luxuriante qui s'y est installée. Murènes farouches et poulpes malins à débusquer dans les failles, tandis que dentis, liches et mérous « pépères » entament un bal de bienvenue au-dessus de gorgones majestueuses. De petits barracudas effilés (pas de panique !) passent, sans pour autant arrêter le dandinement gracieux des lièvres de mer, véritables danseuses espagnoles !

La Campanina : tous niveaux. Sur la côte sud du golfe, un magnifique écueil surmonté d'une balise rouge et noir plonge à pic dans l'azur limpide (de 0 à 45 m de fond). Les rochers, littéralement enrobés d'éponges, d'anémones, de spirographes et de gorgones splendides, sont survolés par des poissons de taille XXL : dentis, liches, barracudas, et même parfois des raies mantas. Également des murènes et langoustes dans les trous. Une plongée haute en couleur.

Les Trois Frères : à partir du niveau I. Entre la surface et 36 m de fond, cet ensemble de pics, de grottes et de canyons est le royaume incontesté des délicates dentelles de Neptune (ne pas toucher !). Le long de la roche, vous apercevrez murènes et chapons aux mines patibulaires (mais presque !). Pas mal de dentis.

L'épave du remorqueur Mario gît entre 6 et 9 m de fond. Agréable plongée accessible à tous. Départ de la plage de la Stagnola en prenant le chemin qui part de la D 55 en face de la résidence *A Stagnola*. Sur la plage, se diriger sur la droite jusqu'au 2d portail. L'épave est à 100 m au large.

La vallée des Mérous : à partir du niveau II. À la pointe sud du golfe, lovée entre 2 barrières rocheuses, c'est une vallée sous-marine pittoresque (de 22 à 45 m de fond) magnifiquement tapissée de gorgones rouges et jaunes. Un site exceptionnel en Corse où l'on croise de nombreux mérous débonnaires.

Fêtes et manifestations

– ***Saint-Érasme :*** *début juin, sur le port Tino-Rossi.* Une fête de la Mer et des Pêcheurs *(Pescadori in festa)*, avec régate de voiles latines, réunion de confréries de marins et de pêcheurs et, pour clore la fête, un bal populaire. Une manifestation qui connaît un grand succès, et qui suit les fameuses *Régates impériales*, réunissant de vieux gréements *(• regates-imperiales.com •)*.

ET POURQUOI PAS LA SAINT-NAPOLÉON ?

Eh bien, l'Empereur, qui n'avait peur de rien, l'institua dès 1805. Il choisit le 15 août, sa date de naissance, qui était aussi la fête de la Vierge. Le pape Pie VII (eh oui !) faillit en avaler sa tiare. Supprimée évidemment par Louis XVIII, cette fête fut rétablie par Napoléon III.

– ***Les Polyphonies de l'Été :*** *juin-sept, le mer à 19h30. À l'église Saint-Roch – 27, cours Napoléon (zoom). Entrée : 10 €. Acheter ses places à l'avance à l'office de tourisme, sinon sur place 1h avt le concert, s'il en reste !* Chants traditionnels, profanes ou sacrés. Spectacle de 45 mn.
– ***Festival de Jazz*** (Jazz in Aiacciu) **:** *fin juin-début juil, au Lazaret Ollandini (Aspretto). • jazzinaiacciu.com •*
– ***Relève de la garde impériale :*** *chaque jeu en juil-août, à 19h, pl. du Maréchal-Foch (face à la mairie). Spectacle de 45 mn.* 25 grognards (chasseurs à pied de la garde) exécutent une relève dans les règles de l'art, au son du fifre et du tambourin. Tirs de fusil pour conclure, *pan pan !*
– ***Journées napoléoniennes :*** *autour du 15 août.* Défilé, parade et spectacles commémorent la naissance de l'Empereur. Populaire (il peut y avoir 1 000 figurants) et joyeux.

LE GOLFE D'AJACCIO

• Carte *p. 191*

PORTICCIO (PURTICHJU) ET LA PLAGE D'AGOSTA (20166 ; commune de Grosseto)

De l'autre côté de la baie, une station balnéaire récente, sorte d'annexe d'Ajaccio. Elle s'étend tout en longueur, sans donner l'impression d'avoir véritablement une âme. Quelques centres commerciaux, 2 ou 3 discothèques et quelques campings où l'on se bouscule... Le charme de Porticcio réside dans ses belles plages (la Viva, Agosta, quoique à Agosta, administrativement parlant, on ne soit déjà plus sur la même commune).

Arriver – Quitter

➢ ***De/vers Ajaccio :*** par la navette maritime Muvimare de *Découvertes Naturelles* (*📱 06-69-29-14-71 ; ● ca-ajaccien.corsica/muvimare/ ●*), jusqu'à 9 départs/j. en hte saison (un peu moins dim). Compter 5 € l'aller, 8 € l'A/R. Un départ en nocturne en juil-août (jeu-ven et j. fériés). Ou avec les *Autocars Corse Méditerranée* (*☎ 04-95-25-40-37*), 2-3 fois/j. en hte saison, sauf dim et j. fériés. Ils continuent ensuite jusqu'à la pointe de l'Isolella et la plage de Verghia.

Adresses utiles

ℹ ***Office intercommunal de l'Ornano et du Taravo :*** *plage de la Viva. ☎ 04-95-25-10-09. ● ornanotaravo-tourisme.corsica ● À l'extrémité sud de la plage, juste devant le ponton de débarquement. Tlj mai-sept 8h30-19h ; en mai, lun-sam 9h-18h. Hors saison, lun-ven 9h-12h, 14h-17h.* Toutes les infos pour trouver son bonheur à Porticcio et dans les villages de l'Ornano et du Taravo.

ℹ ***Office du tourisme de Pietrosella :*** *rond-point de l'Isolella. ☎ 04-95-24-47-94. Juil-août, tlj 10h-13h, 15h-19h ; juin et sept, tlj 9h30-12h30, 15h-19h. Le reste de l'année, lun-ven 8h45-12h, 13h30-16h15.*

Où dormir ?

Camping

⛺ ***Camping U Prunelli :*** *Pont-du-Prunelli. ☎ 04-95-25-19-23. ● camping-prunelli.com ● Tt de suite sur la droite après le 1er rond-point de Porticcio en arrivant d'Ajaccio. Avr-oct. Pour 2 avec voiture et petite tente 22,60-34 €. Chalets 2-8 pers à louer à la sem (loc possible à la nuit si dispo).* Même si l'entrée est un peu étroite, ce n'est pas la place qui manque ici, et le camping, très ombragé, s'étend assez loin de la route passante. Pour les campeurs, des emplacements bien délimités et suffisamment spacieux. Les chalets de bois massif, lumineux et agréables, se révèlent agréables à vivre et plutôt efficaces contre les fortes chaleurs. Resto-pizzeria, minimarket et salle de sport. Excellente ambiance en prime.

De prix moyens à chic

🏠 🍽 ***Motel Le Rivoli :*** *au début de la plage d'Agosta, sur la droite. ☎ 04-95-25-06-02. ● claudigrisoni2A@gmail.com ● motel-le-rivoli.com ● ♿ Congés : nov-mars. Studios (pour 2) 68-125 € selon saison ; également des apparts T2 (2-3 pers). Repas env 30 €. CB refusées.* M. Grisoni propose des studios accolés les uns aux autres (devant la route mais face à la mer), ainsi que des appartements, refaits à neuf, climatisés, de plain-pied, avec coin cuisine, TV, mobilier récent et accès direct à la plage (petite à cet endroit, quasiment entourée de rochers, presque une crique). Petite terrasse et salon de jardin pour chaque location. Excellent restaurant.

Où dormir dans les environs ?

Quelques adresses à Bastelicaccia, à 7 km au nord de Porticcio, sur les hauteurs de l'arrière-pays.

Prix moyens

🏠 ***Les Hameaux de Bottaccina*** *(carte Le golfe d'Ajaccio,* ***7****) : 20129* ***Bastelicaccia.*** *📱 06-46-37-83-38. ● cantierip@yahoo.fr ● les-hameaux-de-bottacina.com ● Au centre de Bastelicaccia, prendre à gauche en épingle vers Bottaccina ; c'est à 2 km sur la gauche. Fermé Toussaint-fin mars. Bungalows 2-5 pers 320-640 €/sem selon taille et saison ; loc à la nuit* *possible hors saison. CB refusées.* Des bungalows en dur avec 1 ou 2 chambres, séjour, coin cuisine, douche, w-c, clim et terrasse (jolie vue). Confort simple, mais bon, c'est assez bon marché. Environnement fleuri et animalier (daims, tortues...), endroit tranquille et propriétaire gentil et arrangeant. Petite bibliothèque.

Motel L'Orangeraie *(carte Le golfe d'Ajaccio, **6**)* **:** *à Funtanaccia, 20129* **Bastelicaccia.** ☎ *04-95-20-00-09.* • *motel.orangerie@wanadoo.fr* • *motel-orangeraie.com* • *Dans le village. Tte l'année. Résa bien à l'avance, car souvent complet. Selon saison et taille, pavillons 2-6 pers 55-140 €/nuit, 345-945 €/sem ; petit déj 8 €. CB refusées.* Des pavillons noyés dans une invraisemblable végétation méditerranéenne : palmiers, orangers, arbousiers... Un cadre superbe, donc, et un bon accueil, jeune et dynamique. Location de studios (T2) pour 1 à 3 personnes ou de 2 pièces (T3) pour 3 à 6 personnes, à la nuit ou à la semaine. Rénovés et bien équipés : bonne literie, isolation thermique, TV, barbecue, terrasse, cuisine... Petite piscine très agréable. Bref, une excellente adresse.

Où manger ?

Prix moyens

U Caseddu : *centre commercial Porticcio plage.* 📱 *06-88-38-16-33.* • *sasucaseddu@orange.fr* • *Mai-oct, tlj tte la journée. Hors saison : fermé dim soir et lun. Salades 18-24 €, plats 22-31 €.* Décor façon néorustique pour cette adresse qui propose des plats de qualité, à base de produits bio. Les desserts du chef pâtissier sont excellents. Fait aussi les petits déj et propose toute la journée de bonnes glaces artisanales (J.-C. Casanova d'Alata). Soirées musicales en saison. Pratique, la plage de la Viva est à 2 pas.

L'Escale : *plage de la Viva.* ☎ *04-95-52-11-73.* • *lescaleporticcio@orange.fr* • *Avr-oct, midi et soir. Menus 26-29 €, pizzas 11-13 €, burgers 14-16 €.* Le classique établissement de plage, avec son immense terrasse qui se déploie sur 2 niveaux jusqu'au sable. Armée de serveurs et serveuses qui prennent soin de vous. Ambiance décontractée et cuisine qui remplit très correctement sa fonction. Les planches à partager sont très bien.

Chez Alain : *résidence Harmonie, face à la plage d'Agosta.* ☎ *04-95-25-97-54.* • *exxodia@wanadoo.fr* • *Tlj en saison ; fermé mer et dim soir en basse saison. Congés : déc-1re quinzaine de janv. Moules env 15 €, salades-repas 16-18 €, viandes et poissons 18-34 €.* Une adresse sympa comme tout. On s'y arrête surtout pour les bonnes moules, corses évidemment, préparées à toutes les sauces (14 recettes), mais on y sert aussi viandes et poissons. Et en dessert, un bon petit « *tiramicorsu* » aux châtaignes ! Même les jours d'affluence, le service est efficace et pro.

Le Bouchon de Capitoro : *Pisciatello, 20166 Porticcio.* ☎ *04-95-52-04-56. Au début de T 40 (route de Sartène). Fermé dim midi. Menu du jour le midi en sem 15,50 €. Menus 27,50-33,50 € et 38,90 € pour un menu poisson.* Si le menu du jour au déjeuner est déjà une aubaine, on ne peut que conseiller les autres menus qui permettent au chef de s'exprimer plus à son aise. À apprécier dans le jardin arboré pas désagréable malgré le bruit de la route qui passe juste à côté. Une bonne occasion également de déguster les vins du domaine Capitoro.

Chic

Auberge La Ferme : *Agosta-Plage, quartier Molini.* ☎ *04-95-25-02-09.* • *xavier@auberge-la-ferme.fr* • *Derrière l'hôtel Radisson. Ouv ts les soirs en été ; hors saison, fermé lun. Congés : nov-fév. Résa impérative. Carte 35-40 €. CB refusées.* Dans un cadre rustique, derrière l'immense hôtel *Radisson,* avec quelques tables sous une tonnelle de genévriers, ce resto sert une excellente cuisine corse traditionnelle et généreuse. Dans l'assiette, soupe paysanne, charcuterie, veau aux olives, gigot d'agneau, cannellonis au *brocciu*... Accueil chaleureux.

Le Piano : *Les Candilelli. ☎ 04-95-20-87-93. • toinou22@orange.fr • Fermé lun-mar midi en basse saison et le midi lun-mer en hte saison. Fermé en fév et 20 oct-15 nov. Menu 40,40 € ; carte min 40 €.* Familièrement appelé Toinou, le patron a posé son élégant resto à l'entrée de Porticcio, où il concocte toujours, avec son équipe, une savoureuse cuisine : veau en cocotte, roulés de soles farcis aux Saint-Jacques sauce corail d'oursin, croustillant de saint-pierre. Même si les aphorismes dont il parsème la carte peuvent dérouter (c'est vrai qu'il y en a beaucoup !), Toinou a un cœur gros comme ça : chaque année, à la période de Noël, il offre un repas aux familles défavorisées.

L'Oasis : *au bout de la presqu'île de l'Isolella. ☎ 04-95-25-58-40. À env 7 km du centre de Porticcio. Ouv midi et soir en hte saison (de mi-juin à début sept) ; sinon, le midi seulement. Salades 13-15 € ; plats 20-30 €.* Face à la petite île si photogénique à l'extrémité de la presqu'île de l'Isolella, une adresse familiale vite remplie le midi par les plagistes et le soir par les habitués qui aiment la tranquillité de ce restaurant. La cuisine est simple : poisson grillé à l'honneur, salades et viandes, sans chichis.

Où dormir ? Où manger dans l'arrière-pays ?

Chambres d'hôtes chez Jean-Christophe Asensio *(Gîtes de France)* **:** *lieu-dit Stangone à* ***Eccica-Suarella.*** *☎ 04-95-23-81-90. 06-27-37-05-80. • jc.asensio@orange.fr • Prendre la direction Cauro (T 40), et, avt Eccica-Suarella, tourner à gauche, puis tt de suite à droite (c'est fléché). Compter 70 € pour 2. CB refusées.* 2 belles chambres au rez-de-chaussée de la maison des propriétaires (accès indépendant) dans une vaste propriété. Salon de jardin devant chaque chambre. Pas de table d'hôtes mais agréable cuisine d'été à disposition : idéal si vous ne souhaitez pas ressortir pour dîner (restos à 5-10 mn). Excellent accueil : Jean-Christophe, sportif accompli, vous éclairera, entre autres, sur les possibilités de rando dans les environs (et vous pourrez découvrir les sentiers à votre rythme, en marchant !). Calme absolu.

Auberge Napoléon : *au centre de* ***Cauro.*** *☎ 04-95-28-40-78. Ts les soirs sauf dim. Ouv également sam et dim à midi. Hors saison, ouv ven soir-dim midi. Menu 28,50 € ; plats 18-27 €.* Dans la belle salle où crépite la cheminée hors saison ou sur l'arrière, dans une petite cour-patio, on vient ici pour une cuisine sans esbroufe mais bien tournée. Les plats sont basés sur la tradition corse. On a aimé, par exemple, le cochon à la sauce diable, et les desserts ne déparent pas. Ici, ce sont les femmes qui sont aux commandes (ce n'est pas si fréquent en Corse), et l'accueil est plein de gentillesse.

Auberge du Col Saint-Georges : *chez Mme Renucci, au* ***col Saint-Georges.*** *☎ 04-95-25-70-06. Tte l'année. Double 90 €. Plats du jour à partir de 14 € ; menu corse env 38 €.* Mme Renucci tient cette auberge-resto qui propose une poignée de chambres doubles bien tenues et confortables. Côté resto, c'est également réussi : les repas sont copieux, servis dans un cadre agréable. Pour les randonneurs, une bonne étape sur le Mare e Mare Centre.

À faire

Lézarder sur la ***plage,*** bien sûr. Celle de la *Viva* est la plus connue. Très propre et beau panorama sur le golfe. Sinon, la grande plage d'*Agosta,* à 2 km au sud, est plus sympa et beaucoup plus tranquille. Elle est désormais dominée par l'imposant hôtel *Radisson.* Attention aux courants et à la houle : la mer y est parfois dangereuse. À 8 km au sud d'Agosta, la plage *Mare e Sole,* qui est prolongée par celle de Verghia (voir plus loin), est splendide, comme celles, plus proches, de la *presqu'île d'Isolella* (à 4 km d'Agosta).

■ ***Location et cours de planche à voile et catamaran :*** *à la* ***Société des loisirs nautiques de Porticcio,*** *plage de la Viva.* 📱 *06-74-98-06-21. Ouv 15 mai-30 sept.* L'un des meilleurs clubs de voile de la région pour prendre des cours (à partir de 7 ans) ou louer du matériel.

➢ ***Promenades en mer :*** *avec les bateaux* ***Nave Va,*** *au départ de l'embarcadère de la plage de la Viva, devant l'office de tourisme. Rens :* ☎ *04-95-25-94-14.* • *naveva.com* • Excursions aux îles Sanguinaires et à Scandola-Girolata. *Également avec* ***Découvertes Naturelles :*** ☎ *04-95-21-06-16.* • *promenades-en-mer.org* •

– ***Plongée sous-marine :*** *avec* ***Corse Plongée*** *et* ***Agosta Plongée.*** *Voir plus haut « Plongée sous-marine. Clubs de plongée » à Ajaccio.*

Randonnées

2 itinéraires de randonnée se terminent au voisinage de Porticcio : la traversée ***Ghisonaccia-Porticcio*** *(Mare a Mare Centre)* et le parcours ***Propriano-Porticcio*** *(Mare e Monti Sud).*
Ces 2 itinéraires sont prévus pour être parcourus en respectivement 1 semaine et 5 jours par étapes de 4 à 7h, mais on peut aussi y randonner à la journée.

Nous conseillons en particulier le parcours de crêtes allant de ***Coti-Chiavari*** à ***Pietrosella*** en passant par le col routier de *Gradello,* un chemin sans grandes dénivelées et avec de très belles vues sur le golfe d'Ajaccio (durée : 4h30, avec possibilité de fractionner cette étape au col de Gradello en 2 demi-étapes de respectivement 2h et 2h30).

Nombreuses possibilités, par ailleurs, de balades pédestres et à VTT en ***forêt domaniale de Coti-Chiavari,*** grâce à un réseau de pistes forestières très étendu. Les eucalyptus et autres chênes verts offrent une ombre généreuse qui rend ces balades agréables même en été. Sentier d'interprétation accessible à tous. On peut, par exemple, aller visiter le hameau et l'ancien four à pain de *Sant' Amanza* et, si l'on est à VTT, rejoindre Pietrosella par une succession chaotique de pistes et de sentiers raides, avant une ultime et folle descente technique jusqu'à la *chapelle de Cruciata,* dominant la punta di Sette Nave (parcours balisé en orange des hauteurs de Santa Manza jusqu'à Cruciata).

COTI-CHIAVARI (COTIÈ CHJAVARI)

(20138) 750 hab.

Petit village tranquille perché à 500 m d'altitude, à 41 km au sud d'Ajaccio et à 11 km de la plage de Verghia, par une route sinueuse. Superbe vue sur le golfe d'Ajaccio, en particulier le soir. Le territoire de la commune, très étendu, va de la *plage de Verghja*, au nord, à celle de *Cupabia*, au sud, en passant par la pointe de Capu di Muru.
En y montant, à 2,5 km de la mer, on passe près de l'ancien pénitencier agricole où, de 1855 à 1906, on a entassé des forçats condamnés à de lourdes peines. Les conditions de vie y étaient difficiles : les magnifiques eucalyptus n'avaient pas encore été plantés et les détenus mouraient de la malaria (30 par an en moyenne)...

Où dormir ? Où manger ?

Hôtel-restaurant Le Belvédère : *sur la route d'Acqua-Doria, 800 m au sud-ouest du village. ☎ 04-95-27-10-32. • le.belvedere@wanadoo.fr • lebelvederedecoti.com • Resto ouv le soir et dim midi à partir de fin mai. Fermé Toussaint-20 mars. Mieux vaut toujours téléphoner avt de venir, pour l'hôtel comme pour le resto. Doubles avec douche et w-c 60-75 € ; familiales. ½ pens (obligatoire en saison) 118-134 € pour 2. Menus 30-35 €. CB refusées.* Longue bâtisse de construction récente, un peu à l'écart du village et donnant sur la baie d'Ajaccio par une large terrasse en arc de cercle. C'est tout simplement l'un des plus beaux panoramas de l'île. Certains soirs, la mer est recouverte d'une couche de nuages. On est alors comme dans un nid d'aigle : au-dessus de tout. Une grosse douzaine de chambres simples, très propres, avec balcon. Caroline, une très gentille dame, est aux petits soins pour ses hôtes. Cuisine corse copieuse et familiale. Loin du tapage onéreux du littoral, une adresse solide et qui a du cœur.

Chez Véro : *dans le centre du village. 06-03-32-42-03. • chezverocoti@gmail.com • Fermé dim soir-lun en basse saison. Fermé 10 janv-fin fév. Compter env 25-30 €.* Il y a cette vue sans pareille sur la baie d'Ajaccio avec les Sanguinaires plein cadre et, le soir, un coucher de soleil en cinémascope. Voilà une belle récompense si vous avez fait la route pour monter jusqu'ici. Sans oublier, évidemment, une cuisine généreuse, sans chichis. Accueil simple et sincère. Propose également des appartements (*Altra Cosa*).

DANS LES ENVIRONS DE COTI-CHIAVARI

La plage de Verghia : *à 11 km du village de Coti-Chiavari, mais à seulement 5 km du centre de Porticcio, le long de la D 55.* C'est un peu la plage communale (elle prolonge celle de *Mare e Sole*). Vraiment très chouette, cette jolie plage limitée au sud par une avancée rocheuse plantée de pins parasols a tout l'air d'un petit coin de paradis. Attention aux enfants, la baignade peut être dangereuse (c'est vite profond).

Dans le coin de **Capu di Muru,** à environ 8 km au sud-ouest de Coti-Chiavari, jolie plage de *cala d'Orzu,* accessible en voiture, mais sur la fin, c'est un long chemin de terre difficile qui vous y mène.

L'ARRIÈRE-PAYS D'AJACCIO

Historiquement, Ajaccio est le débouché commercial de 3 vallées *(I Tre Vaddi)* : celle de la Gravona, celle du Prunelli et celle, méconnue, du Cruzzinu, un peu plus éloignée au nord (villages de Lopigna, d'Azzana, de Rezza). Elles sont appréciées des Ajacciens pour leur fraîcheur (relative).

LA VALLÉE DE LA GRAVONA

Cette vallée suit le cours de la Gravona, qui naît dans le monte Renoso et va se jeter dans la mer après avoir rejoint le Prunelli, à côté de l'aéroport d'Ajaccio. Une dizaine de villages occupent ce territoire, à l'ouest et à l'est de la route de Corte, en gros entre Sarrola-Carcopino et Bocognano. Si on aime les boucles, possibilité de passer dans la vallée de Prunelli par Tavera, puis le col de Scallela (D 27).

Où dormir ? Où manger ?

Gîtes de M. Jean-Baptiste Giorgiaggi (Gîtes de France) : *plaine de Peri, 20167* ***Peri,*** *à 12 km au nord-est d'Ajaccio (route de Corte, puis à droite par la D 1 vers Cuttoli ; les gîtes se trouvent à env 4 km). Résas auprès des Gîtes de France : ☎ 04-95-10-54-30. Tte l'année. Selon saison, 374-704 €/sem.* Un bon plan dans l'arrière-pays d'Ajaccio, dans la nature et à prix intéressant. Maison récente et isolée (le propriétaire, exploitant agricole, habite à 500 m). Environnement fleuri et ombragé (terrain clos de 3 ha). Grands gîtes de 75 m² environ, bien équipés (congélateur, lave-linge, lave-vaisselle). Séjour (convertible 2 places), cuisine, 2 chambres ou chambre et mezzanine (1 lit double et 2 lits). Pas de vis-à-vis d'un gîte à l'autre. Terrasse avec barbecue. Animaux acceptés.

À voir. À faire

La Cité des Tortues A Cupulatta : *à 21 km d'Ajaccio, en bordure de la T 20 (route de Corte). ☎ 04-95-52-82-34. • acupulatta.com • ♿ 16 mai-15 sept, tlj 9h-19h ; avr-15 mai et 16 sept-11 nov, tlj 10h-17h30. Entrée : 12 € ; 9 € 5-11 ans. Guide de visite 5 €. Compter 1h de visite. Pique-nique autorisé à l'entrée du parc.* Une initiative originale que la création, en 1998, de ce centre assez unique puisqu'on y trouve 170 espèces de tortues (c'est la plus grande « collection » d'Europe, avec plus de 3 000 animaux). Toutes ne sont pas visibles, mais on peut y voir les plus significatives pour chaque continent. Tortues géantes des Seychelles et des Galápagos, tortues de Madagascar et bonnes vieilles tortues d'Hermann... Signalons aussi la tortue-boîte, à plastron articulé, la belle tortue-gouttelette et la terrifiante tortue-alligator, qui capture ses proies sans bouger, juste en ouvrant la gueule. Les repas sont donnés devant les visiteurs, vers 10h30. En saison, éclosion des bébés en direct ! Site agréable, arboré et bordé d'une rivière rafraîchissante en contrebas. Snack (petite restauration).

Rêves de Cimes (Parc Aventure) : *à* ***Vero.*** *☎ 04-95-21-89-01. 📱 06-16-07-55-67. • revesdecimes.fr • Prendre la T 20 direction Corte et la quitter sur la gauche pour la D 4, puis continuer sur 10 km (fléché). Pâques-Toussaint : 15 juin-15 sept, tlj (en juin et sept 10h-18h, en juil-août 9h-19h. Nocturne – 20h-minuit – mer juil-août, sur résa. Les autres mois, seulement le w-e ou dim sauf vac scol. Compter 14-23 € selon parcours. CB refusées. Accès gratuit pour un accompagnateur non équipé.* Le plus grand parcours aventure de Corse (17 parcours, 198 ateliers, durée : 2-4h) s'adresse aussi bien aux plus jeunes (à partir de 3 ans) qu'aux adultes. Après s'être équipé de l'indispensable harnais et d'une poulie, petit briefing et essai encadré avant de s'élancer en toute sécurité sur les parcours, adaptés à la taille de chacun (un code couleur permet de s'y retrouver). Tyroliennes géantes, saut de Tarzan, lianes, parcours sensation (avec sauts en chute libre !), tout un programme ! Aires de pique-nique sur place. Propose également d'autres activités *(canyoning sur 4 sites à partir de 50 €/pers, via ferrata à Tolla pour 40 €/pers – ajouter 15 € pour le matériel sans guide –, randos pédestres, randos aquatiques...).*

Balade en haute vallée de la Gravona : au départ d'Ajaccio, remonter la vallée par la route de Corte (T 20) et la quitter avant Bocognano pour rejoindre la D 29, qui permet de descendre la vallée en passant par des villages situés à 400-600 m d'altitude, avec de belles vues. Pour commencer, direction ***Ucciani*** (Auccià). Le village possède la particularité d'avoir un clocher à bonne distance de l'église. Puis la D 29 continue jusqu'à Carbuccia, village arrosé par de nombreux cours d'eau, que plusieurs sentiers de randonnée permettent de découvrir. Puis c'est ***Peri,*** avec ses belles maisons de pierre et son restaurant réputé *(Chez Séraphin)*. Là aussi, sentier local (la boucle de Péri, qui se fait en 3h30).

Très belle route ensuite vers ***Cuttoli-Corticchiato*** (Cutulì é Curtichjatu), important village construit en amphithéâtre, composé de 3 quartiers distincts. Si Cuttoli est surmonté de quelques constructions modernes qui déparent, Corticchiato, la partie basse, présente un plus grand intérêt. Le sentier du patrimoine (ou sentier des moulins, un des 5 sentiers de la commune – les autres sont à découvrir sur ● *cuttoli.fr* ●), long de 2,2 km permet d'en faire le tour.

Retour sur la T 20 par le D 1. Au total, virée d'une cinquantaine de km. Possibilité de changer de vallée en passant par Ocana pour retrouver la vallée du Prunelli.

BOCOGNANO (BUCUGNÀ) (20136) 465 hab.

Un village en corniche, à 9 km au sud du col de Vizzavona et à 38 km d'Ajaccio, entouré de belles châtaigneraies et réputé pour la pureté de son air (on est à 650 m d'altitude). Plus proche d'Ajaccio que de Corte, c'est un lieu de passage ancestral entre le nord et le sud de l'île. On y passe un peu vite aujourd'hui, surtout depuis qu'on a construit le tunnel qui évite le passage dans le village. À tort, car on y mange bien, et les environs recèlent quelques chouettes petites balades.

BELLACOSCIA, PROFESSION : BANDIT

Le village fut au XIXe s le lieu de naissance de 2 célèbres bandits corses : Antoine et Jacques Bellacoscia. Après avoir tué le maire du village, les 2 frères prirent le maquis, et Antoine, le plus résistant des 2, resta une quarantaine d'années dans la vallée de la Pentica, à 4h de marche de Bocognano. L'Europe des curieux défila dans la région pour le rencontrer : de Pierre Loti à la princesse de Saxe-Weimar ! Antoine mourut de sa belle mort dans son lit, à l'âge de 95 ans. Comme quoi, le maquis, ça conserve !

Adresse utile

i *Office du Tourisme Intercommunal de la Haute Vallée de la Gravona :* *U Palazzu.* ☎ *04-95-27-41-86.* ● *gravona-tourisme.com* ● *Lun-sam 9h-17h. En venant d'Ajaccio, s'engager dans le village, le traverser : c'est avt le pont.* Toutes les infos sur la microrégion (villages de Bocoganno, Ucciani, Carbuccia, Tavera, Vero). Mais c'est aussi un intéressant petit écomusée *(mêmes horaires que l'office ; entrée : 3 €)* qui occupe cette grande bâtisse dont la construction a été voulue par Napoléon lui-même (sa grand-mère était du village). Évocation de l'Empereur, bien sûr, et, dans une belle muséographie, de la vie agricole et pastorale d'autrefois, ou encore des bandits (le fameux Bellacoscia est à l'honneur), avec de nombreuses photos d'époque.

Où dormir dans les environs ?

⌂ *Gîtes de M. Gaëtan Ricci* (Gîtes de France) **:** *hameau de Pruniccia, 20163* ***Tavera.*** *Résas auprès des Gîtes de France :* ☎ *04-95-10-54-30.*

Tavera se trouve à 10 km à l'ouest de Bocognano, direction Ajaccio puis à gauche à 7 km. De juin à mi-sept. Compter 525 €/sem-780 €/sem ; possibilité de loc au w-e. Café offert sur présentation de ce guide. Dans le haut du village, maison récente. À 35 km de la côte, on profite bien du calme de la Corse intérieure. Gîte de 90 m² au rez-de-chaussée de la maison du propriétaire. Séjour (lit 1 personne), cuisine, 2 chambres (lit double et lits jumeaux), douche et w-c. Lave-linge, congélateur, lave-vaisselle, micro-ondes, cheminée. Belle salle de bains et séjour spacieux, agréable. Terrasse, jardin, barbecue, garage. Chauffage en sus. Également un 2d gîte, très cher mais avec piscine, pour 6 personnes (3 chambres), classé 4 épis *(1 180-1 933 €/sem).*

Où manger ?

Ferme-auberge A Tanedda : *à gauche en contrebas de la route en venant d'Ajaccio, à la hauteur du monument aux morts. ☎ 04-95-27-42-44. • achille.martinetti@wanadoo.fr • De mi-mars à fin nov, tlj. Résa conseillée. Plat du jour 16 € ; menus 23-27 €. Café offert sur présentation de ce guide.* Maison moderne avec petite terrasse face aux montagnes. On y propose des plats élaborés à partir des produits de la ferme (tripettes de veau, cannellonis au *brocciu*…), de la saine charcuterie et du fromage non moins valable ; on aime cette cuisine de saison. Très bon accueil.

À voir

Le canyon de la Richiusa : une curiosité naturelle proche du village et du moulin à châtaignes *(traverser le village et prendre une route étroite à gauche qui descend sur 1,6 km).* Le torrent de la Cardiccia, affluent de la Gravona, s'y engouffre entre 2 falaises de 60 m pour en sortir par une succession de vasques limpides. À la source de ce même torrent, on trouve une 2de curiosité, le *glacier de Busso,* réceptacle d'un couloir d'avalanche où viennent s'accumuler, dit-on, les seules neiges éternelles de Corse ! Accès, dans les 2 cas, grâce à une passerelle sur la Gravona près du parking de la minicentrale électrique. 5 opérateurs sont autorisés à organiser les sorties de canyoning. Rando possible (boucle du Mattonu, durée 4h30, qui fait passer au-dessus des falaises – infos à l'office du tourisme).

À l'opposé, au sud de Bocognano, on atteint la ***cascade du Voile de la Mariée*** après 3 km de route goudronnée et 10 mn de marche en rive droite du torrent. Site charmant, surtout à la fonte des neiges ou après une forte pluie qui donnera au voile toute son ampleur (en plein été, on est un peu déçu…).
– *Corsica Natura* a aménagé une *via cordata* (escalade encadrée sur une paroi rocheuse, avec une tyrolienne et un rappel sur près de 100 m). *Rens : ☎ 04-95-10-83-16. 📱 06-85-03-19-90. • corsicanatura-activites.fr • Compter 45 €/pers ; réduc.*

Manifestation

– ***Foire à la châtaigne*** (feria di a castagna) **:** *3 j. début déc. • fieradiacastagna.com •* Un des temps forts de la vie économique et sociale de l'île. Cette foire est aujourd'hui une des plus importantes des manifestations rurales corses et accueille environ 20 000 visiteurs ! Châtaignes mais aussi toutes sortes de produits artisanaux et agricoles sont présentés et vendus dans le village.

LA VALLÉE DU PRUNELLI

À partir de Cauro, des routes tortueuses vous invitent à de bien belles balades dans la montagne. C'est déjà le pays des châtaigniers, des cochons sauvages et des maisons en pierre. On vous conseille de faire une boucle : monter à Bastelica par la D 27 et redescendre sur Ajaccio par la D 3 qui passe dans les gorges du Prunelli, par Tolla et Ocana.

– Pour des infos, passer par Bastelicaccia :

Office de tourisme de la Vallée du Prunelli (Celavu Prunelli) : *à **Bastelicaccia,** à côté de la poste. ☎ 04-95-22-55-13. • tourisme-prunelli.com • Juil-sept, lun-sam 9h-18h ; oct-juin, lun-ven 9h30-16h30 (17h30 oct).* Toutes les infos utiles et bon accueil.

BASTELICA (20119) 460 hab.

À 40 km d'Ajaccio. Après avoir traversé de vastes forêts, on parvient dans la patrie de l'illustre Sampiero Corso (1498-1567). « Le plus Corse des Corses » servit les rois de France avant de lancer une insurrection contre les Génois. Bastelica, constituée de 5 quartiers, s'étage en amphithéâtre dans un décor montagneux réputé pour son air pur et ses charcuteries. Nombreuses randonnées à faire dans le secteur.

Où dormir ? Où manger ?

Prix moyens

Chez Paul : *quartier Stazzone, en haut du village. ☎ 04-95-28-71-59. • paul.mocanetti@wanadoo.fr • Tte l'année. Formule » 15 € à midi, menus 25-38 €. Café offert sur présentation de ce guide.* Salle avec vue panoramique sur le village et les montagnes. Cuisine familiale, classique et plus qu'honnête, prix serrés et service efficace. Une adresse régulière qui tourne bien, incontestablement.

Plus chic

U Fiordalisu : *Scafeli, à l'entrée du village. 06-88-28-03-95. • contact@fiordalisu.com • u-fiordalisu.com • Restaurant fermé mer-jeu. Plats 12,50-20 €. Chambres doubles 80-115 €, petit déj compris.* Doté d'une belle terrasse en bois qui surplombe la rivière chantante, le restaurant oriente principalement sa carte vers les plats de viande (normal, après tout, on est à Bastelica). On déguste donc une cuisine de terroir de bon aloi (*tagliata* de bœuf, porcelet de chez Nunzi...), à compléter par un très bon dessert maison. Pour prolonger le plaisir, le bâtiment ancien (début XXe s) propose 2 confortables chambres d'hôtes à la déco rétro, l'une double et l'autre familiale (avec 2 chambres séparées se partageant une salle de bains). Agréable petit jardin en contrebas de la maison.

Hôtel Artemisia : *quartier Boccialacce. ☎ 04-95-28-19-13. • contact@hotel-artemisia.com • hotel-artemisia.com • Congés : nov-déc. Doubles 140-200 € ; petit déj (excellent) 17 €. Resto (sur résa) : env 35-38 €.* Un hôtel ouvert en 2010 qui a fait le pari audacieux du chic encore abordable dans un bourg de moyenne montagne. L'établissement, qui ne compte que 9 chambres, affiche une déco résolument contemporaine. Les chambres bénéficient de grandes surfaces vitrées pour profiter au maximum de l'environnement bucolique. Petite piscine. Au restaurant, la carte est courte avec des produits locaux à l'honneur.

Où dormir ? Où manger dans les environs ?

Camping à la ferme Minocchi : *pont de Minocchi, sur la D 27, à 4 km au nord de Bastelica, direction Bocognano. ☎ 04-95-28-70-27. 06-07-57-28-54. • antoinebernardini@orange.fr • Juin-sept (téléphoner pour s'assurer de l'ouverture). Forfait env 15 € pour 2. CB refusées.* Camping à la ferme, familial et planté de chênes. Rivière à 50 m. Bloc sanitaire correct. Très bon accueil.

Gîtes de M. Christian Lorenzoni *(Gîtes de France)* **:** *au* ***col de Cricheto,*** *à 5 km au sud-ouest de Bastelica sur la D27. Résas auprès des Gîtes de France : ☎ 04-95-10-54-30. • colcricheto.com • Tte l'année. 384-728 €/sem selon superficie et saison. Possibilité de réserver également pour un w-e.* Dans une maison indépendante sur un grand terrain clos, 2 gîtes à l'étage. Au rez-de-chaussée, la miellerie du propriétaire, qui est également éleveur et produit sa charcuterie. Le 1er gîte, pour 5 personnes (56 m²), comporte un séjour-cuisine, 2 chambres, salle de bains et w-c ; le 2d gîte, pour 6 personnes (78 m²), est composé d'un séjour-cuisine, 2 chambres (possibilité de 3 couchages pour enfants en soupente), salle de bains et w-c. Les 2 gîtes disposent également de terrasse, salon de jardin, barbecue. Bon équipement : lave-linge, lave-vaisselle (pour le gîte le plus grand), congélateur, TV. Animaux acceptés. Le propriétaire a par ailleurs créé, au col de Cricheto, 2 circuits de découverte, à faire à pied *(5,60 €)* ou en petit train *(13 €).*

I●I A l'Epica : *au* ***col de Mercujo*** *(bocca du Mercughju). ☎ 04-95-27-00-54. • restaurantlepica@gmail.com • Tlj en hte saison, fermé lun-mer hors saison (mieux vaut téléphoner). Plats 14-26 €.* Une halte plaisante quand on monte au lac de Tolla et aux gorges du Prunelli. 2 amis ont fait le pari de travailler ici à l'année et d'offrir une cuisine de qualité, appréciée des locaux comme des visiteurs. En surplomb de la route, avec une vue magnifique qui porte jusqu'à la mer, on découvre une carte courte qui fait la part belle aux viandes. Les desserts ne sont pas en reste. Bon accueil.

À voir. À faire

Vous trouverez un plan du village et des environs au pied de la statue de Sampiero Corso, face à l'église. Un parcours culturel (dépliant) permet de se repérer dans ce village très étendu.

La maison de Sampiero Corso : *quartier Dominicacci.* En fait, la demeure où est né le héros corse fut brûlée par les Génois. On l'a reconstruite au XVIIIe s.

La route panoramique : prendre la tortueuse D 27a, direction val d'Èse. Panoramas sublimes sur les montagnes, jusqu'au plateau d'Èse.

DANS LES ENVIRONS DE BASTELICA

À voir. À faire

– **La via ferrata :** *au* ***col de Mercujo,*** *près du belvédère, 1,5 km à l'ouest de Tolla. Infos auprès de Rêves de Cimes (lire « À voir. À faire » dans le chapitre « La vallée de la Gravona »).*

– ***Le centre nautique du lac de Tolla :*** *☎ 04-95-27-00-48 (juin-sept). • centre-nautique-de-tolla.fr •* Location de canoës, kayaks, *stand-up paddles,* embarcations à pédales pour des balades à la demi-journée sur le lac. À proximité, buvette-crêperie et centre équestre.

Le Jardin des Abeilles : *lieu-dit Salvadoraghju, 20117* ***Ocana.*** *☎ 04-95-23-83-88. • lejardindesabeilles.com • Sur la commune d'Ocana, mais en fait un peu plus près (7 km) de Bastelicaccia. De début juin à mi-sept, lun-ven 9h-19h et sam-dim 10h-19h ; avr-mai et 15 sept-oct, lun-ven 9h-12h, 14h-18h. Entrée : 4 € ; gratuit moins de 6 ans.* Dans un sous-bois ombragé, parcours pédagogique *(ouv 15 mai-15 oct)* pour découvrir le monde des abeilles et le métier d'apiculteur, avec, notamment, une belle ruche vitrée. Possibilité de passer l'après-midi sur le site, près de la rivière. Resto sympa à l'entrée.

Randonnées

Le canal de la Volta : *A/R en 2h30. Dénivelée : env 300 m.* Une randonnée à ne pas manquer, mais un peu difficile au début pour les jeunes enfants (ça grimpe sec). Il a été un temps question de canaliser cette vieille construction rurale, perchée à flanc de montagne et qui sert à l'irrigation des jardins et de quelques vergers autour du village. En dépit des fuites et des obligations d'entretien qu'occasionne cet ouvrage d'adduction à l'air libre, la raison et la préservation du patrimoine paraissaient toutefois devoir l'emporter ! Heureusement, car il s'agit d'un ouvrage remarquable le long duquel vous découvrirez, à l'occasion d'une balade facile (mais non sans danger : les rochers peuvent être glissants et dangereux), un résumé saisissant de la Corse intérieure.

Gagnez le haut du village et garez-vous près de *Chez Paul.* Le sentier s'élève à proximité, à partir d'un lavoir, puis se poursuit au milieu des châtaigniers (balisage orange). On atteint après 30 mn la crête et le canal d'arrosage. La suite remonte le cours de cet ouvrage par un excellent sentier qui ne quitte ce canal qu'un bref instant, dans la partie la plus escarpée du versant. Un peu plus haut, on arrive à la prise d'eau au pied des *cascades d'Ortala,* dont on peut gagner l'amont en continuant le sentier, toujours bien marqué.

On entre alors dans l'univers des pins laricio et dans un décor de haute montagne qui remonte beaucoup plus haut, jusqu'aux petits lacs de *Pozzolo* et à la *punta alle Vetta* (2 255 m, point culminant de la vallée).

Le monte Renoso *(Renosu)* **:** le sommet le plus élevé de la vallée (2 352 m), un géant insulaire aux formes plus aplanies que celles des sommets plus au nord. L'accès le plus classique remonte la vallée du Prunelli jusqu'à sa source au lac de Vitalaca. Mais la création de la route du plateau d'Èse a offert la possibilité d'un accès moins fatigant par la *crête de Scaldasole* et le *site des Pozzi,* d'anciens lacs en voie d'assèchement (compter malgré tout 7h de marche aller et retour ; pas d'obstacle technique à prévoir de juin à octobre). Sentier non balisé.

Ski alpin et ski de fond

Le ***stade de neige du plateau d'Èse*** *(A Nivata),* à 14 km de Bastelica par la D 27a, fonctionne en hiver, du moins si l'enneigement le permet. Mais le coin est mieux adapté à la pratique du ski de fond ou de randonnée ou des raquettes, avec des parcours faciles conduisant sous les hêtres à la pointe de la *Cuperchiata* et au col de *Foce d'Astra* (petit refuge).

En été, le plateau n'a certes pas été embelli par ces aménagements, mais on appréciera malgré tout de monter à la *Cuperchiata* (50 mn d'ascension sous les hêtres en suivant le téléski ; plateau perché très agréable offrant une vue extraordinaire) ou, comme expliqué plus haut, au *monte Renoso.*

LE HAUT TARAVO (TARAVU)

Le Taravo *(Taravu),* qui finit son existence entre Porto-Pollo et Olmeto-Plage, a façonné dans la partie haute de la vallée (entre Petreto-Bicchicano et le col de Verde) de magnifiques paysages. D'Ajaccio, prendre la route de Bonifacio (T 40) et la quitter sur la gauche, à une trentaine de kilomètres, pour Santa-Maria-Sicché. Puis on entre dans la vallée par la D 83, sur laquelle s'égrènent de petits villages, jusqu'à atteindre Zicavo.

ZICAVO (ZICAVU) (20132) 225 hab.

À 27 km de Santa-Maria, à 800 m d'altitude, Zicavo se situe sur la ligne de partage des eaux. Pays de châtaigniers et de hêtres, le maquis est constellé de vieux hameaux aux maisons de granit. Un petit paradis pour les randonneurs (le GR 20 passe d'ailleurs sur le territoire communal).
Le village, bâti en amphithéâtre, est très étendu (environ 90 km², avec la plus grande partie du plateau du Coscione sur son territoire), mais assez peu habité, de quoi surprendre le visiteur qui y passe en été. C'est que les Zicavais « d'ailleurs » sont fort nombreux et ils aiment revenir au village où les grandes maisons de famille les attendent. On les comprend, car Zicavo offre un cadre de vie très agréable : le village est vaste, les quartiers espacés et l'omniprésence de l'eau, qui glougloute dans les rigoles et fontaines, apporte de la fraîcheur jusqu'au cœur de l'été.

AJACCIO ET SA RÉGION

Arriver – Quitter

➢ ***De/vers Ajaccio :*** *Transports Santoni (☎ 04-95-22-64-44).* De la gare routière, 1 liaison/j. tte l'année (sauf dim et j. fériés sept-juin). Trajet : 1h20.

Où dormir ? Où manger ?

Chambres d'hôtes et gîtes ruraux Le Paradis : *sur la D 69 (route du col de Verde). ☎ 04-95-24-41-20. • pirany.louise@orange.fr • zicavo-paradis.com • Tte l'année. Double 60 € ; petit déj 7,50 €. Repas env 20 €. CB refusées.* Un ancien gîte d'étape qui propose 5 chambres doubles confortables. Les groupes peuvent être accueillis dans 2 gîtes ruraux. Coin cuisine. Bonne table. Charcuterie maison, légumes du potager.

Chambre d'hôtes A Casella, chez Jacques-Philippe Giorgi : *Acqua-di-Maria, à 200 m du village. ☎ 04-95-24-44-03. 06-87-56-82-55. • giorgi@wanadoo.fr • acasella.e-monsite.com • De Pâques à fin sept. Compter 70 € pour 2. Petit déj 5-8 €. CB refusées.* Dans la maison (moderne) des propriétaires, entourée d'un grand jardin, 1 seule et unique chambre (entrée indépendante). Séjour avec cheminée, que l'on partage avec les propriétaires. Excellent petit déjeuner avec confitures maison.

Le Florida : *sur la D 69. ☎ 04-95-24-43-11. • hotel.leflorida@orange.fr • Au début de la route pour Cozzano, juste après Le Paradis, sur la gauche. Tte l'année. Doubles env 65-70 €. Menu 25 €.* Un bâtiment discret (même si sa façade jaune ne passe pas inaperçue quand on se gare devant), mais en contrebas de la route et tranquille. Établissement typique de l'hôtellerie corse traditionnelle, à prix doux, d'autant que les chambres viennent d'être refaites et offrent un très bon rapport qualité-prix. Accueil familial tout en gentillesse.

Le Pacific Sud : *à la sortie du village, tt en haut ou presque, direction col de la Vaccia et Aullène. ☎ 04-95-24-41-37. • pacific-sud@orange.fr • Avr-oct, tlj midi et soir. Plats env 12-20 €. CB refusées.* Adresse conviviale où randonneurs et campeurs viennent se régaler de quelques bonnes spécialités insulaires (saucisse de veau tigre, *Corsica burger*) ou de copieuses pizzas au feu de bois le soir. Bons desserts maison. Boutique de produits locaux *(A Traversa).*

Où dormir ? Où manger dans les environs ?

Ferme-auberge U Taravu : *à* **Zevaco,** *à env mi-chemin entre Santa-Maria-Siché et Zicavo. 06-30-93-82-80. • andreucci@wanadoo.fr • À la sortie du village, direction Zicavo. Juil-août, tlj midi et soir ; en mi-saison, midi et soir le w-e. Menu 27 €.* Une de ces adresses de l'intérieur qui justifient à elles seules le voyage en Corse. En terrasse ou en salle, on y mange une cuisine généreuse, en grande partie issue de la production de la ferme (charcuterie, porcelet, cochon de lait...), mais aussi de savoureux plats préparés (cannellonis). Et un petit dessert à la châtaigne pour conclure. Accueil inoubliable de Nadia et Angeot qui vous reçoivent comme s'ils vous connaissaient depuis toujours.

Bergerie de Basseta : *route de Saint-Pierre (D 428), 20132 Zicavo. ☎ 09-71-72-56-95. • bassetagr20@gmail.com • À 15 km de Zicavo. Direction col de Vaccia, puis à 8 km de Zicavo, embranchement à gauche vers le plateau du Coscione ; l'auberge se trouve à 7 km de là (mais à 1 360 m d'altitude), à gauche. Pour les randonneurs, le GR 20 est à 1h de l'auberge, depuis le col de l'Agnone en venant du nord et depuis la passerelle en venant du sud (fléchage). 15 mai-15 oct. ½ pens 33,50 € en bivouac et 38,50-43,50 € en dortoir ou en chalet. Formule 21 €, menu 28 €. Remise de 10 % sur l'hébergement sur présentation de ce guide. CB refusées.* Une halte bien sympathique, reprise en 2019 par Nicolas Lanfranchi. Pour le gîte, dortoir de 14 personnes, bergerie pour 9 personnes et 4 chalets pour 6 personnes. À table, une vraie cuisine corse à base de bons produits du pays (charcuterie, cabri, fromages, confitures...). On se régale.

Chalet Pietri : *à* **Olivese.** *☎ 04-95-26-78-65. 06-12-45-42-81. • contact@chaletpietri.com • chaletpietri.com • Au cœur du village. Avr-oct. Doubles à partir de 54 € ; quadruples à partir de 72 €. Repas du soir : 22 €.* Dans cette Corse intérieure qui attire moins les foules que la Corse littorale, une maison de caractère qui peut servir de camp de base pour découvrir les beautés du haut Taravo et celles de l'Alta Rocca voisin, puisque la situation d'Olivese le permet. En plus, on a plaisir à flâner dans cette adresse à prix doux qui propose 8 chambres (des doubles et des familiales, style petit dortoir 4 places) : terrasse ombragée, cuisine appréciable et conseils avisés des propriétaires, Sandra et Mathieu.

Ferme-auberge Col de la Vaccia (Gîtes de France) **:** *col de la Vaccia, 20140* **Olivese.** *06-43-62-55-62. • coldelavaccia@orange.fr • Sur la D 69, à 13 km de Zicavo et à 12 km d'Aullène, à la limite entre le Taravo et l'Alta Rocca. 15 avr-15 oct, tlj. Compter 80 € pour 2. En ½ pens, ajouter 30 €/pers. Menus 20-30 €. CB refusées.* Maison ancienne en pierre, à l'intérieur rénové par les propriétaires eux-mêmes, exploitants agricoles. Magnifique vue panoramique sur la vallée et les montagnes ; par beau temps, jusqu'au mont Cinto. 4 chambres, équipées de 1 lit double et 1 lit simple, avec salle d'eau et w-c privatifs. Terrain clos et arboré avec salon de jardin. Prévoir une petite laine (on est à 1 150 m d'altitude) et on est loin de tout (groupe électrogène). Bon accueil.

COZZANO (CUZZÀ) (20148) 276 hab.

À 4 km au nord de Zicavo, à 700 m d'altitude, ce village est l'un des plus hauts de la vallée du Taravo. D'ailleurs, si l'on continue sur la D 69, on atteint le col de Verde pour basculer du côté du Fiurm'Orbu et de là, direction la côte orientale. Se maintient à Cozzano une forte tradition d'élevage porcin (une quinzaine d'éleveurs). Comme tant d'autres villages de la Corse intérieure, il s'est dépeuplé, mais aujourd'hui, sous l'impulsion des autorités, ce village-laboratoire est devenu un *smart paese* qui a conçu une stratégie sur le développement durable dans le cadre d'un projet élaboré avec l'Université de Corse et le CNRS. Il se veut pionnier dans le domaine des énergies renouvelables (chaufferie biomasse, microcentrales hydroélectriques) et veut devenir un territoire à énergie positive. Ultra-connecté (des bâtiments publics à élevage porcin dont les cochons sont équipés de colliers GPS afin qu'on connaisse leur parcours pour s'alimenter ! – l'atteinte à leur vie privée n'est pas loin !), Cozzano étonne dans le monde rural corse plus habitué à la tradition qu'à la modernité 2.0.

Où dormir ? Où manger ?

Auberge A Filetta : *le long de la D 757. 📱 06-79-82-37-15. • renucciauberge@wanadoo.fr • Ouv mai-sept. Chambre double 50 € ; ½ pens possible pour les randonneurs. CB refusées.* La grande terrasse fleurie et l'accueil discret mais chaleureux de Mme Renucci charment le touriste sensible. Des chambres simples, climatisées, vraiment pas chères, c'est tout ce qu'on demande. Magnifique vue sur la vallée. Petite piscine pour se reposer après la rando. Au repas du soir, charcuterie et pain maison. Très bien pour les randonneurs (on est sur le parcours du Mare a Mare Centre).

Gîtes de Mme Anita Renucci : *lieu-dit* ***A Filetta.*** *☎ 04-95-24-44-57. 📱 06-47-00-43-69. • jacques.renucci@wanadoo.fr • gites-anita-renucci.com • Tte l'année. Selon saison et taille, 260-450 €/sem. Possibilité de résa au w-e. Café offert sur présentation de ce guide.* Situé en montagne, à 750 m d'altitude, Cozzano est le village idéal pour les promenades en pleine nature. Les propriétaires, exploitants agricoles, vous indiqueront les meilleurs itinéraires, vous accueilleront dans leur exploitation avec chevaux, vaches et cochons, et vous feront goûter leur production de charcuterie. 5 gîtes de 50 à 68 m² pour 5-6 personnes avec séjour-cuisine et 2 chambres. Équipés de lave-linge, micro-ondes, ils possèdent une terrasse avec salon de jardin et barbecue. Petit plus : draps et linge sont fournis gratuitement. Animaux bienvenus.

A Parata : *en plein centre du village. 📱 06-81-51-58-77. Tlj en saison. Plats 11-17 €.* Le restaurant de village typique, lieu de rencontre des villageois et des touristes de passage. Petite carte aux prix doux pour la Corse (*bruschetta, Corsican Burger,* entrecôte...). Paninis également pour ceux qui ne feraient que passer en vitesse. Desserts maison. Bon accueil.

Où dormir dans les environs ?

Maison et table d'hôtes Zella : *à* ***Guitera-les-Bains.*** *📱 06-80-92-84-46. • contact@zella.fr • zella.fr • Prendre la route de Guitera-les-Bains sur 2,5 km env puis, sur la gauche, prendre une piste sur 900 m (rouler* *doucement). Fermé de janv à mi-mars. Restaurant fermé lun midi et mar midi. Double env 90 €. Au restaurant, formule 21 € ; menu 27 € ; carte env 35 €. CB refusées.* En pleine nature, à partir de modestes casettes sur l'exploitation familiale, Jean-Marie Casamarta a réalisé une magnifique demeure d'hôtes, alliant pierre et bois, et offrant 4 chambres climatisées (2 au rez-de-chaussée donnant sur un jardin, 2 à l'étage), sobres mais dotées de tout le confort nécessaire. Des chambres, comme de la large terrasse du restaurant, vue époustouflante sur la vallée du haut Taravo. Une adresse qui se mérite, car un peu éloignée des plages, mais idéale pour qui veut se ressourcer loin des foules. Au restaurant (également ouvert aux extérieurs), la production locale est mise en valeur (les hôtes sont d'ailleurs invités à découvrir l'exploitation agricole). Sentiers pour se promener dans l'immense domaine.

À voir

U Mondu di U Porcu : *Casa di U Territoriu. ☎ 04-95-52-94-87. • mondu-porcu.com • Dans le village, au début de la route qui descend à Guitera-les-Bains, à 200 m seulement du carrefour central. Tte l'année sauf 2 sem fin déc-début janv. Juin-sept, mar-sam 10h-12h30, 14h-18h30 ; le reste de l'année, lun-ven 9h-12h, 14h-18h. Entrée : 5 € ; réduc.*
Pas un musée à proprement parler mais un centre d'interprétation conçu pour faire connaître ce qui est le cœur de l'activité du haut Taravo : le cochon corse, son élevage et la transformation porcine. Sur 2 niveaux, dans une présentation moderne (vidéos, outils interactifs), vous apprendrez tout ou presque sur le cochon corse, son environnement naturel et le travail du *purchagju* (le porcher). La maquette à tiroirs d'un cochon de race Nustrale plaira aux enfants, ainsi que l'espace qui leur est réservé ; au niveau inférieur, immersion dans la pénombre pour découvrir, entre autres, les mythologies et croyances associées à l'animal. Et pour finir, une vidéo, création originale de 20 mn. On apprendra aussi au passage l'existence de la chasse au loir, spécificité du secteur de Cozzano.
Les vendredis de juin à septembre sont proposées, sur réservation, des « Journées authentiques » permettant de découvrir les producteurs du village. On commence dès le matin par la découverte du « sentier du loir », avant de visiter une exploitation de safran et de découvrir les miels de Maria Colombani. Puis, après un repas au village, visite du centre d'interprétation et, en clôture, visite d'une exploitation porcine.

AJACCIO ET SA RÉGION

Randonnée pédestre dans le haut Taravo

➢ Au départ de Zicavo, une boucle de 2 jours passant par Cozzano, ***Tasso*** et ***Guitera,*** puis retour à Zicavo. Dans chacun de ces villages, des ***gîtes d'étape*** bien connus des randonneurs du Mare a Mare Centre. En pleine saison, il vaut mieux réserver. On aime bien, en particulier, les 2 que voici :

Gîte Bella Vista : *à* ***Cozzano*** *(20148). ☎ 04-95-24-41-59. • gitepantalacci@aol.com • gitecozzanohebergementcorse.com • De début avr à mi-oct. Compter 20 €/pers en gîte et 50 € en chambre (1-2 pers) ; petit déj 6 €. Possibilité de planter sa tente (10 €/pers).* L'un des plus grands gîtes du sentier, avec des chambres collectives de 6 lits et 3 doubles. Cuisine équipée et salle à manger.

Gîte d'étape et ferme-auberge chez Paul-Antoine : *U Scalonu, chez Paul-Antoine Lanfranchi, 20153* ***Guitera-les-Bains.*** *☎ 04-95-24-44-40. • chezpaulo@wanadoo.fr • chez-paul-antoine.com • À l'entrée du village. Presque tte l'année (sur résa),* *sauf vac scol de la Toussaint. Nuitée en dortoir 20 €/pers. ½ pens 49 €/pers. Possibilité de planter sa tente à quelques mètres de là (8 €/pers, avec accès aux commodités du gîte). Menu 28 €. CB refusées. Apéritif offert sur présentation de ce guide.* Un gîte chaleureux et agréablement situé d'une vingtaine de lits. Après un petit verre sous la tonnelle, on passe à table, et là, on en a plein les papilles, parce que, en plus d'être copieux, c'est très bon (charcuterie maison et produits du terroir) ! Un bon moment passé en compagnie de Paul-Antoine et Geneviève, qui visiblement aiment ce qu'ils font.

LE GOLFE DU VALINCO ET LE SARTENAIS

Une région superbe, qui profite des grandes plages du golfe du Valinco et de l'animation estivale de Propriano. Sans oublier l'arrière-pays montagneux où sa petite capitale de caractère, Sartène, « la plus corse des villes corses », est la porte d'entrée de l'Alta Rocca.
Le Valinco est un golfe large et très profond, qui offre des facettes très variées. Au nord, Porto-Pollo, précédée de plages tranquilles et familiales. Au sud, au creux du golfe, Propriano, son port et ses plages. Et puis, à l'extrême sud-ouest de la côte, Campomoro, sa généreuse plage et ses habitués qui y voient un havre de paix (surtout hors saison).

PORTO-POLLO (PORTI PODDU)

(20140 ; commune de Serra-di-Ferro)

À 18 km à l'ouest de Propriano, cette petite station balnéaire, port de la commune de Serra-di-Ferro, offre une vue sublime sur le golfe du Valinco. Elle est devenue la destination la plus prisée du golfe en fait, avec son petit port, ses quelques hôtels et résidences hôtelières, et sa gentille animation nocturne. On peut y pratiquer pas mal d'activités nautiques. Mais bon, c'est encore bien tranquille. Quelques bateaux de pêche et des voiliers se balancent mollement dans le port si bien abrité. Les eaux des plages sont particulièrement limpides, et parfaites pour les familles !

Arriver – Quitter

➢ ***De/vers Ajaccio :*** avec *Ricci Marcel Transports (☎ 04-95-77-77-77).* D'Ajaccio (via Bisinao et Pila Canale), en juil-août, 1 départ/j. l'ap-m, même dim et j. fériés ; retour vers Ajaccio le mat ; hors saison, également 1 départ/j. sauf dim et j. fériés. Trajet : 1h15-1h30.

➢ ***De/vers Sartène :*** toujours avec *Ricci Marcel Transports.* 1 départ/j. dans les 2 sens (sauf dim hors saison).

Où dormir ? Où manger ?

Les Eucalyptus : *dans le village. ☎ 04-95-74-01-52. • sarlleseucalyptus@gmail.com • hoteleucalyptus.com • Fermé de mi-oct au 20 avr. Selon saison et confort, doubles 48-155 € ; également des triples et des quadruples.* Structure classique d'une trentaine de chambres, sur 3 étages, en retrait de la route et en hauteur, ce qui assure le calme en plus d'une vue superbe sur la baie. Jolies chambres confortables et modernes, toutes avec sanitaires impeccables, TV, clim, coffre. Intéressant pour les terrasses avec vue. Les autres avec balcons. Pour les budgets serrés, quelques chambres standard donnant sur l'arrière. Le tout au milieu d'un beau jardin fleuri de bougainvillées et de lauriers. La plage est de l'autre côté de la route. Tennis. Accueil prévenant.

Auberge Kallisté et La Table de l'Auberge : *dans le centre.* *☎ 04-95-74-02-38. • contact@auberge-kalliste.corsica • auberge-kalliste.corsica • Avr-déc. Compter 70-170 € pour 2 en chambre standard. Au restaurant de l'Auberge, menu 33 €, plats 21-35 €.* L'hôtel est en bord de route, certes, mais c'est plutôt calme le soir (et il y a un double vitrage). Chambres sobres, impeccables, toutes avec sanitaires et la plupart avec clim (sauf celles sur l'arrière donnant sur le petit jardin). À noter que les supérieures disposent d'une terrasse avec fausse pelouse et transats. L'établissement tient bien sa place dans l'hôtellerie locale, et le bon accueil fait le reste. Engagé dans une politique responsable vis-à-vis de l'environnement, l'hôtel possède un écolabel européen depuis 2018. Au restaurant, cuisine inventive à partir de bons produits : poisson généralement issu de la pêche locale (mérou, saint-pierre, rouget...), légumes du potager.

Les Figuiers : *dans le centre, 300 m avt le port. ☎ 04-95-70-13-30. 06-07-62-76-38. • info@lesfiguiers.com • lesfiguiers.com • Mars-nov. Selon saison, compter 305-590 €/sem pour un studio 2 pers et 590-1 350 €/sem pour un appart 4 pers ; également un très grand appart 4-6 pers au rdc 1 090-2 290 €/sem selon saison ; loc au w-e possible hors saison (2 nuits) dans un studio 2 pers. Réduc de 3 % sur la loc (min 1 sem) au moment de la résa sur présentation de ce guide. CB refusées.* Cette maison corse de caractère, tout en pierre et aux volets lilas, entourée d'un grand jardin, a été joliment restaurée. On y trouve 2 appartements décorés avec soin, comportant chacun 2 chambres, cuisine équipée, salle de bains, et balcon donnant sur la baie (le plus grand disposant de 2 salles de bains et d'une grande terrasse sur le devant). Également 2 studios tout confort, dont 1 avec vue sur mer. À l'extérieur, salon de jardin, et petite cuisine d'été avec barbecue à l'ombre des oliviers. Lave-linge. La plage est juste de l'autre côté de la route. Une demeure calme et pourtant au cœur du village.

Casa Murina : *tt au bout du village, en arrivant au niveau du port, fléché sur la droite (c'est à 100 m). ☎ 04-95-76-09-31. • casa-murina@orange.fr • hotel-casa-murina.com • Tte l'année. Doubles standard et supérieures 79-190 €. Également des suites 135-250 €.* Une vingtaine de chambres dans cet établissement récent, un peu sur les hauteurs et bien au calme, moderne et coloré, toutes offrant une vue côté mer, plus ou moins visible selon les chambres. Ici, on se veut davantage dans l'esprit maison d'hôtes que dans celui d'un hôtel classique. Équipement de qualité, aménagement réalisé avec goût et grande terrasse sur le devant. Chambres et suites sont toutes différentes par leur décoration, leur agencement. Plaisant salon d'accueil. Excellent petit déj basé sur des produits corses et bio. L'hôtel est très axé sur le tourisme durable et l'écoresponsabilité (bâtiment BBC, politique de réduction des déchets et Écolabel européen...).

Hôtel Le Golfe : *sur le port même, tt au bout du village. ☎ 04-95-74-01-66. • contact@hotel-porto-pollo.com • hotel-porto-pollo.com • Avr-début nov. Chambres 90-385 € selon saison ; petit déj 20 € ! Formule déj sauf w-e 19,50 € ; menu découverte midi et soir 29 € ; carte env 50 €.* Ce très chic et moderne établissement, superbement équipé et offrant d'impeccables prestations (chambres lumineuses, avec clim et petite terrasse) qui justifient ses tarifs élevés, s'avère d'un rapport qualité-prix intéressant hors saison. Sur l'arrière, une petite piscine chauffée avec quelques transats et un hammam. *La Cantine du Golfe,* le resto de l'hôtel, est également une bonne table. La formule du midi notamment, que l'on prend sur l'élégante terrasse donnant sur le port, est parfaite pour aborder une excellente cuisine à prix démocratiques. À la carte, l'addition grimpe vite. Plats essentiellement tournés vers la mer, parfaitement réalisés et joliment présentés. Accueil professionnel.

Où dormir ? Où manger dans les proches environs, sur les hauteurs ?

Restaurant U San Petru : *au cœur de* **Serra-di-Ferro.** *06-19-94-79-95. • khistine@hotmail.fr • Avr-sept, tlj midi et soir. Formule le midi 14 € (entrée, plat et café) ; le soir compter 25-30 €.* La terrasse, en léger surplomb de route, ombragée par un vénérable olivier multicentenaire et offrant une vue bien dégagée, se révèle bien tentante. Les viandes sont bonnes, fondantes à souhait, et les desserts ne déçoivent pas. Régulièrement en saison *(2 fois/sem en principe),* soirées guitare, chants corses, et veau à la broche *(1 fois/sem).* Une halte sympathique et régulière.

Auberge U Mulinu di Calzola : *pont de Calzola, 20140* **Casalabriva.** *☎ 04-95-24-32-14. 06-84-79-21-86. • infos@umulinu.net • umulinu.net • À env 10 km de Porto-Pollo : suivre la D 757 vers Petreto-Bicchisano en longeant le Taravo ; à droite au carrefour de Calzola, passer le pont (étroit), puis tourner à gauche. De mi-avr à fin oct. Resto ouv le soir seulement, tous les soirs. Doubles 80-110 €. Possibilité de ½ pens. Carte env 40 €.* Très joli site, apaisant au cœur de l'été, en bordure du Taravo sauvage – tellement sauvage qu'il sort parfois de son lit en hiver et cause de gros dégâts –, et une grande bâtisse corse, ancien moulin entièrement restauré avec soin. De belles chambres avec bonne literie et clim, dont quelques-unes donnant sur la rivière. Petit déj servi sur la terrasse. Le resto se révèle de qualité : plats classiques, type tripettes de veau, civet de sanglier, *tianu* d'agneau, cannellonis au *brocciu,* sauté de veau à la Pietra... Grillades au barbecue également, avec une mémorable côte de veau bio. Vins bien choisis. Bon accueil.

Domaine Kiesale Abbatucci (Gîtes de France) **et Restaurant Le Frère :** *pont de Calzola, 20140* **Casalabriva.** *☎ 04-95-24-36-30. 06-67-57-78-39. • restaurantlefrere@gmail.com • domainekiesale@gmail.com • domainekiesale.com • De Porto-Pollo direction l'*Auberge U Mulinu di Calzola *; puis la dépasser, c'est 500 m plus haut. Pâques-fin sept (camping et resto). Resto ouv midi et soir, fermé mar. Au camping, compter 18,50 € pour 2 avec tente et voiture ; également 3 gîtes 2-4 pers 350-499 €/sem selon saison. Sur le même domaine, le resto* Le Frère *: repas complet env 40 €. Résa conseillée.* En pleine nature, sous les oliviers et les chênes-lièges, voici une aire naturelle de camping particulièrement bucolique, équipée simplement mais suffisamment. Les gîtes profitent du même environnement. Côté resto, on se régale avec de bien belles grillades au feu de bois. Le veau tigre, emblématique du domaine, est généreusement décliné sur la carte, et l'agneau du domaine n'est pas en reste. Bons desserts maison. Et pour accompagner, des vins du domaine Comte Abbatucci, comme il se doit.

Où dormir ? Où manger à Olmeto-Plage (sur la route de Porto-Pollo) ?

Dépendant de la commune d'Olmeto (sur les hauteurs), Olmeto-Plage en est la façade maritime constituée de nombreux petits bouts de plage, sur la route vers Porto-Pollo. Sur plusieurs kilomètres, on y trouve plusieurs *campings* tout au long de la D 157, qui débute dans le virage où l'on laisse la T 40 (Ajaccio-Propriano), à 4,5 km de Propriano et à 13,5 km de Porto-Pollo. Ces campings sont classés selon leur distance depuis Porto-Pollo, du plus proche au plus éloigné.

Campings

Camping Raslbol : *juste à l'entrée d'Olmeto-Plage. ☎ 04-95-74-04-25. • infos@raslbol.com • raslbol.com • De mai à mi-oct. Selon saison, compter*

20-30 € pour 2 avec tente et voiture ; bungalows 2-6 pers (loc à la nuit possible sauf en très haute saison). Un vaste espace sous de hauts pins, tout plat et parfaitement ombragé. Beaucoup d'habitués. Blocs sanitaires propres, machines à laver. Bungalows et tentes-lodges safari. Piscine et pizzeria-grill. La plage de Tenutella est juste de l'autre côté de la route.

U Libecciu : *D 157, à 8,5 km de Porto-Pollo, sur la droite. ☎ 04-95-74-01-28. • campingulibecciu@orange.fr • campingpropriano.eu • Mai-sept. Selon saison, compter 20-25,50 € pour 2 avec tente et voiture ; nombreux bungalows de taille et confort différents.* Grand camping bien ombragé, organisé en multiples terrasses en surplomb de la route de Porto-Pollo. Calme et bien équipé. 2 espaces piscine dont une superbe piscine-lagon avec vue sur mer, machines à laver. Bon accueil. Plage à 250 m (de l'autre côté de la route).

Camping L'Esplanade : *D 157, à 12,5 km de Porto-Pollo. ☎ 04-95-76-05-03. • campingesplanade@gmail.com • campingesplanade.fr • Avr-oct (fin sept pour le camping et les loc non chauffées). Petit empl. 22-30 € pour 2 avec tente et voiture (grand empl. 22-46 €) ; également des bungalows.* Sur 5 ha, un site charmant, très en pente et en terrasses, à l'ombre des chênes, des pins et des oliviers. Le camping propose toutes sortes d'hébergements (bungalows, cabanons, roulottes, tentes-lodges...). 2 espaces campeurs avec blocs sanitaires impeccables. Jolie piscine à débordement tout en haut du camping avec une vue extraordinaire. Alimentation, restaurant *(début juin-sept)* et accès direct à la plage en contrebas en une dizaine de minutes à pied.

Camping Vigna Maggiore : *D 157 (et aussi T 40), à 13,5 km de Porto-Pollo, au niveau de la bifurcation avec la T 40, juste en surplomb. ☎ 04-95-76-02-07. 📱 06-20-55-51-78. • vignamaggiore@gmail.com • vignamaggiore.com • D'avr à mi-oct. Compter, selon saison, 19-25 € pour 2 avec tente et voiture ; chalets 2-6 pers. Resto-pizzeria le soir (sauf lun en basse saison). Pas de résa pour les empl.* Situé légèrement sur les hauteurs, le camping s'étage en terrasses sur plusieurs hectares et propose des emplacements bien délimités, ce qui n'est pas si fréquent. Le côté étagé permet d'offrir une vue dégagée de partout. Très nombreux chalets de toutes tailles, tous avec barbecue extérieur. Petite épicerie. Restaurant-pizzeria (légumes du potager), proposant un brunch le dimanche. Très belle piscine ovale, prolongée par une superbe terrasse avec vue plongeante.

Hôtel

Hôtel-résidence Abbartello : *Olmeto-Plage. ☎ 04-95-74-04-73. • hotelabbartello@wanadoo.fr • hotelabbartello.com • De 17 avr à 22 oct (resto mai-sept). Doubles 115-232 € selon saison et standing ; minivillas 595-1 280 €/sem (type T2, 2-4 pers) et 686-1 435 €/sem (type T3 ; 6 pers). Au resto* ***Copa Cabana,*** *menu env 35 €, plats 22-28 €.* Un hôtel chic, avec pas mal de style, niché dans un édifice moderne et plutôt élégant. Chambres épurées et très agréables, bien équipées et toutes dotées d'une terrasse donnant directement sur la mer. Avantage appréciable et apprécié : on est les pieds dans l'eau, et la crique en contrebas est absolument adorable. Bar-resto fort bien aménagé, dans une zone ombragée, où l'on sert une cuisine de qualité. Terrasse en surplomb pour dîner tranquillou. De l'autre côté de la route, c'est une résidence avec des minivillas qui sont proposées, sous la pinède, toutes très bien équipées également.

Où acheter du vin ?

Domaine de Vaccelli : *au lieu-dit Aja-Donica, sur la gauche un peu après Stillicionu, 20123* ***Cognocoli-Monticchi.*** *☎ 04-95-24-35-54. • vaccelli@aol.com • De Porto-Pollo, prendre la route de Pila-Canale. En saison, tlj 9h-12h30, 15h30-19h30 (dim, souvent seulement le mat). Personnalisation* *des bouteilles, par gravure sur verre, offerte sur présentation de ce guide.* Le propriétaire, Alain Courrèges et fils, possède 14 ha de vignes, travaille en biodynamie et produit des vins dans les 3 couleurs. Visite de la cave sur rendez-vous et dégustation gratuite. Le muscat et le vin de pêche valent également le détour. Bon accueil.

***Domaine de Pratavone :** Stillicionu, sur la D 157, 20123 **Cognocoli-Monticchi.** ☎ 04-95-24-34-11. • domainepratavone.com • Juil-août, tlj 8h-12h, 14h-19h30. Avr-sept, ouv lun-sam 8h-12h, 14h-18h. En hiver, ouv le mat seulement.* Isabelle Courrèges est l'une de celles qui ont ouvert la voie à l'œnologie au féminin en Corse. La cave est ultramoderne. Cuvées tradition et prestige (Guillaume), dans les 3 couleurs, très appréciées (on les trouve sur les cartes de nombreux restaurants).

À voir. À faire

Belle et grande ***plage,*** entre Porto-Pollo et Olmeto-Plage, étroite mais très longue, à laquelle on accède (entre autres) par le chemin de terre à gauche à l'entrée du village (fléchage camping).

■ ***Centre nautique de Porto-Pollo – Club Mer et Vent :** • centrenautique-portopollo.com • 📱 06-03-89-47-14. Mai-sept, tlj.* École de ski nautique et de *wakeboard,* bouées tractées, locations de kayaks, *paddles,* catamarans... École française de Voile. Enfants acceptés à partir de 5 ans.

***Étang de Tanchiccia :** à 2 km env de Porto-Pollo, sur la D 757, juste avt le croisement avec la D 155. ☎ 04-95-74-02-12 (mairie de Serra-di-Ferro). Horaires : juin-sept, tlj 6h30-13h30, 16h-20h (19h en juin) ; avr-mai, mer-dim 12h-19h ; en hiver, lun-ven 8h-16h. GRATUIT. Prêt de jumelles contre chèque de caution et pièce d'identité.* Cet étang naturel protégé est un espace Natura 2000 qui s'étend sur environ 30 ha. On le découvre via des chemins aménagés, des passerelles, des observatoires et une tour panoramique. Au débouché du Taravo, très proche de la mer, il est plus ou moins rempli d'eau selon les saisons. Évidemment, en fin d'été, il s'assèche. Près des ¾ de l'étang sont occupés par une roselière (la plus vaste de Corse), attirant de nombreux oiseaux (140 espèces dénombrées). Grenouilles, tortues aquatiques (cistudes), plantes aquatiques, orchidées et bien d'autres sont aussi au rendez-vous. Quelques vestiges également du passé agro-pastoral de la zone. Alentour pâturent les fameuses vaches tigres. Très bucolique et reposant.

***La plage de Cupabia :** à 4 km au nord de Serra-di-Ferro par la route.* Cette magnifique baie, bien cachée par la pointe de Porto-Pollo, se partage entre 2 communes. Au sud, c'est le côté de Serra-di-Ferro ; au nord, c'est... Coti-Chiavari ! Qu'importe, c'est la même plage, avec un sable magnifique, une mer limpide... Assez peu fréquentée en dehors des 3 mois d'été (sauf par les randonneurs puisque le sentier Mare e Monti Sud y passe) pendant lesquels elle fait le plein, même si l'on trouve toujours de la place en s'éloignant un peu vers le nord, au-delà d'une petite avancée rocheuse. Un monument de granit gris en retrait de la plage (côté Coti-Chiavari) rappelle que, par 2 fois, en janvier et février 1943, des sous-marins britanniques ont débarqué ici des commandos. Le 1er était commandé par Fred Scamaroni, chargé par de Gaulle d'établir le contact avec la résistance locale (et notamment de leur apporter des fonds).

Plongée sous-marine

La côte sauvage de Porto-Pollo et le grand golfe du Valinco offrent des fonds aux reliefs granitiques exubérants et vraiment superbes. Les plongeurs sont ravis d'y contempler sans compter la vie sous-marine dense et colorée.

Clubs de plongée

■ **Porto-Pollo Plongée :** *dans l'enceinte de l'*Hôtel du Golfe, *sur le port.* ☎ *06-85-41-93-94.* • *plongee portopollo@gmail.com* • *portopollo-plongee.fr* • *Avr-nov, tlj sauf sam. Résa conseillée. Baptême env 60 €, plongée encadrée env 47 €, équipement compris ; forfaits dégressifs 3, 6 et 10 plongées. Snorkelling : 40 € pour 2h30.* Ce centre (FFESSM), encadré par Jérémy et Sylvain, propose baptêmes et formations (niveaux 1 à 3). Explorations sur les meilleurs spots du golfe, que l'on rejoint en bateau confortable. Bonne ambiance et formateurs sérieux. Initiation pour les enfants, randonnées palmées (snorkelling), et plongée au *Nitrox* pour les confirmés. Plongées de nuit sur demande. Et, en plus, on ne porte même pas les bouteilles ! Hors saison, formules hôtel + plongée.

■ **Association Subaquatique du Taravo** *(AST)* **:** *sur la droite dans le centre, c'est dans une petite maison blanche aux volets bleus, un peu avt d'arriver au port.* ☎ *06-09-06-00-30 ou 06-10-63-33-89.* • *laurentcar ducci@hotmail.com* • *ast-plongee-portopollo.com* • ♿ *Mai-oct, tlj 9h-17h. Résa conseillée. Baptême env 50 €, plongée encadrée env 33-42 € (selon équipement), snorkelling env 25 € ; forfaits dégressifs 6-10 plongées.* Un petit club associatif (FFESSM) sympathique, tenu avec sérieux par Alain et Laurent Carducci depuis plus de 3 décennies. Au programme : baptêmes et formations jusqu'au niveau III. Équipement complet fourni. Ambiance amicale. 2 bateaux en dur de 9 et 14 m. On a de la place !

Nos meilleurs spots

Le rocher de Taravo : juste devant Porto-Pollo. Idéal pour les baptêmes et le snorkelling. Exploration aisée de ce joli caillou (de 3 à 10 m de fond) avec les classiques compagnons de plongée de la Méditerranée en pleine forme : girelles, sars, saupes, castagnoles, rascasses, murènes...

Également les fameuses cathédrales, pics rocheux qui s'élancent de - 50 à - 18 m, très riches en gorgones, dentis et mérous. Superbe qualité de corail rouge autour de - 30 m. Et puis également la Petite Vallée, où les beaux mérous ont élu domicile. Super pour les niveaux I. Plusieurs autres plongées à proximité.

Voir aussi plus loin « Plongée sous-marine. Nos meilleurs spots dans le golfe du Valinco » à Campomoro.

SOLLACARO (SUDDACARO) (20140) 340 hab.

À l'écart de la T 40 mais sur la route entre celle-ci et Porto-Pollo, un village qui s'enorgueillit de posséder le site de Filitosa, mais aussi d'avoir compté parmi ses habitants un certain Alexandre Dumas, venu ici chercher l'inspiration pour écrire son roman *Les Frères corses.* Les plages (Porto-Pollo, Propriano) sont à 15-20 mn en voiture.

Adresse utile

ℹ **Syndicat d'initiative :** *à proximité de l'entrée du site de Filitosa.* ☎ *04-95-74-07-64. Ouv juin-sept.* Bonne doc sur toute la région.

Où dormir ?

Chambres d'hôtes et gîtes ruraux

Chambres d'hôtes A Cigala *(chez Sandrine Faggianelli-Raynal)* **:** *lieu-dit Cigala,* ***Filitosa,*** *commune de Sollacaro (fléché sur la droite 3 km avt Calvese). 06-16-49-57-89. • lacigala.2a@gmail.com • lacigala.fr • À 3 mn du site préhistorique de Filitosa par la D 57 (direction Sollacaro). Avr-oct. Compter 80-90 €/nuit pour 2, petit déj compris. CB refusées. Réduction de 5 € sur le prix de la chambre sur présentation du guide pour les résas en direct.* Au rez-de-chaussée de la maison des propriétaires, 3 chambres rénovées (1 avec 1 lit double et 2 avec 2 lits simples), toutes avec sanitaires, ventilo et TV. Accès indépendant. Séjour, coin salon et cheminée communs aux hôtes et aux propriétaires. Petit déj servi sur la terrasse, d'où l'on embrasse une vue extra sur la vallée et le golfe du Valinco. Terrain clos de 1 ha, salon de jardin pour chaque chambre, cuisine d'été, barbecue et coin repas. Et même une mini-piscine pour se rafraîchir. Ensemble particulièrement soigné et excellent accueil.

Gîtes de Tappa *(chez Jean-Laurent et Dominique Colonna d'Istria ; Gîtes de France)* **:** *à* ***Tappa,*** *commune de Sollacaro. Résas auprès des Gîtes de France : ☎ 04-95-10-54-30. À 1,5 km du site préhistorique de Filitosa (D 457). Tte l'année. Selon saison, 316-672 €/sem.* Cette bâtisse de granit a brûlé en... 1700 ! C'est un ancien moulin à huile rénové, qui possède tout le charme des vieilles demeures de caractère, ajouté à celui de la campagne environnante. Grand calme et vue dégagée (sur un bout de mer depuis les chambres). 2 gîtes mitoyens identiques de 50 m², sur 2 niveaux, avec séjour-cuisine (convertible 2 places), 2 chambres (lit double et 2 lits), douche et w-c. Très bon équipement : lave-linge, lave-vaisselle, micro-ondes, congélateur, cheminée (bois fourni), TV. Vaste terrain et terrasse avec salon de jardin et barbecue. Bon accueil des proprios, exploitants agricoles.

Gîtes ruraux Les Oliviers *(chez Paul et Marie-Rose Luccioni ; Gîtes de France)* **:** *à* ***Filitosa,*** *commune de Sollacaro. Résas auprès des Gîtes de France : ☎ 04-95-10-54-30. Infos auprès des proprios : ☎ 04-95-74-00-98. À 1 km du site de Filitosa, sur la D 57 direction Sollacaro. Avr-oct. Selon saison, 400-750 €/sem.* Dans une maison ancienne, agrandie et rénovée, en pierre taillée, en dehors du village, 2 gîtes (de 45 m²) pour 2 personnes, au rez-de-chaussée de la maison des propriétaires avec qui on prend parfois l'apéro, avec plaisir. Séjour-cuisine (convertible 2 places), chambre avec lit double, lit pliant possible. Bon équipement : lave-linge, lave-vaisselle, congélateur, micro-ondes, TV... Terrasse et jardin, barbecue. Propriétaires charmants.

À voir

Le site préhistorique de Filitosa : *à 5 km de Sollacaro et à 10 km au nord de Porto-Pollo, à l'intérieur des terres. Bien indiqué (D 57). ☎ 04-95-74-00-91. • filitosa.fr • Avr-oct, tlj de 9h au coucher du soleil (achat des billets possibles jusqu'à 1h avant le coucher du soleil.) Nov-mars, sur rdv (pour les groupes). Accès au site : 9 € ; réduc. Gratuit - de 6 ans. Livret payant : 4 €.*

Filitosa est l'un des sites préhistoriques les plus importants de Corse, et même de Méditerranée. Il témoigne de plus de 8 000 ans d'histoire. Ce site privé appartient et est toujours géré par la famille de son « inventeur », Charles-Antoine Cesari.

Pendant le Néolithique ancien, des chasseurs-cueilleurs plantent leur campement ici, s'abritant sous les rochers. Au Néolithique récent (environ 3300 av. J.-C.), d'autres, des agriculteurs-éleveurs, s'installent sur la butte et dressent les

1ers menhirs. 1 500 ans plus tard (âge du bronze), les occupants sculptent la pierre (ici des statues-menhirs) et construisent des habitations en dur. Puis Filitosa devient un lieu de culte important, comme l'attestent les autels monumentaux. Ce sont les menhirs sculptés, en tout cas, qui font l'originalité de ce site : ici œuvrèrent les 1ers artistes de Corse !
Compter 1h environ pour visiter l'ensemble du site, au milieu des oliviers. Dommage qu'il n'y ait pas plus d'explications au pied des différents monuments (2 bornes audio). Assez peu d'ombre, prévoir couvre-chef et eau. Boutique et resto-bar.

L'INSPECTEUR MÉRIMÉE EN ÉCHEC

Prosper Mérimée, en tournée d'inspection des Monuments historiques de Corse en 1839, ne trouva rien à Filitosa, malgré ses recherches dans le secteur ! Ce n'est qu'en 1946 que Charles-Antoine Cesari découvrit 5 statues qui s'ennuyaient ferme. Nul doute qu'elles sont très heureuses de toute l'attention qu'on leur porte depuis lors...

- ***Filitosa V :*** un peu après l'entrée, sur le chemin menant au site proprement dit. C'est le nom donné à la statue-menhir la mieux « armée » de Corse (poignard et épée). Il s'agit ici d'une copie de l'original, que l'on découvrira au musée. L'épée, justement, est très bien sculptée. Remarquez la colonne vertébrale ciselée à l'arrière du menhir. Le plus beau mégalithe de toute la Corse.
- ***La clôture cyclopéenne :*** c'est l'entrée du village fortifié, donnant accès aux différents monuments torréens. Les énormes blocs de pierre (mégalithiques) sont pour la plupart d'anciens monuments réemployés par les constructeurs de l'enceinte (vers 1600 av. J.-C.).
- ***Le monument central :*** sur la butte principale, des escaliers et des murs de pierre au milieu desquels se dressent de superbes statues-menhirs. Ne pas rater cette mystérieuse statue (Filitosa IX) dont le visage, avec les jeux d'ombre et de lumière, est empreint d'une gravité surprenante. Autour, nombreux abris, puits et habitations. Au centre de cette enceinte fortifiée avaient lieu, selon certains archéologues, les rites religieux des occupants : offrandes, prières, incinérations, etc.
- ***L'alignement :*** en contrebas de l'éperon rocheux, l'olivier millénaire, classé Arbre remarquable en 2017 (et surnommé Lili), protège, de ses 18 m de hauteur, les 5 statues-menhirs disposées sous son ombre. Ces statues, trouvées couchées en divers endroits du site, ont été rassemblées. La statue de gauche est la plus réussie, avec son visage sombre et son bras serrant un poignard.
- ***La carrière :*** derrière l'alignement. C'est ici que les sculpteurs trouvaient la matière première pour sculpter les monuments et autres menhirs. Au retour, magnifique point de vue sur l'éperon rocheux.
- ***Le musée :*** *avr-oct, tlj 9h-19h. Visites guidées régulières (se renseigner par tél) et activités pour enfants.* Ce nouveau musée, que l'on visite en fin de parcours, est dédié au site de Filitosa mais aussi à l'art statuaire corse en général. Il présente d'intéressantes vitrines et panneaux explicatifs sur les diverses

L'HOMME PROVIDENTIEL

C'est l'archéologue du CNRS Roger Grosjean qui vint en 1954 (8 ans après la première trouvaille réalisée par Charles-Antoine Cesari !) pour fouiller Filitosa. Il met la main (et la pelle !) sur ce qui deviendra le site archéologique le plus important de l'île, mettant en avant une civilisation venue de la mer, les Shardanes. Ces découvertes initieront les fouilles de tous les autres sites corses. Roger Grosjean fut par ailleurs un agent œuvrant pour la Résistance et les Anglais, et décoré à ce titre. Respect.

civilisations qui se succédèrent sur le site. Bouts de poteries, céramiques, bijoux... Parmi les pièces maîtresses, voir les originaux des impressionnantes statues-menhirs de Filitosa V et VI, ainsi que la perle en verre égyptien la plus ancienne de Corse. Un diorama montre une scène d'extraction d'un bloc de granit. Reconstitution en 3D et dispositifs interactifs animent ce beau musée, complément indispensable à la visite du site. À la boutique-librairie, d'intéressants ouvrages sur Filitosa.

L'atelier-boutique Terra e Focu : *à 200 m après le site (quand on vient de la mer). ☎ 04-95-74-09-05. Avr-oct.* Avec un peu de terre corse et du feu, de ses mains, M. Mondoloni et son épouse façonnent des vases, plats à four et toutes sortes de poteries joliment décorées.

Manifestation

– ***Foire de Filitosa (Fiera di U Turismu Campagnolu) :*** *à Filitosa, sur 3 j. début août.* Le grand rendez-vous des acteurs du tourisme rural. Stands, ateliers de dégustations, spectacles et animations.

OLMETO

(20113) 1 215 hab.

Sur la T 40 (route d'Ajaccio), le village corse typique, tout en longueur et accroché à flanc de montagne. En le traversant, la route Ajaccio-Propriano lui a sérieusement écorné son calme, mais ceux qui prendront le temps de s'y arrêter, de fouiner dans ses ruelles à l'écart du passage, en contrebas de la route, seront récompensés. Quelques venelles, des impasses, de hautes maisons de granit... Des commerces également (alimentation, pharmacie).
Quant à Olmeto-Plage, qui n'est pas un village, c'est en fait la façade maritime du village, qui s'étend entre Propriano et Porto-Pollo. On y trouve notamment des campings, que nous avons classés dans les environs de Porto-Pollo.

Adresses utiles

Office de tourisme *(antenne de l'office de tourisme intercommunal du Sartenais Valinco) : dans la descente de l'église, derrière la mairie et sur le flanc gauche de l'église. ☎ 04-95-74-65-87. • destination.lacorsedesorigines.com • En été, ouv juin-sept.* Petit office bien pratique et assez riche en doc.

Boutique U Paese : vente de produits régionaux juste à côté du resto *Chez Antoine* (c'est sa maman qui tient la boutique). Charcuterie maison.

Où dormir ? Où manger ? Où boire un verre ?

Hôtel Villa Les Orangers : *au centre d'Olmeto, pl. Foata, juste en contrebas de la route principale. ☎ 04-95-77-25-79. • hotelvlo.2a@gmail.com • villa-lesorangers-olmeto.com • Fermé de mi-oct à mi-avr. Doubles 80-120 €, suites 100-145 €. Restaurant ouv le soir seulement. Formules 20-27 € et carte. Réduc de 10 % à nos lecteurs sur le prix de la chambre pour les résas en direct. Au resto, digestif offert sur présentation de ce guide.* Un hôtel bien agréable qui propose une quinzaine de chambres et suites à la déco résolument moderne. Claires et bien équipées, elles offrent pour la plupart une vue dégagée sur la vallée (une poignée de chambres sont mansardées). Certaines avec balcon. En contrebas, une sympathique terrasse de teck avec piscine (avec vue également), qui fait oublier que la mer est tout là-bas. Fait aussi resto (de qualité), axé sur la cuisine méditerranéenne et mettant en valeur les produits du terroir. Une bonne alternative chic pour le village.

Hôtel-restaurant U Santa Maria (chez Mimi) **:** *1, pl. de l'Église. ☎ 04-95-74-65-59. • contact@hotel-auberge-propriano.fr • hotel-auberge-propriano.fr • Fermé nov-déc. Doubles 50-68 € selon saison. ½ pens demandée en août (118 €). Menus 18 € et carte (midi seulement) puis 27-35 € ; carte.* Petit hôtel en pierre d'une douzaine de chambres, dans une haute maison aux chambres pas bien grandes mais propres et globalement confortables (clim). Sur l'agréable terrasse, on profite d'une cuisine corse simple et sans chichis, préparée par le petit-fils de Mimi.

Chez Antoine : *12, cours Balisoni. 06-13-52-13-14. • chezantoine.upaese@gmail.com • Ouv midi et soir, même en basse saison. Fermé janv. Plats 10,50-24 €. CB refusées. Digestif offert sur présentation de ce guide.* Bonne petite adresse, parfaite pour une belle grillade ou un plat traditionnel bien ficelé et pas sorcier. Charcuterie maison, légumes du jardin, plats corses en sauce... Et, pour les amateurs, une superbe entrecôte XXL de 400 g à prix défiant toute concurrence.

La Source : *1, cours Balisoni. ☎ 04-95-74-61-18. Tt en bas du village. Tlj midi et soir en saison. Menu 26,90 €, plats 14,50-25,50 € et pizzas 8,50-14 €.* Avec son terrain de pétanque à l'entrée et sa terrasse sur l'arrière, surplombant la vallée, *La Source* est une excellente option pour découvrir les spécialités corses traditionnelles (on a bien aimé par exemple les planches avec, au choix selon appétit, 3, 4 ou 5 petites marmites) ou tout simplement des pizzas au feu de bois, très appréciées. Belle brochette de desserts maison pour terminer. Propose également des produits du terroir à l'achat.

PROPRIANO (PRUPRIÀ) (20110) 3 255 hab.

• Plan p. 236-237

Tout au fond du golfe du Valinco, le port de Propriano n'a rien de spectaculaire. La ville a poussé de manière désordonnée, mais elle est bien située sur la carte de la Corse, à 2 pas d'un arrière-pays fabuleux. Alors, Propriano peut constituer une étape agréable pour combiner plages et montagnes, gentille animation nocturne, bronzette et promenade, farniente et découverte des environs, même si l'on n'y séjourne pas forcément très longtemps avant de filer vers le sud.

Un contournement de Propriano, avec tunnel, permet de gagner du temps si l'on souhaite se rendre directement sur Sartène.

Arriver – Quitter

En autocar

➢ ***De/vers Ajaccio, Propriano*** et ***Porto-Vecchio :*** *Autocars Eurocorse (22, rue du Général-de-Gaulle ; ☎ 04-95-76-13-50).* Juil-août, 3 liaisons/j. dans les 2 sens. Hors saison, moins de fréquences.

➢ ***De/vers Ajaccio, Sartène, Levie, Zonza*** et ***Bavella :*** *Autocars Marcel*

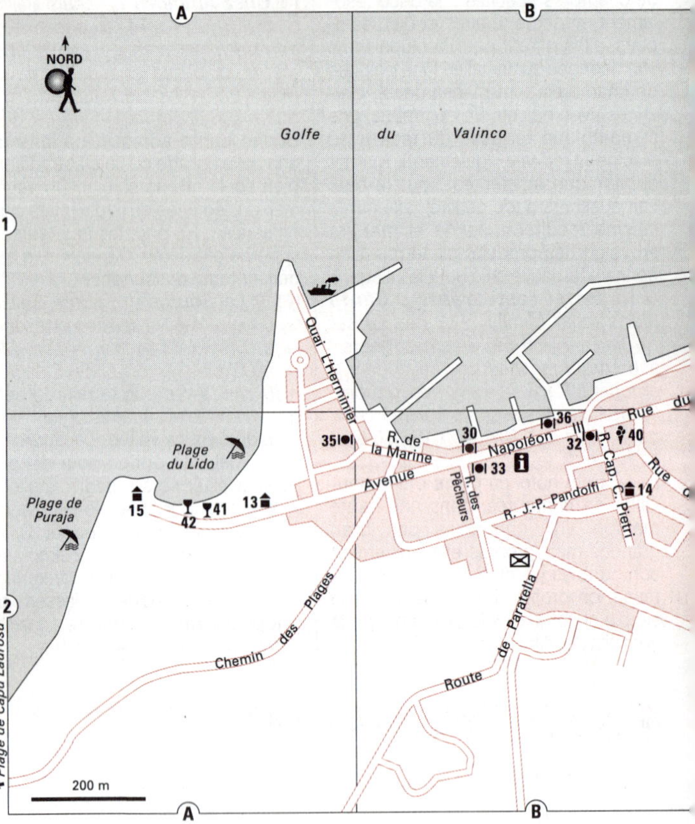

LE GOLFE DU VALINCO ET LE SARTENAIS

■ **Adresse utile**	**12** Résidence de tourisme U Frusteru (C2)
ℹ Office de tourisme intercommunal du Sartenais Valinco Taravo (B2)	**13** Le Beach Hôtel (A2)
Où dormir ?	**14** Hôtel Le Claridge (B2)
11 Motel Aria Marina, Résidence de tourisme (D2)	**15** Hôtel Le Lido (A2)
	16 Hôtel Neptune (C1)

Ricci (6, rue du Général-de-Gaulle ; ☎ 04-95-77-77-77). Juil-août, 2 liaisons/j. lun-sam, et 1 liaison/j. dim et j. fériés. Hors saison, 1 liaison/j. sauf dim et j. fériés.
– Le point d'arrêt se situe en face du collège J.-Nicoli.

En bateau

➢ Plusieurs traversées/sem pour ***Marseille,*** et ***Porto-Torres*** en Sardaigne. Infos et billets auprès de l'*agence maritime Sorba* (voir ci-après « Adresses utiles »).

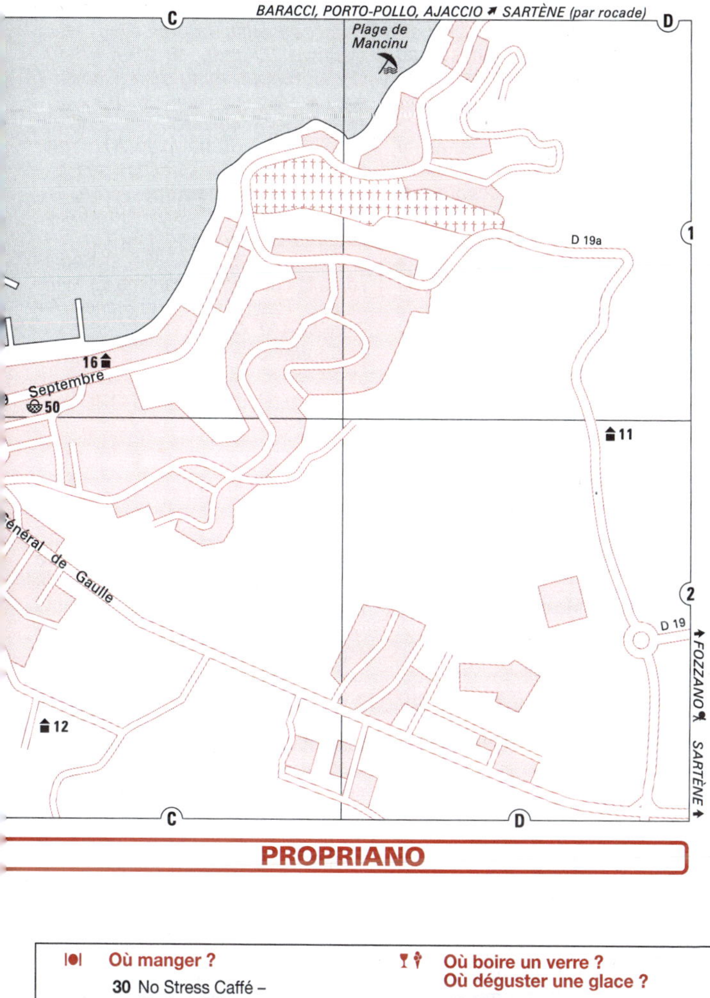

PROPRIANO

Où manger ?

- **30** No Stress Caffé – Bischof (B2)
- **32** Tempi-Fa (B2)
- **33** Terra Cotta (B2)
- **35** Le Cocodile (A2)
- **36** Chez Parenti, le Tout va bien (B2)

Où boire un verre ? Où déguster une glace ?

- **40** Gelateria La Marine (B2)
- **41** L'Oasis (A2)
- **42** Le Corsaire (A2)

Où acheter de bons produits ?

- **50** Cindarella (C1)

Adresses utiles

Office de tourisme intercommunal du Sartenais Valinco Taravo *(plan B2)* **:** *21, av. Napoléon-III. ☎ 04-95-76-01-49. • destination.lacorsedesorigines.com • De mi-juin à mi-août, tlj 9h-19h (13h dim) ; de mi-juin à mi-sept, lun-ven 9h-13h, 15h-18h, et sam 9h-13h (fermé sam* *nov-mars).* Bonne documentation et excellent accueil. Propose un certain nombre d'activités (chasse au trésor pour les enfants) et de sorties accompagnées (visites œnologiques, randonnées). Location de vélos électriques APPeBIKE (télécharger l'application).

■ ***Location de VTT, VTC, scooters et motos :*** ***Tout Terrain Corse,*** *25, rue du Général-de-Gaulle. ☎ 04-95-76-15-32. • location-moto-vtt-propriano.fr • Lun-sam 9h-12h15, 15h-19h. Compter 18 €/j. pour un VTT, scooter à partir de 42 €/j. (tarif dégressif dès le 2ᵉ j.). Également chez* ***Tex Racing Diffusion,*** *7, rue de la Marine. ☎ 04-95-26-48-30. • tex-racing.com • Loc de VTT, VTC et de vélos électriques.*

■ ***Location de voitures :*** ***Hertz,*** *à l'agence maritime Sorba (voir « Gare maritime » ci-après, ☎ 04-95-76-70-62).* ***Europcar,*** *route de la Corniche (garage Peugeot). ☎ 04-95-76-00-91. Tlj 8h30-12h, 14h-18h.*

Gare maritime *(plan A1) : quai L'Herminier. Infos et achat des billets à l'****agence maritime Sorba,*** *15, quai L'Herminier. ☎ 04-95-76-04-36. • sorba-voyages.com • Lun-ven 8h-12h, 14h-17h30 (16h30 ven).* Représente la compagnie maritime *La Méridionale.* Pour l'aérien : *Air France, Air Corsica* et *XL Airways.*

■ ***Capitainerie*** *(plan B1) : sur le port. ☎ 04-95-76-10-40, ou VHF canal 9. Tlj 8h30-12h, 13h30-17h.* Sur place : w-c, douches.

Où dormir ?

De prix moyens à chic

Motel Aria Marina, Résidence de tourisme *(plan D2,* ***11****) : sur les hauteurs de Propriano, au lieu-dit La Cuparchiata. ☎ 04-95-76-04-32. • contact@ariamarina.fr • motel-ariamarina.fr • Du centre, prendre la route de Sartène, puis à gauche vers Viggianello, à gauche encore en suivant les panneaux. Fermé du 24 oct au 10 avr. Studios 80-150 € pour 2 selon saison, sauf juil-août (à cette période, loc à la sem seulement) ; petit déj 11 €.* Bon motel dominant le golfe, à l'écart de l'agitation et de la ville, organisé en plusieurs grosses maisons, chacune abritant plusieurs unités. Studios et appartements 2 ou 3 pièces bien équipés et spacieux, nickel (draps compris). C'est fonctionnel, sans charme particulier. Également des *casetti,* des maisonnettes entièrement rénovées. Ce que l'on aime bien, outre la tranquillité et l'accueil souriant, ce sont les jolies piscines avec terrasse et la vue sur le golfe.

Résidence de tourisme U Frusteru *(plan C2,* ***12****) : 5, quartier Pinedda. ☎ 04-95-76-16-17. 📱 06-89-12-46-46. • info@ufrusteru.com • ufrusteru.com • Fermé nov-avr. Minivillas type T2 (2-4 pers) 570-1 500 €/sem selon saison ; plus cher pour 5-6 pers.* Sur les hauteurs de Propriano, avec vue sur le golfe du Valinco depuis la piscine chauffée. Des appartements de plain-pied de 2 et 3 pièces, fort bien équipés (cuisine complète, TV et barbecue). Regroupées par 2, les minivillas sont malgré tout assez indépendantes et donnent sur un espace gazonné (barbecue) avec vue sur le golfe. La piscine est en contrebas. Propose également des appartements et minivillas dans 2 autres résidences, l'une à 4 km de Propriano et à 2 km des plages d'Olmeto, l'autre à Olmeto-Plage.

Le Beach Hôtel *(plan A2,* ***13****) : 38, av. Napoléon-III. ☎ 04-95-76-17-74. • beach.hotel@wanadoo.fr • beachhotel-propriano.com • Fermé de mi-oct à mi-avr. Doubles env 62-110 € selon vue et saison. Familiale 92-144 €. Réduc de 10 % avr et oct sur présentation de ce guide.* Cette construction cubique propose des chambres impeccables et fonctionnelles (toutes climatisées), un peu à l'ancienne, mais bien entretenues et d'un bon rapport qualité-prix, légèrement à l'écart de l'animation du centre. Quelques familiales donnant sur rue. Vue dégagée sur la mer, et accès direct à la plage du port. Bon accueil.

Hôtel Le Claridge *(plan B2,* ***14****) : rue Bonaparte. ☎ 04-95-76-05-54. • info@*

hotels-propriano.com • hotel-claridge-propriano.com • Avr-nov, doubles standard et supérieures 60-148 € selon confort et saison, petit déj compris août-fin sept (sinon il est à 8 €). Parking. Édifice de 4 étages, couleur crème, aux chambres pas bien grandes mais confortables, simples et fonctionnelles, avec clim et petit balcon. Choisir de préférence celles avec vue sur le sud-ouest. Ascenseur. Accueil sympathique. Propose également des locations à la semaine (du studio au 3-pièces) à la *Résidence Villa Romana,* à environ 10 mn à pied du centre.

Chic

Hôtel Neptune *(plan C1,* ***16****) : 39, rue du 9-Septembre. ☎ 04-95-76-10-20. • info@hotels-propriano.com • hotelneptune-propriano.com • Tte l'année sauf nov. Doubles env 80-140 € selon saison et vue (mer ou rue). Triples et quadruples également. Parking privé gratuit, centre de bien-être (payant).* Un 3-étoiles aux chambres pas bien grandes mais bien équipées et très confortables : clim, petite baignoire... Déco sobre et fonctionnelle. Pour la faible différence de prix, préférez largement les chambres donnant sur la mer et dans les étages (vue plus large) plutôt que celles sur la rue. Au rez-de-chaussée, grande terrasse avec vue sur le golfe.

Plus chic

Hôtel Le Lido *(plan A2,* ***15****) : 42, av. Napoléon-III. ☎ 04-95-76-06-37. • le.lido@wanadoo.fr • le-lido.com • Mai-sept. Doubles 130-240 € selon confort, orientation et saison ; petit déj 18 €.* Petit hôtel de charme à la façade gris foncé, les pieds dans l'eau, d'excellent confort et à seulement 5 mn à pied du centre-ville. Toutes les chambres ont vue sur mer. Parties communes très agréables, au design épuré sans être ostentatoire. Quelques chambres donnent directement sur la plage, avec petite terrasse privative en contrebas. Juste à côté, la petite plage familiale du Lido.

Où dormir dans les environs ?

Camping

Camping Le Colomba : *route de Baracci, à 2 km du centre de Propriano. Prendre la route d'Ajaccio et à droite au rond-point (station Total). ☎ 04-95-76-06-42. • camping.colomba@orange.fr • campingcolomba.com • Avr-fin sept (camping), jusqu'à mi-oct pour les structures en dur ; bar-resto ouv de mi-juin à mi-sept. Compter 17-24 € pour 2 selon saison. Bungalows (4-6 pers) et chalets « Luxe » également. Hors saison, loc possible à la nuit.* Ce camping accueillant, s'étendant sur 3,5 ha, se trouve dans un bel environnement ombragé (chênes) et s'étage sur la colline. 2 espaces tranquilles pour planter sa tente et 2 blocs sanitaires. Loue aussi des chalets en bois (certains sont assez luxe). Pizzeria-resto réputé *L'Atlantis,* devant la piscine, bien agréable, et épicerie. Formations musicales de temps en temps. Petite piscine façon lagon, entourée de transats. Bon accueil.

Prix moyens

Gîte d'étape-hôtel U Fracintu : *Burgo, 20143* ***Fozzano*** *(mais pas à Fozzano même). ☎ 04-95-76-15-05. 07-77-80-22-87. • contact@gite-hotel-valinco.fr • gite-hotel-valinco.fr • À 7 km à l'est de Propriano : prendre la route des bains de Baracci (D 257), les dépasser et continuer sur 4 km à droite la D 557 jusqu'au hameau de Burgo. Puis monter sur la gauche. Avr-début nov. Dortoir env 52 €/pers en ½ pens (obligatoire). Double 67 €, petit déj compris ; 62 €/pers en ½ pens. Au resto, 2 menus très complets, servis le soir seulement, 22,50-28 €. Salade 12,50 €. Café ou digestif offert sur présentation de ce guide.* 1re étape sur le Mare a Mare Sud quand on part de la côte ouest. Dans une grande bâtisse surplombant la vallée, plusieurs chambres de 4 lits et des chambres pour 2. Bien tenu et accueil extra. Cuisine traditionnelle de madame (civet de sanglier, cannellonis, veau, *figatelli,* charcuterie...) et bons conseils de Patrick, très accueillant. Vue exceptionnelle depuis la généreuse terrasse équipée de transats, où les repas sont servis. Quand il fait froid, on les prend dans la vaste salle à manger conviviale, que réchauffe alors la grande cheminée. Cuisine régionale et familiale très roborative.

Où manger ?

Pour manger sur le pouce, la boulangerie *A Tramuntana (rue des Pêcheurs ; tlj sauf lun jusqu'à 19h30)* offre un bon choix de gâteaux sucrés ou salés. Pour grignoter un petit morceau, rien ne vous empêche de faire halte **Chez Georgette,** pour une crêpe ou un sandwich *(12, av. Napoléon-III ; en saison, tlj 12h-22h env).* Quant au marché, il se tient les 1er et 3e lundi de chaque mois...

De bon marché à prix moyens

Le Cocodile *(plan A2,* ***35****) : sur le port des ferries ; 7, quai L'Herminier. ☎ 04-95-73-27-85. Ouv tte l'année. Tlj midi et soir, sauf mer en basse saison. Menus 18,50-35 € (servis midi et soir) ; pizzas 10-16 €.* Situé à l'écart de l'animation, cet établissement tire habilement son épingle du jeu en proposant une carte éclectique, un rien *world* et aux prix attractifs. Côté brasserie, de belles salades-repas, quelques spécialités sympathiques (tartare de bœuf, burger cocodile...) et un menu plus cher. Des pizzas également. Le service attentif complète le bon travail général.

No Stress Caffé – Bischof *(plan B2,* ***30****) : 59, av. Napoléon-III. ☎ 04-95-51-27-78. • mbischof20@aol.com • Fermé lun hors saison. Fermé déc à mi-janv. Formule 17 € ; carte env 37 €.* On s'installe sur la jolie terrasse du port, moderne et confortable ou, encore mieux, sur celle à l'étage, surplombant toute l'animation. Spécialités de viande (on est boucher dans la famille), et c'est surtout pour cela que l'on s'attable ici. Une adresse fiable année après année.

Chic

Terra Cotta *(plan B2,* ***33****) : 31, av. Napoléon-III. ☎ 04-95-74-23-80. • restaurant.terracotta@orange.fr • Fermé dim hors saison, seulement dim midi en hte saison (de mi-juil à début sept). Fermé fin oct-fin mars. Petite formule déj en sem 24 € (plat + dessert) ; menu découverte 65 € ; carte env 60 €.* Petite salle décorée avec goût ou, de l'autre côté de la rue, jolie terrasse, fermée par des voilages, intime et élégante, donnant sur le port. Vous venez de mettre les pieds sous LA table fine de Propriano. Cuisine de caractère, créative, aux saveurs subtiles et inventives, préparée avec les produits frais du cru : viande, poisson, fruits de mer et légumes. Cela donne des assiettes magnifiques de couleurs et de formes, qui flattent l'œil autant que les papilles.

Tempi-Fa *(plan B2,* ***32****) : 7, av. Napoléon-III. ☎ 04-95-76-06-52. • info@tempi-fa.com • Tlj midi et soir. Congés : de fév à mi-mars. Résa très conseillée. Formule env 25 € ; menu env 38 € ; carte env 40 €.* Ce « temps d'avant » (c'est le sens de son nom corse) est bien dans l'air du temps d'aujourd'hui. L'adresse ne désemplit pas depuis son ouverture. On s'installe en terrasse, juché sur un tabouret, un tonneau devant soi en guise de table, ou on choisit plus de discrétion en optant pour la petite salle de resto à la déco de bistrot chic située tout au fond de l'épicerie fine. Le succès du lieu est justifié par la qualité des produits (charcuterie, fromages, en vente dans la boutique) et la cuisine proposée, des petits plats (*piattini,* façon tapas) jusqu'aux casseroles, en passant par les assiettes créatives à l'ardoise. Belle carte des vins.

Chez Parenti, Le Tout Va Bien *(plan B2,* ***36****) : 10, av. Napoléon-III.*

☎ 04-95-76-12-14. • *mathieu.parenti@sfr.fr* • *Fermé lun midi en hte saison, dim soir et lun en basse saison. Congés : de mi-nov à fin-mars. Plats env 29 € ; menu 52 € (46 € à midi).* Depuis 1935, le *Parenti* travaille le frais. Le poisson y est traité avec respect, pour en donner le meilleur. Le chef a choisi une carte courte, ce qui permet de se concentrer sur la qualité. Service pro, assiettes goûteuses, salle chic et design, qui se prolonge par une terrasse surplombant le port. Une étape classique, qui se paie évidemment.

Où manger dans les environs ?

Snack I Bagni : *aux bains de Baracci, à env 3 km à l'est de Propriano par la D 257.* 📱 *06-10-45-15-08.* • *ettori.marie@yahoo.fr* • *Avr-sept, tlj midi et soir. Viande et dessert 14-16 € ; menu 27 € mer soir (sur résa). CB refusées.* Sans chichis, cette terrasse propose une carte très courte consistant essentiellement en de bonnes grillades au feu de bois, surtout des viandes, mais également un poisson, souvent du loup. Une halte maligne après un bain dans les eaux sulfureuses (ça creuse !). Accueil sympathique. Sur résa *(juin-sept)*, soirées musicales le mercredi soir avec le veau à la broche.

Auberge San Ghjuvani : *route de Baracci.* ☎ *04-95-76-03-31.* • *info@san-ghjuvani.com* • *Prendre la direction d'Ajaccio ; au rond-point, à droite (D 257) vers Baracci et faire 1,5 km. Av-oct. Fermé lun. Résa conseillée. Menus 24-37 € (entrée, plat, fromage et dessert pour ce dernier), servis midi et soir ; plats 12-24 €.* Produits de la ferme et bonne cuisine familiale (la maman, Clary, est aux fourneaux, et elle passera sûrement vous saluer) dans cette auberge à se casser le ventre. Quelques spécialités essentiellement tournées vers la terre, comme le *ventru* (en entrée, une sorte de boudin aux aromates), les tripettes à la sartenaise, les cannellonis au *brocciu,* la daube de sanglier, sans oublier les bonnes charcuteries bio. Une chouette adresse et un bon moment à passer, de préférence en terrasse pour la vue sur la vallée. Le vendredi, en saison, chants corses en soirée. Ces jours-là, participation *(8 €/pers)* demandée.

Où boire un verre ? Où déguster une glace ?

L'Oasis (plan A2, **41**) **:** *40, av. Napoléon-III, en bord de plage.* Une paillote chic où l'on vient pour un verre le soir, en s'en mettant plein les oreilles jusque tard dans la nuit en saison.

Le Corsaire (plan A2, **42**) **:** *59, av. Napoléon-III, en bord de plage.* À côté de *L'Oasis,* et dans le même genre. À fréquenter également dans la journée. Paillote et tables de bois, les pieds dans le sable.

Gelateria La Marine (plan B2, **40**) **:** *7, av. Napoléon-III. Tlj en saison, très tard les soirs d'été.* De belles glaces artisanales. Plus de 30 parfums !

Où acheter de bons produits ?

Cindarella (plan C1, **50**) **:** *34, rue du 9-Septembre.* ☎ *04-95-76-13-97. En été, tlj 9h30-13h, 15h30-19h.* Vente de vin, miel, huile d'olive et charcuterie.

À faire

Les plages : elles ne manquent pas à Propriano. À l'est de la ville, sous la route de la corniche, la plage de ***Mancinu*** (centre nautique, accès PMR – personnes à mobilité réduite). Au-delà du port, tout à l'ouest, se succèdent la plage du ***Lido*** (accès PMR, plage non-fumeur) et celle de ***Puraja*** (ou ***Arena Bianca***), cette dernière avec de belles criques. On a un faible pour la suivante, la plage restée sauvage de ***Capu Laurosu,*** interrompue par le Rizzanese (de l'autre côté de l'embouchure, c'est le début de la plage de ***Portigliolo*** – au total, 3 km de sable) : acquise par le Conservatoire du littoral, Capu Laurosu a été aménagé (accès pour promeneurs et cyclistes). C'est également un site Natura 2000.

Les bains de Baracci : *à env 3 km à l'est de Propriano, par la D 257. ☎ 04-95-76-30-40. • bainsdebaracci.com • Tte l'année. Fin juin-début sept, lun 13h-19h30 et mar-dim 10h-19h30 ; sinon mar-dim 10h-18h. Entrée : 7 € (bain ou jacuzzi, 30 mn max). Compter 10-15 € pour 1 ou 2 prestations (hammam, sauna ou hydromassage). Réservations vivement conseillées pour les prestations.* Juste devant un ancien hôtel de luxe laissé à l'abandon, ces bains sont connus depuis l'époque romaine pour leurs eaux sulfureuses (chaudes, 37 °C), excellentes pour les problèmes de peau et les rhumatismes. Au début du XXe s, des émigrés russes construisirent ici un établissement thermal. Le bassin a été entièrement refait. Également hammam, sauna, jacuzzi et des baignoires individuelles hydromassantes. Attention, pour les messieurs, slip de bain uniquement (pas de short). Apporter sa serviette. Les petits bassins sont alimentés en eau chaude (environ 37-38 °C) par la source. Attention, les bains de Baracci doivent faire peau neuve : à la fin des travaux prévus, ils seront au sein d'un parc sécurisé avec jeux pour enfants, parcours sportif, parking à l'entrée ; également programmée, la création d'un grand bassin extérieur, sans parler de la réhabilitation du bâtiment actuel. Il n'est pas prévu de fermer les bains pendant la durée des travaux.

Baracci Natura : *route de Baracci, à 4 km de Propriano. 06-20-95-45-34. • baraccinatura.fr • De la ville, direction Ajaccio, puis au rond-point de la station Total, à droite la D 257 et faire 2 km. En saison, tlj 10h-19h. Pour ttes les activités proposées ici, nécessité de réserver par tél.* Sur place, *parc aventure* (c'est de l'accrobranche), constitué de 2 parcours, l'un de 20 mn *(15 €)* et l'autre de 1h environ *(17 € ; ou les 2 parcours 20 €).* Également du canyoning dans la rivière Baracci *(2h dans l'eau ; 40 €/pers),* ainsi qu'une via ferrata (parcours en montagne câblé et sécurisé) et tyroliennes *(1h30 ; 35 €/pers).*

– ***Location de bateaux :*** l'idéal pour longer la côte et découvrir à son rythme de petites plages sympa. ***Locanautic,*** *port de plaisance. 06-50-17-38-28. • locanautic.com • De mi-avr à début nov. Loc de semi-rigides (100 à 300 cv). Également avec* ***Locamarine,*** *sur le port. 06-48-14-28-20. • locamarine.com • Mai-oct. Semi-rigides et coque rigide de 80 à 250 cv. Loc de matériel de ski nautique. Enfin* ***Marinaloc,*** *sur le port. 06-10-50-97-24. • marinaloc.fr • Avr-nov. Semi-rigides à partir de 115 cv.*

Plusieurs compagnies proposent des ***promenades en mer.*** On trouve leur stand le long du port de plaisance :

■ ***Promenade en mer conviviale Valinco :*** *sur le port de plaisance. 06-12-54-99-28 ou 06-12-04-25-56. • promenade-en-mer-a-propriano.com •* Plusieurs sorties par jour dans le golfe du Valinco, à bord de la vedette à moteur *Valinco* (12 personnes max), avec pour entracte une « baignade aquamarine », grâce à l'émission sous la mer de vibrations acoustiques. *Compter env 28 € pour 1h30 en mer (½ tarif 4-12 ans).* Également une sortie « coucher du soleil » *(1h45 ; 34 €, avec apéro offert)* ainsi que, plus original, une sortie « lever du soleil » *(2h30 ; 38 €, avec café et jus d'orange compris).*

■ ***Compagnie maritime Propriano Valinco (CMPV) :*** *06-03-77-42-56 et 06-34-02-76-44. • promenades-en-mer-propriano.fr • Avr-nov.* Avec le *Prupia,* un grand bateau à vision sous-marine (96 places max), différentes formules en alternance : sortie à la journée (9h-17h) à la découverte des côtes sauvages du Sartenais, avec arrêt de 3h sur la plage de Tivella entre Senetosa et Tizzano *(48 € ; réduc)* avec repas possible *(24 € en sus ; réduc).* Également des sorties de 2h aux calanques de Belvédère et Campomoro *(26 € et le soir 28 € avec illumination des calanques).* Sorties coucher du soleil de 2h30 *(37 € avec apéro corse inclus).* Certaines sorties s'effectuent sur des vedettes de prestige de 12 places.

DANS LES ENVIRONS DE PROPRIANO

La plage de Portigliolo : *à 9 km du centre de Propriano (direction Campomoro).* C'est l'une des plus belles plages du golfe du Valinco, prolongement naturel de celle de Capu Laurosu, dont elle est séparée par l'embouchure du Rizzanese. Attention, en cas de vent d'ouest, une forte houle peut se former et rendre la baignade périlleuse. Centre de voile ***Vela e Ventu di U Valincu*** *(06-09-52-54-20)* et ***Centre nautique Aqualoisirs*** *(06-01-43-33-67).*

Fozzano *(Fuzzà ; hors plan par D2)* **:** *à 12 km à l'est de Propriano par la D 19.* Sur son éperon rocheux, un village plein de charme et de caractère où l'on vient pour la fameuse Colomba... Vers 1830, le village était divisé en 2 clans : le haut était acquis au « parti » Durazzo, du nom de la famille la plus riche du village. En bas, on était du parti Carabelli-Bartoli-Bernardini. Un durazziste passa à l'ennemi. Il en résulta plusieurs morts et l'affaire n'en resta pas là (le fils de la fameuse Colomba Bartoli mourut plus tard, en 1833). En 1834, un traité de paix fut signé. C'est en 1839 que Mérimée rencontra Colomba, l'inflexible « animatrice » du parti Carabelli-Bartoli-Bernardini : elle avait alors presque 65 ans. Elle finit ses jours chez sa fille, à Olmeto. Lorsqu'on lui lut la nouvelle de Mérimée, elle la traita de « fable ». Elle n'avait sans doute pas tort : Mérimée a exagéré et amplifié la mythologie corse. Mais il a créé un type romanesque qui a la vie dure...
La *torra vecchja*, ou maison de Colomba, se trouve dans la rue basse du village (plaque). La maison des Durazzo, elle, reconnaissable à son balcon métallique, se trouve dans la partie haute.
Dans le bas du village, Jeff Nicolier un tourneur pipier *(Legnu Nustrale).* Mignonne église du XVIIe s, dans laquelle on peut admirer une Vierge sculptée dans du bois de figuier.

Maison Madamicella *(Gîtes de France)* ***:*** *dans le centre du village. 06-07-94-38-68 ou 06-77-84-21-70. • maisonmadamicella@casasole.corsica • maisonmadamicella.com • Avr-oct. Doubles 90-170 €, suites 110-220 € (pour 2-4 pers). De manière générale, 2-3 nuits min demandées en fonction de la période.* Les amoureux des vieilles pierres (au portefeuille bien lesté) ne manqueront pas cette demeure imposante, un ancien moulin datant du XVIe s que les propriétaires du restaurant *Terra Cotta* de Propriano ont restauré au prix d'efforts soutenus. Le résultat est à la hauteur des attentes : 2 grandes chambres (35 m²) et 3 suites-appartements (45-55 m²) tout confort (clim), à la déco particulièrement soignée, sans faute de goût, où l'on se sent comme un maître en son domaine. Les suites-appartements disposent soit d'une kitchenette soit d'une cuisine pour la suite 4, avec sa terrasse privative. Petite piscine. Petit déjeuner copieux et varié.

Auberge U Pitraghju : *à 300 m au-dessus du village de* ***Fozzano*** *en allant vers Santa-Maria-Figaniella. ☎ 04-95-76-33-93. • upitraghju@laposte.net • En saison, tlj sauf sam midi ; hors saison, fermé le soir sam-dim. Fermé en déc. Formule 22 € ; menu 27 €. CB refusées. Café offert sur présentation de ce guide.* Sympathique petite adresse, un peu excentrée. On s'installe en terrasse, d'où la vue est magnifique, ou, si le temps n'est pas de la partie, dans la petite salle joliment arrangée. Sont proposés les grands classiques de la cuisine corse (comme les tripettes à la mode corse) et, sur commande, porcelet et agneau. Bon accueil.

Santa-Maria-Figaniella : *village voisin de Fozzano, 2 km plus au nord.* Très belle église romane, *Santa Maria Assunta* (XIIe s), connue pour son double bandeau et la frise d'arcs qui en fait le tour complet. On peut pousser ensuite jusqu'au hameau des Giacomoni. Plus au nord, la route, après le col de Siu, fait revenir vers les gorges du Baracci où l'on pratique le canyoning (admirer les roches rouges). Puis on redescend via Burgo la vallée du Baracci qui conduit, par la D 257, aux portes de Propriano.

Randonnées pédestres : le 1er itinéraire passe par le sentier Mare a Mare Sud. Une promenade fantastique, de Propriano à Porto-Vecchio. On conseille de l'effectuer dans l'autre sens. L'autre itinéraire suit le sentier Mare e Monti Sud, jusqu'à Porticcio (voir « Randonnées » à Porticcio).
La *vallée du Baracci,* à proximité de Propriano, voit passer les parcours des 2 sentiers, mais ces chemins se prêtent mal à la réalisation de boucles courtes et faciles à la ½ journée. Si l'on fait l'une des étapes proposées (par exemple, d'Olmeto à Burgo, traversée boisée très plaisante de 5h environ, ou bien encore, plus courte, la chouette montée, mais raide, de Burgo à Fozzano en un peu moins de 1h30), prévoir le taxi pour revenir.

Randonnées accompagnées U Muvrinu : • *umuvrinu.com* • *07-87-90-90-84.* Enfant du pays, originaire de Bilia (environs de Sartène), Antoine Martin-Cocher, accompagnateur en moyenne montagne, connaît les moindres recoins des territoires qu'il arpente également en tant que photographe. En plus de son partenariat avec l'office du tourisme intercommunal du Sartenais-Valinco-Taravo, il propose de nombreuses sorties accompagnées. Consulter sur son site son planning détaillé pour connaître l'étendue des propositions sur toute la saison.

CAMPOMORO (CAMPUMORU) (20110)

À 17 km au sud-ouest de Propriano. Ce charmant village est situé à l'extrême pointe sud du golfe du Valinco. Campomoro est lové dans une anse bien abritée et possède une grande plage. On y accède par une petite route sinueuse et parfois vraiment étroite.
Au sud du village, un site Natura 2000 avec une des plus belles portions de littoral corse préservé, de Campomoro à Senetosa, sur 21 km de côte sauvage où alternent criques et pointes rocheuses. Campomoro est un adorable village qui a su garder un caractère familial ; pas de marina ni d'ensemble bétonné, mais de jolies maisons disséminées sur les collines (même si les constructions vont bon train). Juste une mer émeraude et une jolie anse familiale. Quelques barques de pêcheurs, une zone de baignade, de chouettes randos... Une étape sympa, qui évidemment attire beaucoup de monde en été. Alors prudence, prudence...

Arriver – Quitter

➢ ***Par la route :*** de Propriano, emprunter la T 40 vers Sartène. Après le pont sur le Rizzanese, prendre tout de suite à droite la D 121. Sublimes points de vue panoramiques au-dessus de Portigliolo et à Belvédère (attention, route très étroite), avant de redescendre vers Campomoro.
– Pas de liaison par bus.

Infos utiles

– ***Attention : PAS de distributeur de billets*** à Campomoro. Prendre ses précautions avant.

Parking : attention, peu de places où stationner. Ne vous garez pas n'importe où, car les PV pleuvent en été ! Grand parking environ 200 m avant le village, juste avant la dernière petite descente. Pas de places de stationnement vers la tour, c'est un lotissement privé. Raison de plus pour arriver tôt (en saison, dès 10h, il est très difficile de trouver où se garer).

Où dormir ? Où manger ?

Camping

Camping Peretto Les Roseaux : *à gauche après la poste, à 300 m en direction de la tour génoise, puis à gauche encore (fléché). ☎ 04-95-74-20-52. Avr-15 oct. Résa vivement conseillée. Compter env 18 € pour 2 avec tente et voiture. CB refusées. Douche payante (jetons).* La plage est à 300 m. Un camping étagé au pied de la colline, parmi orangers, roseaux, palmiers, peupliers et eucalyptus. Emplacements en terrasses, délimités et bien ombragés. Les habitués apprécient la tranquillité, le caractère simple et familial du lieu, et l'accueil très bonhomme. Nous aussi. Petite épicerie.

Prix moyens

Hôtel-restaurant Le Ressac : *en arrivant sur la mer, à droite ; accès par une petite rue qui part de l'église. ☎ 04-95-74-22-25. • hotelressac@gmail.com • hotel-ressac.fr • De mi-avr à mi-oct. Doubles 74-140 € selon orientation et saison. ½ pens possible 120-166 € pour 2 selon période. Formule à midi 14-16 € ; pizzas 11-14 € ; viandes et poissons 21,50-26 €.* Dans un bâtiment moderne, un hôtel calme d'une vingtaine de chambres, orientées mer ou sur l'arrière, un peu à l'écart du cœur du village, donc au calme. Niveau de confort très correct, sans rien qui dépasse. Clim dans les chambres du 1er et 2e étage mais pas au rez-de-chaussée. Nos préférées sont celles au 1er étage, avec terrasse. Ambiance familiale. Au resto, bonne cuisine régulière, réalisée par le fils des patrons. En été, on s'installe sur la grande et belle terrasse de teck, ombragée et tranquille. Si les plats restent simples, ils sont réalisés avec beaucoup d'application et présentés avec soin.

U Spuntinu (chez Pierre-Paul) **:** *en arrivant sur la plage, c'est juste en face. 06-37-03-36-08. Tte l'année (de nov à fin mars, ouv seulement le w-e le midi). Tlj midi et soir en saison (sauf mer soir). Salades-tapas 14-16 € ; plats env 16-28 €. Résa souhaitable.* L'exemple même de l'établissement qui a commencé modestement et qui, au fil des ans, est devenu une référence incontournable à Campomoro. Belle terrasse surplombant la plage, pour profiter d'une salade ou une grillade, ou encore des propositions plus élaborées qui font l'unanimité (wok de gambas et de fruits de mer, poulpe grillé, paella du pêcheur, burger d'espadon, tartares de poissons...). Toujours quelques plats à la *plancha*. Bons desserts en prime et accueil fort sympathique.

Snack-bar La Mouette : *pl. de l'Église, sur la droite en arrivant, faire 100 m. ☎ 04-95-74-22-26. • mouettecorse@gmail.com • Fermé nov-mars. Fermé le soir jusqu'à fin mai. Plats du jour 16-20 € ; carte env 30 €. CB refusées.* Terrasse juste au-dessus de la plage. Copieuses salades et petits plats du jour tout simples à des prix raisonnables. *La Mouette* est un peu le cœur du village, l'endroit où tout le monde se retrouve, autour d'un verre ou d'un plat, dans une ambiance bon enfant. Rien de sorcier côté cuisine, mais on ressort le ventre plein.

Bar Restaurant des Amis : *en arrivant à Campomoro, prendre à gauche et poursuivre presque tout au bout (env 400 m), mais se garer dès que possible, c'est un cul-de-sac. ☎ 04-95-74-23-50. • restaurantdesamis@gmail.com • Tlj en saison, midi et soir. Menu le midi en sem, env 20 € (entrée-plat ou plat-dessert) ; plats 15-26 € ; carte 30-40 € pour la salle du rez-de-chaussée. Le soir, sur la terrasse supérieure, autre carte, compter alors à partir de 50 €.* Un resto à double détente : le midi on s'installe dans la salle ouverte aux quatre vents du rez-de-chaussée, pour déguster une cuisine de la mer (mais pas seulement) d'une grande fraîcheur, pleine de saveurs et présentée avec soin (goûteuse soupe de poissons, tartare de thon rouge fondant, moules de l'étang de Diane, carpaccio de veau tigre ou simple *poke bowl* pour déjeuner léger...). Si les produits sont bien d'ici, on ne s'interdit pas un traitement aux accents parfois exotiques, et c'est réussi. Le soir seulement, on pourra également grimper sur la terrasse-toit, pour profiter d'une carte différente, basée sur des viandes maturées et grillées, mais aussi de pâtes servies dans une meule de parmesan. Les 2 terrasses offrent la même vue extra sur la plage et le golfe. Figue sur le *fiadone,* accueil prévenant et souriant.

Où dormir à proximité de Campomoro ?

Chambres d'hôtes et hébergement insolite Fianca l'Osso *(Gîtes de France)* **:** *lieu-dit* **_Aghja di L'Aliva,_** *entre Belvédère et Campomoro. 06-27-30-20-18 ou 06-08-89-96-25. • contact@fiancalosso.com • fiancalosso.com • Ouv 15 mars-10 nov et les w-e le reste de l'année (fin mai-fin sept pour les hébergements en plein air). Chambres d'hôtes 110-220 € (2 nuits min) et 2 hébergements insolites (nuit à la belle étoile), 170-200 € (2 nuits min en haute saison). Table d'hôte sur résa 40 € et planches gourmandes à 20 €.* Tout d'abord on se demande où nous emmène cette piste (courte et en bon état) qui part du belvédère de l'Aliva et semble plonger dans la mer. Une fois arrivé dans la (grande) propriété, particulièrement soignée, on découvre une situation exceptionnelle entre maquis et mer. Dans la maison des propriétaires, 3 belles chambres dont 2 familiales, toutes avec de grandes salles de bains. Mais surtout, il y a 2 plateformes en bois en contrebas de la maison, dominant tout le golfe du Valinco, sur lesquelles sont installées des lits en plein-air avec moustiquaire, pour passer une nuit à la belle étoile, en contact direct avec la nature et en suspension entre ciel et mer. Le coucher de soleil est divin, le lever ne l'est pas moins, car ici on profite des 2 spectacles. Côté pratique, des toilettes sèches sont à disposition (on est proche de la nature ou on ne l'est pas !). Et si le temps se gâte, il y a un plan B ! Une tente-lodge et une petite chambre en dur sont à disposition, équipées de vraies salles de bains et le tour est joué. On prend l'excellent et copieux petit-déjeuner (confitures originales entre autres) sur la grande table de la terrasse commune. On peut aussi y dîner, fort bien d'ailleurs. Piscine, spa. Accueil tout en décontraction et en finesse d'Isabelle, passée maître dans l'art de mettre à l'aise ses hôtes.

U Cantu Grillu *(Gîtes de France)* **:** *à* **_Portigliolo,_** *20110* **_Belvédère-Campomoro._** *☎ 04-95-25-83-43. 06-60-07-18-12. • cantu-grillu@hotmail.fr • cantu-grillu.com • Sur la route de Campomoro, prendre à gauche juste avt de monter vers Belvédère (suivre le fléchage). De mai à mi-oct. Doubles 110-150 € selon saison, petit déj compris. CB refusées. Apéritif maison offert sur présentation de ce guide et remise de 10 % sur le prix de la chambre à partir de la 2e nuit.* Dans leur maison posée sur la colline, dans un cadre parfaitement champêtre, Véronique et Jean-Marc, proposent 5 chambres soignées et coquettes, fort bien équipées (douche à l'italienne, frigo...). Spacieuses, elles disposent toutes de leur propre petite terrasse. Autre grande terrasse, commune celle-là, qui offre une vue extra sur la grande plage qui s'étend jusqu'à Propriano. On prend le petit déj sous un auvent et on peut se relaxer autour de la piscine, dans le beau jardin, bichonné par Véronique dans un style bohème contrôlé, pendant que l'affable Jean-Marc s'entretient avec ses hôtes.

Résidence touristique Lecci et Murta **:** *à* **_Portigliolo,_** *20110* **_Belvédère-Campomoro._** *☎ 04-95-76-02-67. • lecciemurta@gmail.com • villagelecciemurta.com • Sur la route de Campomoro, prendre à gauche juste avt de* *monter vers Belvédère, c'est un peu plus loin sur la gauche. Pâques-début nov. Compter env 500-2 000 €/sem selon période.* Étagé sur un généreux flanc de colline, parfaitement au calme, un ensemble de chalets de tailles variées, tous dotés d'un excellent confort (sanitaires, cuisine...) et d'une terrasse privée. Les espaces communs sont particulièrement soignés, à l'image de la partie basse du terrain qui accueille une magnifique piscine sur 2 niveaux, reliés entre eux par une petite cascade où l'on a intégré de gros rochers de granit et une terrasse de bois, superbe elle aussi, noyée dans le bucolique environnement et prolongée par une pelouse avec transats. Beaucoup de charme. Resto chic également, qui propose une cuisine élaborée (et chère).

À voir. À faire

Belle **plage** de sable fin (900 m), en arc de cercle. Myriade de petits poissons de roche multicolores à observer. À vos masques et tubas ! Dans la baie, près de la ferme marine d'élevage de loups, ces dernières années il n'était pas rare de voir batifoler une famille de dauphins, évoluant sans complexe non loin de touristes ébahis !

➢ ***Randonnée palmée – Sentier sous-marin*** *(snorkelling)* **:** *avec* ***Torra Plongée*** *(voir « Plongée sous-marine » plus loin). 06-83-58-81-81. Sur résa. Compter 30 € ; réduc de 5 € sur présentation de ce guide. Durée : 45 mn.* Une chouette balade sur un sentier sous-marin qui démarre de la plage, avec accompagnateur breveté qui vous raconte la faune et la flore locales, l'importance des posidonies... Palmes, masque, tuba et planche fournis (un plan du site est même dessiné sur la planche !). Observation et explications. Une initiative pédagogique à saluer.

La tour génoise : *au bout de la plage, au sommet de la pointe. ☎ 04-95-77-15-40. Garer son véhicule (si possible) au bout de la route, puis petit chemin à faire à pied pour gagner la tour. Avr-sept : de mi-juin à mi-sept, tlj 9h13h et 16h-20h, sinon 10h-18h. Visite : 2,50 € ; réduc ; gratuit - de 12 ans.* Édifiée par la république de Gênes vers 1586, c'est la plus imposante de Corse. Aujourd'hui protégée au titre des Monuments historiques, elle a été restaurée par le Conservatoire du littoral et ouverte au public. Expo permanente (les Barbaresques), très intéressante, sur l'histoire de sa construction.

Randonnées entre Campomoro et Senetosa : au sud de la tour, le territoire du « jardin du vent », site Natura 2000, offre aux marcheurs l'occasion de faire de magnifiques randonnées en boucle. On passe par des paysages extraordinaires façonnés par ces rochers aux formes fantasmagoriques. Aucune difficulté majeure : peu de dénivelée, la brise marine pour rafraîchir, un balisage satisfaisant. Monter vers la tour en traversant le quartier résidentiel de Calanova. Les balades commencent au sommet de la côte, au départ du chemin montant vers la tour. Avec le dépliant mis à disposition à l'office de tourisme de Propriano ou de Sartène, aucun risque de se perdre.

Autour de cette fameuse tour (voir plus haut pour sa visite qui peut évidemment se combiner avec les balades), sans s'engager en direction du sud sur le sentier littoral proprement dit, il est déjà possible de faire une belle petite balade en boucle de 1h environ ***(Punta Bianca-I Pozzi).***

Plus ambitieuses sont les 3 boucles suivantes :

– ***Boucle des Pozzi*** (1h30) **:** elle passe par de beaux *taffoni* (rochers érodés) avant de prendre vers les terres et monter sur une petite crête pour le retour.

– ***Boucle de Canuseddu*** (2h45) **:** même départ, plus sentier littoral jusqu'à la plaine de Canuseddu et retour par la crête.

– ***Boucle de Manna Mulina*** (6h) **:** elle fait descendre le sentier du littoral jusqu'à la cala d'Acudda (Agulia), avec arrêt baignade possible ; le sentier quitte ensuite

le littoral pour monter dans le maquis et rapidement prendre la direction du retour vers le nord (où il rejoint les portions retour des 2 boucles précédentes).
Les marcheurs au long cours continueront vers ***Senetosa,*** son cap, sa tour (encore une ! – ici aussi, on peut y monter par un escalier-échelle mais au prix d'un détour) et surtout son phare à 2 tourelles. Compter 5h de marche pour l'atteindre depuis Campomoro. Réaménagé par le Conservatoire du littoral, ce phare, construit de 1889 à 1892, est le 1er refuge littoral de Corse.
Enfin, si l'on a prévu une pleine journée de marche, Tizzano se rejoint en 7h-7h30 environ depuis Campomoro.

Refuge Fanali di Senetosa : *capo di Senetosa. 06-27-77-48-89. • campumoru-senetosa.corsica • Ouv mi-avr à mi-oct. Résa sur le site internet uniquement. Compter 15 €/pers en dortoir et 20 €/pers en chambre. Bivouac 8 €/pers. Loc de petites tentes pour 2 pers avec matelas 7 €. Petit déj sur résa. 2 nuitées max. Douches payantes.* Le (magnifique) phare a été aménagé pour recevoir randonneurs ou kayakistes, une excellente initiative. Cuisine à disposition. On peut y venir également de Tizzano (4h). 2 dortoirs (8 lits) et 4 chambres doubles. Bivouac sous tente possible dans l'enceinte du phare et tentes à louer sur place. Petite bibliothèque.

➢ ***Randonnée à Campomoro pour le coucher de soleil :*** *le mer de mi-avr à fin oct. Résas aux offices de tourisme de Propriano ou de Sartène. Compter 20 €/pers. 20 participants max. Durée : env 2h30. Retour à la tombée de la nuit.* Sortie originale, guidée par Antoine (randonnées *U Muvrinu*), qui permet de découvrir le « jardin du vent » à l'heure où la plupart des randonneurs sont rentrés.

Plongée sous-marine

Notre spot préféré dans le golfe du Valinco. La côte chaotique de Campomoro révèle des plongées magnifiques, là où la vie sous-marine est particulièrement sauvage. C'est aussi le coin où l'on trouve les plus beaux sites de tout le golfe du Valinco. Autre avantage : même quand la mer est mauvaise, il y a toujours par ici des coins bien abrités.

Centre de plongée

■ ***Torra Plongée :*** *juste au carrefour devant la poste, en arrivant dans le village. 06-83-58-81-81. • torra-plongee.com • Avr-Toussaint. Résa conseillée. Baptême 65 €, plongées, encadrées et équipées 50 € (réduc de 10 € pour les baptêmes sur présentation de ce guide) ; forfaits dégressifs (non nominatifs).* Un club sérieux (FFESSM, ANMP et PADI) qui propose baptêmes, formations jusqu'au niveau III et explorations grandioses sur les spots sauvages de la baie. Équipement nickel. Idéal pour faire ses 1res bulles comme pour les plongeurs confirmés. Propose aussi la formule « One Day Torra », qui s'adresse à ceux qui ont déjà fait un baptême mais manquent de pratique : le matin, cours pour se familiariser avec le matériel, l'après-midi plongée (- 12 m maxi). *140 € pour la journée (120 € sur présentation de ce guide).*

Nos meilleurs spots dans le golfe du Valinco

Le Tonneau *(tous niveaux)* **:** proche de la côte sud du golfe. C'est un caillou ressemblant à un tonneau qui flotte et plonge dans l'azur (de 0 à 40 m de fond). Sur cet éblouissant tombant enrobé d'éponges et de gorgones, ballet argenté des sars, corbs, dentis et parfois même des barracudas. À quelques encablures, jolie grotte tapissée de corail rouge où évoluent crabes, chapons, langoustes, mérous...

Le Sec de la Tour *(à partir du niveau I)* **:** au pied de la tour de Campomoro. Il s'agit de 2 avancées rocheuses (de 6 à 40 m) prolongeant sous la mer la colline de la Tour. Nombreuses failles recouvertes de magnifiques gorgones rouges.

Les Cathédrales *(plongeurs confirmés)* **:** au sud de la pointe de Porto-Pollo. C'est la plongée emblématique du golfe et la plus spectaculaire. Imaginez une série de pics rocheux (de 10 à 40 m de fond) évoquant des flèches de cathédrale et littéralement recouverts de gorgones rouges flamboyantes. Tout autour, va-et-vient incessant des sars, dentis, barracudas, mérous...

– Également le ***tombant de Senetosa,*** avec ses mérous sauvages, et celui de la ***vallée des Mérous,*** à l'extrémité nord du golfe. Et plein d'autres sites sauvages.

SARTÈNE (SARTÈ) (20100) 3 055 hab.

• Plan *p. 251*

« La plus corse des villes corses », selon Mérimée. C'est toujours vrai. Quel caractère dans ces hautes et hautaines façades grises et brunes, rempart de granit dominant la vallée, dans ces ruelles pavées, ces escaliers tors et ces arches de la vieille ville, et dans les quelques « palais » décrépis du quartier des notables ! Et cette grand-place, LA place corse par excellence... Avec ses 200 km², c'est aussi 'une des plus grandes de Corse (et l'une des plus grandes communes de France) par la superficie, puisqu'elle s'étend jusqu'au fameux lion de Roccapina. Sur son territoire se trouvent des plages extraordinaires. La ville la plus minérale de Corse tutoie la grande bleue tout en la laissant à distance.
Sartène est célèbre aussi pour la *procession du Catenacciu,* une manifestation haute en couleur.

UN PEU D'HISTOIRE

Ce sont les Génois qui ont édifié la ville vers 1550, sur ce promontoire d'accès difficile, qui n'était alors qu'un hameau, en réponse aux raids barbaresques. Le quartier de Manichedda était né (c'est aujourd'hui la « vieille ville »). Auparavant différents hameaux constituaient la *pieve,* le territoire de Sartène. Néanmoins, la ville fut prise en 1583 par Hassan Veneziano, gouverneur d'Alger, qui emmena 400 Sartenais en esclavage et en massacra plus d'un.
Sartène resta longtemps favorable aux Génois. D'où le siège que les Paolistes lui firent subir, jusqu'à sa capitulation. Au XIXe s, d'incroyables vendettas animèrent la cité, qui opposèrent notamment les Rocca Serra aux Pietri, vieilles noblesses locales, les uns royalistes, les autres libéraux (bon prétexte pour s'échanger des coups de fusil !). Pour finir, le conflit se généralisa, des centaines de partisans de l'un et l'autre camp se battant à mort... En 1834, un traité de paix, difficilement négocié, fut tout de même signé entre les parties. Mais les règlements de comptes se poursuivirent. De ce lourd passé, la ville a conservé une certaine gravité.

TRADITION

Le Vendredi saint se déroule la *procession du Catenacciu* (le Pénitent qui est « enchaîné »). Elle représente la passion du Christ, montant au calvaire sur le mont Golgotha. Le « grand Pénitent », qui a préalablement passé au moins

2 jours au couvent Saint-Côme-et-Damien, porte une croix de 37 kg et une chaîne de 17 kg à sa cheville. Il accomplit un chemin de croix au parcours prévu dans les moindres détails, long de 1,8 km. Comme le Christ, il tombe et se relève 3 fois, à des endroits bien précis. Pendant qu'il est au sol, prières et chants religieux se font entendre. Il est aidé par un pénitent blanc, figurant Simon de Cyrène, qui aida Jésus à porter la croix. Derrière eux suivent 8 pénitents en noir, pieds nus. Une fois revenu à l'église Sainte-Marie d'où il était parti, on le ramène au couvent où il passe souvent la nuit pour récupérer. La foule est dense, l'atmosphère pesante, fascinante et troublante à la fois, même si elle est devenue aujourd'hui, pour certains, une sorte d'attraction presque touristique. Pourtant la magie est toujours là...

OÙ IL Y A DE LA CHAÎNE...

Le « grand Pénitent » est un Sartenais anonyme, un différent chaque année, dont l'identité reste secrète et dont on dit qu'il est parfois choisi pour la gravité de ses fautes. Folklore ? Vérité ? Dissimulé sous une cagoule et une robe rouge, impossible de savoir. Ce qui est sûr, c'est que l'homme est à la peine. Et quand on pose la question sur son identité... personne ne sait. Omerta, omerta.

Adresses utiles

Office de tourisme intercommunal du Sartenais Valinco Taravo (plan A2) : *cours Sœur-Amélie. ☎ 04-95-77-15-40. • destination.lacorsedesorigines.com • Juin-sept, lun-ven 9h-18h, sam 10h-17h ; le reste de l'année, lun-ven 10h-17h.*

Hôpital local (U Spidali ; hors plan par A1, **1**) : *prendre la route de Bonifacio, puis à droite celle de Tizzano (D 48), puis celle de Grossa (D 21). ☎ 04-95-77-95-00.* Service d'urgences 24h/24.

– **Marché :** *sam mat, pl. Porta.*

– **Shopping de nuit :** *juil-août, les jeu.* Dans les rues de la ville, musique, spectacles de rue, animations pour les enfants.

Où dormir ?

De prix moyens à chic

Hôtel Rossi (hors plan par A1, **12**) : *sur la route de Propriano, à la sortie de la ville, sur la gauche. ☎ 04-95-77-01-80. • rossihotel@orange.fr • hotelrossi-sartene.com • ♿ De mi-avr à mi-oct. Selon saison, doubles standard et supérieures 75-130 €, petit déj en sus. Triples également. Parking.* Cet hôtel propose des chambres joliment rénovées et très confortables (clim, TV...), tendances et élégantes. Belle gamme de couleurs dans les chambres et les parties communes. Salles de bains soignées. Évidemment, les chambres donnent toutes sur la route, mais le double vitrage est efficace. Celles du 2e étage offrent une vue dégagée. Petit bout de piscine chauffée. Excellent accueil, pro et souriant.

Hôtel Les Roches (plan A1, **13**) : *av. Jean-Jaurès. ☎ 04-95-77-07-61. • contact@sartenehotel.fr • sartenehotel.fr • ♿ À l'entrée de la ville. Tte l'année. Doubles standard 81-117 € et 96-163 € pour celles avec vue sur la vallée. ½ pens possible.* Une grande et solide bâtisse de schiste, où une partie des chambres offre un large panorama sur la vallée et est dotée d'un tout petit balcon. C'est un hôtel classique, bien équipé, aux chambres climatisées fonctionnelles, sans chichis et impeccables. Il a le gros avantage de se trouver dans la ville même et d'être au calme tout à la fois. La grande terrasse et le resto au rez-de-chaussée (le *Sognu di Babbu*) proposent une jolie vue.

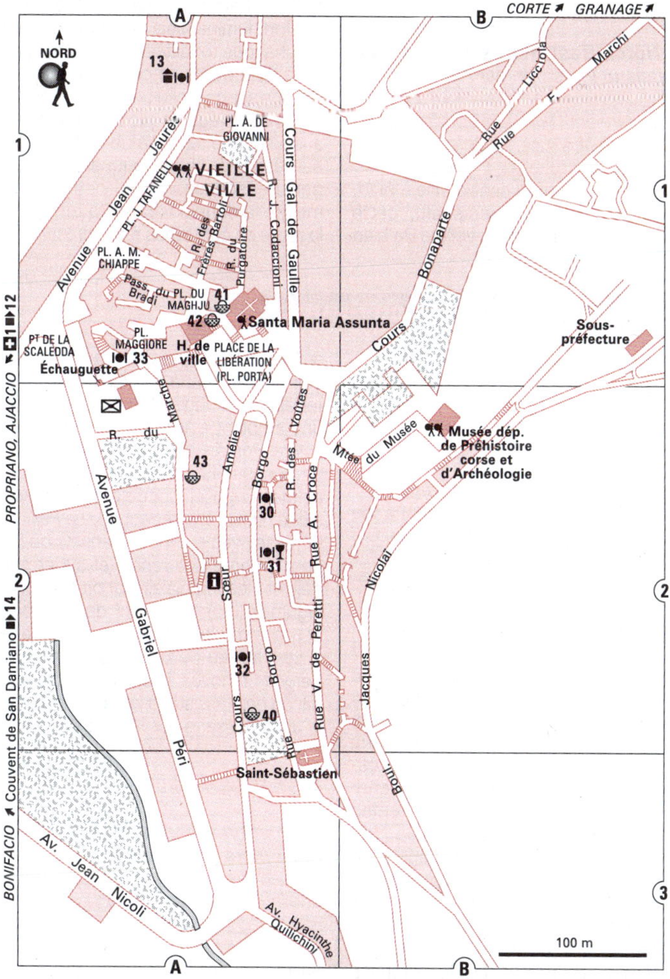

SARTÈNE

Adresses utiles

- Office de tourisme intercommunal du Sartenais Valinco Taravo (A2)
- 1 Hôpital local (hors plan par A1)

Où dormir ?

- 12 Hôtel Rossi (hors plan par A1)
- 13 Hôtel Les Roches (A1)
- 14 Hôtel Best Western Plus San Damianu (hors plan par A2)

Où manger ?

- 30 Chez Jean-Noël (A2)
- 31 A Cantinetta (A2)
- 32 Restaurant du Cours (A2)
- 33 Le Jardin de l'Échauguette (A1)

Où acheter de bons produits ?

- 40 M.A.J. (A2)
- 41 U Maggiu (A1)
- 42 La Cave Sartenaise (A1)
- 43 Le Moulin du Valinco (A2)

Plus chic

Hôtel Best Western Plus San Damianu (hors plan par A2, **14**) : *quartier Saint-Damien. ☎ 04-95-70-55-41. • sandamianu@sandamianu.fr • sandamianu.fr • Avr-oct. Doubles 85-220 € selon confort et saison ; petit déj non compris.* À 5 mn du centre-ville à pied, près du couvent franciscain, cette adresse domine toute la vallée. De bien belles chambres, avec balcon, tout confort, lumineuses, aux murs décorés de chaudes tonalités, avec clim, écran plat, salle de bains chics. Le petit déj est pris sur une jolie terrasse arborée, à 2 pas de l'élégante piscine, posée elle aussi sur une terrasse de teck. Parking au-dessus de l'hôtel, auquel on accède par un ascenseur. Seul petit bémol : malgré le double vitrage, la rumeur de la route en contrebas reste présente.

Où dormir dans les environs ?

Campings

Camping Olva : *à env 5 km de Sartène par la D 69, par la route de la Castagna. Fléché sur la droite. ☎ 04-95-77-11-58. • camping.olva@gmail.com • camping-olva.com • De mi-avr à mi-oct. Compter env 22-25 € pour 2 avec petite tente et voiture. Plusieurs types d'hébergements de taille et confort variables : chalets (5 pers), mobile homes (6 places), tentes-lodges (4-5 pers) et Corsica Lodges.* Un grand camping en pleine campagne, au calme, sous une forêt d'eucalyptus et de chênes. Beaux emplacements en terrasses, bien ombragés. Dans la partie haute, on trouve les tentes-lodges (toile plastique avec plancher et coin gazinière) et quelques tentes *Corsica Lodges* de grande taille (jusqu'à 8 personnes). Bon, à l'intérieur, on est quand même serré, mais les prix restent attractifs. Piscine spacieuse au niveau de l'accueil, dans la partie basse. Resto, petite épicerie, aire de jeux pour les enfants et salle de remise en forme (gratuite). Également un terrain multisport.

Camping à la ferme, La Rivière : *à env 5 km de Sartène par la route de Levie. Fléché sur la gauche, direction Arbellara. ☎ 04-95-50-51-16. 06-13-61-21-53. • lariviere@encorsedusud.fr • camping.la.riviere.encorsedusud.fr • Juin-sept. Compter env 21 € pour 2 avec tente et voiture.* Très grands emplacements (100 ha !) plantés par endroits de chênes-lièges, notamment, sous lesquels on plante sa tente. Blocs sanitaires simples mais en nombre suffisant et propres. On aime bien le coin snack, sympa comme tout, avec sa terrasse aménagée avec goût, où règne une ambiance agréable, à 2 pas de la rivière. Possibilité de s'y baigner et c'est un bonheur. Ensemble parfaitement au calme. Frigo et congélateur à disposition. Devant la réception, *La Paillote,* terrasse avec quelques transats où l'on peut prendre des repas (et super petit déj), et c'est un plaisir, car on sert ici les légumes (bio) provenant de l'exploitation comme les fromages, et de belles pizzas au feu de bois. Également une bergerie rénovée à louer. Et si ça vous dit, on peut assister à la traite des brebis et au ramassage des légumes !

Prix moyens

Chambres d'hôtes M. et Mme Tramoni (hors plan par B1) : *à proximité de Sartène, prendre au centre-ville le cours Bonaparte puis la D 69 ; après env 1,5 km, petit chemin sur la gauche qui descend (au niveau des boîtes aux lettres jaune et vert). ☎ 04-95-21-49-92. 06-10-66-16-34. • martin.tramoni0169@orange.fr • Fermé nov à mi-mars env. 1 chambre pour 2 pers 65-75 € ; 1 suite familiale 75-120 € pour 4 (min 3 nuits) ; petit déj compris. Taxe de séjour offerte à nos lecteurs.* Une sympathique petite adresse dans une gentille maison de pierre parfaitement tranquille. La chambre au-dessus de la maison des proprios n'est pas bien grande, mais la suite dans la partie basse est dotée d'une terrasse et équipée d'une cuisine. Un bout de jardin sur le côté. Accueil agréable.

Où manger ?

Marché tous les jours, plus important le samedi matin.

Prix moyens

Le Jardin de l'Échauguette *(plan A1, **33**) : pl. Vardiola. ☎ 04-95-77-12-86. 📱 06-20-40-71-49. • lejardindelechauguette@wanadoo.fr • Tlj midi et soir. Fermé d'oct à mi-avr. Menus « Corse et délice » 23,50-29,80 € ; carte env 35 €. Café offert sur présentation de ce guide.* C'est tout d'abord la terrasse que l'on apprécie ici, au calme et bien ombragée, suffisamment rare dans cette ville de pierre. Dans l'assiette, le plaisir continue, avec des spécialités corses comme de délicieuses terrines au myrte et aux oignons confits, la daube de veau à la polenta, les beignets de courgettes ou les cannellonis au *brocciu,* sans oublier la soupe corse. Du classique, mais du bon, fidèle au poste au fil du temps. Service aimable et attentif.

Chez Jean-Noël *(plan A2, **30**) : 27, rue Borgo. 📱 06-12-77-75-70. Dans la rue qui part en biais sur la gauche de la rue principale, depuis le centre-ville, sur la pl. de la Mairie. En saison, tlj midi et soir. Fermé lun hors saison et parfois d'autres jours, « c'est Jean-Noël qui décide ». Fermé de mi-nov à Pâques. Plats 14-18 €. CB refusées.* Quelques tables à l'intérieur et 3 ou 4 en terrasse. C'est dire si les places sont comptées. Aux murs, quelques affiches ou drapeaux militants, évoquant les combats de minorités opprimées du monde entier (on ne refait pas sa corsitude !). Mention spéciale pour les courgettes farcies au *brocciu,* la soupe corse, les cannellonis et les tripettes à la sartenaise, sans oublier la daube de veau corse et le flan à la châtaigne, à accompagner d'un petit vin de pays. Une adresse tranquille et régulière depuis plus de 20 ans !

A Cantinetta *(plan A2, **31**) : 29, rue Borgo. ☎ 04-95-77-08-75. Tlj midi et soir en saison ; fermé le soir en basse saison. Congés : nov-mars. Assiettes de charcuterie 14 € et de fromage 8 €. CB refusées.* Dans la toute petite salle où son père tenait sa cave, Marie-Dominique vous accueille avec son charmant sourire. Elle l'a transformée en un lieu de dégustation où l'on peut goûter les vins de tout le Sartenais, que l'on accompagne d'une belle assiette de charcuterie ou de fromage, avec sa confiture de figues. On terminera par son gâteau à la farine de châtaigne (maison évidemment), en goûtant l'une des belles liqueurs, de clémentine, de myrte ou de châtaigne. C'est tout petit, vraiment sympa, tranquille et familial.

Restaurant du Cours *(plan A2, **32**) : 25, cours Sœur-Amélie. ☎ 04-95-77-19-07. • piscassa@hotmail.fr • Fermé dim et j. fériés en basse saison. Fermé nov-fév. Menu env 25 € ; pizzas 9-12 €. Digestif offert sur présentation de ce guide.* Une longue salle voûtée aux murs de pierre et une affaire familiale discrète, qui tourne bien rond, avec des recettes classiques comme la daube de veau aux pâtes (copieuse et bien faite) ou les tripettes à la sartenaise. Pizzas et assiette de charcuterie également.

Où dormir ? Où manger dans les environs ?

Prix moyens

Restaurant La Bergerie d'Acciola : *à **Acciola,** au carrefour de Giuncheto. ☎ 04-95-77-14-00. • bergerie.acciola@gmail.com • À 8 km de Sartène, à droite sur la route de Bonifacio. Mai-fin sept. Tlj midi et soir (jusqu'à 22h). À midi, assiette Acciola 19 € ; sinon galettes et plats 9-25 €.* Une adresse vraiment recommandable, dotée une belle terrasse panoramique (vue sur la vallée) pour prendre un verre ou déguster les plats proposés : aubergines farcies. La saucisse de veau tigre ou le burger maison avec viande de chez Abbatucci a de quoi faire saliver. Les galettes à la farine de châtaigne, pour les petits budgets, tiennent fort bien la route aussi. Bref, tout est excellent !

Service aimable et addition tout en retenue. Dans la boutique attenante au resto, on trouve d'excellents produits triés sur le volet (miel, charcuterie, farine de châtaigne, fromages toujours artisanaux... le tout à prix corrects).

🏠 🍽 ***Auberge U Sirenu et Résidence de tourisme :*** *au lieu-dit* ***Orasi,*** *route de Bonifacio. ☎ 04-95-77-21-85 (restaurant). 📱 06-24-34-38-46 (résidence). • auberge.usirenu@wanadoo.fr • usirenu.fr • ♿ À 10 km de Sartène, sur la droite. Tlj, tte l'année sauf mars. Resto tlj midi et soir. Pour 2, compter 65-105 €/nuit selon vue et saison. Menu 28 € ; plats 14-17 €, carte 35-40 €.* On mange fort bien au *Sirenu,* auberge familiale dont la cuisine reste proche des produits. Dans un très joli cadre, des plats corses classiques, bien servis, savoureux et reconstituants. L'assiette de charcuterie, la terrine maison et le sauté de veau sont parfaits, le sanglier en sauce tout autant, et les beaux fromages ne déçoivent pas. Les grillades, accompagnées de bonnes pommes de terre aux herbes, font aussi l'affaire. Certains soirs en saison, musique (guitares et chants corses). Et puis *U Sirenu,* c'est aussi plusieurs hébergements, des chalets de bois ou des *caseddi* (d'anciennes petites bergeries restaurées), pour 2 à 6 personnes, au milieu d'espaces verdoyants. La plupart sont équipés de cuisine, clim. Très tranquille. Et tout le monde (même ceux qui ne viennent que pour le resto) peut profiter de la belle piscine et de la vue superbe sur la vallée.

Où boire un verre ?

🍷 Sur la place Porta (ou place de la Libération), face à l'église, plusieurs ***terrasses*** vous tendent leurs chaises en osier. On ne sait pas bien pourquoi, mais on lui trouve un charme unique, à cette place. C'est en tout cas un plaisir toujours vérifié d'y prendre un verre, relax, mode corse. C'est aussi là qu'atterrit un hélico dans le film *L'Enquête corse...*

Où acheter de bons produits ?

🧺 ***M.A.J.*** *(plan A2,* ***40****) : 31, cours Sœur-Amélie. ☎ 04-95-77-03-27. Tlj sauf dim ap-m 8h-13h, 16h-19h. Congés : janv-fév.* Un excellent charcutier-traiteur doublé d'une épicerie fine. Belle charcuterie, fromages et savoureuses terrines. On a bien aimé les feuilletés aux blettes, les quiches et les chaussons au *figatellu.* Ça peut remplir le panier pour un bon pique-nique.

🧺 ***U Maggiu*** *(plan A1,* ***41****) : dans la vieille ville, juste après avoir franchi la porte voûtée. ☎ 04-95-77-21-36. Tlj, tte la journée.* Vin, fromage, charcuterie, miel, confiture, gâteaux secs, etc., à des prix plutôt raisonnables.

🧺 **La Cave Sartenaise** *(plan A1,* ***42****) : dans la vieille ville, juste à gauche de la porte, sous la mairie. ☎ 04-95-77-12-01. Tlj, tte la journée en été.* Bons produits là encore, notamment une intéressante sélection de vins, fromages et charcuterie.

🧺 ***Le Moulin du Valinco*** *(plan A2,* ***43****) : sous la pl. principale, face à la poste. 📱 06-23-82-52-74. En été, tlj 10h-18h30 ; hors saison, tlj sauf dim. CB refusées.* Cette famille de producteurs d'huile d'olive propose ses huiles (issues d'olives noires ou vertes), ainsi que de beaux objets à base de bois d'olivier. Également confiture, miel...

À voir

– ***Visite audioguidée de la ville :*** *MP3 disponible à l'office de tourisme. Prix : 5 € (carte d'identité demandée en caution).* Une sympathique balade audioguidée d'environ 1h15 et en une quinzaine d'étapes, qui arpente l'histoire de la ville en même temps que ses ruelles. Vraiment intéressant, car on y découvre mille informations qui font parler le sévère granit gris dont se parent les hautaines maisons.

L'église Santa Maria Assunta *(plan A1)* **:** *pl. de la Libération.* Construite au XVIIIe s, en remplacement de l'ancien édifice qui s'était effondré, elle abrite un riche mobilier : tableaux, statues et maître-autel de style baroque en marbre polychrome (classé). Remarquez les accessoires (croix et chaînes) servant pendant la procession du *Catenacciu.* À côté, l'hôtel de ville, installé dans un ancien palais des lieutenants génois.

La vieille ville *(plan A1)* **:** derrière l'église, étrange labyrinthe de venelles, de passages secrets, d'escaliers de pierre, de couloirs obscurs, de maisons hautes et fières, dont les seuls yeux sur le monde extérieur ont la forme de persiennes. On y accède depuis la place centrale par le *passage de Bradi,* sous l'hôtel de ville, à gauche de l'église. En descendant sur la gauche, aller jusqu'à l'***échauguette,*** vestige de la citadelle, qui s'avance fièrement comme une figure de proue.

Le musée départemental de Préhistoire corse et d'Archéologie *(plan B2)* **:** *bd J.-Nicoli, à 100 m en montant de la pl. de la Mairie. ☎ 04-95-77-01-09. Juin-fin sept, tlj 10h-18h ; le reste de l'année, lun-ven 10h-17h. Entrée : 4 € ; réduc. Ce billet est aussi valable pour le musée de l'Alta Rocca à Levie (conserver le ticket !).* Ce superbe musée regroupe de manière didactique, et sur 2 niveaux, d'importantes et remarquables collections d'objets préhistoriques illustrant la vie quotidienne des civilisations insulaires depuis le IXe millénaire av. J.-C. et jusqu'au Moyen-Âge.
– ***Le niveau - 1 :*** évocation de l'*habitat des 1ers hommes* arrivés sur l'île il y a plus de 10 000 ans, ainsi que de la faune disparue de l'époque, comme le *Prolagus* (lapin-rat), dont on a retrouvé des squelettes. Plusieurs vitrines sur le *Néolithique ancien* (environ 5800-4800 av. J.-C.). 1res céramiques, parures, vases peints, flèches tranchantes... Avec le *Néolithique moyen,* c'est le début de la sédentarisation. On retiendra les 1res traditions funéraires : coffres, pointes de flèches, mortiers... Noter le biberon en céramique. Le *Néolithique récent* (3800-3000 av. J.-C.) : les populations sont sédentarisées, on commence à créer de vrais villages. Outils de meunerie, belles pointes de silex, bracelets de pierre. Voir la belle statuette sur galet du Fiumorbu et les pendeloques de tradition funéraire. Les *âges du cuivre et du bronze* suivent, avec force vases, coupes, objets funéraires et parures étonnantes. L'habitat répond alors à des préoccupations sécuritaires. C'est la culture des *taffoni* (trous, cavités). On a trouvé pas mal de céramiques dans les tombes de cette période. Beaucoup de parures de pierre et de métal et belles aiguilles en os. Apparition de la métallurgie : creuset, moules à lames de poignards... Remarquables vitrines de bijoux. Nombreux colliers en pâte de verre, superbes boucles de ceinture, fibules... Et toujours des urnes funéraires. La *période romaine* présente une intéressante gamme de lampes à huile, de tuiles estampillées, de galets de plomb. Superbe tête d'Atis, de provenance incertaine, bout d'étrave de navire romain, peigne de bois (type peigne à poux). La *section médiévale,* du XIIIe au XVIe s, présente des matériels culinaires, fers, cruches trilobées et quelques céramiques.
– ***Le niveau - 2 :*** une demi-douzaine de beaux mégalithes et des amphores, auxquels s'ajoutent des expos temporaires.

Fête religieuse

– ***Catenacciu :*** *à Pâques, le soir du Vendredi saint.* Une manifestation religieuse étonnante (voir « Tradition » dans l'introduction à Sartène).

DANS LES ENVIRONS DE SARTÈNE

Le parc naturel d'Olva (ferme de découverte) **:** *route de la Castagna (D 69), à 5 km de Sartène. 06-11-75-29-64. • parc-animalier-corse.com • Juil-août, tlj 9h30-19h (dernière entrée à 18h) ; 10-30 juin et 1er-15 sept horaires variables (appeler). Durant les petites vac scol, tlj sauf lun 10h-17h. Le reste du temps,* *seulement le w-e (à vérifier par tél). Entrée : 7,50 € ; 5 € 4-18 ans ; gratuit - de 4 ans. CB refusées.* Sur 22 ha, plus de 150 animaux (lapins, chèvres, moutons, chevaux, cochons miniatures, ânes et plein d'animaux de basse-cour...). Panneaux explicatifs, sentier botanique, l'accent est mis sur la pédagogie. Baptêmes à dos de poney *(3,50-5 € selon durée).* Une initiative intéressante, essentiellement à l'intention des enfants qui n'ont que rarement l'occasion de sortir des villes. Pique-nique possible sur une aire aménagée.

Spin a Cavallu : *à env 9 km au nord-est de Sartène, un peu en retrait de la route de Sainte-Lucie-de-Tallano. Mal indiqué : repérer sur la gauche de la route, en allant vers l'Alta Rocca, une stèle, env 500 m après le lycée agricole.* C'est l'un des plus beaux ponts de Corse, à arche unique, construit au XIIIe s. D'origine pisane, il a été consolidé à l'époque génoise (et restauré après la crue de 1993). Il est long de près de 65 m et haut de 7,70 m. Remarquez la forme étrange de son arche, en triangle. D'où son nom, qui signifie en corse « dos de cheval »... Possibilité de baignade.

TIZZANO (TIZZÀ) (20100)

À une quinzaine de kilomètres de Sartène par la D 48, niché au fond d'un cul-de-sac, voici un petit havre de tranquillité, certes un peu construit (sans excès toutefois), avec son port de pêche, ses criques et une jolie plage. Tizzano (qui dépend de la commune de Sartène) fut jadis un paradis des nudistes, qui ont été priés d'aller se rhabiller... Entre une bronzette et une partie de pêche, on peut partir à la découverte de cette côte encore sauvage, dès que l'on s'éloigne de la colline sur laquelle se concentre l'urbanisation. On peut aussi longer la mer (qu'on laisse sur la gauche) et gagner une jolie plage par quelques kilomètres de piste. Et les randonneurs, eux, peuvent continuer vers Campomoro par le sentier littoral via le phare de Senetosa (21 km).

Où dormir ? Où manger ?

Hôtel du Golfe : *à Tizzano, bien fléché. ☎ 04-95-22-02-51. • contact@hoteldugolfe.corsica • hoteldugolfe.corsica • Avr-oct. Doubles 85-175 € selon saison ; petit déj en sus.* Un sympathique hôtel directement en bord de mer, juste au-dessus des rochers, mené par une jeune équipe. Une petite vingtaine de chambres pour cet établissement tranquille, offrant des prestations de qualité (super literie). Elles donnent toutes sur la mer, juste en contrebas. Chambres modernisées et chaleureuses, qui offrent de douces tonalités. Toutes avec clim, balcon ou terrasse. Même s'il n'y a pas de resto, une agréable terrasse sur le côté permet de prendre un petit verre avec une assiette de charcuterie à l'heure où le soleil se couche. Location de kayaks et *paddles.* Accueil agréable.

Chambres d'hôtes chez Christine Colonna : *sur la route de Tizzano. 06-35-45-21-18. Depuis la route de Sartène, prendre l'embranchement vers Tizzano, faire 7,5 km, puis prendre à gauche la D 48a et poursuivre sur env 1,5 km. Panneau discret sur la droite (puis 200 m par une piste). De mi-avr à fin sept. Doubles 60-90 €, sans petit déj.* Un bel endroit en vérité. Quelques maisonnettes de pierre blonde, plantées au milieu de l'épais maquis, autour d'une charmante piscine cernée de transats. On y trouve 5 chambres, toutes avec AC et terrasse privée, joliment équipées et de bon confort. L'une d'elles est située à l'étage de la bâtisse principale. Calme total.

Chez Antoine : *sur le charmant petit port, tt au fond du village de Tizzano. ☎ 04-95-77-07-25.*

• florentsantarelli@orange.fr • De mi-avr à sept. Tlj sauf lun en basse saison. Résa conseillée, l'adresse est connue. Plats 16-25 € ; carte 40-45 €. CB acceptées à partir de 20 €. C'est l'adresse élégante et décontractée du secteur, régulière en qualité depuis fort longtemps. Dans l'assiette : poissons grillés ultra-frais (pageot, mostelle, chapon...), en fonction de la pêche du jour, tartare de mérou à déguster sous une agréable tonnelle surplombant joliment l'adorable petit port. Petite assiette de charcuterie, *frito misto,* soupe de poisson... Bonnes grillades également et service pro.

DANS LES ENVIRONS DE TIZZANO

La plage de Traliceto : *sur la route de Tizzano, quelques km après la* Ferme équestre de Santu Pultru, *piste sur la gauche. Pas de panneau, il est conseillé de demander son chemin auprès des locaux. Piste en mauvais état (4x4 ou voiture haute indispensable). On gagne la plage en env 15 mn. Autre solution, se garer au début de la piste et marcher jusqu'à la plage (compter env 30 mn).* Voici une plage sauvage en diable, couverte d'un beau sable blond, longue de plus d'1 km. Même au mois d'août, votre voisin de serviette ne risque pas de vous déranger ! Apporter le pique-nique. Surtout fréquentée par les plaisanciers en été, c'est une plage de rêve (apporter un parasol, ça cogne), aux eaux cristallines, mais qui se mérite !

Les mégalithes de Cauria, sites préhistoriques de Stantari, Fontanaccia et Renagju : *sur la route de Tizzano, après la ferme équestre Cavadda di Santu Pultru, tourner à gauche et poursuivre la D 48a sur env 4,3 km, jusqu'au parking (panneau sur la droite). Marcher 5 mn env jusqu'à trouver les indications pour le site. Un sentier circulaire (mal indiqué mais on ne peut pas se perdre !) permet d'observer les 3 sites, à proximité les uns des autres. Compter env 45 mn pour faire le petit tour selon son rythme. Ouv en permanence. GRATUIT.*
Les sites mégalithiques dans cette zone sauvage sont parmi les plus importants du sud de la Corse. Ce parcours donne l'occasion d'une agréable promenade au cœur du maquis : arbousiers, lentisques, genévriers, chênes-lièges... En été, gourde et chapeau ne seront pas de trop.
Le plateau de Cauria fut habité dès l'âge du bronze et il continue à être fouillé (10 menhirs découverts en 2004). On y trouve en fait 3 sites distincts :
– *L'alignement de Stantari : à env 500 m du parking.* C'est le site que l'on découvre en premier. Une vingtaine de statues-menhirs classées Monuments historiques, presque toutes sculptées : visages, bras armés, etc. Les experts pensent qu'elles seraient plus anciennes que celles de Filitosa, même si elles leur ressemblent beaucoup.
– *L'alignement de Renagju (ou Rinaghju) : env 300 m après Stantari (sentier fléché mais panneau un peu caché, ouvrez l'œil !).* Au milieu des arbres, encore des menhirs gravés (ou pierres levées), certains armés. Un habitat rectangulaire y a été découvert en 2006.
– *Le dolmen de Funtanaccia : à env 300 m en poursuivant le sentier qui fait une boucle.* Ce dolmen en granit, découvert par Prosper Mérimée en 1840, est le plus important et le mieux conservé de l'île de Beauté. Une légende locale en a fait un endroit diabolique, voué à quelque culte sacrificiel. D'où son surnom corse : *a stazzona di u Diavuli,* « la forge du Diable » ! Il se présente comme une grande dalle fine et plate, supportée sur 3 côtés par d'autres pierres plates dressées à la verticale. Ça fait penser à une grosse boîte (voyez comme nous sommes de vrais spécialistes !).

■ ***Ferme équestre Cavadda di Santu Pultru :*** *sur la D 48, à 7 km de la nationale, sur la route de Tizzano, sur la gauche. 📱 06-82-33-61-28. • randochevalcorse.fr • Balades 2h30 (70 €, coucher du soleil ou village abandonné)* *et ½ journée (90 €). Également des randos à la sem (sauf l'été) qui longe la côte, de Senetosa à Bonifacio.* Amoureux des chevaux, Emmanuel, Stéphanie et leur équipe aiment à faire partager leur passion au cours de superbes balades dans le maquis ou en bord de mer. Des randos vraiment extra, où l'amour des chevaux et celui de la Corse s'unissent pour des moments de pur bonheur. Celle du matin (½ journée) propose même de trotter sur le sable de la plage d'Argent ! Dans la foulée, la baignade avec les chevaux est une expérience unique. Autre belle escapade, celle qui passe par le village abandonné d'Ariddavu.

I●I *Table fermière de Santu Pultru :* *06-82-33-61-28. • info@randochevalcorse.fr • Juin-sept, tlj midi et soir. Carte seulement, env 30-35 €, plats 15-25 €.* Sur la grande terrasse en bois, tout près des écuries, on s'attable pour une cuisine de qualité, aux plats toujours bien ficelés. Si, pendant la journée, le cheval est à l'honneur, le soir, ici, c'est le veau (bio) de l'élevage qui est célébré, en grillades (mais pas seulement), accompagné de polenta. Plats copieux et bonne atmosphère. On termine par un excellent fromage avec sa confiture de figues, évidemment. Une belle soirée en perspective, dans un lieu simple et authentique.

SUR LA ROUTE DU GRAND SUD

Distillerie U Listincu : *domaine Saparella,* ***vallée de l'Ortolo,*** *route de Bonifacio, fléché sur la gauche à env 14 km au sud de Sartène, puis petit chemin sur la gauche, un peu cabossé. 07-85-79-25-72. • vitalba.fr • Avr-fin oct. Lun-sam 10h-19h (18h sam). Fermé dim.* Voici une petite distillerie que l'on vous fera visiter avec gentillesse, en fonction de la disponibilité (plus facile l'après-midi, car le matin on est aux champs !). On concocte ici des huiles essentielles, notamment l'immortelle, qui, sur le terroir corse, développe des qualités toute particulières. Mais on y trouve également de la criste-marine, l'inule odorante, le genévrier nain ou encore le myrte vert et le pistachier lentisque. Petite boutique avec tous les produits issus de l'exploitation.

LE GRAND SUD CORSE

La végétation se fait plus rare, plus courte, et la côte sud apparaît, superbe, au niveau de Roccapina, comme un décor de théâtre, avec une longue plage de rêve en contrebas de la route. Peu après, la côte déchiquetée se découpe comme un miracle. À chaque virage et sur environ 5 km, c'est un nouveau panorama qui s'offre à vos mirettes. De petites aires de stationnement sont là pour prendre le temps d'admirer le paysage. Au large, l'écueil des Moines et son phare, quelques roches traîtresses qui ont mis en vrac plus d'un navire, notamment le célèbre *Tasmania* en 1887. Quelques kilomètres plus au sud, des villages tranquilles, comme celui de Monacia d'Aullène, puis l'aéroport de Figari.

Tout au sud, voici Bonifacio la superbe, aux falaises impressionnantes, et enfin Porto-Vecchio sur la côte sud-est, avec son golfe et ses plages, parmi les plus belles de Corse (mais toute la région est bien pourvue de ce côté). Bon à savoir : le secteur de Porto-Vecchio est l'un des plus chers de l'île. On trouve cependant dans le coin de bons campings, des chambres d'hôtes et des gîtes, qui permettent d'éviter l'hémorragie du budget.

TASMANIA, DES MOINES SUR LA ROUTE

Avril 1887, le vapeur Tasmania quitte Bombay pour amener des convives au jubilé d'or de la Reine Victoria d'Angleterre. Il n'arrivera jamais. Le navire s'échoue sur les rochers traîtres de l'écueil des Moines au large de Roccapina. À bord, une malle pleine de pierres précieuses apportée par le Maharajah de Jodhpur. Les passagers sont sauvés, mais pas les bagages. Selon la légende, un bandit parvint à récupérer les bijoux (il était aussi plongeur ?). Capturé, envoyé au bagne à Cayenne, l'histoire raconte qu'il délivra son secret à son gardien avant de passer l'arme à gauche. Mythe ou réalité ? Le mystère des bijoux du Tasmania reste entier.

ROCCAPINA

(20100)

Sur la route de Bonifacio et à 22 km au sud de Sartène, dont elle dépend, la baie de Roccapina jouit d'une situation idéale. La mer, couleur turquoise, offre une plage longue et large, bien protégée et bordée sur la crête par une série de rochers dont l'un ressemble à s'y méprendre à un gros lion couché et couronné, le célèbre *Lion de Roccapina.* Beaucoup de monde en été, ce qui se comprend : l'endroit est vraiment fabuleux... Mais en juin ou dès septembre, vous voici de nouveau seul.

Où dormir ? Où manger à Roccapina et dans les environs ?

Camping

⛺ ***Camping à la ferme U Cavaddu Senza Nome :*** *à* ***Ranfone,*** *vallée de l'Ortolo, à 14 km de Sartène en direction de Bonifacio. 📱 06-10-39-14-29. • u.cavaddu@hotmail.com • Après le pont de l'Ortolo (situé env 3 km au nord de la piste pour Roccapina), prendre à gauche (fléché), puis continuer sur 2,5 km sur la route du pont de Curgia. Fermé déc-janv. Compter 19-24 € pour 2. CB refusées.* Heidi est installée en Corse depuis pas mal d'années. Une petite poignée d'emplacements, dispersés sur une colline superbe, arborée et sauvage. Calme total, et on n'est vraiment pas gêné par les voisins, pour une fois. Bonne ambiance, un peu bohème. 4 douches (plus quelques douches extérieures) et 3 toilettes seulement, mais ça n'a pas d'importance, le lieu est superbe, et la masse rocheuse qui domine le site est remarquable. Tiens, au fait, le nom de ce camping vous rappelle-t-il quelque chose ? Le vieux tube beatnik du groupe America, *A Horse With No Name.*

Prix moyens

🏠 🍴 ***Auberge Coralli :*** *sur la route de Bonifacio, à l'embranchement de la plage de Roccapina, à droite, près du col. ☎ 04-95-77-05-94. • aubergecoralli@orange.fr • hotel-coralli-roccapina.com • Avr-oct. Resto fermé mer, sauf hte saison. Doubles, triples et quadruples 60-101 € selon saison (hors mi-juil à fin août). ½ pens demandée de mi-juil à fin août, compter 141-161 € pour 2 et séjour min de 7 j. Au resto, ouv le soir seulement (sur résa pour les gens de passage), carte env 40-45 €. Fermé mer en avr et oct.* C'est l'hôtel le plus proche de la plage de Roccapina, juste au départ de la piste d'accès. Une douzaine de chambres impeccables, spacieuses et sobres, avec clim et donnant presque toutes sur une grande pelouse soignée. Les plus confortables sont situées dans un édifice en retrait, plus au calme. Du resto, vue imprenable sur le rocher du Lion en contrebas. Dans l'assiette, une cuisine traditionnelle corse, avec des spécialités d'agneau de lait ou de veau, préparées de belle façon. Et toujours un plat de poisson, là aussi bien réalisé.

À voir. À faire

👣👣 ***Les rochers :*** on les aperçoit bien de la route, au lieu-dit Roccapina (quelques kilomètres au sud de l'*Auberge Coralli*). Petit parking sur la droite. Sur la crête rocheuse qui ferme la baie, vous ne pouvez pas manquer le rocher qui figure assez bien un gros lion couché, le ***Lion de Roccapina.*** À 2 pas, une ***tour génoise.*** En regardant attentivement, bien plus près dans le champ de vision, légèrement sur la gauche, on voit nettement un rocher en forme de ***tête d'éléphant*** avec sa longue trompe de profil ! On ne doit ces braves bêtes de granit rose ni à des hallucinations ni à des sculpteurs fous... Ce sont de simples phénomènes naturels, dus à l'érosion et expliqués à la *Casa di Roccapina.* L'imagination humaine a fait le reste.

👣👣👣 ***Casa di Roccapina :*** *juste au col de Roccapina, sur la gauche de la route, face au point de vue et au parking. ☎ 04-95-71-56-30. Avr-oct, tlj 10h-18h ; hors saison, tlj sauf dim-lun 9h-16h. Entrée : 2 € ; réduc. Compter 1h30 pour la visite, avec l'excellent audioguide (intérieur et extérieur), et encore 30 mn pour la 2de balade (sans audioguide).*

Dans une ***ancienne maison cantonnière***, sur 2 niveaux, un bel espace consacré à l'histoire humaine de cette maison où faisaient halte toutes les charrettes et les 1res voitures qui allaient ou revenaient de Sartène. Mais la plus grande partie évoque l'histoire de la création des *taffoni,* ces blocs rocheux qui se creusent en se

décomposant, souvent par le dessous, et prennent des formes fantastiques. Le Lion de Roccapina, de l'autre côté de la route, en est l'exemple le plus connu. Le phénomène géologique (dû à l'action conjuguée du vent, de la pluie, du soleil et du sel) est bien détaillé au cours de la visite. Évocation également de la vie d'autrefois dans les *orii*, mais aussi du naufrage du *Tasmania* (1887) au large de l'écueil des Moines, le tout narre de manière émouvante. La partie muséale se termine par la ***projection d'un petit film*** de 1923 qui ne manque pas de sel, tourné sur place et restauré, *Amour et Vendetta.* Tout un programme où l'on retrouve les poncifs de la vengeance corse.
– La visite se poursuit à l'extérieur par le ***petit sentier*** situé derrière la *casa,* qui mène à un *oriu* (un *taffonu* aménagé en bergerie), toujours commenté par l'audioguide.
– Une fois cette visite terminée, se rendre de l'***autre côté de la route*** pour parcourir un autre sentier en boucle (accès libre, compter 30 mn), qui passe sous l'éléphant de pierre et mène à un belvédère extra, d'où l'on admire un remarquable point de vue sur le golfe et toute la côte.

La plage : *accès par une piste de 2,5 km qui démarre devant l'*Auberge Coralli. *Cette piste, d'une année sur l'autre, peut être plus ou moins praticable selon que la municipalité de Sartène a décidé de la refaire... ou pas. Les intempéries (hivernales ou... estivales) peuvent aussi tt changer. Pas mal d'empl. aménagés pour se garer. Si vous vous garez à hauteur de* l'Auberge Coralli, *compter 30-40 mn de descente. Prévoir son pique-nique.* Évidemment, cette superbe anse est bondée en août, mais elle reste très familiale et vraiment sympa. Pas trop de monde le matin. Bien abritée quand il y a du vent.

MONACIA-D'AULLÈNE (MUNACIA D'AUDDÈ)

(20171) 485 hab.

À égale distance de Sartène et de Bonifacio, en retrait de la route territoriale, un charmant village fleuri et tranquille, où règne une atmosphère sympathique. De plus, bien situé, à 4 km de superbes plages. Au centre du village, la place de la Caserne, une ancienne bâtisse de pierre récemment rénovée. En été, toujours une gentille animation. Un endroit typique du Sud corse, blotti au pied de l'*uomo di Cagna,* cette montagne qui constitue le but d'une excellente randonnée, et qui a la particularité d'être coiffée par une énorme roche en forme de boule qui joue les équilibristes au sommet. À proximité du village, agréable sentier du Patrimoine mettant en valeur l'histoire rurale de la région. Plein d'autres balades à faire dans le secteur. Bref, un très bon point de chute pour explorer tout le sud de l'île, ainsi que l'Alta Rocca.

UN PEU D'ARCHÉOLOGIE

Depuis 2005, près de Monacia, en bord de mer, des fouilles archéologiques ont permis de mettre au jour un site de l'époque mésolithique (7000 à 9000 av. J.-C.), qui semble bien être le tout 1er habitat de l'île. Rien que ça ! Pas moins de 1 700 vestiges ont été découverts. À cette époque, on allait à pied aux Moines, ces îlots granitiques au large de la côte : le niveau de la mer était bien plus bas.

TAFFONI ET *ORII*

Taffoni et *orii* (pluriel d'*oriu*) sont nombreux. Les *taffoni* sont des formations de granit creusées par le dessous en raison de l'action conjuguée du vent, du soleil, de la pluie et du sel. Les hommes, de la préhistoire jusqu'au XIXe s, se sont toujours servis de ces abris naturels. Parfois ils les ont murés (on les appelle alors *orii*) pour en faire des remises à céréales, étables, voire des habitations très simples. On les découvre au cours de certaines balades (notamment sur le sentier du Patrimoine), et leur histoire est fort bien racontée à la *Casa di Roccapina* (voir à Roccapina plus haut).

Où dormir ?

Gîtes ruraux du Riolo *(Gîtes de France) : dans le village, quartier Le Riolo. 06-09-23-24-23 (pour infos). Résas auprès des Gîtes de France : ☎ 04-95-10-54-30 (Gîtes 13983 à 13986). • gites-riolo-sud-corse.com • À 300 m du village. Pâques-Toussaint. Pour 4-5 pers, 495 €/sem en basse saison et petites vac scol, 640 €/sem juin et sept, et 1 090 €/sem juil-août.* 4 grands et beaux gîtes indépendants les uns des autres, disposés par 2 sur 2 terrains arborés et clos de 1 500 m² chacun. Confortables, spacieux, parfaitement au calme, ils ont tous vue sur la mer au loin. Décoration pleine de charme (peintures au chiffon, couleurs chaudes, jolies photos, objets du monde...) et équipement intérieur très complet. Chaque gîte (63 m²) comprend 2 chambres, 1 cuisine à l'américaine (lave-linge, lave-vaisselle...) et 1 vaste salon donnant sur une généreuse terrasse couverte de canisses pour vos dîners aux chandelles (hamac, barbecue, salon de jardin). Beaucoup d'espace et grande pelouse pour les enfants au cœur de chaque terrain. Une adresse idéale et soignée pour de vraies vacances reposantes, à l'écart de la foule de Porto-Vecchio et de Bonifacio. Bon rapport qualité-prix.

U Furconu, chez Janie et Antoine : *au cœur du village. ☎ 04-95-71-80-29. Studios (30 m²) 320-480 €/sem ; apparts (60 m²) 420-650 €/sem. Possibilité de louer à la nuit tte l'année.* Location d'un studio à l'étage d'une petite maison indépendante, tout équipé et au calme. Cuisine américaine et salle d'eau. Louent également un appartement en rez-de-jardin de 60 m², pour 4 personnes, avec 2 chambres, salle à manger, cuisine et salle d'eau.

Où manger ?

A Cuncaredda : *juste à la sortie du village en allant vers Pianottoli, sur la gauche. 06-15-51-16-19. • eric.tomasini0036@orange.fr • De mi-avr à oct tlj, ouv le soir seulement. Pizzas env 10-16 € ; carte env 25 €. CB refusées. Café ou digestif offert sur présentation de ce guide.* Bonnes pizzas au feu de bois, copieuses, de bien jolies grillades et quelques plats cuisinés. Terrasse particulièrement soignée, protégée par un grand pin, ou salle agréable pour les soirs où il y a du vent. Une sympathique halte appréciée des gens du village autant que des touristes, qui y viennent et y reviennent. En général, soirée corse le lundi en juillet-août.

À faire

Nombreuses ***plages*** superbes dans ce coin de la côte, à quelques kilomètres du village et autour de Pianotolli. Parfois connues, souvent secrètes... à vous d'ouvrir l'œil.

Parmi celles-ci, ***la plage du Fornellu,*** appelée aussi ***Caniscione*** (la plaine des Joncs) : c'est la plage du village, à environ 4 km de Monacia. Reprendre la route nationale vers Sartène. À environ 800 m, sur la gauche, une piste mène à la plage, à environ 1 km. Plusieurs aires de parking juste avant d'arriver, sur la droite. Une bien jolie baie parfaitement abritée, où se retrouvent les familles du village. Pas mal de monde en août, évidemment, mais franchement bien plus tranquille que les plages de Porto-Vecchio. Très calme le matin. Zone de baignade matérialisée, pente douce sans danger pour les enfants.

À noter, à l'entrée du village, sur la gauche, un ***ancien cimetière*** dont les tombes de pierre présentent de jolies croix de granit.

– La dynamique ***Association U Furnellu*** *(● ufurnellu.canalblog.com ● ; infos : 06-77-22-83-96, après 20h)* propose au mois d'août plein d'activités dans le village (course à pied, concours de boules, compétition de natation et de kayak...), et tout au long de l'année des randos encadrées. À noter, début août, 2 courses emblématiques : la ***Trail de l'uomo di Cagna,*** une course de 30 km à travers le maquis (réservée aux spécialistes et déjà un must !), et la ***Monacia*** (12 km), plus familiale et populaire, qui emprunte en partie le sentier du Patrimoine.

Randonnées

Uomo di Cagna : *une randonnée à ne pas manquer (pour bons randonneurs, tt de même).* Montée en 3h-3h30. Descente env 2h30. Bon balisage jaune tout le long. Il est conseillé de partir tôt le matin pour profiter de la fraîcheur. *La rando est bien présentée sur l'appli « iScarpi ».*
Ce bilboquet rocheux est longtemps resté invaincu. Les derniers mètres de son ascension étant infranchissables sans moyens artificiels, il a fallu utiliser la technique du lancer de corde pour hisser une cordée sur son sommet ! Heureusement, si la grimpette vers cette montagne tutélaire des rivages du Sud est superbe, on se passe très bien de gravir le fameux bilboquet.
Son ascension part du hameau de *Giannuccio* (prononcez « Yanoutch' »), à environ 8 km au-dessus de Monacia-d'Aullène. Se garer sur la petite place de l'église. Aller jusqu'au bout du village et suivre le fléchage. La 1re moitié de l'ascension se fait en grande partie en sous-bois. Le sentier se faufile entre bruyères et chênes verts, avec ici et là de superbes percées sur la vallée de l'Ortolo et au loin le golfe du Valinco. Puis on aborde quelques passages rocheux sans difficulté particulière. Aux abords du sommet, apparaissent les silhouettes insolites d'une ménagerie de pierre grise et austère qui annoncent leur roi commun, le célèbre *Uomo* (1217 m). Au pied du chaos, le balisage cesse. On déconseille d'aller plus loin. Ne pas gravir le dernier amas rocheux qui mène au pied du bilboquet, notamment avec des enfants. Pas grave, on voit très bien le sommet depuis le pied des rochers.

PAS VU PAS PRIS

En 1940-41, les jeunes soldats italiens occupant l'île étaient bien délaissés par leur hiérarchie. En pleine nuit, ils observaient régulièrement de curieux halos de lumière sur la montagne de Cagna. « Ne serait-ce pas des parachutages d'armes ? », demandèrent certains aux vieux Corses. « Hmm... sans doute que non... mais si c'était le cas, vous n'avez rien vu, hein ! Sinon vous risquez d'être envoyé seul dans la montagne. Et le maquis est épais là-haut. » Les troufions transalpins regardèrent ailleurs. Anglais et Américains procédèrent ainsi sur Cagna à des dizaines de parachutages de caisses d'armes, au nez et à la barbe de l'occupant, alimentant ainsi la Résistance insulaire.

– ***Un guide de moyenne montagne,*** Jean-Jacques *(06-11-89-60-57),* très sympa, peut accompagner les randonneurs dans ce massif qu'il connaît comme sa poche. Il propose également des randos à la ½ journée ou à la journée dans la forêt de L'Ospédale, les aiguilles de Bavella...

Le sentier du Patrimoine : *boucle de 1h env à partir du village. À pied, de la pl. de la Caserne, prendre la départementale qui descend vers la T 40. Faire env*

300 m, et la balade est indiquée (petit panneau !) sur la droite. Chouette promenade familiale, bucolique et en bonne partie ombragée, qui décrit une boucle dans la vallée de Monacia. Une excursion idéale en fin de journée ou un jour où il fait gris. Tout au long du parcours bien dessiné, on découvre d'intéressants panneaux qui évoquent la vie d'antan. Sur le chemin, maison d'agriculteurs, *orii,* restes d'un ancien moulin... On adore.

Balade à la tour d'Ulmetu : *à faire depuis la plage de Caniscione (voir plus haut). Départ de la balade sur la droite de la plage, en grimpant les petites marches installées dans le muret, puis c'est tt droit. Compter 20 mn aller.* Superbe promenade tranquille à faire à travers le maquis et qui offre de remarquables points de vue sur la baie. Tout au bout se dresse la fière tour génoise qui garde l'entrée de l'anse du Fornellu.

PIANOTTOLI (PIANOTTULI) (20131) 835 hab.

À 20 km de Bonifacio, voici un petit village situé à 2 pas des côtes encore sauvages de la baie de Figari et à 20 mn de la pointe sud de l'île. Intéressant pour ceux qui veulent profiter de la mer tout en restant à proximité de Bonifacio. Le village n'a pas en soi d'attrait particulier, mais la vie y est paisible. Le hameau de Caldarello, à 1 km de là en direction de la mer, est plus tranquille. De belles plages dans ce secteur.

Adresses utiles

Entre Sartène et Bonifacio, voici les 2 seuls points de ravitaillement.

Spar : *sur la gauche en arrivant de Sartène. Tte l'année. En saison, tlj 8h-21h.*

Utile : *à la sortie du village en venant de Sartène, sur la droite. Tte l'année. En saison, tlj 8h30-20h.* On y trouve également une bonne boulangerie-pâtisserie.

■ ***Essence :*** 2 stations, une à chaque entrée du village.

Où dormir ? Où manger ?

Camping Kevano Plage : *route du Bord-de-Mer, à 400 m de la mer. ☎ 04-95-71-83-22. 06-34-24-63-80. • campingkevano@gmail.com • campingkevano.com • De la route principale, au centre du village, prendre la route indiquée « Bord-de-Mer/ Campings », faire 1 km, puis à droite au panneau « Campings » et poursuivre sur 2,2 km. Résa conseillée. Selon saison, forfait 20-38 € pour 2 avec tente et voiture. Également des bungalows toilés, chalets, mobile homes (jusqu'à 6 pers), loués à la nuit (seulement à la sem en juil-août).* Site très agréable, vert et fleuri, resto, épicerie. Camping bien tenu à tous égards, avec de beaux emplacements en terrasses, bien ombragés et disséminés parmi les roches de granit. Sanitaires impeccables. Pas trop de monde et superbes plages à proximité, dont celle de Chevano, évidemment. Une adresse de qualité depuis bien des années.

Camping Le Damier : *mêmes indications que pour le Camping Kevano, mais env à 500 m avt, sur la droite. ☎ 04-95-71-48-85. • info@camping-le-damier.com • camping-le-damier.com • Avr-fin oct. Selon saison, compter 18-27 € pour 2 avec tente et voiture. Bungalows (4-5 pers), mobile homes, lodges et chalets (avec ou sans* *sanitaires) pour 5-6 pers.* Un camping bien niché sous les pins et les chênes-lièges, parfaitement ombragé. Installations modernes, impeccables, et une jolie piscine en prime. Bar-resto-pizzeria. Bon équipement général.

Chambres d'hôtes chez M. Bernard et Brigitte Labbé *(Gîtes de France)* **:** *lieu-dit Favalli. ☎ 04-95-71-86-18. • bernard.labbe4@wanadoo.fr • En venant du nord, env 800 m avt l'entrée de Pianottoli, panneau sur la droite de la route ; puis faire env 800 m par une bonne piste. Tte l'année. Compter 68 € pour 2. Table d'hôtes 25 € (apéro, vin et café compris). CB refusées.* Une bien jolie adresse, parfaitement au calme (bien à l'écart de la route), située dans un environnement verdoyant et superbement arboré (on est d'ailleurs dans une exploitation horticole bio). 5 chambres simples et agréables, bardées de bois, toutes avec une entrée indépendante et une petite terrasse attenante. La tendance bio-écolo de l'endroit se retrouve au petit déjeuner, avec de belles confitures maison, mais aussi à la sympathique table d'hôtes, où légumes et fruits du jardin sont à l'honneur. Le veau au miel et aux olives est simplement délicieux ! Bon accueil du jovial Bernard. Une chouette adresse à prix doux.

Chambres d'hôtes chez M. et Mme Berquez *(Gîtes de France)* **:** *lieu-dit Padulleli, à l'entrée de Pianottoli, sur la droite en venant de Sartène. ☎ 04-95-71-83-82. • jberquez@orange.fr • Fermé nov-début mars. Compter 75 € pour 2. Table d'hôtes 25 € (apéro et vin compris). Digestif ou apéro offert sur présentation de ce guide.* Dans une maison moderne et sans caractère particulier, proche de la route (dont on entend la rumeur, mais tranquille le soir), 3 chambres coquettes, très propres, au rez-de-chaussée ou à l'étage de la maison. Salle de bains et clim pour chaque chambre (sauf pour une qui est naturellement fraîche). Accès indépendant, véranda et salon de jardin. Bon accueil de toute la famille. Un lieu simple mais qui dépanne bien, car il n'y a pas énormément d'adresses dans le secteur. Le soir, pour la table, c'est le fiston qui cuisine (veau aux olives, soupe corse, truite de rivière...).

Hôtel U Libecciu : *route du Port, Pianottoli. ☎ 04-95-71-87-93. • hotel.libecciu@gmail.com • hotellibecciu.com • De la T 40, prendre la route du Bord-de-Mer et Caldarello (D 122), direction le port puis fléché sur la droite. Avr-oct. Doubles 106-202 € selon saison. ½ pens 80-130 €/pers.* Cet hôtel-club, à seulement 2 km du village de Pianottoli, est directement situé en bord de mer, dans un très joli site : les chambres (doubles, triples, quadruples), avec TV et clim, sont réparties dans plusieurs bâtiments de quelques étages, reliés entre eux. Bien belle piscine en surplomb de la plage privée, avec petites passerelles. Et, comme on est au fond du golfe de Figari, l'eau est toujours très calme. Grand bar au rez-de-chaussée, prolongé par une terrasse de teck. De nombreuses activités et animations sont proposées : miniclub pour les 3-10 ans, centre de plongée sur la plage de l'hôtel, activités nautiques, tennis, terrain de volley. Restaurant. Une bonne adresse !

Boulangerie artisanale Maniccia : *au centre de Pianottoli, sur la T 40, sur la droite un peu après le croisement en venant de Sartène Tlj, 6h-19h30.* Propose un bon pain à l'huile d'olive, d'autres au lard, aux noix, aux figues... Des sandwichs également, toujours très frais, tout comme les gâteaux. Quelques tables dans la salle et sur le trottoir.

Chez Mika : *à* **Caldarello.** *📱 06-17-11-04-81. Suivre le fléchage de l'hôtel* U Libecciu, *c'est 800 m plus loin. Fin mars-fin sept, tlj midi et soir, jusque tard. Pizzas 10-17 € ; quelques plats également. CB refusées.* Une pizzeria de qualité, fréquentée depuis fort longtemps par les gens du coin et les familles en vacances. Pizzas hyper copieuses et goûteuses, il n'en faut pas plus pour contenter les affamés. Petit bémol cependant : pas d'eau en carafe servie, bouteille capsulée seulement (payante) !

Pizzeria-grill 23-19 : *📱 06-13-50-08-15. Suivre le fléchage de l'hôtel* U Libecciu *; c'est env 1,5 km plus loin. Avr-oct, tlj midi et soir. Pizzas (le soir)*

9-13,50 € ; carte env 25 €. Agréable resto, aménagé en petits kiosques et terrasses arborées pour profiter de pizzas, de salades variées ou une simple pièce de viande. Pratique pour ceux qui séjournent à proximité.

Où se baigner ?

La plage de Chevano : *du centre du village, prendre la direction « Bord-de-Mer/Campings », faire env 1 km, puis à droite panneau « Campings ». Poursuivre sur 2 km et prendre à droite (juste au niveau du Camping Kevano). Env 1,5 km plus loin, emprunter la piste à gauche (indication : « aire de stationnement »), qui se sépare en 2, 200 m plus loin : prendre à gauche, le parking (pas bien grand) n'est pas bien loin.* Un court sentier mène alors à la plage, large baie paradisiaque. Dorer au soleil, s'y baigner, quel bonheur !

FIGARI

(20114) 1 020 hab.

Le golfe du même nom est un abri très prisé des navigateurs, car il est tranquille, bien échancré et très beau. Le village, pour sa part, est installé dans la vallée à quelques kilomètres à l'intérieur des terres, traversé par la D 859. À 2 pas, quelques belles plages et la baie de Figari, excellent spot pour la planche à voile et le kitesurf. Quelques commerces, des chambres d'hôtes et des gîtes dans le secteur. Du terroir de Figari est issu un vin de qualité qui commence à prendre une place méritée dans le panorama viticole insulaire. C'est aussi dans cette vallée que s'est niché l'aéroport de Figari-Sud/Corse.

Infos utiles sur l'aéroport

L'aéroport de Figari – ***Figari-Sud/Corse*** – se situe à 22 km au nord de Bonifacio et à environ 22 km au sud-ouest de Porto-Vecchio. C'est de loin le plus pratique pour ceux qui vont directement dans le sud de l'île. Café, boutique-presse, tabac. Liaisons en bus *(Navettes Rossi : ☎ 04-95-71-00-11)* avec Porto-Vecchio (4 liaisons/j. en juil-août, 3/j. en juin et sept, et 2/j. hors saison, sauf dim et j. fériés).

✈ ***Aéroport :*** *• 2a.cci.fr/Aeroport-Figari-Sud-Corse.html •*

➢ En saison, nombreux vols depuis/vers les aéroports de Paris et de province avec *Air France, Air Corsica* et *Ryanair.* Liaisons également depuis/vers Bruxelles-Zaventem *(Brussels Airlines)* et Bruxelles-Charleroi *(Ryanair).*

Où manger à Figari ?

|●| *Restaurant-Pizzeria A Cetera :* *dans Figari, un peu après le centre, sur la droite en allant vers Porto-Vecchio. 📱 06-80-17-82-47. Tlj sauf lun en saison, midi et soir. Hors saison, fermé lun, mardi soir et mer soir. Fermé janv-mars. Menu le midi en sem 17 € ; plats 18-24 € ; menu corse 29 €. Digestif offert sur présentation de ce guide.* L'adresse est discrète, la salle n'est pas bien grande, toute bardée de bois, mais le menu du midi répondra parfaitement aux attentes des voyageurs de passage. Bonne *pastascuitta tradizzionala* et petits farcis à la figaraise bien réalisés, tout comme le sauté de veau. Pizzas le soir.

Où dormir dans les environs ?

Chambres d'hôtes chez Jeanne (Gîtes de France) : *dans la **baie de Figari,** route du port. 06-77-47-73-54. • pascal-watier@orange.fr • Sur la route Sartène-Bonifacio (T40) et prendre à droite vers Sartène ; faire 1 km et prendre la route direction « Baie de Figari ». À 500 m, grille métallique sur la droite. Avr-fin oct. Compter 70-95 € avec petit déj. Maisonnette 750-1 700 €/sem selon saison.* 3 chambres d'hôtes modernes, spacieuses, lumineuses et très bien équipées (TV, clim et belles salles de bains...), situées dans une maison tout en longueur, édifiée sur un terrain qui descend jusqu'à l'estuaire de Figari sur lequel on a la vue. Calme total. Les plages sont à 2 pas à pied, vers la gauche, mais il y a aussi une belle piscine chauffée, cernée par un beau pourtour de bois. Idéal pour les véliplanchistes... et pour les autres ! Grande cuisine moderne à la disposition des hôtes (pratique !). Sur le devant, jardin soigné, petit bassin de carpes et quelques tables sous les chênes-lièges. Également 1 maisonnette en bois pour 2 (plus canapé convertible), un peu à l'écart, avec salon attenant et une petite piscine privative. Accueil sympathique comme tout.

Domaine de Piscia, ferme-auberge : *à proximité du hameau de **Piscia,** sur les hauteurs. 06-14-88-56-30. • domainedepiscia@gmail.com • domainedepiscia.com • Avr-sept. Selon saison et confort, doubles les « Mignonnes » et les « Grottes » 149-189 € ; suites (les « Splendides ») plus chères, petit déj inclus. Le midi, plateau de charcuterie/fromage env 25 €. Plats 20-25 €. À la carte, compter env 45 € (pour les non-résidents, résa obligatoire).* Il faut la mériter cette adresse, perchée sur les flancs de la montagne de Cagna, bénéficiant d'une vue époustouflante et d'un calme olympien. Une douzaine de chambres en tout, soit dans la maison principale, soit à côté du resto, ou encore en contrebas de la piscine. Elles ont toutes leur personnalité : murs extérieurs en pierres sèches du plus bel effet, et intérieur aux murs blancs, avec incrustation de bois d'arbousier vernis et de nombreux objets décoratifs. Les *Splendides* (les plus chères) le sont vraiment ! Séduisante piscine, comme suspendue entre terre et ciel, avec sa jolie cascade. À table, outre l'excellente charcuterie maison (saucissons et coppa occupent une partie du plafond de la salle à manger), on profitera d'une cuisine goûteuse et inspirée (sauté de veau aux olives, polenta de châtaignes, aubergines à la bonifacienne, l'omelette au *brocciu* et à la menthe (en saison), agneau de lait et porcelet à la broche...), corse sur le fond, et toujours au plus près des produits, dont la plupart sont fermiers, bio et locaux. Vin maison. Un régal !

Où acheter du bon vin ?

Cave du Domaine de Tanella : *à la sortie de Figari, direction Porto-Vecchio, à droite. ☎ 04-95-70-46-23. En saison, en théorie, lun-sam 9h-19h30 ; horaires restreints dim et hors saison.* Primé de nombreuses fois, le domaine de Tanella propose des vins de qualité dans les 3 couleurs.

DANS LES ENVIRONS DE FIGARI

La baie de Figari : *sur la route Sartène-Bonifacio (T 40 prendre la route sur 1 km, jusqu'au port, qui devient piste ensuite (sur 2 km).* On aboutit à plusieurs petites plages étroites, aux eaux tranquilles, au fond de la baie, très fréquentée en été par les véliplanchistes et les kitesurfeurs qui apprécient les conditions météorologiques du site, dans un cadre sécurisant. Un lieu de plus en plus reconnu et fréquenté par les spécialistes.

■ ***Éole Figari Fun Center :*** *du port, suivre la piste jusqu'au bout (site protégé de la Testa). Le club est devant la plage.* *06-11-48-13-92.* • *eolefigari.com* • Cours de planche et de kitesurf, et location de planches de tous niveaux, à l'heure ou plus. Également location de kayaks et *paddle boards.* Idéal pour apprendre ou se perfectionner en planche comme en kite.

BONIFACIO (BUNIFAZIU) (20169) 2 870 hab.

• Plan Bonifacio *p. 270-271* • Carte Les environs de Bonifacio *p. 273*

Bonifacio est un miracle. Un miracle naturel et humain. Comme une pierre précieuse, le bijou brut a été sublimé par l'homme au fil des siècles, qui en a fait l'une des plus belles villes qu'offre la Corse au visiteur ébahi. Ici, l'île de granit, gris ou rose, cède la place à la blancheur éblouissante du calcaire. Il faut imaginer de hautes falaises crayeuses, taillées par le vent et les embruns, au sommet desquelles ces fous de Génois construisirent un fort, puis toute une ville fortifiée, entourée de 2,5 km de remparts ! Et par un curieux caprice de la nature, au pied de la ville, un fjord, un goulet, un aber ou une calanque, appelez-le comme bon vous semble, profond de 1,5 km, et qui fait du port de Bonifacio le meilleur mouillage de la Méditerranée occidentale. C'est tout simplement sublime, magique et bouleversant à la fois.
Pourtant, les aoûtiens pourront trouver un rien pesant l'atmosphère, le flot de ceux qui – selon leur budget – lèchent des glaces à l'eau le long de la marine ou arpentent le pont de leur yacht. Il faut dire que, à moins de venir hors saison, on s'expose ici à la grande foule... sauf si l'on vient tôt le matin. Et là, le plaisir est total.
Même ceux qui ne supportent pas la foule auront du mal à résister à Bonifacio : la vieille ville est sans conteste l'une des plus pittoresques que l'on connaisse avec ses hautes et hautaines maisons de pierre qui, serrées les unes contre les autres, bravent les éléments depuis des siècles. Et puis ces incroyables falaises, en partie accrochées au-dessus du vide, sont tout bonnement époustouflantes, et les couchers de soleil vraiment divins. Pas étonnant qu'on se soit tant battu pour posséder ce site unique...

– ***CONSEIL IMPORTANT :*** pour profiter pleinement de la ville, si vous désirez n'y passer que quelques heures, arrivez tôt le matin (vers 8h-8h30) et repartez en fin de matinée (ce qui n'empêche pas de revenir le soir !). Ainsi, vous avez le sentiment d'avoir la Ville Haute pour vous tout seul ou presque, avant que n'ouvrent les commerces, et c'est un enchantement total. En saison, dès 10h il faut s'attendre à 3 km de bouchon pour entrer dans Bonifacio. On est bloqué parfois pendant une bonne heure, et on n'exagère pas ! On n'échappe pas aux *parkings payants* (voir plus loin « Comment stationner en ville ? »)... Vous voilà prévenu.

UN PEU D'HISTOIRE

Le marin le plus connu de l'Antiquité, Ulysse, fit sans doute escale à Bonifacio : la description qu'il donne d'un port dans l'*Odyssée* correspond à s'y méprendre à celle de l'étroit goulet de Bonifacio.
En tout cas, le site est habité depuis la préhistoire, comme l'atteste la Dame de Bonifacio, vieille de plus de 8 500 ans, dont on retrouva le squelette dans un abri-sous-roche, en face de l'actuel camping *Araguina.* Plus tard, commerçants grecs et militaires romains s'implantent dans la région. Un camp fortifié est édifié, sans

doute vers 830, par Boniface II, marquis de Toscane. Pendant 2 siècles, la cité est contrôlée par la république de Pise. Jusqu'à ce que les Génois s'en emparent, à la fin du XIIe s, profitant paraît-il d'un mariage arrosé ! Ils en font une forteresse imprenable (2,5 km de remparts de 8 m de haut, une douzaine de tours), chassent les habitants (remplacés par des colons ligures, ce qui explique qu'on y parle un dialecte ligure, ou génois, différent du corse toscan) et dotent la ville de statuts à part, dignes de ceux d'une république indépendante. Bonifacio va ainsi prospérer et résister aux tentatives de conquêtes.

En 1420, le roi d'Aragon manque de peu la prise de la ville. Malgré un siège de 5 mois, les habitants parviennent à tenir, notamment grâce à l'ingénieux escalier (baptisé à tort « escalier du roi d'Aragon ») creusé dans la falaise, qui leur permet de se ravitailler en eau.

En 1553, 30 ans après l'épidémie de la peste noire qui a décimé la population (plus de 4 300 morts sur les 5 000 habitants), c'est au tour des Français d'assiéger le port, aidés par l'affreux pirate turc Dragut, qui massacre la garnison. Malgré une résistance héroïque, la ville capitule. Ses murailles ne résistent pas au déluge de boulets métalliques. Elle redevient génoise peu après, puis passe à la France (en même temps que toute la Corse) en 1768.

Dernières péripéties au XIXe s : les échanges de bandits. Vu la proximité des côtes sardes, la fuite des criminels, dans les 2 sens, empoisonne la vie des Bonifaciens. Les Sardes en profitent autant que les Corses, revenant de temps en temps commettre un nouveau forfait sans risquer d'être repris. Il faut un accord entre les 2 pays pour régler ce problème épineux. Aujourd'hui, la coopération se fait dans le cadre du PMI (parc marin international) composé de la réserve naturelle des Bouches de Bonifacio et du parc national de l'archipel de la Maddalena, côté italien, ainsi que le site Ramsar Tre Padule de Suartone (au nord-est de Bonifacio) et les terrains du Conservatoire du littoral.

Arriver – Quitter

En bus

Station des cars *(hors plan par D1)* **:** *en face du parking P1 du port, à côté du petit train touristique.*

➢ **De/vers Bastia :** attention, le départ se fait de Porto-Vecchio avec un car des *Rapides Bleus Corsicatours* (☎ 04-95-72-35-57 ; ● rapides-bleus.com ●), 2 départs dans les 2 sens, tlj 15 juin-15 sept (1 le mat et 1 l'ap-m) ; hors saison, pas de départ dim et j. fériés. Trajet : 2h45. Il faut donc rejoindre Porto-Vecchio (ou en revenir) par une ligne locale (dans chaque sens, 3-4 A/R par j. selon saison, tlj en juil-août, lun-sam en avr-juin et sept-oct). Cher : 9 € rien que pour ce petit trajet (et 16 € l'A/R).

➢ **De/vers Porto-Vecchio, Sartène, Propriano et Ajaccio :** avec la compagnie *Eurocorse* (☎ 04-95-71-24-64). 3 liaisons/j. en été, mais attention, là encore, il faut rejoindre ou revenir à Porto-Vecchio. Hors saison, 2 liaisons lun-sam. Trajet : 3h10 (entre Porto-Vecchio et Ajaccio). Pour Bonifacio, changer de bus à Scopetto (près de Figari, au croisement entre la T 40 et la D 859). Même chose dans l'autre sens. Le guichet de vente des billets, devant le parking P1, n'est ouvert qu'en juil-août (le reste de l'année, les billets se prennent dans le bus).

➢ **Service des plages (vers Piantarella, Spérone et retour) :** avec la compagnie *Transports Touristiques Bonifaciens* (☎ 04-95-73-15-07). Juil-fin août seulement, 6 A/R par j. dans les 2 sens. De Bonifacio, 8h45-19h15. Départ du parking P1, devant le petit train touristique. De Piantarella, 9h30-20h. Compter 5 € le trajet.

En bateau de/vers la Sardaigne

Gare maritime *(plan B1)* **:** *quai Banda-del-Ferro.* La compagnie *Moby Lines* (☎ 04-95-73-00-29 ; ● mobylines.fr ●) relie Bonifacio à ***Santa Teresa di Gallura*** en Sardaigne. De Pâques à

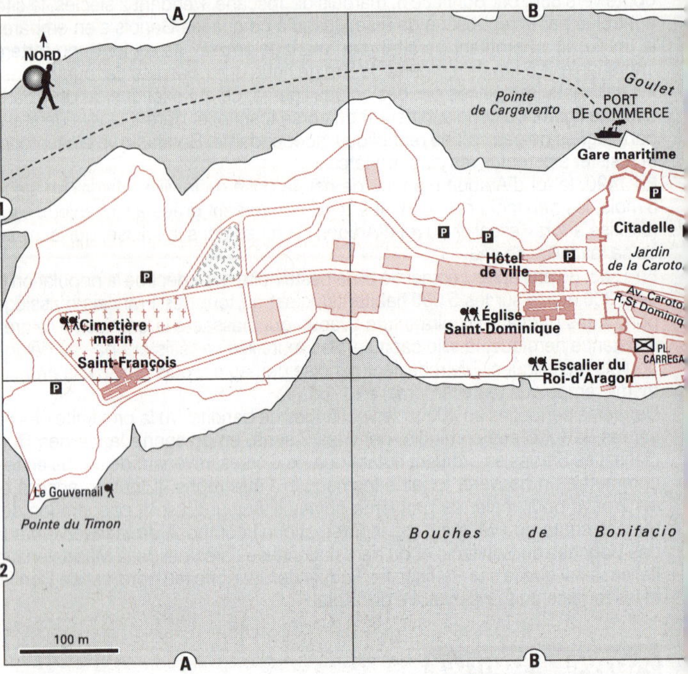

Adresses utiles

- Office de tourisme (zoom) et annexe (D1)
- 2 Le Lavoir de la Marine (D1)
- 4 Europcar (D1)

Où dormir ?

- 10 Camping Araguina (hors plan par D1)
- 11 Hôtel des Étrangers (hors plan par D1)
- 12 Hôtel Royal (zoom)
- 15 Hôtel Colomba (zoom)
- 16 Hôtel Solemare (D1)

Où prendre un petit déjeuner ?

- 29 Le Marina (D1)

Où manger ?

- 20 Cantina Doria (zoom)

mi-sept, 4 liaisons/j. dans les 2 sens. Durée : 1h. Départ de la gare maritime, tout au bout du quai. Infos et billetterie sur place.

➢ Des liaisons également avec la compagnie *Blue Navy (☎ 04-95-25-50-86 ; • bluenavytraghetti.com/fr •)* : début avr-début oct, 4 A/R par j.

Adresses et infos utiles

Office de tourisme *(plan zoom) : 2, rue Fred-Scamaroni. ☎ 04-95-73-11-88. • bonifacio.fr • Juil-août 9h-20h (18h en avr-juin et sept, et 17h en oct). En hiver, lun-ven 9h-16h.* Bien documenté et très bon accueil. Plan de la ville, guide pratique avec liste des hébergements... Location

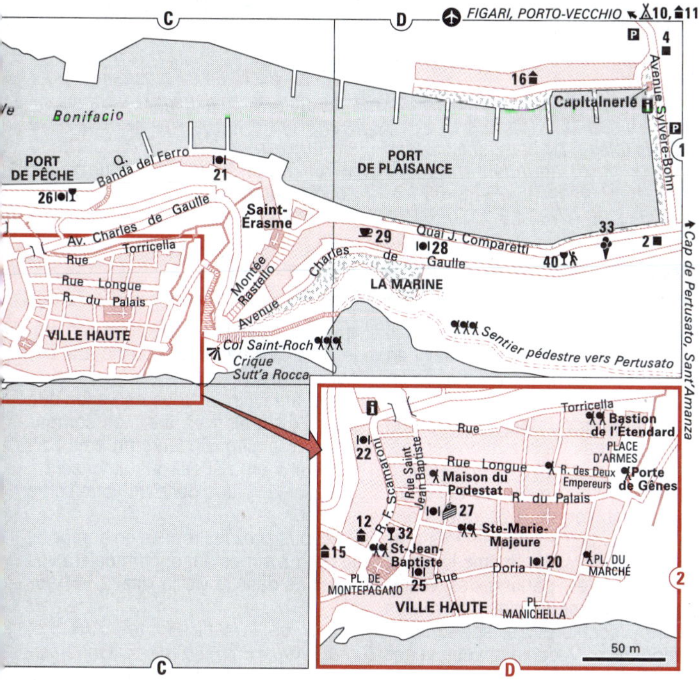

BONIFACIO

- **21** The Kissing Pigs (C1)
- **22** Aria Nova (zoom)
- **25** Stella d'Oro (zoom)
- **26** Chez José – Bar à vins (C1)
- **27** Ciccio (zoom)
- **28** Da Passano (D1)

Où déguster une bonne pâtisserie ?

- **27** Pâtisserie Les Délices de Ciccio (zoom)

Où boire un jus de fruits ?
Où boire un verre ?
Où déguster une glace ?

- **32** Café Niçois (zoom)
- **33** Glacier Le Rocca Serra (D1)

Où boire un verre tard le soir ?
Où danser ?

- **40** B'52 (plan D1)

d'audioguides et visites guidées de la ville (lire les infos au début de la rubrique « À voir »). Également une ***annexe sur le port :*** *à côté de la capitainerie (plan D1) ; mai-sept, tlj 10h-14h et 15h-18h (plus tôt hors saison).*

■ ***Distributeurs de billets :*** *sur le port* ***(Crédit agricole),*** *près de la capitainerie (plan D1), ou à la* ***Société générale,*** *au début de la montée Rastello (plan C1) ; également dans la Ville Haute (plan B1) à la* ***poste.***

■ ***Hôpital de Bonifacio*** *(carte Les environs de Bonifacio)* ***:*** *lieu-dit Valle, à env 2 km au nord de Bonifacio par une petite route qui prend sur la T 40 (route de Sartène). ☎ 04-95-73-95-73.* Service d'urgences 24h/24.

■ ***Laverie :*** ***Le Lavoir de la Marine*** *(plan D1,* ***2****), sur le port, au début du quai Jérôme-Comparetti. Tlj 7h-22h. Également* ***La Laverie du Port*** *sur le quai d'en face (8h30-19h30, fermé dim).*

■ ***Location de voitures :*** *Europcar (plan D1, **4**), à l'entrée de la ville sur la gauche quand on arrive au port (dans une courette peu visible), juste en face de la station Botti. ☎ 04-95-73-10-99. Tlj en saison 8h-12h, 15h-19h.*

Taxis *(plan D1)* ***:*** *borne d'appel sur le port. Les taxis attendent devant le parking P1. 06-14-65-25-68, 06-82-59-29-33 ou 06-07-80-68-15.*

■ ***Capitainerie du port*** *(plan D1)* ***:*** *quai N.-Beretti, à l'extrémité du port. ☎ 04-95-73-10-07, ou VHF canal 9. 06-13-45-70-34 (nº d'astreinte, pour les urgences seulement). • bonifacio-marina.corsica • Tlj 7h30-20h30 (8h-19h en mi-saison, 8h30-12h30 et 13h30-16h30 en hiver).* Sur place : douches gratuites pour les plaisanciers et toilettes.

Comment stationner en ville ?

Circulation très difficile en saison. Il est conseillé de se garer dans l'un des nombreux parkings aménagés en arrivant, dans la Ville Basse. Ils sont payants (2 près du port – celui sur la droite, au niveau de la station-service, est le moins cher – et 3 en Ville Haute). Paiement à l'heure (enfin, au quart d'heure !) ou forfait. Très cher dans tous les cas. Les emplacements gratuits sont inexistants... même le grand parking (appelé « parking des Valli ») au niveau du rond-point des routes de Porto-Vecchio et Sartène (tourner direction Porto-Vecchio si vous venez de Sartène), à 1,5 km du centre, est payant *(5 €/j.)*, de même que le parking « Monte-Leone », sur la route de Santa'Amanza (navette). Les camping-cars sont interdits de stationnement de 23h à 7h et ne sont autorisés en journée que sur 2 parkings. Attention : en été, le quai Comparetti est fermé à la circulation le soir.

– Bon à savoir : si vous ne venez que pour l'excursion en mer, les compagnies disposent de leurs propres parkings (il y en a 3) et vous autorisent à y laisser la voiture pendant votre sortie en mer.

– Si vous avez les rotules en compote, le ***petit train*** est là, qui trimbalera vos vieux os dans la vieille ville *(☎ 04-95-73-15-07 ; en été, 9h-21h – dernier retour de la Ville Haute ; A/R 5 €, réduc. Jusqu'à 18h en moyenne saison).* Visite commentée et halte là-haut (il redescend chercher la cargaison suivante). Départ sur le parking du port (P1), juste à gauche en arrivant sur le port.

LE GRAND SUD CORSE

Où dormir ?

Tout, ou presque, est trop cher ! Vous voilà prévenu. Si vous n'avez pas les moyens ou si tout est déjà complet (fréquent en saison), plusieurs solutions s'offrent à vous dans les environs.

Camping

Camping Araguina *(hors plan par D1,* ***10****)* ***:*** *av. Sylvère-Bohn, juste à l'entrée de la ville, sur la droite. ☎ 04-95-73-02-96. • camping.araguina@wanadoo.fr • campingaraguina.com • Avr-fin oct. Compter 23-31 € pour 2 avec petite tente et voiture ; bungalows 2-4 pers loués à la nuitée (en été à la sem seulement). CB refusées.* Tout petit camping, le plus proche de la cité, bien pratique pour les routards à pied (à 2 mn du port). Organisé en étroites terrasses. En revanche, route très fréquentée juste devant, embouteillée toute la matinée, et entassement garanti en saison. Se mettre bien au fond pour espérer avoir un peu de tranquillité. Certaines parties ombragées et avec sol dur. Sanitaires simples mais propres. Camping-cars acceptés, regroupés pour la plupart de l'autre côté de la route. Quant aux bungalows, ils sont plutôt bien équipés, mais vraiment peu d'espace autour. Bref, une adresse de dépannage, pratique pour les campeurs non véhiculés. Snack en bordure du camping.

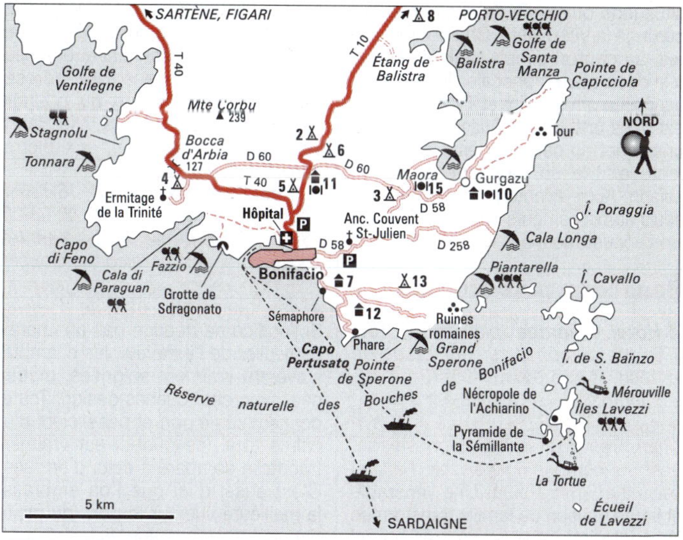

LES ENVIRONS DE BONIFACIO

Où dormir ? Où manger ?

- **2** Camping Campo di Liccia
- **3** Camping Pian del Fosse
- **4** Camping La Trinité
- **5** Camping Cavallo Morto
- **6** Pertamina Village – Camping U Farniente
- **7** Domaine de Licetto
- **8** Camping Rondinara
- **10** Hôtel-restaurant du Golfe
- **11** Chambres d'hôtes Le Poisson Rouge
- **12** Chambres d'hôtes A Manichetta
- **13** Camping des Îles
- **15** A Suliata

Prix moyens

Hôtel des Étrangers *(hors plan par D1,* ***11****) : av. Sylvère-Bohn. ☎ 04-95-73-01-09. • hoteldesetrangers@orange.fr • hoteldesetrangers.fr • À 300 m du port, caché sous une falaise, sur la droite en venant d'Ajaccio. D'avr à mi-oct. Doubles 45-93 € selon confort et saison. Également chambres familiales (3-4 pers). Box clos pour les motos, parking gratuit (précieux à Bonifacio).* Une trentaine de chambres dans un édifice tout en longueur. On est collé à la route, certes, mais assez bonne isolation phonique. Bon, on conseille tout de même de réserver une chambre sur l'arrière si possible (il n'y en a pas beaucoup) car, au cœur de l'été, c'est le défilé incessant des voitures. Accueil de qualité. Chambres simples, pas bien grandes mais propres. Les moins chères (les plus petites) n'ont ni clim ni TV. Bonne tenue générale. Une adresse pratique et, finalement, un bon rapport qualité-prix pour Bonifacio qui n'en compte pas tant.

Chic

Hôtel Royal *(plan zoom,* ***12****) : pl. Bonaparte (ou 8, rue Fred-Scamaroni). ☎ 04-95-73-00-51. • contact@leroyalbonifacio.com • hotel-leroyal.com • Dans la Ville Haute. Tte l'année. Doubles 57-150 € selon standing et saison. Fait aussi café et resto (fermé lun en hiver). Parking.* Petit hôtel familial bien situé (une quinzaine de chambres), au cœur de la Ville Haute. Chambres refaites, au confort simple mais suffisant, à la décoration monacale. Toutes avec sanitaires privés, clim et TV. Comme on est dans une vieille bâtisse, quelques-unes sont un peu exiguës. Une excellente affaire en moyenne et basse saison. Autre avantage : c'est l'un des seuls établissements ouverts à l'année. Bon accueil, souriant.

Beaucoup plus chic

▲ ***Hôtel Colomba*** *(plan zoom,* ***15****) : 4-6, rue Simon-Varsi, au cœur de la Ville Haute. ☎ 04-95-73-73-44. • colomba@hotel-bonifacio.fr • hotel-bonifacio-corse.fr • Fermé nov-avr. Chambres 112-167 € selon saison, petit déj compris hors saison. Parking (inclus) à 5 mn à pied.* Une vénérable et haute maison de famille transformée avec intelligence et respect en un bel hôtel de semi-luxe, niché dans une ruelle tranquille. Une dizaine de chambres qui ne sont pas bien grandes, certes (on ne peut tout de même pas pousser les murs !), mais coquettes, chaleureuses et confortables, dotées de la clim, d'un écran plat et de beaux sanitaires. Ascenseur. Une adresse cosy pour les amoureux qui pourront pleinement profiter de la Ville Haute. Jolie salle de petit déj, aux pierres apparentes.

▲ ***Hôtel Solemare*** *(plan D1,* ***16****) : sur la Nouvelle-Marine, quai nord. ☎ 04-95-73-01-06. • info@hotel-solemare.com • hotel-solemare.com • Doubles 115-195 € selon saison ; également triples, quadruples et suite. Parking.* Si l'édifice ne dégage pas un charme particulier de l'extérieur, les chambres s'avèrent vraiment soignées, modernes, avec des touches design. Toutes donnent sur le port et bénéficient d'un calme total (ce quai-ci est vraiment tranquille comparé à celui d'en face). C'est aussi d'ici que l'on embrasse la meilleure vue sur le port, du moins depuis les étages supérieurs. Pour le confort, clim, écran plat, et tout petit balcon pour certaines chambres. Grande piscine sur le côté de l'hôtel, avec terrasse de bois et transats.

Où prendre un petit déjeuner ?

Au cœur du mois d'août, Bonifacio (le port comme la Ville Haute) peut devenir un peu insupportable à cause de la foule. Pour éviter cela, se lever tôt et aller prendre un petit déj sur le port, quand les gens des bateaux se lèvent à peine et avant l'arrivée des livreurs (et quand les scooters ne circulent pas encore sur la partie piétonne de la marine !). Un moment délicieux.

☕ ***Le Marina*** *(plan D1,* ***29****) : 69, quai Comparetti. ☎ 04-95-73-00-94. Tlj 7h-1h du matin. Fermé nov-mars. 3 formules de petit déj 4,90-9,50 €.* Des petit déj sympa à des tarifs très honorables, servis avec le sourire sur la terrasse le long du port. Et les fauteuils sont confortables.

Où manger ?

Beaucoup de restaurants en enfilade le long des quais du port et dans la Ville Haute. Près de l'eau, les restos sont plutôt chics et assez chers, mais tiennent bien le pavé (de mérou). On trouve 2 supérettes sur le port, à l'extrémité du quai Comparetti *(plan D1)*, ouvertes de 7h à 21h en haute saison. Le marché de Bonifacio a lieu le mardi matin dans la Ville Haute (loggia de l'arsenal). Citons aussi le magasin ***L'Ortulinu,*** à 400 m à l'est du port, sur la route des plages, petite épicerie bio où l'on fait un excellent pain (parking).

Prix moyens

– Dans la Ville Haute, plusieurs ***pizzerias*** et ***crêperies*** permettent de se sustenter à bon compte. On peut aussi se contenter de *fugazzi* ou de beignets et de gâteaux au *brocciu* à la boulangerie

Faby, rue Saint-Jean-Baptiste (Ville Haute) ou quai Comparetti (sur le port). *En saison, tlj 6h-19h.* Ceux qui sont trop affamés pour faire l'ascension le ventre vide iront à la pâtisserie ***Sorba,*** au 3, rue Saint-Érasme, au pied de la montée vers la Ville Haute *(plan C1). En saison, tlj 7h-20h.* On y trouve de bons *fugazzi* et du *pain des morts.* Également dans la Ville Haute (au 24, rue Saint-Dominique). À noter, également une autre boulangerie *Faby* sur le quai Comparetti.

|●| *Cantina Doria* *(plan zoom, **20**)* **:** *27, rue Doria. ☎ 04-95-73-50-49. ● cantinagrill@wanadoo.fr ● Avr-fin oct. Fermé sam hors saison. Très fréquenté en hte saison : résa impérative. Menu 17-25 € ; plats du jour 13-20 € ; carte env 25 €.* La petite adresse familiale pas chère, qui ravit nos lecteurs depuis bien des années. Bonne soupe corse, lasagnes aux fromages du cru et aubergines à la bonifacienne particulièrement réussies. Pour les amateurs, intéressantes tripettes à la corse. Savoureux desserts maison comme le gâteau aux châtaignes. Une cuisine robuste et généreuse, même si on a constaté une petite baisse de régime ces derniers temps (sans aucun doute passagère).

|●| *The Kissing Pigs* *(plan C1, **21**)* **:** *15, quai Banda-del-Ferro. ☎ 04-95-73-56-09. ● kissingpigs@orange.fr ● Te l'année, tlj midi et soir, sauf mer en basse saison. Le midi en été, formule salade-dessert env 16 € ; menus « traditionnel », « Castagna » et « maritime » 21-23 € ; un peu plus à la carte. Le soir, plats 20-22 €.* Sur le port, un bistrot proposant de belles assiettes de charcuterie essentiellement issue de porc Nustrale (race corse AOP), et de superbes fromages (« assiettes moitié-moitié » pour panacher). Petits poêlons chauds sympathiques également, comme celui à l'agneau au romarin ou porc et châtaignes. Variations autour de la saucisse et du *figatellu*. Bon rapport qualité-prix. Chouette balcon à l'étage, qui permet de dominer le port.

|●| *Ciccio* *(plan zoom, **27**)* **:** *6, rue Saint-Jean-Baptiste. ☎ 04-95-73-18-46. 📱 06-16-98-81-68. ● gerald.larrieu@hotmail.fr ● Fermé nov, puis janv-mars. Formule déj env 19,90 € (servi tlj) ; carte env 40 €. Burgers 16-20 € (au Bistrot d'en face). Digestif offert sur présentation de ce guide.* Quelques tables dans la ruelle, une salle nichée dans une venelle voisine et enfin un bistrot à burgers, corses évidemment. Les plats préparés vous sont présentés avec soin, parmi lesquels les grands classiques : lasagnes de la Mamma, veau en croûte, raviolis au *brocciu* ou au corail d'oursin et millefeuille d'araignée de mer. Tout est bien travaillé. Quant au *Bistrot,* il sert essentiellement des burgers, bien garnis et particulièrement originaux, préparés devant vous. Un régal. Desserts assez chers en revanche.

|●| 🍷 *Chez José – Bar à vins* *(plan C1, **26**)* **:** *31, quai Banda-del-Ferro, sur le port. ☎ 09-67-53-76-83. ● cantinagrill@wanadoo.fr ● Avr-oct. Tlj midi et soir 12h-2h du matin. Planches à partager 12-27 €.* Une salle minuscule, bardée de planches de bois clair, où l'on s'accoude aux tonneaux en guise de tables pour boire un verre de petits vins locaux, tout en grignotant quelques tapas, *antipasti,* aubergines à la bonifacienne, assiette de fromage ou charcuterie. Sympa comme tout.

De prix moyens à chic

|●| *Aria Nova* *(plan zoom, **22**)* **:** *4, rue Fred-Scamaroni. ☎ 04-95-73-19-85. ● arianova2013@gmail.com ● Tlj midi et soir en juil-août, fermé mer soir-jeu en basse saison. Fermé oct-mars. Tlj midi et soir en saison. Prudent de réserver. À midi, menu 26 € ; carte env 60 €. Apéro, digestif ou café offert sur présentation de ce guide.* Dans la citadelle, un restaurant on ne peut mieux placé, avec une terrasse ouverte donnant sur le port, qui a également pris de la hauteur côté assiette. Cuisine de haute qualité, basée sur des produits frais (jusqu'au pain fait maison), en collaboration avec un producteur bio et local (circuit court) qui fournit d'excellents fruits et légumes, et même des fleurs comestibles. La carte s'adapte aux saisons (printemps, été, hiver). Parmi les spécialités : aubergines à la bonifacienne (des vraies !), cochon *nustrale* cuit à basse température, assiette retour du jardin, sans oublier la pêche locale. Et pour ceux qui ont les moyens, la langouste royale de Bonifacio. Bons desserts également. Belle présentation des assiettes et accueil chaleureux.

Da Passano *(plan D1, **28**) : 53, quai Comparetti. ☎ 04-95-28-10-90. • contact@da-passano.com • Ouv mars-oct et en déc, tlj sauf dim soir-lun en moyenne saison. Tlj en saison. Planche gourmande à 20 € le midi. À la carte, compter 30-35 € le midi, un peu plus cher le soir.* Sur le port, où la concentration de restaurants est impressionnante, une adresse qui se distingue de ses voisines. Le midi, la planche gourmande 7 saveurs s'impose : genre tapas corses (avec d'excellentes choses comme le *migliacciolu,* l'aubergine à la bonifacienne, la crème d'artichaut à la truffe...). Belles charcuteries également. À la carte, de belles propositions changent de l'ordinaire. Brunch le dimanche (hors saison). Carte des vins intéressante. Soirées chants et guitares en saison le samedi. Ne pas manquer non plus de jeter un coup d'œil à l'intérieur, une grotte tout en longueur.

Stella d'Oro *(plan zoom, **25**) : 7, rue Doria. ☎ 04-95-73-03-63. • stella.d.oro@orange.fr • Avr-oct, tlj. Formules déj (tlj) env 22-31 € ; carte 70-80 €.* Une adresse bourgeoise et intime, classique dira-t-on, avec un service souriant et un petit fond musical bien soft. Petites salles bien sages, genre caves à vins avec poutres apparentes, objets campagnards, et une autre salle à l'étage. L'adresse est connue pour ses délicieuses aubergines à la bonifacienne et ses raviolis au *brocciu,* mais les pâtes fraîches au four valent aussi le détour et sont à prix raisonnables. Accueil pro. Prix élevés à la carte, mais le menu permet de s'en sortir honorablement et de profiter déjà du travail du chef.

Où dormir ? Où manger dans les environs ?

Campings

Pour tous ces campings, il est nécessaire d'être motorisé, car ils sont assez éloignés des plages.

Camping Campo di Liccia *(carte Les environs de Bonifacio, **2**) : lieu-dit **Parmentil,** sur la T 10, à 4 km de Bonifacio. ☎ 04-95-73-03-09. • info@campingdiliccia.com • campingdiliccia.com • ♿ Avr-sept. Selon saison, compter 17-30,50 € pour 2 avec tente (selon taille) et voiture. Également bungalows, mobile homes et chalets climatisés à louer à la sem.* Sur 5 ha, un camping offrant pas mal d'espace, à l'ombre des oliviers séculaires, eucalyptus et chênes-lièges. Pizzeria-grill *(seulement juin-sept),* épicerie. Sanitaires très bien entretenus. Piscine de belle taille (bien que peu ombragée), terrain de pétanque, ping-pong et animations diverses régulières. Aire de service pour les camping-cars. Bonne ambiance générale.

Camping Pian del Fosse *(carte Les environs de Bonifacio, **3**) : route de Santa Manza. ☎ 04-95-73-16-34. • camping@piandelfosse.com • camping-piandelfosse.com • À 3,5 km de Bonifacio, sur la D 58. De Pâques à fin oct. En été, pas de résas possibles pour les campeurs, sauf séjour de 1 sem min. Compter env 19-31 € pour 2 avec tente et voiture selon type d'empl. (délimité ou pas) et saison ; loc de bungalows et chalets, ainsi que de minivillas (2-6 pers).* Très vaste camping ombragé (oliviers, chênes verts et pins) sur un terrain assez plat. Sanitaires bien tenus et en nombre suffisant. Emplacements bien délimités de 40 à 100 m². Sous une oliveraie composée de plusieurs terrasses. Pas de piscine. Épicerie et snack en été *(de mi-juin à mi-sept).* Le camping s'est vu décerner récemment un Ecolabel européen.

Camping La Trinité *(carte Les environs de Bonifacio, **4**) : sur la route de Sartène. ☎ 04-95-73-10-91. • bianchini.eric@wanadoo.fr • campinglatrinite.com • ♿ De Bonifacio, direction Sartène sur env 5 km ; le camping est sur la gauche, juste au pied de l'ermitage de la Trinité (le grand rocher surmonté d'une croix). D'avr à mi-oct. Selon saison, compter 19,50-26,40 €*

pour 2 avec tente et voiture. Chalets (sans sanitaires) 2-3 pers et pour 5 pers (avec sanitaires et clim). Le camping s'étire en pente douce sous une vaste pinède bien agréable. Évitez simplement de planter votre tente trop près de la route. En fait, le mieux, si possible, est de se mettre en contrebas de la piscine. Sinon, belle situation, avec vue sur la mer et sous la protection des massifs de granit de l'ermitage de la Trinité. Beaucoup d'emplacements bien ombragés (sous les pins, sur un terrain agréable) et ambiance amicale. Sanitaires impeccables. Piscine agréable, entourée par le resto. Bonnes prestations générales.

⛺ ***Camping Cavallo Morto*** *(carte Les environs de Bonifacio,* ***5****)* ***:*** *sur la T 10 direction Porto-Vecchio, à 900 m du rond-point de Bonifacio, sur la gauche. ☎ 04-95-73-04-66. • campingcm@wanadoo.fr • camping-cavallomorto.com • D'avr à mi-oct. Compter env 21,20-27,80 € pour 2 avec tente et voiture (attention, pas de résas) ; nombreux chalets et bungalows pour 4-6 pers.* Grand terrain plat qui s'enfonce loin sous les chênes. On plante sa tente tout au fond, dans une miniforêt. Bien ombragé, fort bien tenu et calme total. Nombreux chalets et petits pavillons de tailles différentes, la plupart avec clim, sanitaires et cuisinette. Piscine à côté de la réception et proche de la route. Sanitaires impeccables. Aire de jeux. Resto.

⛺ ***Pertamina Village – Camping U Farniente*** *(carte Les environs de Bonifacio,* ***6****)* ***:*** *sur la T 10 entre Bonifacio et Porto-Vecchio, juste en face du Camping Campo di Liccia. ☎ 04-95-73-05-47. • pertamina@wanadoo.fr • camping-pertamina.com • ♿ Compter 27-53,50 € pour 2 avec tente et voiture. Loc de mobile homes, chalets, minivillas, tentes-lodges... à ts les prix et de ttes les tailles, jusqu'à 8 places. Loc à la nuit possible à certaines dates.* LE camping 4 étoiles du secteur. On trouve ici à peu près tout ce que l'on est en droit d'attendre d'un camping grand format : de beaux emplacements ombragés, de nombreux bungalows, et puis, côté infrastructures, resto, 2 piscines chauffées avec toboggan, tennis, terrain de volley, sans oublier toutes sortes d'animations régulières (aquagym...). Bref, le camping dans tous ses états, pour le plus grand bonheur des familles qui y viennent et y reviennent !

⛺ ***Camping Rondinara*** *(hors carte Les environs de Bonifacio,* ***8****)* ***:*** *à* ***Suartone.*** *☎ 04-95-70-43-15. • reception@rondinara.fr • camping-rondinara.com • ♿ À 15 km au nord de Bonifacio, par la route de Porto-Vecchio. De mi-mai à début oct. Selon saison, compter 20,50-31,30 € pour 2 avec tente et voiture ; mobile homes à louer à la sem pour 3-6 pers.* Grand, très fleuri et bien arboré, avec des terrasses au milieu de petits rochers, et bien équipé. Mignons mobile homes avec sanitaires et clim. Épicerie, bar, pizzeria-grill *(ouv tte la saison),* plats à emporter. Très grande piscine, impeccable et fort agréable. Aire de jeux. Réception aimable. Un petit sentier à travers le maquis descend jusqu'à la plage, à 10 mn à pied.

⛺ ***Camping des Îles*** *(carte Les environs de Bonifacio,* ***13****)* ***:*** *route de Piantarella (D 260). C'est à 50 m sur la gauche après l'entrée du golf de Sperone. ☎ 04-95-73-11-89. • camping.des.iles.bonifacio@wanadoo.fr • camping-desiles.com • Env de mi-avr à fin sept. Compter 20,20-32,50 € pour 2 avec tente et voiture. Loc de chalets, mobile homes et bungalows 4-6 pers.* À 10 mn à pied de la plage de Piantarella (accessible par un sentier). De beaux espaces sous les arbres, très ombragés et bien organisés en petites terrasses. Toutes sortes de logements en dur avec sanitaires et cuisine (sans clim), qui sont disséminés sur un beau terrain, sans être les uns sur les autres. Blocs sanitaires impeccables, parfaitement intégrés dans de jolies maisons de pierre sèche. Vaste piscine bien sympathique. Resto en été. Tennis et minigolf *(payants).*

De prix moyens à chic

🏠 ***Domaine de Licetto*** *(carte Les environs de Bonifacio,* ***7****)* ***:*** *route du phare de Pertusato. ☎ 04-95-73-03-59. • sarl.licetto@orange.fr • licetto.com • À 2 km du port. Fermé mi-déc à mi-janv. Selon saison, vue et taille,* *chambres standard, classique ou supérieure 60-140 €. Studios 480-960 €/sem selon taille et saison. Réduc de 5 % sur le prix de l'hébergement (hors petit déj) en basse saison sur présentation de ce guide.* On a d'ici une vue assez originale sur la Ville Haute et la Ville Basse, que l'on surplombe par l'arrière. Le domaine est en plein maquis, et la partie hôtelière, moderne, dispose de 6 chambres (la plupart avec petite terrasse) et de 12 studios pour 2 ou 3 personnes, avec douche ou bains, tous avec clim, d'un excellent rapport qualité-prix pour Bonifacio. Déco élégante et stylée. On est parfaitement au calme, et chaque chambre dispose d'un petit bout de terrasse. Sur l'arrière, une pelouse, quelques transats, un champ d'oliviers et le maquis à perte de vue. Également une villa avec piscine pour 6 personnes à louer à la semaine (ou à la nuitée). Accueil très aimable.

|●| ***A Suliata*** *(carte Les environs de Bonifacio, **15**) : lieu-dit Scunzipiu, route de Santa Amanza. ☎ 04-95-73-12-74. 📱 06-29-47-51-65. ● aurelia.tramoni@sfr.fr ● Mai-oct, le soir seulement, sauf dim. Pizzas 10-14 €, salades env 11,50-14 €, plats 20-24 €.* Le concept est simple : des grillades et des pizzas ainsi que quelques plats corses vraiment goûteux et de superbes lasagnes aux aubergines, à déguster sur une jolie terrasse avec vue sur la baie de Sant'Amanza (réserver pour avoir une des meilleures tables). Et ça marche : conviviale, l'adresse est pleine tous les soirs.

Plus chic

Chambres d'hôtes A Manichetta *(carte Les environs de Bonifacio, **12**) : route de Sperone. 📱 06-66-79-31-94. ● amanichetta@orange.fr ● amanichetta.fr ● ♿ À 3 km de Bonifacio. Prendre la direction Pertusato. Au 1er embranchement, prendre à gauche vers Sperone et Piantarella. C'est 2 km plus loin, sur la droite. De mi-avr à mi-oct. Doubles 89-150 €, selon saison et confort, petit déj compris. CB refusées.* Au milieu d'une oliveraie, une maison récente, tout en longueur, élégante et lumineuse, qui propose 5 chambres et 1 chambre-appartement, toutes avec petite terrasse et clim. L'ensemble est très au calme, vraiment soigné, avec plein de détails charmants. Beaucoup de goût dans la déco. Coin salon sous les arbres et joli bout de pelouse plantée d'oliviers sur le devant. Salon commun bien agréable, accessible à tous, où l'on peut se préparer un repas froid (matériel à disposition). Noter le remarquable *baraccun,* maisonnette circulaire à l'entrée, tout en pierre sèche. Un lieu plein de goût, tenu par un couple d'éleveurs de brebis qui fait ses propres fromages, notamment le *brocciu* en saison (mais les brebis ne pâturent pas sur la propriété) et des yaourts. Une belle adresse. La chambre-appartement dispose d'une cuisine, d'un salon et d'une chambre séparée.

De plus chic à beaucoup plus chic

|●| ***Hôtel-restaurant du Golfe*** *(carte Les environs de Bonifacio, **10**) : dans le **golfe de Santa Manza,** à 6 km à l'est de Bonifacio par la D 58. ☎ 04-95-73-05-91. ● golfe1.hotel@gmail.com ● hoteldugolfe-bonifacio.com ● Fermé mi-oct à fin mars. Résa conseillée en saison. Doubles 65-180 € ; triples également. Pas de menu. Plats 15-25 €. Carte uniquement env 40 €.* La mer est juste en face, en traversant la petite route. Une dizaine de chambres seulement, dans cet établissement familial et tranquille, aux chambres sobres et modernes (clim, coffre...), tenu par la même équipe depuis 3 décennies. Grande terrasse avec vue dégagée sur le devant. Calme total. Cuisine familiale composée de spécialités locales.

|●| ***Chambres d'hôtes Le Poisson Rouge*** *(carte Les environs de Bonifacio, **11**) : lieu-dit **Caprile.** 📱 06-24-98-23-75 ou 06-88-19-98-97. ● poissonrougebonifacio@hotmail.fr ● poisson-rouge-bonifacio.com ● Prendre la route de Porto-Vecchio. Juste avt la D 60 (direction Santa Manza), prendre la petite route sur la droite de celle-ci et aller jusqu'au* *bout. Fermé nov-mars. Selon saison, doubles 95-225 € et suites 125-250 €, petit déj compris. Possibilité d'y dîner (résa conseillée), également pour les non-résidents. Compter env 40-50 € à la carte.* Une séduisante maison moderne sur un généreux espace verdoyant, très zen. 9 chambres en tout dont 3 suites, toutes avec clim, écran plat, bouilloire... Les chambres se situent dans 3 petites unités juste à l'écart de la jolie piscine, bien séparées l'une de l'autre. Elles sont spacieuses et décorées sobrement, avec de jolies salles de bains. Accueil avec un charmant accent italien. Une adresse assez haut de gamme, très tranquille, parfaite pour un séjour loin de la foule. Resto à tendance péruvienne (mais avec les produits locaux).

Où déguster une bonne pâtisserie ?

Pâtisserie Les Délices de Ciccio *(plan zoom,* ***27****)* **:** *rue Saint-Jean-Baptiste, à 30 m à gauche du resto du même nom. ☎ 04-95-73-18-46. Fermé nov, janv-mars. En saison, tlj 10h-18h.* La pâtisserie *Ciccio* est au niveau du resto. Normal, c'est la même famille. Qualité et fraîcheur, tout est réalisé sous l'œil expert de la maman. Et c'est délicieux.

Où boire un jus de fruits ? Où boire un verre ?
Où déguster une glace ?

Glacier Le Rocca Serra *(plan D1,* ***33****)* **:** *17, quai Jérôme-Comparetti. En saison, tlj jusque très tard. Également une 2de adresse rue Doria, dans la Ville Haute.* Élaborés dans des ateliers maison, des glaces et sorbets chantant par tous les parfums la corsitude de cet artisan glacier. Jugez plutôt : figue noire, pêche de vigne, melon de Bonifacio, basilic, miel de châtaigne et *canistrelli,* et même une au *brocciu* et au corail bonifacien !

Café Niçois *(plan zoom,* ***32****)* **:** *rue Fred-Scamaroni. Tlj.* De toutes les terrasses de la Ville Haute, on a indéniablement un faible pour celle-ci. La façade bleue et son étroit balcon légèrement en surplomb de la rue possèdent un vrai charme et se prêtent merveilleusement à l'observation de la rue. On prend son café ou son pastaga, un sirop d'orgeat pour les mouflets, et on est content !

Où boire un verre tard le soir ? Où danser ?

Le soir, les ***terrasses de la marine*** *(quai Jérôme-Comparetti)* sont bien attractives pour prendre un petit verre. Les fauteuils confortables permettent de regarder passer la faune... et la flore.

B'52 *(plan D1,* ***40****)* **:** *37, quai Jérôme-Comparetti. À partir de 18h et jusque tard.* C'est un bar mais on y danse, on y danse, tous les soirs jusqu'à 2h. *THE place to be* depuis de nombreuses années le soir sur la marine. Ambiance endiablée dès que le DJ se met aux platines.

À voir

Un conseil, ***partez à sa découverte tôt le matin.*** Pas mal non plus en fin de journée ; de plus, vous profiterez du somptueux coucher de soleil. Et n'oubliez pas les promenades en bateau : touristiques et sympathiques. C'est d'ailleurs le seul moyen de découvrir les falaises et les grottes, sauf si vous êtes venu avec votre yacht, évidemment. Et c'est un grand moment. Cette appréhension des falaises par la mer permet d'en saisir toute la majesté.

– ***Visites guidées de la ville :*** *infos et résas directement à l'office de tourisme. Visite thématique selon les j. (la découverte, spécial enfants...) ; horaires et j. variables : se renseigner auprès de l'office. Durée : env 1h15-1h30. Prix : env 10 €. Sinon, loc d'audioguide à la ½ journée (5 €). Durée : env 1h30.*

Le port

Au fond du goulet qui protège les marins de la pleine mer, les bateaux de plaisance : la moindre embarcation de moins de 10 m vous classe au rang de plouc de la mer. On se croirait aussi bien à Saint-Trop', ou ailleurs : yachts, restos, terrasses de cafés, boutiques vendant de tout (et n'importe quoi), etc. Pourtant, après avoir dépassé le 1er quai, on parvient au petit port de pêche, bien plus charmant avec ses quelques « pointus », barques colorées, et ses filets entassés. Au retour de la pêche, quand ceux des yachts roupillent encore, c'est vraiment sympa. En tournant la tête, belle vue sur les fortifications et les remparts de la Ville Haute.

La Ville Haute

Tout est beau dans la vieille ville. Les maisons hautes et étroites laissent à peine filtrer la lumière et font juste la place aux ruelles qui sinuent afin que le vent perde son souffle. On se demande si l'on ne va pas croiser Charles Quint ou Napoléon. Ils se reposèrent d'ailleurs – à quelques siècles d'intervalle – dans 2 maisons très proches l'une de l'autre dans la rue des Deux-Empereurs. Un on-ne-sait-quoi d'oriental rôde dans l'air et hante la Ville Haute : la voûte d'une fenêtre à arcades, le dessin de la loggia de l'église Sainte-Marie-Majeure (XIIIe s), les passages obscurs imbriqués les uns dans les autres, la vie cachée derrière les persiennes...
Bien entendu, il faut flâner au petit matin, pour prendre le rythme de la cité. Monter au *belvédère* qui permet de voir la côte découpée par la mer, les énormes falaises crayeuses, rongées par les siècles, et, les jours de grand vent, la Sardaigne si proche qu'on penserait presque pouvoir la toucher...
– ***Pass :*** pour 4,50 € il permet de visiter 2 sites touristiques de la Ville Haute (le bastion de l'Étendard et l'escalier du Roi-d'Aragon), dont l'entrée est à 3,50 € chacun. On le prend directement sur l'un des 2 sites.

*** ***Le col Saint-Roch*** *(plan C1) : accès du port par la montée Rastello.* Après avoir grimpé cette longue rampe (le seul accès à la Ville Haute jusqu'en 1848), on trouve le belvédère à gauche de la montée Saint-Roch, qui mène à l'une des portes de la Ville Haute. On traverse la route et on reprend son souffle en embrassant un panorama grandiose sur les falaises d'un côté, les remparts de l'autre. En contrebas, la mer turquoise, l'écume qui vient se fracasser au pied des falaises et une petite crique, à laquelle mène un sentier. Remarquez les maisons construites juste au bord de la falaise.

*** ***Balade à pied le long des falaises*** *(plan D1) :* depuis le col Saint-Roch, sur la gauche en regardant la mer, un sentier balisé (appelé sentier de Campu Romanellu et Pertusatu) court le long de la côte jusqu'au ***phare de Pertusato*** (compter environ 1h30 aller) et offre des vues sublimes sur les falaises. De là, on réalise bien qu'une partie de la Ville Haute est comme suspendue dans le vide. L'effet est saisissant, et la balade vraiment chouette. Évidemment, on a moins chaud si on part tôt le matin ou en fin d'après-midi.

* ***La porte de Gênes*** *(plan zoom) : prendre la montée Saint-Roch.* Porche imposant et pont-levis du XVIe s. On passe dessous pour pénétrer dans la Ville Haute proprement dite.

Le bastion de l'Étendard (plan zoom) : *à droite en sortant du passage. Avr-oct : tlj 9h (ou 10h)-19h30. Horaires restreints hors saison. Entrée : 3,50 €, comprenant le bastion, les salles souterraines et le jardin des Vestiges. Possibilité de billet jumelé avec l'escalier du Roi-d'Aragon : 4,50 €.* Fortifications construites à la fin du XVe s pour protéger la porte de Gênes (alors seul accès à la Ville Haute). On se balade sur les différentes terrasses et coursives du bastion, où l'on trouve des panneaux explicatifs et de magnifiques points de vue (les « Jardins de paysages »). Également un espace botanique. Dans les profondeurs, exposition sur l'histoire des 1 000 ans de fortifications de la citadelle (panneaux, vidéo-projections). Pour les enfants (7-12 ans), penser à prendre à l'entrée un livret-jeu *(gratuit)* qui rendra leur visite ludique. Visite à terminer par le ***jardin des Vestiges*** *(même billet)*, de modestes ruines médiévales (remparts du XIIIe s).

La rue des Deux-Empereurs (plan zoom) : cette minuscule ruelle s'enorgueillit encore d'avoir abrité 2 personnages d'importance. C'est au no 4 de la rue que Charles Quint séjourna du 3 au 6 octobre 1541, et c'est juste en face, au no 7, que le lieutenant-colonel du 2e bataillon de volontaires corses, un certain Napoléon Bonaparte, s'installa entre le 22 janvier et le 3 mars 1793.

La place du Marché (U Masgilu ; plan zoom) : *au bout de la rue Portone.* Superbe belvédère donnant sur les falaises et la mer. Remarquer ce curieux îlot rocheux, surnommé « grain de sable ». Sur la place, quand les visiteurs sont partis, les habitués reprennent leur partie de boules...

L'église Sainte-Marie-Majeure (plan zoom) : *au centre de la vieille ville. Fléchée de la rue Doria. Tlj (normalement) 8h-18h30.*
On la remarque à son superbe clocher de pierre blanche, du XIVe s. D'un côté du clocher, noter les fenêtres aux chapiteaux sculptés. Encore plus typique : ces curieux arcs-boutants appuyés aux maisons voisines. En fait, il s'agit d'un système de canalisation des eaux de pluie, dont le réseau couvrait autrefois toute la ville, allant de toit en toit. Sous l'église, une énorme citerne (650 000 litres de capacité !) permettait de faire des stocks.
Le bâtiment est l'un des plus vieux de Bonifacio : sa construction remonte au XIIIe s. Mais l'ensemble fut plusieurs fois remanié (c'est même un exemple de transition romano-gothique), jusqu'à sa récente restauration.
Très beau parvis du XVIe s, de type halle, appelé « loggia » et doté de belles arcades : c'est ici que les « anciens » se réunissaient. Intérieur décoré de quelques fresques rénovées. Au fond du chœur, voûte en cul-de-four. Également un superbe tabernacle de la Renaissance italienne.

La maison du Podestat (plan zoom) : *en face de l'église Sainte-Marie-Majeure.* Bien belle façade de pierre blanche, décorée d'arcatures et de 2 blasons sculptés. Les podestats, sortes de maires de l'époque, représentaient le pouvoir génois et détenaient les clés de la ville.

L'église Saint-Jean-Baptiste (plan zoom) : *rue Saint-Jean-Baptiste, un peu avt la pl. Bonaparte.* Toute petite et bien mignonne. À l'intérieur, grande scène sculptée de la Décollation de saint Jean-Baptiste (bois polychrome, XVIe s), portée sur sa châsse lors des processions le Vendredi saint, le 24 juin et le 29 août.

L'escalier du Roi-d'Aragon (plan B1-2) : *accès par la rue des Pachas. Avr-oct, tlj 9h-19h30 (horaires restreints en basse saison). Entrée : 3,50 €. Possibilité de billet jumelé avec le bastion de l'Étendard : 4,50 €.* Cet escalier taillé dans la falaise jusqu'à la mer est l'une des curiosités de la ville. La légende veut qu'il ait été construit en une seule nuit ! Les hommes du roi d'Aragon auraient ainsi essayé de pénétrer dans la Ville Haute, lors du siège de 1420... Mérimée, à qui on ne la faisait pas, indique qu'en fait cet escalier serait bien plus ancien et permettait d'atteindre une nappe d'eau douce (toujours présente). Ça paraît effectivement plus plausible... Bref, les courageux peuvent tenter la descente des 187 marches... et la remontée. Au pied des marches, un rocher que l'érosion a bizarrement façonné en forme de... Corse.

L'église Saint-Dominique *(plan B1)* **:** *sur plateau, à l'écart de la vieille ville. 1er juil-15 sept, lun-sam 11h (10h sam)-18h. Fermé dim. GRATUIT. Avr-oct, concert chaque jeu à 21h30.* La seule église gothique de l'île, construite au XIIIe s. Beau campanile. À l'intérieur, mobilier particulièrement riche comprenant un maître-autel en marbre, de nombreux tableaux italiens du XVIIIe s et de superbes groupes sculptés, portés en procession lors des cérémonies de la Semaine sainte (châsse de Saint-Barthélemy et châsse des Saintes-Femmes).

Le cimetière marin *(plan A1)* **:** *situé vers l'extrémité ouest du plateau.* Pour y aller, on passe devant une vaste zone désaffectée, durant de longues années occupée par la Légion étrangère. Bien avant, là où est le cimetière, il y eut un couvent franciscain, et même une forêt (le Boscu) ! Puis, plus loin, c'est l'entrée du cimetière, petite ville de l'au-delà entourée d'une enceinte et peuplée de tombeaux blancs orientés face au soleil couchant. Les Corses ont, dans la vie comme dans la mort – qu'ils craignent mais narguent –, une vision plutôt familiale des choses. Les nombreuses chapelles funéraires, aux noms des familles du pays, le démontrent assez bien. Elles sont vastes et cossues pour certaines, et l'ensemble prend presque des allures de village. Joli carré de sépultures plus modeste, envahi de coquelicots. Alors, comme les chats dans ce lieu entre terre et ciel : soyez discret !

Le Gouvernail de la Corse *(plan A2)* **:** *accès par le parking P5, en passant à droite du cimetière marin. 06-19-73-69-75. Juil-sept, 9h-20h ; mai-juin et oct, tlj 10h-19h. Entrée : 2,50 € ; réduc.* On est là à la pointe sud de la Corse. Un ensemble de galeries souterraines, ancien ouvrage militaire (1880), débouchant, après la descente de 168 marches, sur un énorme roc, 10 m au-dessus de la mer, surnommé le Gouvernail. Pour un point de vue insolite. Même en restant à la surface, on a une très belle vue sur les falaises et le quartier de l'ancienne caserne génoise.

Sorties en mer

Excursions vers les falaises, les calanques et les grottes marines en bateau : *la grande attraction de Bonifacio. Rens au fond du port, juste en arrivant, auprès du long kiosque de bois. Mars-oct (permanence hors saison). 4 sociétés de promenades en mer se sont regroupées sous l'enseigne SPMB (*Société des promenades en mer de Bonifacio *; ☎ 04-95-10-97-50 ; • spmbonifacio.com •) et se partagent la clientèle :* ***Gina*** *(☎ 04-95-10-97-50 ; • ginacroisiere.com •),* ***Rocca Croisières*** *(☎ 04-95-73-13-96 ; • rocca-croisieres.com •),* ***Thalassa Croisières*** *(☎ 04-95-73-01-17 ; • vedettesthalassa.com •) et* ***Le Corsaire*** *(☎ 04-95-10-42-84 ; • vedetteslecorsaire.com •). Les bateaux partent ttes les 30 mn, entre 9h et 18h, proposent la même prestation et sont ts au même tarif : 18,50 € (tarif 2020) ; réduc 4-12 ans (10 €), 13-17 ans (13 €) et étudiants (16 €) ; gratuit - de 4 ans. Parking gratuit, en principe, pour l'achat d'une excursion. L'excursion dure env 1h. Par gros temps, le bateau ne peut pas pénétrer dans les grottes, autant le savoir. Mais, sauf exception, en début de matinée la mer est rarement formée.* Après avoir admiré les falaises depuis la Ville Haute, quelle sensation de les découvrir depuis la mer ! C'est un complément obligatoire. On se sent littéralement écrasé par la masse de calcaire savamment découpée par les assauts incessants du vent, des embruns et des flots combinés. Après la sortie du long goulet, on visitait jusqu'en 2019 de la *grotte du Dragon (Sdragonato)*, connue pour l'ouverture de son plafond qui ressemble à la carte de Corse ! Malheureusement les parois sont fragiles et l'accès à la grotte a été interdit en 2020. Belles couleurs arc-en-ciel des fonds marins. Il est d'ailleurs conseillé de faire la promenade par temps calme, sinon l'eau est agitée et vous ne pourrez pas admirer les fonds multicolores. Ensuite, la *calanque de Fazzio,* aux eaux turquoise, où le centre de voile des Glénans a élu domicile (bonjour la galère pour sortir de la calanque à la voile !). Demi-tour et cap sur le « bunker » et la *grotte Saint-Antoine* (dont la silhouette rappelle, bien sûr... le chapeau de Napoléon !), le *puits Saint-Barthélemy* et l'*escalier du Roi-d'Aragon.* Bel aperçu de la vieille ville, avec ses maisons accrochées au bord de la falaise.

– *Avec la* ***Compagnie La Méditerranée :*** *sur le port, au tout début du quai Comparetti. 06-73-50-59-08. • la-mediterranee.jimdo.com • Excursion falaises, calanques et grottes 17,50 € (adultes) et excursion aux îles Lavezzi 35 €/pers (tarifs 2020). Réduc.* Petite compagnie familiale qui propose les mêmes excursions que les autres, sur 2 bateaux plus petits. Pour les falaises et grottes, départ chaque heure 10h-17h. Pour les *Lavezzi*, 3 départs/j. (10h, 12h30 et 14h15) et 3 retours.

– ***Circuit vision sous-marine :*** toutes les compagnies proposent également une sortie avec un bateau à fond de verre, qui permet d'admirer les fonds sous-marins. Même circuit « Falaises, calanques et grottes », mais un peu plus cher et un peu plus long (1h15). *Compter 23,50 € (tarifs 2020) ; réduc 4-12 ans (13 €), 13-17 ans (17,50 €) et étudiants (20 €). Départ ttes les heures lun-ven 9h30-17h30 (dernier départ) ; le w-e, seulement 5 départs/j.* Sortie nocturne également.

– ***L'Autre Croisière :*** *☎ 04-95-10-97-56. 06-17-62-31-06. Compter 95 € ; 85 € étudiants, 75 € 13-17 ans, 50 € 4-12 ans (tarifs 2020).* Pour une sortie à la journée sur un bateau d'une capacité de 85 personnes (vous ne serez pas seul !), vous est proposée, ce circuit comportant un bon repas (pâtes à la langouste). Départ à 9h30, retour vers 18h.

Excursions aux îles Lavezzi et Cavallo (carte Les environs de Bonifacio) **:** *à 3-4 km au large de Bonifacio. Sur le port, les mêmes compagnies qui font la visite des grottes proposent l'excursion aux Lavezzi. On vous dépose sur les Lavezzi, puis vous prenez le bateau retour à l'heure que vous voulez. Le circuit retour passe devant la marine à Cavallo, le célèbre golfe de Sperone, puis, avt de revenir, on visite les grottes. 1er départ vers 9h-9h30 en été puis à la demie de chaque heure (le dernier vers 16h30). 1er retour à partir de 12h30 (le dernier à 18h30). Trajet de 30 mn pour les Lavezzi. Billet : env 37 € (tarif 2020) ; réduc 4-12 ans (18,50 €), 13-17 ans (28,50 €) et étudiants (32,50 €) ; gratuit - de 4 ans. Là encore, parking gratuit pour les clients.* Les îles Lavezzi, c'est un amas d'énormes blocs de granit gris, superbes et étranges, polis par l'érosion marine, qui donne un aspect énigmatique à ces îlots sauvages. Des langues de sable blanc s'étirent presque en cachette, formant de merveilleuses zones de repos et de sérénité visuelle au milieu de ce chaos minéral. Sur les îles Lavezzi, réserve naturelle, on trouve un âne, quelques vaches et la pyramide de la *Sémillante,* commémorant le naufrage de 1855, raconté par Alphonse Daudet dans *Les Lettres de mon moulin* et qui fit tout de même 750 victimes. Pas grand-chose, donc, mais un superbe paysage des Seychelles (certes, sans les cocotiers), avec quelques plages sublimes. L'excursion comprend une halte sur l'île, plus ou moins longue (1h ou davantage) : ne vous précipitez pas sur la 1re plage venue, qu'on rencontre d'abord, assez petite et dans une crique ; en poursuivant le chemin côtier, on accède à une autre plage, magnifique et grande, et moins bondée, même si, en août, on n'évite pas la cohue. Flots d'un bleu paradisiaque. Prévoir de l'eau si l'on veut y passer quelques heures.

Quant à Cavallo, hors réserve (ben oui, il ne manquerait plus que la loi s'applique aux milliardaires...), circulez, y a rien à voir ! La marina est vraiment quelconque, façon béton triste, et à la voir on ne se doute pas que cette île fût occupée par la jet-set, qui y possédait de sérieuses baraques dont on entraperçoit encore quelques restes par endroits. C'est tout ce que vous verrez de Cavallo, car on ne débarquait ici que sur invitation. Une partie de l'île est aujourd'hui à l'abandon, et la plupart des âmes fortunées qui venaient s'y faire chauffer la couenne sont parties sous d'autres cieux.

Plongée sous-marine

À quelques encablures au sud de Bonifacio, la ***réserve naturelle des îles Lavezzi*** est un véritable sanctuaire de la vie sous-marine – réputé mondialement pour ses eaux cristallines très poissonneuses. C'est aussi l'endroit de Corse où l'on croise le plus de plongeurs, attirés sans doute par les sirènes de *Mérouville,* un spot surfréquenté en été où les clubs-usines du coin font leurs choux gras en gavant une gigantesque colonie de mérous (c'est pourtant interdit !).

– ***Scuba Libre :*** *sur la plage de Piantarella. 06-71-19-92-43. • scubalibre-bonifacio.com • Avr-nov, tlj 9h-18h. Baptême 70 €, plongée explo 55 € avec équipement. Snorkelling 35 €. Formations diverses et forfaits pour plusieurs plongées.* Petite structure animée par Stéphane et sa petite équipe, qui privilégient la convivialité. Enfants à partir de 8 ans. On part en petit comité sur les magnifiques sites des Lavezzi, très fréquentés mais incontournables.

Nos meilleurs spots

La Tortue *(carte Les environs de Bonifacio)* **:** pour plongeurs niveau I confirmés. Entre les îles Lavezzi et Cavallo. C'est un beau caillou sauvage qui émerge avec une forme de tortue. Sous l'eau limpide (14 m de fond), les blocs rocheux sont enrobés d'éponges multicolores et abritent mostelles, chapons, congres, murènes... Quelques apparitions éclairs de mérous, guidés par leur curiosité légendaire. Également quelques loups et dentis. Attention au courant.

Mérouville *(carte Les environs de Bonifacio)* **:** aux îles Lavezzi. Impossible de ne pas évoquer ce site qui rassemble chaque jour des centaines de plongeurs pour voir quelques dizaines de mérous apprivoisés et trop nourris. À découvrir hors saison. Attention, il arrive que les bestioles soient agressives.

Fêtes et manifestations

Elles sont nombreuses : calendrier disponible sur la page « Agenda » du site de l'office de tourisme. Se distinguent particulièrement les manifestations suivantes :
– ***FestiLumi :*** *3 soirs de suite, début juil, dans la Ville Haute.* Plus de 1 000 lanternes pour éclairer les murs de la Ville Haute, dans une scénographie originale ;
– ***Concerts polyphoniques :*** *en saison, 1 fois/sem (en principe, le jeu à 21h30) dans l'église Saint-François (au bout du cimetière marin). Entrée : 15-20 €.*

DANS LES ENVIRONS DE BONIFACIO

Cala di Paraguan *(carte Les environs de Bonifacio)* **:** *accessible en 1h de marche. Le sentier dallé (sentier de Strada Vecia et Madonetta) part juste avt le camping Araguina, c'est tt droit. Accès possible également depuis la T 40 (on peut s'en approcher en voiture).* Magnifique plage encadrée par des falaises calcaires (à gauche) et des roches granitiques roses (à droite). C'est de fait le point de séparation des 2 types de roches. Curieux effet. La plage, elle, accueille des bancs de posidonies. Au retour, crochet possible par *Fazzio,* autre superbe plagette au fond d'un minigoulet, où le club nautique des Glénan élit domicile tous les étés. Ne pas rentrer à Bonifacio par les falaises, il n'y a pas de sentier jusqu'au bout, et on s'égare dans le maquis...

La plage de Stagnolu *(carte Les environs de Bonifacio)* **:** *à 7 km de Bonifacio, accès depuis la route de la Tonnara (un sentier, en oblique, rejoint la plage).* Sauvage, sans constructions. Clientèle mixte (textile et naturiste).

La plage de Cala Longa *(carte Les environs de Bonifacio)* **:** *de Bonifacio, prendre la D 58, c'est à env 5 km.* Plage de sable et, vers le sud, plusieurs petites criques. La mer reste très peu profonde. Dans certaines conditions de vent, on peut pratiquer la planche à voile.

La plage de Plantarella *(carte Les environs de Bonifacio)* **:** *de Bonifacio, direction phare de Pertusato, faire env 2 km et poursuivre tt droit et jusqu'au bout (cul-de-sac) vers Sperone et Piantarella. Attention : parking difficile en août, se garer dès que l'on peut (parfois jusqu'à 2 km de voitures garées le long de la route !). Face au débarcadère, continuer à droite et dépasser les rochers.* Si la plage de Piantarella n'est en elle-même pas formidable, c'est l'un des sites de planche à voile les plus courus de l'île, grâce au vent régulier et aux eaux peu profondes qui permettent d'incroyables *runs.* Le lagon est l'endroit idéal pour l'initiation aux sports de glisse. Des couleurs incroyables et un banc de sable qui ferme complètement la baie. Belles petites plages de sable fin, sous le golf de Sperone, épatantes hors saison, accessibles en longeant la mer à droite, juste après les ruines romaines. On peut s'arrêter à la 1re ***(Petit Sperone),*** mais si l'on aime marcher un peu, après une belle volée de marches, un joli sentier, qui traverse le golf, permet d'accéder à la plage du ***Grand Sperone,*** orientée plein sud.

REVANCHE FÉMININE

Il n'y a pas si longtemps, la coutume corse voulait que les fils héritent des meilleures terres et que les filles se contentent de terrains improductifs, souvent proches de la mer, genre marécages infestés de moustiques. Avec l'avènement du tourisme, la donne a changé : dans le Sud, par exemple, la vente des terres où le golf de Sperone ou l'aéroport de Figari ont été construits a rapporté un joli butin à quelques-unes... Le pactole change de camp.

■ ***Bonifacio Windsurf :*** *à* ***Piantarella.*** *06-80-31-51-41. • bonifacio-windsurf.com • Sur la droite après la paillote, quelques pas à faire sur les rochers puis chemin pour arriver sur la plage du club. Avr-oct.* École de planche à voile la plus méridionale de France ! Location de planches à voile, leçons particulières et cours collectifs (kayak, planche et *stand-up paddle*). Tous les pratiquants trouveront leur plaisir, du débutant au plus chevronné.

■ **NET *Bonif'Kayak :*** *au milieu de la* ***plage de Piantarella.*** *06-27-11-30-73. • bonifacio-kayak.com • De mi-avr à mi-oct, tlj 9h-18h. Balades accompagnées allant de 1h30 (35 €/pers) à 4h30 (75 €/pers) ; réduc enfants. Loc de kayaks et de stand-up paddles.* Partir à la découverte des grottes et falaises ou des Lavezzi (le must) en kayak de mer, voici ce que propose cette équipe pleine de dynamisme. Également des balades accompagnées (par guide diplômé) permettant d'approcher les beautés naturelles des environs de Bonifacio.

■ ***Location de bateaux :*** *sur la* ***plage de Piantarella.*** *06-23-10-56-69. • piantarella-nautic.com •* Location de bateaux de tous types.

Le golfe de Santa Manza *(carte Les environs de Bonifacio)* **:** *à 6 km à l'est de Bonifacio par la D 58.* La partie est du golfe, longée par une petite route, offre plusieurs plagettes aux eaux tranquilles, qui s'étirent jusqu'à la pointe (la route se termine un peu avant en cul-de-sac, par un parking). Beaucoup de monde en été, mais ceux qui se lèvent tôt n'auront pas trop de problèmes pour trouver un bon spot pour étaler la serviette. Un coin propice à la pratique de la planche à voile. Près de l'*Hôtel du Golfe,* location de bateaux ***Pouss'Vague*** (*06-07-94-25-82 ; • poussvague.com •*). Tous types de bateaux, avec ou sans permis.

La plage de Maora *(carte Les environs de Bonifacio)* **:** la route d'accès commence juste à côté de celle pour Santa Manza. 1,4 km plus loin, on arrive sur une belle baie, bordée, côté nord, par des falaises tirant sur le rouge. Resto de plage.

La plage de Balistra (carte Les environs de Bonifacio) *: à env 8 km de Bonifacio, sur la T 10, prendre une piste sur 2,5 km.* Longue et large, voici une jolie plage familiale, à l'entrée nord de la baie de Santa Manza. Bel équilibre entre un côté sauvage (joli étang sur l'arrière) et balnéaire, notamment grâce à sa zone de nage délimitée et la présence d'un surveillant de baignade en saison. Parfaite pour les familles.

La plage de Rondinara : *à 18 km au nord de Bonifacio. De Bonifacio, emprunter la T 10, direction Porto-Vecchio, puis tourner à droite (D 158). Route étroite et sinueuse sur 7 km. Pour mieux l'apprécier, venez plutôt le mat. Parking payant (5 €).* Un petit golfe en forme de coquillage avec 2 pointes qui se touchent presque, comme pour en faire un lagon bleu du Pacifique. Dommage qu'en saison les plaisanciers ne soient pas plus respectueux de l'environnement (et ils ne sont pas les seuls).

PORTO-VECCHIO (PURTIVECCHJU)

(20137) 11 060 hab.

• Plan Porto-Vecchio *p. 289* • Carte Les environs de Porto-Vecchio *p. 291*

L'aéroport de Figari n'est qu'à 22 km et les lignes maritimes directes avec le continent et l'Italie soutiennent l'explosion touristique de la région de Porto-Vecchio, l'ancienne « Cité du Sel », devenue la 3e agglomération de l'île derrière Ajaccio et Bastia, et la toute 1re sur le plan touristique. À la base de ce dynamisme, immobilier en particulier, une grande attractivité : les plages des environs (Santa Giulia, Palombaggia, Cala Rossa, Pinarellu) sont parmi les plus belles de Corse, l'arrière-pays (l'Alta Rocca) est splendide, et Bonifacio, autre joyau de l'île de Beauté, n'est qu'à 20 mn en voiture. Alors, évidemment, il y a un prix à payer. Les tarifs dans ce secteur sont parmi les plus élevés de Corse, avec Bonifacio. Alors quoi ? Trop cher, trop snob, trop couru, Porto-Vecchio ? Il y a du vrai là-dedans, surtout quand on sait que la population passe de 11 000 à près de 100 000 au cœur de l'été, et que la ville peut recevoir jusqu'à 150 000 visiteurs par jour...

Oui mais voilà, elles sont superbes ces plages, même si elles sont bondées (mais seulement en juillet-août), et la ville elle-même, la Ville Haute notamment, blottie autour de la jolie place de l'Église, avec ses commerces, ses terrasses, ouverts en été jusqu'au milieu de la nuit (hors saison, c'est en revanche assez mort), est tout à fait charmante. Et puis cette folie ne dure que quelques semaines.

– *Attention :* en saison, et surtout à partir de la mi-juillet, circulation et parking sont impossibles dans la Ville Haute, elle-même fermée le soir aux voitures.

PORT, OUI ? VIEUX, NON !

Contre toute attente, il se pourrait que le nom de Porto Vecchio tienne plutôt du « phoque » (qui se dit vecchju en corse, tout comme « vieux »), car l'endroit était fréquenté, comme tout le pourtour de la Méditerranée, par des colonies de phoques moines. Cette espèce, ici comme ailleurs, fut massacrée par les pêcheurs dans la 2de moitié du XXe s, pour les ravages qu'elle causait aux filets, au point d'être aujourd'hui menacée.

UN PEU D'HISTOIRE

Encore une création génoise (plus précisément de l'Office de Saint-Georges, auquel Gênes avait confié la gestion de l'île). C'est en 1539 qu'est bâtie la Ville Haute, citadelle aux 5 bastions défensifs... Mais, en 40 ans, les familles corses qu'on y a installées sont décimées par la malaria. Porto-Vecchio a aménagé des marais salants, toujours en activité et qui lui ont valu le surnom de « Cité du Sel ». Ce sont des familles de Quenza qui, au XVIIIe s, descendant l'été avec leurs troupeaux, ont repeuplé la ville. Aujourd'hui, l'activité portuaire et le tourisme sont les 2 mamelles de Porto-Vecchio, mamelles bien généreuses et productrices d'une confortable prospérité.

Arriver – Quitter

En bus

Tous les départs de bus se font de la ***gare routière*** *(plan A-B1),* à côté du port de plaisance, y compris les bus desservant les plages.

➢ ***De/vers Bastia :*** avec la compagnie *Les Rapides Bleus Corsicatours (☎ 04-95-72-35-57),* 2 départs/j. en été, 15 juin-15 sept (1 le mat et 1 l'ap-m) ; hors saison, pas de départ dim et j. fériés. Trajet : 3h.

➢ ***De/vers Ajaccio :*** avec la compagnie *Eurocorse (☎ 04-95-70-13-83),* 3 départs/j. juil-août et 2 hors saison, sauf dim et j. fériés. Trajet : env 3h10. Également 1 autre liaison pour Ajaccio par la montagne avec les *Autocars Balesi (☎ 04-95-70-02-50).* De Porto-Vecchio, 1 départ/j. tôt le mat (7h) de la gare routière *(plan A1-2).* D'Ajaccio, 1 départ/j. à 15h30 de la gare routière. Liaisons tlj en juil-août, avec arrêts à *L'Ospédale, Zonza, Bavella, Quenza, Sorbollano, Serra-di-Scopamène, Aullène, Petreto-Bicchisano* et *Grosseto.* Hors saison, 1 liaison seulement lun et ven (sauf j. fériés). Même itinéraire mais pas d'arrêt à Bavella.

➢ ***De/vers Bonifacio :*** avec la compagnie *Eurocorse,* juil-août, 2-4 liaisons/j. tlj (2 hors saison lun-sam).

➢ ***Service des plages :*** juil-août seulement, départ de la gare routière. Se renseigner par tél pour les horaires ou consulter le site *• ot-porto vecchio.com •* car les fréquences changent souvent. Pour ***Palombaggia,*** 3 départs/j. avec *Eurocorse (☎ 04-95-71-24-64).* Pour ***Santa Giulia,*** 4 liaisons/j. sauf dim et j. fériés, avec les bus *Les Rapides Bleus Corsicatours (☎ 04-95-72-35-57).* Pour ***Pinarellu*** *(ligne de* ***Conca****),* 3 liaisons/j. lun-sam avec les bus *Bradesi (☎ 04-95-71-40-09).*

En bateau

Gare maritime *(plan B2)* ***:*** *port de commerce, quai de Syracuse. Achat des billets à l'agence Inter Sud Voyages, sur le port de commerce. ☎ 04-95-70-06-03. • intersudvoyages@wanadoo.fr • Lun-sam (en saison) 8h30-12h, 14h30-18h.* Agent pour *Corsica Linea, Corsica Ferries, La Méridionale* et *Moby Lines.*

➢ ***De/vers Marseille, Toulon et Nice :*** plusieurs liaisons/sem.

➢ ***De/vers la Sardaigne*** *(Golfo Aranci et Porto Torres)* ***:*** liaisons ponctuelles avec *Corsica Ferries.*

Adresses utiles

Office de tourisme *(plan zoom A1)* ***:*** *rue du Général-Leclerc. ☎ 04-95-70-09-58. • ot-portovecchio.com • destination-sudcorse.com • Mai-sept, tlj 9h-20h (et même jusqu'à 23h au plus fort de la saison) ; le reste de l'année, lun-sam 9h-12h, 14h-18h.* Infos sur tout le secteur Sud-Corse, délivrées par des hôtesses efficaces et souriantes : guide pratique de la région, plan de la ville, liste des hébergements, restos, loisirs, artisans et petits producteurs du terroir. Excellente brochure sur les petites randos à faire dans les environs.

Office de tourisme de Lecci-de-Porto-Vecchio : *au centre du village de Lecci. ☎ 04-95-71-05-75. • lecci-sudcorse.com • À env 12 km au nord de Porto-Vecchio. Tte l'année : en hte saison, tlj 9h-19h (12h dim) ; le reste de l'année, lun-sam 8h-12h, 14h-18h (et fermé sam oct-avr).* Bien pratique, ce petit bureau donne également toutes les infos touristiques sur Porto-Vecchio et ses environs, notamment sur les randonnées.

■ **Distributeurs de billets :** *à la* ***poste*** *et à la* ***Banque populaire,*** *situées rue du Général-Leclerc (plan zoom A1-2). Également d'autres distributeurs autour du rond-point des Quatre-Chemins (plan A1).* Attention, ils sont très courus le week-end en haute saison.

■ **Minibus A Citadina :** navette gratuite toute l'année entre le port (à la gare routière) et la Ville Haute. *Départ tlj ttes les 15-20 mn, 8h10-19h30 (23h30 en hte saison). Le dim jusqu'à 13h40 seulement.*

■ **Petit train touristique :** *juil-août, fait l'A/R du port (depuis le parking de la douane, près du Wind Club) à la Ville Haute (devant l'église). Départ ttes les 15 mn 10h-13h, 17h-minuit. Prix : 3,90 €.*

■ **Location de voitures :** *sur le port de plaisance.* ***Europcar :*** *☎ 04-95-70-14-50.*

Taxis : ***Taxi Brönner,*** *06-12-54-58-38.* ***Taxi Pietri,*** *06-21-31-04-64.* ***Euro Sud Corse Taxi,*** *06-22-78-04-87.*

■ **Capitainerie du port de plaisance** *(plan B2) : ☎ 04-95-70-17-93, ou VHF canal 9. En saison, tlj 8h30-20h30.* Sur place : douches, toilettes, laverie et location de voitures (voir plus haut).

Où dormir ?

Comme à Bonifacio, tout est très cher, surtout en été. Au mois d'août, les tarifs dépassent les bornes pour une famille aux revenus moyens. Et encore faut-il trouver de la place... Restent certains campings, encore assez abordables.

De prix moyens à chic

Hôtel Le Porto Vecchio *(plan A3,* ***10****) : rue du Maréchal-Juin. ☎ 04-95-70-56-64. 06-15-05-38-82. • hotelpv@orange.fr • hotel-leportovecchio.com • D'avr à mi-oct. Doubles standard et supérieures 58-148 € selon saison. Parking dans l'enceinte de l'hôtel.* À 10 mn à pied de la Ville Haute, cet hôtel familial, d'aspect assez banal, légèrement en surplomb de la route, propose une dizaine de chambres (de 2 à 4 personnes) simples et fort bien tenues, refaites de manière sobre et moderne, certaines avec balcon. Toutes avec sanitaires, clim, coffre et minibar. Petit bémol : route passante en contrebas (malgré le double vitrage).

■ **Adresse utile**

- Office de tourisme (zoom A1)

Où dormir ?

- **10** Hôtel Le Porto Vecchio (A3)
- **12** Le Golfe Hôtel (A3)
- **13** Hôtel Holzer II (zoom A2)
- **14** Hôtel Alcyon Best Western (A1)
- **15** Hôtel Mistral (A2)

Où manger ?

- **20** U Spuntinu (zoom A2)
- **21** Version Originale (B2)
- **23** A Furana (zoom A2)
- **24** A Cantina di l'Orriu (zoom A1)
- **25** La Table de Nathalie (zoom A2)
- **26** Chez Anna (zoom A1)
- **27** L'Antigu (zoom A2)

Où boire un verre ? Où écouter de la musique ? Où déguster une glace ?

- **40** La Taverne du Roi (zoom A2)
- **41** Le Glacier de la Place (zoom A1)
- **42** Bar L'Othello (zoom A2)

Où acheter de bons produits corses ?

- **50** L'Orriu (zoom A1)
- **51** U Tavonu (zoom A2)

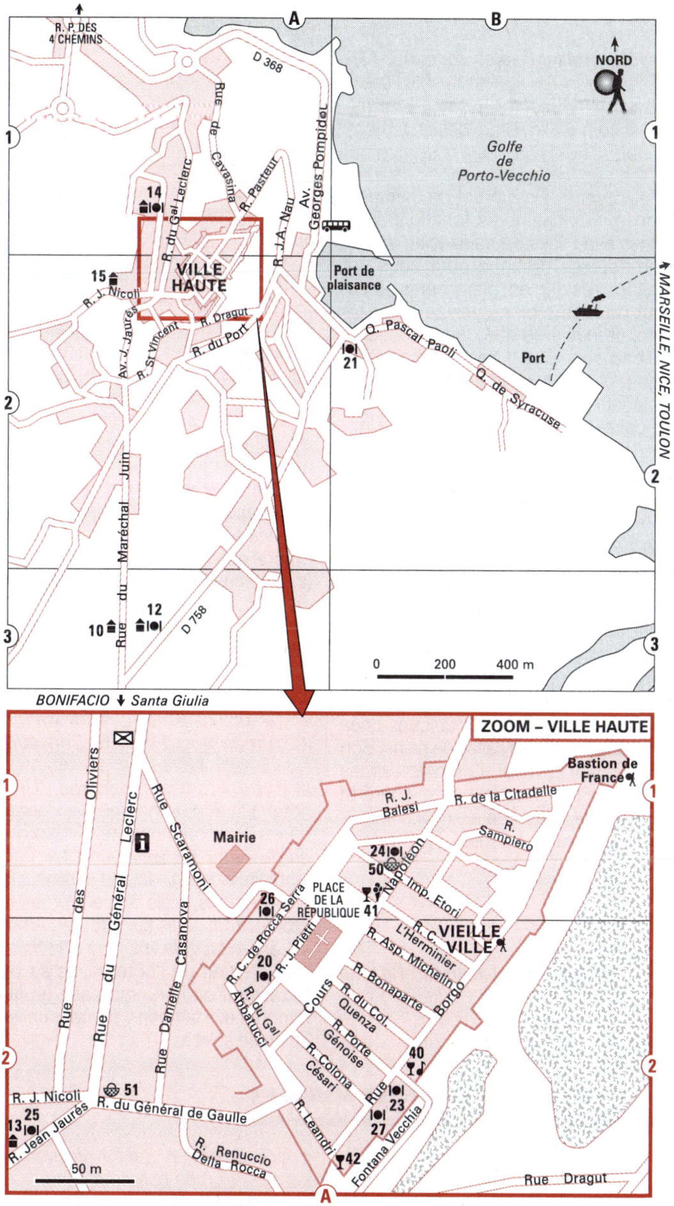

PORTO-VECCHIO

LE GRAND SUD CORSE

Chic

Hôtel Holzer II (plan zoom A2, **13**) : *12, rue Jean-Jaurès. ☎ 04-95-70-05-93. • contact@hotel-holzer.fr • hotel-holzer.com • Fermé à Noël seulement. Doubles 60-175 € selon confort et saison ; également triples, quadruples et quintuples.* Petit hôtel de 3 étages, rénové, aux chambres fonctionnelles, toutes avec salle de bains (clim et TV). Une adresse pratique pour ceux qui veulent résider en plein centre-ville. Tout de même bien cher au cœur de l'été, et inutile de dire que la rue juste en bas connaît de beaux embouteillages. Quelques chambres donnent sur l'intérieur ou sur l'arrière. Elles gagnent en calme ce qu'elles perdent en luminosité. Salles de bains soignées. Bon accueil.

Hôtel Mistral (plan A2, **15**) : *13, rue Jean-Nicoli. ☎ 04-95-70-08-53. • info@lemistral.eu • lemistral.eu • Fermé à Noël seulement. Doubles économique, standard ou supérieure 50-199 € selon confort et saison ; également triples et quadruples.* Cet hôtel en grande partie rénové se compose de 4 édifices indépendants et voisins. Chambres modernes et fonctionnelles tout à la fois (certaines assez petites) et quelques-unes avec de spacieuses salles de bains. Bon équipement général. Les plus calmes sont situées dans la petite courette intérieure. À noter que les moins chères sont vraiment très petites. Bon rapport qualité-prix hors saison.

Plus chic

Le Golfe Hôtel (plan A3, **12**) : *rue du 9-Septembre-1943 (route du Port). ☎ 04-95-70-48-20. • info@golfehotel-corse.com • golfehotel-corse.com • Resto ouv seulement le soir lun-sam (lun-ven hors saison). Fermé de mi-déc à mi-janv. Selon saison, doubles « classiques » 108-232 € et « confort » 150-287 €, petit déj compris. Promos régulières sur Internet. Au resto, carte env 40 €. Parking fermé. Réduc de 10 % sur le prix de la chambre (pour les résas en direct) sur présentation de ce guide.* Un vrai 3-étoiles, où l'accueil ne cède rien au confort. Chambres impeccables, à la déco très actuelle, pas bien grandes, climatisées, avec minibar et coffre. En fait, il y en a une quarantaine, réparties en 4 catégories, toutes différentes, de taille comme de conception. Les supérieures possèdent toutes une petite terrasse. Celles dans le corps de bâtiment principal, les plus modestes, sont très au calme. On est dans un quartier assez excentré, à proximité d'une route passante (heureusement, les chambres sont tranquilles, car un peu en retrait). Accueil efficace et souriant. Resto de grande qualité, dans un cadre agréable (cheminée en hiver, près de la piscine en été), où l'on travaille les produits frais : terrine maison, *stuffatu,* tagliatelles aux gambas...

Hôtel Alcyon Best Western (plan A1, **14**) : *rue du Maréchal-Leclerc. ☎ 04-95-70-50-50. • info@hotel-alcyon.com • hotel-alcyon.com • Doubles 75-416 € selon saison, confort et dispo. Promos sur Internet.* Un bel hôtel à la déco moderne bien pensée, où les chambres ont été transformées en de véritables petits cocons. Excellente literie, clim, double vitrage... Prix élevés certes, mais on peut profiter de promos régulières sur Internet. À noter, le bar *Le Point de vue* *(ouv 17h-minuit),* tout en haut de l'hôtel, avec sa belle terrasse d'où l'on embrasse un large panorama. Il fait bon y prendre un verre en fin de soirée.

Où dormir dans les environs ?

Campings

Camping La Vetta (carte Les environs de Porto-Vecchio, **2**) : *20137 **La Trinité.** ☎ 04-95-70-09-86. • info@campinglavetta.com • campinglavetta.com • Direction Bastia ; le camping est sur la droite passé La Trinité. Juin-oct pour le camping. Selon saison, forfait 22-32 € pour 2 avec tente et voiture ; mobile homes et chalets 2-6 pers à ts les tarifs. Loc à la sem ou pour 3 nuits min.* Un camping où l'on

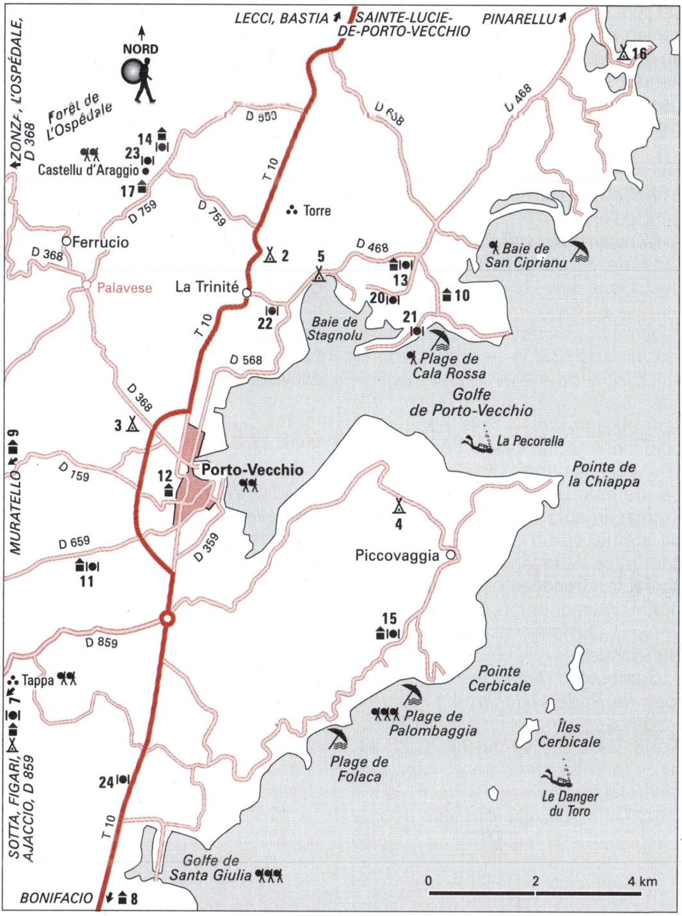

LES ENVIRONS DE PORTO-VECCHIO

Où dormir ?

- **2** Camping La Vetta
- **3** Camping Arutoli
- **4** Camping U Pirellu
- **5** Camping Golfo di Sogno
- **7** Village de Gallina Varja – Hôtellerie de plein air
- **8** Chambres d'hôtes L'Hôte Antique
- **9** Chambres d'hôtes Chez Bati
- **10** Domaine de Caranella
- **11** Le San Giovanni
- **12** Chambres d'hôtes Chez Virginie
- **13** Hôtel Kilina
- **14** Chambre d'hôtes et gîte la Casette d'Araggio
- **15** Chambres d'hôtes Littariccia
- **16** Camping California
- **17** Cyrnea B and B

Où manger ?

- **14** La Casette d'Araggio
- **20** Le Passe-Temps
- **21** Le Ranch'O Plage
- **22** Le Figuier
- **23** A Furtezza
- **24** L'Ondella

se sent bien. Sur 8 ha, des emplacements (non délimités) bien larges et un cadre superbe de vaste chênaie, en terrasses. Très vert et ombragé, donc. Sanitaires bien tenus. Resto ouvert en juillet-août, avec soirée corse 1 fois par semaine en haute saison. Petite épicerie. Également une villa à louer. 2 chouettes piscines (jacuzzi dans la principale).

⛺ ***Camping Arutoli*** *(carte Les environs de Porto-Vecchio,* ***3****)* **:** *route de L'Ospédale. ☎ 04-95-70-12-73. • info@arutoli.com • arutoli.com • ♿ Avr-oct. Pas de résa possible pour le camping. Selon saison, compter 18-21,40 € pour 2 avec tente et voiture ; bungalows 4-5 pers à louer à la sem ou à la nuitée.* Très beau camping de 4 ha, un peu à l'écart de la ville mais pas trop (1 km), et ombragé par de grands pins et chênes-lièges. Emplacements non délimités, alors on s'entasse un peu en haute saison, mais l'atmosphère générale est agréable. Grande et belle piscine, très propre. Alimentation, bar-resto *(juin-fin sept).* Quelques barbecues à dispo. Bon accueil.

⛺ ***Camping U Pirellu*** *(carte Les environs de Porto-Vecchio,* ***4****)* **:** *route de Palombaggia, à une dizaine de km de Porto-Vecchio. ☎ 04-95-70-23-44. • u.pirellu@wanadoo.fr • camping-palombaggia.corscica • De mi-avr à mi-oct. Pas de résa possible pour le camping. Compter 22,60-32,30 € selon saison avec petite tente et voiture ; chalets et lodges familiaux avec sanitaires (2-6 pers). Resto ouv midi et soir juil-août (seulement le soir mai-juin et sept).* Beau camping organisé en terrasses successives, sous les oliviers. Emplacements bien délimités et un bouquet de chalets en bois (sanitaires et clim). Sympathique piscine chauffée et à débordement. Blocs sanitaires modernes et propres. Supérette, jeux pour enfants... Et, juste à côté, la pizzeria *L'Amandella,* avec toujours une bonne ambiance. Animations régulières en juillet-août.

⛺ ***Camping Golfo di Sogno*** *(carte Les environs de Porto-Vecchio,* ***5****)* **:** *route de Cala Rossa. ☎ 04-95-70-08-98. • golfodisogno@wanadoo.fr • golfo-di-sogno.fr • Mai-sept. Selon saison, compter 20,50-30 € pour 2 avec tente et voiture ; beaucoup de bungalows, chalets, mobile homes et minivillas de ttes sortes, avec ou sans clim, avec ou sans sanitaires.* Très vaste et moderne, fort bien équipé, il s'étend sur plusieurs hectares sur un terrain plat et sous une forêt de pins. Beaucoup de monde en haute saison, évidemment, mais le gros avantage est la proximité immédiate d'une longue et belle plage. Sanitaires de qualité. Côté chalets, on trouve tous les styles et toutes les tailles. Bonnes prestations (resto, libre-service, bar, laverie...). Tennis. Animations estivales.

Bon marché

⛺ 🏠 🍽 ***Village de Gallina Varja – Hôtellerie de plein air*** *(hors carte Les environs de Porto-Vecchio,* ***7****)* **:** *20146* ***Sotta,*** *à 10 km au sud-ouest de Porto-Vecchio. ☎ 04-95-71-23-22. 📱 06-43-28-65-64. • contact@gallinavarja.com • gallinavarja.com • ♿ Juste à l'entrée de Sotta, sur la route de Figari, tourner à gauche en direction de Chera sur la D 959, puis faire 2 km, et petite route à droite en direction de Ghjaddinavarghja (en bon corse !) sur env 1 km et c'est sur la gauche ; terminus ! Mai à début oct. Juil-août, sous tente, compter 46 et 51 €/pers respectivement en ½ pens et pens complète (sur la base de 2 pers) ; en petit chalet, 54 et 59 €/pers en ½ pens et pens complète ; également de grands chalets 58 et 65 €/pers en ½ pens et pens complète. Petit déj servi jusqu'à 12h. Petite bibliothèque à disposition des clients. Réduc de 10 % sur présentation de ce guide en mai, juin et sept et apéro offert tte l'année.* Un endroit extra. 2 formules : ½ pension ou pension complète. Dans un cadre agréable, calme et ombragé, autour d'une grande prairie en pente et plantée d'oliviers, un ensemble de tentes familiales et de petits bungalows de bois entourés d'arbres et sans sanitaires (2-4 couchages, 10-20 m²). Pour ceux qui choisissent la pension complète, à noter que l'on mange bien (déjeuner-buffet et dîner variés). Le midi, on peut aussi vous préparer de bons paniers-repas. L'ambiance décontractée et conviviale ainsi que le bon accueil des patrons font de ce lieu une alternative sympathique et peu onéreuse, qui compense largement le relatif éloignement des plages.

De prix moyens à plus chic

Chambres d'hôtes L'Hôte Antique *(hors carte Les environs de Porto-Vecchio,* ***8****) : à* ***Pétralonga-Salvini,*** *20137 Porto-Vecchio. ☎ 04-95-71-20-17. 06-22-24-85-73. • hote-antique@wanadoo.fr • hote-antique.fr • À 14 km au sud de Porto-Vecchio. Prendre la T 10 (direction Bonifacio) ; prendre à droite la D 459, puis suivre la direction Pétralonga-Salvini (c'est à 4 km par la petite route sinueuse). Tte l'année. Selon saison, doubles 85-115 €, triples 115-145 €, petit déj compris. CB refusées.* Au cœur d'un petit village tout tranquille, dans la campagne, sur les hauteurs. Suffisamment éloigné pour avoir la paix, mais pas trop pour rester proche des plages. Dans une partie de leur grande demeure, les hôtes, Jean-Luc et Françoise Pietri, proposent 5 chambres impeccables, spacieuses (30 m²) et claires, décorées avec goût. La plupart possèdent un balcon et offrent une vue sur de splendides baies turquoise au loin, notamment Santa Giulia. Excellent niveau d'équipement et de confort (TV, clim, coffre). Petit déj de très bonne tenue (confitures extra et gâteaux savoureux).

Chambres d'hôtes Chez Bati *(hors carte Les environs de Porto-Vecchio,* ***9****) : à* ***Muratello,*** *lieu-dit Cipponu, 20137 Porto-Vecchio. ☎ 04-95-26-78-21. 06-03-29-73-26. • chezbati@gmail.com • chezbati.com • ♿ À env 8 km de Porto-Vecchio. Suivre la direction Muratello, traverser le village jusqu'au petit rond-point et prendre à droite, c'est à 1,2 km (fléché). Avr-oct. Doubles 65-113 € selon saison, petit déj compris.* Dans cette longue maison moderne bâtie par Bati (facile !), on trouve 5 chambres, spacieuses et bien équipées, confortables et fonctionnelles à la fois : grande salle de bains, frigo, clim, écran plat... Certaines avec vue sur la vallée (à demander en priorité). Une sympathique adresse. Vue dégagée depuis la grande terrasse commune.

Chambres d'hôtes Chez Virginie *(carte Les environs de Porto-Vecchio,* ***12****) : chemin de Prunello, 20137 Porto-Vecchio. ☎ 04-95-21-06-85. 06-46-84-79-99. • v.buttafoghi@live.fr • Mai-Toussaint. Doubles 110-170 € selon saison, petit déj compris.* Virginie reçoit avec grande gentillesse dans sa coquette maison très au calme, qu'elle soigne avec amour, tout comme ses hôtes. Ce qui fait qu'on s'y sent vite chez soi. Les chambres (clim, minibar, écran plat, machine à café...) s'avèrent impeccables et fort bien décorées. Sur le devant, agréable espace avec pelouse et bain à remous. Superbe petit déj, avec de belles confitures, plusieurs sortes de yaourt et du bon pain, le tout servi généreusement. Cuisine à disposition des hôtes. Et le centre de Porto-Vecchio n'est qu'à 8 mn à pied par un chemin (pas de problème de parking donc).

Cyrnea B and B *(carte Les environs de Porto-Vecchio,* ***17****) : à* ***Palavese,*** *20137 Porto-Vecchio. ☎ 04-95-78-51-48. 06-27-85-24-99. • buzzonici65@gmail.com • Sur la D 759 à quelques km de la ville. Tte l'année. Doubles 70-180 € selon saison, petit déj compris. Réduc de 10 % sur le prix de la chambre sur présentation de ce guide.* Une maison moderne et bien agencée, disposée en L autour d'une gentille piscine ornée de transats. 3 chambres s'ouvrent sur la piscine, les autres sur l'arrière, avec un petit bout de terrasse. Elles sont impeccables, élégantes et bien équipées, avec salle de bains à l'italienne (comme la propriétaire !). Une adresse agréable mais pas adaptée pour les familles avec enfants, autant le savoir.

Chambres d'hôtes U Barraconu : *faire 6 km sur la D 368 (route de L'Ospédale). Bien fléché sur la gauche. Faire ensuite env 800 m sur un chemin et c'est au bout. 06-15-08-53-71. • a-francoisfilippi@live.fr • barraconu.com • Doubles 80-150 € selon saison, petit déj compris.* Voici une généreuse maison de granit parfaitement au calme, qui abrite 5 chambres simples et spacieuses donnant pour certaines d'entre elles sur la cour intérieure, d'autres à l'étage. Jolie vue sur la vallée. Jacuzzi et sauna accessibles aux hôtes (sans supplément). Le couple produit des huiles essentielles (à acheter sur place), par ailleurs notamment à base de myrte, genévrier, calendula et surtout d'immortelles. Bon accueil.

Villa La Greck : *Capu-di-Lecci, 20137* ***Lecci-de-Porto-Vecchio.*** *☎ 04-95-50-06-93. 06-03-70-70-67. • agnesb62@yahoo.fr • villalagreck.com • À 12 km au nord de Porto-Vecchio, tourner au rond-point de Lecci, prendre direction Capu. Avr-oct. Doubles 65-105 €, petit déj compris ; 2 apparts (6 pers max) 500-1 200 €/sem selon période.* Agnès et Hervé sont venus de leur Bretagne natale pour ouvrir cette maison d'hôtes disposant de 3 chambres (2 doubles et la 3e pouvant accueillir jusqu'à 4 personnes) et de 2 appartements pour 6 personnes. L'adresse est bien située, dans un quartier résidentiel calme, au pied de la forêt et finalement pas bien loin des plages. Les chambres, climatisées, sont confortables, bien pensées. Cuisine extérieure accessible à tous. Petite salle de remise en forme. Piscine, jacuzzi (sans supplément).

Domaine de Caranella *(carte Les environs de Porto-Vecchio,* ***10****) : route de Cala Rossa. ☎ 04-95-71-60-94. • info@caranella.com • caranella.com • ♿ À 7 km de Porto-Vecchio. Fermé de mi-oct à mi-avr. Résa très conseillée. Chambres confort (hôtel) 82-226 € selon saison, sans petit déj ; ½ pens possible pour 2. Également des villas et apparts de confort varié pour 4-6 pers, 693-2 200 €/sem.* Quelques chambres doubles, des studios et appartements pour 2 à 6 personnes, bien équipés (four, micro-ondes, TV, lave-vaisselle en option), de plain-pied ou en étage, avec terrasse pour la plupart, autour d'une piscine chauffée. L'ensemble est conçu comme un petit village, composé d'un ensemble de maisons blanches, donnant toutes plus ou moins sur la pelouse ou du côté de la piscine. Entretien général de qualité et bonnes prestations. Environnement fleuri, salle de fitness, bar et resto. Gros plus : la plage de Cala Rossa, à 400 m. Accueil aimable et ambiance relax.

Le San Giovanni *(carte Les environs de Porto-Vecchio,* ***11****) : route d'Arca. ☎ 04-95-70-22-25. • info@hotel-san-giovanni.com • hotel-san-giovanni.com • À env 5 km de Porto-Vecchio. Prendre la D 659. Fermé env de fin nov à début janv. Doubles standard 68-225 € selon confort (chambre ou pavillon) et saison. Possibilité de ½ pens 45 €/pers. Food-truck, plats à partir de 12 €.* Espace commun généreux, particulièrement soigné. Bonnes prestations : superbe piscine chauffée avec transats, jacuzzi, sauna. Accueil souriant. Chambres mignonnes comme tout, avec clim, donnant sur le parc remarquablement arboré et fleuri de 3 ha (palmiers et eucalyptus), où coassent les grenouilles dans une petite mare. Tout autour, superbes pelouses. On prend ses repas dans la salle intérieure ou sous une ronde paillote au cœur du jardin. Tennis, table de ping-pong. Pour les gens de l'extérieur comme pour les clients de l'hôtel, le midi *(lun-sam, 12h-14h)*, un *food-truck* est installé sous les arbres et propose de la *gardenfood*, avec salades, plats de légumes, *poke bowls*, burgers et quiches maison... À déguster sous les différents espaces ombragés.

Hôtel Kilina *(carte Les environs de Porto-Vecchio,* ***13****) : route de Cala Rossa, à env 1,5 km de la plage. ☎ 04-95-71-60-43. • info@kilina.fr • kilina.fr • ♿ Fin avr-fin sept. Chambres standard 75-190 € selon saison (supérieures un peu plus chères) ; des familiales également. ½ pens possible. Resto ouv le soir (et le midi mi-juin à mi-sept).* Dans un grand parc arboré (pins et chênes-lièges), réparties dans des pavillons, des chambres claires, toutes de plain-pied, pas bien grandes mais correctes, avec une petite terrasse. Bon, le chic de l'espace bar-resto-piscine n'est pas tout à fait en adéquation avec la relative simplicité des chambres, dotées toutefois d'un honnête confort (TV, clim). Resto-grill. Bien jolie piscine, donc *(de mi-juin à début sept)*, avec sa grande terrasse de bois qui s'étend vers le bar, cosy et chic à la fois.

Chambre d'hôtes et gîte la Casette d'Araggio *(carte Les environs de Porto-Vecchio,* ***14****) : dans le hameau d'****Araggio,*** *sur la droite en arrivant. 06-21-54-62-11 (chambre d'hôtes). • d.nicoli@wanadoo.fr • lacasettedaraggio.fr • Pour le gîte, résas auprès des Gîtes de France : ☎ 04-95-10-54-30. Fermé déc-mars. Chambres 80-125 € pour 2 et 30 €/pers supplémentaire, petit déj compris ; gîte 2-3 pers 370-640 €/sem selon saison.* Sous leur petite maison de pierre, les proprios ont aménagé une chambre mignonne comme tout (« la chambre de la Casette »), avec une grande pièce (29 m² en tout) et une douche à l'italienne. Le gîte, climatisé, est juste à côté, dans la même maison, et dispose d'un petit coin cuisine, mais pas vraiment de salon. En revanche, on peut s'installer dehors, où un coin relax a été aménagé, commun aux 2 hébergements, ainsi qu'un spa. Possibilité de manger au resto d'à côté, l'adorable *Casette d'Araggio* (mêmes proprios ; voir « Où manger dans les environs ? »).

Beaucoup plus chic

Chambres d'hôtes Littariccia *(carte Les environs de Porto-Vecchio,* ***15****) : sur la route de Palombaggia, 20137 Porto-Vecchio. ☎ 04-95-70-41-33. • littariccia@orange.fr • littariccia.com • Bien fléché sur la droite, puis 400 m de chemin caillouteux. Tte l'année (sur résa). Chambres et suites 80-225 € selon confort et saison, petit déj compris (continental). Appartement également.* Voici une maison nichée dans une belle oliveraie mais perchée sur une colline, très au calme, tranquillité à laquelle tiennent les proprios. Les 5 chambres sont jolies, dans les tons blanc, beige et bois, d'un style épuré et parfaitement équipées. Mais c'est surtout l'ensemble, le cadre et l'atmosphère sereine, zen même, que l'on retient (pas de télé). Une adresse de charme, donc, avec, de la terrasse du petit déjeuner, une vue extra sur la mer en contrebas. Jolie piscine, pas immense, mais entourée de bois du plus bel effet. Accueil tout en douceur.

Où manger ?

– ***Le marché de Porto-Vecchio*** *(plan zoom A1) : dim mat sur la pl. de la Mairie.*

– Sinon, la plupart des nombreux restos de Porto-Vecchio sont saisonniers. Voici une petite sélection de tables fiables dans le temps, certaines pratiques, d'autres tout bonnement excellentes.

Dans la Ville Haute

De bon marché à prix moyens

U Spuntinu *(plan zoom A2,* ***20****) : rue Joseph-Pietri. ☎ 04-95-72-28-33. • p.orsucci@orange.fr • Sur la pl. de l'Église. Tlj midi et soir (jusque tard en saison). Sert tte la journée. Fermé mi-oct à fin mars. Assiettes de charcuterie et/ou de fromage, assiette gourmande ou salades variées env 16-20 €. Digestif maison offert sur présentation de ce guide.* Dans la boutique, on peut faire ses emplettes de cochonnailles et déguster tous ces bons produits corses sans tarder, sous forme d'assiettes joliment garnies.

Version Originale *(VO ; plan B2,* ***21****) : quai Pascal-Paoli. ☎ 04-95-70-38-75. • sasgfr.vo@gmail.com • Tlj sauf sam en basse saison, 7h-22h30. Fermé nov-mars. Wrap env 10 € ; salades et hamburgers 13-15 € ; carte 20-25 €. Digestif maison offert sur présentation de ce guide.* Une sympathique terrasse colorée, ouverte sur le port et à l'ambiance agréable, fidèle au poste depuis bien des années. On y sert à manger en continu dans la journée, et jusque tard le soir. Dans les assiettes, salades, sandwichs, hamburgers revisités, *poke bowl*, tartines et *wraps* en tout genre, confectionnés avec les produits frais du cru. Essayez donc le *bānh mi,* sandwich vietnamien, ou le wok à la singapourienne. Un vrai « générique de faim », qui tourne sans arrêt, comme mentionné sur le menu ! Chouette aussi pour le petit déj.

De prix moyens à chic

A Furana (*plan zoom A2,* **23**) : *47, rue Borgo. ☎ 04-95-70-58-03. • jnmpetra@yahoo.fr • Fermé dim et lun midi. Fermé de mi-nov à mi-mars. Plats 17-27 € ; carte env 45-50 €.* On apprécie bien la terrasse à l'étage, offrant un superbe panorama sur les alentours. Voici une jolie cuisine corse, simple sur le fond mais réussie et généreuse, composée d'une sélection de plats de viandes et de poissons (quelques suppléments pour certains d'entre eux), accommodés aux recettes insulaires et présentés avec soin.

A Cantina di l'Orriu (*plan zoom A1,* **24**) : *5, cours Napoléon. ☎ 04-95-25-95-89. • lorriuportovecchio@gmail.com • Ouv avr-oct. En saison, tlj midi et soir sauf lun midi et mar midi ; en basse saison, fermé dim, lun tte la journée et mar midi. Salades (le midi) env 15 € ; plats 20-30 €.* Attenant à la boutique du même nom, ce petit resto familial vous tend les quelques tables de sa double terrasse (de chaque côté du resto) pour déguster des assiettes de fromage ou de charcuterie, de bons petits plats (superbe aubergine à la bonifacienne, cannellonis, mais aussi cabri, agneau de lait rôti au jus, cochon de lait confit...), accompagnés, si l'on veut, de vin au verre (et ils en ont du bon !). On peut aussi se contenter de venir y siffler un verre à l'intérieur, accoudé au superbe zinc.

LE GRAND SUD CORSE

Plus chic

La Table de Nathalie (*plan zoom A2,* **25**) : *4, rue Jean-Jaurès. ☎ 04-95-71-65-25. Tlj midi et soir sauf dim tte la journée et lun midi (parfois ouv dim soir en saison). Fermé env déc-mars. Carte env 50 €. Digestif maison offert sur présentation de ce guide.* Dans la rue principale, une coquette petite salle et quelques tables sur le trottoir, où l'on déguste une cuisine inspirée, réalisée au gré de l'humeur du moment, de la pêche du jour et des légumes du marché. Des produits hyper frais, des plats sans complexes, combinant d'intéressantes saveurs qui réveillent les papilles. Ainsi trouve-t-on notamment de superbes poissons savamment cuisinés et des viandes d'une grande tendreté (black Angus). L'ardoise change régulièrement, mais ce qui est immuable, c'est la qualité et l'amour avec lequel les plats sont travaillés.

L'Antigu (*plan zoom A2,* **27**) : *51, rue Borgo. ☎ 04-95-70-39-33. Tte l'année, sauf fin janv-fév. Tlj en saison (fermé lun en basse et moyenne saison). Carte 45-50 €.* 2 salles : l'une est climatisée, l'autre, au-dessus, est en fait une terrasse panoramique, et, vous l'avez deviné, c'est la plus demandée. On vient à *L'Antigu* pour sa cuisine d'une belle régularité, basée sur de bons produits : viandes à l'honneur (agneau au feu de bois, veau fumé...) ou poisson (rascasse, saint-pierre). Service agréable et souriant.

Chez Anna (*plan zoom A1,* **26**) : *16, rue Dr-Camille-de-Rocca-Serra. ☎ 04-95-70-19-97. • lerestaurantchezanna@gmail.com • Dans la Ville Haute, à côté de l'église. Fermé mar en basse saison et dim midi tte l'année. Fermé nov-fin mars. Menu le midi tlj 18 € et 24 € le soir ; pizzas 9-16 € ; à la carte env 40-45 €.* Une adresse régulière en qualité depuis de nombreuses années. Au programme, pâtes fraîches, gnocchis, lasagnes et spécialités italiennes (comme le *scialatielli marinara*) ou corses (les aubergines farcies au *brocciu*, l'escalope de veau...), à déguster sur l'une des 2 terrasses (l'une minuscule et l'autre sur l'arrière, plus grande, au pied des remparts), ou dans l'étroite salle, résolument moderne.

Où manger dans les environs ?

Prix moyens

Le Passe-Temps (*carte Les environs de Porto-Vecchio,* **20**) : *route de Cala Rossa, 20137* ***Lecci-de-Porto-Vecchio.*** *☎ 04-95-71-63-76. ♿ À 7 km de Porto-Vecchio, route de Bastia sur 3 km, à droite au petit rond-point à l'entrée de La Trinité (Cala Rossa* *fléché) ; puis au rond-point suivant à gauche, et suivre la petite route à droite au carrefour suivant (resto fléché). Mai-fin sept, tlj, seulement le soir. Pizzas env 12-16 € ; grillades 18-28 €.* L'une des plus vieilles adresses porto-vecchiaises (depuis 1967 !), connue et fréquentée essentiellement des gens du coin. Valeur très sûre de la grillade au feu de bois et de la pizza. Cuisine simple et généreuse. Viande de 1er choix (côte ou brochettes de bœuf, gigot de mouton...) et légumes farcis, ou une poêlée de gambas à la provençale pour les non-viandards. Et puis un cadre agréable, vaste patio circulaire et verdoyant, où les tables ne sont pas serrées.

IOI ***Le Figuier*** *(carte Les environs de Porto-Vecchio,* ***22****) : sur la route de Cala Rossa. ☎ 04-95-72-08-78. • le-figuier@orange.fr • Avr-fin oct, tlj en saison, midi et soir. Pizzas et pâtes 10-24,50 € ; plats de viandes env 20-29 €.* Le resto est précédé d'une zone joliment arborée et d'une élégante terrasse. Élégance que l'on retrouve dans la salle de cette grosse maison de pierre. Outre les pizzas, qui permettent de s'en sortir honorablement, on y déguste de bien bonnes pièces de viandes grillées. Et ça fait 3 décennies que touristes et locaux s'y donnent rendez-vous.

IOI ***A Furtezza*** *(carte Les environs de Porto-Vecchio,* ***23****) : dans le hameau d'****Araggio****. ☎ 04-95-10-01-15. • contact@furtezza.com • De Porto-Vecchio, prendre la route de Bastia (T 10) sur env 7 km, puis à gauche la D 759 (panneau), et faire 1 km vers Araggio. Mars-fin nov, tlj midi et soir (sauf lun en basse saison). Plats 15-27,50 € ; salade-repas env 17 € et menus 28-48 €.* Sous les grands oliviers de ce terrain en terrasses, dans un cadre rustique, une bonne cuisine de terroir vous est préparée : aubergines farcies, *tianu* de veau ou d'agneau, *home burger*. Une cuisine soignée, que l'on déguste sous les arbres, dans une atmosphère champêtre et relaxante. Pour les enfants, petite aire de jeux, et pour les grands, un terrain de pétanque. Et partout des petits coins salons pour prendre l'apéro.

IOI ***La Casette d'Araggio*** *(carte Les environs de Porto-Vecchio,* ***14****) : dans le hameau d'****Araggio.*** *☎ 04-95-72-05-23. • la-casette-d-araggio@orange.fr • En arrivant à Araggio, c'est indiqué sur la droite. Tlj sauf dim. Fermé déc-fin mars. Plat du jour à partir de 16 € ; menu corse 30 € (soirée musicale 33 €). Assiette charcuterie-fromage env 20 €. Chants corses le mer soir (juin-sept). Digestif offert sur présentation de ce guide.* Des omelettes, une assiette de charcuterie corse, de bonnes galettes revisitées façon corse et joliment garnies et quelques plats corses (sanglier aux baies de myrte, sauté de veau aux olives, fondant à la châtaigne...)... C'est le fruit de l'association corso-bretonne de monsieur et madame. Le resto est adorable, avec une jolie terrasse en contrebas de la maison, ombragée par un gros figuier et donnant sur un bout de vallée verdoyant. Tranquillité totale. Très sympa pour une petite grignote après la visite du site d'Araggio voisin. Juste à côté, une chambre d'hôtes et un gîte (voir « Où dormir dans les environs ? »).

IOI ***L'Ondella*** *(carte Les environs de Porto-Vecchio,* ***24****) : sur la route de Bonifacio (T 10), à 4,5 km de Porto-Vecchio. ☎ 04-95-72-20-31. Mai-oct, seulement le soir. Pizzas 10-16 € ; viandes grillées 18-30 €. Apéritif maison offert sur présentation de ce guide.* En retrait de la route, voici une adresse soignée, bien connue des habitants de Porto-Vecchio aussi bien que de Bonifacio. Ils viennent profiter de belles pièces de viandes grillées au feu de bois, mais aussi de brochettes de bœuf ou de magret de canard confit au miel. Les pizzas font également l'affaire, au feu de bois elles aussi. Et régulièrement un poisson frais proposé à la carte, selon arrivage. Service souriant.

IOI ***Le Relais*** *: à* ***Sotta,*** *à 10 km au sud-ouest de Porto-Vecchio. ☎ 04-95-20-80-21. • lerelaissotta@gmail.com • En plein centre. Tte l'année sauf 2 sem en déc (téléphoner hors saison). Midi et soir, sauf dim. Compter env 35 €. Plats 17-22 €.* Dans une maison de pierre, une jolie salle aux belles tables de bois. Un cadre idéal pour déguster un savoureux quasi de veau ou un *tianu di vitellu* (autrement dit de veau). Ici, on le comprend, l'animal est à l'honneur. Normal, Jacky Pandolfini, dans le respect de la tradition familiale, élève des veaux. Cuisine familiale et saine, joliment tournée. Depuis 4 générations !

On recommande aussi la salade *sut-tinca* (comprendre : de Sotta), ou, en saison, des beignets de fleurs de courgettes. Les desserts ne sont pas en reste. Quelques tables en salle ainsi qu'une terrasse sur le côté.

Chic

|●| **Le Ranch'O Plage** *(carte Les environs de Porto-Vecchio,* ***21****) : sur la* **plage de Cala Rossa.** ☎ *04-95-71-62-67.* • *ranchoplage@gmail.com* • *À 10 km de Porto-Vecchio : direction Bastia puis à droite à La Trinité, vers Cala Rossa (indiqué). De mi-avr à mi-oct, tlj midi et soir. Résa conseillée. Le midi, plat du marché 18 €, Pizzas 12-16 € ; le soir, menu tradition env 30 € ; carte env 45 €.* La plage de Cala Rossa est bien sympathique, et une table en terrasse à 3 m des flots, surplombant la vague, c'est tout de même quelque chose. Mais le secteur étant un peu huppé, et comme il y a souvent du vent, ces 2 éléments conjugués font que l'addition s'envole un peu si l'on n'y prend garde. La cuisine est bonne, tendance juste comme il faut, et le service soigné. Quelques entrées fraîcheur de bon aloi comme le *frito misto* auxquels on peut ajouter des préparations dans l'air du temps, tels ce *bouddha bowl*. Burgers de qualité à prix raisonnables, et pizzas au feu de bois. Dans l'après-midi, carte restreinte.

Où boire un verre ? Où écouter de la musique ? Où déguster une glace ?

La Taverne du Roi (plan zoom A2, **40**) : *43, rue Borgo.* ☎ *04-95-70-41-31. À l'entrée de la vieille ville en venant du port. Env 10 € l'entrée et la boisson (renouvelable chaque heure et demie !). Ven-sam hors saison et tlj en saison, soirées chansons corses à partir de 22h30.* Un endroit exceptionnel pour son cadre. Vraiment agréable d'y boire un verre. Guitaristes et chanteurs alternent vieux chants corses et chansons plus connues avec entrain et sincérité. Venir vers 22h pour avoir une place. Enfants refusés passé une certaine heure.

Le Glacier de la place (plan zoom A1, **41**) : *4, pl. de la République. Tlj jusqu'à 1h du mat en saison. Fermé nov-mars.* S'il n'y en avait qu'un, ce serait celui-là ! À l'intérieur, choix impressionnant de bières (plus de 130 !) et d'alcools divers à faire pâlir d'envie nos amis belges. Et, bien sûr, une belle carte de glaces et sorbets artisanaux. Pour les mômes, on choisira les sirops *Monin*.

Bar L'Othello (plan zoom A2, **42**) : *65, rue Borgo. Tlj de mi-mai à fin oct, 18h-2h. Seulement ven-sam à la mi-saison.* Dans un des bastions de la citadelle, une adresse corso-cosmopolite, inspirée et inspirante. Cocktails, absinthe, vins, tapas pour accompagner, tout est bon ! À déguster tout en profitant d'une magnifique vue panoramique.

Sur la même place de la République, plusieurs autres cafés en terrasse ***(Au Bon Coin, Les Beaux-Arts, Le Bel Ombra...).*** Cette place, avec son *belombra* (autrement dit un *Phytolacca diolca* tout tordu), est certainement l'endroit le plus agréable en ville. Y prendre un verre s'impose. Quelques terrasses sortent leur matériel à DJ les soirs d'été, et les feuilles des arbres se mettent à trembler. Dans l'impasse Ettori, un peu plus loin, le ***Patio*** fait entendre lui aussi ses décibels...

Où danser ?

Via Notte : *à la sortie sud de Porto-Vecchio, après le rond-point, route de Porra.* ☎ *04-95-72-02-12.* • *vianotte.com* • *De juin à mi-sept. Compter 15-35 € l'entrée (si, si !) selon le DJ invité, sans conso ; en revanche, gratuit en général dim. Boissons alcoolisées à partir de 10 €.* Le club incontournable du sud de l'île. DJs grosses pointures tout au long de la semaine (thème musical différent chaque soir) et atmosphère bien chaude. 5 bars (dont 1 à sushis), 1 piste, 1 piscine et 1 resto. N'en jetez plus ! Amateurs d'intimité, s'abstenir : compter dans les 3 000 personnes en moyenne chaque soir d'été !

Où acheter de bons produits corses ?

L'Orriu (*plan zoom A1*, **50**) : *5, cours Napoléon.* ☎ *04-95-70-26-21. Dans la vieille ville, à 50 m de la pl. de l'Église. En saison, tlj 9h-22h (13h dim). Fermé de mi-fév à fin mars et nov.* Murs couverts de pots et de bouteilles, plafond squatté par les jambons, arrière-boutique croulant sous les saucissons, bel étalage de fromages... Une véritable anthologie des produits corses de qualité. Excellent accueil.

U Tavonu (*plan zoom A2*, **51**) : *9, rue du Général-de-Gaulle.* ☎ *04-95-72-14-03. En saison, tlj en général 9h-12h30, 14h30... jusque tard en saison ; hors saison, fermé dim-lun. Fermé fin fév-fin mars.* Autre très belle boutique. Le patron est de bon conseil. Grand choix de charcuterie, vins et liqueurs, fromages et autres produits naturels (confiture, miel, huile, farine de châtaigne). Coppa, *panzetta, lonzu, figatelli* (en hiver seulement), etc.

À voir

La vieille ville (*ou Ville Haute ; plan zoom A1-2*) : *mai-oct, visite guidée jeu à 18h30 (rens à l'office de tourisme). En juil-août, également une visite à 21h (avec projection sur les murs de la citadelle). Payant : 7 €/pers.* Les Génois édifièrent une citadelle sur le promontoire rocheux (en porphyre rose). Il en reste de belles fortifications, dont quelques bastions et l'imposante porte (dite « génoise ») d'où l'on a une jolie vue sur le golfe et les salines. Sur la place principale, très animée en été, une adorable ***petite église*** en pierre, au clocher décoré de trèfles. Intérieur entièrement orné de trompe-l'œil, notamment la voûte. Juste en face, une petite chapelle.

Bastion de France (*plan zoom A1*) : *avr-oct, mar-ven 10h30-13h30, 17h-21h ; sam-lun 10h-21h. Entrée : 2 € ; réduc.* Rien de bien sorcier : on monte à la terrasse panoramique, avec sa table d'orientation, pour la magnifique vue sur la baie. Salle d'expo (entrée libre pour cette dernière).

À faire

– ***Voile :*** **Club nautique Santa Giulia,** *route du Moby-Dick, dans la baie de Santa Giulia, à 7 km au sud de Porto-Vecchio (tourner à droite au niveau du Vival).* *06-22-74-49-53.* • *club-nautique.fr* • *Mai-début oct, tlj 9h-19h.* Cours de planche à voile, *stand-up paddle* et catamaran ; location également. Accueil sympa comme tout.

– ***Location d'embarcations à pédales et de bateaux à moteur avec permis :*** **Locorsa,** *route du Moby-Dick, au milieu de la plage de Santa Giulia.* ☎ *04-95-70-64-43 ou 06-82-57-51-95 (Anne).* • *locorsa.com* • *Avr-oct.* Tous les types de bateaux à louer à partir de 50 CV. Également location d'embarcations à pédales.

Sortie en mer : avec les bateaux *Ruscana* et *Amour des îles.* ☎ *04-95-70-33-67.* • *amour-des-iles.com* • *D'avr à mi-nov. Départ à 9h, retour vers 18h. Compter 60 €/pers sans repas et 75 € avec repas ; réduc 5-12 ans.* Départ du port de plaisance de Porto-Vecchio, direction les Lavezzi, les îles Cerbicales et on passe à proximité des baies de Santa Giulia, Rondinara... Bouillabaisse servie à bord. Sympa, même si on est tout de même une centaine à bord !

– ***Balades équestres : Country Horse,*** *sur la D 468, à 2 pas de la baie de San Ciprianu. De La Trinité de Porto-Vecchio (T 10, route de Bastia), prendre la D 468, entre San Ciprianu et Pinarellu, sur la droite de la route. ☎ 04-95-10-39-56 ; 📱 06-11-99-45-93. • country-horse.com • Randos 1-2h à 35-45 €, et balade ½ journée baignade-plage 75 €.* Nombreuses autres formules. Karine et sa famille tiennent ce sympathique club équestre avec professionnalisme et gentillesse. Jolies randos dans de superbes coins de la côte mais aussi, le nec, la balade avec baignade en mer sur le cheval. Top !

Balade avec un Nez : *serres de Ferrucio, route de L'Ospédale. 📱 06-19-89-65-36. • plantesdumaquis.com • Sur résa seulement, Pâques-Toussaint. En général, départ vers 8h30 et retour vers 12h-12h30. Compter env 20 € pour une belle ½ journée de balade, en groupe de 10-15 pers ; 12 € - de 14 ans. Âge min : 6-8 ans. Sorties privatives sur demande.* Stéphane Rogliano propose de faire partager ses connaissances en botanique au cours de balades, où il fait découvrir et sentir les essences du maquis. Randonnée pédestre à la ½ journée, tout en observation et pédagogie. Balades à la carte pour les familles.

La cinémathèque de Corse Porto-Vecchio : *espace J.-P.-de-Rocca-Serra, derrière la mairie. ☎ 04-20-20-20-01 ou 02. • casadilume.corse.fr •* La *Casa di Lume*, cinémathèque de Corse, possède un riche fonds et assure une programmation de qualité, reconnue au-delà de l'île. Nombreux festivals tout au long de l'année.

Plongée sous-marine

Au large des plages qui bordent le littoral de Porto-Vecchio, les eaux turquoise et limpides vous réservent d'étonnantes balades sous-marines, où relief granitique et nature préservée rivalisent d'extravagance. Les plus belles plongées se déroulent certainement autour des îlots protégés Cerbicale. On s'y est vraiment régalés !

Centres de plongée

Voici 2 centres qui officient dans les environs de Porto-Vecchio.

■ ***Dolfinu Biancu :*** *sur la* ***plage de la Folacca-Asciaghju,*** *au sud de Porto-Vecchio, 2 km après le village de Bocca-d'Oro. 📱 06-21-46-71-49. • dolfinu-biancu.fr • Mai-oct. Compter 60-65 € pour un baptême (selon saison) et 45-55 € pour une exploration (selon équipement fourni ou non), snorkelling 35 € ; forfaits dégressifs 3-10 plongées. 8 pers max sur le bateau.* Club FFESSM, PADI et ANMP. Enfants à partir de 8 ans. On plonge sur les îles Cerbicale, les Lavezzi et sur celle du Taureau. En tout, une quinzaine de sites qu'on gagne en 10 mn de bateau.

■ ***Plongée Nature*** *(plan A1) : 9, av. Georges-Pompidou. 📱 06-19-26-26-51 ou 06-64-43-26-04. • plongee-nature.fr • ♿ Avr-oct. En hte saison, baptême 60-80 € (selon saison et durée), exploration env 55-57 € (équipement complet compris) selon saison et plusieurs types de forfaits.* Un autre centre (FFESSM, Green Star, ANMP, PADI) recommandé par des lecteurs. Formations du niveau I au niveau IV. Enfants à partir de 8 ans. Plongées sur les îles Cerbicale ou sur l'épave du *Pinella*. Accueil (dans la mesure du possible) des personnes à mobilité réduite.

Nos meilleurs spots

La Pecorella : à la sortie du golfe de Porto-Vecchio. Idéal pour les débutants. Ce petit cargo, posé à plat sur le sable, est l'occasion d'une plongée fastoche et sympa. Par 15 m de fond, entre les ponts, les coursives, les cales, et jusqu'à la déchirure de la proue, un nouvel équipage de sars, saupes, chapons, corbs... a pris le commandement et barbote joyeusement.

Le Danger du Toro : au cœur de l'archipel-réserve des Cerbicale. Un must, mais réservé aux plongeurs confirmés. Voici 2 roches particulièrement sauvages, dévalant de 3 à 40 m de fond dans un capharnaüm de failles, d'éboulis, d'arches et de canyons enrobés d'éponges multicolores et de gorgones qui ondulent majestueusement dans l'eau cristalline. Congres, murènes, mostelles et langoustes sont survolés par des mérous, dentis et sars. À quelques encablures, l'*îlot du Toro* offre aux débutants des plongées tout aussi vivantes et mémorables...

DANS LES ENVIRONS DE PORTO-VECCHIO

La plage de Palombaggia *(carte Les environs de Porto-Vecchio) : à 12 km au sud. Juil-août seulement, liaison possible en bus depuis Porto-Vecchio. Parkings payants. Service de bus en juil-août depuis Porto-Vecchio (voir chapitre Porto-Vecchio, rubrique « Arriver – Quitter »).* Un petit paradis bordé par des dunes ombragées de pins maritimes gigantesques. Le coin n'a pas été dénaturé, comparativement à d'autres, et, une fois sur la plage, on ne voit quasiment pas une construction. Quelques paillotes plutôt discrètes. Un lieu splendide, vraiment, mais littéralement envahi en été. En août, prévoir de mettre sa serviette sur la tranche.

Le golfe de Santa Giulia *(carte Les environs de Porto-Vecchio) : à 7 km au sud de Porto-Vecchio par la T 10 (beaucoup plus long si l'on passe par la route de Picovaggia qui dessert d'abord Palombaggia). Parkings payants. Service de bus en juil-août depuis Porto-Vecchio (voir chapitre Porto-Vecchio, rubrique « Arriver – Quitter »).* Plage vraiment superbe, mais sa réputation lui vaut une fréquentation soutenue en été, d'autant plus que les collines environnantes sont très habitées en saison (difficile alors de se garer puisque les résidents s'ajoutent aux visiteurs). Cette plage a la particularité d'être refermée aux $^3/_4$ sur elle-même, offrant une rondeur d'une rare perfection. Pour plus de tranquillité, dépasser le centre nautique et continuer vers le bout de l'anse, sur la droite en regardant la mer. Bien plus calme hors saison évidemment.

La plage de Cala Rossa *(carte Les environs de Porto-Vecchio) : à 10 km au nord de Porto-Vecchio.* Ni très grande ni très large, elle bénéficie d'une belle situation dans le golfe de Porto-Vecchio, avec vue sur la pointe de la Chiappa. Moins de monde peut-être qu'à Santa Giulia ou qu'à Palombaggia... Mais la bande de sable est franchement étroite et sa réputation un rien surestimée.

La baie de San Ciprianu *(carte Les environs de Porto-Vecchio) : à 12 km au nord.* Belle et longue plage de sable fin. Adaptée aux enfants car peu profonde.

Castellu d'Araggio *(ou d'Araghju) : à 8 km au nord de Porto-Vecchio, par la route de L'Ospédale puis la D 759 à droite ; fléché. Être bien chaussé. On prend le sentier juste à gauche du resto* La Casette d'Araggio *(voir « Où manger dans les environs ? »). Une fois dans le village d'Araggio, compter env 35 mn de bonne grimpette (une montée très raide et sans ombre) et autant pour le retour. Pas si facile ! GRATUIT et accessible en permanence.* Du sommet, la récompense : panorama magnifique. Le site, qui date de 2000 av. J.-C., est une étrange forteresse bâtie sur un promontoire rocheux. Porche d'entrée titanesque, niches et remparts bien conservés.

Le site archéologique de Tappa : *en bordure de la D 859 sur la route de Figari, avt Sotta, 1,5 km après le cimetière de Ceccia, sur la gauche. GRATUIT.* ***Il est impératif de refermer le portail derrière vous !*** Complexe archéologique datant de 2000 av. J.-C., composé d'une enceinte circulaire cyclopéenne et d'une tour centrale. Visite agréable, au milieu de ces assemblages de pierre mal dégrossie et d'une nature intacte. Merci de ne pas souiller l'endroit, et prévoir des chaussures bien stables. Amusant, le petit passage sous roches aménagé dans l'enceinte. Une visite bien sympathique.

Randonnées dans les environs de Porto-Vecchio : une brochure bien faite sur les randos aux environs est disponible à l'office de tourisme. On peut aussi les obtenir grâce à l'application « iScarpi », à télécharger gratuitement. De nombreuses randos de tous niveaux y sont décrites avec précision.

Randonnée pédestre Mare a Mare Sud

➢ ***Traversée de Porto-Vecchio à Propriano :*** un itinéraire très varié, qui traverse l'Alta Rocca (voir ce chapitre pour avoir une idée de ses richesses).
Cette randonnée de moyenne montagne comporte quelques montées très raides et exige une bonne condition physique. Sentier fréquentable en principe toute l'année : peu enneigé en hiver et suffisamment ombragé en été. Attention, toutefois, au franchissement de certains ruisseaux. En principe, 5 – voire 6 – étapes de 4 à 6h, mais les très bons marcheurs peuvent effectuer ce parcours en 4 jours. Pour rejoindre le sentier, fléché et balisé en orange, qui démarre à 7 km de Porto-Vecchio, prendre la D 159 en direction de Muratellu, puis suivre la direction Nota. Continuer la route jusqu'au pont qui enjambe la rivière de Bola. Prendre le 1er chemin à droite après le pont. L'arrivée se fait à *Burgo,* à 7 km de Propriano que l'on rejoint en suivant le CD 557. Emportez de l'eau et quelques provisions, mais ne vous encombrez pas de trop de nourriture, vous en trouverez facilement dans les villages. De Propriano, 2 bus par jour pour Porto-Vecchio. Trajet en 1h45 environ.
– Le GR 20, lui, part de *Conca,* à une vingtaine de kilomètres de Porto-Vecchio. On peut le rejoindre à partir de Sainte-Lucie-de-Porto-Vecchio. Navette Conca/Sainte-Lucie-de-Porto-Vecchio au départ du gîte d'étape de Conca, *La Tonnelle (☎ 04-95-71-46-55)* ; voir plus loin. Appeler pour les horaires.

Gîtes d'étape : *accessibles aux randonneurs évidemment, mais aussi aux cyclotouristes et aux cavaliers. Infos auprès du parc naturel régional de Corse. 📱 06-34-17-69-23. • infos@pnr-corse.fr • Nombreux gîtes avec ½ pens. Pensez toujours à réserver. N'oubliez pas que les gîtes n'ouvrent que vers 16h30-17h. Possibilité de portage de sac : d'un gîte à l'autre, compter 20-25 € les 5 premiers bagages et 2,50 €/bagage supplémentaire.*

LE GOLFE DE PINARELLU (PINAREDDU)

(20144 ; commune de Zonza)

À une petite vingtaine de kilomètres au nord de Porto-Vecchio. Avec celui de Rondinara, c'est l'un de nos golfes préférés au sud de la Corse. L'eau est claire, les plages sont jolies et très agréables, le port est mignon. Une tour génoise veille sur l'ensemble. Autre endroit sympa situé dans les environs, au-delà de Taglio-Rosso, la rivière de Cavu et ses piscines naturelles (beaucoup de monde en saison), qui réunissent tous les avantages de la thalasso !
➢ Les bus de la ligne Bastia/Porto-Vecchio s'arrêtent à Sainte-Lucie-de-Porto-Vecchio (2 km).

Adresses utiles

Office de tourisme de Zonza - Sainte-Lucie-de-Porto-Vecchio : *dans la mairie annexe de* ***Sainte-Lucie-de-Porto-Vecchio,*** *route de Pinarellu, sur la droite (au rdc de la Casa Comunale). ☎ 04-95-71-48-99. • info@zonza-saintelucie.com • zonza-saintelucie.com • Pas très loin de l'église.*

Tte l'année : juil-fin août, lun-sam 8h30-12h30 et 14h30-18h30, dim et j. fériés 8h30-12h30 ; juin et sept, lun-sam 8h30-12h30 et 14h-18h ; le reste de l'année, lun-ven 8h30-12h, 14h-17h30.

■ **Cinéma A Ruscana :** *cinéma de plein air à* ***Sainte-Lucie,*** *sur la route de Pinarellu. 06-22-20-51-11. Juil-août, tlj vers 22h ; puis vers 21h30 (selon l'obscurité).* Une chouette initiative.

Où dormir ? Où manger ?

Camping California (plan Les environs de Porto-Vecchio, **16**) **:** *capu di Fora, en bord de mer et à 2 km du village (panneaux). ☎ 04-95-71-49-24. • camping-california-corsica.com • Tt au bout d'une petite route, donc très tranquille. De mi-mai à mi-oct. Compter env 32 € pour 2 avec tente et voiture. CB refusées.* Dans un petit coin de nature sauvage (7 ha de pinède) et bordé par la plage (accès direct à 100 m environ). Un camping agréable et ombragé par des pins parasols. Sur place : bar, pizzeria, épicerie, tennis, volley-ball, jeux pour enfants... Pas de piscine, mais la mer est à 2 pas.

Camping Fautéa : ***Fautéa.*** *☎ 04-95-71-41-51. À 5 km au nord de Sainte-Lucie-de-Porto-Vecchio, sur une petite presqu'île, tt près de la tour de Fautéa (immanquable). Mai-sept. Pas de résas. Compter 21-26,20 € selon saison, avec voiture et tente. CB refusées.* Le site est assez extraordinaire, en surplomb de la mer et sous les arbres. Emplacements assez petits, mais l'ensemble est propre et bien entretenu. Préférer les emplacements les plus éloignés de la route et les plus ombragés, notamment ceux sur le haut du camping, en direction de la tour génoise (calme et super vue). Pas de piscine, mais la plage est en contrebas sur la droite en accès direct (mais bordée par la route). 2 autres toutes petites plages sur la droite, mignonnes comme tout et presque privées, dont l'une équipée de barbecue. Le resto du même nom, sur la plage, est très correct.

Chambres d'hôtes Aria Mezzana *(Gîtes de France)* **:** *lieu-dit I Pireddi, sur les hauteurs de* ***Sainte-Lucie-de-Porto-Vecchio.*** *☎ 09-72-30-88-13. 07-82-36-91-27. • contact@chambresdhotes-aria-mezzana.fr • chambresdhotes-aria-mezzana.fr • En venant de Porto-Vecchio, prendre la T 10 direction Bastia et tourner à gauche au 4e chemin après le garage IVECO et suivre les indications. Tte l'année. Doubles 85-118 €, et une familiale plus chère.* Maison moderne disposant de 5 belles chambres spacieuses, toutes particulièrement soignées (avec clim) et vraiment agréables, dont 1 suite pour 5 personnes, dotées de tout le confort. Grande terrasse commune prolongée par une belle piscine, où l'on prend l'excellent petit déj. L'ensemble est tenu avec professionnalisme et beaucoup de gentillesse par Sandrine et Pascal, venus de Lorraine. Ils habitent juste à côté.

Restaurant Focu di Legna : *lieu-dit Grazzoso, route de Pinarellu, à 500 m du rond-point. 06-27-91-22-87. • elsavanik@hotmail.fr • Juin-sept, le soir seulement ; en basse saison, tlj sauf lun-mar, midi et soir. Fermé déc-janv. Plats 19-28 € ; carte 40-45 €.* Sympathique restaurant dont la jolie terrasse surplombe la petite route. À la carte, entre autres : lasagnes de sanglier, porcelet rôti, wok de gambas, viandes marinées cuites au feu de bois, poissons grillés. Soirées musicales corses, le mardi en théorie.

La Source : ***plage de Caramontinu.*** *06-27-16-71-33. • lasource@caramontinu.com • Du carrefour de Sainte-Lucie (feux), prendre la direction de la mer (D 168a) et laisser la direction Pinarellu pour prendre sur la gauche vers Caramontino (fléchage). Vers début juin jusqu'à env fin sept, midi et soir (fermé lun en juin et sept). Réserver, du moins le soir. Carte env 45-55 €. CB refusées.* Une adresse un peu cachée, qui se mérite et où l'on est tout heureux d'arriver, au terme d'une petite route sinueuse. Pas plus de 10 tables, les pieds dans le sable, sous les chênes-lièges et devant la plage, avec la tour de Pinarellu sur son île à l'arrière-plan... Également un coin *lounge*, parfait pour prendre l'apéro et grignoter quelques tapas, avec accès direct à la plage. La courte carte (5-6 entrées, autant de plats) est une invitation au voyage, alimentée par les pérégrinations hivernales du jeune chef qui ramène, à la belle saison, de belles idées. Cuisine très fine, dénotant un savoir-faire incontestable et de l'imagination. Quelques propositions relativement classiques, mais aussi plus exotiques, comme cet os à moelle sauce *chermoula* ou ce *poke bowl* hawaïen de *mahi-mahi* (daurade coryphène en v.f.) spécialité du resto... Et sans doute bien d'autres choses car d'ici à la prochaine saison, la carte a toutes les chances d'avoir évolué !

CONCA (20135) 790 hab.

À une vingtaine de kilomètres au nord de Porto-Vecchio, entre mer et montagne. Village connu des randonneurs, car il est le point de départ ou d'arrivée du GR 20.

Où dormir ? Où manger ?

Gîte d'étape La Tonnelle : *☎ 04-95-71-46-55. • latonnelleconca@hotmail.com • gite-la-tonnelle.com • En arrivant à Conca par la route, c'est sur la droite (juste face au cimetière). Ouv avr-sept (resto juin-sept). Env 80 empl. de camping (7 €/pers) ; en gîte, compter 19 €/pers, sans le petit déj. En ½ pens, compter 28 €/pers pour les campeurs et 40 €/pers pour ceux qui dorment en gîte. Menu randonneur 16 €. Douche pour les gens de passage : 2 €.* Accueil tout en douceur dans ce lieu de qualité. Les campeurs plantent leur tente sur de jolies terrasses ombragées et champêtres. Le gîte quant à lui se compose d'une dizaine de chambres (2 à 5 personnes) et de 2 dortoirs de 6 à 7 lits, simples et bien équipés. Chaque entité avec sanitaires privés. Coin cuisine à disposition. Resto vraiment sympa et pas cher (menu intéressant). Également un service de navette payante *(5-6 départs/j.)* de Porto-Vecchio (depuis la gare routière) ou de Sainte-Lucie-de-Porto-Vecchio (depuis le bar *U Columbu*) vers Conca et en sens inverse. *Compter 4-8 €/pers selon destination et nombre de passagers.*

L'ALTA ROCCA

Nous voici dans l'Alta Rocca, « les hautes roches », relief montagneux du sud de l'île, riche de villages typiques et d'une nature splendide, dont le fleuron est sans doute le massif de Bavella, avec ses aiguilles lancées vers le ciel : spectacle grandiose, vraiment ! Si l'on dispose d'un peu de temps, il faut séjourner dans le secteur (plein d'auberges très sympa, des chambres d'hôtes qui le sont tout autant et quelques gîtes d'étape) pour visiter les villages à sa guise et faire quelques randonnées. Ici, vous êtes dans la Corse profonde. Authentique !

Bien, mais comment y va-t-on ?

Il existe 6 accès routiers. Tous passent, sauf 1, au moins par 1 col. Si l'on vient d'Ajaccio par la T 40, la quitter à Petreto-Bicchisano pour prendre la D 420 et aborder l'Alta Rocca par Aullène, via le col Saint-Eustache (986 m). On peut aussi arriver à Aullène en venant du haut Taravo (par Zicavo) par la D 69 : dans ce cas, on franchit le col de la Vaccia (1 193 m).

Si l'on vient de l'ouest (Propriano ou Sartène) arrivée, plutôt rapide, par Olmiccia et Sainte-Lucie-de-Tallano (D69) : Sartène n'est qu'à 20 km de ce dernier village, porte d'entrée de l'Alta Rocca par l'ouest.

De la côte est, montée par la belle forêt de L'Ospédale, au départ de Porto-Vecchio (D 368). On rejoint ensuite, via le col d'Illarata (991 m), soit Zonza, soit Levie. Plus au nord sur cette même côte est, au départ de Solenzara, la D 268 fait passer par les cols de Larone (608 m) et de Bavella (1 218 m), près des magnifiques aiguilles du même nom.

Enfin, une route moins fréquentée est la D 59, étonnamment bonne, qui se prend, au sud-est, à Sotta : passage par le col de Bacino (809 m) et par le village de Carbini. Intéressant si l'on vient de Bonifacio, elle évite la circulation aux abords de Porto-Vecchio.

Bref, tous les chemins mènent à l'Alta Rocca ! Quelle que soit la route choisie, une fois arrivé, les distances entre les villages sont relativement courtes (mais évidemment, comme ailleurs en Corse, il faut compter avec les virages !).

Dans les pages qui suivent, un itinéraire, forcément arbitraire, a été choisi : il part de la côte est et ramène sur la côte est (Porto-Vecchio, L'Ospédale, Zonza, Quenza, Aullène, Sainte-Lucie, Levie, re-Zonza, col de Bavella et retour sur Solenzara). Bien entendu, il peut être raccourci : libre à vous de découvrir les autres routes sinueuses de l'Alta Rocca !

– ***Info utile :*** *stations-service à Sainte-Lucie-de-Tallano et à Levie seulement.*

On conseille évidemment de laisser la voiture pour découvrir la région en marchant ou à VTT.

➢ Il existe des ***itinéraires de petite randonnée*** qui relient entre eux chacun la plupart des villages et hameaux de l'Alta Rocca : compter en moyenne 2 à 3h pour aller de l'un à l'autre. Les parcours ont le mérite de se dérouler pratiquement partout sous un couvert végétal foisonnant de chênes verts, de châtaigniers, de pins ou d'arbousiers : l'air de la montagne aidant (les villages s'étagent entre 500 et 800 m d'altitude), ces sentiers sont donc très agréables même en été, d'autant qu'ils franchissent tous à un moment ou à un autre l'un des ruisseaux affluents du Rizzanese. Possibilité également de faire des boucles. Brochures dans les offices de tourisme de l'Alta Rocca, notamment à Zonza.

– Le plus beau parcours ? Sans doute celui qui va de *Quenza* à *Levie* : paysage agricole au début avec, en prime, les aiguilles de Bavella à l'horizon ; puis c'est la remontée le long d'un chemin encadré par d'imposants murets ; plus loin, les

vestiges préhistoriques et médiévaux de Cucuruzzu et Capula, avant la plongée sur le bourg de Levie.
– Également des sentiers du Patrimoine (1h à 1h30) à Carbini, Serra-di-Scopamena et Sainte-Lucie-de-Tallano.
– À VTT, le secteur est particulièrement intéressant aussi (c'est la région de Corse la mieux adaptée). Essayez notamment de faire cette même liaison Quenza-Levie en effectuant toutefois à l'aller un crochet par Zonza : les passages techniques sont de toute beauté... Quant aux itinéraires VTT moins sportifs, il faut aller les chercher entre Pacciunituli et Zonza (chemin large, globalement descendant) ou sur les pistes pastorales du plateau du Coscione.

Canyoning dans l'Alta Rocca

Le canyoning est une activité qui s'est imposée dans la région. Une façon d'aborder la montagne par la glisse et par les sauts, qui sont parfois impressionnants. Il est donc nécessaire d'être motivé. À la fin de la balade aquatique, on est plein de sensations mais souvent totalement vidé. Mais quelle expérience !
Bien entendu, il faut rappeler que ***cette activité (même encadrée) ne doit jamais se pratiquer en cas de risque d'orage.***
Les massifs de Bavella (canyons du Polischellu, de la Vacca, et de la Purcaraccia) et L'Ospédale (piscia di Gjhaddu) se prêtent merveilleusement à cette activité, à condition qu'elle soit bien encadrée.
Voici quelques infos pour vous allécher... Les temps moyens sont donnés pour des groupes d'une dizaine de personnes.

– ***Le canyon du Polischellu :*** *parcours à la ½ journée (2h-2h30). Temps de marche : approche, 20-30 mn ; retour, 5 mn.* Ludique et facile d'accès, le Polischellu permet de découvrir toutes les joies du canyoning au cœur d'un site grandiose. Vue en contre-plongée sur les aiguilles qui bordent cet imposant ravin. Nombreux toboggans, sauts et multiples possibilités pour adapter le tout aussi bien aux enfants qu'aux amateurs de sensations fortes, avec un final en apothéose.

– ***Le canyon de la Vacca :*** *parcours à la journée (3h-3h30). Temps de marche : approche, 30-40 mn ; retour, 45 mn-1h.* La Vacca est un imposant ruisseau qui collecte toutes les eaux du massif. Le canyon se déroule entre les aiguilles d'Ornucciu et celles des Ferriate. Il correspond au franchissement du dernier verrou rocheux bloquant l'accès de ces eaux à la Solenzara puis à la mer. C'est un étroit défilé, bien ensoleillé et très aquatique. Les sauts, nombreux (mais non obligatoires), alternent avec de longues portions de nage dans des biefs d'eau verte cristalline. Le cadre est grandiose, l'endroit sauvage, un extraordinaire voyage entre l'eau et la roche. Un must !

– ***Le canyon de la Purcaraccia :*** *parcours à la journée (3h30-4h). Temps de marche : approche, 1h-1h15 ; retour, 30-40 mn.* Le Purcaraccia est le 2e grand ravin de Bavella après le Polischellu. Ici, l'eau a creusé à même le granit un fantastique enchaînement de toboggans naturels et de rappels. Les marmites turquoise se succèdent, les toboggans sont tous plus beaux les uns que les autres, et la vue est à couper le souffle. 2 grands rappels de 40 m ponctuent la descente.

– ***Le canyon de piscia di Gjhaddu :*** *parcours à la ½ journée (3h-3h30). Temps de marche : approche, 20-30 mn ; retour, 45 mn.* Cette descente est surtout connue pour la magnifique cascade de 60 m qui clôt le parcours. Un superbe rappel qui laissera des souvenirs marquants. Le début du parcours est un défilé étroit et encaissé où s'enchaînent plusieurs sauts et rappels entre arc-en-ciel et grondement de l'eau... Bienvenue aux amateurs de sensations fortes !

L'OSPÉDALE (U SPIDALI) (20137)

À 19 km au nord-ouest de Porto-Vecchio (et toujours sur son territoire). Charmant village, à 850 m d'altitude environ, d'où l'on jouit d'un vaste panorama sur le golfe de Porto-Vecchio. Il s'y trouvait autrefois un hôpital (l'air pur des hauteurs y était apprécié, alors qu'à Porto-Vecchio sévissait la malaria), d'où son nom. Superbe forêt à proximité, traversée par plusieurs sentiers de randonnée, notamment le *sentier des Taffoni* (les trous), qu'on découvre sur la route de Cartalavonu.
La forêt de L'Ospédale, vraiment charmante, est particulièrement fragile (les derniers grands incendies remontent aux années 1990). Marcheurs, respectez les consignes concernant le feu et ramassez TOUS vos déchets !

Où dormir ?

U Spitaghju *(Gîtes de France) : dans le village, sur la gauche en arrivant de Porto-Vecchio. ☎ 04-95-26-77-53. 06-12-51-01-25. • nadetdom@wanadoo.fr • Tte l'année (sur résa nov-mars). Doubles 85-95 € selon vue, petit déj compris ; lit d'appoint enfant 15 €. CB refusées.* Dans une grande maison typique, 4 chambres impeccables et soignées, dont 2 avec petit balcon et vue (magnifique) sur le golfe de Porto-Vecchio. Les 2 autres donnent sur le devant et la petite route (mais parfaitement calme le soir). Petit déj (confitures maison) et excellent accueil de Nadine et Dominique. On aime bien cette maison cool et tranquille, au mobilier aux touches Art déco et modernes à la fois. Ambiance très sympa et prix raisonnables, même en été. Salon à partager avec bouquins et jeux. Derrière la maison, le petit jardin arboré, très agréable avec ses transats, s'étage en terrasses. C'est là que l'on prend le petit déj. Il y a même une petite terrasse en bois surplombant la vallée, tel un poste de vigie. On aime !

Chambre d'hôtes U Pentone *(chez Yves et Patricia Payen ; Gîtes de France) : villa Kalliste, chemin du cadran solaire. ☎ 04-95-72-25-31. 06-61-74-75-51. • contact@uspidali.com • uspidali.com • Prendre le petit chemin dans le virage après U Fontanonu (quand on monte). Ouv d'avr à mi-nov. Double 73 € avec petit déj.* Il n'y a qu'une seule chambre, mais elle se révèle particulièrement accueillante et bien équipée. Jolie terrasse pour un petit déjeuner royal. Très calme. Propriétaires aux petits soins. Également un gîte pour 6 personnes *(450-890 €/sem selon saison).*

Cocoon Village : *1,8 km après le village, sur la route de Zonza, 100 m après X-Trem Sud (même propriétaire). 06-19-81-06-19. • casanovakarine@orange.fr • glampingcorsica.com • Mai-oct. Cocons standard 200-280 €, petit déj compris (et 2 autres plus chers). CB refusées. Une entrée offerte au parc aventure voisin sur présentation de ce guide.* Vous avez toujours rêvé de prendre de la hauteur, au sens propre ? Imaginez, dans le cadre majestueux de la forêt de L'Ospédale, une poignée de cocons ou de sphères, comme des bulles géantes, accrochées à flanc de falaise ou plutôt suspendues dans les airs, et flanquées d'une terrasse en bois (il en existe également avec 2 terrasses). On y accède par des passerelles ou pour l'un d'eux par une via ferrata (et on redescend en tyrolienne !). Ni eau courante ni électricité (mais douche et éclairage solaires, et toilettes sèches). Panier petit déjeuner fourni. Évidemment, réservé à ceux qui ne sont pas sensibles au vertige (enfants exclus). Pas donné, mais une expérience dépaysante, unique en Corse et à ce jour.

Où manger ?

U Funtanonu : *dans le village. ☎ 04-95-28-98-12 ou 06-29-61-88-13. D'avr à mi-oct env, tlj (sauf mar en basse saison) midi et soir. Assiette de charcuterie env 19 €. Viandes 24-30 €, spécialités 17-22 €.* La terrasse de cette auberge, en surplomb de la route, est bien attrayante, avec sa superbe glycine. La salle intérieure n'est pas en reste. Spécialités corses bien tournées et présentées avec élégance. Plats traditionnels ou non (cannelloni au *brocciu* frais, filet mignon de porc, haricots de Soissons et saucisse à la mode corse...). Que du bonheur également avec les desserts maison, comme ce cheese-cake coco. Service souriant.

Pizzeria-grill A Tigliola : *env 1 km avt L'Ospédale en montant de Porto-Vecchio. • 04-95-22-34-23. 06-11-07-69-56. Mai-oct, tlj midi et soir (fermé lun en début de saison). Pizzas 11-15 € ; grillades et plats 18-25 €.* Ce « nid d'aigle » possède une incroyable terrasse, couverte et élégante, littéralement posée sur un énorme bloc de granit, dominant toute la baie de Porto-Vecchio. Bien calé sur le rocher, on se régale d'une copieuse pizza ou d'une grillade, cuites au feu de bois. À la carte, toujours quelques classiques de l'éventail culinaire corse, bien servis. Desserts maison.

Où dormir ?
Où manger dans les proches environs ?

Gîte d'étape Le Refuge : *à 4 km de L'Ospédale, hameau de* ***Cartalavonu.*** *☎ 04-95-70-00-39. • francois-marie-monti2a@orange.fr • lerefuge-cartalavonu.com • Du village, faire 1,2 km vers Zonza, prendre à gauche au panneau Tavogna et suivre les panneaux sur env 3 km (en traversant une superbe forêt de pins). Ouv avr à fin oct. Lit en dortoir en ½ pens 46 €/pers (31 € avec petit déj seulement). En chambre double, compter 58-70 €/pers en ½ pens (draps et couverture fournis). Menu non-résident 20 €. Plats 17,50-30 € ; carte 30-35 €.* Un gîte d'étape important et très fréquenté puisque situé au départ (ou à l'arrivée) de la célèbre rando Mare a Mare Sud. 4 dortoirs classiques et simples de 6 personnes (avec salle de bains), mais aussi 4 chambres doubles au bon confort, qui peuvent accueillir 3 personnes. *Le Refuge,* c'est également une table recommandable, même si l'on n'y séjourne pas. Goûter le *spinu di porcu arrustitu* (échine de porc grillé) ou le *petti morti vitiddini* (sauté de veau à la polenta). Que du bon !

L'ALTA ROCCA

Où acheter de bons produits ?

Maison Valli : *juste en face du resto* U Funtanonu. *06-10-81-01-20.* Miel, fromage, charcuterie et huile d'olive. Que du bon !

À voir

La route jusqu'à Zonza : on passe d'abord le long d'un lac artificiel, (en été quasiment à sec, le lac fait place à une cuvette hérissée d'une multitude de souches d'arbres). On découvre brutalement un paysage de forêts et de montagnes digne de la Suisse ! Environ 3,5 km après le pont du barrage, sur la droite, chemin pour la cascade de *piscia di Gallu* (où *piscia di Ghjaddu*). Parking *(payant)* et 2 buvettes-snacks au départ du chemin, très fréquentées. En prenant son temps, compter 1h30 aller-retour, et avoir de bonnes chaussures, le terrain peut être glissant s'il a plu. Pas vraiment de baignade possible à la cascade (site de canonying). Elle tombe d'un mur minéral sur 60 m de hauteur. En poursuivant la route, on aperçoit ces fameux rochers suspendus, en équilibre sur de petites collines. La route se poursuit dans un chaos de roches jusqu'à la forêt de Zonza.

À faire

– ***X-Trem Sud :*** *en arrivant au lac de L'Ospédale, 1,7 km après le village du même nom, sur la droite. Résas : ☎ 04-95-70-01-20. 📱 06-19-81-06-19. • xtremsud.com • Tlj de mai à mi-sept, sans résa. Compter 22 € (18 € - de 13 ans) ; réduc enfants, familles et groupes. Ce tarif donne accès à toutes les activités du parc, sans limite (accrobranche et via ferrata).* Beau parcours accrobranche (proposant 3 niveaux de difficultés) et 3 via ferrata (rochers équipés en câbles) également de niveaux variables, qui peut prendre jusqu'à une grosse demi-journée. Dans un site bien agréable et très ombragé, d'où l'on domine d'un côté le lac et de l'autre le golfe de Porto-Vecchio. Propose également du canyoning (piscia di Gallu, la Vacca, Polischellu, Purcaraccia) à la ½ journée ou à la journée *(compter 45-55 €).*

ZONZA

(20124) 2 225 hab.

À une vingtaine de kilomètres au nord de L'Ospédale et à 7 km au nord de Levie. C'est simple : quelle que soit la route – il y en a 4 – par laquelle on arrive à Zonza (prononcer « TsONza », avec un « a » à peine audible), c'est superbe ! À 784 m d'altitude, ce village carrefour, niché au-dessus des bois de chênes et des forêts de pins maritimes, n'a rien à envier aux villages de la côte. Figurez-vous que cette commune, énorme par sa superficie, descend jusqu'à la mer : *Pinarellu* et son superbe golfe, au nord de Porto-Vecchio, en font partie ! Grâce à son infrastructure hôtelière, Zonza est devenue en quelque sorte la capitale touristique de l'Alta Rocca. On est ici entre amoureux de la montagne, et les randos et promenades dans les environs sont suffisamment riches pour que tout le monde ait de la place.

PÉRÉGRINATIONS ROYALES

En 1953, le gouvernement français trouva que le soutien du sultan du Maroc au mouvement indépendantiste n'avait que trop duré : il « déposa » donc le souverain et l'envoya, avec toute sa famille, à Zonza, dans l'hôtel Le Mouflon d'Or, qui fut réquisitionné pour l'occasion. Mais quand l'hiver arriva, le sultan eut froid et obtint d'être envoyé dans un hôtel de L'Île-Rousse avant de rejoindre une autre île, Madagascar, d'où il rentra triomphalement 2 ans plus tard comme roi d'un Maroc devenu indépendant !

Arriver – Quitter

➢ ***En autocar de/vers Ajaccio, via Propriano :*** *Autocars Ricci Marcel (☎ 04-95-72-05-54 à Ajaccio ou 04-95-77-77-77 à Sainte-Lucie-de-Tallano ; • transports-voyageurs-ajaccio.fr •).* Tlj, normalement 1 liaison/j. (sauf dim et j. fériés hors saison), via Propriano et Sartène. D'Ajaccio, un peu moins de 3h15 de trajet. À Zonza, le bus continue vers Bavella. Également 1 liaison assurée par *Balesi Évasion (☎ 04-95-70-15-55. • balesievasion.com •)*, via Aullène et Quenza. Tlj en juil-août, départ d'Ajaccio à 15h30 et continuation vers Porto-Vecchio. Hors saison, seulement 2 bus/sem (lun et ven).

Adresse utile

Office de tourisme : *au centre du village, à 30 m du rond-point, sur la route de Levie. ☎ 04-95-78-56-33. • zonza-saintelucie.com • Ouv avr-oct, tlj en juin-sept.* Doc sur la région. Accueil très sympathique. Dans le même bâtiment, petit musée de la Résistance (aux mêmes horaires que l'office en théorie, voir rubrique « À voir »).

Où dormir ? Où manger ?

Campings

Camping municipal : *à 3 km du village, sur la D 368 vers Porto-Vecchio. ☎ 04-95-78-62-74 ou 66-87 (hors saison). • mairiedezonza@orange.fr • De début mai à mi-oct. Compter env 16 € pour 2 avec tente et voiture.* En pleine forêt, au calme sous les pins. Confort modeste, mais l'endroit est vraiment plaisant et les sanitaires ont été refaits récemment. Un peu isolé, mais le boulanger passe le matin en été.

Camping Bavella Vista : *route de Quenza, à env 200 m du rond-point central du village. 📱 06-42-16-74-28. • nicolascucchi@orange.fr • camping-bavella-vista.business.site • Mai-oct. Réception 8h-11h30, 16h-20h. Compter env 20 € pour 2 avec tente et voiture (10 €/pers en plus). Roulottes 2-4 pers 60-85 € selon saison (même prix pour 2 ou 4). Loc de draps en plus. CB refusées.* Le gros avantage de ce petit camping est sa proximité du village. Tout en pente et en petites terrasses, à l'ombre de hauts pins. En bas, également des emplacements sur une zone plate et très agréable, donnant sur une clairière ouverte. Également 6 roulottes pour 2-4 personnes, logées en terrasses, vraiment petiotes mais pratiques, avec cuisinette, sanitaires, barbecue et table extérieure. Pas de piscine, mais accès à la rivière balisé par le propriétaire, que l'on gagne en environ 15 mn (chouette vasque pour se baigner). Gestion familiale sympathique. Sanitaires simples et convenables.

Camping de la Rivière : *route de Quenza, à 2 km de Zonza. ☎ 04-95-78-68-31. • camping-lariviere@sfr.fr • camping-riviere-zonza.com • Début avr-fin sept. Accueil 8h-10h, 16h-20h. Compter env 20 € pour 2 avec tente et voiture (10 €/pers en plus).* Organisé en grandes terrasses sous les grands pins. Tranquille, agréable et familial, malgré la rumeur (très discrète) de la route en contrebas (choisir un emplacement éloigné). Vraiment tranquille le soir, avec le seul chant des oiseaux pour accompagner vos ronflements ! Sanitaires simples et impeccables. 2 barbecues et quelques tables de pique-nique à disposition.

De prix moyens à chic

Hôtel-restaurant La Terrasse : *dans le centre du village mais un peu en retrait de la route principale, sur la droite quand on vient de L'Ospédale. ☎ 04-95-78-67-69. • contact@hotel-laterrasse.fr • hotel-delaterrasse-zonza.com • Fermé 30 oct-début avr. Doubles 68-95 € selon vue, saison et confort (douche/w-c ou bains/w-c). ½ pens possible. Au restaurant, plats 14-21 €. Carte env 30 €. Parking privé (et garage moto fermé). Réduc de 10 % sur présentation de ce guide sur le prix de la chambre (sauf juil-août), pour ceux qui prennent le repas du soir.* Ladite terrasse est sans doute la mieux située du village, avec vue sur les toits de Zonza et la montagne grandiose. Très agréable au coucher du soleil. On a beau être juste au-dessus du centre du village, calme total. L'hôtel est dans la famille depuis... 1915 et propose des chambres toutes rénovées récemment dans un style actuel, confortables et bien tenues (certaines avec terrasse côté vallée, d'autres avec vue arrière). Par ailleurs, c'est une bonne table, régulière en qualité, aux plats (sanglier avec gnocchis, cannellonis au *brocciu,* desserts à la châtaigne) copieux et bien réalisés. Les Mondoloni-Pietri reçoivent dans la bonne humeur (à condition, et c'est bien normal, de ne pas les fâcher).

Hôtel Chiar di Luna *(Clair de Lune) : en arrivant au village, venant de Levie, sur la droite. ☎ 04-95-78-56-79. • hotelclairdelune@gmail.com • hotel-zonza-corse.com • ♿ Tte l'année. Doubles 70-95 € selon confort et saison ; des familiales également. Réduc de 10 % sur le prix de la chambre sur présentation de ce guide.* Dans une maison de pierre, une quinzaine de chambres relativement spacieuses, claires et avec tout le confort, dont certaines adaptées aux personnes handicapées. La plupart donnent sur la vallée et bénéficient de la clim. On préfère celles de la maison principale, même si les autres sont tout aussi confortables. Les nos 3 et 7 disposent d'un balcon. Déco simple et sobre. Piscine petite mais chauffée, bien appréciable.

Yourtes – Le Pré aux Biches : *prendre la route de Levie. Env 30 m avt d'arriver à l'*Hôtel Chiar di Luna *(situé sur la gauche), prendre un chemin sur la droite en épingle à cheveux (tt petit panneau), sur env 1,2 km ; attention, la piste n'est pas en bon état. 📱 06-24-45-37-55 (Vanessa). • lepreauxbiches@gmail.com • lodges-yourtes-corse.com • De mai à mi-sept. Résa indispensable. 8 yourtes mongoles qui peuvent accueillir 4-8 pers : compter 60 € pour 2 pers, 80 € pour 4 et 95 € pour 6. Également 2 yourtes façon dortoirs pour les groupes constitués, 15 €/pers. Possibilité de petit déj, 7 €. Repas sur demande 22 €.* Voici une bien belle idée ! Les 8 yourtes (27-35 m²) sont plantées dans une clairière parfaitement tranquille et décorées comme là-bas : lit, armoire et canapés aux motifs floraux ! Spacieux, confortable (si, si !) et sympathique. Sanitaires privés pour chaque yourte, simples et propres et, situés à l'écart, dans un bloc commun. Une vraie solution originale et séduisante, idéale pour les familles. Les mômes s'en souviendront !

L'Eternisula : *au tt début de la route de Quenza, face à l'hôtel* Le Tourisme. *☎ 04-95-76-11-75. • leternisula@gmail.com • En saison, tlj en juil-août (fermé lun en moyenne saison) 12h-17h et 19h-21h. Congés : nov-avr. Sandwichs à composer 6-7 € ; planches 12-19 €.* Idéal pour une petite halte, sur la terrasse un peu à l'écart du passage ou dans la coquette salle, agrémentée d'un petit salon. Les sandwichs sont préparés à votre demande, avec les ingrédients que vous choisissez. La carte est limitée (grande ardoise derrière le bar), mais c'est une garantie de qualité : superbes planches de charcuterie-fromage, bonne soupe et toujours une tarte salée et une salade végétarienne. Fait aussi épicerie avec plein de bons produits (évidemment, charcuterie et fromage, mais aussi confitures, nougats...). Accueil jeune et souriant d'un couple anglo-corse.

Restaurant Le Randonneur : *au cœur du village. ☎ 04-95-78-69-97. • le.randonneur@orange.fr • De mars à mi-nov, tlj sauf mer en basse saison, midi et soir. Pizzas 9-14 € ; menus 18-24 €.* Le Randonneur, avec sa cuisine simple, sans esbroufe ni coup fourré, a fait son trou. Des grillades sincères, des pizzas au feu de bois, un service aimable, des prix tenus. Après une bonne marche, on ne cherche pas midi à 14h, alors on s'attable en terrasse et on se cale gentiment l'estomac.

Chic

Chambres d'hôtes Aux Bords du Temps : *dans le centre, juste en face du resto* Le Randonneur. *📱 06-22-23-44-73. • auxbordsdutemps@gmail.com • location-chambredhote-zonza.com • Doubles 95-115 €, petit déj inclus.* Une maison de village, toute simple, cachant bien ses 5 chambres charmantes, aménagées avec beaucoup de goût et toutes avec air conditionné : fer forgé, vasque de pierre, salle de bains à l'italienne. Il y en a même une avec lit au sol, posé sur une structure ronde. Certaines avec vue sur la vallée.

Plus chic

Hôtel Le Tourisme : *route de Quenza, à 50 m du rond-point principal, au cœur du village. ☎ 04-95-78-67-72.*

• letourisme@wanadoo.fr • hoteldutourisme.fr • De mi-avr à mi-oct. Doubles standard 99-169 € selon saison, standing et situation. Des chambres design, lumineuses et vraiment confortables (super literie et mobilier de qualité), décorées avec un goût sûr et offrant pour certaines une superbe vue sur la vallée. Balcon ou petite terrasse pour la plupart. Une poignée de chambres se situent dans un édifice de l'autre côté de la rue. Outre le niveau de prestations, on profitera d'une jolie petite piscine (extérieure, panoramique et chauffée), avec toujours la vallée en point de mire et une charmante terrasse de bois autour (transats). Également spa, jacuzzi, sauna... Accueil pro. Une belle adresse.

Où dormir dans les proches environs ?

Tentes-lodges glamping – Le Pré aux Biches : *à env 4 km de Zonza, sur la route de Quenza. Les indications précises vous seront données lors de votre résa, qui est obligatoire. 06-27-52-48-03 (Nicole). • nicolelodges@gmail.com • lodges-yourtes-corse.com • Juin-sept. Tentes-lodges 2-6 pers, 70 € pour 2 ; 120 € pour 4 et 150 € pour 6. Petit déj sur demande 10 €. Apéro offert à nos lecteurs (même s'ils ne prennent pas le repas). Repas possible sur demande 25 €.* C'est l'équipe des yourtes du *Pré aux Biches* qui a aménagé ce site parfaitement sauvage, sur de vastes espaces naturels préservés et intouchés, juste devant la rivière Rizzanese que l'on entend glouglouter. Une douzaine de tentes-lodges de superficie variée (20-60 m^2 ; 1 ou 2 chambres), bien équipées, façon *Out of Africa.* Elles proposent un confort total : vrai lit, coin salon avec mobilier de belle tenue, terrasse extérieure... Bloc sanitaires tout simple et un peu à l'écart, commun à toutes les tentes. Ici et là, quelques toilettes sèches sont à disposition. Au bord de la rivière, quelques transats pour se relaxer entre 2 baignades. Le comble du chic ! On profite le soir d'un repas dans le salon-resto-lounge (nombreux produits issus du verger). À l'arrière, une petite ménagerie où se baladent canards, poules, oies, avec même quelques lamas et un beau sanglier, Gaspard (dans un enclos tout de même !). Si le *glamping* a un sens, c'est bien ici qu'il le prend.

Les Hauts de Cavanello : *à 2 km de Zonza sur la D 268 en direction de Bavella, bien indiqué sur la droite. 06-09-50-05-01. • info@locationzonza.com • locationzonza.com • Mai-fin oct. Doubles 84-99 € selon saison, petit déj compris ; 37 €/pers en plus. CB refusées.* Incroyable vue sur les aiguilles depuis la belle terrasse de bois ou la charmante piscine à débordement. Sous les chênes, une autre petite terrasse commune. Les chambres (dont 1 pour 6 personnes) sont réparties dans 2 grosses maisons, impeccables, fonctionnelles et toutes avec salle de bains. Également 3 studios pour 2, avec cuisinette. Certaines sont gérées par Jean-Baptiste, d'autres par Émeline (on reste en famille). Calme total.

Où acheter de bons produits ?

A Muvra : *dans le village, en se dirigeant vers l'église, sur la gauche. Tlj en été.* Une sélection de bons produits corses. Parfait pour remplir le panier du pique-nique.

À voir

Le musée de la Résistance : *dans le bâtiment de l'office du tourisme. Mêmes horaires en théorie. GRATUIT.* Intéressant musée, assez modeste dans ses dimensions, mais dense et instructif, dû à l'initiative d'un passionné qui a réuni des documents sur la Seconde Guerre mondiale en Corse. Beaucoup d'informations sur les forces d'occupation, sur les réseaux de la Résistance, sur les missions du sous-marin *Casabianca,* avec de nombreux documents d'époque (photo de de Gaulle à Zonza !). Bien entendu, il y est aussi question des maquis de l'Alta Rocca, des opérations militaires et de ceux qui participèrent à la libération de la Corse. À l'extérieur, un char italien et un canon abandonné par les Allemands.

DANS LES ENVIRONS DE ZONZA

Les environs de Zonza sont magnifiques. On peut sillonner les petites routes de montagne (***col de Bavella, forêt de L'Ospédale,*** environs de ***Levie*** et ***Aullène)*** ou prendre le temps de marcher dans les coins qu'indiqueront les hôteliers.

– ***Canyoning, randonnées, accrobranche, escalades, via ferrata :*** *avec* ***Corsica Madness.*** *Bureau dans le centre de Zonza, au rond-point.* ☎ *04-95-78-61-76.* 📱 *06-13-22-95-06.* • *corsicamadness.com* • *Avr-nov. Compter 45-55 €/pers pour le canyoning. Réduc de 10 % sur les activités sur présentation de ce guide (hors loc de matériel).* Nombreuses prestations proposées dans la région : canyoning (toutes les belles descentes des environs), via ferrata, VTT, parc aventure... Une adresse fiable depuis bien longtemps, menée par des moniteurs sérieux.

VTT : *avec* ***Bike Park de Bavella,*** *en face de l'office de tourisme.* 📱 *06-11-01-63-16.* • *bikepark-bavella.com* • Location de matériel de qualité (VTT rando, électrique, *freeride*), mais aussi école de VTT. Nombreux itinéraires proposés pour tous niveaux, avec ou sans guide. Une autre manière de découvrir la Corse.

QUENZA

(20122) 220 hab.

À 7 km de Zonza mais sur le versant nord de la vallée du Rizzanese, cet agréable village de montagne constitue le point de départ de belles randonnées à pied, à cheval, à skis (si, si, mais en hiver !), sur le *Coscione* (prononcer « Couchone »), vaste plateau pastoral où 2 rivières importantes, le *Taravo* et le *Rizzanese,* prennent leur source. Un coin de toute beauté, assez retiré pour conserver encore un calme quasi olympien.

Adresses utiles

■ ***ABC Canyon :*** *Cantoli.* 📱 *06-12-39-54-75.* • *canyoningcorse.fr* • *Mai-oct. Excursions à partir de 45 €.* Roberto organise des sorties canyoning dans l'Alta Rocca.

Épicerie A Sporta : *dans le centre.*

Où dormir ? Où manger ?

Prix moyens

Chambres d'hôtes Corse Odyssée : *quartier Pentaniella.* ☎ *04-95-78-64-05.* • *gite@gite-corse-odyssee.com* • *gite-corse-odyssee.com* • *Sur les hauteurs, à 800 m du village. Prendre la 1re route à droite quand on arrive de Zonza ; ensuite, fléché. Tte l'année (sur résa l'hiver). Double 80 € tte l'année, chambre familiale également. ½ pens possible, 65-70 €/pers (45 € - de 10 ans). Possibilité de venir y dîner (25 €) même si l'on n'y réside pas, mais résa impérative.* 5 chambres doubles et familiales, à la sympathique et chaleureuse déco, à l'étage de cette belle maison, qui rappellent l'odyssée des Corses dans le monde (Maghreb, Afrique, Amériques...). Jolie vue, car on est sur une butte. Une demeure vraiment conviviale et très propre, dans laquelle on se sent vite chez soi. Une bien bonne adresse donc, différente, soignée et tenue avec amour par Nathalie et Pierre-Paul (accompagnateur de moyenne montagne, qui pourra vous donner pleins d'infos sur les randos locales !). Salle de bains à l'intérieur des chambres mais toilettes à l'extérieur. Salle à manger colorée et chaleureuse, au mobilier éclectique, où l'ancien côtoie le contemporain. À table, la cuisine corse se mélange aux accents d'ailleurs sous forme de copieuses assiettes composées : tajines au citron confit, cannellonis au *brocciu,* salades variées, plats végétariens bien préparés... Super desserts également. Au petit déj, excellentes confitures artisanales, pain maison bio. Que du bon ! Cours de yoga sur demande.

Chic

⌂ |●| ***Auberge Sole e Monti :*** *dans le village. ☎ 04-95-78-62-53. • sole.e.monti@wanadoo.fr • solemonti.com • Mai-fin oct. Doubles 80-160 € selon standing et saison ; chambres pour 4 pers également. ½ pens possible. Au resto, plats 21-28 € ; menus 28-32 € (en sem le soir).* Une auberge chaleureuse, tenue depuis 1968 par la famille Balesi, qui sait recevoir ses hôtes en amis. En été, son grand jardin avec tables et petits canapés posés sur une jolie pelouse, de l'autre côté de la rue, fait le bonheur de la clientèle. L'hôtel abrite des chambres entièrement rénovées dans des tons clairs, élégantes et modernes, dotées de tout le confort. Et même si l'on n'y dort pas, on trouve ici une table hautement recommandable. Spécialité d'agneau de lait et de cochon de lait confit au vin rouge, mais on y trouve aussi les grands classiques de la cuisine corse. Accueil pro et souriant.

Où dormir ? Où manger dans les environs ?

⌂ |●| ***Gîte d'étape, table d'hôtes et relais équestre :*** *chez Pierrot Milanini, hameau de* ***Ghjalicu,*** *à 6 km de Quenza, direction plateau du Coscione. ☎ 04-95-78-63-21. ♿ Du centre du village, prendre la petite route face à l'église, puis immédiatement à gauche (panneau discret), puis grimper par une route étroite et défoncée. Tte l'année. Résa obligatoire. ½ pens en dortoir env 48 €/pers. Compter env 125 € pour 2 en chambre double, toujours en ½ pens. Menu 27 € servi midi et soir. CB refusées.* Refuge de montagne (1 260 m d'altitude) à l'entrée du beau plateau du Coscione, pelé et rocailleux. On dort soit dans l'un des minuscules dortoirs de 4, 6 et 8 lits nichés dans la maison principale (on est vraiment à l'étroit), soit dans une bâtisse un peu à l'arrière, tout en longueur, très simple mais proposant 4 chambres sans fioritures, avec sanitaires privés, cuisinette et frigo. À table, des plats rustiques et copieux, qui tiennent au corps. Pierrot, à plus de 85 printemps, est un passionné de chevaux, un vrai personnage, gentil et accueillant. Il organise toujours des randonnées à cheval en montagne.

⌂ |●| ***Ferme-auberge Funtana Bianca :*** *sur le plateau du Coscione, env 500 m après le gîte d'étape de chez Pierrot (voir ci-avt). La ferme-auberge est sur la gauche, bien indiquée. ☎ 04-95-25-44-40. • reservation@funtana-bianca.com • funtana-bianca.com • Mai-fin sept (parfois ouv jusqu'à la Toussaint, appeler !), resto tlj midi et soir ; hors saison, seulement le w-e, j. fériés et vac scol. Résa préférable par tél plutôt que par mail. Chambres 70 € pour 2, avec le petit déj et 75 € pour 3. Plats 14-24 €.* Marie-France tient son lieu avec amour et douceur. Autour de sa maison basse parée de vieilles pierres où est situé le resto, elle a retapé et aménagé quelques casettes (petites maisons de poupée), où l'on peut passer la nuit. Chacune possède 2 chambres avec sanitaires privés et petite terrasse. Une bien belle adresse dans un site exceptionnel, perché au bout du monde. Et puis on passe à table, pour déguster une assiette de remarquables charcuteries maison. Et c'est un moment unique : la vue sur le plateau et les crêtes depuis la jolie terrasse, et tous les parfums de la montagne qui remontent subtilement. Les viandes en sauce comme les aubergines à la Corse sont goûteuses, tout simplement. Mention spéciale pour le cochon de lait, l'épaule d'agneau farcie au *brocciu* et la saucisse aux haricots Soissons et *panzetta*.

À voir

La chapelle Santa Maria Assunta (ou chapelle de l'An Mil) **:** *en bas du village, en contrebas de la route principale.* Construite au Xe ou au XIe s par les Pisans, c'est la plus ancienne de la région. À l'intérieur, jolies statues en bois peint.

L'église San Giorgio : *demander les clés à M. ou Mme Balesi, pl. de l'Église.* Voir la vieille chaire sculptée et les peintures du XVIe s.

À faire

Plateau du Coscione (Cuscionu) : *accès par la route de Ghjallicu, au départ de Quenza (env 12 km, mais compter dans les 30 mn de route-piste en partie défoncée, mais praticable sans problème en allant doucement), jusqu'au parking du refuge de Bucchinera.* Accès possible également depuis l'autre extrémité du plateau, en partant de Zicavo (se rendre alors à la chapelle de San Petru) mais pour voir les pozzines, c'est de Quenza qu'il faut partir.
Du centre d'accueil de Bucchinera, 6 sentiers de randonnée plutôt faciles, sans dénivelées importantes et balisés par des cairns fixes, sont proposés, dont le sentier « de l'eau » (2h15), le sentier « de la pierre » (1h45), le « *Punta di Ghjavingnola* » (2h45) ou, plus long, le sentier « des bergers » (3h30). Ce sont des balades superbes, accessibles à tous, bien indiquées et jalonnées de panneaux pédagogiques. Pour ne pas endommager les pozzines (les parties spongieuses du terrain), il est indispensable de ne pas quitter les sentiers.
Ce plateau d'altitude immense (7 000 ha), le plus grand de Corse, s'étend de l'Alta Rocca au Taravo, entre 1 400 et 2 100 m. Sa particularité : les pelouses d'altitude, sortes de prairies spongieuses sur un sol tourbeux qui sont traversées par de petits ruisseaux formant des mares (pozzines ou *pozzi*). Il y a là un peu d'Irlande, de Patagonie et même de Nouvelle-Zélande.

COSCIONE

Avec la présence de cochons en liberté, le nom Coscione fait naturellement penser à « cochon ». Rien à voir ! Selon certains, le terme en corse signifie angoisse. L'angoisse que l'on peut éprouver sur ce vaste plateau quand l'hiver enveloppe soudainement le paysage et qu'on y perd le nord. Pour d'autres, il s'agit des rondeurs d'une femme que pourraient évoquer les formes gracieuses des collines. On laisse cette bataille aux experts. Pour nous, c'est surtout un lieu de rando extra, où l'on peut se « coucher » tranquillou sur les grasses prairies pour une sieste méritée après une rando.

COCHON PÊCHEUR

Le cochon que l'on trouve sur le plateau du Coscione va chercher les racines du genêt épineux, de la gentiane, de l'épine-vinette... Mais quand il veut améliorer son repas, l'été, il plonge son groin dans les trous d'eau, soulève les pierres et vient dénicher les truites toutes frétillantes qu'il déguste avec délectation.

On est ici sur un site de transhumance pour les bovins, porcins et ovins (ils arrivent vers la mi-juin et redescendent en octobre), mais on y aperçoit aussi de nombreux chevaux en liberté qui y vivent depuis fort longtemps. Le spectacle est éblouissant quand chevaux et cochons font bon ménage sur le vert des prairies formées par un ancien lac glaciaire. Les trous d'eau dessinent des taches sombres sur ses étonnantes pelouses. Évidemment, selon la quantité de neige tombée pendant l'hiver ou de pluie au printemps, les conditions de marche en fin de printemps et en début d'été ne seront pas les mêmes.
Si l'on préfère les randos à cheval (le terrain s'y prête merveilleusement bien), s'adresser chez ***Pierrot Milanini*** (voir plus haut), ou à ***I Chjassi di l'Altagna*** qui proposent des randos sur le plateau : *(📱 06-46-77-83-99 ; • montagnecorseacheval.fr • Départ de Bucchinera. Randos de 1h à 2 j. adultes et ados).*

SERRA-DI-SCOPAMÈNE

(A SARRA DI SCOPAMENA) (20127) 120 hab.

Commune située à 8 km au sud-ouest de Quenza, sur la route d'Aullène, et possédant un très beau moulin à eau ainsi que de nombreux séchoirs à châtaignes. Elle est située sur le sentier Mare a Mare Sud.

Où dormir ? Où manger ?

⛺ ***Camping municipal de l'Alta Rocca :*** *à la sortie du village, direction Aullène. ☎ 04-95-78-72-20. • campingserradiscopamena@orange.fr • Prendre la petite route fléchée sur la droite. C'est à env 700 m, sur les hauteurs. Juil-août seulement. Compter env 14 € pour 2. CB refusées.* Superbement ombragé par des châtaigniers de toute beauté. Grands espaces bien dégagés. Bon accueil. Très apprécié des randonneurs.

🏠 🍽 ***Gîte d'étape Le Scopos :*** *à la sortie du village direction Aullène, sur la droite. 📱 06-62-81-52-47. • lescopos@orange.fr • gite-corse-scopos.com • De mi-mars à mi-nov. Réception à partir de 16h. ½ pens 46 €/pers.* Grande bâtisse toute simple, avec à l'étage une vaste terrasse qui surplombe la vallée et les montagnes. 5 chambres de 4 ou 6 lits (lits superposés, 26 couchages en tout), spacieuses, lumineuses et confortables, absolument impeccables, toutes avec sanitaires à l'intérieur. Très bonne literie. Annie, la dynamique gérante, tient son gîte avec passion. Longue terrasse au 1er étage, avec quelques tables et chaises, et vue extra sur la vallée. Aux tables communes, bonne cuisine corse et, au petit déj, confiture maison et miel du village.

🏠 🍽 ***Maison d'hôtes Casa Sarrinca*** *(Gîtes de France) :* *quartier de l'Église. 📱 06-15-44-74-87 ou 06-59-88-12-25. • casasarrinca@orange.fr • casa-sarrinca.fr • Descendre vers l'église et passer à gauche de celle-ci. Continuer sur 100 m, c'est sur la gauche. Tte l'année. Doubles 85-140 € ; familiales également (3-4 pers). Loc d'un studio pour 2 env 420-560 €/sem. Table d'hôtes sur résa 30 € (vin et café compris).* Belle maison en granit qui propose 5 chambres confortables et soignées (bonne literie), à la grande propreté et aux couleurs chaudes. En contrebas un chalet-studio tout en bois vient compléter l'offre. Agréable petit jardin d'où la vue est magnifique. Bon accueil de Catherine et Francine.

🍽 ***Caffe a Scopa*** *(Chez François) :* *au centre du village. ☎ 04-95-78-73-29. Tlj midi et soir en saison. Plats 14-16 €.* Le petit café de village qui dépanne bien. Cuisine familiale et simple.

Où dormir dans les environs ?

Chambres d'hôtes U Rughjonu, chez Mme Marie-Claire Comiti (Gîtes de France) : *20116* ***Zérubia.*** *06-85-33-44-88.* • *comiti@wanadoo.fr* • *À 3 km de Serra-di-Scopamène. À la hauteur de l'église, en bas du village, tourner à gauche, c'est fléché. Ouv 15 avr-15 oct. Pas de table d'hôtes dim soir. Compter 65 € pour 2. À la table d'hôtes, repas tt compris (apéritif maison, vin, café...) 25 €. CB refusées.* Une maison en granit, vieille de plus de 1 siècle. 5 chambres d'hôtes, toutes avec sanitaires, à l'atmosphère simple et campagnarde, toutes de plain-pied, avec sanitaires privés. Jardin arboré commun à toutes les chambres. Calme total.

À faire

– ***Alta Rocc'ânes, balade à dos d'âne :*** *à côté du camping municipal de Serra-di-Scopamène (voir plus haut). 06-83-40-70-48.* • *altaroccanes.com* • *À la sortie du village direction Aullène, prendre à droite la petite route en épingle à cheveux. C'est à env 700 m, sur les hauteurs. Avr-sept, seulement sur résa, tlj 9h-13h, 15h-19h.* Balades de toutes sortes à dos d'âne *(baptême de 30 mn sans guide 8 € ; randos accompagnées 45 mn 15 € et jusqu'à 3h pour 40 €). Randos plus longues à la demande.* Sympa comme tout, surtout dans ce cadre ! Propose aussi le portage de bagages pour les randonneurs. Un superbe troupeau d'ânes, très bien soigné par une équipe amoureuse de ses animaux.

➢ ***Randos sur le plateau du Coscione (et ailleurs) :*** *contacter Julie, accompagnatrice en moyenne montagne. 06-84-44-71-66.* • *trekors.com* • Propose des randos à la demande, de 1h, ½ journée ou bien plus (avec nuit possible en refuge). Et même des randos à raquettes à neige l'hiver. *Compter env 20 €/pers pour la ½ journée et 30 €/pers pour la journée, ou soirée coucher de soleil.*

AULLÈNE (auddè) (20116) 180 hab.

À 13 km à l'ouest de Quenza et à 850 m d'altitude, un charmant village de pierre, encore tranquille. L'air y est pur et l'on y vit très vieux. L'un de nos chouchous dans le coin. Prenez un verre à la terrasse fleurie du vieil *Hôtel de la Poste,* endroit stratégique pour apprécier le panorama. En fin de journée, le cirque des montagnes voisines se découpe sur le ciel, dans une lumière pleine de magie.

Où dormir ? Où manger ?

Hôtel de la Poste : *au centre du village, sur la route de Quenza. ☎ 04-95-78-61-21.* • *hoteldelaposteaullene@orange.fr* • *hotel-de-la-poste-aullene.com* • *Fermé début oct-fin avr. Doubles 54-56 € pour les moins chères avec douche et lavabo mais toilettes communes. Avec sanitaires privés, compter 72-82 €. Au resto, formule env 15 € ; menus 22-25 € ; plats 14-20 €. ½ pens possible. Digestif offert sur présentation de ce guide.* Ancien relais de diligence construit en 1880, c'est l'un des plus vieux hôtels de Corse et qui tient toujours parfaitement la route, puisque les rênes en sont tenues par la même famille depuis sa création (6 générations !). Une vingtaine de chambres toutes simples, propres et correctes, avec douche et lavabo, et toilettes dans le couloir. Quelques-unes refaites de manière moderne et au confort complet, parfait pour les clients plus exigeants. En terrasse, à l'ombre du tilleul et des cerisiers, vous dégusterez une cuisine familiale de belle tenue et régulière en qualité, où les classiques de la cuisine corse s'invitent dans votre assiette, copieuse et bien présentée, avec toujours une touche d'inventivité. Même si vous n'êtes que de passage dans le coin, arrêtez-vous pour y déjeuner ou y prendre un verre sur la terrasse surplombant la petite rue. Un moment délicieux.

Villa Cardellini *(Gîtes de France) : quartier Cardelli. ☎ 04-95-21-33-80. 06-77-74-14-86. • villa.cardellini@orange.fr • villacardellini.fr • Fermé oct-avr. Doubles 85-90 € (20 €/pers en plus), petit déj compris. CB refusées.* Dans une maison de construction récente et bien conçue, située sur les hauteurs d'Aullène, d'où la vue est superbe. Propose 4 belles chambres tout confort (dont 2 avec vue sur la vallée), spacieuses, chacune portant le nom d'un arbre, lumineuses et modernes, à la déco très design. Salles de bains avec douche à l'italienne. Salon pour les hôtes d'où l'on embrasse une vue panoramique extra. Accueil chaleureux de Lætitia et d'Hervé, qui savent faire vivre leur maison et sont de bon conseil pour les randos.

Où acheter de bons produits ?

Charcuterie Pietro Goti *: quartier Cardelli, au bout du village, au début de la route pour le col de la Vaccia (D 69), sur la gauche. ☎ 04-95-78-63-15.* Belles charcuteries maison.

À voir. À faire à Aullène et dans les environs

L'église Saint-Nicolas *: souvent fermée ; demander la clé à la mairie.* L'église est réputée pour sa chaire sculptée (du XVIIe s), que supportent de curieux dauphins belliqueux. Remarquez, sous les queues de ces espèces de dragons, la tête de Maure.

Le col de Saint-Eustache et la vallée du Chiuvone *: à l'ouest d'Aullène, par la D 420, ponctuée de points de vue sublimes et d'étonnants chaos rocheux.* Boucle possible en descendant ensuite la vallée du Baracci jusqu'à Propriano : la pinède y a brûlé autrefois, ce qui rend austère ce paysage dominant les gorges du Baracci, un canyon profond qui, comme le Chiuvone, est régulièrement parcouru par les amateurs de canyoning (possibilités fantastiques de sauts et autres glissades sur toboggans naturels, mais plusieurs rappels obligatoires réservent ces parcours à des pratiquants chevronnés).

Le col de la Vaccia *: à env 12 km d'Aullène.* Superbe panorama depuis le col. Passé celui-ci, la route se poursuit vers la région du ***haut Taravo,*** avec, en chemin, la *Ferme-auberge Col de la Vaccia* (voir « Où dormir ? Où manger dans les environs ? » à Zicavo).

SAINTE-LUCIE-DE-TALLANO

(SANTA LUCIA DI TALLÀ) (20112) 365 hab.

Un beau village corse, perché à 450 m d'altitude, au-dessus de la vallée du Rizzanese, à 19 km de Sartène. De hautes maisons de granit, une place ombragée, une fontaine d'eau potable et, tout autour, les montagnes de l'Alta

Rocca. Des scènes de *L'Enquête corse* y ont été tournées. Le village est célèbre dans le monde des minéralogistes pour son filon de diorite orbiculaire, dite aussi « corsite », une pierre gris-vert avec des ronds plus clairs (gisement aujourd'hui épuisé). Rare et recherchée, elle a servi à la construction de la chapelle des Médicis à Florence, alors respect ! C'est elle qui compose le socle sous la statue du monument aux morts. Notons aussi l'excellente huile d'olive produite dans la région, ainsi que la visite d'un ancien moulin à huile restauré. Ajoutez quelques bonnes adresses de bouche, et on vous dit tout net : Sainte-Lucie, halte obligatoire !

Adresse utile

Point info : *à côté de la fontaine, dans le centre. ☎ 04-95-10-24-58. • sainteluciedetallano.com • Ouv de mi-avr à fin oct en théorie. Juil-août, normalement tlj 8h-18h30. Horaires variables le reste du temps. Si c'est fermé, on peut toujours s'adresser à l'accueil de la mairie, juste à côté, aux heures de bureau.* Infos diverses et pas mal de dossiers à consulter, sur l'olive, le village, l'histoire, les gens...

Où dormir ? Où manger à Sainte-Lucie et dans les environs ?

Gîtes ruraux et chambres d'hôtes

Gîte de M. Philippe Dainesi *(Gîtes de France)* ***:*** *à* ***Olmiccia,*** *à 3 km de Sainte-Lucie, direction Sartène (D 268). Résas auprès des Gîtes de France : ☎ 04-95-10-54-30/31. À 20 m en contrebas de l'église. Gîtes 4 pers 320-599 €/sem selon saison. Produits du terroir offerts à ts les clients.* Belle rénovation d'une maison mitoyenne en pierre du hameau d'Olmiccia. Gîte de 63 m² pour 4 personnes (toute l'année) : séjour avec cuisine, 2 chambres avec lit double, douche, lave-linge et lave-vaisselle, TV. Draps, bois et chauffage en sus. Inconvénient, peu d'espace extérieur (mais balcon de 12 m²). Intérieur coquet, avec belle cuisine intégrée, cheminée et tout : un petit nid douillet dans l'Alta Rocca.

Gîtes de M. Paul Serra *(Gîtes de France)* ***:*** *à* ***Loreto-di-Tallano.*** *☎ 04-95-78-81-37 ou 📱 06-20-43-20-86. • serrarosemarie@wanadoo.fr • De Sartène, prendre la D 268 (direction Sainte-Lucie) et la quitter sur la gauche pour la D 69 : Loreto est 8,5 km plus haut. Tte l'année. Compter 244-388 €/sem selon saison. Produits corses offerts sur présentation de ce guide.* Dans le village même, en contrebas de la route et dans la maison des propriétaires (entrée commune), 2 gîtes pour 4 personnes, très bien équipés. Séjour-cuisine (avec canapé convertible), 1 chambre. Lave-linge, lave-vaisselle, micro-ondes. Salon de jardin. Vue sur la vallée. Calme assuré. Excellent accueil.

De bon marché à prix moyens

Gîte d'étape municipal U Fragnonu : *route de Zoza, à 300 m du centre du village. ☎ 04-95-78-82-56 ou 📱 06-16-33-21-98. • mairie@tallano.fr • gite-tallano.fr • Avr-oct. Compter 35 €/pers la nuitée avec petit déj, 45 €/pers en ½ pens. Loc de draps et serviettes en plus.* Un peu à l'écart du centre, superbe gîte dans une grande bâtisse typique de pierre, bien retapée, juste au-dessus du moulin. Très tranquille. 8 chambres dont 6 quadruples, spacieuses et très bien entretenues. Lits superposés bien confortables. Salon à disposition. On prend ses repas en bas, aux grandes tables communes, avec la cheminée qui crépite en moyenne saison, et c'est à chaque fois un régal, qu'on se le dise !

Chambres et restaurant Chez Dume : *au cœur du village. 06-46-71-39-45. • paporicci@gmail.com • À la fontaine, prendre direction Zoza, et c'est à 50 m sur la droite. Ouv mi-avr à fin oct. Resto fermé dim hors saison. Double 75 €, studio 90 €. Plats env 12-20 €. CB refusées. Café offert sur présentation de ce guide.* Dans une étroite bâtisse tout en hauteur, Doumé propose 2 chambres et 2 studios (1 logement par étage !). Chambres claires, simples et équipées de manière moderne (salles de bains soignées), toutes donnant sur la petite rue. La chambre la plus haute (au 4e étage, donc) dispose d'un petit balcon avec vue extra. En traversant la rue, on trouve le resto avec son agréable terrasse. Civet de sanglier, pâtes, courgettes farcies...

Le Santa Lucia : *sur la pl. du Monument-aux-Morts. ☎ 04-95-78-81-28. • lesantalucia@free.fr • Tlj sauf dim hors saison. Fermé en janv. Plats 15-20 € ; menus 20-26 €.* Belle terrasse ombragée face à la fontaine de la place. Une bien bonne table corse. Le 1er menu est déjà très bien, mais le 2d a l'avantage de proposer un choix de plats. Des assiettes joliment présentées, des mets goûteux, préparés comme il faut. Bref, un vrai travail de vrai cuisinier. Le civet de sanglier sauce aux cèpes, par exemple, les tripettes de veau à la tallanaise ou les cannellonis au *brocciu*... Accueil naturel et souriant.

A Machja : *Casa Campagna, route de Levie (D 268), 20112* **Olmiccia** *(à 3,5 km au sud-ouest du bourg d'Olmiccia, dans la vallée). ☎ 04-95-77-00-88. • restaurantmachja@gmail.com • Resto tlj midi et soir. Fermé 10 j. en mars. Doubles 50-80 € selon saison. Carte env 30-35 €.* Cette sympathique halte sur la route de la montagne propose 5 chambres dans une jolie maison basse, tout en longueur. Elles sont simples et lumineuses, bien équipées (clim) et s'ouvrent sur une pelouse, avec une vue dégagée. Côté resto, on prend ses repas dans un cadre reposant, sur l'agréable terrasse ombragée par des mûriers-platanes ou dans la salle où trône une vaste cheminée. Grillades de veau ou de sanglier, saucisse de veau et viande de l'exploitation marinée à la bière, charcuterie, une excellente cuisine traditionnelle à base de produits du terroir, dont bon nombre provenant de la ferme familiale (légumes et viande).

Où acheter de l'huile d'olive ?

Ici, l'huile d'olive est reine. *A festa di l'oliu novu* se tient chaque année en mars.

Chez Jacques Léandri : *au centre du village, à côté de l'église. ☎ 04-95-78-81-94. 06-31-88-73-74. Horaires d'ouverture fluctuants (téléphoner pour prendre rdv).* La boutique de M. Léandri, un gentil capharnaüm, respire la production artisanale : un peu partout, des bouteilles que M. Léandri remplit et étiquette, en prenant soin de noter le numéro de la bouteille et la date de péremption... Ses huiles d'olive, de noix, de pignon de pin, d'amande ou d'argan sont excellentes. Vente par correspondance possible. Propose également des craquouillants, les biscuits qui, comme leur nom l'indique, craquouillent, à base de farine de noix, noisette et amande à l'huile d'olive.

La Cave à huile d'olive Santa Lucia : *rue Borgo. ☎ 04-95-78-81-03. • huile-santalucia.fr • 06-03-54-40-96. Un peu derrière l'église, à côté de la tour. Avr-oct : en saison, tlj 10h-19h30 (fermé parfois le dim en moyenne saison).* Agréable boutique de l'un des spécialistes de l'huile d'olive. Belle présentation des produits proposés, que l'on peut goûter sur place. Accueil sympathique. 2 sortes d'huile, celle des olives tombées de l'arbre toutes seules (olives plus mûres, donc, huile plus douce et goûteuse) et celle des olives issues du secouage de l'arbre (olives plus vertes, huile plus fruitée et vive).

À voir

L'église paroissiale : édifice baroque du XVIIe s. Voir le *retable de la Crucifixion* attribué au Maître de Castelsardo (un primitif du XVIe s).

Le couvent Saint-François : *à la sortie du village, en direction de Levie. L'église du couvent est ouv quand elle le veut bien.* Belle église conventuelle fondée en 1492. Bénitier en marbre blanc du XVe s et stalles du XVIIe s. Le bâtiment à côté, en travaux en 2018, est transformé en pôle culturel de l'Alta Rocca.

Le moulin à huile : *indiqué depuis la pl. centrale, à 200 m. Mai-fin oct, tlj sauf dim et j. fériés 9h-12h, 15h-18h. Visite commentée : 2 €.* Un moulin à huile restauré, datant de 1848, la bâtisse quant à elle étant du XVIIe s. Visite intéressante et sympa, où l'on apprend les différentes étapes de la production d'huile d'olive, et ce qu'est, par exemple, l'*huile d'enfer.* Même si l'on n'y presse plus d'olives, on voit encore tout le mécanisme.

***A casa turra* :** *juste derrière l'église. Ne se visite pas.* Cette maison fortifiée aux XVe et XVIe s se caractérise par ses épais contreforts à la base de l'édifice. La partie haute de la demeure est équipée de mâchicoulis d'où l'on jetait soit des essaims d'abeilles, soit de l'huile d'olive bouillante sur les assaillants. De la bonne huile, quel gâchis !

DANS LES ENVIRONS DE SAINTE-LUCIE-DE-TALLANO

Les bains de Caldane : *à 5 km au sud de Sainte-Lucie par la route de Sartène, puis à gauche par la petite D 148 sur env 1,6 km. À gauche juste après le pont et faire encore 500 m. ☎ 04-95-77-00-34. Accès tlj 9h-20h ; horaires restreints en hiver (seulement le w-e). Entrée : env 7 € pour 20 mn de bain max (davantage ne serait pas bon pour l'organisme) ; réduc enfants.* Dans un très joli cadre naturel, 3 bassins d'eau sulfureuse joliment aménagés, d'environ 2 m x 8 m, avec une eau à 37 °C (attention, vite plein en été, venir plutôt le matin ou tard le soir). Gros effet relaxant et tout le bienfait de l'eau sulfureuse (affections cutanées ou ORL). Possibilité de se restaurer sur place (hors juillet-août, commander) ou simplement de prendre un verre dans un cadre agréable après le bain. Quelques transats sous les arbres.

LEVIE (Livia) (20170) 760 hab.

À 9 km à l'est de Sainte-Lucie et à 10 km au sud de Zonza, sur la D 268. Nous avons apprécié ce gros bourg montagnard, à 600 m d'altitude, loin du tohu-bohu de la côte et situé en plein cœur de l'Alta Rocca. À en croire les archéologues et à voir l'importance du site de *Cucuruzzu,* la région est habitée depuis des millénaires. En juin (en principe), le village vit, pendant un gros week-end, au rythme des « Médiévales » (spectacles et animations).

Adresse utile

Info Tourisme Alta Rocca : *dans le centre, dans la rue principale. ☎ 04-95-72-15-67. Ouv mai-sept, en théorie tlj 9h-12h30, 14h30-18h.* Bonne documentation.

Où dormir ? Où manger ?

De bon marché à prix moyens

🏠 |●| ***Gîte d'étape de Levie « Bienvenue en Alta Rocca »*** *(Gîtes de France) : à côté du cimetière et de la gendarmerie (quartier Concurruta). ☎ 04-95-78-46-41. 📱 06-22-31-25-09. • annauberto@sfr.fr • Avr-fin oct. Nuitée en dortoir 25 €/pers (petit déj 6 €). Double 64 €. ½ pens 45 €/pers.* Dans une grande maison récente, quelques dortoirs de 4 lits, simples, propres et bien aménagés, tous avec douche, mais avec toilettes dans le couloir. Également 3 chambres doubles. Salle commune très dépouillée, où l'on prend les repas. Pas beaucoup d'espace à l'extérieur en revanche. Juste quelques banquettes de bois. Bon accueil.

|●| ***Restaurant La Pergola*** *: rue Sorba (la rue principale), face à la mairie de Levie. ☎ 04-95-78-41-62. Mai-sept. Le soir, mieux vaut téléphoner ou passer en journée pour s'assurer de l'ouverture. Formule 17 € ; menu 23 €. CB refusées. Digestif maison offert sur présentation de ce guide.* Minuscule terrasse couverte de vigne vierge. À l'intérieur, salle toute simple, tout aussi petite, ne laissant la place qu'à quelques tables. Excellente cuisine familiale corse (comme on aime), franche et copieuse (rôti de veau, gigot d'agneau), et accueil vraiment sympa. Jean-Paul Maestrati prépare aussi de copieux sandwichs à la coppa.

De prix moyens à chic

🏠 ***Chambres d'hôtes U Fragnu di U Piruccio*** *(chez Stéphane et Joëlle de Rocca Serra) : allée des Tilleuls. ☎ 04-95-78-47-49. 📱 06-08-74-11-33. • stephane.derocca-serra@wanadoo.fr • Dans la rue centrale, près du resto* La Pergola, *prendre la rampe un peu raide qui passe devant le café* U Vitalbetu *(panneau « Gîtes de France » visible). C'est 150 m plus haut. Avr-oct. Pour 2, compter 80-95 €. Table d'hôtes sur résa : 25 €.* Dans une maison de famille dont le rez-de-chaussée, d'origine, rappelle la vocation première (un magnifique pressoir à huile – *fragnu* en corse – y a été conservé et est entouré de multiples objets, bibelots, souvenirs évoquant un musée), 4 chambres spacieuses et chaleureuses, avec de belles salles de bains, dont 3 situées à l'étage. L'une d'elles peut accueillir jusqu'à 4 personnes. Également une terrasse pour prendre l'apéro d'où l'on domine la vallée. Cuisine et grand salon commun à disposition, comme à la maison. Excellent accueil. Belle situation pour découvrir l'Alta Rocca.

Où dormir ? Où manger dans les environs ?

Bon marché

|●| ***U Spuntinu*** *: 1 km avt le site de Cucurruzu. ☎ 04-95-78-41-16. Avr-oct, en général jusqu'à 22h en juil-août (fermé lun hors saison). Sandwich ou omelette env 6 € ; plats 15-20 €. CB refusées. Digestif maison offert sur présentation de ce guide.* Une petite terrasse au calme, pour grignoter un morceau sans prétention, prendre un généreux sandwich ou une assiette de charcuterie et fromage. Également quelques grillades et des plats plus élaborés pour le soir (la clientèle locale monte jusqu'ici). Depuis la terrasse, vue sur les aiguilles de Bavella.

Prix moyens

🏠 ***Chambres d'hôtes Riccu*** *: à quelques km de Levie, sur la route de Cucuruzzu, puis à gauche à un embranchement. C'est fléché sur la droite un peu plus loin puis faire env 1 km. ☎ 04-95-78-48-91. 📱 06-21-18-97-02. • jacqueshouben@orange.fr • Doubles 85-100 €, petit déj compris. Apéritif, café ou digestif offert sur présentation de ce guide.* Dans une longue maison de pierre, tout en rez-de-chaussée, avec une terrasse ouverte sur la vallée. Les 3 chambres sont sur le côté. Spacieuses et tranquilles, dotées de belles salles de bains. Dans la grande salle commune, cuisine équipée et télé. En contrebas, chalet en bois, à louer à la nuitée ou à la semaine.

De chic à plus chic

Ferme-auberge A Pignata : *à 5 km de Levie, route du Pianu. ☎ 04-95-78-41-90. • apignata20170@gmail.com • apignata.com • De Levie, direction Sainte-Lucie sur 3 km, tourner à droite vers le site de Cucuruzzu, puis, 1,5 km plus loin, sur la gauche puis poursuivre la route. C'est au bout. Fermé janv-mars. Sur résa uniquement. Selon saison, doubles standard, charme et supérieure, en ½ pens seulement, 110-195 €/pers. Pour les cabanes de luxe, compter 170-275 €/pers en ½ pens. Également un caseddu (une maison de berger). Menu unique 53 € (sans le vin). Digestif maison offert sur présentation de ce guide.* Une ferme-auberge, plus grande maison que ferme, terriblement discrète et pourtant fameuse. En étage d'un bel édifice de pierre, des chambres spacieuses, de niveau de confort différent, certaines avec terrasse. Décoration très actuelle : tons chauds, mobilier choisi, salles de bains raffinées. Également 2 « cabanes perchées », bien plus chères mais exceptionnelles, nichées dans les chênes ! Sous la grande terrasse, une superbe piscine chauffée, prolongée par une terrasse de bois et une pelouse. Vue extra sur les montagnes. Dans la grande salle à manger ou sur la terrasse ombragée, on sert d'authentiques spécialités corses, parmi les meilleures de la région : cannellonis au *brocciu,* aubergines farcies, daube farcie, agneau au four, etc. Et de la charcuterie et de l'huile d'olive maison ! Les fils sont charcutiers en hiver.

Où boire un verre ?

Café du Progrès : *au cœur de Levie, sur la route principale.* Sympathique et convivial, voici le café branché du village.

À voir

Le musée de l'Alta Rocca : *route de Carbini, dans le bas du village, à 700 m du centre. ☎ 04-95-78-00-78. Tte l'année : juin-fin sept, tlj sauf j. fériés 10h-18h ; le reste de l'année, tlj sauf dim-lun 10h-17h. Entrée : 4 € ; réduc. Ce billet est aussi valable pour le musée départemental de Préhistoire corse et d'Archéologie de Sartène (conserver le ticket, valable 2 mois). Il donne également droit à une réduc sur l'entrée au site de Cucuruzzu (2,50 € au lieu de 4 € ; voir « Dans les environs de Levie »). Les 2 avantages ne sont pas cumulables.* Un bien beau musée en vérité, complétant celui de Sartène. Il occupe une grande salle dans laquelle on circule à l'aise, en passant d'un « espace » à un autre (il y en a 8 thématiques). On ne l'a pas construit par hasard dans l'Alta Rocca : sur 8 sites mésolithiques en Corse, 5 se trouvent dans le sud de l'île (le tout 1er village, Presa, a vu le jour près d'Altagène, dans l'Alta Rocca). C'est ici qu'on vient admirer la fameuse *Dame de Bonifacio,* un squelette vieux de près de 8 600 ans, découverte en 1972 sur le site d'Araguina-Sennola, près de Bonifacio, mesurant 1,54 m et dont on estime l'âge du décès entre 30 et 35 ans. La pauvre était malade, très handicapée, et l'on pense qu'elle a dû survivre grâce à la solidarité de son groupe. On pourra aussi admirer la *Dame de Capula* (témoin de l'âge du fer), trouvée en 1978, mesurant quant à elle 1,57 m et morte entre 18 et 29 ans. Même si ces dames n'avaient pas la taille mannequin (plutôt petiotes même), elles constituent les pièces majeures des collections qui brossent un large panorama de la Corse depuis son peuplement initial au Mésolithique (en gros, 10 000 ans av. J.-C., peu après la séparation de la Corse et de la Sardaigne) jusqu'au Moyen Âge. Explications sur la naissance de l'agriculture, l'arrivée des animaux sur l'île (aux VIe et Ve millénaires). Pas mal d'infos sur la faune disparue (comme le lapin-rat, alias *Prolagus,* dont on a retrouvé des squelettes, et qui fut victime de la surconsommation dès les temps préhistoriques !). Vitrines du Mésolithique, outils (polissoirs, aiguisoirs), nombreuses meules. Début de la poterie (vases, urnes cinéraires, pots...). Quelques bijoux également (notamment avec des coquillages, fibules, chaînettes, pendeloques...). Les panneaux sont bien faits et instructifs : en sortant, vous serez incollable sur les *casteddi* (pluriel de *casteddu* ou *castellu*) et les *torre* ! Dans une petite salle annexe, quelques objets religieux, dont un superbe christ en ivoire du milieu du XVIe s (origine incertaine mais la tradition veut qu'il soit lié à un pape, Sixte Quint, dont les parents étaient de Levie). Expos temporaires régulières.

– ***Atelier du Lotus*** *(coutellerie de l'Alta Rocca)* **:** *après le centre du village (direction Zonza), sur la gauche. ☎ 04-95-74-05-13. • u-lotus.com • En saison, tlj 9h-19h ; en hiver, lun-sam 9h30-18h.* Voici une coutellerie traditionnelle travaillant avec des méthodes ancestrales, dans une grande exigence de qualité. Beaucoup de créativité dans les formes et manches superbes (qu'ils soient en bois ou en corne). Et puis l'artisan parle vraiment bien de son travail.

DANS LES ENVIRONS DE LEVIE

Castellu de Cucuruzzu et le site archéologique de Capula : *maison d'accueil, route du Pianu, sur la D 59. ☎ 04-95-78-48-21. La route d'accès se prend à 3 km sur la droite en allant de Levie à Sainte-Lucie. Puis faire env 3 km. Parking sur la droite. Avr-fin oct, tlj 9h30-18h (19h juin-sept). Attention, la caisse ferme à 16h (17h juin-sept). Compter 2 bonnes heures de balade. Entrée : 4 €. Audioguide : 3 € (mais moins complet que la brochure gratuite). Avec ce billet, réduc sur l'entrée au musée de l'Alta Rocca, à Levie (2,50 € au lieu de 4 € ; lire la rubrique « À voir » à Levie) ; gratuit - de 18 ans. Attention, les poussettes ne peuvent pas emprunter le sentier. Passages glissants s'il a plu, prévoir des chaussures correctes et fermées.*
Avec Filitosa, le site préhistorique le plus intéressant de Corse, et une balade très agréable à l'ombre des genévriers, chênes verts et châtaigniers, par un superbe sentier aménagé. À l'entrée, on vous remet un itinéraire et vous plongez avec délice dans l'histoire lointaine des peuples qui prirent possession de ce promontoire. Et ça vaut vraiment le coup d'y aller, car les vestiges de cet habitat fortifié de l'âge de bronze (*castellu* ou *casteddu*), avec de gros blocs de rochers assemblés à des muretins, ont quelque chose d'énigmatique au milieu de cette immense mer d'arbres et de maquis. Il existe une vingtaine de sites protohistoriques en Corse : celui-ci est leplus complet, car il a connu les 3 étapes qui en font un « modèle parfait » : un village, une *torra* (8 m de diamètre) et un complexe monumental, tout cela sur pas moins de 1 400 ans, du bronze ancien (vers 2000 av. J.-C. jusqu'à l'âge de fer, vers 600 av. J.-C.
Après le *castellu,* la visite se poursuit avec le site de Capula, occupé de l'âge de bronze jusqu'au Moyen Âge. Vestiges d'une chapelle médiévale. Ces ruines sont dans un paysage, là aussi, fabuleux. Ce site permet de mieux comprendre le mode de vie particulièrement rustique des temps passés et comment l'homme y a évolué. Une chouette visite, instructive et relaxante, jamais barbante, dans un cadre particulièrement serein. On adore !

Carbini : *à 8 km au sud de Levie par la D 59.* Ce village est connu pour avoir été, vers 1350, le foyer d'une confrérie religieuse, les *Giovannali,* sans doute des franciscains dissidents, à la piété exacerbée, qui prônaient le dénuement et le partage des biens matériels, ainsi que l'égalité (même entre hommes et femmes). Leur hérésie aurait rencontré un certain succès dans l'île, jusqu'à ce que le pape lève une « croisade » contre eux. Ils seront tous exterminés vers 1355 et le village sera détruit. Ils se réunissaient à l'église *San Giovanni* (Saint-Jean-Baptiste), un édifice roman du XIIe s. Le campanile, érigé sur la gauche de l'église, haut et carré, est lui aussi de type roman. C'est une reconstruction de 1903, au demeurant fort gracieuse. Sur la droite de l'église, quelques croix anciennes rappellent la présence d'un cimetière. Le ***sentier des Giovannali,*** en 10 étapes (panneaux), raconte l'histoire de ce mouvement religieux. Monter par les escaliers, 50 m plus bas que le café (sur la gauche en descendant), puis suivre le fléchage pour commencer la petite marche (panneaux numérotés).

Au centre du village, sympathique *Café du Centre* (le bien nommé), avec une grande terrasse.

SAN-GAVINO-DI-CARBINI (20170) 990 hab.

À quelques kilomètres au nord-est de Levie, en direction de Zonza, on trouve ce gentil village où il fait bon faire halte. Avant le village, monument en hommage à la Résistance (importants combats en 1943). Jean Nicoli, héros de la Résistance corse, a vécu ici. Il était le directeur de l'école, et une plaque sur la maison qu'il habitait honore sa mémoire. Rien de spécial à faire, si ce n'est d'apprécier le calme de la région. Et, par chance, on y trouve une chouette chambre d'hôtes, un resto et un agréable petit camping.

Où dormir ? Où manger ?

Camping municipal d'Orra : *☎ 04-95-78-48-17. • camping.orra@gmail.com • À 500 m du village par la D 67. 15 mai-fin oct (variable en fonction de la météo). Compter 16 € pour 2 avec tente et voiture. CB refusées.* On s'installe tranquillement s'il n'y a personne à la réception. Un gentil petit camping familial, sur terrain plat, bien à l'ombre sous les grands pins, avec un équipement minimal mais très agréable pour ceux qui recherchent le calme. Barbecue à disposition. Sanitaires propres et simples. Machine à laver et réfrigérateur collectif à disposition.

Chambres d'hôtes et resto Un' Antru Versu : *dans le centre du village. ☎ 04-95-78-31-47. • aubergeunantruversu@gmail.com • aubergeunantruversu.fr • Resto fermé lun en basse saison. Fermé (resto) : fin oct-début mars. Doubles 80-136 €, petit déj non compris (et une standard moins chère). À table, pizzas au feu de bois 9-12 € ; plats 19-26 € ; menu 26 €.* Voici une bien belle maison de village, entièrement réhabilitée et transformée avec des chambres d'hôtes très réussies, confortables et aménagées avec goût. Chacune possède une dominante de couleur, avec souvent un pan de mur en pierres apparentes. Au resto les assiettes ont du goût, les viandes sont de qualité et les préparations soignées. Mention spéciale pour les grillades et la côte de bœuf (450 g)-purée maison, ainsi que la côte de veau, qui lui fait une belle concurrence.

LE COL ET LES AIGUILLES DE BAVELLA

(20124 ; commune de Zonza)

À 9 km au nord de Zonza et à 40 km de Solenzara. La grande attraction de l'Alta Rocca. Les fameuses aiguilles y sont pour quelque chose, évidemment. Imaginez de mystérieuses silhouettes effilées dressées dans le ciel : orgues de porphyre mauve, cheminées de fée, arêtes rouges et dents aiguisées...

À savourer, comme il se doit, à l'aurore ou au crépuscule. Autour, la forêt de Bavella, peuplée de pins, de cèdres, de sapins et de châtaigniers.
La route, au détour des virages, offre de somptueux points de vue sur de multiples curiosités naturelles. Mais c'est du col, à 1 218 m d'altitude, que le panorama est le plus saisissant. Vu la fréquentation estivale, la route peut réserver quelques croisements difficiles... Certains ont trouvé la parade : attendre que le flot de visiteurs diminue en faisant trempette dans les piscines naturelles de la rivière. On ne va pas leur donner tort !

Arriver – Quitter

➢ Si vous n'avez pas de véhicule, les *Autocars Balesi (☎ 04-95-70-15-55)* et *Ricci Marcel (☎ 04-95-77-77-77)* ont pensé à vous, puisqu'ils continuent sur Bavella depuis Zonza mais seulement début juil-fin août.

Où dormir ? Où manger ?

Les hébergements au col de Bavella sont souvent bondés en été. Mieux vaut réserver à l'avance.

Gîte d'étape – Auberge du col de Bavella : *au col, mais 300 m plus bas que le grand parking. ☎ 04-95-72-09-87. 06-13-14-17-33. • auberge.bavella@gmail.com • auberge-bavella.com • Avr-début nov. Nuitée 22 €/pers ; petit déj 7 €. ½ pens possible 47 €/pers et 67 €/pers en chambre double. Menu 25 €.* Dortoirs de 4 à 8 personnes, situés sous le resto, très propres et refaits avec soin. Quelques doubles également. Sanitaires impeccables. Côté resto, c'est une étape appréciée par les randonneurs. Plats classiques, de qualité régulière et bien servis (la rando, ça creuse !) : soupe corse goûteuse, aubergines farcies délicieuses, grillades, ragoût de cochon sauvage, filet mignon de porc sauce au miel. Desserts maison (excellent fiadone). Que du bon !

À voir. À faire

Le col de Bavella : amusant tertre décoré d'une statue de la Vierge (Notre-Dame-des-Neiges) et d'ex-voto posés sur des cailloux. On est à 1 218 m. Parking payant. 200 m plus loin, 2 auberges et une petite épicerie où les randonneurs se procureront produits corses et recharges de gaz. Remarquez, à flanc de montagne, ces espèces de maisonnettes (cabanes en pierre et en tôle ondulée) qui ne sont autres que des bergeries. Il paraît que chaque enfant né dans le canton de Conca se voit attribuer une bergerie pour 99 ans ! En contrebas, dans le grand virage, ne pas rater le belvédère, observatoire de choix pour les aiguilles. À partir du col débute un sentier de rando.

La route de Bavella à Solenzara : attention, très belle route, mais très sinueuse. Elle a été élargie sur certains tronçons, mais on n'a pas supprimé les virages !
Après le col, on longe de hautes murailles de pierre, véritables forteresses naturelles, puis des arêtes longilignes, des blocs polis et des arbres isolés. Plus loin, remarquez cette aiguille creusée. En poursuivant, on aperçoit des sentinelles de pierre rouge qui ne sont pas sans rappeler certains parcs de l'Ouest américain. Après les aiguilles, à 9 km, vous pourrez vous baigner dans une eau claire et ravigotante. Pas indiqué mais connu dans la région. Garez-vous le long de la route, sur la droite, puis pénétrez dans la forêt et descendez jusqu'à la rivière. Halte très agréable : piscines naturelles, cascades et toboggans amuseront petits et grands.

Au col de Larone, on distingue au 1er plan les immenses dalles orangées des *Teghje Lisce,* et dans le ciel, sur leur droite, les yeux sombres de l'aiguille de *Lunarda.* Le regard s'échappe et la route en profite pour se resserrer encore plus ! On peut ensuite admirer, en contrebas, la rivière *Solenzara* qui tente de se frayer un cours parmi les blocs de pierre charriés par d'anciens torrents. Baignade possible à certains endroits, en des sites très agréables, notamment au niveau du camping *U Rosumarinu* (du parking du restaurant, descendre l'escalier et traverser le lit de la rivière ou la descendre vers le bas).

– ***Randonnées, canyoning et escalade :*** • *corsicanyoning.com* • *06-16-41-18-53.* Le site de Bavella est le haut lieu de l'escalade en Corse. Le guide de haute montagne (doyen des guides corses) ***Jean-Paul Quilici***, un vrai personnage, a équipé tout le massif (enfin, pas lui tout seul !) et propose escalades, randonnées et descentes de canyons. Il a également pris une part active dans la création du GR20, qu'il connaît comme sa poche. C'est un grand spécialiste de la randonnée en montagne sous toutes ses formes, petites ou grandes, et même des randos à raquettes en hiver. Il accompagne individuels et petits groupes à la demande pour partager sa passion de la Corse et de sa montagne.

Balade sympa : du parking, sentier pour le *Trou de la Bombe (U Cumpuleddu),* une cavité circulaire de 8 m de diamètre, qu'on atteint en 1h environ. Un peu raide au début, mais la récompense (cet énorme trou dans la paroi rocheuse) est à la hauteur. Bien balisé. Retour par le même chemin ou en faisant une boucle (dans ce cas, compter près de 3h pour l'ensemble de la balade).

LA CORSE INTÉRIEURE

Pôle touristique de 1re importance, le « Centru di Corsica » se compose de 6 territoires : Niolo, pays de Corte (Curtinese), vallée de l'Asco, Ghjuvellina, Venacais (Venachese) et Bozio.

CALACUCCIA ET LE NIOLO (NIOLU)

(20224) 325 hab.

Qu'on y arrive par la Scala di Santa Regina en venant de l'est ou par le col de Vergio, par l'ouest, c'est un choc ! Voici donc le cœur de la Corse : un monde clos et haut perché, entouré des plus hauts sommets de l'île : le *monte Cinto* (2 706 m), le *Paglia Orba* (2 525 m), le *capu Verdattu* (2 586 m), etc. Des merveilles ! Depuis toujours, le Niolo est une terre de bergers et de traditions. Il faut goûter aux fromages niolins : ils ont une pâte molle mais, pour être vraiment bons, la pâte doit être un peu ferme, onctueuse, sans trous, et affinée dans toute son épaisseur.
La 1re chose à faire, c'est d'abandonner sa voiture 1 ou 2 jours (ou plus !) pour découvrir les environs de Calacuccia à pied. Il y a plein de balades superbes à entreprendre. Le Niolo, c'est le royaume de la randonnée.

Adresses utiles

ℹ ***Office de tourisme :*** *av. Valdu-Niellu.* ☎ *04-95-47-12-62. • tourisme-pasqualepaoli.corsica • Juil-sept, lun-sam 9h-12h30, 15h30-18h30 et dim 9h-12h30 ; sinon lun-ven 9h-12h, 13h-17h.* Infos sur les sentiers, les sites d'escalade (à Cuccia), le sentier nature du refuge de l'Ercu et les chapelles romanes à visiter.

■ ***Médecin :*** *13, av. Valdoniello.* ☎ *04-95-35-48-38.* Ça peut servir aux randonneurs du GR 20... Malheureusement, la vallée n'arrive pas toujours à garder de médecin, le poste est souvent vacant... Heureusement un médecin roumain est arrivé en septembre 2018.

Où dormir à Calacuccia et dans les environs ?

Camping et gîtes d'étape

⛺ ***Camping Acquaviva :*** *face à* L'Acqua Viva Hôtel *(voir plus loin).* ☎ *04-95-48-00-08. • stella.acquaviva@wanadoo.fr • acquaviva-corse.fr • ♿ 15 avr-fin oct. Compter 20-23 € pour 2 avec tente et voiture. CB refusées.* Petit camping avec une jolie vue sur le lac et les montagnes. De l'ombre sous les châtaigniers et de l'espace (grandes parcelles). Sanitaires récents très propres. Barbecue à disposition. Accueil chaleureux.

⛺ ***Camping Monte Cintu :*** *n° 40, route du mont Cintu, 20224* ***Lozzi.*** 📱 *06-17-78-59-14. • jeanjeanacquaviva@gmail.com • camping-u-monte-cintu.business.site • Ouv 5 mai-30 sept. Pour 2, avec voiture et tente compter env 20 €.* Site dans un décor majestueux qui regarde les montagnes, avec de nobles châtaigniers. Un des campings les plus hauts de Corse, à 1 100 m d'altitude.

Et un vrai camping pour campeurs : sur 3 ha, 45 emplacements, on a de la place...

Gîte d'étape *(chez Toussaint Mordiconi)* **:** *à Calacuccia. ☎ 04-95-48-00-04. Fermé de fin sept à mi-mai. Compter 25 €/pers.* Hébergement en chalets simplissimes, à 400 m de l'*Hôtel des Touristes* (même propriétaire). Lave-linge, TV. Literie récente. Accueil chaleureux. Également des places en chambre dans l'hôtel même *(douche et toilettes en commun : 23 €/pers).*

Gîte d'étape communal : *à* ***Casamaccioli.*** *☎ 04-95-48-03-47. À 5 km de Calacuccia, sur la rive sud du lac. Avr-oct. Compter env 17,20 € la nuit.* Un gîte situé dans les combles de l'église. 12 couchages (3 « box » de 4 lits). Possibilité de cuisiner.

Gîte d'étape : *à* ***Albertacce.*** *☎ 04-95-48-05-60. • simonetti.agathe@gmail.com • À 3,5 km à l'ouest de Calacuccia. Fermé oct-mars. Nuitée 22 €/pers. ½ pens possible (repas dans un resto voisin ou possibilité de cuisiner).* Une petite adresse, en bord de route, dans une solide maison aux pierres apparentes. Dortoirs de 4 et 8 lits.

Prix moyens

Hôtel Acquaviva : *à 400 m de Calacuccia, au bord de la D 84, direction Albertacce. ☎ 04-95-48-06-90. • stella.acquaviva@wanadoo.fr • acquaviva-corse.fr • Tte l'année. Doubles avec bains et w-c 69-94 € selon saison. Parking, garage à motos et vélos.* À côté d'une station-service, une maison récente, bien arrangée intérieurement, avec 12 chambres calmes, très confortables avec bains, dotées de TV satellite et d'un petit balcon donnant sur les montagnes. Très propre, une bonne adresse pour ceux qui veulent un peu plus de confort après avoir crapahuté sur le monte Cinto !

Hôtel des Touristes : *au centre de Calacuccia. ☎ 04-95-48-00-04. • contact@hotel-des-touristes-corse.fr • hotel-des-touristes-corse.fr • Fin avr-fin oct. Doubles 63-68 €. Apéritif offert sur présentation de ce guide.* Dans une grande et ancienne bâtisse en granit gris, des chambres spacieuses, comme on en faisait dans le temps. Literie récente, clim dans 10 chambres et bon entretien. Une étape pour les randonneurs avant ou après le grand air des montagnes du Niolo.

Chambres d'hôtes chez Jean-Claude Luisi *(Gîtes de France)* **:** *hameau de Cuccia, 20224* ***Corscia.*** *À env 3 km au sud-est de Calacuccia, juste avant la Scala di Santa Regina. Tte l'année. Chambres doubles 75-90 €.* Une maison de famille à laquelle une restauration a donné une 2de vie. Les 5 belles chambres, impeccables, de tailles différentes, se répartissent sur 3 niveaux. Accompagnateur de randonnées et secouriste en montagne (entre autres), Jean-Claude est incollable sur les randos et autres activités nature à faire dans la vallée. Ne pas hésiter à lui demander conseil.

Chambres d'hôtes Casa Balduina : *à 1 km de Calacuccia, direction Albertacce. ☎ 04-95-48-08-57. 📱 06-20-53-65-18. • casabalduina@sfr.fr • casabalduina.com • 1er mai-15 oct. Doubles standard 70-87 € selon saison et suites junior 97,50-128 € ; petit déj 10 €. Parking gratuit.* 5 chambres doubles, claires et décorées avec goût. Les suites junior (doubles ou triples) ont été récemment refaites. Jolie vue sur le lac de Calacuccia. Une bonne adresse.

Chic

Casa Vanella : *à* ***Casamaccioli,*** *à 150 m de l'église de la Santa. 📱 06-15-75-16-37. • casavanella@gmail.com • chambres-hotes-corse-niolu.com • Doubles env 90-125 €. ½ pens possible. Table d'hôtes 28 €. CB refusées.* Dans une belle maison moderne, 4 chambres et une suite bénéficiant d'un excellent niveau de confort, salle de bains avec baignoire, TV satellite... Riche petit déj. Le propriétaire, Jean-François, est accompagnateur de moyenne montagne.

Où manger à Calacuccia et dans les environs ?

A Casa Niulinca : *à l'entrée de Calacuccia en arrivant de la Santa Regina. ☎ 04-95-48-04-85. • acquaviva.jeanjoseph@neuf.fr • De mai à mi-oct, tlj. Plats env 14-20 €. Digestif offert sur présentation de ce guide.* La charcuterie artisanale de Jean Acquaviva, producteur et patron du restaurant, est évidemment à l'honneur, mais pas seulement : les viandes sont bien préparées et copieusement servies. Goûtez à ces haricots blancs au *figatellu* ! On aura aussi droit à d'excellents fromages du Niolo.

Auberge U Fucaghjolu : *à la sortie du village, direction Albertacce. ☎ 04-20-57-11-82. • serena.santini87@gmail.com • Ouv à l'année. Fermé mar soir-mer sauf juil-août. Plats 14-24 €.* Dans un bâtiment moderne, mais la production vient bien de la ferme de Jean-Paul Pietrucci (charcuterie AOP, veau corse, fromages fermiers du père, Ange-Toussaint...), aidé de sa femme au restaurant. Pour amateurs de viandes, évidemment, qui se régaleront.

Restaurant Paglia Orba : *à* ***Albertacce,*** *en bordure de route, en arrivant de Calacuccia, sur la gauche. ☎ 04-95-48-01-13. ♿ De mi-avr à fin oct, tlj. Menu 26 €. CB refusées. Digestif offert sur présentation de ce guide.* Vous entrez en vous demandant si vous êtes dans un resto ou chez des particuliers : 5 mn plus tard, si le courant passe avec la patronne, c'est comme si vous étiez un enfant de la maison. Attention : ici, on prend son temps. Cuisine familiale avec des parts généreuses (et vous vexeriez la patronne si vous n'en repreniez pas !).

Bar-restaurant du Lac : *à* ***Sidossi.*** *☎ 04-95-48-02-73. À 2 km à l'ouest de Calacuccia par la D 218. Mai-fin sept ; tlj en saison. Plats 12-18 €.* Une maison proche du lac, mais sans vue sur celui-ci, avec une vaste salle à manger. La voilà, la vraie cuisine du Niolo : cailles aux champignons sauvages, *stuffatu* de veau aux olives, charcuterie artisanale, fromage niolin. C'est bon, copieux, avec une touche d'imagination, et les prix restent raisonnables.

Où dormir ?
Où manger dans les environs plus lointains ?

Hôtel Castel de Verghio : *col de Verghio, sur la commune d'****Albertacce*** *(mais à 12,5 km d'Évisa et à 18,5 km d'Albertacce). 📱 06-12-74-87-04. • casteldevergio@orange.fr • hotel-castel-vergio.com • De fin avr à mi-oct. Bivouac 7 €/pers ; gîte en ½ pens 50 €/pers (lit seul 20 €) ; double 100 €. Menu à midi 27 € ; plats 16-20 €.* Hôtel dont l'extérieur, du moins le flanc nord, est typique des années 1970, mais qui a été récemment relooké côté route, ce qui lui donne un air ancien et moderne à la fois. Bon niveau de confort avec de belles chambres, elles aussi rénovées, où le bois est à l'honneur. Gîte *(dortoirs 6-10 lits)* et bivouac 50 m plus bas.

À voir

Calacuccia : petite capitale du Niolo, à 850 m d'altitude, environnée de montagnes. Le village, qui s'étire en longueur, est un point de chute et de ravitaillement pour les randonneurs.
À la sortie du village, sur la route de Porto, remarquer la belle *église* blanche *Saints-Pierre-et-Paul* (christ en bois d'une expression émouvante).

Casamaccioli *(Casamacciuli) : à 5 km au sud-ouest de Calacuccia, sur la rive sud du lac artificiel.* Au milieu des châtaigniers, ce village tranquille s'anime pendant 3 jours autour du 8 septembre, pour la foire régionale du Niolo et la *fête de la Santa*.

2 mots sur cet étonnant pèlerinage considéré comme le plus important de toute la Corse ! Les membres de la confrérie de la Santa, tout de blanc vêtus, accompagnés par de nombreuses autres confréries de l'île, portent une statue de la Santa sur leurs épaules et défilent ainsi dans le village, décrivant autour d'une croix un mouvement en spirale que l'on appelle la *Granitula* (l'Escargot). Ce rite très ancien s'accomplit au milieu d'une foule enthousiaste. Autrefois, à l'occasion de la fête de la Santa, les jeux d'argent étaient libres 3 jours et 5 nuits. On jouait, on achetait et l'on vendait toutes sortes de marchandises, on s'amusait, on se moquait des riches et des puissants au cours de joutes oratoires improvisées. Même si ce n'est plus vraiment ça aujourd'hui, on voit encore des bergers poètes improviser des tirades et des joutes oratoires chantées ou parlées *(Chjam'e rispondi).*

Ah, on avait oublié l'essentiel : l'origine de la Santa ! Voici son histoire. Au Ve s de notre ère, le capitaine d'un navire en perdition au large de Galéria implora le secours de l'étoile de la Mer. Une étoile apparut alors dans le ciel en direction du couvent de la Selva. Et la tempête se calma. En signe de reconnaissance, le capitaine offrit au couvent une statue qui prit le nom de Santa Maria di a Stella : sainte Marie de l'Étoile. Plus tard, des pirates ravagèrent la région, et les moines durent s'enfuir en emportant la fameuse statue arrimée au dos d'une mule. Après une longue errance, le brave animal s'arrêta à Casamaccioli, à l'emplacement de la chapelle actuelle. Quelle aventure ! Depuis lors, chaque 8 septembre, jour de naissance de la Vierge, on célèbre la Santa du Niolo.

À faire

➢ ***Randonnées pédestres dans le Niolo :*** quelques très belles balades, d'une durée de 3h à 6h30 . Les marquages de plusieurs sentiers ne sont plus très visibles, et l'on saura vous informer au mieux à l'office de tourisme.

Le tour des Cinque Frati : une superbe randonnée, réservée aux marcheurs très expérimentés (balisage insuffisant). Ne pas s'y aventurer seul, et partir de préférence avec quelqu'un du coin. C'est une boucle de 7h au départ de Calasima, le village le plus haut perché de Corse, à l'ouest d'Albertacce. La rando fait passer par 5 sommets !

De Calacuccia à la bocca a l'Arinella : belle randonnée pas trop difficile, qui emprunte un tronçon du sentier Mare a Mare Nord. La *bocca a l'Arinella* culmine à 1 592 m au sud de Calacuccia. Redescendre par Bocca Capizzolu (chemin muletier) et Casamaccioli. Compter env 5h.

Le monte Cinto** (Cintu) **: le plus haut sommet de la Corse (2 706 m). On peut en faire l'ascension, par la face sud, à condition d'avoir un bon équipement et une sacrée condition physique, car le parcours se fait essentiellement dans des roches et des éboulis rocailleux. Départ du parking du camping de Lozzi pour le refuge de l'*Erco,* d'où commence l'ascension (compter 2h pour gagner à pied ce refuge et, au total, 9 à 10h pour une dénivelée de près de 1 700 m). Une magnifique randonnée à entreprendre entre mi-juin et octobre. Plus tôt en saison, de nombreux névés subsistent, et les accidents sont fréquents. Parcours non balisé, donc réservé aux randonneurs avertis. Le mieux est encore de se faire accompagner par un guide.

Parcours Aventure de l'AS Niolu : *maison forestière de Popaghja, forêt de Valdoniellu. 06-22-50-70-29. À 7 km de Calacuccia, sur la route du col de Vergio. Ouv en juil-août. Tarifs : adultes 20 € ; enfant 15 €.* Accrobranche pour tous : 4 circuits pour les grands et baby parc (pour les 4-10 ans). Dans la forêt paisible du Valdoniellu (la plus grande l'île), peuplée de pins laricci centenaires gigantesques, où le terrain de jeu a été installé (plateformes à plus de 20 m de hauteur pour certaines). Grandiose !

DANS LES ENVIRONS DE CALACUCCIA

Le défilé de la Scala di Santa Regina : la principale voie d'accès au Niolo est cet interminable ravin désolé, sorte d'étrange corridor de roches, de granit rouge, de rocaille et de caillasse. Longeant le Golo, il s'étend entre Pont-de-Castirla et Corscia (D 84). Son nom vient des escaliers *(scala)* qui semblent taillés dans le roc de la rive gauche du Golo, que les Niolins empruntaient autrefois pour accéder à Calacuccia. Admirez le travail de la nature (tectonique et érosion conjuguées).

Un sentier balisé, dit de la Transhumance, au départ de Corscia (à 4 km à l'est de Calacuccia) permet de découvrir la Scala di Santa Regina. Compter 5h pour effectuer cette randonnée. Boucle possible par Ponte Sottano et le pont d'Accia.

La forêt de Valdo-Niello *(Valdu-Niellu)* **:** l'une des grandes forêts d'altitude de la Corse, où poussent des pins laricio, des hêtres et des bouleaux. Certains pins dépassent les 400 ans et les 5 m de circonférence. Le GR 20 la traverse, ainsi que la D 84 de Calacuccia à Porto. Magnifique !

Le col de Verghio *(bocca di Verghju)* **:** le col routier le plus élevé de la Corse (1 467 m), porte du Niolo côté ouest et ligne de partage des eaux entre la côte ouest et la côte orientale. En redescendant vers Évisa, on traverse la grande forêt d'Aïtone, peuplée de pins laricio. Des échappées prodigieusement belles !

Randonnées pédestres

Jusqu'au lac de Nino *(Ninu)* **:** l'aller-retour prend entre 4 et 5h. Sans doute le plus fameux lac de Corse, à 1 742 m d'altitude. C'est aussi la porte d'entrée du plateau du *Camputile,* cet espace pastoral aux formes apaisées. C'est en plongeant dans l'onde de Nino que le diable rejoignait autrefois son enfer, et c'est de ses berges qu'il propulsa sa charrue pour trouer la célèbre montagne du Tafunatu.
Pour y monter, le plus simple est de partir de la maison forestière de *Poppaghia* (1 076 m), située à mi-chemin entre Albertacce et le col de Verghio. Balisage jaune tout au long des 2h et 700 m d'ascension, un fléchage qui remonte le long du torrent jusqu'à la *bergerie abandonnée de Colga* (1 411 m). Celle-ci se trouve à la sortie de la pinède et est signalée par d'inattendus merisiers et autres érables sycomores plantés en contrebas.
L'itinéraire se fait alors plus raide et gagne, entre buissons d'aulnes et escarpements rocheux, le *col de Stazzona* et ses blocs insolites erratiques (toujours l'œuvre de Satan, selon la légende), vue splendide sur le lac situé en contrebas, les « pozzines » alentour et l'horizon rocheux des cimes du Cortenais.

Jusqu'aux cascades de Radule : aller-retour en 2h. C'est la 2de balade classique de la forêt de Valdo-Niello, plus aisément accessible encore que les rives perchées du lac de Nino. Le Golo, à peine né sous la Paglia Orba, quitte le vallon suspendu de Tula par une suite de chutes entre lesquelles s'intercalent de jolies vasques d'eau verte, où peu de visiteurs résistent en été au plaisir du plongeon.
Cette randonnée part dans le virage en épingle du *Fer à cheval,* à 4 km en contrebas du col de Verghio. Le sentier du GR 20 sert alors à gagner le voisinage des cascades et, par chance, il s'agit ici de l'une de ses rares portions peu accidentées. En 20 mn, on atteint les *bergeries de Radule,* puis on descendra un peu plus loin sous le sentier pour gagner le site des cascades proprement dit.
Les plus vaillants compléteront cette visite en remontant par le GR 20 la *vallée du haut Golo.* Sur une partie de son parcours, le chemin coïncide avec l'ancienne voie de transhumance qui liait autrefois le Niolo à la région côtière de Galéria (Filosorma) via le col de Guagnerola ; il mène par ailleurs au refuge de *Ciuttulu di i Mori* (26 places et une aire de bivouac gardées en été), point de départ de

l'ascension des 2 sommets les plus spectaculaires du Niolo, la dent rocheuse de la *Paglia Orba* et la muraille percée du *Tafunatu*.
Ces sommets sont accessibles aux marcheurs expérimentés. Mais attention, là, ce n'est plus de la rando mais de l'escalade. Y aller uniquement en groupe avec guide, et si on n'a pas le vertige.

CORTE (CORTI) (20250) 6 750 hab.

• Plan *p. 335*

Une citadelle juchée au sommet d'un piton rocheux, avec, au pied, les entrelacs des ruelles de la Ville Haute, de vieilles et hautes demeures ; et, encore plus bas, la Ville Basse, plus récente, moins authentique et pourtant très animée, dont l'axe central est le cours Paoli. Entre les 2, des rampes particulièrement raides. Tout autour, une couronne de montagnes, coupées par des gorges sauvages avec des torrents aux eaux limpides, impétueuses et transparentes : voilà le cœur géographique de la Corse, le symbole de son histoire mouvementée. Ville de cœur de Pasquale Paoli, qui y établit pendant 14 ans le siège du gouvernement de la Corse et lui donna une université. Corte, avec seulement 6 750 habitants (et 4 600 étudiants sur 4 sites, sans compter 370 enseignants-chercheurs !), condense tous les souvenirs de combats et les rêves d'émancipation des Corses. Ici, on a la Corse à fleur de peau, et on ne badine ni avec l'identité ni avec la mémoire insulaire.
Étape incontournable du tour de Corse, Corte est aussi un point de départ idéal pour d'admirables randonnées en montagne, ainsi que pour la remontée de la vallée de la Restonica, chef-d'œuvre de la nature.

Arriver – Quitter

En bus

Attention, *les liaisons et horaires sont susceptibles de modifications d'une année sur l'autre.*
■ ***Autocars Cortenais :*** *06-20-17-17-55. • autocars-cortenais.fr •*
➢ ***De/vers le col de Verghio, via Calacuccia :*** de mi-mai ou début juin à fin sept ou mi-oct, 1 départ/j., sauf dim et j. fériés, le matin vers 9h de la gare SNCF (2e départ l'ap-m sur résa seulement, min 4 pers). Retour dans la foulée.

En train

➢ ***De/vers Ajaccio ou Bastia :*** 4-5 trains/j.
➢ ***De/vers Calvi*** et ***L'Île-Rousse :*** prendre le train de Bastia, changement à Ponte-Leccia.

Adresses utiles

Office de tourisme Centru di Corsica *(plan A2) : dans la Ville Haute. ☎ 04-95-46-26-70. • corte-tourisme.com • Ouv tlj en juil-août 9h-18h ; mai-juin plus sept, lun-ven 9h-18h (j. fériés 9h30-14h30 sauf lun de Pâques et 1er mai). Idem en hiver sauf fermeture 12h-14h.* Demander le guide d'accueil *Core di Corsica,* très complet. Infos sur les visites guidées de la vieille ville.
■ ***Banques :*** *sur le cours Paoli.* Avec distributeur.
Gare ferroviaire *(plan B2) : ☎ 04-95-46-00-97.*
Hôpital Corte-Tattone *(plan B2-3) : ☎ 04-95-45-05-00.*

■ ***Centre de secours principal*** *(Groupe de secours de montagne des sapeurs-pompiers) :* *☎ 112, ou ☎ 04-95-46-04-52.*
■ ***Location de voitures :*** ***Europcar,*** *à la gare. ☎ 04-95-46-06-02.*
■ ***Petit train*** *(u trenu) :* *📱 06-09-95-70-36. Tarif : 7 € ; réduc.* Permet de grimper jusqu'à la citadelle et de faire le tour de la vieille ville (visite commentée). Départ près de la gare (à l'entrée du parking de l'hypermarché *Casino*) et de la citadelle. Durée : 30 mn. Commentaires en français et en anglais.

Où dormir ?

La ville, point de chute de nombreux randonneurs, est très visitée. Réservation vraiment conseillée.

Campings

⛺ ***Camping Alivetu*** *(plan A3,* ***11****) :* *3, fg Saint-Antoine. ☎ 04-95-46-11-09. • camping-alivetu@laposte.net • camping-alivetu.com • À 15 mn à pied du centre-ville. Mai-sept. Compter env 26 € pour 2 avec tente et voiture ; également des chalets et bungalows 2-6 pers. CB refusées.* Emplacements bien à plat, ombragés, en bord de rivière. Calme. Pour les sanitaires, c'est un peu juste en nombre. Buvette, avec TV, qui se transforme en pizzeria en saison.

⛺ ***Camping Saint-Pancrace*** *(hors plan par A1,* ***21****) :* *route de Saint-Pancrace. ☎ 04-95-46-09-22. • saint pancrace@live.fr • campingsaintpan crace.fr • ♿ À 1,5 km du centre-ville. 15 avr-30 sept. Compter env 19,50 € pour 2 avec tente et voiture. CB refusées.* Petit camping (35 emplacements ombragés), situé tout au bout d'un quartier résidentiel. Très tranquille et correctement équipé. Location de tentes possible. Fromage fermier et produits régionaux sur place (les propriétaires, agriculteurs, font leur fromage de brebis). Également des pizzas et des salades.

De bon marché à prix moyens

🏠 ***Motel A Vigna Campana*** *(hors plan par A1,* ***13****) :* *chemin de Saint-Pancrace. ☎ 04-95-46-02-19. • tcam pana@wanadoo.fr • ♿ (1 studio). À 800 m du centre-ville. En été seulement (et parfois au printemps). En venant de Bastia vers Corte, prendre le chemin sur la droite (panneau) ; c'est*

■ Adresses utiles

- ℹ Office de tourisme Centru di Corsica (A2)
- ✚ Hôpital Corte-Tattone (B2-3)

⛺ 🏠 Où dormir ?

- **11** Camping Alivetu (A3)
- **12** U Passa Tempu (A2)
- **13** Motel A Vigna Campana (hors plan par A1)
- **14** L'Albadu (hors plan par B3)
- **15** Hôtel Duc de Padoue (A1)
- **16** Hôtel du Nord (A1)
- **17** Hôtel de la Paix (A1)
- **19** Hôtel HR (B3)
- **20** Osteria de l'Orta (hors plan par A1)
- **21** Camping Saint-Pancrace (hors plan par A1)
- **22** Hôtel Si Mea (hors plan par A1)

🍽 Où manger ?

- **31** Rivière des Vins (A2)
- **32** U Museu (A2)
- **33** A Scudella (A2)
- **34** Pâtisserie Marie et Jean-Luc (A2)
- **35** A Casa di L'Orsu (A2)
- **36** Le Bip's (A2)
- **37** U Campanile (A2)
- **38** La Trattoria (A2)
- **39** Paglia Orba (A3)

🍷 Où boire un verre ?

- **50** Bar de la Haute Ville (A2)

🧺 Achats

- **51** U Granaghju, produits corses (A2)
- **52** Ghjoculi Smuntevuli ou Casa di u Legnu (A2)
- **53** L'Andatu (A1)
- **54** A Casa Curtinese, alimentation Ghionga (A2)

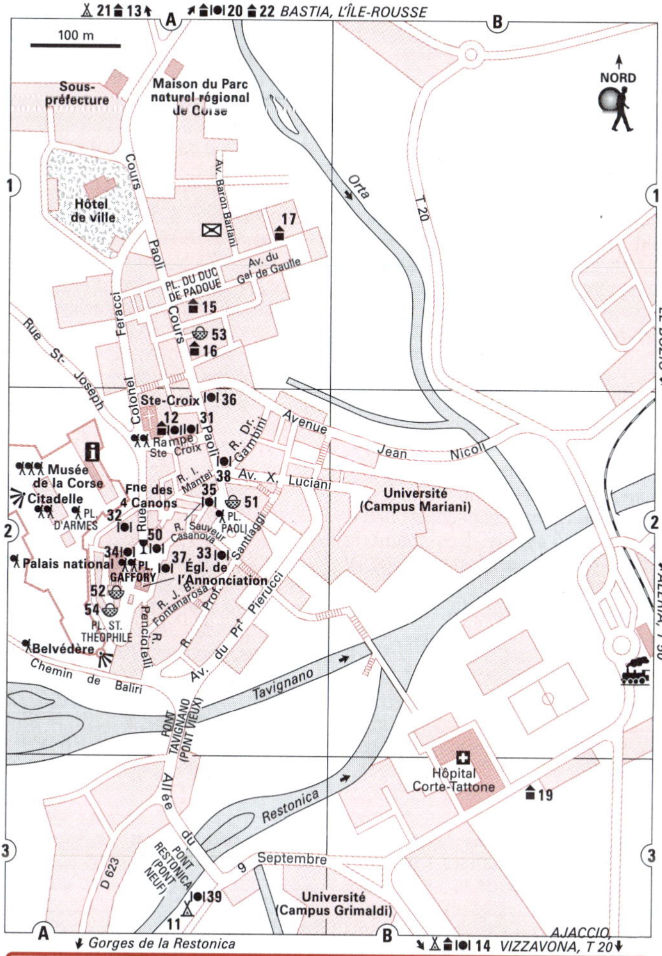

CORTE

au bout. Studios 2 pers 65-68 € la nuit (min 3 nuits demandées). CB refusées. Petit immeuble récent sur 2 niveaux, avec 8 studios (dont 1 adapté pour l'accueil de personnes handicapées). Ils sont libérés de juin à septembre par des étudiants de l'université, qui les occupent le reste de l'année. Spacieux, très propres, avec cuisinette, douche et w-c. Les studios à l'étage sont dotés d'un balcon. Un très bon plan.

L'Albadu (chambres, table d'hôtes et camping à la ferme ; hors plan par B3, **14**) **:** *route du Calvaire, sur les hauteurs, à 2,5 km au-dessus de Corte. ☎ 09-74-56-52-96. • albadu@orange.fr • hebergement-albadu.fr • Du centre, prendre la T 20 en direction d'Ajaccio, passer 2 ponts et tourner à droite juste après l'université. La route grimpe jusqu'à* L'Albadu *(fléchage). Tte l'année. En camping, compter 18 €*

pour 2 avec tente et voiture. En chambre double, ½ pens 62,50 €/pers. Pour les groupes, dortoir. Table d'hôtes 25 €. CB refusées. Digestif offert sur présentation de ce guide. Cadre rustique de ferme équestre (randos accompagnées) et de bergerie, sympa comme tout. Les chambres ont été refaites, avec une nouvelle déco. Cuisine familiale et fromages délicieux (que l'on peut acheter). Copieux menu bon marché, café et vin compris. Quelques emplacements aussi pour planter sa tente.

Hôtel de la Paix *(plan A1,* ***17****) : av. du Général-de-Gaulle. ☎ 04-95-46-06-72. • info@hoteldelapaix-corte.fr • hoteldelapaix-corte.fr • Congés : 15 j. en fin d'année. Doubles 50-80 € selon confort (lavabo, douche ou bains) et saison. CB refusées. Parking pour les motos.* Belle bâtisse rénovée, et certainement bien nommée, dans un quartier paisible mais central. Des chambres simples d'un confort correct, avec TV. Accueil aimable.

Hôtel HR *(plan B3,* ***19****) : 12, av. du 9-Septembre. ☎ 04-95-45-11-11. • hrhotelcorte@gmail.com • hotel-hr.com • Un peu excentré, mais seulement à 200 m de la gare. Juin-août (le reste de l'année, c'est une résidence étudiante). Selon saison et taille, chambres et studios 60-85 € ; également des apparts pour 4.* De l'extérieur, on a un peu l'impression d'arriver dans une HLM, mais l'hôtel dispose d'un agréable jardin sur l'arrière. Des chambres acceptables dans l'ensemble, rénovées ces dernières années. Également des studios et des appartements. Salle de gym, piscine et sauna. Plutôt une adresse de randonneurs.

Chic

U Passa Tempu *(plan A2,* ***12****) : 4, rampe Sainte-Croix. 📱 06-76-55-00-50. • upassatempu@orange.fr • Avr-oct. Doubles 59-104 € selon saison. Petit déj 9 €. Réduc de 10 % sur présentation de ce guide.* En plein centre, à l'arrière du restaurant du même nom, 5 studios récents et impeccables pour 2 à 4 personnes, climatisés, avec petite terrasse, ainsi que 2 chambres doubles. Prestations hôtelières (petit déjeuner possible). Bien pratiques, places de parking juste devant (il faut quand même descendre la rampe !). Idéal pour dormir dans le centre ancien de Corte.

Hôtel Duc de Padoue *(plan A1,* ***15****) : 2, pl. du Duc-de-Padoue. ☎ 04-95-46-01-37 et 04-95-46-03-40. • info@ducdepadoue.com • ducdepadoue.com • Doubles 76-125 € selon saison ; petit déj inclus. Réduc de 10 % sur présentation de ce guide 15 oct-15 avr.* Une dizaine de chambres totalement refaites dans une grande bâtisse ancienne, entièrement rénovée, donnant sur une grande place ombragée ; elles ouvrent sur la place ou sur l'arrière, donc calmes.

Hôtel du Nord *(plan A1,* ***16****) : 22, cours Paoli. ☎ 04-95-46-00-68. • info@hoteldunord.corsica • hoteldunord.corsica • Fermé 15 nov-fin mars. Doubles 100-120 € selon saison ; petit déj inclus.* Le plus vieil hôtel de Corte, dans une haute maison aux murs épais. Entièrement rénové. Chambres assez grandes dans l'ensemble, insonorisées, ventilées. TV satellite. Celles donnant sur l'arrière sont plus calmes.

Hôtel Si Mea *(hors plan par A1,* ***22****) : 3, av. du Pont-de l'Orta. ☎ 04-95-65-08-23. • simea3@orange.fr • hotelsimea-corte.fr • ♿ Tte l'année, sauf 23 déc-6 janv. Doubles 65-122 € selon saison et standing, petit déj non inclus.* Grande villa du début du XXe s, refaite à neuf, avec 10 chambres spacieuses (les plus chères disposent d'un balcon). Tous les avantages de l'ancien (les grandes pièces, l'impression d'aisance) avec le plaisir du moderne (le confort, avec excellente literie par exemple). Piscine. Bon petit déjeuner. Parking.

Osteria de l'Orta *(Gîtes de France ; hors plan par A1,* ***20****) : route de l'Orta, sortie nord de Corte. ☎ 04-95-61-06-41. • contacts@osteria-di-l-orta.com • osteria-di-l-orta.com • Fermé 20 déc-1er mars. Doubles 80-110 €, suites 170-210 €, petit déj inclus. ½ pens possible, sauf w-e. Menu (sur résa, lun-ven seulement) 25-35 €. CB refusées. Apéritif ou café offert sur présentation de ce guide pour un repas à la table d'hôtes.* Dans une grande demeure de famille qui se voit de loin, connue à

Corte sous le nom de *Casa Guelfucci,* 5 grandes chambres confortables (clim, double vitrage) ainsi que 2 suites. Le charme de l'ancien et du neuf réunis (l'ensemble de la maison a été récemment restauré). À la ferme-auberge, menus très copieux à base de produits naturels de l'exploitation familiale.

Où dormir dans les environs ?

Chambres d'hôtes

Chambres d'hôtes A Chjusellina : *ferme Léonelli, lieu-dit* ***Avantu,*** *à env 3 km de Corte, sur la T 50. ☎ 04-95-47-13-83. 06-22-39-73-12. • achjusellina@gmail.com • achjusellina.com • Avr-oct. Doubles 95-120 € selon saison. Table d'hôtes (sauf dim) 25 €. CB refusées.* Jean-Max et Nathalie, les propriétaires qui, par ailleurs, dirigent une exploitation agricole, ont fait construire une grande maison disposant de 5 chambres spacieuses (34 m²), certaines pouvant accueillir 3 ou 4 personnes. Excellent niveau de confort dans chacune, belles salles de bains. Piscine. Table d'hôtes qui fait la part belle aux produits de l'exploitation. Une bonne adresse.

Chambres d'hôtes La Dododela *(Gîtes de France) :* ***Francardo,*** *20236 Omessa. ☎ 04-95-61-02-67. 06-22-56-12-51. • dodolela@orange.fr • dodolela.com • De la T 20 à Francardo (à 15 km au nord-est de Corte, ne pas manquer la petite route partant à l'opposé qui mène à la propriété – c'est indiqué). Tte l'année. Chambres « classiques » 83-93 € selon saison ; cabane dans les arbres 165 € pour 2. CB refusées.* Déjà, les belles et vastes chambres à ossature bois, confortables, méritent qu'on y séjourne. Grande terrasse devant la piscine (chauffée de mai à septembre), jacuzzi (supplément). Mais pour voir la Corse d'un peu plus haut (4 m), il n'y a pas mieux que la superbe cabane dans les arbres, surplombant le Golo. Dommage, il n'y en a qu'une ! Martial, à l'origine guide de haute montagne, auteur de plusieurs livres sur les sports de pleine nature en Corse, répondra à toutes vos questions rando (et pas seulement), et Mauricette, experte en shiatsu, saura vous remettre en forme si vous avez un peu trop tiré sur la corde !

Gîte rural

Gîte de Mme Regnoult-Luciani : *à* ***Francardo.*** *Résas auprès des Gîtes de France : ☎ 04-95-10-54-30. À 12 km au nord de Corte par la T 20. Selon saison 430-615 €/sem.* Dans une maison indépendante, gîte de 81 m², pour 6 personnes. Jardin clos privé bien agréable. Lave-linge, micro-ondes, congélateur, lave-vaisselle et TV. Toutes sortes d'activités sympa dans les environs : randonnées, pêche dans le Golo, qui traverse le village, et même baignade (petite « plage » en bord de rivière à 200 m). Bon accueil.

Où manger ?

Bon marché

Pâtisserie Marie et Jean-Luc *(plan A2,* ***34****) : pl. Gaffory. ☎ 04-95-46-03-70. Tlj sauf lun en basse saison. Congés : nov-fév.* On trouve à Corte un délicieux gâteau au *brocciu,* la *falculella,* qui est présenté sur une feuille de châtaignier (qu'on ne mange pas). Cette boulangerie-pâtisserie en propose de parfaits ainsi que des *migliacci* et des *canistrelli.* Très bien pour une petite faim.

De bon marché à prix moyens

Rivière des Vins *(plan A2,* ***31****) : 5, rampe Sainte-Croix. ☎ 04-95-46-37-04. • larivieredesvins@gmail.com • Tlj sauf dim. Prévoir env 20-25 €.* Le succès de l'établissement, mérité, tient aux viandes cuites au feu de bois et aux « célèbres patatines » ainsi qu'à son plateau gourmand (avec figatellu, omelette, fromages, fruits de saison). Accueil sympathique et sans façons. Terrasse et salle : même si l'établissement a été agrandi, il est prudent de réserver le soir, y en n'aura pas pour tout le monde !

A Casa di L'Orsu (plan A2, **35**) : *4, rue Mgr-Sauveur-Casanova. 06-21-55-80-31. • audrixid@hotmail.com • Ouv avr-sept. Menus 19 et 21 € ; plats 10-25 €. CB refusées. Digestif offert sur présentation de ce guide.* Sur le chemin (pentu) de la citadelle, une halte bienvenue offrant une large terrasse. Le chef, un Breton qui apporte aux classiques corses sa touche personnelle (le beurre au caramel salé !), concocte des petits plats sympathiques et goûteux, à prix serrés. Menu végétarien. Bon accueil familial.

U Museu (plan A2, **32**) : *1, rampe Ribanelle. ☎ 04-95-61-08-36. • restaurant-umuseu@gmail.com • Fermé lun en avr-juin ainsi que lun midi en hte saison. Fermé oct-mars. Menu 21 €, plats 13-22 €. CB refusées. Digestif offert sur présentation de ce guide.* Agréable terrasse abritée par 2 chapiteaux ronds, genre tonnelles. Carte très riche. Bonne cuisine copieuse dans un resto qui ne manque pas de charme. Médaillon de sanglier aux marrons et aux pruneaux, tripes de veau à la cortenaise... excellent civet de sanglier au myrte et délice aux châtaignes... délicieux.

U Campanile (plan A2, **37**) : *pl. Gaffory. 06-25-78-12-49. • resto.ucampanile@gmail.com • De mi-avr à mi-sept, tlj midi et soir, sauf mar soir-mer en basse saison. Formule à midi en sem 14 €, menu 23 € ; carte 30-38 €. Digestif offert sur présentation de ce guide.* Ce restaurant situé au cœur de la Ville Haute se distingue par ses produits frais bien mis en valeur. Spécialités corses mais aussi quelques plats plus originaux que la moyenne sans oublier des desserts préparés avec talent. Une adresse conviviale qui offre un très bon rapport qualité-prix.

La Trattoria (plan A2, **38**) : *6, cours Paoli. ☎ 04-95-54-02-48. • thomas.romeyer@wanadoo.fr • Tlj sauf dim. Formule déj 17,50 €, menu 21 € ; assiettes du chef 15-21 €.* Au début du cours Paoli, une petite adresse qui séduit par la qualité de son accueil. Un menu très abordable et des salades abordant divers horizons, histoire de ne pas rester dans le corso-corse, sans oublier les excellentes assiettes du chef. Remarquable rapport qualité-prix. Équipe jeune et sympathique.

Paglia Orba (plan A3, **39**) : *5, fg Saint-Antoine. ☎ 04-95-34-47-21. • pagliaorba2@gmail.com • Tlj sauf dim. Plats 14-23 € ; pizzas 9-12,50 €.* Ce resto est situé à côté du cinéma, juste avant le camping *Alivetu*. On choisit sur l'ardoise : gratin d'aubergines, courgettes farcies, civet de sanglier ou simplement une pizza. Mention spéciale aux desserts, dont le gratin de fruits au sabayon. Excellent accueil.

A Scudella (plan A2, **33**) : *4, pl. Paoli. ☎ 04-95-46-25-31. • restaurant.ascudella@orange.fr • Tlj sauf dim. Congés : 20 déc-20 janv. Formule 16,50 € à midi, et menus 20-27 €. Café offert sur présentation de ce guide.* En terrasse sur la petite et circulaire place Paoli ou dans la salle voûtée (où l'on peut voir les cuisines et le patron-cuistot, Hervé, travailler avec cœur), on trouve ici de quoi se restaurer agréablement. Honnête menu corse, et des plats de saison (agneau de lait en hiver, ou mignon de porc aux figues en saison, par exemple) ou, moins commun en Corse, du magret de canard aux fruits rouges, que les Cortenais apprécient. Service efficace, prix doux et propreté nickel.

U Passa Tempu (plan A2, **12**) : *rampe Sainte-Croix. 06-13-06-81-14. Tlj mars-nov. Menu 18 €, plats 12-21 €.* Terrasse aérée au milieu de la rampe Sainte-Croix, sous la chapelle, et belle salle voûtée pour les début et fin de saison. Dans l'assiette, beignets, truite grillée, fiadone... du classique, du solide.

De prix moyens à chic

Le Bip's (plan A2, **36**) : *14, cours Paoli (entrée par une ruelle, puis c'est à droite). ☎ 04-95-44-04-48. • restolebips@gmail.com • Tte l'année.*

Fermé lun en basse saison. Menu env 19 € ; plats 12-28 €. Une adresse qui fait l'unanimité tant pour la qualité de l'accueil de sa jeune équipe que pour celle de la cuisine. Hors saison, on mange dans une belle salle, qu'on ne devinerait pas de l'extérieur, ou en terrasse, sur l'esplanade, un peu nue, du parking Tuffelli, mais les jeux pour enfants sont une aubaine pour les familles. La carte se répartit entre plats « pieds dans l'eau » et « pieds dans l'herbe ». Dans tous les cas, une cuisine goûteuse vous sera servie. Et, pour finir en beauté, beau choix de desserts.

Où manger dans les environs ?

Ne pas oublier les adresses de la vallée de la Restonica, à 2 km du centre. Si vous rayonnez plus loin, voici encore ces adresses :

Restaurant Chez Jacqueline : *à* ***Pont-de-Castirla,*** *20218 Ponte-Leccia. ☎ 04-95-47-42-04. À 14 km au nord de Corte, ne pas prendre la route de Ponte-Leccia mais celle de la Scala di Santa Regina (D 18). En saison, midi et soir ; en moyenne saison, midi seulement ; en hiver, dim midi seulement. Congés : fév. Compter env 35 €. CB refusées.* Ce resto-bistrot est l'une des bonnes tables du Cortenais. Menu unique, généreux, proposant de la charcuterie du Niolo (copieuse et délicieuse), des beignets farcis au *brocciu,* des lasagnes, du veau du pays et flan pour terminer... Terrasse ombragée par une vigne vierge et petites salles rustiques.

U Passu : *à* ***Soveria.*** *06-78-89-43-78. Mai-début sept. À 6 km au nord de Corte, sur la T 20. Pizzas 10-13 €, viandes 15-22 €. CB refusées.* Le type même de petite affaire familiale qui a grandi autour d'un concept simple mais efficace : produits locaux (en particulier le veau de la ferme), pizzas au feu de bois, un accueil souriant, le tout autour d'une piscine invitante (penser au maillot de bain !). Et ça marche !

Où boire un verre ?

Bar de la Haute Ville *(plan A2,* ***50*****) :** *sur la pl. Gaffory. ☎ 04-95-61-06-20. Fermé nov-mars.* On aime bien le *BHV,* cette étroite terrasse prisée par les Cortenais qui viennent y prendre un apéro bien mérité, et les *pinzuti* (les continentaux) qui le méritent bien aussi, allez ! Sandwichs (copieux) à partir de Pâques. *Happy hour* de 18h à 19h. Concert 1 fois par semaine en juillet-août.

Achats

A Casa Curtinese, alimentation Ghionga *(plan A2,* ***54*****) :** *rue du Vieux-Marché, dans la Ville Haute, à 2 pas de la pl. Gaffory. Tlj.* Une boutique à l'ancienne, débordant de bons produits – confitures, liqueurs, miel, charcuteries qui pendent du comptoir. Le patron est adorable, très doux, et saura vous aiguiller sur ce que vous recherchez.

U Granaghju, produits corses *(plan A2,* ***51*****) :** *2, cours Paoli. ☎ 04-95-46-20-28.* Liqueurs, vins et miel... On peut goûter à certaines liqueurs avant l'achat (dans la pièce du fond), avec de petites cuillères.

Ghjoculi Smuntevuli ou Casa di u Legnu *(plan A2,* ***52*****) :** *2, rue du Vieux-Marché. ☎ 04-95-47-05-52.* Monsieur fabrique des jouets et de superbes objets en bois d'olivier, madame tisse des écharpes, des étoles en laine corse, fait de la vannerie, et on peut voir et acheter tout ça dans leur boutique.

L'Andatu *(plan A1,* ***53*****) :** *dans l'impasse qui descend du 26, cours Paoli. ☎ 04-95-46-11-98. Tte l'année, tlj sauf dim ap-m.* Bonne charcuterie et bons fromages.

À voir

La Ville Haute et la citadelle se visitent à pied (d'ailleurs, les voitures n'y ont pas accès). Y monter tôt le matin ou en fin d'après-midi, vous l'aurez compris...

– ***Visites guidées de la ville (Girandulella)** : avec **Cécile Liberatore Ruggeri**, 06-16-47-85-07, ● cecile.liberatore@wanadoo.fr ● ; ou **Joritz Larraza**, 06-73-93-07-06, ● joritz.larraza@gmail.com ● Compter 10 €/pers (tarif de base).* Départs de l'office du tourisme.

***La place Paoli** (plan A2) : tt à fait au bout du cours Paoli.* Trait d'union entre la Ville Basse et la Ville Haute, point de départ de la balade. Au centre de la place, la statue en bronze de Paoli, le « héros » de la nation corse. Prendre la rue Scoliscia, bordée de hautes et vieilles maisons agrippées à la pente.

***La place Gaffory** (plan A2)* **:** au cœur de la Ville Haute, avec une statue de Gaffory (1704-1753), « chef suprême des Corses », en son centre. Sur les côtés de la place se dresse l'*église de l'Annonciation* (1450), coiffée d'un campanile. C'est le plus vieux monument de Corte (avec une partie de la citadelle).

UNE FEMME UN PEU ALLUMÉE !

On peut voir, sur la façade de la maison du général Gaffory, les impacts des balles tirées par les Génois qui l'assiégèrent un jour de 1746. La femme de Gaffory, Faustine, entourée d'une poignée de patriotes, refusa de se rendre aux Génois : on dit que, pour convaincre ses compagnons de ne pas capituler, elle approcha une mèche allumée d'un baril de poudre... et ralluma ainsi leur détermination vacillante.

***Le Palais national** (plan A2) : grande bâtisse située derrière la pl. Gaffory, en allant vers la pl. du Poilu.* Le bâtiment abrita, entre 1755 et 1769, le 1er gouvernement de Corse institué par Pasquale Paoli qui y installa la 1re université de Corse (1765-1769). Paoli lui-même en fit sa résidence. Sa chambre était à l'est du 1er étage de la façade sud, son bureau et sa bibliothèque au centre, et la chapelle à l'ouest. Aujourd'hui restauré, le Palais national abrite les bureaux de la présidence de l'université de Corte (juste retour de l'histoire !).

***La place d'Armes** (plan A2)* **:** toute petite place marquant l'entrée de la citadelle. Au nº 1, remarquer la maison natale du général Arrighi de Casanova (1778), plus connu comme duc de Padoue et apparenté à Napoléon par sa mère, qui était la cousine germaine de Laetizia Ramolino. Avec de pareils liens familiaux, il ne pouvait qu'avoir une brillante carrière militaire (campagne d'Égypte, Austerlitz, Wagram...). Charles-Marie Bonaparte, le père de l'Empereur, séjourna dans cette maison en 1768 jusqu'à la naissance de Joseph, le fils aîné.

***La citadelle** (plan A2)* **:** perchée sur un piton rocheux, elle offre de très beaux points de vue sur les gorges du Tavignano et les montagnes du Cortenais. Construite à la fin du XVe s, remaniée à diverses époques, occupée en 1962 par la Légion étrangère jusqu'en 1983, c'est aujourd'hui un espace artistique et culturel, abritant le Fonds régional d'art contemporain (FRAC), ainsi que le musée de la Corse et une phonothèque. On en fait le tour par le chemin de ronde en même temps dans le cadre de la visite le musée, avant ou après (pas d'autre accès ; attention, l'accès à la citadelle ferme 1h plus tôt que le musée).

***Le musée de la Corse Jean-Charles-Colonna** (Museu di a Corsica ; plan A2) : à la citadelle. ☎ 04-95-45-25-45. ● musee-corse.com ● Avr-oct, tlj sauf lun et 1er mai 10h-18h ; nov-mars, tlj sauf dim-lun et j. fériés (et 24 déc) 10h-17h.*

LA CORSE INTÉRIEURE

Fermé 31 déc-14 janv. Entrée : 5,50 € (expo permanente + expo temporaire) ; réduc. Expo permanente seule : 4 €. Audioguide : 2 €. Possibilité de visites guidées en juil-août sur résa.
Il était bien normal de choisir Corte, la capitale de Pasquale Paoli, centre géographique et historique de l'île, pour abriter ce musée de la Corse. L'architecte piémontais Andrea Bruno a joliment conçu ce bâtiment en verre, béton et acier, parfaitement intégré à la citadelle et comme serti dans les fortifications.
À l'intérieur, sur 2 niveaux (ascenseur), 2 galeries de 600 m² chacune, lumineuses.
– *1er niveau :* exposition d'une bonne part des collections (3 000 objets !) de l'abbé Doazan, que ce père professeur de sciences naturelles a réunies de 1951 à 1978. Présentation claire et intéressante dans des vitrines thématiques. Petite section numismatique. Nombreux témoignages d'une vie rurale aujourd'hui révolue : métiers à tisser, récipient en bois de roseau utilisé pour la confection du *brocciu,* blague à tabac en peau de chat, bâton de berger ou encore curieuse omoplate de mouton dans laquelle le berger lisait l'avenir : chaque zone de l'os correspondait à un domaine de la vie du berger ! Espace du berger, justement, livrant des explications sur la transhumance. Quelques documents de voyageurs du XIXe s, comme ces photos faites par le prince Roland Bonaparte. Avant de quitter le 1er niveau, des extraits des 64 cahiers du père Doazan.
– *2e niveau :* la galerie supérieure est celle du « Musée en train de se faire ». Un peu ronflant comme nom : la 1re salle est d'ailleurs consacrée à vous expliquer de quoi il s'agit : on ne veut pas que ce musée ne soit qu'un sanctuaire, un truc poussiéreux, non, on veut qu'il soit animé et reflète la vraie vie corse. Salles consacrées à l'industrialisation (ou plutôt aux tentatives, les hauts-fourneaux ayant fermé 50 ans après leur création) avec de curieuses poteries « amiantées », à l'histoire du tourisme (belles affiches anciennes), aux confréries et à leur renouveau dans les années 1950-1960.
– Expos temporaires généralement très intéressantes.

Le point de vue du Belvédère *(plan A2)* **:** par une rampe qui longe la citadelle vers l'ouest, on arrive au bord du piton rocheux qui surplombe les vallées de la Restonica et du Tavignano. Superbe !

La rampe Sainte-Croix *(plan A2)* **:** *entre la rue du Colonel-Feracci et le cours Paoli.* Une fontaine, des maisons altières et patinées, et de belles marches montant vers la chapelle Sainte-Croix (XVIIe s), dont l'intérieur abrite des orgues à l'italienne, un beau retable baroque et quelques restes de fresques. C'est d'ici que part, le soir de chaque Jeudi saint, la fameuse et très ancienne procession de la *Granitula* (avec des pénitents).

Quartier des 4 fontaines *(plan A2)* **:** autour de l'imposante fontaine « militaire », de type pyramidale, avec 4 canons. Construite par les Français vers 1780. Ombre d'un très beau platane et café-resto.

LA CORSE INTÉRIEURE

Randonnées pédestres

Corte est située dans une région fantastique pour la randonnée. La traversée ***Mare a Mare Nord de Moriani-Plage à Cargèse*** se fait sur 8 à 12 jours et passe par Corte.

➢ Départ à Moriani-Plage (se reporter à cette ville), puis une étape à Santa-Reparata-di-Moriani au gîte *Luna Piena* (*06-09-99-64-35*), Valle d'Alesani et son gîte communal (*06-23-74-34-38*), Pianello (gîte d'étape : *06-67-22-49-33*) et, enfin, Sermano (4h50) dans les montagnes du Bozio.

Gîte San Fiurenzu : *à* ***Sermano.*** ☎ *04-95-48-68-08.* Voir plus loin « Le Bozio ».

L'étape suivante est le ***Refuge A Sega*** : *le long du Tavignano, à 1 166 m d'altitude et à 5h de marche de*

Corte. Résas auprès du parc régional de Corse : • pnr.corsica • Compter 7 €/pers en bivouac et 14 €/pers en refuge. Aire de bivouac aménagée et coin cuisine. Capacité de 36 lits. Sommaire.

Un autre **gîte** à ***Albertacce*** *(☎ 04-95-48-05-60).* Voir plus haut « Calacuccia et le Niolo ». On passe par *Sidossi* après 3h30 de marche.

➢ Ensuite, c'est le col de Vergio (en 4h), où l'on croise le GR 20, et où l'on a le choix entre continuer par Évisa (en 6h30) sur Cargèse, ou partir sur Calenzana et de là arriver à Calvi (on rejoint l'itinéraire Mare e Monti ; voir « Dans les environs de Calenzana »).

Les gorges du Tavignano *(Tavignanu)* **:** un sentier balisé (départ rue du Colonel-Feracci, près de la citadelle) remonte toute cette vallée sauvage. En 2h-2h30 on atteint la *passerelle de Rossolino* (vasques superbes de part et d'autre de cette passerelle en dur où le chemin passe en rive droite du Tavignano) et 2h30-3h plus tard le *Refuge A Sega.* Si l'on choisit d'y dormir le lendemain, retour par le plateau et les bergeries d'Alzu (2h de marche), et descente par la vallée de la Restonica (compter 3h jusqu'à Corte). L'itinéraire complet, sur 2 journées donc, constitue la « boucle des 2 vallées » (brochure à l'office de tourisme de Corte).

LA VALLÉE DE LA RESTONICA (A RESTONICA)

(20250 ; commune de Corte)

Cette vallée, tellement belle et si fragile, a été classée Grand Site national, et les aménagements s'y poursuivent. En plein cœur de la Corse, la Restonica naît à 1 711 m d'altitude au lac de Melo, dans le massif du Rotondo. Puis, devenue un fougueux torrent de montagne, elle caracole joyeusement au pied des forêts sur une grosse quinzaine de kilomètres jusqu'à Corte, zigzaguant entre de gros rochers chauffés par le soleil, formant une ribambelle de piscines naturelles où l'on peut se baigner en été (un grand moment de volupté aquatique !) et offrant des points de vue d'une intrigante beauté. Bref, l'une des 7 merveilles de l'île de Beauté !

– **ATTENTION !** Accès interdit aux gorges pour les camping-cars et caravanes au-delà du *Camping de Tuani,* et stationnement interdit en dehors des espaces aménagés (route très étroite). Respectez strictement ces consignes, garantes de la sécurité de chacun et de la protection de ce site unique. Cette étroite RD 623 souffre d'ailleurs pendant l'hiver (elle est fermée de novembre à mars). Le parking des bergeries de Grotelle, en bout de vallée, est payant *(6 €/voiture et 3 €/moto).* Ce parking, dans le cadre de l'OGS (Opération Grand Site) Restonica, sera supprimé (et, une fois revégétalisé, rendu à la nature) et remplacé par celui de Lamaghjosu. *Rens juin-sept, point info de la Restonica (situé entre l'hôtel* L'Arena *et le* Camping *de Tuani).*

– ***Conseil pratique pour apprécier au mieux les gorges :*** en plein été, il y a beaucoup de monde dans les gorges, et les embouteillages sont monnaie courante. La solution consiste à y passer 1 nuit ou 2 (réserver bien à l'avance), puis à partir à la découverte du torrent et des montagnes à pied, de très bonne heure (6-7h), et à emporter le casse-croûte. Moments magiques en perspective. Époque idéale : juin et septembre, évidemment.

➢ ***De Corte aux bergeries de Grotelle*** (le terminus) ***:*** 15 km par une route magnifique mais étroite. Circulation limitée en saison. Attention aux vaches et aux cochons sauvages ! À la bergerie, possibilité d'acheter directement aux bergers d'excellents produits (fromages, confitures et parfois charcuterie artisanale). Ce sont des bergeries de Grotelle que partent les coureurs du *Grand Raid Interlacs,* qui passent ensuite par 7 lacs d'altitude avant de revenir à Grotelle.

Info utile

■ ***Autocars Cortenais :*** *06-20-17-17-55. Assurent la liaison en minibus entre le point info et les bergeries de Grotelle. Service de navette assuré en principe en août, 4 fois/j. (départs le mat 8h-12h, retour l'ap-m 13h30-17h30) ainsi qu'en sept (1 seul départ). Tarif : env 5 €. Attention, horaires et fréquences peuvent changer chaque année.* Pratique pour les randonneurs qui veulent aller aux lacs et n'ont pas de voiture, sauf que de Corte au point de départ de la navette, rien n'a été prévu (3 km de marche !). Attention, ce dispositif, dépendant d'une subvention de la mairie de Corte, peut ne pas être reconduit d'une année sur l'autre, et les horaires peuvent varier. Les *Autocars Cortenais* proposent également, de mi-juin à septembre, une navette passant par les campings et hôtels de la ville (départ à 8h30 – itinéraire variable, dépendant des résas) (retour l'après-midi). *Tarif : 15 € l'A/R (oui, quand même !). Inscriptions la veille (jusqu'à 21h).*

Où dormir ? Où manger ?

Camping

Camping de Tuani : *dans les gorges de la Restonica, 3 km après Le Refuge. ☎ 04-95-46-11-65 (camping) ; 04-95-46-19-62 (restaurant). • jeannine.marietti@orange.fr • camping-corte.com • Avr-fin sept. Compter env 25 € pour 2. Repas 15-25 €. CB refusées.* Site sauvage. À 7h du mat, votre voisin d'en face vous réveille ; c'est la cigale de service qui fait commencer le concert de la journée. Au bord de la rivière, la plupart des espaces sont en espaliers, ce qui n'empêche pas l'impression d'entassement en août. Restauration dans un chalet de rondins avec une terrasse abritée donnant sur la rivière. Bonnes *bruschette,* grillades, pizzas au feu de bois et tartes maison.

De prix moyens à plus chic

Hôtel L'Arena – Le Refuge : *dans les gorges de la Restonica, à 2 km de Corte. ☎ 04-95-46-09-13. • contact@hotel-arena-lerefuge.com • hotel-arena-lerefuge.com • Doubles 75-120 €.* Bel hôtel de montagne en contrebas de la route, avec des chambres ouvrant directement sur la rivière et avec solarium. Chambres climatisées. À côté, une grande terrasse couverte pour prendre le petit déj. C'est simple, propre et accueillant.

Restaurant Au Relais des Lacs *(chez César)* ***:*** *au pont de Tragone, presque au bout des gorges de la Restonica, 20250 Corte. ☎ 04-95-46-14-50. 06-86-06-51-71. • chezcesar@aliceadsl.fr • À 10 km de Corte. 15 avr-fin sept. Plat du jour 15 €, vin compris ; menu env 25 €. CB refusées.* Dans un site superbe, en pleine forêt, une maison genre chalet où il est très agréable de déjeuner en été à l'ombre des pins, tandis que la rivière gronde à quelques mètres des tables. Intérieur rustique et chaleureux. Cuisine copieuse à base de grillades au feu de bois.

L'Auberge de la Restonica : *à 1,5 km de Corte, sur la route des gorges de la Restonica. ☎ 04-95-46-09-58. • restaurant@aubergerestonica.com • Avr-oct (et hors saison pour les groupes de 10 pers min). En juil-août service seulement le midi. Plats 15-28 €.* Le long de la rivière. Dans une grande maison ancienne en pierre, salon avec cheminée. Cuisine corse. Jardin agréable, resto avec terrasse couverte et belle piscine. Accueil chaleureux.

Randonnées pédestres

Bureau d'information : *petite guérite en bois 1 km après l'*Hôtel L'Arena – Le Refuge. *En saison, tlj 9h-12h, 13h-16h30.*

***Les lacs de Melo** (Melu) **et de Capitello** (Capittellu) :* aller-retour en 2h (lac de Melo) ou en 3h30 (lac de Capitello). Ces durées sont valables pour de bons marcheurs. Partir de bonne heure, bien équipé. Le terminus de la bergerie de Grotelle, au bout de la route de la Restonica, est le point de départ de plusieurs excursions parcourant la série de vallons du principal massif lacustre de Corse. Le fond de la vallée est d'ailleurs dominé par la *pointe des Sept-Lacs,* ainsi nommée car on peut y admirer (allez le vérifier, ce sommet qui domine le lac de Capitello ne présente guère de difficultés techniques en été !) autant de pièces d'eau claire, ayant pour noms Goria, Nino, Melo, Capitello... Ces 2 derniers lacs sont les plus visités. Attention : prévoir une petite laine et un vêtement de pluie, il fait souvent froid et humide là-haut. Prévoir également de bonnes chaussures. Enfin, contrairement à ce que l'on croit parfois, les randonnées vers ces lacs ne sont pas « familiales » : ne pas s'y engager avec des enfants.
– Le 1er, *Melo* (1 711 m), est à 1h15 de marche du parking et il est aussi simple de suivre la cohorte des touristes que de repérer les balises qui jalonnent cette montée. Attention toutefois, dans le verrou rocheux situé juste sous le lac, le terrain accidenté a nécessité l'installation de câbles de progression et de sécurité qui donnent lieu, à la belle saison, à des embouteillages cocasses ! Passer sur les côtés, c'est aussi facile et surtout plus rapide !
– Le 2d lac, *Capitello* (1 930 m), est plus spectaculaire, surtout vers la fin du printemps, quand le lac et les sommets environnants sont encore pris sous la neige (le lac est d'ailleurs lui-même gelé 8 mois par an). D'imposantes murailles plongent littéralement dans l'eau ! Là encore, l'accès est rapide (45 mn de Melo à Capitello), même s'il y a des passages plus difficiles s'apparentant à de l'escalade (prévoir donc une descente plus périlleuse).

LE BOZIO (BOZIU)

Une microrégion totalement enclavée, un peu oubliée (plus une seule école, les enfants sont quotidiennement emmenés à Corte dès la maternelle !). Région relativement boisée en son centre (hêtres et châtaigniers, à l'est, le Bozio jouxte la Castagniccia), beaucoup plus pauvre en végétation du côté d'Erbajolo, au sud. Outre le plaisir de la rando, le Bozio offre au visiteur quelques jolis villages et de belles chapelles romanes (à Sermano, Favallelo et Cambia).

Où dormir ? Où manger ?

Bon marché

Gîte San Fiurenzu :** à **Sermano. *06-13-17-84-94. • guidicellisandrine@yahoo.fr • Sur les hauteurs du village. 1er avr-fin oct. Pizzeria 1er juil-31 août. ½ pens (obligatoire sauf jusqu'à la fermeture du resto) 48 €/pers. Au resto, menu 25 €. CB refusées. Digestif offert sur présentation de ce guide.* 3 chambres de 4 lits superposés. Très agréable. Et en plus on y mange bien (ouvert le soir seulement).

Prix moyens

Chambres d'hôtes A Casa Aperta (Gîtes de France) **:** *à Feo,* ***Favallelo-di-Bozio.*** *☎ 04-95-61-09-21. 06-80-58-31-50. • contact@a-casa-aperta.*

com • a-casa-aperta.com • Quand on vient de Corte, juste après la bifurcation pour Castellare-di-Mercurio (ne pas aller à Favallelo). Fermé 15 oct-31 mars. Compter 82 € pour 2, petit déj compris. CB refusées. Dans une maison moderne, 5 chambres agréables de plain-pied ou au 1er étage. Excellent accueil d'Isabelle, qui vous fait vous sentir comme à la maison. Agréable piscine pour se relaxer après la rando. Très bon petit déjeuner. Accès rapide à Corte.

Chambres d'hôtes Alando *(chez Marie-Laure Tauziat ; Gîtes de France)* **:** *dans le centre du tt petit village d'***Alando.** *☎ 04-95-48-64-21. 📱 06-38-49-53-49. • ml.tauziat@orange.fr • Tte l'année. Doubles 82 €, petit déj compris. Table d'hôtes 25 €. CB refusées. Apéritif offert sur présentation de ce guide.* 4 chambres (dont 1 en duplex) dans une maison moderne, face au couvent d'Alando. Excellent niveau de confort, déco sympa et, cerise sur le gâteau, calme absolu pour recharger ses batteries. Remarquable accueil de Marie-Laure, très à l'écoute de ses hôtes. Table d'hôtes unanimement appréciée. Une halte très agréable dans cette microrégion encore trop peu connue.

U Fragnu : *Alando, juste en face des chambres d'hôtes et à côté du couvent. ☎ 04-95-48-68-39. 📱 06-12-23-76-11. En principe ouv à l'année et tlj, mais toujours téléphoner. Menu « spuntinu » 24 €, menu « traditionnel » 32 €. CB refusées.* Dans cet ancien moulin à huile vous attend une cuisine familiale et traditionnelle, comme de juste dans un village aussi authentique. Du fait maison, le patron, éleveur bovin et porcin, assure côté viandes, et son frère fait d'excellents fromages. Belle vue sur les villages et la vallée depuis la terrasse couverte.

Balades

Le Bozio se trouve sur le tracé du Mare a Mare Nord (Moriani-Cargèse), et les randonneurs parcourant ce sentier traverseront donc la microrégion. On peut n'en faire qu'un petit tronçon, notamment la partie ***Alando-Sermano*** (passant par la célèbre chapelle, voir plus loin) – ***Castellare-di-Mercurio.***

Ceux qui sont en 2 ou 4-roues arrivent en général de Corte : boucle à la journée (ou même à la ½ journée) en passant par la D 41 qui mène à *Castellare-di-Mercurio* (village-promontoire au bout de la route). On continue par ***Sermano,*** à 3 km. Ce village a été le berceau de la ***paghjella*** (chant polyphonique sur des textes de poésie profane). L'un des musiciens les plus réputés de Corse, *Petru Guelfucci,* y habite. À l'écart du village, à 15 mn de marche, belle *chapelle San Nicolao,* récemment restaurée et entourée de cyprès *(demander la clé au village, au bureau de poste – lun-ven 9h-11h30, et sam 8h30-10h30 – ou à l'église paroissiale).* Magnifiques fresques (classées) réalisées entre 1450 et 1458. Retour sur la route, toujours aussi étroite vers Bustanicu, puis D 39 vers ***Sant'Andrea-di-Bozio*** : *couvent du Boziu,* au croisement de la D 15 et de la D 39, à l'abandon comme tant d'anciens bâtiments conventuels en Corse... On arrive ensuite à *Poggio,* l'un des hameaux de Sant'Andrea-di-Bozio, juste avant *Piedilacorte* et sa « cathédrale », dont le campanile élancé est visible de loin. Les autres hameaux du village, *Rebbia* et *Arbitro,* sont très proches. Retour sur *Favallelo* ou détour par ***Alando,*** où une statue monumentale rend hommage à Sambuccuciu, le « Père de la terre du Commun » qui, dit-on, déclencha une révolte antinobiliaire en 1358. Possibilité d'allonger la balade en descendant sur ***Erbajolo,*** un village qu'on atteint au bout d'une longue route traversant un paysage à la végétation rase. Joli point de vue depuis l'*église Saint-Christophe,* d'où part un sentier de 6 km, sans difficulté, pour découvrir le patrimoine du village. D'Erbajolo, pour rejoindre Corte, passer par *Altiani* ou, si l'on quitte la région pour rejoindre la côte, passer par ***Piedicorte-di-Gaggio*** et jeter un coup d'œil à l'étonnant campanile de l'église. Y est représenté un combat d'animaux inquiétants (monstre ailé, griffon et loups). Puis on rejoint *Pancheraccia* et, de là, la T 50.

LA VALLÉE DE L'ASCO (ASCU)

Elle est réputée comme l'une des plus belles vallées de Corse . Dès que l'on quitte la plaine aride de Moltifao et ses rares bosquets de chênes verts, on remonte dans un paysage tourmenté de gorges superbement colorées, sur 5 km environ. Plus haut se niche le seul village de la vallée, Asco, coincé entre la *Dent d'Asco* – l'une des aiguilles de Popolasca – et les territoires à mouflons du protecteur et paternel *monte Padro.* Un boisement séculaire, immense et pratiquement pur, de genévriers oxycèdres donne aux abords de ce village isolé un faux air désertique, et au miel produit localement (nombreuses ruches sur les pentes) sa saveur réputée dans toute la Corse. Enfin, on entre dans la vallée du haut Asco, la route change de rive et chemine pour finir à l'ombre des pins laricio. On atteint alors la station de ski, terminus de la route. Pas mal d'espèces rares crèchent dans le coin : outre le mouflon, des amphibiens comme le discoglosse ou la salamandre de Corse, 5 variétés de chauves-souris, la sittelle et, bien entendu, des rapaces. Tout au long de la vallée, par endroits, accès possibles à la rivière et plans baignade (eau bien fraîche !).

MIEUX VAUT TARD QUE JAMAIS

Il y a de quoi être surpris : ce n'est qu'en mars 2019 que l'emblématique mouflon corse (a muvra) *a été supprimé des « espèces chassables ». Quasi disparu vers 1950, il avait pourtant été réintroduit à Asco et dans le massif de Bavella mais pendant des dizaines d'années il n'a tout simplement pas été protégé dans le droit français... alors qu'il l'était dans le droit européen ! Allez donc y comprendre quelque chose...*

➢ Si l'on arrive à Ponte-Leccia en train entre (en principe) mi-mai et mi-oct, un bus monte dans la vallée *(vers 8h et 12h, retours à 9h et 14h).* Dessert Asco et le haut Asco, jusqu'à l'hôtel *Le Chalet.* Infos auprès de la compagnie ***Corsica Giru*** ***(Autocars Grisoni** ; ☎ 04-95-38-25-13. 📱 06-03-61-40-14 ; ● corsica-giru@bbox.fr ●).*

Adresse utile

🅸 ***Office de Tourisme de la communauté de communes Pasquale-Paoli :*** *pl. de la Gare, 20218 Ponte-Leccia. ☎ 04-95-30-66-32. ● tourisme-pasqualepaoli.corsica ● 15 juin-15 sept, lun-sam 9h-18h et dim 9h-13h ; le reste de l'année, lun-ven 9h-12h, 13h-17h.* Bonne documentation sur un territoire qui couvre en fait une quarantaine de communes, soit l'ouest de la Castagniccia, le Bozio, l'Asco et le Niolu.

Où dormir ? Où manger ?

Campings

⛺ ***Camping E Canicce : Moltifao.*** *☎ 04-95-35-16-75. ● ecanicce@gmail.com ● ecanicce.corsica ● Juste après l'embranchement pour Moltifao, sur la D 47 (route d'Asco). Fermé déc. Forfait 2 pers 22-25 € ; mobile homes 4-6 pers (possible à la nuitée sauf juil-août) et maisons en pierre. CB refusées. 25 empl.* Camping tout simple en bord de rivière, offrant de grands emplacements à l'ombre de vieux chênes verts. Snack et piscine. Une adresse tranquille.

⛺ ***Aire naturelle de camping Cabanella :*** *route de l'Asco, 20218* ***Moltifao.***

LA CORSE INTÉRIEURE

07-81-94-24-61. • camping.cabanella@gmail.com • camping-cabanella.com • À 7 km à l'ouest de Ponte-Leccia. Pâques-sept. Compter env 17 € pour 2 avec tente et voiture ; mobile homes 310-550 €/sem. CB refusées. 18 empl. Aire naturelle de camping en bord de torrent, bien ombragée, calme et propre. Petite buvette couleur locale, on est peinard.

***Camping A Tizarella :** 20218 **Moltifao.** ☎ 04-95-47-83-92. • franceschetti.pierre-marie@orange.fr • camping-tizarella.com • 500 m plus haut que le camping Cabanella, face au Village des Tortues. Mai-sept. Compter 19-21 € pour 2 avec tente et voiture. CB refusées.* Petit camping ombragé, plus grand que le camping *Cabanella,* mais moins proche de la rivière. Équipement minimal mais correct (sanitaires récents). Piscine. Possibilité de manger sur place (pizzas, grillades au feu de bois).

***Camping Monte Cintu :** forêt du haut Asco, 11 km plus haut qu'Asco. ☎ 04-95-47-86-08. • campingmontecinto.asco@neuf.fr • campingmontecinto-asco.com • Mai-oct. Compter 16,50 € pour 2. CB refusées.* Camping proposant beaucoup d'espace sous les pins, en bordure de route et de rivière. Un site agréable, pas d'emplacements délimités. Location de caravanes. Petite restauration bon marché.

Prix moyens

***La Ventulella :** route du couvent, 20218 **Moltifao.** ☎ 04-95-35-36-65. 06-71-93-27-62. • bietry.anais@orange.fr • ventulella.com • Traverser Moltifao, c'est à env 800 m après le village, sur la route du couvent. Tte l'année, sauf 15 nov-15 déc. Doubles 55-95 € selon saison et confort. Table d'hôtes, sur résa 48h à l'avance (sauf mar et ven en juil-août) 25 €.* Anaïs Bietry et son compagnon reçoivent leurs hôtes avec simplicité et conviction. Leur maison, à l'écart du village, jouit d'un très bel environnement, sans parler de la tranquillité, et dispose de 4 chambres. Les moins chères se partagent salles de bains ou toilettes, les autres, plus grandes, peuvent accueillir jusqu'à 4 personnes. Le repas en table d'hôtes se prend sous un chêne vert multiséculaire. Petit déjeuner mémorable. Magnifique vue sur le village et les aiguilles de Popolasca.

***E Cime** (chez Marie-Jeanne et Daniel) **:** lieu-dit Costa, 20276 **Asco.** ☎ 04-95-47-81-84. 06-83-42-10-78. • e.cime@orange.fr • e-cime.com • Fermé oct-mai. Fermé lun et mar-mer le midi. Double 75 €, familiales 90-105 €, petit déj non compris. Plats 19-27 €. Café offert sur présentation de ce guide.* Marie-Jeanne et Daniel Franceschetti ont fait construire sur les hauteurs d'Asco une nouvelle maison, avec 4 chambres d'hôtes confortables. Bonne cuisine de terroir (cabri, agneau, civet de sanglier). Magnifique vue panoramique sur les 2 vallées.

***Auberge L'Acropole :** à l'entrée du village, lieu-dit Ranza, 20276 **Asco.** ☎ 04-95-47-83-53. • jean-louis.vesperini@outlook.fr • acropole-asco.com • De mi-avr à mi-oct. Fermé mer midi. Selon confort, doubles 90-100 € ; familiales 100-120 € ; petit déj en sus. ½ pens possible. Plat du jour 15 € et menu env 27 €. Digestif offert sur présentation de ce guide.* Chambres confortables, récemment refaites et décorées avec goût. Les plus chères (chambres confort et suite) disposent d'un ordinateur. Piscine. C'est une bonne table également (entre autres, beignets de fromage et sanglier à l'honneur).

***Hôtel Le Chalet :** 20276 **Asco,** au stade de neige, tt au bout de la route de la Vallée. ☎ 04-95-47-81-08. • hotel.le-chalet@wanadoo.fr • hotel-lechalet-asco.com • De mai à mi-oct. Double 100-110 €. Menu randonneur 20 €. Plats 12-28 €. Également, en gîte d'étape, une cinquantaine de lits pour les randonneurs (15 €/pers, 45 € en ½ pens). Café offert sur présentation de ce guide.* Dans ce bout du monde coincé au cœur des plus hauts sommets de l'île, la vue lointaine est magnifique sur le Cinto. Côté gîte, box de 6 à 8 lits et dortoir de 28 lits. Coin cuisine pour les randonneurs, et spécialités du pays au resto. L'hôtel, dont toutes les chambres ont été rénovées, offre un bon niveau de confort. La localisation « stratégique » de cet hébergement justifie un séjour de quelques jours pour les amateurs de montagne avec, au programme, les musts du secteur : Cinto, punta Minuta via le cirque de la Solitude (l'un des hauts lieux du GR 20, mais ATTENTION ! dangereux par temps de pluie, les roches devenant très glissantes), Muvrella, capu Larghia, pic Von Cube... Sur place, ravitaillement et matériel de rando.

Le Pont Génois : *20276 **Asco,** à l'entrée du village. 06-75-55-48-82. • lucilleguidoni@orange.fr • Ouv 1er mai-15 oct. Service non-stop en saison. Fermé le soir en mai-juin et en sept-oct. Assiettes de charcuterie et de fromage (corses !) et omelettes 8-11 € ; formule env 22 €. Apéritif offert sur présentation de ce guide.* Une adresse parfaite pour casser la croûte à l'ombre avec une vue époustouflante sur la vallée. Plats simples mais copieux, servis avec le sourire de toute la famille en salle et en cuisine. En hiver, un poêle pour réchauffer les téméraires arrivés jusqu'ici. À 500 m en contrebas par la gauche, le fameux pont génois (voir plus loin). En principe, des chambres d'hôtes sont prévues pour la saison estivale 2020.

Le Petit Restaurant de la Miellerie : *à l'entrée du village, 20276 **Asco.** 06-08-68-55-95 (restaurant) et 06-47-50-06-71 (miellerie). • restomiel2b@orange.fr • miel-corse-asco-guidoni.net • Ouv avr-oct. Tlj dès le petit déj. Plats 5-17 €. Café offert sur présentation de ce guide (pour un repas complet pris).* Marie-Noëlle et Mathieu (apiculteur) ont ouvert cette petite adresse qui s'est vite fait apprécier localement. On s'installe sur une des tables à l'ombre généreuse du mûrier-platane pour déguster une des recettes maison originales concoctées par Marie-Noëlle : aubergines farcies tomme-nepita, poulet miel-citron aux herbes, veau à la châtaigne... mais aussi, si l'on préfère, des galettes à la farine de châtaigne (salées ou sucrées). Accueil très sympathique. Ne pas repartir sans passer par la miellerie de Mathieu, juste à côté : vous y trouverez du miel d'asphodèle, de bruyère, de ronce ou de chardon (assez rare !).

Où manger dans les environs ?

Casaluna : *Espace Maria-Julia, 20218 **Ponte-Leccia.** ☎ 04-95-38-65-18. • ghjuvanpasqua@hotmail.fr • Sur la T 20, à la sortie de Ponte-Leccia, direction Bastia. Fermé dim-lun. Plats 21-24 €. CB refusées.* Ne vous arrêtez pas à l'aspect banal de petite zone commerciale, en revanche, arrêtez-vous... pour de bon ! Vous découvrirez ici une excellente cuisine qui mérite d'être connue : magret de canard sauce figues, risotto aux gambas ou encore poisson... Les desserts ne sont pas en reste. Bref une agréable halte si vous faites route entre Bastia et Corte.

À voir. À faire

Les gorges de l'Asco : entre Moltifao et Asco. La route traverse ce défilé sauvage surplombé par des crêtes rocheuses dépassant 900 m. Moins longues et plus larges que la Scala di Santa Regina, ces gorges creusées dans le granit sont réputées pour la qualité du miel qui est récolté dans des ruches accrochées aux pentes.

Le Village des Tortues de Moltifao *(u paese di e Cuppulate)* **:** *route d'Asco, au lieu-dit Tizzarella, 20128 **Moltifao.** ☎ 04-95-47-85-03. • villagedestortues.wordpress.com • Avr-sept, tlj 9h30-13h, 14h30-19h. Entrée : 6 € ; réduc ; gratuit - de 5 ans. Un petit sentier de découverte (1h) part du village.* La tortue d'Hermann ne survit en France que dans le massif des Maures et en Corse. Menacée de disparition par les incendies, les voitures (qui l'écrasent) et les personnes (qui la ramassent), elle est ici protégée. Dans un cadre naturel de toute beauté, parmi les chênes verts, on emprunte un sentier d'interprétation, on peut voir l'enclos de reproduction, celui des juvéniles et la nurserie.

Asco : ce village d'une austère beauté, à 22 km à l'ouest de Ponte-Leccia, a vécu dans l'isolement jusqu'en 1937 (année de la construction de la route). À la sortie en amont du village, une route goudronnée fort raide descend au torrent franchi par un admirable *pont génois* du XVe s, classé Monument historique. Vasque splendide sous l'arche unique de cet ouvrage. Super endroit pour piquer une tête dans un magnifique cadre. Toujours s'assurer que le niveau d'eau est suffisant. Sur l'autre rive, le sentier remonte la vallée de la Pinara ; c'est par ce chemin ancestral et le col de Serra Piana que communiquait autrefois Asco avec le Niolo. La vallée, désormais beaucoup moins fréquentée, est devenue délicieusement sauvage...

Parc de Loisirs Asco Vallée Aventure : *à 20 mn de Ponte-Leccia en remontant la D 147, direction Asco. Infos et résas auprès d'***In Terra Corsa,** *à la sortie de Ponte-Leccia, sur la route territoriale direction Calvi.* ☎ *04-95-47-69-48.* • *interracorsa.fr* • Le plus grand parc de loisirs de l'île, avec 5 parcours de via ferrata, du débutant *(Family Aventure)* à l'expert. Cette via ferrata *(Dia Manicella)* a été la 1re aménagée sur l'île. Spécialité de *tyro-trekking* (succession de tyroliennes géantes), que l'on peut combiner avec la via ferrata.

DANS LES ENVIRONS DE L'ASCO

Moltifao et Castifao : un petit détour en dehors de la D 47 permet de jeter un coup d'œil à ces villages voisins. Entre les 2, au sommet d'un petit col (table d'orientation), le couvent franciscain abandonné de Caccia *(cunventu di San Francescu)*, où l'on se réunit en 1755 pour élaborer la Constitution voulue par Paoli. L'intérieur de l'église sert de cimetière depuis 1824 ! Il faut dire que l'édifice avait été abandonné après l'effondrement de la voûte de l'église pendant une cérémonie...

ENTRE CORTE ET VIZZAVONA

Au sud de Corte, les montagnes s'élancent vers le ciel. La T 20, qui traverse la Corse en oblique (de Bastia à Ajaccio), passe par quelques beaux villages (Venaco et Vivario), pénètre dans la forêt de Vizzavona, et monte ainsi sous les pins laricio jusqu'au col de Vizzavona (1 163 m ; là-haut, les sommets culminent à plus de 2 000 m, comme le *monte d'Oro* (2 389 m) ou le *monte Renoso* (2 352 m).
Bien sûr, les randonneurs s'en donneront à cœur joie. S'il pleut et qu'il tombe des cordes, abritez-vous d'abord (les orages peuvent y être très, très violents...), et observez ensuite les filets d'eau ; les uns dégoulinent vers la côte ouest, les autres vers la côte orientale, preuve qu'il s'agit bien là d'une sorte de limite naturelle entre la Haute-Corse et la Corse-du-Sud.

VENACO (VENACU ; 20231 ; 745 hab.)

Au pied du *monte Cardu* (2 453 m), les maisons de Venaco s'accrochent à la montagne, dominant le vaste paysage de la vallée de l'impétueux Tavignano. Pays de bergers et de chasseurs, le Venacais est réputé pour ses truites et ses fromages de brebis. Observez le nombre de terrasses, d'aires à blé *(aghje)*, de paillers *(pagliaghji)*, d'anciens moulins à châtaignes et à huile. Du village, le sentier des bergeries permet de partir à la découverte du « poudingue » de Venaco (des conglomérats de galets soudés par une sorte de ciment gréseux).

– Chaque année, le 1er week-end de mai, le village accueille *a fiera di u casgiu* (la foire au fromage corse).

➢ ***Pour y aller :*** de Bastia, d'Ajaccio ou de Calvi, prendre le train qui s'arrête à la gare de Venaco *(☎ 04-95-47-01-32).*

Où dormir ?
Où manger à Venaco et dans les environs ?

Prix moyens

🏠 ***Chambres d'hôtes Le Venaco :*** *route de Lugo (D 340). ☎ 04-95-47-01-38. 📱 06-61-57-36-24. • levenaco@bbox.fr • levenaco.fr • En contrebas du village, à moins de 1 km du centre. Fermé début nov-10 avr. Doubles 68-73 €. Tarif dégressif à partir de 3 nuits.* 5 chambres confortables et classiques, avec TV, dans la maison des propriétaires mais avec une entrée indépendante. Jolie situation : on a l'impression d'être à la campagne tout en étant dans un village ! Excellent accueil.

🏠 🍽 ***Casa Mathea :*** *rue Saint-Roch, à* ***Poggio-di-Venaco.*** *📱 06-24-17-91-80. • casamathea@aol.com • auberge-casamathea-corse.com • De la T 20, prendre la D 140 en direction de Casanova ; Poggio se trouve quelques km après. Fermé 15 janv-15 fév. Resto ouv le soir (et le dim midi). Compter 64-107 € selon saison et taille. ½ pens possible 26 €/pers. Au restaurant env 35 €.* Ce village situé au cœur de l'île sert souvent de halte aux randonneurs des sentiers découverte nature. C'est pour cela que Jacques Rombaldi et son épouse ont retapé leur vieille maison et l'ont transformée en une moderne auberge rurale. Studios avec 4 ou 5 couchages, de 25 à 40 m² (ces derniers avec mezzanine), tout confort, avec cuisine, mobilier moderne et TV ; le tout très propre. Également un F3 de 70 m². Piscine chauffée et balnéo. Excellent accueil.

🏠 ***Gîte d'étape communal :*** *rue Saint-Roch, à* ***Poggio-di-Venaco.*** *☎ 04-95-47-07-45 (bar) ou 09-61-46-00-40 (mairie). • poggiodivenaco@aol.com • En face de la Casa Mathea, au-dessus du bar. Tte l'année. Compter 13 €/pers (prévoir son sac de couchage) ; chambres d'hôtes 40 € ; petit déj en sus.* L'établissement, genre AJ, est très bien tenu, et a été récemment rénové. 2 dortoirs de 8 lits et 6 chambres d'hôtes, dont 2 se partagent une salle de bains. Accueil très sympa.

🍽 ***Hôtel-pub Le Petit Bosquet :*** *20250* ***Santo-Pietro-di-Venaco.*** *📱 06-24-44-71-42. • lepetitbosquet.sp@gmail.com • Ouv à l'année. Double env 70 €. Formule déj 15 €, menu 18 €. Le soir on va manger à la Casa Mathéa, au village de Poggio-di-Venaco (même famille), voir plus haut.* On passait par là, on s'est arrêté pour voir... et on ne l'a pas regretté. En contrebas de la route, cette petite adresse accueillante propose une cuisine simple et sincère à prix doux. La petite carte est garantie de qualité. Bravo ! Chambres rustiques qui soulageront les petits budgets.

🏠 🍽 ***Chambres d'hôtes chez Antoinette et Charles Hiver*** *(Gîtes de France)* ***:*** *à* ***Santo-Pietro-di-Venaco.*** *☎ 04-95-47-07-29. • antoinette.hiver@laposte.net • antoinette.charles.free.fr • À 2 km au nord de Venaco. Fermé de fin oct à mi-mars. Ne pas arriver avt 17h. Double 67 €, petit déj inclus. Repas 22 € (vin compris). CB refusées.* Dans une bâtisse de construction traditionnelle, 4 chambres d'hôtes, avec douche et w-c. Torrent tout proche et coins agréables pour paresser sous les arbres. Bonne cuisine traditionnelle corse préparée par Antoinette, et petit déjeuner avec des confitures maison (qui sont d'ailleurs en vente).

Ferme de Peridundellu : *de Venaco, prendre la D 143 vers la vallée du Tavignano ; c'est 4 km plus bas (belle descente) sur la droite.*

☎ 04-95-47-09-89. • campingvenaco@orange.fr • campingvenaco.e-monsite.com • Mai-sept. Compter env 15 € pour 2 avec tente et voiture. CB refusées. Petite aire naturelle de camping sous les pins (25 emplacements) avec laverie, congélateur et barbecue. Torrent à côté. Maison récente, avec cheminée de pierre dans la salle à manger et jolie vue sur la région.

|●| ***Restaurant de la Place :*** *pl. du Pont, au centre de Venaco. ☎ 04-95-47-01-30. • restaurantdelaplacevenaco@orange.fr • Fermé lun sauf juil-août (ouv le soir). Fermé de nov à mi-déc. Carte env 25-30 €.* Très bonne cuisine familiale corse : *tianu* d'agneau, agneau au four aux herbes du maquis, truite, souris d'agneau, sauté de veau aux olives. Le fils des propriétaires possède l'*Hôtel Frascone*, de grande qualité et très bien situé pour la vue, à la sortie sud du village *(☎ 04-95-47-00-85 ; • ufrascone.com • ; doubles standard 69-82 € ; ½ pens possible au resto).*

Randonnées pédestres dans le Venacais

Quelques randos possibles, en boucle à la journée autour de Venaco.

La balade la plus sportive, au départ de Santo-Pietro-di-Venaco, gagne à 1 555 m la ***chapelle Sant Eliseu*** (le patron des bergers auquel est dédié, le 29 août, le plus haut pèlerinage de Corse) et fait une boucle grâce à un 2d sentier passant près des bergeries situées à la tête du vallon de Misognu.

Sentier du patrimoine I trè paesi : A Casanova, A Riventosa et U Poghju di Venacu sont tellement proches les unes des autres que ce sentier de 3,5 km, qui demande 1h30 maximum, permet de les visiter tous les 3. Facile. Départ possible de chacun des 3 villages. En chemin on verra fontaines, lavoirs et moulin.

D'autres balades plus faciles vont de Venaco au ***pont de Noceta*** *(4h A/R)* avec possibilité de se baigner dans le Vecchio (très chouette, mais eau fraîche !).

VIVARIO (VIVARIU ; 20219 ; 505 hab.)

À 22 km au sud de Corte, à 12 km du col de Vizzavona, Vivario est un point de chute formidable pour les randonneurs. Pour ceux qui suivent le GR 20, mais aussi pour ceux qui veulent faire des boucles à la journée, puis repartir à l'aventure le lendemain, et ainsi de suite... Torrents, des pics rocheux, des forêts à perte de vue (celles de Rospa-Sorba et Vizzavona)...

À la sortie du village, sur la route de Corte, au-dessus de la gare, les ruines visibles sont celles de l'ancien fort de Parciola construit en 1770 par les Français pour contrôler la vallée du Vecchio.

Où dormir ? Où manger ?

|●| ***Ferme-auberge E Valle :*** *pl. Diana. 📱 06-83-90-06-91. • simon.muracciole@orange.fr • En plein centre. En saison, tlj midi et soir. Plat du jour 16 €, sinon plats 18-24 €. CB refusées.* On s'installe en bord de route, au beau milieu du village, sous le platane, là où le trottoir s'élargit et forme comme une placette. Simon Muracciole élève ses cochons dans un tout petit village, 1 km plus bas ; autant dire que l'on peut parler de circuit court. On choisira par exemple un filet mignon en croûte d'amande, ou un cabri de lait qui ne vient pas de bien loin non plus, ou toute autre proposition de la courte carte. Vente directe de charcuterie également.

🏠 |●| ***U Campanile :*** *pl. de l'Église. ☎ 04-95-47-22-00. 📱 06-19-53-56-54. • contact@hotel-restaurant-ucampanile.com • hotel-restaurant-ucampanile.com • À l'entrée sud de Vivario. Fermé nov-fév. Double env*

70 €. Menu env 25 €. Quelques places de parking de l'autre côté de la route. Agréable cour-jardin pour déguster une cuisine familiale traditionnelle de bon aloi et salle intérieure non moins sympathique s'il fait un peu frais. Également 5 chambres à prix doux dans la maison de famille. Excellent accueil.

***Camping Le Soleil :** à **Tattone.** ☎ 04-95-47-21-16. • camping-lesoleil@orange.fr • camping-lesoleil.fr • À 3 km au sud de Vivario, sur la gauche. Mai-fin sept. Compter 18 € pour 2 avec tente et voiture.* Camping sous les cerisiers, les pommiers et les pins. Gare de Tattone à 50 m, et monte d'Oro juste en face. Bar et point de ravitaillement pour les randonneurs. Petite restauration le soir (pizzas au feu de bois). Gentils proprios. 6 chalets à louer également.

VIZZAVONA

(20219) 50 hab.

Quelques maisons, des ruines (dont celles du *Grand Hôtel de la Forêt,* ouvert en 1893) et une petite gare, le tout perdu dans un vallon écrasé par des montagnes de plus de 2 000 m et enrobé d'une fabuleuse forêt de pins laricio, où l'on peut vagabonder des journées entières ! Une poignée d'habitants, mais Vizzavona est un nom sur la carte de la Corse connu de tous les abonnés du GR 20 qui y font étape et autres mordus de randonnée pédestre.

Adresse utile

***Gare de Vizzavona :** ☎ 04-95-47-21-02. 2-4 trains/j.* D'Ajaccio, compter env 1h10 ; de Bastia, env 2h30.

Où dormir ? Où manger ?

Prix moyens

***Restaurant du Chef de Gare** (L'Altagna) : ☎ 04-95-47-24-41. • chefdegarevizzavona@gmail.com • 1er avr-15 oct tlj ; en hiver, seulement en période de vac. Formule* U Spuntinu *18 €, plats 11-18 €.* Marie-Ange, la fille des chefs de gare Rosy et Jean-Baptiste, a pris la relève. Aux fourneaux, elle se débrouille... comme un chef, évidemment. Bon (ah... les desserts maison !), copieux, bon marché et très sympathique.

***Le Relais du Monte d'Oro :** au **col de Vizzavona,** en bord de route. ☎ 04-95-47-21-06. Sur demande, on vient vous chercher à la gare, à 3 km. Mai-début oct. Compter 23 €/pers en chambre de 4 lits en gîte (loc possible de draps en plus). En ½ pens, 54 € en gîte. Resto à la carte.* Une étape sur le GR 20 avec 10 dortoirs de 4 couchages façon refuge de haute montagne. Cuisine à disposition.

***A Muntagnera :** au **col de Vizzavona.** ☎ 04-95-46-31-02. • amuntagnera@free.fr • lahalteduprince.com • Mai-oct. Menu 21 € (le soir) ; plats 13-21 €.* Halte plaisante dans cette vieille maison en pierre, ancien relais de diligence, que fréquenta le prince Roland Bonaparte, grand voyageur (il vint y prendre des forces avant l'ascension du monte d'Oro). Cuisine simple et généreuse à la fois : on fera honneur en particulier à la charcuterie, aux grillades ou aux truites du vivier. Également des chalets qui se déclinent en 2 formules : chambre d'hôtes *(67-87 €)* et gîte d'étape ou refuge *(4-6 couchages, 14-18 €/pers)* ainsi qu'un bivouac (possibilité de louer des tentes). Boutique de produits (on peut s'acheter à manger et s'installer sur une terrasse de l'autre côté de la route).

Chic

Hôtel-restaurant Le Vizzavona : *gare de Vizzavona. ☎ 04-95-47-21-12. • info@hotel-vizzavona.com • hotel-vizzavona.com • Ouv fin mai à fin sept. Doubles 105-125 € selon saison et confort ½ pens possible. Repas env 20-27 €.* Grande maison typique du tout début du XXe s, sur 3 niveaux, aux chambres rénovées et spacieuses. Ambiance reposante et décontractée. Adresse également appréciée par les randonneurs (en plus de l'hôtel, 10 places en chambres avec sanitaires communs dans un « chalet »).

Chambres d'hôtes Casa Alta : *à 500 m de Vizzavona, en direction d'Ajaccio. ☎ 04-95-47-21-09. 📱 06-72-28-31-46. • info@casa-alta.fr • casa-alta.fr • Fermé 15 déc-31 janv. Doubles 70-129 €, quadruples 110-190 €.* Au milieu des pins laricio, sur le chemin du GR 20, cette maison en pierre est la récompense du randonneur ou du touriste épris de l'arrière-pays. Car, en plus d'une tranquillité garantie, on trouve ici le confort des chambres joliment rénovées (double vitrage, belles salles de bains...) et l'accueil chaleureux de Vincent. Très convivial, à l'image du bon petit déjeuner servi sur une grande table commune ou en terrasse.

Hôtel-restaurant du Monte d'Oro : *au* ***col de Vizzavona,*** *à l'écart de la route. 📱 06-14-36-36-07. • monte.oro@vizzavona.fr • monte-oro.com • ♿ Si vous êtes à la gare (à 3 km), on vient vous chercher sur simple appel téléphonique. Fin avr-fin oct. Doubles 73-114 € ; petit déj 14 €. ½ pens possible. Plats 19-34 €. Apéritif offert sur présentation de ce guide.* Dans cette belle maison du XIXe s, restée très rustique (un peu « hors du temps », comme le dit un texte que l'on peut lire à l'entrée), avec une grande terrasse ombragée, le lierre qui court des murs au plafond dans la salle de restaurant (et qui lui donne son nom : *Eddera*), des chambres rétro mais calmes et spacieuses, donnant sur la forêt. Cuisine traditionnelle corse. Les chambres dans le chalet (annexe) ont été rénovées.

Randonnées pédestres

La Madonnuccia : 2h aller et retour au départ de La Foce di Vizzavona (le col, près de l'*Hôtel-restaurant du Monte d'Oro*). Superbe vue sur les montagnes et la vallée de la Gravona.

La cascade des Anglais : 1h aller et retour de La Foce. Prendre un chemin carrossable qui descend dans les gorges de l'Agnone (au nord-ouest de Vizzavona) et rejoint en bas le GR 20. Le suivre jusqu'à cette belle cascade située dans un coin sauvage. Aller un peu au-delà pour trouver des coins tranquilles. On peut se baigner dans des piscines naturelles. Mais vous ne serez pas seul.

Superbe balade vers ***bocca Palmente*** et les ***bergeries d'Alzeta*** : du tournant après la Maison forestière de Vizzavona, emprunter le sentier balisé en rouge et blanc en direction du GR 20. Longer le chemin forestier qui s'étire en lacet jusqu'à bocca Palmente (source dans l'avant-dernier lacet avant d'accéder au col). Franchir le col et suivre le chemin de ronde en courbe de niveau sur le versant est, jusqu'aux bergeries d'Alzeta. Compter 5h aller et retour.

L'ascension du monte d'Oro *(monte d'Oru)* **:** une randonnée magnifique, pour randonneurs chevronnés. Attention : pas d'eau sur le parcours. Compter, au départ de Vizzavona, 5h pour la montée, 3h30 pour la descente. Sentier balisé en partie, puis cairné. Les 2 itinéraires sont rapidement décrits sur un panneau situé en face de la gare de Vizzavona. Du sommet (2 389 m), on voit le monte Cinto et la côte italienne ! Mais ATTENTION, on vous le répète : randonneurs du dimanche, abstenez-vous. Dans tous les cas, se procurer l'itinéraire exact de cette randonnée et se renseigner sur la météo.

Les gorges du Manganellu : une randonnée accessible à tous. De Vizzavona, direction Vivario (T 20) jusqu'à *Tattone* . De là, descendre par une route carrossable jusqu'au hameau de *Canaglia,* environ 4 km plus loin. Un chemin forestier remonte (en le surplombant) le torrent du Manganellu pendant 4 km avant de rejoindre le GR 20 (balises rouge et blanc). Nombreuses possibilités de baignade dans des vasques naturelles. On peut pousser jusqu'aux *bergeries de Tolla* (compter environ 1h30 depuis Canaglia. Quelques tables, de l'eau et de quoi casser la croûte : assiettes de fromage et de charcuterie). Ici se termine la partie facile.
Les plus sportifs suivront le GR 20 jusqu'au *refuge de Petra Piana* (ou *Michel-Fabrikant,* en l'honneur du plus célèbre explorateur des montagnes de Corse), situé à 3h30 de Canaglia et où l'on est à pied d'œuvre pour accéder au *lac du Rotondo* (ou de Bellebone, à 1h30 du refuge) puis au sommet du *Rotondo* (2 622 m, 3h de montée de Petra Piana).

– ***Vizzavona Parc Aventure :*** *au* ***col de Vizzavona.*** *06-85-03-19-90 ou 06-03-56-24-33. • corsicanatura-activites.fr • Au pied du monte d'Oro, à 1 100 m d'altitude, sur 2,5 ha de forêt. Juil-août, tlj 9h-19h. Compter 25 € pour 4h (enfants 7-15 ans 20 €). À partir de 4 ans pour les parcours les plus simples.* Une centaine d'ateliers, 14 parcours indépendants, du « vert » au « noir », dont un d'escalade de 25 m de haut (un « escalarbre » sur un pin laricio, unique en Corse). Cadre magnifique (la cascade des Anglais est au bout du parcours).

LA CÔTE ORIENTALE (COSTA SERENA)

La côte orientale dispose d'un atout non négligeable : une centaine de kilomètres de sable fin. Mais il suffit de s'éloigner de quelques kilomètres dans les terres pour vite retrouver les reliefs de la Corse montagneuse, que ce soit depuis la Côte des Nacres, la Costa Serena ou l'Oriente. Cette côte fut jadis une zone de marécages à malaria, assainie (si l'on peut dire) en 1944 par l'armée américaine qui pulvérisa massivement de DDT tout le secteur.
Cette vaste plaine agricole qui va de Solenzara à Moriani, soit environ 60 km, et s'arrête à l'ouest au pied du massif montagneux est importante du point de vue économique. Vignoble et cultures maraîchères et fruitières y produisent une bonne part des richesses de l'île, dont les délicieuses clémentines.

SOLENZARA (SULINZARA) (20145) 1 190 hab.

Le village, sans charme particulier, s'étire nonchalamment le long de la T 10, où des voies perpendiculaires mènent à la plage et au port de plaisance et de pêche (l'un des plus importants de cette côte). À 5 km au sud, la *plage de Canella,* plus belle que celle du village car blottie dans une anse. Et, à 5 km au nord, une base militaire importante abrite quelques escadrilles ainsi que des nageurs de combat.

Arriver – Quitter

En bus

➢ ***De/vers Bastia et Porto-Vecchio :*** 2 bus/j., tlj 15 juin-15 sept (le reste de l'année, 2 bus/j. lun-sam) avec *Les Rapides Bleus (☎ 04-95-31-03-79 ; ● rapides-bleus.com ●).* Également 1 bus/j. lun-sam de/vers Bastia avec les *Autocars Tiberi (☎ 04-95-57-81-73 ; ● transports-tiberi.com ●).*

Adresses utiles

ℹ ***Office de tourisme de la Côte des Nacres :*** *pl. des anciennes écoles, à l'entrée nord du village. 📱 06-85-89-58-71. ● alta-rocca-tourisme.com ● Juil-août, lun-ven 9h-20h ; w-e 9h-13h, 16h-19h. Juin-sept, lun-sam 9h-12h, 14h (15h sam)-19h ; dim 9h-13h. Hors saison, lun-ven 9h-12h, 14h-18h.* Beaucoup de documentation sur la microrégion et l'Alta Rocca.

■ ***Club de plongée de la Côte des Nacres :*** *sur le port. ☎ 04-95-57-44-19. ● sccn-solenzara.org ●*

Où dormir ?

Camping

⛺ ***Camping U Rosumarinu :*** *à 6 km à l'ouest du village, sur la route de Bavella. ☎ 04-95-57-47-66. ● urosumarinu.camping@gmail.com ● urosumarinu.fr ● ♿ De mai à mi-oct. Pas de résa. Compter 24-26 € pour 2 avec* *tente et voiture.* Belle situation en bord de rivière, dans un coin sauvage. Bonne ambiance, camping calme, bien entretenu. Restauration très correcte *(le soir, 18h-21h30).* Laverie. Via ferrata juste à côté et piscine naturelle dans la rivière.

De prix moyens à chic

Les Trois Terrasses : *rue Principale. ☎ 04-95-57-40-44. • les3terrasses@gmail.com • les3terrasses.com • Tte l'année (resto fin avr-début oct). Selon saison, doubles standard 60-125 €, supérieures 80-150 €. ½ pens possible. Formule env 20 €. Remise de 10 % sur le prix de la chambre sur présentation de ce guide.* Des chambres simples assez spacieuses, récemment rénovées avec douche (ou bains), w-c et TV, donnant, au choix, sur la rue ou côté port. Également des chambres supérieures, bien plus chères. À table, raviolis maison, beignets, soupe de poisson... Terrasse (ou plutôt terrasses, car une nouvelle terrasse « suspendue » a été ajoutée), avec vue sur la mer plutôt chouette.

De chic à plus chic

Maison Rocca-Serra *(chambres d'hôtes chez Sébastien et Francine Rocca Serra de Peretti ; Gîtes de France)* **:** *Scaffa Rossa, 20240* **Solaro,** *à 1 km au nord de Solenzara. ☎ 04-95-57-44-41. • sebastien.roccaserradeperetti@gmail.com • Tte l'année. Compter 100 € pour 2, petit déj compris.* À quelques centaines de mètres de Solenzara, on est déjà sur la commune (bien nommée) de Solaro. La maison de Francine et Sébastien fait face à la grande bleue et propose 3 belles chambres, dont 1 suite familiale. Le plus, ici, c'est grâce à l'emplacement unique de la maison, son grand jardin clos et la possibilité de disposer de criques privées, à la pointe de Scaffa Rossa. Pour manger, *A Mandria* (voir « Où manger ? ») n'est qu'à 300 m, et, restant en famille, vous y serez bien accueilli.

Hôtel La Solenzara : *quartier du Palais, rue Principale. ☎ 04-95-57-42-18. • info@lasolenzara.com • lasolenzara.com • ♿ À la sortie du village en direction de Bastia. Congés : nov-25 mars. Doubles avec vue sur la mer 85-160 € selon saison ; petit déj 14 €.* Il s'agit tout simplement de l'ancienne demeure du maître de Solenzara, construite au XVIIIe s. Pièces immenses et hautes de plafond, décorées simplement mais avec goût. Chambres fraîches en été (elles sont néanmoins climatisées), toutes avec sanitaires récents, TV et téléphone. Chambres plus classiques dans la nouvelle maison. Les plus chères ont vue sur mer ou sur la piscine. Grand jardin orné de palmiers, avec une magnifique piscine à débordement. On peut y venir à la journée (forfait piscine, jacuzzi, hammam).

Où manger ?

A Mandria de Sebastien : *pont de Solenzara, sur la route de Bastia (commune de* **Solaro***). ☎ 04-95-57-41-95. • sebastien.roccaserradeperetti@gmail.com • ♿ À 1 km du centre, à gauche après le pont. Fermé lun midi en hte saison et dim soir ainsi que lun tte la journée hors saison. Congés : janv-fév. Menu complet env 30 €, carte env 40 €.* Une ancienne bergerie avec pergola fleurie, joliment restaurée. Le maître des lieux a décoré les murs de la salle à manger avec des outils anciens en bois et métal patiné. Bonne cuisine régionale servie copieusement, où l'on trouve charcuterie, tripettes, aubergines farcies et viande de cochon grillée au four à bois.

A Marina : *sur le port. ☎ 04-95-56-19-65. Plats 15-30 €.* Non, il n'y a pas erreur : ce n'est pas un glacier, enfin pas qu'un glacier. À la carte, des salades-repas, mais aussi des viandes et des poissons pour qui souhaite des plats plus élaborés. Côté desserts, c'est la fête, on ne sait plus trop où donner de la tête ! La terrasse au ras des flots est très appréciée et se remplit vite... Réservez !

Où manger dans les environs ?

Ferme-auberge A Pinzutella : *route de Bavella (à 5 km de Solenzara). ☎ 04-95-57-41-18. • christiane.lucchini@wanadoo.fr • Prendre une piste sur la droite de la route de Bavella, qui pénètre dans la propriété. De mi-mai au 25 sept, tlj sauf lun ; le reste de l'année, sur résa. Résa conseillée. Plats 17-24 €. CB refusées.* Françoise et Jean-Martin Lucchini élèvent chèvres et vaches, qu'on peut retrouver à la table de la ferme-auberge : porcelet, cabri ou veau en sauce ou au four, et d'autres produits de la ferme encore, volailles, fromages et légumes... Atmosphère plaisante d'une ferme corse. En terrasse, vue sur les aiguilles de Bavella.

DANS LES ENVIRONS DE SOLENZARA

Monter au ***col de Bavella,*** à 30 km, par une route assez ardue mais belle, qui longe la Solenzara ; nombreux points de baignade (voir la rubrique « À voir. À faire. La route de Bavella à Solenzara » dans « Le col et les aiguilles de Bavella »). ATTENTION : sur cette route étroite, des embouteillages sont à prévoir en saison. Sur le parcours, un peu plus haut que le camping *U Rosumarinu,* une ***via ferrata (A Buccarona)*** a été aménagée.

Partir à la recherche de grands frissons en escaladant la ***via ferrata d'U Calanconi*** à ***Chisa,*** dans la vallée de Travo, entre Solenzara et Ghisonaccia. De Travo, prendre la D 645 jusqu'à Chisa (une quinzaine de kilomètres) et laisser la voiture au gîte d'étape *Bocca Bè (30 € pour l'accès et la loc de matériel ; réduc 12-18 ans).* Escalade vraiment sensationnelle, sur de grandes dalles de granit. 2 ponts de singe, 3 ponts himalayens, 4 tyroliennes... La partie supérieure passe au milieu de gros blocs de pierre percés. Attention, elle est classée D (difficile). D'ailleurs, c'est interdit aux moins de 12 ans. Compter 4h. *Rens : ☎ 04-95-57-84-24. • viaferratachisa.fr • Mai-sept, tlj ; le reste de l'année, sur résa. On peut aussi se renseigner au gîte : ☎ 04-95-56-36-61 ou 04-95-57-31-11 (mairie lun-ven 9h-17h) ; • giteboccabe.com • Au gîte, 5 chambres de 4 lits ; compter 45 €/pers en ½ pens. CB refusées.*

➢ **Randonnées en pirogue :** *avec* ***Acqua Vanua.*** *Juin-sept, paillote sur la plage de Favone, à 5 km au sud de Solenzara (le reste de l'année, téléphoner pour prendre rdv). 06-03-60-87-29. • acquavanua.com • En sorties encadrées, compter 25 €/adulte pour 1h30, 40 € la ½ journée et 50 € pour la sortie crépuscule avec apéritif (3h30) ; réduc enfants. Possible également en autonomie. CB refusées.* Pirogues à balancier 4-5 places made in Corse *(of course !).* Un moyen original de découvrir le littoral de cette partie de la Corse. Également des pirogues en plastique. *Acqua Vanua* propose aussi du rafting sur le Tavignanu (au printemps), ainsi que des randos aquatiques, des kayaks (dont certains transparents) et des *paddles* à louer.

Le couvent de Sari-Solenzara : *à la sortie du village, sur la gauche, une route y grimpe ; c'est à 8 km (piste de 2 km sur la fin). ☎ 04-95-57-43-41. Magasin tte l'année ouv mar-sam sauf j. fériés 9h30-17h.* À l'intérieur, chapelle ouverte à tous, en permanence, belle et dépouillée, et boutique de statuettes (et statues) souvent d'inspiration romane, fabriquées par les sœurs. Plutôt joli, surtout pour les amateurs d'images sacrées. Des belles faïences également.

GHISONACCIA (GHISUNACCIA) (20240) 3 170 hab.

De la transhumance des bergers d'autrefois à la transhumance des estivants en route vers le Grand Sud, la « capitale » de la plaine orientale n'a pas perdu sa vocation de carrefour. Le village est une bonne base pour découvrir un arrière-pays intéressant. Si l'on préfère la mer, grandes plages de Vignale et Pinia, plutôt sympathiques, au nord-est de Ghisonaccia (accès par la D 144 bis, doublée par une piste cyclable).

Adresse utile

Office de tourisme intercommunal du Fiumorbu Castellu : *55, route de Ghisoni, sur la gauche, dans la maison des services publics. ☎ 04-95-56-12-38. • corseorientale.com • Juil-sept, lun-sam 9h-12h30, 14h-20h ; dim 9h30-12h. Hors saison, lun-sam 8h30-12h30, 14h-17h30 ; fermé le w-e.* Efficace et richement documenté sur la région.

Où dormir à Ghisonaccia et dans les environs ?

Campings

Camping Arinella Bianca : *à Ghisonaccia, prendre la route de la Mer ; à env 4 km, au rond-point du Spar, tourner à droite. ☎ 04-95-56-04-78. • arinella@arinellabianca.com • camping-corse.fr • De mai à mi-oct. Forfaits 24-48 € pour 2 avec tente et voiture ; mobile homes et chalets (4-6 pers) à louer à la semaine.* Piscine. Bien ombragé sous les eucalyptus. Très bien équipé : une vraie petite ville pour tentes et camping-cars avec bar, resto épicerie, laverie et soirées spectacle et activités pour enfants. À noter : quelques mobile homes pour personnes à mobilité réduite.

Camping Campu Serenu : *au lieu-dit Quarcetta, 20243* ***Casamozza-di-Fium'Orbu.*** *06-85-83-63-56. • maria72@free.fr • À 3 km au sud de Ghisonaccia, puis à gauche ; c'est indiqué. Avr-oct. Resto ouv le soir seulement, mar-dim (jeu-dim en mi-saison). Compter env 20 € pour 2. Au resto, compter env 30 €.* Petit camping installé à l'ombre des peupliers et des eucalyptus. Lave-linge et frigos. La plage n'est pas loin. Au resto, de bonne tenue, spécialités et plats originaux corses. Également des pizzas maison, des grillades et du poisson au four.

Village de vacances

Perla di Mare : ***plage de Vignale,*** *à 5 km de Ghisonaccia. ☎ 04-95-56-53-10. • contact@perladimare.corsica • perla-di-mare.fr • Sur la D 144, tourner à gauche un peu avt d'arriver à la mer. Avr-oct. Studios, minivillas et mobile homes de luxe climatisés 2-9 pers 623-2 443 €/sem en juil-août ; hors saison, loc possible à la nuitée : dans ce cas, compter 45-280 €/j. selon taille et période (2 nuits min). Possibilité de ½ pens (juin-début oct).* Village de vacances situé en bord de mer, composé d'une centaine de mobile homes et d'une cinquantaine de villas, du studio au 3-pièces, dans un coin de verdure, sous les pins. Beaucoup d'espaces verts, un resto correct *(de mi-mai à début oct)* et une magnifique piscine. Activités sportives : tir à l'arc, canoë-kayak, planche à voile, etc. Prix intéressants hors juillet-août.

Gîtes ruraux

Gîtes de Mme Françoise Gelormini *(Gîtes de France) :* *à Quarcetta, 20243* ***Prunelli-di-Fium'Orbu.*** *Résas auprès des Gîtes de France : ☎ 04-95-10-54-30/31. À 3 km à l'ouest de Ghisonaccia.*

LA CÔTE ORIENTALE

Avr-oct. Compter 389-638 €/sem selon saison. Pour 1 sem de loc, corbeille de spécialités corses offerte sur présentation de ce guide. 2 gîtes de 48 m² dans une maison indépendante récente, de plain-pied, isolée dans la plaine agricole (vigne). Les propriétaires habitent à une centaine de mètres à peine. Séjour-cuisine, une chambre avec lit double, une autre chambre avec lit double et lit simple, douche et w-c, congélateur, micro-ondes, TV, lave-vaisselle, cheminée. Lave-linge commun. Gros plus, le superbe parc arboré. Salon de jardin avec barbecue.

Hôtel

Hôtel Casa di Maria Cicilia : *60, route de Ghisoni. ☎ 04-95-56-00-41. • hotel@casamariacicilia.com • casamariacicilia.com • Tte l'année. Selon saison et standing, doubles 75-130 €. Également des apparts (2 chambres indépendantes).* L'ancien *Hôtel de la Poste* a fait peau neuve, mais il est resté dans la même famille, et entre de bonnes mains. Les chambres sont classiques (clim, TV) et confortables, avec une bonne literie.

Où manger à Ghisonaccia et dans les environs ?

A Suara : *route de la mer, à 3 km du bourg. ☎ 04-95-73-29-93. Du centre du village, prendre la route de la plage et tourner à droite au rond-point. Avr-oct. Tlj midi et soir, sauf lun midi (et lun midi et soir en basse saison). Menu 22 € ; plats 13-23 €.* À mi-chemin entre le village et la plage, un restaurant, certes pas typiquement corse, mais très agréable et pratique pour les familles. Plats sincères et copieux (pour les petites faims également des bruschettas). Accueil très gentil.

Les Deux Mâts : *route de la Mer, à 5 km du bourg. ☎ 04-95-56-15-61. Mai-oct. Tlj midi et soir. Plats 15-22 €.* L'établissement de plage par excellence, les pieds dans le sable, avec ses tables et chaises hautes pour mieux contempler la grande bleue. Plats de viande et de poisson bien tournés. Également des wraps, des tapas et, à partager entre amis, des planchas. Service rapide et efficace. Que demander de plus ?

Ferme d'Urbino : *étang d'Urbino, 20240 Ghisonaccia. ☎ 04-95-57-30-89. • sarl.urbino@me.com • À 7 km au nord de Ghisonaccia. Juin-août, tlj midi et soir ; en moyenne saison, midi seulement. Fermé 1er oct-15 avr. Plats 16-23 €.* Resto ou radeau ? Les 2 à la fois... Près d'un hangar à coquillages, un petit ponton mène au resto flottant. Cadre très agréable, donc. Excellentes huîtres, moules non moins délicieuses, poissons, et même du veau pour ceux qui n'ont pas le pied marin. Possibilité de balades digestives sur l'étang (location de bateaux à moteur ou à rames) ou de faire la sieste dans des transats mis à disposition.

Auberge de l'Inzecca : *lieu-dit* ***Pinzalone,*** *à 15 km au nord-ouest de Ghisonaccia, sur la D 344 direction Ghisoni, juste avt le défilé de l'Inzecca. ☎ 04-95-56-62-62. 📱 06-14-54-16-46. Avr-sept, tlj midi et soir (sur résa) ; hors saison, seulement le soir ven-sam. Menu corse env 35 € ; plats 14-21 €.* Les gros mangeurs seront à la fête dans cette ferme-auberge, où sont servis des produits de la ferme (viande de bœuf, de porc, volailles) bien préparés. On a aussi aimé les beignets de poireau, les cannellonis au *brocciu,* les fromages ainsi que les desserts maison. Rapport qualité-prix excellent, et accueil familial qui ne l'est pas moins.

Ferme-auberge U Sampolu : *à Sampolo, 20227* ***Ghisoni.*** *☎ 04-95-57-60-18. • veronique.comptour@wanadoo.fr • À 19 km au nord-ouest de Ghisonaccia, par la D 344, après le défilé de l'Inzecca. Mai-sept (sur résa juil-août). Fermé le soir lun-mar sauf juil-août. Menus 18-27 €. Digestif offert sur présentation de ce guide.* Bonne adresse dans le genre rustique et copieux. Des spécialités – comme la soupe corse, l'aubergine paysanne, l'agneau grillé, le veau et le bœuf (qui viennent de la ferme et qu'on déguste sur une agréable terrasse).

Où acheter de bons produits dans les environs ?

Fromagerie Xavier Baldovini : *dans le village de* **Salastraco-Pietroso** *(20227 Ghisoni), à 15 km de Ghisonaccia (direction Ghisoni, puis tourner à droite vers Vezzani). ☎ 04-95-56-63-32. • fiore-di-muntagna.com • Lun-sam 8h-13h, plus lun-mar et jeu-ven 16h-19h. Congés : oct.* Une fromagerie traditionnelle et moderne à la fois, qui transforme le lait de chèvre et de brebis depuis plusieurs générations. *Brocciu,* corsetin, tommette... belle diversité de produits et de saveurs.

DANS LES ENVIRONS DE GHISONACCIA

À voir

Le Fium'Orbu : une région montagneuse et enclavée (réputée naguère pour son esprit d'indépendance et ses bandits), avec quelques villages en nid d'aigle. Autre curiosité de ce terroir : les *thermes de Pietrapola,* qui sont situés au sous-sol de l'hôtel lui-même, au-dessus de la rivière Abatescu. Les baignoires ont un côté très rétro, amusant !

L'étang d'Urbino : *à 7 km de Ghisonaccia, en direction d'Aléria, une route part sur la droite pour traverser une petite mer intérieure.* Une étendue aquatique de 3 km sur 3 km (zone Ramsar), reliée à la vraie mer par un étroit passage, superbe, mi-marin, mi-terrien, des pinèdes secrètes, une île de promeneur solitaire et, à proximité, un pénitencier agricole *(Casabianda)* unique en France, où les détenus peuvent aller à la plage une fois terminé leur travail de la journée. 500 000 alevins poussent dans 750 ha d'eau salée, des kyrielles d'huîtres et de moules, des histoires de Romains et de malaria, une dynastie d'aristocrates bastiais passionnés par l'aquaculture... Non, ce n'est pas un roman, mais un étang, celui d'Urbino. S'y trouve une ferme ostréicole, qui fait aussi resto (voir plus haut « Où manger à Ghisonaccia et dans les environs ? »). Jeter un coup à la maison en bois du Conservatoire du littoral, tout au bout du parking. Intéressants panneaux expliquant les techniques de pêche, la faune et la flore spécifiques aux étangs de la côte est.

UNE PRISON MODÈLE

Sur la commune d'Aléria, la prison de Casabianda n'a pas de barreaux. Ici, il ne s'agit pas de punir mais de réinsérer. Tous les prisonniers doivent travailler. Le règlement est strict sur les horaires, et toute tentative d'évasion mène aussitôt à une prison traditionnelle. Jamais aucun prisonnier ne s'y est risqué...

Les défilés des Strette et de l'Inzecca : *à une vingtaine de km au nord-ouest de Ghisonaccia, direction Ghisoni.* Intéressant surtout pour la couleur de la serpentine verte, cette roche caractéristique par son aspect brillant, que l'on trouve dans le défilé de l'Inzecca. De Ghisoni, gros village entouré de montagnes boisées, une route sinueuse et étroite rejoint la route Ajaccio-Corte par le col de Sorba (1 311 m).

À faire

– Des ***sentiers de village à village*** ont été balisés dans le Fium'Orbu. La nature est superbe et les villages tout autant. On y a souvent l'impression de naviguer dans un océan de verdure, un musée naturel où les arbres sont rois et les curiosités cachées innombrables...

Quelques exemples de parcours à faire sans l'ombre d'une hésitation : rejoindre, à partir de Solaro, le hameau perdu de Ruvoli. Aller dominer les gorges du Travo par le chemin qui vagabonde entre Chisa et Ventiseri. Gagner les crêtes et les cols de Prati, de Laparo, de Juva ou d'Usciolu à partir de San-Gavino, d'Ania ou d'Isolaccio-di-Fium'Orbu, et profiter de leur vue admirable sur l'étang de Palo, le moins connu des étangs de la côte orientale ou bien, à l'opposé, en direction de l'Incudine et du Renoso... Et puis, du Poggio à la Luvana, du Cipitosa à l'Arinella, il n'est aucun torrent dans ces parages sans vasque, gorge ou cascade paradisiaques...
À Isolaccio-di-Fium'Orbu, les thermes de Pietrapola sont fermés en 2021 (travaux). ☎ *04-95-56-70-03.*

Randonnées en haute vallée du Fium'Orbu : le village de ***Ghisoni*** est l'une des capitales de la montagne corse, au pied du massif du Renoso et de ses nombreux lacs d'altitude.
Plein de choses à faire autour, donc : aller se baigner sous le village dans les piscines naturelles du Fium'Orbu, monter au lac de Bastani et au Renoso depuis la « station de ski » fantomatique de Capannelle (3h d'ascension facile et balisée pour ce sommet débonnaire, le moins accidenté des « géants » de Corse) ou encore visiter la sapinière de Marmano et le site charmant des Pozzi. Ce terme (en français, pozzines), qui signifie « puits », s'applique à ces anciens lacs comblés partiellement où l'eau divague désormais en ruisselets et en une succession de petites mares où prospère un milieu naturel riche et très particulier.
On atteint ce site à partir du col de Verde (1 289 m), en suivant vers l'ouest les balises rouge et blanc du GR 20 jusqu'au col de la Flasca (1 430 m). Sur l'autre versant, le sentier bascule dans le vallon de Marmano (au passage, d'immenses sapins). Plus loin, dans la clairière de Gialgone), on quitte le GR 20 pour emprunter sur la gauche le sentier menant aux bergeries des Pozzi, puis, une fois un ultime verrou franchi, on débouche sur les étendues marécageuses du même nom, installées sur différents niveaux, à 1 800 m d'altitude environ (compter au total 5h30 de marche depuis Verde aller-retour).

PRUNELLI-DI-FIUM'ORBU (20243)

À 18 km de Ghisonaccia. Ce village-belvédère offre une magnifique vue panoramique. On peut en faire le tour complet par la rue qui le ceinture.

Où manger ?

Caffè Buttéa : *en plein centre. ☎ 04-95-56-74-75. En saison, tlj midi et soir ; oct-avr, fermé dim et lun soir. Plats 10-18 €.* Halte bien sympathique que ce café-resto-épicerie dont la petite terrasse est située sur la place du village. Petite carte de 5 ou 6 plats sur l'ardoise, pas de grande gastronomie mais une cuisine préparée avec cœur, cannellonis au *brocciu.* Soirées musicales parfois.

Randonnée pédestre Mare a Mare Centre

Traversée ***de Ghisonaccia à Porticcio*** en 7 étapes de 4 à 6h. L'itinéraire est balisé en orange. Si vous arrivez en bus à Ghisonaccia, demandez au chauffeur de vous arrêter au pont de l'*Abatescu* (début du sentier sur la T10) et non à

Ghisonaccia même (sauf pour y faire votre ravitaillement) : vous éviterez de longer la territoriale pendant 30 mn pour arriver au départ du sentier.
Plaine du Fium'Orbu, puis zone montagneuse granitique du haut Taravo, on serpente à travers les forêts de châtaigniers ou de pins, jusqu'à de larges percées découvrant un vaste horizon, avec parfois la mer au fond. Les étapes sont d'intérêt inégal, mais la variété et la beauté des paysages caractérisent la plupart d'entre elles. Arbousiers, yeuses, maquis arborescent, chênes-lièges ou immortelles, c'est aussi l'occasion de rencontrer une fleur qui ne fait pas partie de notre quotidien. Aucune difficulté particulière. Le sentier commence en douceur par l'étape la plus courte, histoire de se mettre en jambes.

➢ Le 1er gîte (à 3h-3h30 de marche seulement de Ghisonaccia) se trouve à *Serra-di-Fium'Orbu.*

***Gîte Orasu de Serra-di-Fium'Orbu** (20240) :* *06-81-04-69-49. • bruna guidicelli@gmail.com • Avr-fin oct. Sur résa. Compter 20 € en dortoir et 44 € en ½ pens. Se renseigner, des travaux devant durer sont prévus par la municipalité.* Gîte communal tenu par Mme Guidicelli, une dame volubile et sympathique. Une vingtaine de places ; bien entretenu, sans plus. Cuisine américaine où l'on peut se faire la popote. Attention, il y a bien une épicerie (sans dépôt de pain) au village, mais ses horaires d'ouverture étant assez fantasques, mieux vaut ne pas trop compter dessus ! Sandwichs sur demande pour le lendemain *(5 €).* Si le gîte est complet, pas de panique ! Mme Giudicelli vous installera dans la salle des fêtes qui le jouxte.

➢ Puis 4h de marche jusqu'au gîte *Saga di Fior* de *Catastaghju,* à *San-Gavino-di-Fium'Orbu,* dans l'ancienne centrale hydraulique *(06-81-76-84-71. • gitecatastaghju@gmail.com •). Ouv avr-oct.*

➢ Les autres étapes du parcours conduisent dans le haut Taravo : d'abord à *Cozzano* (6h de marche), puis à *Guitera* (4h), à *Quasquara* (3h30) et au col *Saint-Georges* (4h de marche). Après quoi il ne reste qu'à rallier Porticcio et, de là, Ajaccio.

ALÉRIA (ALERIA) (20270) 2 010 hab.

Le village moderne, *Cateraggio,* à l'intersection de la T 10 (route Bastia/Porto-Vecchio) et de la T 50 pour Corte, à 48 km, n'a franchement rien de bien attractif. Mais le vieux village d'Aléria, situé sur une colline un peu au sud de Cateraggio, est connu pour les ruines de la cité antique. N'imaginez pas trouver Pompéi. Vaut néanmoins le détour pour la puissance d'évocation du site, et surtout pour son *musée.* Pour les plagistes, chouette *plage de Padulone,* à 2 km de Cateraggio.

Arriver – Quitter

➢ Aléria est desservie par les bus ***Bastia/Porto-Vecchio*** et ***Bastia-Solenzara*** (voir « Arriver – Quitter » à ces 3 villes).

Adresse utile

Office de tourisme intercommunal de l'Oriente : *80, av. Saint-Alexandre-Sauli (le long de la nationale, juste après le pont sur la droite quand on vient du sud). ☎ 04-95-57-01-51. • oriente-corsica.com • En été, tlj 8h30-19h (18h sam, 13h dim) ; hors saison, lun-ven 9h-12h, 13h30-17h.* Pas mal de doc et bon accueil.

Où dormir ? Où manger à Aléria et sur la côte ?

Camping

⛺ |●| ***Camping-bungalows Marina d'Aléria Capfun :*** *plage de* ***Padulone,*** *à 3 km de Cateraggio en direction de la mer. ☎ 04-95-57-01-42. • marine-aleria@capfun.com • marina-aleria.com • marina-aleria.com • ♿ De fin avr à mi-oct. Selon période, forfait env 28-50 € pour 2 (moins cher pour randonneurs et cyclistes) ; loc à la sem de chalets et mobile homes 4-6 pers. Hors saison, possibilité de louer à la nuit (2 nuits min demandées).* Au bord d'une longue plage (1 km) de sable fin et à proximité d'une petite rivière. Site ombragé sous les oliviers, les pins et les eucalyptus. 2 blocs sanitaires, eau chaude, machines à laver, resto *(de mi-mai à fin sept),* pizzeria, 6 courts de tennis et un minimarket. Activités sportives : canoë-kayak et embarcation à pédales. Mini-club pour les petits *(15 juin-15 sept).*

Bon marché

🏠 ***Hôtel Les Orangers :*** *à 50 m du carrefour de Cateraggio, direction la plage. ☎ 04-95-57-00-31. • info@hotel-corse-lesorangers.com • hotel-aleria-lesorangers.com • Fermé en fin d'année. Doubles 58-78 €.* M. Giudicelli tient avec bonhomie cet hôtel à l'ambiance familiale. Les chambres, simples mais plutôt agréables, avec TV et téléphone, sont d'une propreté impeccable. Une adresse que nos lecteurs apprécient.

|●| 🏠 ***Chez Marie en Corse :*** *Bravone, 20230* ***Linguizetta.*** *☎ 04-95-38-81-85. • reservation@chezmarieencorse.fr • chezmarieencorse.fr • Tte l'année : mar-sam le midi, jeu-sam (ven hors saison) le soir. Fermé dim-lun. Doubles env 60-85 €. Plat du jour 13 € ; autres plats 13-22 €.* Le bâtiment, en léger retrait de la T 10, ne paie sans doute pas de mine, mais on aurait tort de s'arrêter à cette 1re impression. La cour-jardin à l'arrière est agréable, et la cuisine fleurant bon l'Italie qui y est servie ainsi que l'accueil, prévenant, font de cette adresse ancienne reprise par Pascal et le chef Sergio, une halte appréciée. Goûtez un peu, par exemple, ces *carbonara* (pâtes napolitaines *Setaro* aux joues de cochon séchées et salées) ! Salon avec bibliothèque, cheminée et piano droit, style années 1950. Également une poignée de chambres à l'étage.

🏠 |●| ***Bed & Breakfast et salon de thé La Tour :*** *☎ 04-95-38-81-54. • contact@latourbravone.com • latourbravone.com • À 12 km au nord d'Aléria, au niveau de la marine de Bravone (20230, commune de Linguizetta), fléché. De mi-mai à mi-oct. Studios 70-80 €, petit déj inclus ; apparts 4 pers 750-830 €/sem. CB refusées.* Bonne surprise que ce petit endroit enfoui dans la végétation. Salon de thé la journée (bonnes tartes maison, gâteaux itou) et, en été, pizzas le soir *(fermé lun sauf juil-août).* Ambiance très cool. Juste à côté, quelques chambres en rez-de-jardin, hyper calmes et, là encore, dans un cadre de verdure. La mer n'est qu'à 300 m. Également des appartements. Une adresse d'habitués qui reviennent chaque été.

De chic à plus chic

🏠 |●| ***Adonis Aleria Hôtel L'Atrachjata :*** *100, av. Saint-Alexandre-Sauli, en plein centre de* ***Cateraggio.*** *☎ 04-95-57-03-93. • info@hotel-atrachjata.net • hotel-atrachjata.net • Tte l'année sauf de mi-déc à fin janv. Restaurant fermé sam avr-sept et le soir le reste de l'année. 69-125 € en chambre standard. Parking. Formule 18 € le midi, plats à partir de 13 €. ½ pens possible.* En bord de route (mais bien insonorisé), l'hôtel qui offre les chambres les plus confortables d'Aléria, plus ou moins grandes selon le standing. Restaurant.

|●| ⛱ ***Ferme Auberge L'Écurie :*** *route de la Mer. ☎ 04-95-57-94-26. • a.lavergne2b@gmail.com • Un peu en retrait de la plage de* ***Padulone,*** *à 3 km de Cateraggio. De mi-mars à mi-déc, tlj sauf dim-lun. Plats 21-29 € ; menu 39 €.* Sur une petite éminence dominant la mer, entre plage à 100 m et bâtiments agricoles, cette adresse est

la bienvenue sur la côte orientale, car elle offre tout autre chose que les établissements de plage, tout en n'étant qu'à 2 pas de la grande bleue. Produits d'excellente qualité (veau, porc et toute la charcuterie, sans parler du vin, proviennent du domaine même, sinon les producteurs, locaux pour la plupart, sont annoncés sur l'ardoise). Tripettes de veau, bœuf bio, cochon de lait, moules farcies au fromage frais, spaghettis aux huîtres... Belle terrasse aérée par une agréable brise marine ou, si le temps ne le permet pas, grande salle, tout à l'honneur du cheval, rappelant l'ancienne fonction des bâtiments.

A Vechja Scola : *Casone, à* ***Aghione.*** *06-15-67-66-71. D'Aléria, sur la T 10, direction Ghisonaccia, tourner à droite sur la D 343, puis à nouveau à droite et se garer sur le parking communal d'Aghione. Ts les soirs de juin à mi-sept. Menu env 30 €. Digestif offert sur présentation de ce guide.* Sous de grands peupliers blancs, on déguste la production quasi exclusive de la ferme familiale (veau, porc, agneau, sans parler des fromages). L'adresse est discrète, mais le bouche-à-oreille en fait une adresse courue pour les soirées estivales (guitares et chants corses). Bonne ambiance.

Où dormir ? Où manger entre Aléria et Corte ?

Camping L'Ernella : *sur la T 50, au lieu-dit* ***L'Ernella.*** *06-28-60-53-87. • marianifrancoise1@gmail.com • ernella.com • À env 20 km d'Aléria sur la route de Corte, à mi-chemin entre les 2. Début mars-fin sept. Résa conseillée. Compter env 16 € pour 2 avec tente et voiture ; chambre 4-6 pers (genre dortoir) 15 €/pers ; bungalow 4-6 pers 450 €/sem. CB refusées.* Aire naturelle de camping plutôt sympathique, simple, ombragée, bien située au bord du Tavignano sur lequel on pratique le canoë-kayak. Accès à la cuisine commune *(supplément de 4 €).* Vente de produits de la ferme.

Ferme-auberge U Sortipiani (chez Xavier Corazzini) **:** *pont de Piedicorte, T 50, 20270* ***Piedicorte-di-Gaggio.*** *06-45-22-54-50. • xaviercorsu@aol.com • sortipiani.com • À env 22 km à l'ouest d'Aléria, sur la route de Corte. Fermé en janv. Résas 24h avt. En camping, env 20 € pour 2 avec tente et voiture ; doubles 50-70 €. ½ pens possible. Menu 22 €.* En pleine nature, à côté du Tavignano, où l'on peut se baigner en été, dans une maison récente et isolée. Quelques chambres à prix raisonnables, et des emplacements de camping (ombragés, et douches chaudes), ainsi que des mobile homes, bungalows, chalets et un gîte. Bonne cuisine à base des produits de la ferme (charcuterie maison). Sentier de randonnée autour de la propriété, passant par un site préhistorique que fouille Xavier (excursion archéo possible).

Auberge du Corsigliese *(Le Banana's)* **:** *Casaperta, 20270 Aléria (à 10 mn d'Aléria sur la route de Corte). ☎ 04-95-57-04-87. • le-bananas@orange.fr • hotel-aleria.fr • Fermé dim nov-mars. Fermé en fév. Doubles env 65-90 €. Pizzas 10-12 € ; carte env 30 €.* Une adresse sans prétention. Chambres doubles avec salle de bains et TV. Au resto, grillades, spécialités corses. Piscine (couverte et chauffée en hiver), jeux pour enfants, environnement très arboré et déco « cocotiers ». Et bar où trône le Che !

À voir

Le musée départemental d'Aléria Jérôme-Carcopino : *installé dans le magnifique fort de Matra. ☎ 04-95-57-00-92. De mi-mai à sept, tlj 8h-14h, 13h-18h ; le reste de l'année, tlj sauf dim 9h-13h, 14h-17h. Entrée : 4 € ; réduc.*

Le rez-de-chaussée présente une exposition temporaire, qui replace la ville antique dans le monde de son époque : la culture étrusque (si mystérieuse) ou la civilisation romaine. Le rayonnement régional de la cité, ses interactions avec le monde antique, sont mises en valeur.

Au 1er étage, on voit de magnifiques vestiges grecs et surtout romains ou étrusques retrouvés sur le site, la plupart dans des « tombes à chambre », dans la nécropole préromaine de Casabianda (située au sud d'Aléria), et remarquablement conservés. Très belles céramiques (certaines « surpeintes »), quelques-unes d'un érotisme intéressant, superbes rhytons à tête de mulet et de chien, très beaux cratères à colonnette (pour le vin), bijoux, casques, glaives... Sans conteste le meilleur musée d'archéologie antique de Corse, même si l'on aimerait bien qu'à l'étage y soit introduite une muséographie contemporaine...

Le site : *à 300 m du musée. Billet commun avec celui du musée. Le site ouvre et ferme 30 mn après le musée. Parcours jeune public avec flashcode, peut servir aussi aux adultes, vu le peu de panneaux explicatifs.* Une partie seulement de la ville romaine (on ne connaît presque rien des périodes grecque et étrusque) se visite : vestiges du forum, de temples, du capitole, ainsi que du *balneum...* Elle s'étendait sur 6 ha et n'avait été peuplée qu'au Ier s avant notre ère. Elle est restée habitée jusqu'à l'Antiquité tardive.

DANS LES ENVIRONS D'ALÉRIA

L'étang de Diane : à 2 km au nord d'Aléria. Quel beau nom ! Les Romains élevaient déjà des huîtres (les truffes de Thétis, comme on les appelait alors) sur cet étang de 570 ha, peu profond. Ils les exportaient même. Une petite île leur servait de dépotoir ; elle est recouverte d'une épaisse couche de ces coquillages formant une véritable strate calcaire. Aujourd'hui, la tradition se perpétue grâce à une *ferme aquatique*, où l'on peut acheter des huîtres (excellentes), des moules (délicieuses) et autres clams et praires. Comme l'étang d'Urbino, l'étang de Diane est relié à la mer. Au sud de ce passage, une tour (restaurée).

LE GOÛT DU PAYS

Pendant son exil sur l'île d'Elbe, Napoléon envoyait en Corse, 2 fois par semaine, un militaire chargé de rapporter des huîtres de l'étang de Diane. Heureusement, l'île d'Elbe est juste en face de la Corse. Il n'a pas demandé le même service quand il était à Sainte-Hélène !

Le domaine Mavela : *lieu-dit* ***U Licettu.*** *☎ 04-95-56-60-30. • domaine-mavela.com • Tourner sur la droite à env 5 km au sud d'Aléria sur la T 10, et continuer sur la D 343, direction Ghisoni, c'est à env 2,5 km. Juil-fin sept, tlj sauf dim 10h-20h ; 15 avr-fin juin et début oct, lun-sam 10h-19h. Visite guidée : 9 € (4/j. juil-août, 3/j. mai-juin et sept-oct).* Production de liqueurs à base d'agrumes (celle, entre autres, de cédrat et framboise atteint des sommets), d'eaux-de-vie et de fruits à l'eau-de-vie. Associée à la société *Pietra,* Mavela a commercialisé le 1er whisky 100 % corse, *P & M.*

Capra Parc : *lieu-dit Favale, 20270* ***Tox.*** *06-12-72-35-67. • capra-parc.com • D'Aleria, direction nord par la T 10 puis suivre la D 16 : un peu avt Tox, piste sur la droite. Sur rdv seulement, avr-sept (mar et ven), matinée d'immersion dans la vie de berger : 10 €/pers, 30 € famille. Rendez-vous à 8h30 à la ferme. Compter 3h.* Depuis 2015, Audrey et Anthony se sont lancés dans l'élevage de chèvres. Dans leur ferme caprine laitière bio ils proposent des matinées pédagogiques (visite de la bergerie, initiation à la traite manuelle, dégustation...). On peut évidemment acheter leurs fromages. Rando possible à la journée également, en accompagnement du troupeau, sur les sentiers du Sant' Appianu *(min 4 pers ; 25 €/adulte).* Une manière de partager pour quelques heures l'activité pastorale et de mieux en connaître la nature.

LA COSTA VERDE, LA CASTAGNICCIA ET LA CASINCA

• Carte *p. 368-369*

L'ensemble de ces 3 microrégions offre de belles possibilités de balades et de randonnées dans une nature généreuse, soit très près de la mer (Costa Verde et Casinca), soit plus loin dans les terres (Castagniccia).

LA COSTA VERDE

Regroupant 14 communes, appartenant elles-mêmes à 3 anciennes *pieve* (Campoloro, Murianincu et Tavagna), auxquelles sont venues s'ajouter les 9 communes de l'ancienne *pieve* de l'Alisgiani (ou Alesani, que nous traitons dans la partie Castagniccia), et coincée entre d'autres régions mieux connues et identifiées, la Costa Verde se fait petit à petit connaître. Ne surtout pas se limiter à sa façade maritime, l'arrière-pays propose de belles surprises.

MORIANI-PLAGE

(20230 ; commune de San-Nicolao)

Très animée en été, la station de Moriani-Plage est au centre de la Costa Verde. C'est d'ici que Hyacinthe Paoli partit en exil à Naples, avec son fils Pasquale âgé de 14 ans (une plaque le rappelle). Les excursions dans cet arrière-pays splendide et bien trop méconnu sont l'atout principal de Moriani-Plage. À part la bronzette, bien sûr.

Adresse utile

i *Office de tourisme de la Costa Verde-Destination Castagniccia Mare e Monti :* *Maison du développement, en plein centre.* ☎ *04-95-38-41-73.* • *castagniccia-maremonti.com* • *Juin-sept, lun-sam 9h-19h, dim 10h-18h ; avr-mai et oct, lun-ven 9h-12h, 14h-18h et sam 9h-13h ; en hiver, lun-ven 9h-12h, 14h-18h.* Beaucoup de doc sur la microrégion et les randos possibles. En saison, une navette desservant les plages part de l'office *(tlj sauf dim).*

Où dormir ? Où manger à Moriani et dans les proches environs ?

Plusieurs adresses que nous recommandons se trouvent sur la côte, faciles d'accès depuis Moriani-Plage ; certaines, à Prunete (6 km au sud de

Moriani-Plage), dépendent administrativement de la commune de Cervione.

Camping

⛺ ***Camping Merendella :*** *Moriani-Plage, 20230* ***San-Nicolao.*** *☎ 04-95-38-53-47. • contact@merendella.com • merendella.com • Avr-oct. Compter 20-35 € pour 2 avec tente et voiture (forfait le moins cher) ; bungalows et chalets en bois.* Vaste camping bien équipé, très ombragé. Sanitaires bien entretenus. Piscine chauffée. Nombreuses activités. Accès direct à la plage. Restaurant-pizzeria à l'entrée *(U Catagnu).*

De prix moyens à plus chic

🏠 🍽 ***Hôtel Costa Verde :*** *à 500 m au sud du centre de Moriani-Plage. ☎ 09-63-06-88-69. • contact@hotel-costaverde.fr • hotel-costaverde.fr • Avr-oct. Doubles 75-90 € selon saison. Resto le soir (possibilité de ½ pens). Parking fermé.* Chambres assez simples (doubles, triples et quadruples) pour une clientèle composée en partie de randonneurs. Resto très correct où l'on est sûr de manger de la bonne charcuterie (le patron la fait lui-même en hiver en Castagniccia).

🍽 ***A Pota Marina :*** *sur la plage de Moriani. • 04-95-38-53-13. • rorode lapota@wanadoo.fr • Mars-fin oct, tlj. Carte env 25 €.* Un patron jovial qui connaît bien la région, car il a répertorié avec son fils toutes les églises et les trésors de la Castagniccia. Carte généreuse, fruits de mer (moules farcies, *fritto misto*), viande, pizzas et pâtes.

Où manger dans les environs ?

Prix moyens

🍽 ***A Cinderella :*** *La Malacota, 20221* ***Santa-Maria-Poggio.*** *☎ 04-95-38-57-52. • alistru@wanadoo.fr • Sur la T 20 à 3 km au sud de Moriani-Plage. Mar-ven. Plat du jour 13-14 €. Pizzas 8,50-14 €. Menu 35 € (avec verre de vin).* En bord de route, certes, mais la terrasse de la vieille bergerie et le jardin qui la prolonge sont bien agréables. Bonne cuisine corse, réalisée avec soin : dans son genre, le menu est parfait. Pizzas au feu de bois également. Service aimable.

Où se baigner ?

Entre Aléria et Moriani-Plage, la côte orientale forme une interminable plage de sable, quasi rectiligne. Nous conseillons, par exemple, la plage qui se situe au bout d'une petite route que l'on prend à la hauteur du ***phare d'Alistro,*** au bord de la T 10, à 14 km au sud de Moriani. C'est un coin relativement tranquille en été. En marchant, on peut faire des kilomètres le long de la plage, sans rencontrer trop de monde (plutôt vers le nord que vers le sud, où commencent les villages de vacances naturistes...).

Festival

– ***Festival U Settembrinu di Tavagna :*** *1 petite sem, fin août ou début sept. Rens : ☎ 04-95-36-91-94. • tavagna.com •* Ce festival s'est tranquillement fait sa place et permet de découvrir une microrégion méconnue, la Tavagna, située entre Moriani et la Casinca. Programme éclectique mariant modernité et tradition. Des musicos du monde entier se produisent dans plusieurs villages de la microrégion. Le village de Taglio-Isolaccio est le berceau de la famille Bernardini *(I Muvrini).* Une référence.

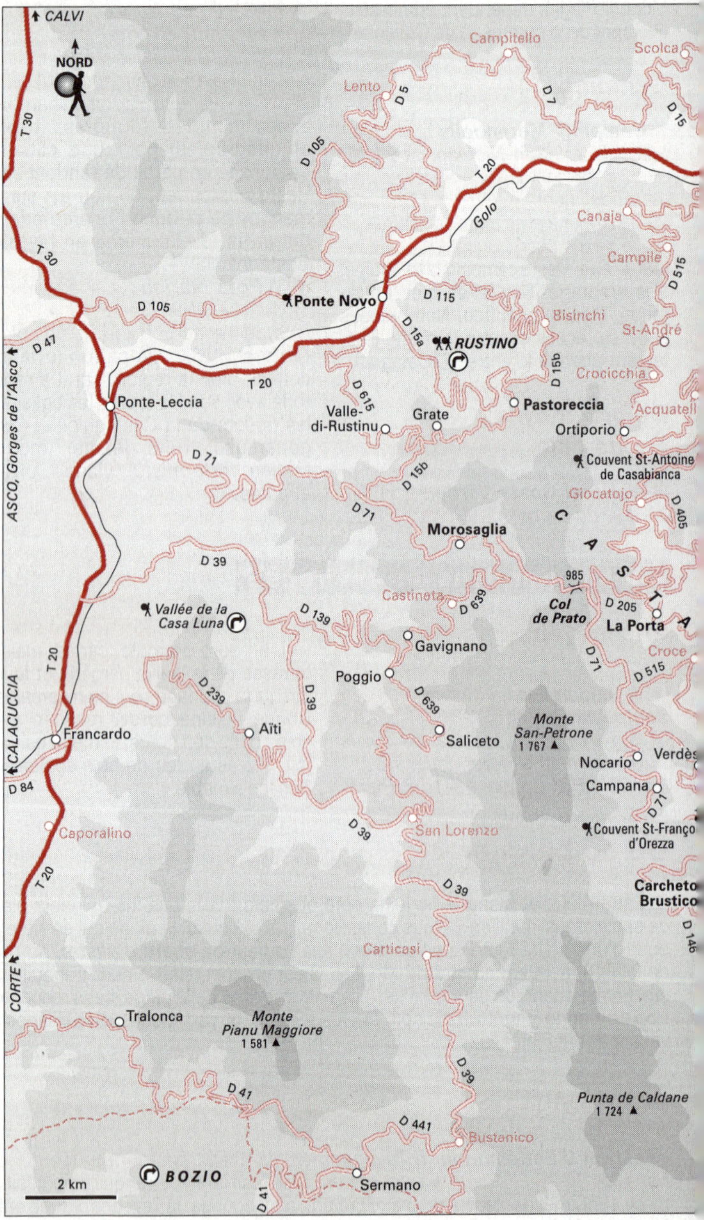
CALVI
NORD
T 30
Campitello
Scolca
Lento
D 5
D 7
D 15
D 105
T 20
Golo
Canaja
Campile
D 515
Ponte Novo
D 115
D 105
Bisinchi
D 47
D 15a
RUSTINO
St-André
ASCO, Gorges de l'Asco
T 20
D 15b
Crocicchia
Ponte-Leccia
D 615
Pastoreccia
Acquatell
Valle-di-Rustinu
Grate
Ortiporio
D 71
D 15b
Couvent St-Antoine de Casabianca
Giocatojo
D 405
D 71
Morosaglia
C A S T A
D 39
985
Castineta
D 639
Col de Prato
D 205
Vallée de la Casa Luna
D 139
La Porta
Gavignano
Croce
T 20
D 71
D 515
Poggio
CALACUCCIA
D 239
D 39
D 639
Monte San-Petrone
1 767
Francardo
Aïti
Saliceto
Nocario
Verdès
D 84
Campana
D 71
Caporalino
D 39
San Lorenzo
Couvent St-Franço d'Orezza
T 20
D 39
Carcheto Brustico
D 146
Carticasi
CORTE
Tralonca
Monte Pianu Maggiore
1 581
D 39
Punta de Caldane
1 724
D 41
D 441
Bustanico
BOZIO
2 km
Sermano
D 41

LA COSTA VERDE, LA CASTAGNICCIA ET LA CASINCA

Randonnée pédestre Mare a Mare Nord

➢ Une petite merveille que cette rando permettant de relier en 7-8 jours (itinéraire principal) ou 10-12 jours (avec une variante) la côte orientale à la côte ouest, de ***Moriani*** à ***Cargèse*** via Corte. Se munir du topoguide édité par le parc régional. Balisé en orange, l'itinéraire est jalonné de gîtes d'étape.
Il est conseillé de réserver sa place dans les gîtes (surtout en août). Périodes idéales : juin et septembre.

DANS LES ENVIRONS DE MORIANI-PLAGE

La microrégion permet de faire pas mal de petites balades en boucle. Demander à l'office de tourisme de Moriani leur documentation (ou téléchargez-la). En voiture (attention, routes très étroites), il est possible de faire un circuit sympa sur une ½ journée. À ***San-Giovanni-di-Moriani,*** village constitué de 6 hameaux, *église paroissiale Saint-Jean-l'Évangéliste,* avec son magnifique campanile baroque élancé (33 m de hauteur, l'un des plus hauts de l'île). Un sentier botanique *(chjassu botanicu)* en part pour un circuit de 3h30 environ permettant de découvrir plus de 230 plantes. Le parcours croise la chapelle de *San Mamilianu* (Xe s), son point culminant, où l'on faisait, le 15 septembre, un feu visible sur les îles d'Elbe et de Monte-Cristo, d'où l'on répondait par le même moyen. Autre église baroque, celle de ***San-Nicolao,*** consacrée elle aussi à saint Jean : elle vaut le coup d'oeil, notamment pour son haut-relief où la légende de saint Nicolas est représentée. Entre San-Nicolao et Santa-Maria-Poggio, entre les 2 tunnels de Bucatoghju, s'arrêter pour voir la très belle ***cascade de l'Uccelluline*** (le sentier de randonnée San-Nicolao/Santa-Maria y passe).

ATLANTA-CORSE : 1-0

En 1863, un pharmacien corse de Pero-Casevecchie, Angelo Mariani, eut l'idée, après un voyage en Amérique du Sud, d'ajouter des extraits de feuille de coca à du vin rouge : le « vin de Mariani » connut un véritable succès hexagonal, avant d'être interdit en 1910, en raison de l'accoutumance qu'il produisait. Entre-temps, un docteur d'Atlanta (Géorgie), Pemberton, avait repris l'idée du French tonic wine, *mais, prohibition oblige, en lui enlevant l'alcool et en lui ajoutant des extraits de noix de cola et de la caféine, le tout gazéifié. Le Coke était sur les rails. Son origine (méconnue) est donc corse... mais les bénéfices sont américains.*

En remontant vers le nord, à la limite entre Costa Verde et Casinca, un parc mérite le déplacement :

Le parc Galea : *à* ***Taglio-Isolaccio,*** *route de l'ex-CNRO, 1,5 km au sud de Folelli. 07-78-13-56-70. • parcgalea.com • Juil-août, tlj 10h-19h ; de mi-avr à fin juin, tlj 14h-19h ; sept, tlj 14h-19h ; de mars à mi-avr et oct, dim 14h-19h. Entrée : 9 € ; 7-18 ans : 6 €. Consulter le site ou la page Facebook pour suivre les événements qui se déroulent au parc.* Une heureuse initiative privée qui donne l'occasion, sur cette côte est un peu pauvre en visites, en dehors d'Aléria, d'aborder la Corse sous un angle résolument moderne, avec de nombreuses ressources numériques mobilisées. L'espace se décline en différents pavillons, fermés (et climatisés) ou semi-ouverts. *Memoria,* la 1re salle, dispose d'une dizaine d'écrans présentant de nombreuses photos anciennes. *Ethnografia,* après une parlante présentation de la formation de la Corse et de la Sardaigne, aborde un certain nombre de coutumes insulaires, avec, notamment, des films de l'INA plus ou moins longs (par exemple, *Mon village à l'accent corse*). L'espace *Naviga,* plus classique, s'intéresse à la Corse dans son contexte historique et géographique. La visite se termine par les unités *Cinema, Energia* et *Galeria,* mais il ne faudrait pas oublier les espaces extérieurs, soignés (9 ha de jardins aménagés), qui donnent une autre dimension à ce parc. Visite très agréable à faire en famille.

CERVIONE (CERVIONI) (20221) 1 665 hab.

Gros bourg surplombant la plaine orientale, aux maisons serrées de part et d'autre de rues étroites. C'est la capitale de la noisette corse : au *Cyber-café de l'Avenue,* les noisettes vous attendent sur chaque table, le casse-noisettes aussi ! Il est agréable de se balader dans les ruelles, autour de la cathédrale *Saint-Érasme*, au riche décor baroque. Bel orgue du XVIIIe s. Placette typique juste en face, avec son bar corse immuable.
L'éphémère roi Théodore (voir « Histoire » dans le chapitre « Hommes, culture, environnement » en fin de guide) traîna ses guêtres à Cervione, où il fut en « résidence ». Un buste devant le palais épiscopal le rappelle.

Où dormir dans les environs proches de Cervione ?

Camping-Yellow Village Le Campoloro : *Prunete, 20221 Cervione. ☎ 04-95-38-00-20. • campoloro@wanadoo.fr • lecampoloro.com • Un peu au sud de Prunete, en bordure de mer. De fin mai à mi-sept. Selon saison, forfaits 33-64 € pour 2 avec tente et voiture plus électricité (cher !) ; cottages et chalets (4-6 pers).* Emplacements spacieux, sanitaires propres. Bar, restaurant-pizzeria. Espace aquatique avec 4 piscines (1 avec toboggan), espace balnéo. Animations en juillet-août. Bon accueil.

Camping Calamar : *Prunete, 20221 Cervione. ☎ 04-95-38-03-54. • reservation@campingcalamar.eu • campingcalamar.eu • À 500 m plus au nord que Le Campoloro. D'avr à mi-oct. Compter env 14,80-16,40 € pour 2 ; bungalows.* Camping tout simple, sous les oliviers, avec accès direct à la plage. Pas de piscine, donc, mais il y a la grande bleue, et ce n'est pas rien. Bonne ambiance. Accueil souriant.

A Balamata *(Gîtes de France)* **:** *rue A Traversa. ☎ 04-95-38-10-47. 06-23-50-10-68. • a.balamata@hotmail.fr • Tte l'année. En plein centre, sur la rue en corniche qui évite les ruelles étroites autour de la cathédrale. Double 70 €. CB refusées.* Au 1er étage d'une haute bâtisse typique des maisons de maître de la fin du XIXe s, 4 chambres (3 doubles, 1 *twin*) spacieuses, lumineuses, à la déco de bon goût, avec clim et belles salles de bains. Grande salle à manger pour prendre l'excellent petit déjeuner. La famille tient également le restaurant *U Casone.*

A Casa Corsa *(chez Anne-Marie Doumens)* **:** *Aqua Nera,* ***Prunete.*** *☎ 04-95-38-01-40. • casa-corsa1@orange.fr • casacorsa.com • À 6 km au sud de Moriani, en face du moulin de Prunete, prendre le chemin à droite (en venant de Bastia). Mai-sept (téléphoner hors saison). Compter env 78 € pour 2, petit déj compris. CB refusées.* En retrait de la nationale, maison récente proposant 5 chambres d'hôtes climatisées, vastes, agréables et claires. Sanitaires privés. 2 chambres sont à l'étage, avec accès indépendant, la 3e étant une suite pour famille, en fait composée de 2 chambres. Également une annexe avec 2 autres chambres. Terrasse où le petit déj est servi, cuisine d'été. Plage à proximité. Accueil convivial.

Où manger ?

Le San Carlu : *à Prunete, 20221 Cervione. ☎ 04-95-38-01-65. • reservation@sancarlu.com • À 100 m de la mer, presque en face du Camping Calamar. De mai à mi-oct, tlj ; hors saison, le w-e. Compter env 20-30 € ; couscous mar soir, paella jeu soir. CB refusées.* Cuisine sans chichis mais généreuse qui fait de ce restaurant une adresse appréciée de cette partie de la côte est. Les menus, du « touristique » au « gourmet », font déjà l'affaire, ou bien, à la carte, on se régalera d'un *fritto misto,* de moules ou de poisson de la pêche du jour avec, par exemple, un *pastizzu* pour terminer. Accueil prévenant.

U Casone : *dans le centre du village. ☎ 04-95-38-10-47. • mariepierre.o@hotmail.fr • Fermé lun en basse saison et lun soir en hte saison. Congés : de mi-déc à mi-fév. Carte env 25-30 €.* Cuisine familiale (escalope à la noisette, *stuffatu* de veau, beignets de fromage), mais aussi des minipizzas, terrines, salades. On mange sur la terrasse au pied de la grande demeure typique *(casone).*

À voir. À faire

Le musée Anton-Dumenicu-Monti : *dans le village, accès par la rue qui monte à droite de la cathédrale. ☎ 04-95-38-12-83. • adecec.net • Tlj sauf dim et j. fériés 9h-12h, 14h-18h (19h en juil-août). Entrée : 3 € (visite libre) ; réduc ; avec audioguide 5 €.*
Musée ethnographique géré par l'ADECEC, autrement dit l'« Association pour le développement des études archéologiques, historiques, linguistiques et naturalistes du centre-est de la Corse ». Ouf !
Installé dans l'ancien séminaire des évêques d'Aléria, ce musée à l'ancienne renferme, sur 3 niveaux et dans 14 salles, quantité de raretés diverses, joliment présentées. Tous les métiers traditionnels sont représentés par de belles pièces (nombreux dessins explicatifs). Plus loin, les statues de santu Lisandru et santu Eramu, qui ornaient la cathédrale et devaient terroriser les pécheurs, et même les innocents. Pièce rare, la serrure du moulin à poudre de Paoli (1760). Mais on n'est pas certain de son origine... Beaux rabots et araires du tonnerre. Bref, un tas d'objets, outils ou œuvres d'art, et documents, qu'on prend le temps de regarder. Très intéressant. Si l'on peut se faire accompagner d'un membre de l'association pour avoir des commentaires, c'est encore mieux.

Grimpez à la ***chapelle Notre-Dame-de-la-Scupiccia*** (accès en 1h de marche, bien indiqué). On peut y voir une statue en marbre blanc de la Vierge, sculptée à Florence : le bateau qui l'emportait à Cordoue fit naufrage dans le coin, elle fut récupérée par des pêcheurs... Un incendie dans le secteur en 2018 ôte à la balade de son charme.

Fête

– **Destination Noisette** *(fiera di a nuciola)* **:** *vers le dernier w-e d'août.* Nombreuses animations.

LA CASTAGNICCIA

Que Paoli fût natif de la Castagniccia n'est pas étonnant. Car la voici, l'âme corse. Ces vallées vertes et abruptes où serpentent d'étroites routes, ces villages ou hameaux serrés, fermés, hérissés de fiers campaniles, aux maisons

couvertes de lauzes (on est en pleine Corse schisteuse), ces vaches, chèvres, porcs à demi sauvages, ces châtaigniers épais et tors, ces torrents... La Castagniccia (ou « Castagnitch' », comme le prononcent les Corses), belle toujours, riche, moins sans doute qu'autrefois mais riche quand même, riche d'elle-même. Au XVIIe s, composée de 3 principales *pieve* (Alesani, Ampugnani et Orezza), c'était alors la région la plus peuplée de l'île, notamment grâce au châtaignier, l'« arbre à pain », qui lui a donné son nom. C'est à cette époque que la plupart des églises baroques et des campaniles furent édifiés. Aussi ressent-on – avec les Corses – une sorte de nostalgie, du moins comprend-on la leur, leur peine à voir ces châtaigneraies malades ou abandonnées, et ces terrasses aujourd'hui en friche...
La région s'est ouverte au tourisme vert. Et ceux qui ont choisi d'y vivre et de poursuivre ou de reprendre les activités anciennes – culture du châtaignier, élevage, ébénisterie –, ou d'en créer de nouvelles, généralement liées au tourisme, forment une population tout aussi attachante. Alors, si vous terminez votre tour de Corse à Bastia, essayez de passer au moins une nuit là-haut sous les châtaigniers (ou plus, car la Castagniccia n'est pas faite pour les gens pressés...).

LES SENTIERS DE PAYS DE LA CASTAGNICCIA

Une quinzaine de sentiers de pays (boucles de 1h30 à 5h de marche) couvrent la majeure partie de la région, principalement dans l'ancienne *pieve* d'Orezza, autour de Piedicroce. Ceux qui aiment les cartes s'armeront des cartes IGN de secteur (4349 OT Vescovato et 4351 OT Cervione). Très sympa, accessibles à tous mais pas tous bien entretenus. Possibilité de randos accompagnées avec Xavier Santucci : 06-87-41-81-26. • corsica-rando-culture.fr •

Comment y aller ?

➢ ***Par Ponte-Leccia,*** sur la route Corte-Bastia : dans ce cas, on entre en Castagniccia par l'ouest, ou bien par la D 71, au départ de ***Cervione (Costa Verde),*** 1er village au-dessus de la plaine orientale. On peut également monter en Castagniccia en quittant la T 10, à ***Folelli,*** par la D 506 qui mène à Piedicroce (bonne route, moins étroite avec un bon revêtement) : au bout de 11 km, 2 routes, cette fois très étroites, montent l'une à La Porta, l'autre à Piedicroce. Attention, routes dangereuses, alors on roule peinard. C'est la meilleure façon de découvrir le pays. Pas de station-service, prenez vos précautions.

L'ALESANI (ALISGIANI)

En montant de Cervione, la « frontière » entre Costa Verde et Castagniccia se traverse un peu avant Ortale. Pendant quelques kilomètres, les paysages semblent presque austères, puis c'est le grand jeu ! On entre alors dans la microrégion de l'Alesani (Alisgiani), célèbre pour son couvent, où fut couronné le seul roi (éphémère) que la Corse ait jamais connu.

À voir

Le couvent d'Alesani : *à 5 km de Valle-d'Alesani et à 500 m du village de Piazzali. Bien indiqué. 06-79-71-41-91. • couvent-alesani.fr • Le couvent ne se visite qu'en juil-août (mar et jeu 14h30-18h), sinon l'église est en principe ouv.* C'est ici que Théodore de Neuhoff, basé à Cervione, fut couronné roi le 15 avril 1736. La *Vierge à la cerise,* sorte d'icône qu'on peut voir dans l'église, sur la droite, est portée en procession le 8 septembre de chaque année.

CARCHETO-BRUSTICO (CARCHETU È BRUSTICU)

(20229) 31 hab.

Une enfilade de maisons étire son échine de toits gris. À 400 m en contrebas de la route se trouve l'église Sainte-Marguerite, l'une des rares en France où, par manque de moyens, les peintures n'ont pas été restaurées ; depuis la fin du XVIIe s, le temps s'est arrêté. Le village a servi de cadre au roman *Mal'Concilio* : sur la dentelle de pierre du fronton de l'église, au pied de la cascade ou entre les tours de Tevola, on s'attend à voir passer l'ombre légère de Lesia, héroïne dudit roman (voir « Livres de route » dans le chapitre « Bon à savoir avant le départ » en début de guide). D'ailleurs, son auteur, Jean-Claude Rogliano, tient des gîtes ruraux bien sympa (voir ci-après).

Où dormir ?

Gîtes ruraux

■ ***Gîtes des Tours de Tevola :*** *à 500 m en contrebas de la départementale.* ☎ *04-95-31-29-89.* • *jean-claude.rogliano@neuf.fr* • *Tte l'année. Gîtes 4-6 pers 230-570 €.* Dans le cadre superbe de ce hameau fortifié, construction austère et sans âge (enfin, presque : XIIIe s). On y contemple la nature somptueuse de cette Castagniccia qui s'ouvre face à la terrasse. Dans la plus ancienne tour, 3 gîtes de 40 m². Séjour-cuisine (avec convertible s'il n'y a qu'1 chambre) et 1 ou 2 chambres (lit double et lits superposés), douche et w c. Bon, c'est de l'ancienne bâtisse, à murs épais et fenêtres étroites, et les pièces ne sont pas bien grandes. Également un gîte plus grand (54 m²), dans une maison indépendante à côté des tours. Jean-Claude Rogliano, votre hôte, est une personnalité. Érudit et intarissable, il est tout simplement amoureux de son île. Son épouse reçoit tout aussi chaleureusement. Les soirées tournent donc facilement à la fête et l'on discute jusqu'à une heure tardive (soirées musicales en été). Bref, une adresse exceptionnelle – mais dont le caractère peut ne pas convenir à tout le monde. Très agréable piscine à débordement en prime, avec vue plongeante sur la vallée.

Chambres d'hôtes

■ ***Castellu d'Orezza :*** *06-07-47-65-08.* • *castelludorezza@orange.fr* • *castelludorezza.com* • *Au hameau de Carcheto, au niveau du bar* Chez Armand, *prendre la rue qui descend et suivre le fléchage. Tte l'année. Doubles 110-125 €. Table d'hôtes 30 €.* Le propriétaire, André, vous accueille avec plaisir dans sa demeure, une vénérable maison-tour, longtemps restée à l'abandon et magnifiquement restaurée. Les chambres, dont une en duplex, sont confortables et plus que spacieuses. Grand salon au rdc avec bibliothèque fournie. On prend le petit déjeuner, excellent, dans la maison voisine. Table d'hôtes qu'on ne peut que conseiller. Vélos à disposition. Une adresse rare. De quoi goûter, le temps d'un séjour, à la vie de *castellu* !

Où manger dans les environs ?

Auberge des deux Vallées : *au col d'Arcarotta, sur la D 71, 20234* ***Piobetta.*** *☎ 04-95-33-73-74. Entre Felce et Carcheto-Brustico. Avr-sept, tlj sauf dim soir. Prévoir env 20-25 €.* Paul et Sylvie accueillent aimablement dans cette auberge traditionnelle. Parmi les plats, les beignets au *brocciu* ou au fromage, les lasagnes, les *fagioli* (haricots blancs) tirent leur épingle du jeu. Quant à la charcuterie, elle est faite par le patron. Le dimanche, le four à bois est de la partie. Terrasse panoramique (ou presque) pour profiter du spectacle avec les yeux.

Où acheter de bons produits dans le coin ?

Marché du col d'Arcarotta : *au col d'Arcarotta. Juil-août, dim 10h-14h.* Un petit marché local. Y aller tôt, les bons produits partent vite !

PIEDICROCE

(20229) 125 hab.

À 35 km de Cervione, 23 km de Folelli et 5 km plus haut que Carcheto. Un village à flanc de montagne, sorte de balcon dominant une région préservée, couverte de châtaigniers, qui s'ouvre aux randonnées pédestres et équestres. Superbe *église Saint-Pierre-et-Saint-Paul* avec une façade baroque datant du XVIIIe s et les plus beaux orgues de Corse.

Où dormir ? Où manger ?

Hôtel-restaurant Le Refuge Orezza : *au bourg. ☎ 09-70-35-56-31. • hotel.lerefuge@wanadoo.fr • hotel-restaurant-corse.fr • D'avr à mi-oct. Doubles 56-69 €. ½ pens possible. Menu 20 €, plats 11-17 €.* L'auberge est agrippée, comme les autres maisons du village, au versant sud de la montagne. Les chambres côté vallée offrent une très belle vue sur les monts boisés et les hameaux perchés. Restaurant classique et bon marché. Personnel accueillant et de bon conseil.

Où dormir dans les environs ?

Camping

Camping Les Cascades : *lieu-dit Casette, 20213* ***Pruno.*** *☎ 04-95-36-91-91. • cascades@wanadoo.fr • Sur la D 506 en direction de la Castagniccia, à env 7 km de Folelli. De mi-juin à mi-sept. Compter 18 € pour 2 avec tente et voiture. Doubles env 50-60 €.* Au pied de la Castagniccia, au bord d'une rivière, un terrain plat semi-ombragé pour planter la tente. Sanitaires modestes. 1 chambre d'hôtes simple à l'arrière de la maison et 6 autres avec salle de bains commune sous les combles mais sans clim (à éviter en été !). Petit déj possible. Piscine hors sol dans le jardin.

Gîte rural

Gîte de M. Timothée Dainesi (Gîtes de France) **:** *à* ***Scata.*** *Résas auprès des Gîtes de France : • 04-95-10-54-30. Presque à 20 km de Piedicroce, par la D 506 qui s'enfonce à l'est dans la Castagniccia, puis à droite vers San-Gavino-d'Ampugnani, où l'on tourne* *à droite vers Scata. Fermé nov-déc. Compter 290-570 €/sem.* Dans le village, dans une maison mitoyenne typique et rénovée. Gîte de 62 m² sur 2 niveaux, séjour (avec lit convertible), cuisine, 2 chambres avec lit double. Mobilier rustique et bon équipement (TV, lave-linge, lave-vaisselle). Location de draps. De la grande terrasse, vue imprenable sur la vallée boisée d'Orezza. Très bon contact avec les propriétaires, qui habitent à côté. Commerces et mer à 20 bonnes minutes.

Chambres d'hôtes

Chambres d'hôtes La Diligence : *chez Anik Lahure, 20229* ***Verdèse.*** *• 04-95-34-26-33. 06-13-21-50-07. • ladiligence.verdese@hotmail.fr • la-diligence.net • À 9 km de Piedicroce, au centre du village. Fermé nov à mars. Doubles 70-115 € selon chambre (2 nuits min demandées). Table d'hôtes (résa la veille) 30 €/pers. CB refusées. Apéritif ou digestif offert sur présentation de ce guide.* Cette grande bâtisse, relais de diligence au XVIIIe s, a été joliment retapée. Anik et Raymond proposent 5 très belles chambres dont 1 basse de plafond sous les combles. Chacune a conservé son cachet rustique (objets anciens, bois de châtaignier, marches en lauzes). Belle terrasse avec vue sur le San Petrone. La conviviale table d'hôtes, avec vin et apéro, prolonge le plaisir. Une bonne adresse.

Casa Orsu Maria *(Gîtes de France) :* ***Campana.*** *☎ 09-67-29-86-02. 06-43-53-93-46. • contact@casaorsumaria.com • casaorsumaria.com • Mai-oct. Doubles 135-180 €, suite 220-280 €. Plateau dégustation (très complet) 36 €.* C'était un pari plutôt audacieux que d'ouvrir une maison d'hôtes avec des services dignes de ceux d'un hôtel dans un village de 30 habitants en plein cœur de la Castagniccia. Et il faut dire que l'entreprise paraît réussie. La maison est immense et dispose de 4 grandes chambres dans les étages inférieurs ainsi que de 1 suite. Piscine, jacuzzi, sauna, et même ascenseur... tout a été bien pensé par le propriétaire de la demeure, attentionné, qui s'assure du bien-être de ses hôtes. Plateaux-repas (sur résa) si vous ne souhaitez pas repartir pour dîner.

Où manger... sur les hauteurs ?

San Bertuli d'Orezza : *se rendre à Parata. Le sentier de rando (San Bartolu indiqué) démarre à l'entrée du village, sur la gauche. Compter 1h30 de montée (dénivelé d'un peu plus de 500 m) 06-77-86-06-22 et 06-74-28-72-04. • grisanti.georges@orange.fr • Prévoir env 25-30 €/pers.* Bon, d'accord, il faut être motivé. Chaque été, fin juin, la famille Grisanti monte à l'estive de San Bertuli avec son troupeau de chèvres. Sur le site de la chapelle médiévale, ils accueillent les visiteurs qui auront eu l'énergie de monter tout là-haut (1 074 m d'altitude) et proposent leurs produits : fromage, beignets au fromage, charcuterie. Grand rassemblement (pèlerinage) le 24 août, pour la San Bartolu (Saint-Barthélemy). Sinon, de janvier à juin leurs fromages s'achètent à Quercettu (hameau de Casabianca, près de la Porta). Et si vous ne vous sentez pas le pied montagnard, la famille a ouvert une ferme-auberge ***Santa Cristi*** *(ouv les w-e, menu 30 €).*

DANS LES ENVIRONS DE PIEDICROCE

Le couvent Saint-François d'Orezza (cunventu San Francescu d'Orezza) : *sur la route de Campana (D 71), à 1 km de Piedicroce.* Il ne reste que les ruines de ce couvent fondé en 1485, dans lequel Bonaparte a rencontré, en 1790, Pasquale Paoli à l'occasion d'une *consulte* qui réunissait tous les chefs corses. En 1731, des théologiens corses y avaient décrété légitime la révolte contre Gênes. En 1735, on y nomma les 3 généraux de la « nation corse ». Les Allemands le firent sauter en 1943, et aujourd'hui le délabrement continue. On parle de réhabilitation... mais il faut d'abord réunir des fonds (le couvent n'est même pas classé !).

Campodonico : *prendre la D 71 vers Campana ; au couvent d'Orezza, une route monte sur la gauche jusqu'à Campodonico, env 2 km plus loin.* Un hameau haut perché, constitué de quelques vieilles maisons en grosse pierre de schiste. Au pied du *monte San Petrone* (1 767 m), environné de montagnes, il offre une vue étendue sur toute la Castagniccia. C'est aussi, pour les randonneurs, le point de départ d'un sentier qui monte jusqu'à la ligne de crête et au San Petrone *(4h A/R).*

Les sources d'Orezza : *à 6 km de Piedicroce (par la D 506 puis la D 46), bien indiqué. ☎ 04-95-39-10-00. • orezza.com • Tte l'année : tlj 8h (9h dim)-20h ; en hiver mer-dim 8h-18h.* Ancien établissement thermal, où l'on soignait, entre autres, les troubles du système nerveux, les affections du foie... pour retrouver une santé de fer. On connaît ces sources depuis la fin du XVIIIe s. C'est une eau très appréciée, qu'on retrouve, dans sa gamme verre, sur de grandes tables. 12 millions de bouteilles par an, quand même !

MÊME L'EAU, ÇA SE TRAVAILLE !

L'eau d'Orezza est l'une des plus riches en fer au monde. Pour la rendre buvable, il faut la « déferriser », après l'avoir dégazéifiée en mettant de côté le CO_2 qu'on lui restitue à la fin du processus. Pour voir la différence, faites le test : sous le kiosque devant l'usine, on peut goûter l'eau d'Orezza naturelle, non « travaillée ». Attention : en toutes petites quantités seulement, ça coule de source !

Parata : *à env 15 km de Piedicroce.* En descendre par la D 506, direction les sources d'Orezza et continuer jusqu'au bout de la D 46, après *Piazzole* (dont l'église possède une porte d'entrée superbement sculptée par un bandit repenti caché dans le clocher, paraît-il !) et *Monaccia-d'Orezza.* Les maisons, à l'unité architecturale remarquable, s'accrochent au versant d'une montagne boisée, face à Valle d'Orezza. Balade piétonne dans le village. Jolie vue de l'église San-Gavino (1500).

LA PORTA (A PORTA D'AMPUGNANI)

(20237) 250 hab.

À 14 km de Piedicroce et 19 de Folelli. Noyé dans la verdure, sur les flancs du monte San Petrone, un somptueux *campanile* baroque de 45 m de haut émerge : on ne voit que lui ! L'église Saint-Jean-Baptiste, à côté, est un chef-d'œuvre de l'art baroque avec sa façade jaune et ses plafonds peints en trompe l'œil Si vous y passez le 16 août, vous verrez que l'on y distribue et bénit les « petits pains de la Saint-Roch ». En haut du village, jolie chapelle funéraire Saint-Louis-de-Gonzague, restaurée récemment.

– Fête patronale : 29 août.

Où dormir ? Où manger ?

Osteria L'Appollu : *en contrebas de la pl. du village. ☎ 04-20-13-03-03. 06-71-76-54-54. • contact@lappollu.com • lappollu.com • Resto tlj midi et soir sauf lun-mar hors saison. Ferm en janv. Doubles*

64-150 €, appartements 2-4 pers 86-170 €. Plats 17-28 € ; pâtes et pizzas 10-17 €. Dans un calme vallon encadré de montagnes, la gendarmerie du village vit une 2de vie transformée en auberge de style très contemporain. Belle salle de resto prolongée d'une véranda-terrasse face à la piscine. Dans l'assiette, une cuisine corse revisitée, plutôt créative et fort savoureuse. À l'étage, des appartements tout neufs, de grand confort, avec 2 à 3 chambres – proposées aussi séparément en formule hôtelière. Design, élégant et bien pensé. Quant à l'accueil, doux et sincère, il est à la hauteur des lieux. Une adresse exceptionnelle, donc, qui accroît le cachet de ce calme et beau village.

Restaurant L'Ampugnani « Chez Élisabeth » : *rue Principale. ☎ 04-95-39-22-00. • info@ampugnani.com • De mi-juin à fin sept, tlj ; le reste de l'année, le midi seulement, plus sam soir. Plats 10-21 € ; menu 28 €.* Grande salle avec vue sur la vallée de La Porta et quelques tables installées dans la rue. Produits frais et cuisine de saison copieuse à déguster dans une ambiance très villageoise. Plein de bonnes choses : sauté de sanglier ou de veau, délicieuses truites, souris d'agneau aux herbes du maquis, beignets au fromage corse et *figatellu.*

Où dormir ? Où manger dans les environs ?

A Vigna *(chambres d'hôtes chez M. et Mme Lavore ; Gîtes de France) : lieu-dit Crebuli, 20237* ***Poggio-Marinaccio,*** *à 5 km au nord de La Porta, sur la D 515 en direction de Giocatojo (bien indiqué). ☎ 04-95-39-14-01. • avigna@orange.fr • Fermé en nov. Double 65 €. Table d'hôtes 25 €. CB refusées.* 3 chambres confortables dans une maison moderne, située dans un site remarquable, à la tranquillité absolue. Très bon accueil de M. et Mme Lavore, qui cuisinent fort bien, par ailleurs.

DANS LES ENVIRONS DE LA PORTA

Le couvent Saint-Antoine de Casabianca *(cunventu Sant'Antone di a Casabianca) : à 8 km au nord de La Porta, au col de Saint-Antoine, carrefour des D 15 et D 515.* C'est ici que se tint l'importante *consulte* du 15 juillet 1755, où l'élection de Pasquale Paoli comme *capuginirali* (général en chef) de la nation corse fut confirmée. Un rassemblement commémore l'événement chaque 15 juillet. L'édifice, dont il ne reste que le clocher et l'ossature, est en passe de tomber complètement en ruine... Des pierres tombales remplissent l'intérieur du couvent. Vue magnifique sur les vallées et le *monte San Petrone !*

CAGOULES

On ne peut pas reprocher aux nationalistes de ne pas connaître leur histoire (corse) sur le bout des doigts. Le 5 mai 1976, à l'issue d'une nuit bleue mouvementée (18 attentats), les fondateurs du Front national de libération corse (FNLC) choisirent ce couvent Saint-Antoine pour organiser leur toute première conférence de presse, devant 3 journalistes corses. Histoire de se mettre dans les souliers du grand homme.

Silvareccio : *de la Porta, suivre la direction Folelli par la D 205 et à gauche par la D 306, via Casalta.* Ce petit village de la pieve d'Ampugnani se situe à la limite de la Casinca. Avant d'arriver au village, un panneau sur le bord de la route indique : *Petre scritte, Truchinacce.* En 15 mn de marche facile, on arrive à un petit espace dégagé sous les arbres, dans un sous-bois. Les 3 stèles de 1,20 m de haut aux inscriptions mystérieuses défient les « enquêteurs ». Il y en avait sans doute 15 ou 20 à l'origine. Les stèles sont ornées de nombreux symboles sans doute maçonniques. Une société secrète de *carbonari,* dont l'existence dans la région de Moriani est attestée, est peut-être à l'origine de ces inscriptions.

On peut aussi opter pour une balade de difficulté moyenne malgré le dénivelé (env 550 m) vers le sommet du mont *Sant' Anghjulu* (1 218 m), à l'ombre de châtaigniers séculaires. Départ du bar du village. Compter env 3h pour les 7 km aller-retour de la balade. En haut la récompense est la vue magnifique sur l'archipel toscan. Le sommet est accessible également de Loreto-di-Casinca.

MOROSAGLIA (MERUSAGLIA) (20218) 1 010 hab.

Ne quittez pas cette belle région sans avoir vu le village natal de Pasquale Paoli (1725-1804), s'étirant le long de la départementale, avec de curieux hameaux satellites sur des arêtes rocheuses. Un peu à l'écart, statue du grand homme, « Père de la Patrie », et, à droite en arrivant de La Porta, sa maison natale transformée aujourd'hui en musée.

Où dormir dans les environs ?

La Marlotte *(chez Frédérique et Christophe Ambroggi) : hameau de* ***Pastoreccia,*** *Castello-di-Rostino (20235). 06-95-51-50-90. • pastoreccia@gmail.com • pastoreccia.com • À 10 km de Morosaglia. Tte l'année. Pour 2, selon chambre et période, compter 90-130 €.* Vieille demeure chargée d'âme et d'histoire, aménagée avec goût et originalité. 5 chambres vraiment spacieuses, toutes dans un style différent (répondant aux noms de « Boudoir », « Empire », « Angelot », « Sultana » et « Lotus », cette dernière avec une literie en bambou). Planchers en châtaignier. Douche à l'italienne dans chacune. Jacuzzi et hammam ainsi qu'un jardin reposant. Salon-bibliothèque. À proximité de la voie de communication rapide qui relie Bastia et Corte, mais sans les nuisances (le hameau, sur les hauteurs, jouit d'un calme absolu).

Gîte de M. Tomasi Nonce *(Gîtes de France) : hameau d'Olmi, commune de* ***Gavignano*** *(20218). Résas auprès des Gîtes de France : ☎ 04-95-10-54-30. De Morosaglia, direction Piedicroce et à droite au hameau de Stretta vers Gavignano (env 5 km). Tte l'année. Compter 231-426 €/sem.* Au village, gîte de 40 m² pour 4 personnes à l'étage d'une maison indépendante. Séjour, cuisine, 2 chambres doubles, bon niveau d'équipement : TV, lave-linge, congélateur, micro-ondes... Draps fournis. Terrasse avec salon de jardin. Très joli cadre de hameau perdu et de monts verdoyants.

Gîtes U Vecchju Mulinu *(Gîtes de France) : hameau de Fornoli, à 4 km d'****Ortiporio.*** *07-60-81-68-27. • uvecchjumulinu@gmail.com • vecchju-mulinu.fr • Avr-Toussaint. Compter 280-640 €/sem pour les 2 gîtes pour 2 pers et 680-1 200 €/sem pour le gîte de charme 4 pers.* Dans un très bel environnement, 3 gîtes dont l'un est labellisé Gîte de charme. Aménagé dans un moulin vieux de 200 ans, sur 3 niveaux, il se compose d'une chambre en sous-sol, d'un séjour-cuisine avec cheminée et d'une mezzanine avec 2 petits lits. Bon équipement : lave-vaisselle, congélateur, micro-ondes, TV. Terrasses avec salon de jardin. Les 2 autres gîtes, avec terrasse privative, sont situés à l'étage de la maison des propriétaires. Piscine chauffée. Excellent accueil.

À voir

Le musée Pasquale-Paoli : *☎ 04-95-61-04-97. De mi-mai à fin sept, tlj 9h-12h, 13h-18h ; hors saison, lun-sam 8h-12h, 13h-17h. Entrée : 2 € ; réduc.* Visite agréable de cette grande bâtisse au beau plancher et poutres en châtaignier, où le père de Pasquale Paoli exerçait son métier de médecin. Une maison familiale bourgeoise, mais de cette bourgeoisie corse éclairée. Petite vidéo de 10 mn qui retrace la vie de Paoli. Documents écrits et imprimés divers, quelques lettres manuscrites, portraits, objets personnels, armes et témoignages permettant de comprendre à quel point cet homme a compté au XVIIIe s... En bas, la chapelle familiale abrite ses cendres ramenées de Londres en 1889.

DANS LES ENVIRONS DE MOROSAGLIA

L'ancienne pieve du Rustinu : au départ de Ponte Novu, prendre la route qui monte à Bisinchi (D 115) et devient ensuite la D 15. Si vous êtes par là à Pâques, ne loupez pas le Vendredi Saint avec la cérémonie du Catenacciu, comme à Sartène. Le pénitent passe par 14 stations en portant sa croix de près de 50 kg. Puis direction ***Castellu-di-Rustinu,*** en fait un village éclaté en plusieurs hameaux. On traverse Pastoreccia, magnifique (on pèse nos mots) hameau, le noyau de Castellu-di-Rustinu où naquit la mère de Pasquale Paoli. Ne pas louper un peu plus loin (au carrefour prendre à droite) la ***chapelle romane de San Tumasgiu*** (Saint Thomas), datée de 1470. Sans clocher, elle est située sur un promontoire et entourée par le cimetière. Fresques splendides, considérées parmi les plus belles de l'île. En plus du Christ en majesté, voir en particulier l'étonnante scène de purgatoire (et non d'enfer comme souvent décrit) avec des personnages nus précipités dans des chaudrons ! *Entrée libre.*
Retour par la D 15B sur ***Valle-di-Rustinu.*** Si vous avez encore des envies de chapelles romanes, allez voir celle de ***Santa Maria de Riscamone*** (V-VIe s et X-XIIe s), perdue dans la nature. Elle est indiquée de la route (accès par une piste d'1 km environ). En fait c'est une 3 en 1 : une église paléochrétienne, une église romane et un baptistère roman de forme octogonale, très rare, rien que ça ! Lieu d'une grande sérénité qui invite à la contemplation... Puis c'est le retour à Ponte-Novu par la D 615.

Ponte Novu : le pont le plus connu de Corse, du moins de tous les Corses qui s'intéressent à leur histoire. Ce pont génois à 5 arches, à tablier en dos d'âne, a été transformé par les Français vers 1780 (les parapets existants ont été démolis et reconstruits hors de l'emprise du tablier, permettant son élargissement à peu de frais). Quelques années plus tôt, en 1769, il a été le lieu d'une terrible bataille qui vit la défaite de l'armée de Pasquale Paoli face aux soldats de Louis XV. Cette défaite a marqué la fin des rêves d'indépendance corse. Ce n'est pas l'occupant français qui a détruit le pont : son dynamitage date de septembre 1943, lors de la libération de la Corse. À 100 m, ne pas manquer de jeter un œil (et même 2) au village miniature imaginaire de Carriolu reconstitué par J.C Marchi.

LA CASINCA

À 25 km au sud de Bastia, une micro-région quasiment encastrée dans le socle montagneux qui prolonge la Castagniccia au nord-est, mais distincte de celle-ci. C'est l'un des plus beaux jardins de la Corse : des terrasses

ensoleillées plantées de vignes, d'oliviers et de châtaigniers, des villages en balcon dominant la côte orientale du haut de leurs perchoirs rocheux. Un coin facile d'accès, qui mérite un petit détour. En fin d'après-midi, très belle lumière.

VESCOVATO (VESCOVATU) (20215) 2 315 hab.

À flanc de montagne, orienté vers la côte orientale, Vescovato est environné de forêts d'oliviers et de châtaigniers. Quant on arrive par la D237, à hauteur du pont gênois, l'approche de ce village est saisissante : on arrive en contrebas des très hautes façades, avec l'impression de se trouver face à une forteresse. Les lauzes et le schiste accentuent l'impression de sévérité. Au centre, la place corse typique, avec ici une fontaine ornée d'un aigle Voir l'*église* baroque *San Martinu*, presque cachée par les autres maisons tellement elles sont hautes ! Dans le bourg, 3 autres églises éparpillées au hasard des ruelles et des escaliers du village.
La route pour Venzolasca traverse une zone funéraire là encore typiquement insulaire : les caveaux se succèdent, familles réunies là dans la mort comme elles l'étaient dans la vie ; c'est leur maison.

Où manger ?

Chez Jean (Funtanona) : *20, pl. du Village. 06-11-82-41-55. • doums2b@aol.fr • Tlj midi et soir. Plats 12-18 €.* La grande place du village, avec ses généreux platanes et sa fontaine en bronze à l'aigle impérial, invite à l'arrêt. Ça tombe bien : l'affable Jean et sa petite équipe préparent ici une cuisine sincère et généreuse dont se régalent les habitués. Pâtes à la meule, veau à la Pietra, escalope... également des *migliacci,* ces galettes au fromage frais posées sur des feuilles de châtaignier, spécialité de la Casinca. Une agréable étape quand on parcourt les routes de la micro-région.

L'Ortu : *route de Venzolasca, à mi-chemin entre Vescovato et Venzolasca. ☎ 04-95-36-64-69. • ortubio@yahoo.fr • En contrebas de la route, un grand chalet en bois avec quelques tables en terrasse. Mai-sept sur résa, tlj sauf lun-jeu. Carte 25-30 €. CB refusées.* *L'Ortu* (« Le Jardin » en corse) a en effet été la 1re adresse bio à la ferme de l'île et propose toujours une table différente. Ici, tout est bio (légumes, céréales, œufs...), sauf le fromage fermier et la charcuterie de porc (corse et bien nourri). Une bonne idée, déclinée dans un havre de paix. Bon accueil. Propose également un appartement avec 2 chambres *(2 nuits min).*

VENZOLASCA (VENZULASCA) (20215) 1 335 hab.

À 2 km de la T 10, le village est construit sur une crête au-dessus de 2 vallons. Une unique rue, bordée de hautes maisons de caractère. Superbe vue sur la plaine orientale. Au-dessus du village, facile d'accès (prendre, sur la route de Vescovato, le chemin qui se trouve à hauteur de la *Ferme-auberge U Fragnu*), le couvent Saint-François, en ruine, dont la tradition dit qu'il aurait été fondé par saint François d'Assise lui-même.

Où manger ? Où dormir dans les environs ?

Chambres d'hôtes Domaine de Valle : *à Querciolo (20213). ☎ 04-95-38-93-03. • domaine.valle@wanadoo.fr • domainedevalle.fr • À la sortie sud du village, sur la T 10, à 3 km de Venzolasca. Tte l'année. Doubles 75-80 € (réduc à partir de 3 nuits). CB refusées. Apéritif offert sur présentation de ce guide.* En retrait de la route territoriale, dans un parc agréable, au milieu des oliviers et des clémentiniers, une grande bâtisse couverte de bougainvillées avec 4 belles chambres spacieuses et climatisées, à la déco sobre. Idéalement placé pour partir à la découverte de la Castagniccia et de la Casinca. Bon accueil du propriétaire, qui produit une excellente huile AOP et donne de judicieux conseils pour explorer la région.

Ferme-auberge U Fragnu (chez Ninou et François Garelli) **:** *hameau U Campu. ☎ 04-95-36-62-33. À 300 m du centre de Venzolasca, sur la route de Vescovato. Seulement sur résa ; en juil-août, ts les soirs ; hors saison, seulement le soir jeu-sam et dim midi. Fermé oct-déc. Menu unique 44 € tt compris.* Belle terrasse panoramique avec vue sur la vallée, et vieille salle à manger aux murs de pierre décorés d'anciens outils agricoles, avec, pendues au plafond, d'énormes pièces de charcuterie. Au milieu de la pièce, un pressoir à olives. Repas pantagruélique de 7 plats avec soupe corse, beignets de fromage et de poireaux, veau aux olives, *pastizzu*... Tous les produits ou presque proviennent de la ferme. Bon accueil.

LORETO-DI-CASINCA (20215) 235 hab.

Une route étroite et sinueuse, au départ de Venzolasca, grimpe sur 9 km jusqu'à ce promontoire au pied du mont Sant'Angelo (1 218 m).
A l'arrivée, une magnifique fontaine-abreuvoir. De la place du village, l'une des plus grandes places rurales en Corse, ombragée par de grands platanes, une rue traverse le bourg et mène tout au bout à un petit belvédère au pied d'un campanile, avec une belle table d'orientation en lave émaillée. La vue est vraiment extraordinaire sur la Casinca et ses villages en nid d'aigle, la côte orientale à 180° avec, au loin, Bastia !

Où manger ?

Restaurant U Rataghju (Le Séchoir aux Châtaignes) **:** *lieu-dit Pielaterra. ☎ 04-95-36-30-66. 📱 06-03-30-12-27. • albertinivincent2000@gmail.com • Dans la partie basse du village. Tte l'année sur résa seulement, midi et soir. Menu unique 30 €, vin et café compris. CB refusées. Digestif offert sur présentation de ce guide.* La famille Albertini sait recevoir, et l'on mange ici plus comme chez des amis qu'au resto. Cuisine familiale succulente et copieuse. Charcuterie, daube de veau ou sanglier, fromages locaux, pichet de vin.

PENTA-DI-CASINCA (20213) 3 400 hab.

Autre village remarquable en Casinca, dénommé aussi Penta-Folelli, c'est le seul village de Corse classé en son entier (la commune s'étend jusqu'à la côte englobant Folelli et San Pellegrino sur la côte). Véritable nid d'aigle

posé sur un promontoire rocheux, le village est traversé par une rue rectiligne, le *carrughju*, au bout duquel se trouve un belvédère, juste après le passage voûté. Il faut se perdre dans les ruelles qui partent de derrière l'église baroque, certaines conduisent à des sortes de miradors offrant une vue panoramique époustouflante sur la côte orientale et le vaste étang de Biguglia jusqu'à Bastia. À faire, le sentier du patrimoine, qui se parcourt en moins d'1 h. Quelques panneaux d'informations historiques ponctuent les ruelles étroites qui contournent des maisons construites à même la roche, comme en équilibre.
Une balade à ne pas manquer, à faire peut-être avant de filer vers l'aéroport ou le port de Bastia, qui ne sont pas loin. Une belle manière de conclure son voyage dans l'« île de Beauté », si bien nommée, en se promettant d'y revenir !

Où manger à Penta-di-Casinca et dans les environs ?

I●I *U Fornu :* *Paese Novu.* ☐ *06-13-08-39-48. Presque au bout de la rue centrale, prendre la descente sur la gauche. Tlj midi et soir. Plats 12-21 €.* Une adresse pour mangeurs de viande : mix panchetta, saucisse et côtes plates (la spécialité ici). Sur la magnifique terrasse face aux villages de Casinca et à la région bastiaise. Charcuterie en vente sur place.

I●I *I Fuletti :* *12, allée des Muriers-Platanes, 20213* ***Folelli.*** ☐ *06-20-62-32-97 et 06-58-02-97-87. • ifuletti@gmail.com • Du centre, prendre la route de San Pellegrino. Tlj midi et soir en saison. Plats 19-38 €.* Le talentueux Alessandro, venu des Pouilles, réussit depuis quelques années une synthèse des cuisines italienne et corse en s'appuyant, autant que possible, sur les producteurs locaux. La lecture de l'ardoise fait déjà saliver et rend difficiles les choix qu'il va falloir inévitablement faire. Burger *Testa Mora* (au thon), *polpettone* (viande de veau hâchée enveloppée de pancetta), *porchetta* fondante (6 h de cuisson), saucisses de porcelets ou brochettes de lotte et bien d'autres choses... Quant aux desserts, les glaces maison sont incroyables, mais tiramisu glacé ou *pistacciolu* leur font une sacrée concurrence. Le tout à déguster sur l'agréable terrasse ombragée.

HOMMES, CULTURE, ENVIRONNEMENT

ARCHITECTURE

L'un des aspects les plus immédiatement séduisants de la Corse est son architecture, riche et variée, et qui contribue largement à son identité.
Les constructions corses les plus anciennes dont nous ayons connaissance ont été bâties vers 2000 av. J.-C., surtout dans le sud de l'île. Les magnifiques ***sites archéologiques*** de *Cucuruzzu* ou de *Tappa* en témoignent, avec des fortifications circulaires impressionnantes, faites de rocs grossièrement taillés (appareil « cyclopéen »).
Bien plus tard, au XVIe s, l'occupation génoise apporte un patrimoine bâti remarquable, à usage militaire. D'abord les ***tours génoises*** qui gardaient l'île, dressées sur chaque cap, chaque pointe côtière. Il en reste 67 (sur 85 dénombrées au XVIIIe s), plus ou moins bien conservées. On peut en visiter quelques-unes, à *Porto* ou à *Campomoro* par exemple. Puis ce sont les 1res ***citadelles,*** couronnant les villes hautes, à *Bastia, Calvi, Bonifacio...* et bien conservées pour la plupart.
L'***architecture religieuse*** est un autre aspect majeur du patrimoine insulaire. C'est d'Italie que vient le style, ou plutôt les styles : d'abord pisan avec, du XIe au XIIIe s, une floraison d'***églises romanes,*** parfois de pierre polychrome : magnifique petite cathédrale de la *Canonica,* près de Bastia, mais aussi d'autres moins connues, des petites chapelles rurales perdues, dans le Bozio par exemple, ou la si belle église préromane de *Santa-Lucia-di-Moriani;* de pierre nue, superbement isolée dans son site de verdure... L'***art baroque,*** plus tardif, marque ensuite l'architecture religieuse corse : cathédrales et églises, à *Bastia* par exemple, et tous ces campaniles dressés d'un bout à l'autre de l'île, en *Balagne,* en *Castagniccia,* dans le *Nebbio...*
Et puis il y a l'***habitat corse.*** Ah ! le caractère unique de ces villages, de ces maisons de granit d'une exquise sobriété, hautes, austères, aux fenêtres étroites et rares – en temps de vendetta, c'étaient des meurtrières... Selon la classe sociale des propriétaires, on distingue 3 grands types de maison : la maison paysanne, basse, la maison de notable *(casone),* souvent haute comme une tour ou massive, et enfin les *palazzi,* à la manière italienne, entourés d'un jardin, qu'on rencontre surtout en Balagne ou au Cap. Et ces couleurs, toute la gamme des ocres, et des gris plus durs sous le grand ciel bleu, et ce fond permanent de montagne, de maquis, cet arrière-fond de mer : comment voulez-vous ne pas aimer la Corse ?

TOURS DE GARDE

Les tours génoises permettaient d'assurer, autant que possible, la sécurité de l'île. En cas d'alerte, par exemple quand un navire hostile était repéré, la garnison, composée de villageois, allumait un feu, et chaque tour pouvait communiquer visuellement avec ses voisines et faire ainsi circuler toute information d'un bout à l'autre de la Corse en peu de temps. Mais les Génois n'ont été que les initiateurs et les constructeurs de ce cordon de tours littorales : les tours, une fois construites, étaient à la charge des habitants !

CORSES

Voici donc une île. Autrefois, tout semblait éloigner les Corses de leur littoral. Repliés dans leurs nids d'aigle, ils le voyaient comme l'ennemi, où arrivait l'envahisseur et où sévissait la malaria. Toutefois, les villageois descendaient y passer une partie de l'année, avec famille et troupeaux. Puis ils retournaient sur leurs hauteurs dès les 1res chaleurs. Certains villages de montagne, d'à peine 100 ou 200 âmes aujourd'hui, comptaient jusqu'à 3 000 habitants. Entre les Corses et la mer persiste aujourd'hui une relation d'amour et de crainte. Ce n'est certes pas un peuple de marins, à l'exception des Cap-Corsins. Et pourtant, aujourd'hui, près de 80 % de la population corse se concentre sur le littoral.

Les Corses inaccessibles, renfermés, farouches ? Non, plutôt les gardiens de la terre des ancêtres, qui ont appris de siècles d'invasions. On les dit fiers et orgueilleux. Allons donc ! Vous n'avez rien compris. Ce sont, depuis toujours, à la fois des insulaires et des montagnards. Ombrageux et susceptibles ? Pas plus que d'autres peuples de la Méditerranée.

Alors, corsés les Corses ? Est corse bien souvent, en réalité, qui a un ancêtre ayant connu les Barbaresques, une arrière-grand-mère génoise et un cousin fonctionnaire à Paris. Car, ne l'oubliez pas, les Corses s'expatrient. Aujourd'hui, 600 000 Corses vivent sur le continent et ils seraient 2 millions à être disséminés un peu partout dans le monde... En Amérique du Sud notamment (2 anciens présidents du Venezuela étaient d'origine corse), ainsi que dans les Caraïbes (Porto-Rico, 1re destination des émigrants cap-corsins au XIXe s, compterait aujourd'hui plus de 350 000 descendants de Corses qui ont fait souche là-bas, soit près de 10 % de la population totale !).

La Corse n'est pas qu'une terre d'émigration : elle accueille environ 26 000 étrangers, dont de nombreux Marocains. Sur les murs, il n'est pas rare de lire *Arabi Fora* (« Arabes dehors »), inscription concurrençant d'ailleurs *IFF* (*I Francesi Fora* : « Français dehors »), et les dernières années ont été marquées par une augmentation significative des agressions envers les Maghrébins, accusés de nombreux maux. Le rejet, qui est essentiellement le fait d'une autre minorité « ultra », ne doit pas faire oublier la traditionnelle hospitalité insulaire.

Bref, on les dessine en noir, méfiants. Et alors, pourquoi sauteraient-ils au cou de gens qu'ils ne connaissent pas ? Ici, le fromage est corse, le vin est corse et la charcuterie est corse. Bref, ils sont corses et prétendent le rester. Comment leur en vouloir ?

EN CORSE, ON NE DÉNONCE PAS !

On a souvent critiqué l'omerta corse dans les affaires de terrorisme. En revanche, on a oublié que ce mutisme a aussi fonctionné à plein pendant la dernière guerre. Aucun juif n'a été dénoncé quand l'île fut occupée par les fascistes italiens et les nazis. Le préfet de Corse Balley, bien que très pétainiste, fut un des seuls de France à cacher les juifs, notamment à Canari. Le consul de Turquie à Marseille leur donna des cartes d'identité... turques ; la Turquie étant restée neutre pendant la guerre, leurs ressortissants ne furent jamais inquiétés.

CUISINE

Un soir, on arrive dans une ferme-auberge comme l'île en compte tant, une jeune femme vous accueille, vous installe et vous sert. Jamais vous n'avez consommé meilleure soupe, jamais ! Les cannellonis aux herbes et au *brocciu* sont énormes, vous doutez de pouvoir les finir, mais déjà vous en êtes à saucer le plat... Et voici le cabri rôti, tout fumant, sentant la sauge et l'origan... Cela vous comble et vous enivre, le vin avec. Puis il faut saluer les fromages, chèvre et brebis, qu'on déguste avec la confiture de figues – quelle union parfaite ! Le flan à la châtaigne, quant à lui, vous paraît divin. Enfin, comme la jeune fée vous offre une liqueur de myrte, vous lui demandez qui cuisine ainsi : « Ma mère »... Paraît alors une femme vêtue de noir, au regard et aux cheveux noirs aussi, belle comme une héroïne de tragédie antique. Telle est la cuisine corse, certes mythifiée ici pour les besoins de la cause, mais dans plus d'une ferme-auberge vous sentirez passer le frisson...

Les herbes

Il faut commencer par elles, car elles donnent son caractère à la cuisine corse, du moins y sont-elles pour beaucoup. 3 herbes aromatiques dominent la cuisine corse : l'origan, la marjolaine et la menthe. On retrouve ensuite toutes les plantes méditerranéennes habituelles : thym, laurier, sauge, etc.

La charcuterie

Il faut absolument goûter la charcuterie corse, au goût subtil et parfumé. Les éleveurs de l'intérieur du pays produisent le *prisuttu,* la coppa, le *lonzu* et le fameux *figatellu,* succulente saucisse de foie.

Avertissement

La quantité de charcuterie artisanale produite en Corse ne peut en aucun cas satisfaire à l'énorme demande estivale. Très tôt dans l'année, bien des magasins n'ont plus de véritable charcuterie corse, car tout a été réservé. Quant aux restaurants, seules les meilleures tables en proposent. Les autres charcuteries vendues ou servies sont industrielles ou semi-industrielles (on joue sur les mots), c'est-à-dire produites à partir de porcs bon marché importés, puis abattus sur l'île, ce qui met en colère les éleveurs qui se décarcassent pour proposer des produits de qualité.

> **LE COCHON ? CET INCONNU**
>
> *On sait tous que la queue de l'animal est en tire-bouchon. C'est vrai en captivité à cause du stress. En liberté, il a plutôt la queue droite. En revanche, son pénis, lui, est vraiment en tire-bouchon ce qui lui permet de se « visser » à l'utérus de la femelle. Son orgasme dure environ 30 mn. Respect.*

Le mythe des cochons sauvages

Sous prétexte qu'ils se promènent en liberté dans les montagnes et se baladent parfois en bord de route, pour le plus grand plaisir des enfants et des photographes amateurs, on qualifie les cochons de sauvages. En réalité, ils ont un propriétaire qui sait parfaitement où ils se trouvent. Ces porcs de race Nustrale, rustiques, solides, de gabarit réduit, à dominante noire, parfois tachetés de blanc sur la tête et/ou aux pieds, ont les oreilles tombantes. Leur croissance lente et le persillé de leur viande sont également des critères dominants.

Le long chemin vers une AOP

La race porcine corse a été reconnue en 2006 par le ministère de l'Agriculture, et l'AOC si longtemps attendue a été mise en place très officiellement en 2012, avec les 1res ventes en 2013. Elle concerne la coppa, le *prisuttu* et le *lonzu.* Dans la foulée, en 2014, les mêmes se sont vu décerner l'AOP (équivalent européen de l'AOC). Pour le *figatellu* et le *saucisson (salamu* ou *salsiccia),* il faudra encore attendre. Pour info, la charcuterie industrielle coûte environ 20 € le kg ; l'artisanale double ou triple le prix pour la meilleure.

Attention : les industriels salaisonniers ont récemment obtenu une IGP (Indication Géographique Protégée) pour 7 produits charcutiers. Cette IGP « Île de Beauté » ne doit pas être confondue avec l'AOP : elle ne garantit aucunement l'origine de la viande qui peut venir de n'importe où (il suffit qu'elle soit transformée sur l'île...).
Voici quelques infos pour faire la différence et savoir ce que vous achetez. Pour cela, des éleveurs (moins d'une centaine) se sont regroupés au sein d'une association régionale afin d'obtenir cette fameuse AOP. Quant aux producteurs BIO, ils sont une demi-douzaine.

Élevage traditionnel

C'est en plein air et durant au moins 12 mois (souvent 2 ans) que les porcs sont élevés, parcourant les forêts de chênes, les châtaigneraies et le maquis, étapes complétées par une phase d'alimentation d'origine végétale avant abattage (soit châtaignes et glands, soit orge). Certains pèsent alors 70 ou 80 kg. Après l'abattage, les produits sont transformés par enfouissement dans le sel de mer, sans aucun additif ni conservateur. Les 3 produits phares de la charcuterie corse, les 1ers à avoir obtenu l'AOC, sont le *prisuttu,* la coppa et le *lonzu.* Pas étonnant que leur chair soit à ce point un régal !

SAUCISSON D'ÂNE... POUR LES ÂNES

On en parle beaucoup, on en voit peu. Les Corses respectent bien trop leurs ânes pour les manger. On peut en trouver dans quelques boutiques pour touristes, histoire d'entretenir la légende, inventée par... Goscinny dans Astérix en Corse en 1973 ! Dans ce cas, l'animal vient... d'Amérique du Sud !

– ***Le prisuttu :*** jambon maigre traditionnel séché 8 mois au minimum et affiné 4 mois. Son gras doit être supérieur à 3 cm d'épaisseur. À manger cru ou grillé, c'est un régal. Certaines pièces pèsent entre 8 et 10 kg et on peut les conserver jusqu'à 2 ou 3 ans. Ils acquièrent alors un subtil goût de noisette.
– ***La coppa :*** échine de porc taillée dans la poitrine et entrelardée, salée et séchée dans un boyau naturel. Affinage d'au moins 5 mois. Elle est poivrée en surface après salage. À la coupe, on découvre un beau veinage de gras. Son goût est subtil.
– ***Le lonzu :*** filet de porc qui conserve sa couche de gras tout autour. 2 mois de séchage et 1 mois d'affinage. C'est une sorte de cylindre moelleux pesant entre 600 g et 1,2 kg.
– ***Le figatellu :*** saucisse à base de foie de porc (et autres abats), que l'on sert généralement grillée, accompagnée de *pulenta* (de châtaigne, tant qu'à faire). Les *figatelli* se consomment peu de temps après leur fabrication, comme le boudin *(i sangui),* le fromage de porc *(u casgiu di porcu)* et la poitrine de porc *(a panzetta).* Si on vous en sert en été, ce sera obligatoirement du congelé, car on n'en produit pas après avril ou mai ! **Attention, le figatellu mangé cru peut donner l'hépatite E.**

Le gibier

Maquis et forêts de l'île en recèlent en abondance, principalement du sanglier, comme vous l'avez appris dans *Astérix en Corse* (« Groink Groink »)... Vous aurez plus de chances d'en manger en automne et en hiver, bien que tout le monde en ait dans son congélateur (mais il est moins bon en dehors de cette période). Délicieux en daube, mais aussi en pâté. Pas mal d'oisillons parmi le gibier : pigeons, grives, perdrix... En principe, plus de merles rôtis ni de pâté de merle (remplacé par le pâté de sansonnet), puisqu'on ne peut plus les chasser (heureusement).

Les viandes

Outre celles déjà citées, quelques préparations traditionnelles : le cabri *(cabrettu)* au four ou en rôti, le ragoût de porc ou autre *(tianu)*, l'agneau ou le chevreau rôti ou en daube *(stuffatu)*, les tripettes à la sartenaise, etc. On accompagne ces plats de pâtes ou de *pulenta* (farine de châtaigne).

Vous verrez aussi partout du « veau corse » (*vitellu* ou *manzu*, pour le veau plus âgé). Car il existe une vache corse, bien typée, rustique et petite, sèche, généralement marron clair ou foncé. Mais cette vache n'a qu'un faible rendement de boucherie, et les éleveurs l'abandonnent de plus en plus pour la charolaise, la limousine ou la salers. Ces dernières sont parquées, tandis qu'on rencontre la vache corse le long des routes, en divagation. À Serra-di-Ferro (dans les environs de Porto-Pollo), sans doute verrez-vous le troupeau, unique en Corse, de *vaches tigres* (*saïnata* en corse) de la ferme bio *Fil di Rosa,* à la robe rayée, une authentique vache corse.

DIVAGATION ANIMALE

Tous ces animaux qui se baladent en liberté sur les routes corses font partie du folklore pour les touristes. En réalité, les voitures embouties par des cochons ou, pire, des vaches prouvent un réel danger. En liberté, les animaux dévorent les cultures, abîment les clôtures. Sans compter les coups de fusil entre éleveurs et agriculteurs. Bien que ce soit illégal, les politiques laissent faire.

Les soupes

Autre plat traditionnel servi en entrée. On en trouve de toutes sortes : aux légumes (soupe paysanne), à l'ail, etc. Mais la soupe corse traditionnelle est celle aux gros haricots blancs (Soissons) et aux herbes, épaisse, et qui a longtemps mijoté avec du lard et des morceaux de viande (porc ou veau, os à moelle), qui en relèvent le goût. Elle est rustique et, bien préparée, contente son homme.

Les pâtes

Héritage évident de la présence italienne, la *pasta* est un autre élément indissociable de la cuisine corse. Servie sous toutes ses formes et à toutes les sauces : raviolis (au *brocciu*), cannellonis (aussi au *brocciu*), lasagnes (au sanglier), *pasta sciutta* (à la langouste), etc. Le tout relevé d'huile d'olive et de tomates.

Les poissons et fruits de mer

Sur la côte, on conseille évidemment le poisson et les fruits de mer : rien de mieux, surtout quand le patron du resto est aussi pêcheur. Rougets grillés, loups (bars) au fenouil, sardines farcies, mais aussi plein de poissons des différents golfes, si méditerranéens (le sar et le denti, des cousins de la daurade, la mostelle, à la chair évoquant celle de la lotte), sans oublier l'*aziminu* (bouillabaisse corse).

La Corse produit des huîtres et des moules succulentes, dans les étangs d'Urbino et de Diane, sur la côte orientale. Les moules, charnues, d'un orange assez soutenu, font partie du gratin mytilicole. Mais attention, à certaines saisons, à partir de mi-juillet environ, la moule corse perd en volume et en goût. Quant aux huîtres sauvages *Nustrale di Diana* (1 à 2 t annuelles produites seulement), plates, elles ont une texture particulière et un goût iodé prononcé.

Pour ceux qui ont les moyens, les langoustes sont souvent proposées sur la côte, avec des spaghettis. Mais la langouste se raréfie : sa pêche a été interdite de septembre à mars, puis l'interdiction levée en 2005, mais la profession est inquiète devant la baisse des prises.

En montagne, la truite est souvent inscrite au menu des restos, mais comme la vente de truites de rivière pêchées est interdite, celles que l'on trouve sont d'élevage.

Les fromages

Une fameuse réputation, surtout depuis que celui oublié par Ocatarinetabelatchitchix a fait sauter un bateau ! On trouve des fromages de chèvre ou de brebis partout en Corse, avec 5 types principaux qui sont les fleurons des fromages fermiers. Ils sont conservés parfois 6 ou 8 mois, voire plus (certains Corses les aimaient véreux : on parlait alors de « fromage qui marche » !). Parmi les plus connus, citons le chèvre de Sartène, à pâte dure, et les brebis à pâte plus ou moins molle – question d'affinage – du Niolo ou de l'Alta Rocca, mais il serait injuste d'oublier le *venachese,* le *calinzana* ou le *bastilicacciu.*

Petite, rustique, à laine fournie et colorée, et assez cornue, la brebis corse produit peu de lait (moins de 1 l par jour), mais quel lait !

Les fromages fermiers ont leur fête annuelle *(a fiera di u casgiu)* début mai à Venaco. L'association *Casgiu casanu* regroupe une centaine de producteurs.

Le *brocciu* (ou *brucciu*)

Le *brocciu* (prononcez « broutch » avec un « ou » à peine audible en finale), on en voit partout, les Corses en mettent dans presque tous les plats ! Mais « le roi des fromages corses » n'est pas un vrai fromage ! Il s'agit en réalité d'un fromage blanc frais, très onctueux, préparé avec du petit-lait de brebis et/ou de chèvre (c'est le « lactosérum de lait », ce que l'on récupère lors de l'égouttage du fromage), additionné de lait entier (25 % maximum). ***Il est produit de novembre à mai-juin et se mange frais,*** comme un dessert. Après, le lait devient moins riche (le *brocciu* doit contenir 40 % de matières grasses pour obtenir l'AOP). Selon la quantité de sel ajoutée et l'affinage, il peut être consommé *passu* ou *seccu* (sec). Et l'on peut en farcir ensuite toutes sortes de plats : omelettes, raviolis, beignets, tartes, artichauts, poissons, etc.

FAUSSAIRES DE FROMAGES !

La saison du brocciu s'arrête généralement autour de fin juin (même si certaines techniques de conservation sous vide permettent de gagner quelques semaines) et ne reprend qu'en octobre ou novembre. Pour l'AOP, les troupeaux de brebis ou de chèvres doivent être de race corse. En été, il est remplacé par de la brousse, qui est exactement la même chose – du petit-lait mêlé à du lait –, mais ce n'est plus le lait des bêtes locales. Provenant du continent, n'importe quel animal l'aura produit (y compris et surtout des vaches laitières). Et ça n'a pas du tout le même goût !

Les desserts

En Corse, le repas se termine généralement par un fruit. Ceux de l'île sont souvent excellents, notamment les oranges, le pomelo et les clémentines (pour ces dernières, voir plus loin). Sinon, pas mal de pâtisseries : délicieux beignets *(fritelli),* gâteaux secs *(canistrelli).* Les gâteaux à la farine de châtaigne sont un véritable régal (également bénéficiaire de l'AOP). Le *pastizzu,* parfumé au citron, est un petit gâteau de semoule (à l'origine, on le faisait avec du pain rassis). Mais, en matière de desserts, la grande spécialité corse reste le *fiadone,* sorte de tarte au *brocciu* et au citron, parfois imbibée d'alcool.

Les miels

Depuis l'Antiquité, le miel corse est reconnu pour ses qualités gustatives. Est-ce un hasard ? Napoléon Ier choisit l'abeille comme un symbole (parmi d'autres) de l'Empire, des abeilles d'or figurant sur le manteau de son couronnement en 1804. Et la production de miel a toujours été importante en Corse, où autrefois, dans les campagnes, chacun possédait ses ruches. Avec son extraordinaire richesse botanique (2 800 espèces de plantes, dont 127 exclusivement corses) et son climat, la Corse possède les conditions idéales à l'apiculture. S'étant adaptée à la faune locale, l'abeille corse a le corps plus petit mais la trompe plus grande que l'abeille continentale. On peut en sourire, mais l'importation d'abeilles en Corse est interdite ! Il existe 6 variétés de miel corse : le *miel de printemps,* doux et délicat, récolté à partir de mai dans les basses vallées, où prédominent le clémentinier et l'asphodèle ; le *miel de maquis d'été* et le *miel de maquis d'automne,* le 1er aromatique et fruité, récolté en août dans les hautes vallées et marqué par le thym, l'immortelle et le genêt, le 2d beaucoup plus amer, long en bouche, notamment grâce à l'arbousier. Ne pas oublier le *miel de maquis* de printemps, très ambré. Citons aussi le *miel de la châtaigneraie,* très fort, donc goûteux, qui se récolte de juillet à septembre, mais il est affecté par les problèmes de la châtaigneraie corse. De manière générale, d'ailleurs, la crise qui touche l'apiculture n'épargne pas la Corse où la production est en forte baisse. Notons, enfin, que le miel corse bénéficie d'une AOP « Mele di Corsica » : 115 apiculteurs sont recensés en AOP. Pour en savoir plus : ● *mieldecorse.com* ●

LE MIEL ? GROS BOULOT

L'apiculteur récupère dans les ruches la provision des abeilles pour l'hiver. Pour transformer le nectar sucré des fleurs en 500 g de miel, elles doivent travailler 3 500 h. Elles butinent 4,3 millions de fleurs, ce qui correspond à 8 000 voyages. Heureusement que, pour l'instant, les abeilles ne sont pas payées.

Les olives

Depuis 2004, l'huile d'olive corse *(oliu di Corsica)* a son AOC/AOP. En réalité, l'île possède un grand nombre de variétés différentes d'olives, en raison des nombreuses occupations de l'île : la *ghjermana* remonte aux Génois, alors que la *picholine* (la variété la plus commune en Provence) n'est arrivée que dans les années 1950. Leur point commun : leur récolte se fait à maturité avancée. Si la *curtinese* ou la *zinzala* (dans le Sud) se récoltent à partir de novembre ou décembre, la *sabina* peut être récoltée jusqu'au printemps ! Pour en savoir plus : ● *oliudicorsica.fr* ●

En 2018, une huile d'olive corse, produite au domaine *Oltremonti* (Bravone, côte orientale) a remporté une haute récompense (2e place ex aequo au concours mondial Mario Solinas de New York).

Depuis 2014, les oliviers corses sont sous la menace de la bactérie *Xylella fastidiosa,* qui a déjà fait des ravages dans les vignes et oliveraies des Pouilles (sud de l'Italie). Malgré les mesures prises par le ministère de l'Agriculture pour limiter les importations de végétaux pouvant véhiculer la bactérie, les oléiculteurs ont vu celle-ci prendre pied sur l'île en juillet 2015. On déplore de nombreux foyers d'infection, même si la bactérie n'a pas encore attaqué les oliviers. De nouveaux tests, en 2018, sont venus raviver les inquiétudes (la bactérie s'est attaquée à des chênes verts, à des cistes et à des myrtes).

OLIVES. VERTES OU NOIRES ?

D'abord, sachez que c'est le même fruit qui vient du même arbre. La verte est cueillie avant sa maturité (mais c'est bien sûr !) en novembre et conservée dans la saumure. La noire, en revanche, est récoltée plus tard et donc parfaitement mûre. Alors, on la sèche et on la met dans l'huile. Le reste est une question de goût.

La clémentine

La quasi-totalité des clémentines françaises (environ 20 000) vient de Corse, essentiellement de la plaine orientale, où l'on dénombre 130 producteurs : le petit village d'Antisanti, au nord-ouest d'Aléria, produit à lui seul 40 % des clémentines corses ! On les trouve sur les étals (insulaires et continentaux) en novembre-décembre. Le fruit dispose de son IGP (indication géographique protégée).

LA CLÉMENTINE CORSE

Elle est née en 1902, en Algérie, du croisement naturel entre l'orange et la mandarine, grâce au frère Clément, d'où son nom. Très vite, elle s'est acclimatée parfaitement à la Corse, du fait de la température exceptionnelle et des pluies régulières en altitude. Un fruit idéal pour les enfants et les personnes âgées, car il ne possède pas de pépins et s'épluche facilement. La mandarine est plus grosse et d'origine chinoise, comme son nom l'indique.

Les eaux

3 eaux corses sont vendues en bouteilles. En eaux plates, la *Saint-Georges* et la *Zilia.* L'eau gazeuse d'*Orezza,* produite en Castagniccia, est une grande eau de table, dont la réputation a franchi les frontières de l'île.

ÉCONOMIE

Dans son livre *Comprendre la Corse* (Gallimard, coll. « Folio Actuel »), Jean-Louis Andreani intitule l'un de ses chapitres « L'introuvable économie corse ». Cette formule vaut ce qu'elle vaut, mais il est vrai que la région se distingue de la plupart des autres régions françaises par son économie. Il suffit de citer quelques données (datant d'avant la crise sanitaire) : un PIB par habitant inférieur d'environ 20 % à la moyenne nationale, 20,3 % de la population sous le seuil de pauvreté (contre 14,5 % dans le reste des provinces françaises) un pourcentage d'emplois publics élevé (31 %, bien plus que sur le continent), soulignant la faiblesse de l'emploi industriel, par exemple. Mais ce sont aussi ***les départements où la disparité des richesses est la plus importante.***

Dans les années 2000, des élus souhaitaient qu'on leur donne les moyens de créer des emplois, déplorant la volonté de l'État de « sanctuariser » le littoral qui les privait de juteuses retombées. Là, on s'aperçoit évidemment combien économie et environnement sont liés : la Corse possède, avec sa nature généreuse, un capital inestimable. Rien d'étonnant à ce que certains veuillent le faire fructifier.

D'un autre côté, si la Corse est toujours ce paradis naturel si recherché, c'est aussi parce qu'elle a « raté » son développement industriel à la fin du XIXe s (les fonderies qu'on avait installées à la hâte ont vite périclité). L'unité de production la plus importante de l'île, Corse Composite Aéronautiques, une société aéronautique des environs d'Ajaccio, compte environ 190 employés. Le secteur industriel n'emploie guère plus de 7 % de la population active (contre 18,5 % sur le reste du territoire). Il n'y a évidemment pas à trop s'en réjouir non plus : si tant de Corses ont dû quitter leur île, c'est bien qu'ils n'y trouvaient pas de travail.

Il existe des perspectives dans l'agriculture : on produit certes moins d'huile d'olive en Balagne aujourd'hui qu'au XIXe s, mais le marché est bien là, et il est possible d'allier qualité et quantité. Et encore faut-il faire savoir que l'huile d'olive corse est meilleure que son homologue espagnole, de même pour la clémentine corse. Il est vrai que les coûts de transport sont élevés. L'attribution des AOP aux produits phares des filières corses est un élément fondamental, mais les productions insulaires n'en restent pas moins limitées en quantité... d'où le problème des débouchés.

Les touristes sont évidemment vus comme « l'or bleu », mais encore faudrait-il qu'ils se répartissent un peu mieux, afin de faire vivre aussi l'arrière-pays et pas seulement la frange littorale, car ils risquent de constituer un autre facteur de déséquilibre. Problème insoluble ? Pas forcément. Des villages de l'arrière-pays revivent, les écoles parfois menacées accueillent davantage d'enfants aujourd'hui, signe d'une revitalisation certaine. Mais tout cela reste fragile.
Des secteurs d'activité dynamiques existent : l'aquaculture marine, la nouvelle économie (par exemple, le parc Futura Corse Technopole, créé à Bastia, avec une dizaine de sociétés high-tech) ; mais pour toute création d'entreprise, les handicaps sont nombreux, notamment l'insuffisance des sources de financement non dépendantes de l'État ou de Bruxelles. Reste aussi à voir si les politiques sont prêts à accompagner les initiatives intéressantes...
Quant au PEI (Programme exceptionnel d'investissement), qui allait sortir la Corse de son sous-développement chronique, il a connu un démarrage laborieux : en 2007, après 6 années de mise en œuvre, seuls 10 % de la somme allouée avaient été dépensés sous forme de grands travaux. Pour la 2e convention (années 2007-2013), on a mis un coup d'accélérateur. La 3e et dernière convention a été signée en juin 2013 : 536 millions d'euros financeront des projets qui seront exécutés jusqu'en 2022.

ENVIRONNEMENT

La Corse est la région française la mieux préservée sur un plan environnemental. Rien d'étonnant : l'absence quasi totale d'industries lui a permis de conserver une atmosphère et des eaux incroyablement saines. La faune est protégée, de nombreuses essences sont préservées, des dizaines de sites sont classés, sans parler des réserves naturelles (les 2 départements qui constituent la Corse comptent 99 sites classés Natura 2000). Bravo ! La Corse est restée vierge, enfin presque ! Car on ne peut passer sous silence l'existence de décharges sauvages : toutes n'ont pas disparu, même si de gros efforts ont été faits en la matière
Enfin, même si la plupart des plages sont globalement propres, quand les touristes cesseront-ils de prendre le domaine public pour un cendrier ? Est-ce que l'on écrase sa clope sur le parquet ?
Dans l'ensemble, cependant, ***le bilan est très largement positif,*** renforcé par de bonnes initiatives : restauration du patrimoine bâti, nettoyage des plages par les habitants... Signalons aussi que les Corses ont été les tout 1ers en France à ***bannir les sacs plastique*** des supermarchés, par référendum, pour les remplacer par des cabas ou des sacs biodégradables en papier kraft. La preuve que la Corse peut montrer la voie au reste du pays (l'interdiction a depuis été votée au niveau national).

Les énergies renouvelables

Des parcs d'éoliennes ont été construits, parfois doublés par une ferme solaire. L'objectif, pour 2023, est d'atteindre 22 % de la consommation totale d'énergie en énergies renouvelables. C'est le solaire qui prend le relais de l'éolien : des centrales photovoltaïques de dernière génération ont été mises en service dans la région au sud de Bastia, ce nouveau programme, le plus important sur le plan national, permettant au solaire de compter pour 9 % de l'électricité en Corse (contre 2,4 % en France).

Constructions sauvages, privatisations rampantes...

Ce littoral si beau est l'objet de nombreuses convoitises, notamment de la part de promoteurs peu scrupuleux. Ces dernières décennies, les constructions illégales se sont multipliées. Nous ne parlons pas des paillotes, dans l'ensemble pas si vilaines, et utiles (on y trouve des toilettes, et parfois les proprios entretiennent la plage, sans parler du plaisir d'y prendre un verre ou d'y déguster une grillade). Non, nous parlons de ces résidences privées qui fleurissent dans des sites remarquables, en principe interdits à la construction : selon le Collectif pour la loi Littoral, il y en aurait 340. Et nous parlons de ce droit que s'arrogent certains propriétaires de privatiser une plage sous prétexte qu'elle est devant chez eux, en fermant la baie par un filin métallique (qui empêche les bateaux d'accoster), de ces permis de construire contraires à la loi Littoral et accordés aux milliardaires... Scandaleux !

Un littoral toujours plus convoité

Sont récemment apparus le Padduc (Plan d'aménagement et de développement durable de la Corse) et les « plans locaux d'urbanisme » qui en découlent. En clair, on peut craindre que les maires aient la possibilité de « contourner » la loi Littoral et de disposer de terrains jusqu'alors décrétés inconstructibles, car classés comme « espaces remarquables ». Dans le Grand Sud en particulier...Parfois, ce sont des personnalités qui, relations aidant, réussissent à obtenir leur permis de construire là où, en principe, c'est impossible... Même si, finalement, la justice a fait respecter la loi (ce qui semble être un truisme...) dans le cas du permis de construire, on ne peut s'empêcher de penser qu'à force d'essayer certains réussiront...

Le livre de la journaliste (corse) Hélène Constanty, *Razzia sur la Corse* (Fayard, 2012), n'est pas pour rassurer... La menace de suppression de protection de certains sites remarquables a mobilisé les associations en 2013. Un an plus tard, les inquiétudes n'étaient toujours pas levées autour de la définition des Znieff (Zones naturelles d'intérêt écologique faunistique et floristique) de type 1, dont l'inconstructibilité était apparemment menacée. Et, fin 2014, le flou entretenu autour de la délimitation de certains « espaces remarquables » laissait craindre de belles empoignades à venir entre investisseurs et défenseurs de l'environnement. En Corse, développement touristique et beauté de l'île sont intimement liés. C'est précisément parce qu'elle est préservée que l'île plaît autant.

Saluons enfin le travail obstiné du Conservatoire du littoral en Corse qui, année après année, se porte acquéreur de parts importantes du littoral : à ce jour, environ 25 % des 1 034 km de linéaire côtier sont en zone protégée (contre 12,2 % au niveau national). D'ici à 2050, le Conservatoire espère bien avoir acquis 40 % du linéaire côtier !

La crise des déchets

C'est le point noir dans le secteur de l'environnement. Au fil des ans, la Corse avait pris un gros retard dans le tri sélectif. Résultat, les centres d'enfouissement, seule « solution » existante, puisque l'option incinérateurs a été refusée sur l'île, ont été débordés. En 2015, après la fermeture de l'un des 4 centres d'enfouissement de l'île, arrivé à saturation, les centres restants se sont retrouvés sous tension...

Celui de Vico, en particulier, a dû accueillir les déchets d'Ajaccio et de Bastia. La mobilisation d'un collectif de riverains a empêché son fonctionnement. Résultat, il ne restait plus que 2 centres ouverts. Eux aussi ont connu des périodes de blocage. L'éducation au tri sélectif a donc commencé, mais bien tardivement et en accéléré. On ne rattrape pas aussi facilement le temps perdu... L'objectif est d'atteindre 60 % de tri d'ici à 2023 (l'île partait d'assez bas : 20 %, soit beaucoup moins que sur le continent). En 2017 et 2018, la situation est restée tendue, avec à nouveau des blocages et une capacité maximale pas loin d'être atteinte à Viggianello (près de Propriano). Certes une « bioplateforme » publique de compostage y a été ouverte en 2018, suivie d'une 2de à Corte en 2019, mais cela ne suffit pas quand on sait que 241 000 t de déchets

sont produites chaque année, dont la moitié entre juin et septembre. L'idée d'exporter sur le continent 21 000 t, un temps abandonnée, a été finalement retenue (coût : 5 millions d'€). Un Viggianello2 va voir le jour.... Et peut-être même un nouveau site à Giuncaggio, dans la basse vallée du Tavignano, mais l'opposition à ce projet est forte.
Pour plus d'infos, quelques sites : celui de l'Observatoire de l'environnement de la Corse ● *oec.corsica* ●, celui de l'Observatoire du développement durable de la Corse ● *oddc.fr* ●, celui du Conservatoire du littoral ● *conservatoire-du-littoral.fr* ● et celui d'une association militante très active et pas toujours d'accord avec le Conservatoire *(U Levante)* ● *levante.fr* ● Voir aussi ● *cen-corse.org* ●, le site du Conservatoire des espaces naturels, ou encore ● *corseornitho.canalblog.com* ● pour les passionnés d'ornithologie.

FAUNE ET FLORE

La faune

La Corse conserve une faune intéressante mais finalement pas très riche (du moins pour le profane, car les spécialistes savent, par exemple, l'importance de 2 espèces endémiques à la Corse, la sittelle et l'euprocte corses, respectivement un petit oiseau et une salamandre d'eau, cette dernière respirant avec la peau, n'ayant pas de poumons).

UN PIAF RENVERSANT !

La sittelle corse, un passereau de petite taille, endémique à la Corse (on ne le trouve nulle part ailleurs en France), qui vit dans les forêts de pins laricio, présente cette capacité particulière de se promener sur les troncs d'arbres morts la tête en bas ! Bien sûr, ce n'est pas pour cela qu'elle est une espèce menacée, mais parce que l'exploitation forestière réduit son territoire.

– ***En montagne,*** l'aigle royal règne dans les cieux. Le gypaète barbu (en corse : l'*altore,* guère plus d'une douzaine d'individus), l'épervier et le faucon pèlerin se rencontrent aussi. Près des côtes, dans la réserve de Scandola, un autre rapace a été réintroduit dans les années 1970, le balbuzard pêcheur ou l'*alpana* en corse.
– ***Parmi les mammifères,*** le mouflon fait figure d'emblème de la Corse intérieure. Les 2/3 du cheptel sont dans le massif du Cinto (le reste dans la région de Bavella). Mais le sanglier est bien plus présent, parfois même en surnombre (il dévaste les cultures). Récemment, dans les années 1980, le cerf de Corse, disparu dans les années 1960, a été réintroduit à partir de bêtes sardes, qui sont de la même espèce. Ce cerf est plus petit que celui du continent. Il en va de même pour les vaches et les moutons de race corse, assez secs, petits et résistants. Les « cochons sauvages », élevés en semi-liberté, sont également de gabarit réduit par rapport à ceux du continent.
– ***Tortue d'Hermann*** (qui n'existe plus guère, en France, qu'en Provence, dans le Var et en Corse), ***cistude*** (tortue d'eau douce) et ***couleuvre*** sont les principaux reptiles corses. Rien de bien méchant, donc (pas de vipères en Corse).
– La ***faune aquatique*** est celle habituelle de la Méditerranée (rascasse, loup, rouget, sardine...), mais les plongeurs ont la chance de pouvoir observer des espèces plus rares : mérous, dentis, murènes et liches. Aux dernières nouvelles, on commence même à voir des barracudas, à cause du réchauffement des eaux de surface en Méditerranée, ou des balistes (poissons de la mer Rouge), voire des raies mantas ! Notons aussi les anguilles de l'étang de Biguglia, les moules charnues et les huîtres de l'étang de Diana. La langouste passe rapidement de la mer à l'assiette (trop rapidement, d'ailleurs, la ressource se raréfie).

La flore

La Corse est une île extrêmement verdoyante, la plus boisée même du monde méditerranéen : environ 46 % de sa surface couverte de forêts (contre 27 % au niveau national). Après un incendie, le maquis, en 2 ou 3 ans, renaît de ses cendres. La richesse et la variété de la flore sont étonnantes : 2 835 espèces différentes ont été recensées. Et, conséquence de l'insularité, on compte 121 espèces ou sous-espèces de plantes sauvages que l'on ne trouve qu'en Corse !

Pour comprendre la flore corse, il faut raisonner par étages. Commençons par le rez-de-chaussée et montons.

- ***L'étage méditerranéen maritime*** *(jusqu'à 600 m)* **:** le royaume du maquis, rempli de senteurs et de parfums enivrants. Arbousier, lentisque, ciste, bruyère, asphodèle, myrte, mais également chêne vert, le seul véritable arbre du maquis. Il ressemble souvent à un gros buisson au tronc noueux. L'une des 2 plantes les plus exotiques du bord de mer est l'agave, doté d'une tige élancée pouvant atteindre 10 m de haut ! L'autre est le figuier de Barbarie.

Enfin, beaucoup d'eucalyptus plantés au bord des routes, le long des rivières, à flanc de colline. Son parfum éloigne les moustiques.

- ***L'étage méditerranéen supérieur*** *(de 600 à 900 m)* **:** le châtaignier y règne en maître. La châtaigneraie corse couvre environ 25 000 ha, dont une grande partie se trouve en Castagniccia. On l'appelle aussi l'« arbre à pain », car à partir de 1550 les Génois l'introduisirent massivement et il servit à nourrir les habitants. Les châtaignes étaient grillées au feu de bois *(fasgioli)* ou consommées bouillies (*balotte* ou *pilate* selon qu'elles sont avec ou sans leur peau), et le plus souvent broyées pour faire de la farine *(pulenta, falculella...).*

> **GUERRE LARVÉE**
>
> *La magnifique châtaigneraie corse est malade depuis qu'en 2010 le cynips, un parasite arrivé de Chine, s'est attaqué aux arbres. La parade est étonnante : on importe massivement de toutes petites guêpes, originaires de... Chine (!), qui sont les seuls prédateurs connus du parasite. Elles pondent des larves qui se nourrissent des larves du cynips. Et il paraît que ça marche !*

- ***L'étage montagnard*** *(jusqu'à 1 800 m)* **:** le domaine des pins laricio, rares en dehors de la Corse. Leurs hauts troncs droits peuvent dépasser 40 m. Des géants ! Leur bois est très recherché en ébénisterie et c'est d'ailleurs la 1re essence commercialisée en Corse. Plusieurs forêts plantées de pins laricio couvrent les flancs des montagnes, mais les plus majestueuses sont celles d'Aïtone et de Valdo-Niello (entre Porto et Calacuccia), ainsi que Vizzavona (route Ajaccio-Bastia).
- ***L'étage subalpin*** *(de 1 800 à 2 100 m)* **:** quelques plantes intéressantes comme l'aulne odorant, appelé *bassu* en Corse. Cousin de l'aulne vert des Alpes, il apparaît à partir de 1 500 m d'altitude. Il dégage un parfum entêtant, rappelant celui des résineux.

GÉOGRAPHIE

Avec des paysages pareils, difficile de parler froidement de la Corse. Les férus de géologie vous expliqueront savamment qu'on distingue une Corse occidentale granitique et une Corse nord-orientale schisteuse, plus sombre, la ligne de partage suivant une ligne L'Île-Rousse/Corte/Solenzara. Mais cette distinction ne rend pas compte de l'extraordinaire richesse géologique de l'île (avec le granit rouge de Roccapina, par exemple, ou encore le calcaire à Bonifacio).

La possibilité d'une île

La Corse et sa grande cousine la Sardaigne formaient autrefois un seul ensemble avec les Maures et l'Estérel, autres massifs cousins. Il y a plus de 20 millions d'années s'est créé un phénomène de rift, une fracture, si vous préférez. Et c'est ainsi que, liées par un nouveau destin commun, Corse et Sardaigne sont parties à la dérive. On comprend mieux alors pourquoi, selon le cliché rebattu mais ô combien vrai, la Corse est une « montagne dans la mer » : 19 % de la superficie de l'île dépassent les 1 000 m d'altitude et les sommets franchissant la barre des 2 000 m sont au nombre de 120. Avec ses 568 m d'altitude moyenne (c'est la plus montagneuse des îles de Méditerranée occidentale), la Corse est particulièrement riche en eau. L'île compte aussi 40 lacs d'altitude (lacs glaciaires), dont certains se transforment petit à petit en pozzines, ces grandes pelouses spongieuses qui sont une spécificité corse.

Mais l'unité géographique de base, au sens de géographie humaine, c'est bien la « microrégion », héritière de la *pieve* (il y en eut entre 65 et 70 sous l'Ancien Régime, correspondant plus ou moins aux paroisses). Les Corses attachent une grande importance à la microrégion, en tant que repère historique et culturel. Elle permet de comprendre, par exemple, pourquoi telle commune de montagne s'étend jusqu'à la mer en suivant la vallée (les bergers utilisaient la plage ou les terres basses pour les troupeaux, d'octobre à mai). Cela explique aussi les variations de vocabulaire dans la langue corse : pour désigner un même objet, on va par exemple avoir 2 termes différents dans 2 villages de montagne distants de 15 km à vol d'oiseau mais situés dans 2 microrégions différentes...

Pour un peu, on ne parlerait plus de la Corse mais des Corses, tant est grande la variété et la diversité de ces microrégions. Et pourtant, miracle : tout cela tient dans une seule et même île de 183 km de la pointe nord à la pointe sud et, à son maximum, de 83 km de large. Presque rien à l'échelle de la planète, et pourtant, tout un monde...

HISTOIRE

On ne sait pas très bien quand l'homme a posé le pied en Corse : les traces les plus anciennes d'habitat remontent à 8500 av. J.-C. on a longtemps considéré que le vestige humain le plus ancien remontait à 6570 av. J.-C. (squelette d'Araguina-Sennola, trouvé près de Bonifacio : c'est la « Dame de Bonifacio », jeune grand-mère des Corses, puisqu'on estime qu'elle mourut à l'âge de 35 ans...) mais la sépulture collective de Campu Stefanu (près de Sollocaro) a livré des squelettes un peu plus anciens (6500 à 7000 av. J.-C.). Certains pensent que l'homme aurait pu arriver à pied (presque) sec par le cap Corse vers 60000 av. J.-C., à une époque où le niveau de la mer était bien plus bas que de nos jours. Mais aujourd'hui, les archéologues penchent plutôt pour une occupation saisonnière, qui aurait commencé au Mésolithique, vers 10000 av. J.-C., par des pêcheurs venant du continent. Lesquels se nourrissaient au début de lapin-rat dont on voit des spécimens au musée de Levie et de coquillages, l'île étant très pauvre en gibier. Pour une occupation permanente, il faudra attendre quelques millénaires encore : sans doute vers 5750 av. J.-C., lorsque les 1ers « colons », agriculteurs-éleveurs arrivant de Provence ou d'Italie avec leurs animaux domestiques s'installent sur l'île.

Les outils se façonnent dans l'obsidienne importée de Sardaigne. On célèbre des dieux : le Soleil, sans doute, et l'indispensable déesse mère. Mégalithes et dolmens, nombreux dans le sud de l'île, sont les manifestations de cultes restés assez mystérieux.

On a pensé que les populations autochtones, qui avaient poussé l'art mégalithique assez loin, pendant 2 000 ans et sans rien demander à personne, avaient dû faire face à des invasions, dont celle des « Torréens » qui seraient venus traîner leurs guêtres au début du IIe millénaire av. J.-C. Aujourd'hui, on en est moins

sûr. Ce qui semble certain, c'est qu'une nouvelle civilisation est alors apparue, caractérisée par les *torre* surtout présents dans le Sud (qui ont des équivalents en Sardaigne et aux Baléares) et par des *castelli,* des ensembles fortifiés.
Au VIe s, les Grecs de Phocée (Asie Mineure) fondent l'actuelle Marseille, puis Alalia (Aléria). Les Phocéens exploitent mines et salines, plantent la vigne et l'olivier. Peu concernés, les Corsi font paître leurs troupeaux dans les montagnes. Mais en 535, les flottes étrusque et carthaginoise vainquent les Phocéens (bataille navale d'Aléria), et les Phocéens vont voir ailleurs.

PIERRES LEVÉES EN PAGAILLE

On le sait assez peu, mais la Corse est une région majeure en matière de mégalithes : plus de 800 menhirs, statues-menhirs et autres dolmens y ont été dénombrés. On comprend mieux pourquoi Astérix et Obélix ont fait le voyage !

Le nom de l'île n'est alors pas encore fixé. Les Grecs l'appellent *Kallistè* (la Belle). On parle des *Corsi* pour désigner ce peuple au langage incompréhensible, qui fuit dans les montagnes pour éviter l'envahisseur.
Viennent ensuite les Romains, vers 225 av. J.-C. Ils mettent près de 1 siècle à soumettre la Corse, y réussissant après la bagatelle de 10 expéditions militaires. Des colons romains s'installent. L'occupant peut toujours développer Aléria ou Mariana au sud de Bastia, les montagnes restent indomptées.

Corses contre Corses

Les Romains restent 700 ans. À l'origine, le christianisme ne perce guère au-delà des côtes, mais il se rattrape vite (la Corse, entre le IVe et le Xe s, devient un haut lieu du christianisme). Les grandes invasions glissent sur l'île. Vandales en 456, Goths 1 siècle plus tard, suivis par les Byzantins. En 725, les Lombards débarquent... pour être chassés par les Francs. Puis, après toute une série de razzias terrifiantes, les Maures, ou Sarrasins, tentent leur chance. Ugo Colonna (héros sans doute légendaire), envoyé par le pape, conduit la reconquête et chasse les Sarrasins. En 754, Pépin le Bref promet la Corse au Saint-Siège (en échange d'être le 1er roi de France sacré par le pape). Son fils Charlemagne tient la promesse, mais les Sarrasins reprennent pied en Corse, Italie avant d'être définitivement boutés hors de ces eaux. Les seigneurs féodaux, souvent toscans ou ligures, décident de se partager l'île. C'est contraire aux vieilles coutumes des clans. Le choc des ambitions exaspère les armes. Les insulaires, cette fois, s'offrent au pape. L'île devient fief de l'évêché de Pise. On s'en réjouit : Pise est loin, son administration, paternelle. La Corse peut s'organiser, établir ses paroisses, bâtir des églises – dans le superbe style du roman pisan. Un âge d'or...

Gênes persiste...

En 1284, Gênes détruit la flotte pisane. Ceux qui se sont endormis corses se réveillent génois. Durant 5 siècles, ils chercheront par tous les moyens à retrouver leur indépendance. En 1358, une révolte antinobiliaire marquera les esprits, menée par un simple homme libre, courageux : Sambucuccio d'Alando. Elle aboutit à un système de communautés villageoises autogérées. Une partie de l'île est alors débarrassée des seigneurs féodaux.
En 1453, péripétie curieuse : Gênes loue la Corse à ses créanciers. C'est l'opulente banque de Saint-Georges qui ramènera dans l'île la paix et la prospérité. Aux vieilles cités fortifiées (Calvi, Bastia, Bonifacio...) s'ajoutent de nouveaux châteaux et, surtout, les fameuses tours génoises (voir plus haut : « Architecture »).
Mais Gênes, alliée de Charles Quint, subira les assauts du principal adversaire de celui-ci, le roi de France Henri II. Soutenues par un corsaire turc, les troupes françaises conquièrent l'île à l'instigation d'un corse, Sampiero Corso. Mais Henri II va

restituer la Corse dans le cadre d'un marchandage. Sampiero, qui a ses partisans, va contrer les Génois pendant 2 ans. Pour avoir sa peau, il faudra lui tendre une embuscade.
Gênes durcit sa poigne. Elle exploite l'île à outrance. Les Corses ne l'oublieront pas. En 1728, une famine conduit la population à prendre les armes. Commence alors une guerre de 40 ans. En 1735, les Corses vont jusqu'à proclamer l'indépendance. Gênes répond par le blocus de l'île.

LE SEUL ROI DE CORSE ÉTAIT... ALLEMAND !

Theodor von Neuhoff, un baron allemand aventurier, vola au secours des Corses et en profita, en 1736, pour se faire couronner roi de Corse, sous le nom de Théodore Ier. Mais la France s'allia aux Génois. Théodore ne trouva pas les appuis et les ressources nécessaires pour mener à bien ses projets de royaume ; il dut se réfugier en Angleterre. Gênes rétablit sa domination.

Un leader sans couronne

En 1755, Pasquale Paoli est élu chef de la Résistance. C'est un général talentueux, un progressiste. Ce fils de la Castagniccia rêve d'indépendance. De 1755 à 1767, « le Père de la Patrie » *(u Babbu di a Patria),* s'efforcera de faire entrer la Corse dans le concert des nations, mais les grandes puissances ne la reconnaîtront pas.
Au traité de Versailles (1768), Gênes, ruinée, demande au roi de France de rétablir l'ordre en Corse pour son compte. L'île est cédée pour 4 ans, mais Gênes ne reverra jamais son ancienne possession, Louis XV annexant purement et simplement l'île, ce qui explique qu'aujourd'hui encore plus d'un Corse considère que les Français se sont illégalement approprié l'île. Celle-ci entre en effervescence. La Corse cédée comme une vulgaire marchandise : on allait voir !

LE MAURE DANS L'ÂME

En 1762, Paoli choisit cette fameuse tête de Maure comme emblème officiel de la Corse, remplaçant, sur un même fond blanc, la Sainte Vierge !... La Corse, tout comme la Sardaigne, qui, elle, a 4 têtes de Maures sur son drapeau, avait été l'une des possessions du roi d'Aragon : sur les étendards aragonais, la tête représentait sans doute un chef sarrasin vaincu.

Un an plus tard, l'armée française défait les troupes paolistes à Ponte Novo. Les soldats du roi portent de grands chapeaux pointus, d'où le sobriquet utilisé pour les désigner (*pinzutu :* « pointu », terme toujours utilisé pour désigner les continentaux). Paoli doit fuir en Angleterre. Amnistié, il reviendra sur l'île en 1791. Scandalisé par les excès antireligieux de la Terreur, il se retourne et proclame un royaume anglo-corse indépendant, sous protection britannique. Mais les Anglais ne le désignent pas comme vice-roi, ils lui préfèrent sir Gilbert Elliott, aidé par Pozzo Di Borgo. Amer, Paoli repart en Angleterre en 1795, pour y mourir en 1807.

Le « Petit Corse »

Un certain Carlo-Maria Buonaparte a lancé un appel aux armes contre « les derniers envahisseurs » venus de France. De noble origine toscane, les Buonaparte étaient corses depuis le XVIe s et faisaient partie de l'élite ! Assez vite, pourtant, le paoliste flamboyant se transforme en « collabo » des Français, contre un titre de noblesse. Puis Charles-Marie cherche à faire financer par le roi l'éducation de ses fils. Notamment son 2e fils, né en 1769, « Nabulione », dont la grosse tête fait merveille en mathématiques. Ayant décroché sa bourse, l'enfant rejoint le collège d'Autun. Son père l'y conduit : il est député de la noblesse à Versailles. Bientôt, les intrigues paternelles propulseront « Nabulione » à l'École militaire... Le garçon au teint jaune s'y montre irascible, d'une sensibilité à fleur de peau. Et brillant...

En 1789, il a 20 ans et il est lieutenant. La Corse est alors partagée entre les paolistes et les « populaires », qui veulent propager la Révolution. Le jeune homme en est. Sur sa façade, il a inscrit : « Vive la Nation ! Vive Paoli ! Vive Mirabeau ! » Le clan Buonaparte a le vent en poupe. Paoli revenu, « Nabulione » le sert. Mais bientôt, sa fougue patriote les oppose. Il fomente des troubles et le fossé se creuse. En 1793, les ponts sont rompus.

ET BONAPARTE CHERCHA UN JOB

À 16 ans, 2 pistes avaient attiré son attention. Soit partir à bord d'un bateau de la marine britannique (!), soit embarquer comme astronome pour l'expédition La Pérouse (navire qui sombra corps et biens au large d'une île lointaine). 2 destinées qui auraient changé l'histoire de l'Europe.

Ensuite, l'histoire est connue. Bonaparte cède la place à Napoléon (en version française, cette fois), et pour ce dernier, même s'il s'entoure de nombreux insulaires, la Corse n'est pas la préoccupation première : l'île sera maintenue sous un régime d'exception pendant plusieurs années, et l'Empereur n'y reviendra qu'une seule fois, pour une semaine !

La Corse française

En regard de sa longue histoire de troubles, la Corse a vécu les 2 derniers siècles dans une paix relative. Après son annexion, la France n'est pas restée inerte. La population s'accroît et l'économie se développe. En 1790, la Corse est organisée sur le modèle des départements français. Les fléaux insulaires (vendetta, divisions, banditisme...) déclinent au début du siècle suivant.

En 1840, la Corse est – déjà ! – à la mode. Avec sa *Colomba,* Prosper Mérimée impose l'image d'une terre ardente et sombre. Avec le décalage de rigueur, l'île profitera des progrès techniques (routes, chemins de fer...), notamment sous Napoléon III, qui fera davantage pour l'île que son illustre oncle.

Mais au tournant du XXᵉ s, la Corse s'essouffle. Les activités traditionnelles – production d'huile d'olive, culture de la châtaigne, chênes-lièges – périclitent, mises à mal par la concurrence d'autres îles méditerranéennes. Puis la Grande Guerre décime les Corses, recrutés en masse : 12 000 hommes sont tués sur les 45 000 mobilisés. Or ces hommes sont les dépositaires du savoir-faire agricole et d'une grande part de la culture corse... Et la Corse, sans aucune industrie ou presque, se cherche, n'ayant d'autre choix que l'émigration : vers l'Amérique du Sud (Venezuela, Porto-Rico) et, surtout, la France continentale, d'où de nombreux insulaires partiront vers les colonies (on estime que 20 % de la « coloniale » était d'origine corse au début du XXᵉ s). Ceux qui monteront sur Paris réussiront souvent dans les sphères politiques et... le banditisme : il n'est pas si loin, le temps où Pigalle était « tenu » par les Corses.

LE 1ER GRAND ÉCHEC DE BONAPARTE

En 1793, Bonaparte choisit l'alliance avec la France contre le grand chef corse Pasquale Paoli. Il tenta de prendre la citadelle d'Ajaccio. Sans succès. On brûla sa maison. Il dut quitter la Corse avec toute sa famille pour la France. Humilié, il n'y reviendra qu'une seule fois, au retour d'Égypte.

La Corse libérée par les Corses !

La Seconde Guerre mondiale plonge la Corse dans la tourmente. Pressé de « rendre » l'île à l'Italie, Mussolini l'occupe sans coup férir, au mépris des accords d'armistice, en y envoyant 85 000 hommes, aidés par 15 000 Allemands. La Résistance corse s'organise. Le sous-marin *Casabianca,* qui a filé à l'anglaise lors du sabordage de la flotte à Toulon, surmontera mille dangers pour maintenir la liaison avec Alger. L'année 1943 sera particulièrement coûteuse pour la Résistance, mais le 8 septembre, la capitulation de l'Italie donne le signal de l'insurrection, organisée par les résistants corses. 3 000 soldats marocains débarquent à Ajaccio le 23 septembre, suite à l'appel de leur sultan (et futur roi) Mohammed V. Ce soutien décisif est souvent oublié. Ajaccio se libère aussitôt, ce que l'on omet encore trop souvent sur le continent (jusque dans les manuels scolaires !), où Bayeux est généralement présentée comme la 1re ville française libérée, ce qui est faux. Le 4 octobre, Bastia, dévastée par les combats et les bombardements alliés, est également libérée.

USS CORSICA

Après sa libération en 1943, la Corse acquit un surnom : USS Corsica, qui assimilait l'île à un gigantesque porte-avions (USS = United States Ships). En effet, plus de 50 000 soldats américains furent stationnés sur pas moins de 17 bases aériennes pour préparer le débarquement de Provence.

« Le fusil ou la canne à pêche »

L'indépendantisme corse ne date pas d'hier : avec Sampiero Corso ou Pasquale Paoli, il a souvent mené l'histoire insulaire. Dans les années 1960, la Corse s'ouvre, après une longue torpeur, au bouillonnement régionaliste. Un mouvement surtout incarne cette génération qui veut vivre au pays : l'ARC, l'Action régionaliste corse des frères Siméoni. Avec le raidissement des années 1970, l'ARC devient franchement autonomiste, et les jeunes poussent le très charismatique Edmond Siméoni à se mouiller davantage. Le 17 août 1975, à Corte, il se jette à l'eau. Il promet de « se battre à visage découvert », d'offrir, « au service d'une cause sacrée, la liberté et le sang de ses militants ». Stupeur de ses troupes, d'autant qu'il conclut, martial : « Un révolutionnaire, ou il gagne, ou il meurt. » Il y a du Che là-dedans !

Le tournant d'Aléria

Du coup, le 21 août, un commando s'en va, Edmond en tête, occuper la cave viticole d'un riche rapatrié d'Aléria : les pieds-noirs sont accusés de profiter largement des subventions, des prêts bonifiés des banques, mais aussi de trafiquer le vin dans la plaine orientale, alors que des centaines d'agriculteurs corses sont sur la paille. C'est l'été, Giscard est en vacances, et c'est son ministre de l'Intérieur, Michel Poniatowski, qui tient la maison. D'une main très ferme. Il envoie à Aléria 1 200 hommes et 4 automitrailleuses régler le problème : 2 gendarmes sont tués. Siméoni se constitue prisonnier, et la Corse le soutient comme un seul homme, mais, une semaine plus tard, 10 autres militants sont arrêtés. Les affrontements à Bastia tournent au combat de rue, un CRS est tué.

UN STATUT UNIQUE

La Corse n'est détachée de la région Provence-Alpes-Côte d'Azur que depuis 1975. Elle bénéficie d'un régime particulier appelé « Collectivité territoriale de Corse » avec une assemblée élue au suffrage universel, siégeant à Ajaccio.

Les nuits bleues du FLNC

Les radicaux fondent le FLNC (Front de libération nationale de la Corse) en 1976, après une nuit bleue. Des symboles de l'État, postes, perceptions, gendarmeries, sautent régulièrement. De même que les constructions sauvages du littoral (jusqu'à 800 par an), et sans jamais faire de morts. Beaucoup, sur l'île, voient ce type d'actions avec bienveillance.

L'hydre à bras armés

Sur le plan politique, les gouvernements successifs échouent dans leurs tentatives de règlement du « problème corse ». La création de la région Corse en 1970, l'ouverture d'une université à Corte, l'élaboration de nouveaux statuts pour l'île en 1982, celle d'une Assemblée territoriale, les avantages fiscaux et même les amnisties, rien n'y fait, la surenchère continue, les attentats aussi. Pas moins d'une quinzaine de courants nationalistes coexistent ou s'affrontent... Luttes intestines, règlements de comptes en série, collusion mafieuse et levée de « l'impôt révolutionnaire », tout cela témoigne de méthodes crapuleuses. La dérive atteint des sommets avec l'assassinat du préfet Érignac en 1998. De son côté, l'État accumule les bourdes, « autorisant » un jour une réunion de plusieurs centaines d'hommes armés, un autre en achetant une paix éphémère à coups de millions ou en ordonnant aux gendarmes d'incendier une paillote *(Chez Francis)*, usant de la violence qu'il combat... Le fameux préfet Bonnet y perd sa place.

Les accords de Matignon

Jospin décide, en 1999, de réunir autour d'une table le gouvernement, les nationalistes et les élus corses des partis traditionnels. À l'été 2000, Jospin sort un consensus de son chapeau. Un coup de maître de grand illusionniste, car chacun y voit donc ce qui lui plaît : étendue exacte du pouvoir législatif accordé à la Corse, obligation ou non de l'apprentissage de la langue corse, fiscalité, tout cela est évoqué, mais pas dans le détail. Grand malentendu. Chevènement, ministre de l'Intérieur, démissionne. Dans le camp adverse, c'est la zizanie : les attentats et les assassinats reprennent (une trentaine en 2001).

Les années 2000

Le changement de donne politique, en 2002, enterre ces accords. L'embellie des relations gouvernement/nationalistes ne survit pas à un été 2003 riche en rebondissements : l'arrestation d'Yvan Colonna, la victoire du « non » au référendum sur l'évolution du statut de l'île et le verdict dans le procès de l'assassinat du préfet Érignac conduisent le camp nationaliste à durcir sa position. Et les attentats reprennent à un rythme accéléré... avant qu'une nouvelle trêve soit annoncée. L'arrivée au ministère de l'Intérieur de Dominique de Villepin, admirateur de Napoléon, ne contribue pas à détendre l'atmosphère. De 2004 à 2006, le camp nationaliste et le gouvernement sont dans une sorte de paix armée, rythmée par les plasticages. Mais en 2007, les rencontres de Corte marquent une nette fracture entre « indépendantistes » et « autonomistes ». Le FLNC est en perte de vitesse face à la nouvelle génération des autonomistes, menés par Gilles Siméoni (fils d'Edmond) et qui refusent la violence des « encagoulés ». Le FNLC dépose les armes en 2014 et, pour ne pas perdre la face, tente de faire valoir qu'il avait gagné le combat des « idées », les revendications portées depuis la création du mouvement ayant fait leur chemin dans les esprits. Bilan de 38 années de violence : ***10 500 attentats ont été commis sur l'île.*** Cela ne signifie pas l'arrêt définitif de toute violence dans l'île, le FLNC n'étant plus qu'une composante du mouvement nationaliste. D'ailleurs, en septembre 2019, un groupuscule a annoncé la... recomposition du FNLC !

L'année 2020 en Corse

L'actualité a bien entendu été dominée, comme partout ailleurs, par la Covid-19. La région d'Ajaccio a été durement touchée, un cluster s'étant déclaré dans l'hôpital dès le 5 mars. Les moyens hospitaliers étant insuffisants sur l'île (l'île ne dispose pas de C.H.U.), il a fallu évacuer certains patients sur le continent.
En vue de la saison touristique, l'exécutif avait plaidé pour «un *green pass* », une sorte de passeport sanitaire pour les touristes, idée fraîchement accueillie et abandonnée. L'île n'a fait le plein qu'au mois d'août, plongeant dans le marasme tout le secteur touristique (qui compte pour 31 % de l'économie de l'île en comptant les transports). Les élections municipales, que le camp autonomiste-nationaliste abordait avec une relative inquiétude, craignant un vote-sanction pour sa gestion hésitante de nombreux dossiers, ont au contraire été un succès : Bastia est restée à Pierre Savelli grâce aux divisions de l'opposition et Porto-Vecchio, la 3e ville de Corse, est revenue à l'autonomiste Jean-Christophe Angelini qui a mis fin à 80 ans de « règne » de la famille (au sens large) Rocca-Serra. Une victoire symbolique, le reste de la Corse ayant choisi la stabilité.

MAQUIS

Le maquis corse est l'un de ses signes distinctifs, une parcelle non négligeable de sa physionomie et, disons-le, de son âme. Cette végétation typiquement méditerranéenne, regorgeant de plantes et d'arbustes, forme un grand manteau, le plus souvent vert (à cause de l'eau de pluie qu'il retient) ou tirant sur le jaune dans certains coins arides. Un formidable tapis, plein d'odeurs enivrantes, qui permettait à Napoléon de reconnaître son île les yeux fermés, « grâce à son odeur » justement. Le maquis ne pousse qu'entre le niveau de la mer et 600 m, dans ce qu'on appelle l'« étage méditerranéen ». Résultat : il prend toute la Corse en écharpe, le long de la mer. On est à peine sorti de l'eau bleue et limpide que l'on entre dans le ***maquis « bas ».*** Là poussent des plantes comme le myrte, dont les fleurs blanches dégagent un parfum sucré et captivant, le ciste de Montpellier et celui de Crète, la bruyère arborescente (la *scopa,* qui fleurit mais ne donne pas de fruits, c'est pour ça que les Corses disent : *bacciardu cume a scopa,* « menteur comme la bruyère »...). Puis on trouve un ***maquis intermédiaire*** plus touffu, plus dense, monde impénétrable, formé par des arbustes et des épineux pouvant atteindre 5, 6, parfois 7 m de haut. C'est le royaume des arbousiers, qui produisent leurs fruits rouges en automne. Vaches et cochons sauvages s'en régalent. On en fait aussi des liqueurs ou des confitures (pas pour les cochons). L'autre arbuste couramment répandu dans le ***maquis dit « élevé »,*** c'est le chêne vert.
Vert toute l'année, quand il ne brûle pas, le maquis corse se couvre de fleurs au printemps : le moment idéal pour s'y balader. Et il donne ses fruits en hiver.
Prévoir 1 ou 2 randonnées dans le maquis est un must. De nombreux sentiers en boucle et à la journée permettent d'explorer cet univers si particulier. Ne quittez pas ces sentiers balisés. Les accidents arrivent vite. Détail important : pas de vipères dans l'île, mais beaucoup d'insectes virevoltants...

MUSIQUE CORSE

Chants profonds : les archétypes

La musique corse est avant tout une affaire de voix, de chant. De chants profonds, sans âge, transmis de mère en fille, de père en fils. Cette tradition orale se perd dans la nuit des temps, et chaque vallée, chaque village ou presque, a développé un patrimoine musical propre, ce qui fait de l'île un véritable conservatoire des traditions musicales.

Citons ***u chjam'e rispondi,*** joutes poétiques où 2 chanteurs improvisent un duel précisément rimé, sur à peu près n'importe quel thème. Le vainqueur sera celui qui aura le mieux chanté et composé les vers les meilleurs, les plus percutants ; ***u brinchisu,*** couplet pour célébrer un événement heureux ; ***a palatina,*** chant guerrier ; ***a tribbiera,*** chant paysan ; ***a nanna,*** berceuse ; ***u sirinatu*** pour les jeunes mariés ; ***u lamentu*** pour les défunts (***u voceru*** en cas de mort violente, si bien décrit par Mérimée dans *Colomba*). Tous avaient leur place dans la vie sociale, en des circonstances précises.

L'HYMNE CORSE

Il a pour particularité d'être d'origine religieuse puisqu'il est dédié à la Vierge. Ce chant, le Salve Regina, fut créé au XIe s, lors de la 1re croisade. Il devint l'hymne corse en 1735, lorsque les insulaires se révoltèrent contre la domination génoise. L'île se mit sous la protection de la Vierge Marie. D'ailleurs, à l'époque, le drapeau corse ne représentait pas une tête de Maure mais la Sainte Vierge.

Enfin, ***a paghjella,*** ce chant polyphonique inscrit au Patrimoine culturel immatériel de l'humanité, qui s'agence en écho (et non à l'unisson), peut rassembler jusqu'à une dizaine de chanteurs, mais 3 voix suffisent : *bassa* (la basse), *seconda* (la seconde) et *terza* (la tierce), la basse donnant la mesure et le ton.

Les instruments derrière la voix

La *cetera,* instrument à 8 cordes doublées à l'unisson, a failli disparaître. Aujourd'hui, l'instrument revit et se porte comme un charme.

Les chants polyphoniques étaient souvent accompagnés. Le mode de vie insulaire ayant été longtemps rustique et autarcique, les instruments étaient produits sur place : flûtes en os ou en corne de chèvre percée de 3 à 5 trous *(e pivane, e pirule),* trompes d'appel des troupeaux en écorce ou en corne de vache *(e curnette),* clarinettes rudimentaires, pierres frappées ou plaquettes de bois pour les percussions et, plus élaborés, violons à 3 ou 4 cordes et mandoline populaire *(a cetera).* Et tous ces instruments servaient aux sérénades et aux danses lors des mariages, baptêmes et fêtes diverses.

Par la suite, d'autres instruments ont été importés : accordéons, guitares accompagnent souvent le chant dans la musique corse populaire.

La fin du chant traditionnel

Cependant, la transformation de la société corse, qui a vu son économie et son organisation sociale changer radicalement au cours du XXe s, passant du mode pastoral et autarcique à une émigration massive vers la France continentale (sans toutefois couper le lien), a bien failli avoir raison du chant corse. Il y avait bien, avant-guerre, ***Tino Rossi,*** qui a toujours son fan-club. À sa suite, d'autres chanteurs de charme creuseront la même veine. Un ***Charles Rocchi*** ou un ***Antoine Ciosi*** ont élevé le niveau mais, tout de même, la chanson corse paraissait moribonde quand...

MERCI MAMAN !

Au début de sa carrière, Tino Rossi, sans le sou, enchaînait les petits boulots. À Marseille, il tomba sur une publicité annonçant : « Enregistrez votre disque pour 5 francs. » Il voulait offrir l'enregistrement à sa mère. Dans le studio, par hasard, un technicien de Parlophone entendit sa voix et lui demanda de monter à Paris. Le contrat fut signé. Ce fut exactement la même histoire, bien plus tard, pour un jeune camionneur qui voulait faire un cadeau à sa mère. Il s'appelait Elvis Presley.

Renaissance et reconnaissance

Au début des années 1970, parallèlement au mouvement nationaliste, survint ***Canta u Populu Corsu,*** bousculant les idées reçues grâce à ses polyphonies immémoriales et aux chansons de ***Jean-Paul Poletti.*** Ce groupe a rendu au chant l'une des fonctions qui, en Corse, était sienne : faire redécouvrir son histoire, sa culture, son âme à ce peuple.
Au fil d'aventures souvent épiques et de festivals internationaux, « Canta » est donc en grande partie à l'origine du renouveau du chant corse et de son actuel succès. Directement ou non, la plupart des chanteurs et des groupes insulaires d'aujourd'hui en sont issus. ***Petru Guelfucci*** fut avec Poletti l'un des fondateurs du groupe (il est aujourd'hui « apiculteur-chanteur », selon ses propos, à Sermano, dans le Bozio). ***I Muvrini,*** qui est certainement aujourd'hui le plus connu des groupes de musique corse, capable de remplir le Zénith à Paris, est également un descendant naturel de « Canta ». La forte personnalité de ***Jean-François Bernardini*** y est pour beaucoup. La formation, avec son album *Umani,* s'ouvre d'ailleurs sur le monde, sans renier ses origines (collaboration avec MC Solaar, Véronique Sanson, Sting...). Mais il faut d'abord rendre hommage à son père, ***Ghjuliu Bernardini,*** qui avait travaillé au sein de « Canta » et qui est l'un des initiateurs du renouveau musical corse.
Signalons encore ***Madricale*** puis, au milieu de groupes merveilleux comme ***I Chjami Aghjalesi, I Surghjenti, Cinqui So*** (plus tendance world music) ou ***I Palatini,*** 5 formations, accédant de succès en succès à la place qu'ils méritent :
- ***Caramusa,*** dont les chants, les airs de violon et de cornemuse corse *(caramusa)* restituent les éléments épars d'une mémoire retrouvée ;
- ***Diana di l'Alba,*** qui, avec des instruments d'aujourd'hui ou tirés de la nuit des temps, fait renaître toute la magie de la Corse qui chante et qui danse. Son dernier album, *A Ghjanna di l'incanti,* est sorti en 2018. Ce groupe a créé une école de chant et de musique *(Scola di u populu)* ;
- ***Soledonna,*** le trio féminin des *Nouvelles Polyphonies corses,* qui a ouvert une brèche dans un monde de la polyphonie réservé aux hommes ;
- ***A Filetta,*** la formation de Lumio, pour laquelle nous avons un goût particulier tant l'excellent ***Jean-Claude Acquaviva,*** chanteur et meneur du groupe, est un artiste expressif, d'une grande sensibilité. Leur disque *Una Tarra chi é* est vraiment de premier ordre, tout comme *Medea, Bracana* (2008) et *Mistico mediterraneo* (2011) ou encore *Danse Mémoire, Danse* (2018) ;
- ***Jean-Paul Poletti,*** bien sûr, et les ***Chœurs de Sartène,*** qu'il dirige maintenant après avoir animé *Canta u Populu Corsu.* Un vrai poète-musicien dont les textes sont des merveilles. Beaucoup plus tourné aujourd'hui vers le chant polyphonique pur et sacré, Jean-Paul Poletti semble trouver là matière à exprimer son art humble et beau, soucieux de perfection. Dernier projet collectif en date : *U Catinacciu di Sartè* (le Catenacciu de Sartène) en 2019.

Le village de Pigna, investi dans la musique comme on sait, a vu la naissance de 3 formations : ***A Cumpagnia, Zamballarana*** et l'ensemble féminin ***Madrigalesca.***
Citons enfin ***Barbara Furtuna,*** groupe polyphonique masculin formé en 2004 autour d'anciens de *Giramondu* et d'*A Filetta.*

Où écouter de la musique corse ?

À la radio, notamment sur Alta ou Bleu RCFM. Pour les concerts, il y a les festivals (*Festivoce* à Pigna, les *Rencontres polyphoniques* de Calvi) ou les tournées estivales. Les fêtes patronales et les cérémonies religieuses sont aussi l'occasion, parfois, de chants et musiques.

PERSONNALITÉS

C'est fou le nombre de personnalités que cette petite île a pu produire, proportionnellement à sa population, au cours de son histoire... En voici quelques-unes, de manière totalement subjective. ***Napoléon*** est traité à part (voir plus haut « Histoire »).

– ***Sampiero Corso :*** né en 1498 à Bastelica, ce redoutable guerrier est le 1er héros national. Il a combattu les Génois toute sa vie. Au service de la France, Sampiero débarque dans l'île avec l'expédition franco-turque de 1553. En ralliant à sa cause les chefs de clans, il provoque le 1er vrai soulèvement des Corses contre les Génois. Mais c'est l'échec. Revenu en France, il poursuit néanmoins son rêve. Il débarque en 1564 dans le golfe du Valinco, soutenu uniquement par une petite troupe de fidèles ! N'ayant plus rien à perdre (il vient de tuer sa femme, soupçonnée de trahison), Sampiero guerroie dans le Nord, assiège Sartène, mais échoue aux portes de Porto-Vecchio. Il est finalement tué dans une embuscade en 1567 par des mercenaires génois... aidés des cousins de sa femme.

– ***Pasquale Paoli :*** ce natif de Morosaglia en Castagniccia (1725) s'est fait piquer la vedette par son grand rival, Napoléon Ier ! Pourtant, Paoli fait bien plus l'unanimité en Corse que l'Empereur : le vrai nationaliste, c'est lui. Fils d'un notable corse en lutte contre les Génois, Pasquale passe son enfance en exil à Naples. Admirateur des philosophes des Lumières, il rêve d'un grand destin pour la Corse. Les insurrections dans l'île lui permettent de se faire élire général de la nation corse en 1755. Paoli s'attache alors à créer le noyau d'un État indépendant, fondé sur une Constitution qu'il rédige avec l'aide de Jean-Jacques Rousseau. Constitution dont s'inspireront les États-Unis 32 ans plus tard, puis la France révolutionnaire. Imaginez, elle donnait le droit de vote aux femmes, cette Constitution ! Puis Paoli fait de Corte une capitale, crée une armée, une flotte, une monnaie, une université, une imprimerie, un journal... Mais il se bat presque seul contre tout le monde : Français, Génois et... bonapartistes (profrançais). Son armée est battue, et il retrouve l'exil en Angleterre. Le « Père de la Patrie », après un bref retour sur son île, mourra en 1807 à Londres.

LA CONSTITUTION AMÉRICAINE INSPIRÉE PAR LA CORSE

On le sait peu, mais la Constitution corse de 1755, fondée sur la séparation des pouvoirs et le suffrage universel, inspira directement les rédacteurs rassemblés autour de Jefferson. En 1776, les insurgés américains montaient à l'assaut en criant « Viva Paoli ! ». Plusieurs villes américaines portent le nom de Paoli ou de Corsica en souvenir de cette Constitution novatrice inspirée du Siècle des lumières.

– ***Le cardinal Fesch** (1763-1839) :* oncle de Napoléon Ier, fils d'un Suisse protestant, il exerce d'abord à Ajaccio, et s'enrôle dans l'armée italienne sous la Révolution. Nommé ensuite archevêque de Lyon, Joseph Fesch peut alors retourner en Italie comme ambassadeur de France auprès du pape. Avoir un neveu empereur rend bien des services ! Il convainc Pie VII de venir sacrer Napoléon à Paris. Il finit tout de même par se brouiller avec son neveu, mais se console en admirant sa collection de quelque 16 000 œuvres d'art réunies au cours de sa vie. Il meurt à Rome après avoir légué une (petite) partie de sa fabuleuse collection à la Ville d'Ajaccio.

– ***Ocatarinetabelatchitchix :*** le plus célèbre des Corses pour ceux qui ne connaissent l'île qu'à travers Astérix. Goscinny et Uderzo ont réussi l'exploit d'incarner les vertus (et les petits travers) du caractère corse en un seul portrait : celui de ce chef de clan fier et courageux, susceptible mais généreux. Ce que l'on sait moins, c'est qu'Ocatarinetabelatchitchix a vraiment existé : les papas d'Astérix ont pris pour modèle un certain Mimi Pugliesi, serveur-chanteur-animateur de la région de Bonifacio, décédé en 2004.

– ***Tino Rossi :*** né en 1907 à Ajaccio, le petit Constantin exerce déjà sa voix à l'âge de 7 ans en chantant des berceuses à ses sœurs ! Quand il s'éteint en 1983,ses admiratrices se comptent par millions ! Après des débuts difficiles, la coqueluche de ces dames explose dans une revue du *Casino de Paris.* Il enchaînera avec une vingtaine de films, 4 opérettes et surtout des dizaines de disques à succès qui ont fait de lui le Français qui en a vendu le plus. On espère d'ailleurs que le Petit Papa Noël touche des royalties : il pourrait transporter les jouets en Rolls. Sacha Guitry lui dédicaça son livre sur Napoléon : « Au plus célèbre des Corses moins un ! »

– ***Danielle Casanova :*** née à Ajaccio en 1909, cette jeune fille déterminée est rapidement à la tête de l'Union des jeunes filles de France (organisation communiste) et, pendant la Seconde Guerre mondiale, se lance activement dans la Résistance. En 1942, elle est déportée et meurt du typhus à Auschwitz. Les résistants corses ont été nombreux à payer de leur vie leur engagement : citons ***Jean Nicoli*** et ***Fred Scamaroni,*** tous 2 exécutés par les nazis en 1943.

– ***Marie-José Nat*** *(1940-2019)* ***:*** cette comédienne discrète, fille de bergère, se fait remarquer dans *Élise ou la vraie vie* et obtient un prix d'interprétation à Cannes en 1974 pour son rôle dans *Les Violons du bal.* Devenue célèbre, elle n'en renie pas pour autant sa terre natale. Revenue au pays, elle habitait à Bonifacio, sa ville natale, dans une belle maison perchée sur la falaise.

– ***Laetitia Casta :*** originaire de Lumio (Balagne) par son père, le top model est devenue actrice et même modèle en 2000 pour la très officielle Marianne de la République française (!).

Quelques écrivains

Angelo Rinaldi, Gisèle Poli, Philippe Franchini, Jean-Claude Rogliano, l'auteur de *Mal'Concilio,* le baroudeur-écrivain *Patrice Franceschi,* le routard *Benoît Lucchini* (génial !), le poète *Pascal Bonetti* et *Marie Susini.* Et *Paul Valéry,* sétois mais dont le père était cap-corsin.

Parmi les hôtes célèbres

Marina Vlady, Serge Lama, Yves Duteil, Christine Ockrent et *Bernard Kouchner* passent leurs vacances dans le Sud (ces derniers à Spérone) ; *Jacques Dutronc* vit à Monticello ; *Michel Fugain* est installé près de L'Île-Rousse ; *Jacques Higelin* était citoyen d'honneur de la ville de Calvi ; *Michel Sardou* s'est offert une p'tite cabane vers Porto-Vecchio ; *Nicolas Hulot* est dans le Sud lui aussi...

On s'en voudrait aussi de ne pas mentionner l'acteur *Robin Renucci,* directeur de la très dynamique association l'*Aria,* formidable école de théâtre entre Pioggiola et Olmi-Cappella qui chaque été depuis plus de 20 ans organise de fameuses Rencontres internationales de théâtre en Corse rurale.

SITE INSCRIT AU PATRIMOINE MONDIAL DE L'UNESCO

Organisation des Nations Unies pour l'éducation, la science et la culture · En coopération avec le Centre du patrimoine mondial

Pour figurer sur la liste du Patrimoine mondial, les sites doivent avoir une valeur universelle et satisfaire à au moins un des 10 critères de sélection. La protection, la gestion, l'authenticité et l'intégrité des biens sont également des considérations importantes. Le patrimoine est l'héritage du passé dont nous profitons aujourd'hui et que nous transmettons aux générations à venir. Nos patrimoines naturel et culturel sont 2 sources irremplaçables de vie et d'inspiration. Ces sites

appartiennent à tous les peuples du monde, sans tenir compte du territoire sur lequel ils sont situés. Pour plus d'informations : • *whc.unesco.org* •
En Corse, le ***golfe de Porto*** (*calanche* de Piana, golfe de Girolata et réserve naturelle de Scandola) figure sur la liste du Patrimoine mondial.

SOUVENIRS DE CORSE

– De nombreux ***produits du terroir,*** miel, confiture, charcuterie, fromage, vin, liqueur, farine de châtaigne, etc., sont vendus au bord des routes et dans les magasins spécialisés. On a parfois de très bonnes surprises. Allez plutôt directement chez les producteurs si vous le pouvez. Les brochures des *Routes des sens authentiques* ou de *Bienvenue à la ferme* donnent beaucoup de bonnes adresses.
– Dans la Castagniccia, des artisans fabriquent de très beaux ***objets en bois*** d'aulne, d'olivier ou de bruyère.
– On trouve des ***couteaux traditionnels*** corses avec lames en acier et manches en bois de l'île. Tout est fait en Corse, y compris le métal ! Des objets rares, qui coûtent d'ailleurs un certain prix.
– ***Potiers*** et ***verriers*** sont également assez nombreux sur l'île. Ils peuvent proposer de véritables œuvres d'art, notamment les verriers. Dans la poterie, différentes qualités, et certaines pièces sont vraiment belles.

TOURISME EN CORSE

Avec environ 2,5 millions de visiteurs par an, le tourisme constitue l'une des sources de revenus les plus importantes de l'île. La moitié des visiteurs viennent en juillet et août, où les 2/3 du chiffre d'affaires sont réalisés. Environ 70 % de ces touristes sont français, les autres étant surtout des Italiens et des Allemands.
Quelques précisions concernant les rapports qu'entretiennent les Corses avec les touristes... D'abord, contrairement à une idée répandue, la majorité des habitants de l'île sait recevoir les continentaux. Vous serez généralement accueilli cordialement, puis chaleureusement après un certain temps d'adaptation, et non à coups de fusil, à moins d'aller saccager le maquis en 4x4 ! Bien sûr, au plus fort du mois d'août, l'afflux touristique peut entraîner quelques crispations. Mais les Corses sont toujours flattés de constater combien leur beau pays peut plaire... La conversation s'engage facilement quand on vante les merveilles de l'île.
Si l'accueil peut paraître plus ouvert sur le littoral, plus habitué au passage de touristes (1 visiteur sur 5 seulement séjourne à l'intérieur de l'île), les rapports avec les habitants de l'intérieur sont peut-être plus sincères. Une fois la glace rompue, vous découvrirez des gens vraiment formidables, pour qui l'hospitalité n'est pas un vain mot. Les touristes qui peuvent rencontrer quelque agressivité sont souvent ceux qui ne prennent pas le temps de comprendre les Corses et qui débarquent en « pays conquis ». Ici, d'une façon générale, la fierté et le désir légitime de respect passent avant l'argent du touriste, et c'est tant mieux.

La Corse hors saison

Certes, 31 °C à l'ombre et la mer à 27 °C, c'est agréable, mais août n'est pas forcément la meilleure période pour découvrir l'île et ses habitants.
Mai, juin et septembre sont les meilleurs mois. Il fait beau, et l'eau est suffisamment chaude pour les bains de mer. Mais hors saison vraiment – en octobre, à Noël, à Pâques –, cette Corse révèle sa nature et son charme profonds. Le *figatellu,* par exemple, quand donc croyez-vous qu'on le mange ? Il faut venir en tout début d'année pour apprécier cette charcuterie. Le *brocciu* aussi est meilleur au printemps... Sans parler des fêtes rurales, celle du Marron, à Évisa, en novembre, ou la *festa di l'olivu novu,* grand marché de l'huile d'olive nouvelle,

à Sainte-Lucie-de-Tallano, en mars. Splendeur des paysages, des villages, perfection des produits... Et ces Corses, alors sans pression, qui voient en vous l'hôte qu'il convient de bien recevoir, selon l'usage.
Une chose est sûre : un petit break en Corse hors saison, c'est la détente et le plaisir assurés – et le meilleur moyen de tomber amoureux de l'île de Beauté.

VENDETTA

On estime que la vendetta faisait à la fin du XVIIe s, chaque année en Corse, plus de 900 victimes ! Les villages qui en ont été le théâtre s'en souviennent. Comme à Parata, dans la Castagniccia, où toute une famille fut exterminée au XXe s parce qu'un grand-père avait osé réprimander une gamine ! À Venzolasca, dans la Casinca, 2 familles, les Sanguinetti et les Paoli, s'entretuèrent pendant 36 ans pour un simple problème de cadastre et de châtaigniers ! Des histoires incroyables comme celles-là, on en trouve un peu partout en Corse. Comme dans une grande partie de la Méditerranée, un meurtre ou une offense grave (grave pour l'offensé, mais qui, vue de l'extérieur, peut aujourd'hui sembler dérisoire) engageait aussitôt l'honneur de la famille de la victime. Cela déclenchait une sorte de guérilla impitoyable entre 2 clans ennemis d'un même village. Souvent le principal justicier fuyait dans le maquis et devenait alors un « bandit d'honneur ». Il jouissait d'une sorte de neutralité bienveillante de la part des villageois. Les Corses sont-ils foncièrement violents, vindicatifs, sanguinaires ? Non. Mais susceptibles, oui. Cela dit, l'une des explications de la vendetta trouve ses origines dans l'histoire.
Refusant la mainmise sur leur île par des puissances étrangères (des Romains aux Génois), les Corses ne reconnaissaient qu'en partie leurs lois et leurs institutions. D'où l'habitude de régler leurs problèmes entre eux, généralement à coups de fusil. Méfiance, donc, à l'égard de la loi : tel était le mot implicite. Les bandits d'honneur furent surtout à la mode au XIXe s : les gazettes et toute une littérature populaire en ont fait des héros romanesques, anges rédempteurs condamnés par le destin, justiciers malgré eux, assoiffés de liberté et rebelles à l'ordre établi.
En 1839, Mérimée visita la Corse en tant qu'inspecteur des Monuments historiques. Il fit la rencontre de Colomba, la future héroïne de son roman, dans lequel il montre bien comment, en Corse, le sens de l'honneur et les liens du sang l'emportent sur toute autre considération dès lors qu'il s'agit de venger un être cher. Une logique implacable où les individus semblent obéir à la fatalité... un peu comme dans les tragédies grecques.
Publié en 1841, *Colomba* connut un beau succès, mais le cliché d'une Corse cruelle et impitoyable s'ancra dans les esprits. Un peu trop sans doute.

VINS ET ALCOOLS

Les vins de l'île de Beauté ont leur charme et leur caractère propres. Ici, la montagne tombe souvent directement dans la mer tandis que les vignes s'élèvent dans l'azur du ciel. Beaucoup de relief et donc de coteaux, beaucoup de soleil et une pluviosité abondante (eh oui !), ainsi que des vents forts, jouant un rôle régulateur ; la vigne pousse ici depuis l'Antiquité. La maturation du raisin est de 10 à 15 jours plus longue qu'en Bourgogne, par exemple. Ceux qui haussent les épaules avec dédain en entendant parler de vins corses devraient mettre leur pendule à l'heure : il est loin le temps où l'on ne s'intéressait qu'à la quantité au détriment de la qualité. Dans les années 1970, les vignes ont couvert jusqu'à 32 000 ha. Aujourd'hui, après une véritable révolution culturelle, on est revenu à environ 8 600 ha que se partagent 450 unités viticoles.
Cernée par la mer, la Corse a réussi à garder certains cépages bien à elle et bien adaptés à son terroir (granit, schistes et calcaire). Les plus nobles sont le

nielluccio, le sciacarello (unique à la Corse, adapté aux territoires granitiques) et le vermentino (le malvoisie de la Corse). Cela n'a pas empêché l'acclimatation des autres cépages méditerranéens, comme le cinsaut, le carignan, le grenache, le mourvèdre, la syrah et l'ugni blanc.
On produit ici du vin de table (1/4 de la production), du vin de pays (la moitié) et 9 AOP (environ 25 %).
– L'AOP la plus importante en surface et en volume est l'AOP régionale ***corse.*** Elle couvre la Corse orientale de Bastia à Solenzara et offre une grande variété de vins.
Ensuite, 5 terroirs ont droit à l'appellation « village » : coteaux du cap Corse, Calvi, Figari, Porto-Vecchio, Sartène. Il s'agit surtout de rouges et de rosés.
2 petites enclaves ont pu accéder pour leurs crus à l'AOP, elles se singularisent par leurs cépages, leur terrain et leur grande qualité.
– L'AOP ***ajaccio*** est, comme son nom l'indique, produite dans le secteur occidental (Corse cristalline). On y produit d'excellents rouges issus majoritairement du sciacarello, ainsi que quelques rosés et quelques blancs.
– L'AOP ***patrimonio*** produit d'excellents vins, grâce à un mariage réussi entre des terrains calcaires et des cépages bien choisis : nielluccio pour les rouges et vermentino pour les blancs, le plus souvent en monocépages. Cette production est d'une grande qualité, avec des prix forcément plus élevés.
– L'AOP ***muscat-du-cap-corse,*** enfin, correspond à un vin doux naturel.

Quelques recommandations (non exhaustives)

– En *ajaccio :* un petit faible pour le clos d'Alzeto (rouge ou rosé) et le domaine de Pratavone (Isabelle Courrèges à Pila Canale), et une grosse faiblesse pour le Comte Peraldi (rosé extra).
– En *patrimonio :* Antoine Arena, domaine Gentile et Conca d'Ora en rouge ; en blanc et rosé, clos Marfisi et Orenga de Gaffory (vraiment excellent, ce dernier). Arena à nouveau, en blanc *(Grotte di Sole).* Les rouges du domaine Leccia sont également réputés.
– En *vins-de-corse côte orientale :* on peut tenter les blancs et le muscat, parfois très bien (tout autant que celui du Cap).
– En *vins-de-corse Sartène :* pour les rouges surtout, les domaines Fiumicicoli et Mosconi, ainsi que le vin de Philippe Farinelli, domaine de Saparale.
– En *vins-de-corse Porto-Vecchio :* le domaine de Torracia en rouge.
– En *vins-de-corse Calvi :* en blanc, le clos Culombu et surtout le clos Reginu ; en rouge, le clos Reginu toujours. Le renucci blanc est également très réussi.
– En *vins-de-corse Figari :* le domaine de Tanella en blanc se débrouille fort bien. De même, le clos de Sarcone et le clos Canarelli en rouge.
– En *vins-de-corse cap Corse :* le clos Nicrosi en blanc.
– En *muscat-du-cap-corse :* le clos Nicrosi, le clos Gioielli et Marfisi.

Les apéritifs et les liqueurs

Comment ne pas citer en 1er le *Cap Corse,* décliné en rouge et en blanc, à base de mistelle (jus de raisin muté à l'alcool), de décoctions de plantes aromatiques, d'oranges macérées et de quinquina ? Avec des associés, la distillerie *Mavela* a relancé la maison (historique) *Mattei* de Bastia. On boit aussi beaucoup de pastis en Corse, dont le local *Dami* (établissements *Damiani*). Quant au *Casanis* s'il est marseillais, son créateur, Emmanuel Casabianca, était bien corse !
Quant aux liqueurs, servies en digestif dans la plupart des restos, elles sont une autre spécialité insulaire, fabriquées à partir de toutes les plantes du maquis : menthe, myrte, châtaigne, noix, anis, mais aussi violette ou orange, ou tout autre fruit. On vous proposera peut-être de la *cédratine,* alcool à base de cédrat, une variété de citron. Il existe même de la Bonapartine !

Les bières

La brasserie *Pietra,* installée à Furiani, produit des bières à la farine de châtaigne absolument délicieuses. L'une, ambrée, la *Pietra,* est particulièrement traîtresse avec ses 6° qui descendent tout seuls ; l'autre, la *Serena,* est une blonde un peu plus légère (5°), au final légèrement citronné. Et il existe aussi la blanche *Colomba* (5°), qui est déclinée en Colomba *rosée* aux arômes framboise et orange et la *Pietra Rossa* aux fruits rouges (cerise-framboise ; 6,5%). Sans parler de l'IPA (India Pale Ale) et de la bio sans gluten !
On les trouve un peu partout sur l'île, en bouteilles, et parfois à la pression dans les bars. Une réussite qui s'exporte même ! Bravo !
Pour en terminer avec la bière, ne pas oublier non plus la riche gamme d'*A Ribella,* autre bière corse, brassée à Patrimonio : *Alchemia, Divina, Madonna, Immurtale*... Ni les bières *Paolina* de Corte (« identitaires ») ou *Kiara* d'Aleria. Et on en oublie certainement...

Les alcools

Signalons enfin un whisky du nom d'*Altore,* fruit d'une collaboration corso-écossaise (l'idée en revient à Pierre-François Maestracci, un distillateur de Patrimonio : le pur malt est affiné en fûts de chêne ayant contenu du *Cap Corse* ou du muscat, mais la distillation est faite en Écosse). Le *P & M,* un 2d whisky (chronologiquement parlant), qui se présente comme le 1er à être 100 % corse, est décliné en 3 versions (Blend, Blend Supérieur et Pure Malt) et est commercialisé par la distillerie *Mavela* d'Aléria, en collaboration avec la brasserie *Pietra.* Cette dernière fournit le brassage, et *Mavela* distille.

PETITS TRUCS ET ASTUCES POUR ÉVITER LES ABUS ET MAUVAISES SURPRISES

Un routard informé en vaut 2 ! Pour éviter les désagréments en tous genres, il est bon de les connaître. Voici un petit vade-mecum destiné à parer aux coûts et aux coups de bambous.

Bien sûr, nos enquêteurs veillent au grain, et les établissements qui ne répondent plus à nos critères ou abusent sont vite supprimés de nos guides. La réciproque est aussi valable. N'oublions pas que les hôteliers et restaurateurs font un métier difficile. S'ils se doivent de toujours garder le sourire, nous nous devons de les respecter en n'arrivant pas chez eux en terrain conquis.

À L'HÔTEL

1 – Arrhes ou acompte ? : au moment de réserver votre chambre par téléphone – par précaution, toujours confirmer par écrit (ou mail) –, il n'est pas rare que l'hôtelier vous demande de verser à l'avance une certaine somme, celle-ci faisant office de garantie. Il est d'usage de parler d'arrhes (et non d'acompte). Légalement, aucune règle n'en précise le montant. Toutefois, ne versez que des arrhes raisonnables : 25 à 30 % du prix total, sachant qu'***il s'agit d'un engagement définitif sur la réservation*** de la chambre. Cette somme ne pourra donc pas être remboursée en cas d'annulation de la réservation, sauf cas de force majeure qu'il vous faudra justifier (maladie ou accident) ou en accord avec l'hôtelier si l'annulation est faite dans des délais jugés raisonnables. Si, au contraire, l'annulation est le fait de l'hôtelier, il doit vous rembourser le double des arrhes versées. Si vous avez réservé une chambre (sans avoir rien versé) et que vous avez un empêchement, ***passez un coup de téléphone pour annuler,*** c'est la moindre des politesses.

2 – Subordination de vente : les hôteliers ont interdiction de pratiquer la subordination de vente. C'est-à-dire qu'***ils ne peuvent pas vous obliger à réserver plusieurs nuits d'hôtel si vous n'en souhaitez qu'une.*** Dans le même ordre d'idées, on ne peut vous obliger à prendre votre petit déjeuner ou vos repas dans l'hôtel ; ce principe, illégal, est cependant toléré en pratique, surtout en haute saison, dans les zones touristiques, où la demande est bien plus importante que l'offre !

3 – Les réservations en ligne : elles se sont généralisées. Mais voilà, si les centrales de réservation en ligne sont devenues incontournables, elles ne garantissent pas systématiquement de meilleurs prix qu'en direct. En outre, les promesses ne sont pas toujours tenues et l'on constate parfois des dérives, telles que promos bidons, descriptifs exagérés, avis d'internautes truqués... Les hôteliers s'estiment souvent étranglés par les commissions abusives prélevées au passage. ***N'hésitez pas à réserver directement auprès de l'hôtel.*** Aujourd'hui, la plupart alignent leurs prix sur ceux des sites commerciaux. Autre avantage, vous pouvez préciser le type de chambre souhaité (sur rue, sur jardin) et obtenir des renseignements fiables sur l'établissement.

4 – Responsabilité en cas de vol : un hôtelier ne peut en aucun cas dégager sa responsabilité pour des objets volés dans la chambre d'un de ses clients, même si ces objets n'ont pas été mis au coffre. En d'autres termes, les éventuels panonceaux dégageant la responsabilité de l'hôtelier n'ont aucun fondement juridique.

AU RESTO

1 – Les prix : ils sont libres, mais ***l'affichage est obligatoire*** à l'extérieur de l'établissement, de manière visible. Tous les menus doivent être affichés, même le moins cher. Ils doivent être identiques à ceux que l'on vous présente à l'intérieur.

2 – Formule ou menu ? Généralement, la formule est une proposition écourtée comprenant entrée + plat ou plat + dessert. Avec parfois un verre de vin et/ou le café. De fait, elle est moins chère que le menu, en principe complet (entrée + plat + dessert). Très souvent, les formules et les 1ers menus (les moins chers) ne sont ***servis qu'en semaine et/ou seulement au déjeuner,*** et plus rarement avant certaines heures (12h30 et 20h environ). C'est parfaitement légal, à condition toujours que ce soit clairement indiqué sur le panneau extérieur et sur le menu que l'on vous présente une fois installé. Il arrive qu'il disparaisse comme par enchantement (humm, mauvais signe…). Demandez-les, ça ne mange pas de pain.

3 – Attention aux suppléments. Certains menus imposent 3 suppléments pour 5 plats proposés. Cherchez l'erreur !

4 – Le « fait maison » : depuis que la législation existe, pour parer au sous-vide et tout congelé, et parallèlement valoriser le travail de restaurateurs scrupuleux, le « fait maison » (logo d'une casserole surmontée d'un toit de maison avec cheminée) apparaît comme un faire-valoir évident et rassurant. Même s'il ne garantit pas le 100 % maison (la loi est un peu tordue, et il n'y a pas de contrôle), ni la qualité du chef ! Cela dit, ***c'est un bon début.***

5 – La carte en dit long ! Voici, foi d'enquêteur, quelques trucs très simples pour analyser un menu : tout d'abord la ***brièveté de la carte*** est un bon gage de fraîcheur ; quand les produits sont locaux et de saison, c'est encore mieux ! On peut aussi questionner le serveur. Sa franchise (ou son embarras) vous en dira long. Autre indice : si la carte n'est composée que de plats passe-partout dont certains peuvent nécessiter des cuissons très longues (parmentier de canard, suprêmes de volaille en sauce, souris d'agneau, bourguignon...), ce n'est pas forcément bon signe, surtout s'ils sont servis trop rapidement. Même topo avec les desserts bistrotiers type tarte Tatin, mi-cuit ou mousse au chocolat, crème brûlée, panna cotta, tiramisù qui sortent soit du congélateur, soit d'une brique ! Tout comme les mignardises qui accompagnent le café gourmand souvent surfacturé, insipide… et certainement pas « maison ». Un bon chef n'est pas forcément un bon pâtissier. Et il a rarement le temps de préparer 36 desserts ! Enfin, en dehors des zones côtières, on évite les poissons et fruits de mer le lundi… les livraisons ayant rarement lieu le week-end !

6 – Commande jugée insuffisante : sachez qu'il est illégal de pousser le client à la consommation.

7 – *Doggy bag :* la lutte anti-gaspi a du bon ! Si la pratique du *doggy bag* est déjà bien répandue dans certains pays, en France on a longtemps traîné la patte. À partir de juillet 2021, les restaurateurs seront dans l'obligation de proposer à leurs clients ce qu'ils auront laissé dans leur assiette. Dans les faits, certains le pratiquent déjà. Alors, n'hésitez pas à le demander, même si cela n'est pas (encore) dans nos habitudes culturelles.

8 – Eau : une carafe d'***eau du robinet*** est ***gratuite*** à condition qu'elle accompagne un repas. On ne peut pas vous la refuser, sauf si elle est jugée impropre à la consommation par décret. Dans certains restos, on vous l'apporte d'office en guise de bienvenue. Un vrai bon point ! La bouteille d'***eau minérale*** doit, quant à elle, comme le vin, être ouverte devant vous. L'arnaque consiste parfois à proposer d'emblée une eau minérale, facturée au prix fort. À la question du serveur : « … et pour l'eau, plate ou gazeuse ? », vous pouvez répondre : « une carafe, s'il vous plaît ».

9 – Vins (et autres alcools) : la marge la plus importante des restaurateurs ! Et certains en abusent… Au-delà de 2 verres (gare aux prix exorbitants), il peut être plus intéressant de commander une bouteille, quitte à l'emporter en fin de repas si elle n'est pas terminée. Sinon, ne pas hésiter à demander un ***petit vin de pays en pichet,*** l'occasion de découvrir ainsi des petites cuvées locales et bon marché.

les ROUTARDS sur la FRANCE 2021-2022

(dates de parution sur • *routard.com* •)

Découpage de la FRANCE par le ROUTARD

Autres guides sur la France

- Nos meilleurs campings en France
- Nos meilleures chambres d'hôtes en France

Autres guides sur Paris

- Paris
- Paris balades
- Restos et bistrots de Paris
- Le Routard des amoureux à Paris
- Week-ends autour de Paris

Le Routard à vélo

- EuroVelo6
- La Bourgogne du Sud à vélo
- La Flow Vélo
- La Loire à Vélo
- La Vélodyssée (Roscoff-Hendaye)
- Le Canal des 2 mers à vélo
- Paris Île-de-France à vélo
- ViaRhôna
- Les plus belles escapades à Vélo en France

les ROUTARDS sur l'ÉTRANGER 2021-2022

(dates de parution sur • **routard.com** •)

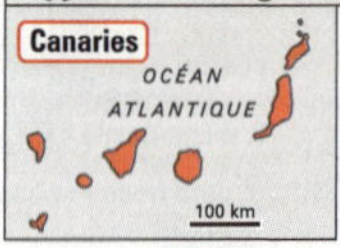

Découpage de l'ESPAGNE par le ROUTARD

Découpage de l'ITALIE par le ROUTARD

Autres pays européens

- Allemagne
- Angleterre, Pays de Galles
- Autriche
- Belgique
- Bulgarie
- Crète
- Croatie
- Danemark, Suède
- Écosse
- Finlande
- Grèce continentale
- Hongrie
- Îles grecques et Athènes
- Irlande
- Islande
- Madère
- Malte
- Norvège
- Pays baltes : Tallinn, Riga, Vilnius
- Pologne
- Portugal
- République tchèque, Slovaquie
- Roumanie
- Suisse

Villes européennes

- Amsterdam
- Berlin
- Bruxelles
- Budapest
- Copenhague
- Dublin
- Lisbonne
- Londres
- Moscou
- Naples
- Porto
- Prague
- Saint-Pétersbourg
- Stockholm
- Vienne

les ROUTARDS sur l'ÉTRANGER 2021-2022

(dates de parution sur • *routard.com* •)

Découpage des ÉTATS-UNIS par le ROUTARD

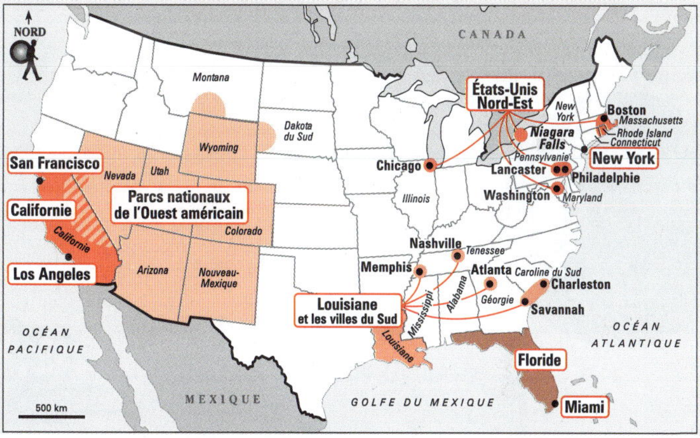

Autres pays d'Amérique

- Argentine
- Brésil
- Canada Ouest
- Chili et île de Pâques
- Colombie
- Costa Rica
- Équateur et les îles Galápagos
- Guatemala, Belize
- Mexique
- Montréal
- Pérou, Bolivie
- Québec et Ontario

Asie et Océanie

- Australie côtes est et nord + Red Centre
- Bali, Lombok
- Bangkok
- Birmanie (Myanmar)
- Cambodge, Laos
- Chine
- Hong Kong, Macao, Canton
- Inde du Nord
- Inde du Sud
- Israël et Palestine
- Istanbul
- Jordanie
- Malaisie, Singapour
- Népal
- Shanghai
- Sri Lanka (Ceylan)
- Thaïlande
- Tokyo, Kyoto et environs
- Turquie
- Vietnam

Afrique

- Afrique du Sud
- Égypte
- Kenya, Tanzanie et Zanzibar
- Maroc
- Marrakech
- Sénégal
- Tunisie

Îles Caraïbes et océan Indien

- Cuba
- Guadeloupe, Saint-Martin, Saint-Barth
- Île Maurice, Rodrigues
- Madagascar
- Martinique
- République dominicaine (Saint-Domingue)
- Réunion

Guides de conversation

- Allemand
- Anglais
- Arabe du Maghreb
- Arabe du Proche-Orient
- Chinois
- Croate
- Espagnol
- Grec
- Italien
- Japonais
- Portugais
- Russe
- G'palémo (conversation par l'image)

Livres-photos/Livres-cadeaux

- La France de Stéphane Bern **(nouveauté)**
- Voyages
- Voyages : États-Unis
- Voyages : France
- Voyages : Italie
- Road Trips Monde
- Road Trips en France **(nouveauté)**
- 120 coins secrets en Europe
- 50 voyages à faire dans sa vie
- 1 200 coups de cœur dans le monde
- 1 200 coups de cœur en France
- 52 week-ends dans les plus belles villes d'Europe
- 52 week-ends coups de cœur en France
- 52 escapades nature en France **(nouveauté)**
- Cahier de vacances du Routard

Nous tenons à remercier tout particulièrement Loup-Maëlle Besançon, Thierry Bessou, Gérard Bouchu, François Chauvin, Grégory Dalex, Fabrice Doumergue, Cédric Fischer, Carole Fouque, Nicolas George, Michelle Georget, David Giason, Claude Hervé-Bazin, Emmanuel Juste, Dimitri Lefèvre, Fabrice de Lestang, Romain Meynier, Éric Milet, Pierre Mitrano, Jean-Sébastien Petitdemange, Thomas Rivallain et Jean Tiffon pour leur collaboration régulière.

Brice Andlauer
Jean-Jacques Bordier-Chêne
Agnès Debiage
Coralie Delvigne
Jérôme Denoix
Tovi et Ahmet Diler
Clélie Dudon
Sophie Duval
Alain Fisch
Bérénice Glanger
Adrien et Clément Gloaguen
Sébastien Jauffret
Alexia Kaffès
Augustin Langlade
Jacques Lemoine
Aline Morand
Louis Nagot
Caroline Ollion
Martine Partrat
Odile Paugam et Didier Jehanno
Céline Ruaux
Prakit Saiporn
Nejma Tahri Hassani
Alice Tonasso
Caroline Vallano

Direction : Sidonie Chollet
Direction éditoriale : Élise Ernest
Édition : Matthieu Devaux, Olga Krokhina, Gia-Quy Tran, Julie Dupré, Emmanuelle Michon, Pauline Janssens, Amélie Ramond, Margaux Lefebvre, Ionah Vasseur et Julie Wood
Ont également collaboré : Aurélie Joiris-Blanchard
Cartographie : Frédéric Clémençon et Aurélie Huot
Contrôle de gestion : Jérôme Boulingre et Yannis Villeneuve
Secrétariat : Catherine Maîtrepierre
Fabrication : Nathalie Lautout et Audrey Detournay
Relations presse : COM'PROD, Fred Papet. ☎ 01-70-69-04-69.
● *info@comprod.fr* ●, Martine Levens (Belgique) et Maureen Browne (Suisse)
Direction marketing : Stéphanie Parisot, Élodie Darty et Charlotte Brou
Couverture : le-bureau-des-affaires-graphiques.com
Silhouette du Routard : Clément Gloaguen (d'après Solé)
Maquette intérieure : le-bureau-des-affaires-graphiques.com, Thibault Reumaux et npeg.fr
Contact Partenariats : Jérôme Denoix ● *jeromedenoix@gmail.com* ●
Contact Partenariats et régie publicitaire : Florence Brunel-Jars
● *fbrunel@hachette-livre.fr* ●

INDEX GÉNÉRAL

INDEX GÉNÉRAL

LISTE DES CARTES ET PLANS

Remarque importante aux hôteliers et restaurateurs

Les enquêteurs du *Routard* travaillent dans le plus strict anonymat. Aucune réduction, aucun avantage quelconque, aucune rétribution n'est jamais demandé en contre-partie. Face aux aigrefins, la loi autorise les hôteliers et restaurateurs à porter plainte.

Avis aux lecteurs

Le Routard, ce n'est pas comme le bon vin, il vieillit mal. On ne veut pas pousser à la consommation, mais évitez de partir avec une édition ancienne. Les modifications sont souvent importantes.

Les réductions accordées à nos lecteurs ne sont jamais demandées par nos rédacteurs afin de préserver leur indépendance. Les hôteliers et restaurateurs sont sollicités par une société de mailing, totalement indépendante de la rédaction, qui reste donc libre de ses choix. De même pour les autocollants et plaques émaillées.

Avec routard.com, choisissez, organisez, réservez et partagez vos voyages !

✓ Rejoignez la plus grande communauté francophone de voyageurs : **plusieurs millions d'internautes.**

✓ Échangez avec les routarnautes : forums, photos, avis d'hôtels.

✓ Retrouvez aussi toutes les informations actualisées pour choisir et préparer vos voyages : près de 300 guides destinations, une centaine de dossiers pratiques et un magazine en ligne pour découvrir tous les secrets de votre destination.

✓ Enfin, comparez les offres pour organiser et réserver votre voyage au meilleur prix.

Les **Routards** *parlent aux* **Routards**

Faites-nous part de vos expériences, de vos découvertes, de vos tuyaux et de vos coups de cœur. Aidez-nous à remettre l'ouvrage à jour. Indiquez-nous les renseignements périmés. Faites profiter les autres de vos adresses nouvelles, combines géniales... On adresse un exemplaire gratuit de la prochaine édition à ceux qui nous envoient les meilleurs courriers, pour la qualité et la pertinence des informations.

Quelques conseils cependant :

– Envoyez-nous votre courrier le plus tôt possible afin que l'on puisse insérer vos tuyaux sur la prochaine édition.

– N'oubliez pas de préciser l'ouvrage que vous désirez recevoir, ainsi que votre adresse postale.

– Vérifiez que vos remarques concernent l'édition en cours et notez les pages du guide concernées par vos observations.

– Quand vous indiquez des hôtels ou des restaurants, pensez à signaler leur adresse précise et, pour les grandes villes, les moyens de transport pour y aller. Si vous le pouvez, joignez la carte de visite de l'hôtel ou du resto décrit.

En tout état de cause, merci pour vos nombreux mails.

122, rue du Moulin-des-Prés, 75013 Paris

● *guide@routard.com* ● *routard.com* ●

Routard Assurance *2021*

Enrichie au fil des années par les retours des lecteurs, *Routard Assurance* reste l'assurance voyage référence des globe-trotters. Tout y est inclus, même la **Covid** : frais médicaux, assistance rapatriement, bagages, responsabilité civile... Avant votre départ, appelez *AVI* pour un conseil personnalisé. Besoin d'une **attestation Covid,** d'un avis médical, d'une prise en charge dans un hôpital ? Téléchargez l'appli mobile *AVI International* pour garder le contact avec *AVI Assistance* et disposer d'un vaste réseau médical à travers le monde. *AVI Assistance* est disponible 24h/24 pour une réponse en temps réel. De simples frais de santé en voyage ? Envoyez les factures à *AVI* dès votre retour, ils vous remboursent sous une semaine. *Le Colisée Gardens, 10 avenue de l'Arche, CS 70126, 92419 Courbevoie Cedex.* ☎ *01-44-63-51-00.* ● *avi-international.com* ● Ⓜ *La Défense.*

Édité par Hachette Livre (58, rue Jean-Bleuzen, CS 70007, 92178 Vanves Cedex, France)
Photocomposé par Jouve (1, rue du Docteur Sauvé, 53100 Mayenne, France)
Imprimé par Lego SPA Plant (via Galileo Galilei, 11, 38015 Lavis, Italie)
Achevé d'imprimer le 11 février 2021
Collection n° 15 - Édition n° 01
50/0713/5
I.S.B.N. 978-2-01-629311-9
Dépôt légal : février 2021

PAPIER À BASE DE FIBRES CERTIFIÉES